제7판

채권법총론

THE CIVIL CODE THE CIVIL CODE

송덕수 저

박영사

제 7 판 머리말

이 책의 제 6 판이 나온 지 3년 만에 제 7 판을 펴내게 되었다. 지난번에는 곧바로 반영해 주어야 할 특별법이 개정되어서 개정판 출간을 앞당겼는데, 이번에는 그렇게 급박한 사정은 없어서 호흡을 조금 길게 가져갔다. 그래도 근래 중요한 판례들이 적잖이 나타났고 민사특별법령이 많이 개정되었으며, 또 저자가 다른 저서들을 개정하면서 유익한 내용을 새롭게 알게 되기도 하여, 이번에 제 7 판을 내게 되었다.

이 책의 제 7 판에서 크게 달라진 점은 다음과 같다.

(1) 제 6 판 출간 후에 나타난 모든 판례를 조사하여 적절하게 설명해주었다.

(2) 채권법총론 분야에 관련된 법령의 개정사항을 충실하게 반영하였다.

(3) 저자는 지난 5월에 — 김병선 교수와 함께 —「민법 핵심판례230선」의 개정판 격인「민법 핵심판례240선」(박영사)을 펴냈다. 그 과정에서 특히 일부 판례에 대하여 의미 있는 내용을 깊이 알게 되었다. 그것을 이 책에 추가하였다.

(4) 저자는 이 책의 개정작업을 하면서「신민법사례연습」(박영사) 책의 개정작업도 병행하여 얼마 후에 그 책의 개정판으로 제 7 판이 나오게 된다. 그 작업을 하면서 알게 된 사항도 이 책에 보충하였다.

(5) 독자들이 보다 알기 쉽고 정확하게 이해할 수 있도록 설명 위치를 변경하기도 하고, 내용을 수정하거나 보완하기도 했다. 또 전원합의체 판결이나 좀 더 진전된 판결이 나타난 때에는 기존에 직접 인용했던 판결을 교체하기도 했다.

이 책이 나오는 데에는 많은 분의 도움이 있었다. 경북대 법전원의 이상훈 교수는 보완이 필요한 중요한 사항을 일러주셨고, 이화여대 법전원의 권태상 교수는 아주 작은 문제점까지 일일이 지적해주셨다. 그리고 박영사의 안종만 회장

님과 안상준 대표는 저자가 개정작업을 즐겁게 할 수 있도록 자주 격려해 주셨다. 또 김선민 이사는 책을 훌륭하게 만들어 주셨고, 조성호 출판기획이사는 책이 제때 출간될 수 있도록 적극적으로 도와주셨다. 이분들을 포함하여 도와주신 모든 분께 깊이 감사드린다.

2024년 6월

송 덕 수

머 리 말

이 책은 민법에 관한 저자의 세 번째 낱권 교과서이다.

저자는 물권법 교과서를 출간한 뒤 곧바로 이 책의 집필을 시작했었다. 그런데 그 무렵에는 집필을 할 시간적인 여유가 거의 없었다. 무엇보다도 저자가 여전히 이화여대 법학전문대학원 원장을 맡고 있었기 때문이다. 한창 집필을 하여야 하는 작년(2012년) 1학기에는 2학기에 있을 법학전문대학원 본평가 준비를 해야 했다. 게다가 4년째 계속되고 있는 민법개정 준비작업도 만만치 않은 일이었다. 집필시간을 내기가 너무 힘들어 이 책의 출간시기를 미룰까 하는 고민도 여러 번 하였다. 그럴 때마다 출간을 기다리고 있다고 하는 독자들과 교수님들의 말이 생각났다. 그 말을 채찍으로 하여 어렵지만 조금씩 조금씩 써 내려갔다. 그러다가 작년 7월 말에 법학전문대학원 원장 임기를 마치게 되었다. 그리고 다행히 2학기는 연구년(안식년)이었다. 그리하여 그때부터는 하루 온종일 집필에 몰두할 수 있었다. 그 결과 이제 불가능할 것 같은 이 책의 출간을 보게 되었다.

이 책의 집필 방향과 방식은 민법총칙, 물권법 책과 마찬가지이다. 특히 이 책에서는 채권법의 필수적인 기본이론을 철저하게 익히도록 하고, 여러 이론을 보다 정확하고 쉽게 이해할 수 있도록 예를 많이 들었고, 나아가 판례를 더욱 충실하게 정리해 두었다.

채권법총론은 저자가 30년 전에 대학에서 처음 강의를 했던 부분이다. 그런가 하면 저자는 민법개정위원회에서도 채무불이행 등 채권법 분과의 책임을 맡고 있다. 이러한 점 때문인지 저자는 다른 어느 부분보다 채권법총론에 유난히 애착심이 강하다. 저자는 이 책을 집필하면서 맨 처음 강의했을 때의 경험을 많이 고려하였다. 저자가 추상적인 이론을 구체적으로 이해하게 하려는 노력은 그에 기인한 것이다. 한편 저자가 이 책을 집필하면서는 민법개정 작업상의 논의로부터 도움을 받기도 하였다. 무엇보다도 특이한 판례 등에 대한 정리·검토와 입법적인 의견제시에 있어서 그렇다.

저자는 이제 곧 채권법각론의 집필에 들어가려고 한다. 그리하여 되도록 빨리 민법 중에 전통적인 재산법 분야의 교과서를 완성하려고 한다.

이 책이 나오기까지는 여러 분들의 도움이 있었다. 우선 낱권 교과서의 집필을 시작하게 했던 박영사 안종만 회장은 저자를 수시로 격려하여 동력을 잃지 않게 하였다. 그 분의 격려와 독촉이 없었으면 지금 이 시기에 이 책이 나오기 어려웠을 것이다. 그리고 박영사 편집부의 김선민 부장은 이 책의 빠른 출간을 위하여 휴일도 반납한 채 작업을 하였다. 조성호 부장 또한 여느 때처럼 열심히 도와주었다. 저자의 제자인 이화여대 법학전문대학원의 김병선 조교수는 원고를 읽고 미흡한 부분을 지적해 주었고, 홍윤선 선생은 원고정리를 도왔다. 이 모든 분들에게 마음으로부터 고마움을 전한다.

2013년 1월

송 덕 수

차 례

제 1 장 서 론

제 2 장 채권의 발생

제 3 장 채권의 목적

제 4 장   채무불이행과 채권자지체

제 5 장 책임재산의 보전

제 6 장　다수당사자의 채권관계

제 7 장 채권양도와 채무인수

제 8 장　채권의 소멸

주요 참고문헌

(괄호 안은 인용약어임)

郭潤直, 債權總論, 第 6 版, 博英社, 2003 (곽윤직)

郭潤直, 債權總論, 新訂 修正版, 博英社, 1999 (곽윤직(신정수정판))

郭潤直, 債權總論, 新訂版, 博英社, 1994 (곽윤직(신정판))

金基善, 韓國債權法總論, 第 3 全訂版, 法文社, 1987 (김기선)

金大貞, 債權總論, 改訂版, 피데스, 2007 (김대정)

김상용, 채권총론, 화산미디어, 2010 (김상용)

金容漢, 債權法總論, 博英社, 1988 (김용한)

金疇洙, 債權總論, 第 3 版, 三英社, 1999 (김주수)

金俊鎬, 債權總則, 法文社, 2007 (김준호)

金曾漢 著·金學東 增補, 債權總論, 第 6 版, 博英社, 1998 (김학동)

金亨培, 債權總論, 第 2 版, 博英社, 1998 (김형배)

民法注解 [Ⅷ]~[Ⅺ], 博英社, 1995 (주해(8)~(11)(집필자 성명))

蘇星圭, 債權總論, 法律時代, 2003 (소성규)

송덕수, 물권법, 제 6 판, 박영사, 2023 (물권법)

송덕수, 민법총칙, 제 7 판, 박영사, 2024 (민법총칙)

송덕수, 신민법강의, 제17판, 박영사, 2024 (신민법강의)

송덕수, 신민법사례연습, 제 7 판, 박영사, 2024 (신사례)

송덕수, 채권법각론, 제 6 판, 박영사, 2023 (채권법각론)

송덕수, 친족상속법, 제 7 판, 박영사, 2024 (친족상속법)

송덕수·김병선, 민법 핵심판례240선, 박영사, 2024 (핵심판례)

尹喆洪, 債權總論, 法元社, 2006 (윤철홍)

李銀榮, 債權總論, 第 4 版, 博英社, 2009 (이은영)

李太載, 債權總論, 改訂版, 進明文化社, 1985 (이태재)

李好珽, 債權法總論, 韓國放送通信大學, 1983 (이호정)

張庚鶴, 債權總論, 敎育科學社, 1992 (장경학)

鄭淇雄, 債權總論, 法文社, 2009 (정기웅)

註釋民法, 債權總則(1)~債權總則(3), 韓國司法行政學會, 2000 (주석 채권총칙(1)~(3)(집필자 성명))

池元林, 民法講義, 第 8 版, 弘文社, 2010 (지원림)

黃迪仁, 現代民法論Ⅲ[債權總論], 增補版, 博英社, 1989 (황적인)

Brox, *Allgemeines Shuldrecht*, 22. Aufl., 1995 (Brox)

Brox/Walker, *Allgemeines Schuldrecht*, 31. Aufl., 2006 (Brox/Walker)

Esser-Schmidt, *Schuldrecht*, Band I Allgemeiner Teil, 1984 (Esser-Schmidt)

Fikentscher, *Schuldrecht*, 8. Aufl., 1992 (Fikentscher)

Fikentscher/Heinemann, *Schuldrecht*, 10. Aufl., 2006 (Fikentscher/Heinemann)

Larenz, *Lehrbuch des Schuldrechts*, 1. Band Allgemeiner Teil, 14. Aufl., 1987 (Larenz)

Medicus, *Schuldrecht I Allgemeiner Teil*, 8. Aufl., 1995 (Medicus)

Medicus/Lorenz, *Schuldrecht I Allgemeiner Teil*, 19. Aufl., 2011 (Medicus/Lorenz)

일러두기

독자들로 하여금 이 책을 효율적으로 읽게 하기 위하여 이 책의 특징을 소개하기로 한다.

- 이 책은 독서의 편의를 위하여 각주를 두지 않고, 각주에 둘 사항은 괄호 안에 두 줄의 작은 글씨로 처리하였다.
- 주요 관련사항은 본문에 두되, 글자의 크기를 줄여서 구별되게 하였다.
- 민법 개정법률을 포함하여 모든 법령을 최근의 것까지(2024. 5. 12. 공포 기준) 반영하였다.
- 판례는 최근의 것까지 모두 조사하여 정리·인용하였다. 판례는 판례공보에 수록된 것을 중심으로 검토하였으나(2024. 4. 15.자 공보까지), 다른 자료에 나타난 판례라도 중요한 것은 반영하였다. 그런데 이 책은 교과서이기 때문에 독서의 편의를 위하여 — 전거를 찾기가 어려운 특별한 사정이 없는 한 — 전거나 자료의 표시는 생략하였다.
- 판례 가운데 특히 중요한 것은 판결이유 중 요지부분을 직접 인용하여 실었다. 그러한 판례는 충분히 익혀야 한다.
- 독자들의 편의를 위하여 교과서(특히 현재 실효성이 있는 것)를 중심으로 하여 학설을 모두 조사하여 정리해 두었다. 그럼에 있어서 교과서 이외의 문헌도 가치가 큰 것은 조사하여 추가하였다.
- 이 책에는 관련부분을 찾아보는 데 편리하게 하기 위하여 본문의 옆에 일련번호, 즉 옆번호를 붙였다. 그리고 참조할 곳을 지시할 때는 이 옆번호를 사용하였다. 색인의 경우에도 마찬가지이다.
- 이 책에 인용된 법령 가운데 민법규정은 민법이라고 표시하지 않고 조문으로만 인용하였다. 그리고 나머지의 법령은 해당 법령의 명칭을 써서 인용하되, 몇 가지 법령은 약칭을 썼다(전부 또는 일부에서). 그러한 법령 중 중요한 것들의 본래의 명칭은 다음과 같다.

  가담법(또는 가등기담보법): 「가등기담보 등에 관한 법률」
  대부업법: 「대부업의 등록 및 금융이용자 보호에 관한 법률」
  민소: 민사소송법
  부동산실명법: 「부동산 실권리자 명의 등기에 관한 법률」
  비송(또는 非訟法): 비송사건절차법
  실화책임법: 「실화책임에 관한 법률」
  약관법: 「약관의 규제에 관한 법률」
  집합건물법: 「집합건물의 소유 및 관리에 관한 법률」
  채무자회생법: 「채무자회생 및 파산에 관한 법률」

- 판결 인용은 양을 줄이기 위하여 다음과 같은 방식으로 하였다.
  (예) 대법원 1971. 4. 10. 선고 71다399 판결 → 대판 1971. 4. 10, 71다399

제 1 장 서   론

제 1 절 채권법 일반론

Ⅰ. 채권법의 의의 [1]

채권법은 물권법과 마찬가지로 민법의 일부분이다. 따라서 채권법의 의의
도, 민법 전체나 물권법의 의의에 있어서처럼($\binom{민법총칙\,[1]\,이}{하,\,물권법\,[1]}$), 실질적으로 정의될 수
도 있고 형식적으로 정의될 수도 있다. 앞의 것을 실질적 채권법이라고 하고, 뒤
의 것을 형식적 채권법이라고 한다.

(1) 실질적 채권법

채권법을 실질적으로 파악하면 실질적 민법 가운데 채권에 관한 법이다. 이
것을 달리 표현하면「채권관계 즉 2인 이상의 특정인 사이에 채권·채무가 존재
하는 법률관계를 규율하는 일반사법」이라고 할 수 있다.

(2) 형식적 채권법

형식적 의미의 채권법은「민법」이라는 이름의 법률 가운데「제 3 편 채권」
$\binom{373조\,내}{지\,766조}$을 가리킨다.

(3) 두 채권법 사이의 관계

실질적 채권법과 형식적 채권법은 일치하지 않는다. 후자가 전자의 핵심부
분을 이루고 있어 두 법은 중요부분에서 서로 겹치나, 형식적 채권법 가운데에는
실질적 채권법에 속하지 않는 것도 있으며($\binom{예:\,389조\,\cdot}{704조}$), 민법전의「제 3 편 채권」이
외의 규정 가운데 채권법적인 것도 있고($\binom{예:\,201조\,2항\,\cdot\,202}{조\,\cdot\,203조\,\cdot\,261조}$), 또 주택임대차보호법·
「약관의 규제에 관한 법률」·「보증인 보호를 위한 특별법」·신원보증법 등과 같
은 특별법에도 채권법적 규정이 많이 있다. 그 밖에 관습법과 판례($\binom{법원이라고}{볼\,경우}$) 중에
도 실질적 채권법이 있다.

(4) 채권법학의 대상: 실질적 채권법

민법학의 일부인 채권법학의 대상이 되는 것은 실질적 채권법이다. 그런데 실질적 채권법의 중요부분을 이루고 있는 것이 형식적 채권법이기 때문에 후자를 중심으로 하여 다루게 된다. 그렇지만 내용상 누락을 막기 위하여 실질적 채권법이 아닌 채권편의 규정도 살펴볼 것이다. 그에 비하여 채권편 이외의 곳에 있는 실질적 채권법 규정은 각각 해당하는 책에서 설명을 하기 때문에 이 책에서는 설명하지 않을 것이다.

Ⅱ. 채권법의 기능

흔히 문헌들은 채권법을 가리켜 타인의 협력(특히 재화와 노무)을 보장하는 법률이라고 한다(곽윤직, 2면; 김상용, 1면 등). 그러나 이는 채권법 중 계약법만에 적당한 설명일 뿐이며, 채권법 일반에 타당한 것은 아니다. 채권법의 기능은 단순하지가 않다(Medicus/Lorenz, Rn. 42는 전체로서의 채권법이 매우 다양하다는 이유로 기능의 설명에 회의적이다).

채권법의 규율내용에 비추어 볼 때, 채권법은 ① 타인의 협력에 대한 보장(계약법), ② 법적으로 보호하여야 할 이익 즉 법익의 보호(불법행위법), ③ 부당한 가치이동의 조절(부당이득법), ④ 채권의 재산권성의 강화(채권양도법) 등과 같은 다양한 기능을 가진다고 할 것이다.

[2] # Ⅲ. 채권법의 법원(法源)

1. 서 설

민법의 법원에 관한 설명(민법총칙 [7])은 채권법의 법원에 관하여도 원칙적으로 타당하다. 그러므로 여기서는 특별히 언급하여야 할 사항만 적기로 한다.

채권법의 법원에도 성문법과 불문법이 있다.

2. 성 문 법

(1) 민법 제 3 편 채권(373조 내지 766조)

채권법의 가장 중요한 법원이다.

(2) 특 별 법

특별법 가운데 채권법의 법원이 되는 것이 많이 있다. 그 주요한 것으로는 주택임대차보호법·상가건물임대차보호법·「할부거래에 관한 법률」·「방문판매 등에 관한 법률」·「약관의 규제에 관한 법률」·이자제한법·「대부업 등의 등록 및 금융이용자 보호에 관한 법률」·「보증인 보호를 위한 특별법」·신원보증법· 어음법·수표법·공탁법·농지법·「실화책임에 관한 법률」·제조물책임법·「자동차손해배상 보장법」·국가배상법 등이 있다. 그러나 상법과 은행법 등의 상사 특별법은 특별사법이어서 채권법의 법원이 아니라고 하여야 한다(통설은 반대임).

3. 불 문 법

(1) 관 습 법

관습법도 채권에 관한 것은 채권법의 법원이 된다.

(2) 판   례

판례는 채권법의 법원은 아니지만(이설 있음) 실제에 있어서는 「살아 있는 법」으로 서 기능하고 있다.

Ⅳ. 민법전 「제3편 채권」의 내용과 이 책의 기술순서 [3]

1. 민법전 「제3편 채권」의 내용

(1) 형식적 채권법인 민법전 「제 3 편 채권」은 총칙, 계약, 사무관리, 부당이득, 불법행위의 5장으로 이루어져 있다. 이들 가운데 「제 1 장 총칙」은 채권이 어떤 원인에 의하여 발생하였는지를 묻지 않고 모든 채권에 공통적으로 적용되는 내용을 규정하고 있으며, 제 2 장 내지 제 5 장은 채권의 발생원인 중 대표적인 것 4가지에 관하여 개별적인 사항을 규정하고 있다.

우리 문헌들은 한결같이 민법 「제 3 편 채권」 중 제 2 장 내지 제 5 장이 채권의 발생원인을 규정하고 있다고 하여(대표적으로 곽윤직, 5면), 마치 그것이 채권의 발생원인만을 규정하고 있는 것처럼 표현하고 있으나, 그렇지는 않다. 거기에서는 단순히 채권의 발생원인이 무엇인가만을 정하고 있지 않으며, 주요한 채권발생원인의 각각에 관하여 특유한 사항 모두를 규정하고 있다.

(2) 채권편「제 1 장 총칙」은 모두 8절로 이루어져 있으며, 각 절의 제목은 채권의 목적·채권의 효력·수인의 채권자 및 채무자·채권의 양도·채무의 인수·채권의 소멸·지시채권·무기명채권이다.

이들 중「제 1 절 채권의 목적」은 채권들 가운데 그 목적이 공통한 것에 관한 일반적인 규정을 모아둔 것이다. 그리고「제 2 절 채권의 효력」에서는 채무불이행과 그로 인한 손해배상·강제이행·채권자지체·채권자대위권·채권자취소권을 규정하고 있다. 이 부분이「제 1 장 총칙」에 있어서 가장 중요한 것이나, 그것의 제목 및 규율방식은 바람직하지 않다(^[10]_{참조}).「제 3 절 수인의 채권자 및 채무자」에서는 채권자 또는 채무자가 여럿 있는 특수한 경우로서 분할채권관계·불가분채권관계·연대채무·보증채무 등을 규정하고 있다.「제 4 절 채권의 양도」와「제 5 절 채무의 인수」에서는 채권·채무의 주체가 변경되는 경우를 규정하고 있다. 그리고「제 6 절 채권의 소멸」에서는 변제·대물변제·공탁·상계·경개·면제·혼동 등 7가지의 채권소멸원인을 정하고 있다. 마지막으로 제 7 절과 제 8 절에서는 증권적 채권인 지시채권과 무기명채권에 관하여 규정하고 있다.

이와 같은 채권편「제 1 장 총칙」에 관한 논의를 강학상(講學上) 채권총론 또는 채권법총론이라고 한다.

〈주의할 점〉

채권편「제 1 장 총칙」내지 채권법총론에 있어서「채권」이라 함은 채권 하나만을 가리킨다. 그리하여 하나의 채권관계에서 — 가령 쌍무계약에 의하여 — 두 개의 채권이 발생하는 경우에도 그 각각에 관하여 따로따로 채권총칙의 규정이 적용된다. 그 결과 하나하나의 채권에 관하여 채무불이행이 발생할 수 있고 또 소멸할 수도 있으며, 양도가 이루어질 수도 있다. 그때 다른 채권이 그에 영향을 받는지, 그리하여 그 운명이 어떻게 되는지는 채권총칙에 규정된 바가 전혀 없다. 그것들은 채권편 제 2 장 등에 규정되어 있거나(^{예: 537조·538}_{조·548조}) 이론으로 설명되어야 한다. 채권총칙의 이러한 점은 논리적으로는 비난받을 이유가 없으나, 전문가가 아니면 이해하기 어려운 체계를 취하고 있어서 반드시 바람직하다고 할 수는 없다. 어쨌든 우리 민법의 채권총칙이 하나의 채권관계에서 복수의 채권이 발생하는 경우에도 채권들을 분리하여 각각의 채권을 하나씩 고찰하는 방식을 취하고 있기 때문에, 복수의 채권이 발생하는 경우에는 다른 채권에 관하여 따로 주의깊게 살펴보아야 한다.

(3) 채권편 제 2 장 내지 제 5 장은 4가지의 가장 중요한 채권발생원인인 계

약·사무관리·부당이득·불법행위에 관하여 규정하고 있다. 이들 중 계약은 둘이상의 서로 대립하는 의사표시의 일치에 의하여 성립하는 법률행위 즉 넓은 의미의 계약 가운데 채권의 발생을 목적으로 하는 것이고, 사무관리는 의무 없이타인의 사무를 처리하는 것이고, 부당이득은 법률상 원인 없는 이득이며, 불법행위는 고의 또는 과실로 위법하게 타인에게 손해를 가하는 행위이다. 이들이 있으면 채권이 발생한다. 그런데 이들 중 계약의 경우에는 법률행위에 의하여 채권이발생하는 것이나, 나머지의 경우에는 모두 법률의 규정에 의하여 채권이 발생하는 것이다. 따라서 채권의 발생원인 중에는 계약이 가장 중요하다.

채권편「제 2 장 계약」은 16절로 이루어져 있는데, 그 가운데 제 1 절은 다시총칙 즉 계약총칙이고, 제 2 절 내지 제15절은 증여·매매 등 15가지의 전형계약을 규정하고 있다(2015. 2. 3. 민법 개정시에 9절).(의 2(여행계약)가 신설되었음)

채권편 제 2 장 내지 제 5 장에 관한 논의를 강학상 채권각론 또는 채권법각론이라고 한다. 그리고 채권편 계약의 장 제 1 절에 관한 논의를 계약총론이라고하며, 제 2 절 내지 제15절에 규정된 개별적인 전형계약에 관한 논의를 계약각론이라고 한다.

2. 이 책의 기술순서

(1) 내용적인 이해만 생각한다면 채권법은 그 전부를 한 권의 책에서 논의하는 것이 바람직하다. 그러나 채권법에서 다루어야 할 내용이 한 권의 교과서에서다루기에는 너무나 많고, 또 현재 대학에서 채권법을 총론과 각론으로 구분하여강의하기 때문에, 저자는 채권법을 총론과 각론의 두 권의 책으로 나누어 엮으려고 한다. 그럼에 있어서 이해의 편의를 위하여, 일반적으로 다른 문헌들이 채권법각론에만 두고 있는「채권의 발생원인 개관」은 총론인 이 책에 두려고 한다.

(2) 그리고 이 책은 원칙적으로 채권편 총칙의 순서에 따라 기술하려고 한다. 총칙의 규정이 매우 논리적이기 때문이다. 그러나 법률규정의 위치나 제목에부적절한 점이 있는 때에는 그것을 바로잡은 뒤 적을 것이다. 그리고 채권법각론에서 가져온「채권의 발생원인 개관」도 적절한 위치에 둘 것이다.

채권편 총칙의 규정 가운데 제목이나 위치에 있어서 바람직하지 않은 것은「제 2 절 채권의 효력」이다. 그 규정들은「채권의 효력」이라는 제목 대신에「채무불이행과 채권자지체」와 「책임재산의 보전」이라는 제목 하에 두 부분으로 나누어졌어야 하고, 또 강제이행규정($^{389}_조$)은 민사소송법에 있어야 할 규정이므로 민법에 있지 않았어야 한다($^{주해(9), 9면}_{(송덕수) 참조}$). 그리고 순수한 「채권의 효력」은 서론 부분에서 논의되어야 할 사항이다.

그 밖에 채권에 관한 공통적인 여러 가지 사항을 다루기 전에 먼저 「채권의 발생」을 살펴보는 것이 바람직하다. 그래야 공통사항에서 간혹 나타나는 개별적 채권발생원인에 따른 특수성($^{가령 채무불이행의 효}_{과로서의 계약해제}$)을 쉽게 이해할 수 있게 하고, 또 채권법각론에서 불필요하게 개괄적인 안내를 2중으로 하지 않을 수 있기 때문이다.

한편 이상적으로 생각하면, 채권의 발생 · 채권의 내용($^{채권의 목적이}_{이에 해당함}$) · 채권의 소멸의 순서를 생각할 수 있으나, 민법전처럼, 채권의 소멸에 앞서서 채권에 있어서 공통적으로 문제되는 채무불이행과 책임재산의 보전 · 다수당사자의 채권관계 · 채권양도와 채무인수 등을 먼저 다루는 것이 논리적이다. 그리고 채권총칙 제7절 · 제8절에 규정된 지시채권 · 무기명채권은 민법상 중요성도 적을 뿐만 아니라 주로 채권양도와 관련되는 것이므로 「채권양도」 부분에서 논의하는 것이 좋을 것이다.

이러한 점들을 고려하여 이 책은 서론, 채권의 발생, 채권의 목적, 채무불이행과 채권자지체, 책임재산의 보전, 다수당사자의 채권관계, 채권양도와 채무인수, 채권의 소멸 등 8장으로 나누어 적을 것이다. 그리고 본래의 의미의 「채권의 효력」은 제1장 서론에서 다룰 것이다($^{자연채무 · 채무와 책임 · 제}_{3자에 의한 채권침해 등}$). 또한 각론에서 가져온 「채권의 발생원인 개관」은 「제2장 채권의 발생」에 포함시킬 것이다.

[4] V. 채권법의 특질

1. 채권법의 법적 성격

(1) 일반사법의 일부

채권법은 민법의 일부로서 당연히 사법, 그중에서도 일반사법에 속한다. 따라서 상법 등의 특별사법은 채권에 관한 것이라도 채권법이 아니다($^{통설은 채권에 관한}_{법은 특별사법이라}$
$^{도 채권법이라}_{고 파악한다}$).

(2) 재 산 법

일반사법(민법)은 크게 재산법과 가족법으로 나누어지는데, 그 경우에 채권법은 물권법·상속법과 함께 재산법에 속한다. 그리고 채권법은 특히 물권법과 더불어 재산법의 2대 분야를 이루고 있다.

채권법은 재산법 가운데 재화의 교환 즉 계약을 중심으로 하는 법이다. 그 점에서 소유권을 중심으로 하는 재산법인 물권법과 대비된다.

(3) 실 체 법

채권법은 절차법이 아니고, 권리의무관계를 직접 규율하는 실체법이다.

2. 채권법의 특질

채권법은 공법, 특별사법, 가족법과는 분명하게 구별된다. 따라서 여기서는 같은 재산법으로서 가장 가까운 법인 물권법에 비하여 어떤 특별한 성질이 있는지를 살펴보기로 한다.

(1) 임의규정성

물권법은 배타성을 가지는 물권을 규율하기 때문에 제 3 자 보호를 위하여 그 대부분의 규정을 강행규정으로 하고 있다($\binom{물권법}{[5] \, 참조}$). 그에 비하여 채권법이 규율하는 채권은 배타성이 없는 상대적인 권리이어서 그것의 성립이나 내용을 당사자에게 맡기더라도 제 3 자에게 손해를 발생시킬 가능성이 적다. 그 때문에 채권법의 영역에서는 사적 자치가 널리 인정되며, 그 규정들은 대체로 임의규정으로 되어 있다. 특히 거래법인 계약법에 있어서 그렇다.

그러나 채권법에도 강행규정이 적지 않다. 우선 법정 채권발생원인인 사무관리·부당이득·불법행위에 관한 법은 대체로 강행규정이다. 그리고 재산으로서의 채권에 관한 규정($\binom{채권양도 \cdot 채무인수 \cdot 지시채}{권 \cdot 무기명채권에 관한 규정}$)은 제 3 자에게 직접 영향을 미치는 것이므로 대부분 강행규정이다. 그런가 하면 계약법 가운데에도 경제적 약자 보호를 위하여 강행규정이 두어져 있으며($\binom{그러한 규정은 임대차와 소비대차의 경}{우에 많다. 652조 \cdot 607조 \cdot 608조 참조}$), 그러한 규정 또는 특별법은 앞으로 더욱 늘어날 것이다.

(2) 보 편 성

일반적으로 물권법은 각국의 관습과 전통의 영향을 강하게 받는다($\binom{우리의 물권법}{에 관하여는 물}$ 권법 [5] 참조). 그에 비하여 채권법은 거래법으로서 세계적으로 보편화·균질화하는 경

향을 보인다. 무엇보다도 계약법 가운데 매매법에 있어서 그렇다. 그러나 채권법
에서도 지역적 관행에 근거를 두고 있는 부동산의 이용·소비신용의 경우에는 보
편화와는 거리가 멀다($\substack{곽윤직(신정\\판),\ 15면}$).

(3) 동적(動的)인 모습

물권법은 물건에 대한 지배, 그리하여 현재상태의 유지를 규율하는 것이어
서 정적(靜的)이다. 그러나 채권법($\substack{특히\\계약법}$)은 물건·노무 등의 이동, 그리하여 현재
상태의 변경을 규율하는 것이어서 동적(動的)이다($\substack{Brox/Walker,\\Rn.\ 8}$).

(4) 신의칙의 지배

신의칙($\substack{2조\\1항}$)은 민법의 모든 분야에 골고루 적용되나, 그 가운데 채권법에서
가장 현저하게 작용한다. 왜냐하면 채권법이 규율하는 채권은 「장차」 이행을 청
구할 수 있는 권리이므로 채권의 당사자 사이에는 신뢰가 매우 중요하기 때문이
다. 그에 비하여 물권법에서는 권리남용 금지($\substack{2조\\2항}$)가 많이 문제될 것이다.

(5) 로마법의 영향

물권법은 로마법적 요소와 게르만법적 요소가 뒤섞여 있다($\substack{물권법\\[5]\ 참조}$). 그러나
채권법은 로마법의 영향만을 강하게 받고 있다. 그것은 우리의 채권법이 로마법
을 계수한 독일채권법·프랑스채권법을 모범으로 하여 만들어졌기 때문이다.

제 2 절 채권의 본질

[5] **Ⅰ. 채권의 의의·작용**

1. 채권의 의의

채권은 특정인(채권자)이 다른 특정인(채무자)에 대하여 일정한 행위($\substack{이는\ 보통\\급부라고\ 하}$
$\substack{나,\ 이행행위라\\고\ 함이\ 더\ 낫다}$)를 요구할 수 있는 권리이다. 채권은 내용 면에서는 재산권이고, 효력
(작용) 면에서는 청구권이며, 의무자의 범위를 표준으로 해서 보면 상대권이다
($\substack{민법총칙\ [41]\ ·\\[42]\ ·\ [44]\ 참조}$).

(1) 채권은 채무자의 행위 즉 급부(이행행위)를 목적으로 한다. 급부는 적극
적인 행위인 작위일 수도 있고($\substack{예:\ 물건의\\인도·강연}$), 소극적인 행위인 부작위일 수도 있다

$\left(\begin{smallmatrix} 예: 건축을 \\ 하지 않는 것 \end{smallmatrix}\right)$ $\left(\begin{smallmatrix} 급부의 자세한 내용에 관하여는 제3장 \\ 에서 논의한다. [30]·[31] 참조 \end{smallmatrix}\right)$. 어쨌든 채권은 채무자의 행위를 목적으로 하기 때문에, 그것이 실현되려면 채무자의 협력이 있어야 한다.

(2) 채권은 채무자라고 하는 특정인에 대한 권리이다. 그 결과 채권자는 채무자에 대하여만 그 권리를 행사할 수 있을 뿐이며, 제 3 자에게는 일정한 행위를 요구할 수 없다. 채권을 상대권이라고 하는 이유가 거기에 있다.

(3) 채권은 채무자의 일정한 행위를 요구(청구)할 수 있는 권리이다. 그리하여 그것은 청구권이다. 여기서 「요구(청구)할 수 있다」는 것은 ① 청구하는 것이 법적으로 허용된다는 것, 즉 위법하지 않다는 것과 ② 청구에 응하여 상대방이 급부를 한 경우 이를 수령·보유할 수 있다는 것 즉 채무자에 대한 상대적 관계에 있어서 부당이득이 되지 않는다는 것을 의미한다. 주의할 것은, 채권자가 급부를 수령·보유하는 것이 제 3 자에 대한 관계에서는 부당이득이 될 수도 있다는 점이다. 가령 A가 제 3 자인 C 소유의 시계를 점유하고 있다가 B에게 임대하여 그 시계를 인도한 경우에, B가 시계를 점유하여 사용하는 것은 채무자인 A에 대하여는 부당이득이 아니나, 소유자인 C에 대하여는 부당이득이 된다.

2. 채권의 작용

종래 우리 문헌들은 채권의 작용에 관하여 필요 이상으로 관심을 보여 왔다. 그러면서 대체로, 채권은 본래 물권에 도달하는 수단에 불과하였으나, 자본주의가 발전함에 따라 물권과 채권의 사회적 기능이 크게 변하여 물권이 채권을 매개로 하여 기능하고(물권의 채권화), 채권은 유가증권으로 화체(化體)하여 유통된다고 한다(채권의 증권화). 그리고 금융자본주의에 이르러서는 은행이 대부채권을 통하여 산업자본에 개입하고 사실상 이를 지배하게 된다고 한다. 그리하여 이제는 채권이 소유권에 대하여 우월적 지위를 차지하게 되었다고 한다$\left(\begin{smallmatrix} 곽윤직(신정판), 33 \\ 면 이하; 김상용, 19 \end{smallmatrix}\right)$ $\left(\begin{smallmatrix} 면 이하; 김주수, 32면 이하; 김학 \\ 동, 8면 이하; 장경학, 13면 이하 \end{smallmatrix}\right)$.

그러나 이와 같은 설명은 채권이 계약에 의하여 발생한 경우만에 관한 것이다. 채권 중에는 그러한 것이 가장 중요하기는 하나, 그 외에도 중요한 채권이 많이 있다$\left(\begin{smallmatrix} 예: 불법행위로 인한 손해배상채권, \\ 부당이득으로 인한 반환청구권 \end{smallmatrix}\right)$. 그리고 다양한 채권들의 작용 내지 기능은 한 가지로 단순하게 설명될 수 없다. 뿐만 아니라 설사 그러한 설명이 가능하다고 하더라도 그것은 노력에 비하여 얻는 것이 적다. 논의의 실익이 없는 것이다.

[6] **Ⅱ. 채권의 특질**

무릇 어떤 권리의 특질을 밝히는 경우에는 그것과 가장 가까운 권리와 구별되는 성질을 찾기 마련이다. 그 이유는 거리가 먼 권리와는 분명하게 구별되기 때문에 논의할 필요가 없어서이다. 따라서 채권의 특질은 그것과 함께 재산권의 2대 지주를 이루는 물권과 비교하여 어떤 특별한 성질이 있는지 살펴보아야 한다.

1. 청 구 권

물권은 물건 기타의 객체를 직접 지배하는 권리인 데 비하여, 채권은 채무자에게 일정한 행위를 청구할 수 있는 권리에 지나지 않는다. 그 결과 물권은 타인의 협력(행위)이 없어도 실현될 수 있으나, 채권은 타인의 행위가 있어야 실현될 수 있다.

2. 상 대 권

물권은 절대권이어서 특정한 상대방이 없고 모든 자에 대하여 주장할 수 있다. 그에 비하여 채권은 특정인인 채무자에 대하여서만 주장할 수 있는 상대권이다. 그리하여 채권은 원칙적으로 채무자에 의하여서만 침해될 수 있으며(채무불이행), 제 3 자에 의한 침해는 당연히 불법행위로 되는 것은 아니다($^{[17]}$ 이하 참조).

3. 평등성(배타성 없음)

물권은 물건에 대한 직접적인 지배를 내용으로 하는 권리이므로 당연히 독점적인 이용이 가능할 수 있도록 배타성이 인정된다. 그러나 채권은 채무자의 일정한 행위를 청구할 수 있는 권리이므로 배타성이 없다. 따라서 채권은 실질적으로 양립할 수 없는 것이라도 동시에 둘 이상 존재할 수 있다. 그리고 그러한 채권은 효력에 있어서도 차이가 없다. 이를 채권자 평등의 원칙이라고 한다. 예를 들어본다. 가수인 A는 특정일시에 X클럽에서 공연을 하기로 X클럽 소유자와 계약을 체결하고, 그 뒤에 그와 동일한 시간에 Y클럽에서 공연을 하기로 Y클럽 소유자와 또 계약을 체결하였다. 이 경우에 A가 동일한 시간에 X클럽과 Y클럽에서 공연을 할 수는 없다. 즉 A에 대하여 X클럽 소유자와 Y클럽 소유자가 가지는 공연청구권은 실질적으로 병존할 수 없는 것이다. 그렇지만 채권에는 배타성이 없기 때문에 이 두 청구권은 유효하게 성립하며, 두 권리 사이에 우열도 없다. 이 경우에 만약 A가 X클럽에서 공연을 하였다면, Y클럽 소유자는 A에 대하여 채무불이행을 이유로 손해배상만 청구할 수 있을 뿐이다. 그리고 위의 사례는 A가 2중계약을 한 경우인데, 2중계약에 있어서 제 2 계약의 당사자(위의 사례에서는 Y클럽의 소유자)가 제 1 계약이 체결되었다는 것을 알면서 계약을 체결하였다고 하더라도 원칙적으로 제 1 계약의 당사자(위의 사례에서는 X클럽의 소유자)의 채권을 침해한 것으로서 불법행위로 되지 않는다([20] 참조)(판례는 2중매매 기타의 2중양도에 대하여 일정한 경우에는 사회질서에 반하는 법률행위로서 무효라고 하는데, 그것은 다른 문제이다. 민법총칙 [126] 참조).

〈양도성이 채권의 특질인가?〉

  문헌들은, 양도성을 채권의 성질로서 설명하거나(김용한, 11면; 김형배, 31면; 장경학, 19면) 혹은 우리 민법상 채권도 원칙적으로 양도성을 가지지만 그것은 물권에서와 달리 본질적인 것은 아니라고 한다(김주수, 31면; 김학동, 7면. 같은 취지: 곽윤직, 16면; 김상용, 16면). 생각건대 우리 민법이 채권의 양도성을 원칙적으로 인정하고 있으므로(449조 참조) 그것을 채권의 성질로 언급할 수는 있겠으나, 「양도성이 약하다는 것」을 채권의 특질로 설명하는 것은 적절하지는 않다. 왜냐하면 물권의 양도성이 대체로 채권에 비하여 강하기는 하지만, 물권의 경우에도 양도성이 제한되는 예외가 있기 때문이다. 양도성을 물권의 특질로 열거하지 않는 사견의 견지에서는 더 말할 필요도 없다(물권법 [8] 참조).

Ⅲ. 채권과 청구권   [7]

  많은 경우 청구권이라는 용어가 채권과 동의어로 쓰이고 있다. 그리고 채권과 청구권은 개념정의가 같다. 여기서 채권과 청구권이 동일한 권리인지가 문제된다. 학설은 일치하여 이 두 권리가 동일하지 않다고 한다(대표적으로 곽윤직, 11면). 사견도 이러한 학설이 타당하다고 생각한다. 아래에서 채권과 청구권의 관계를 살펴보도록 한다.

1. 존재평면상의 차이

  채권과 청구권은 존재하는 면이 다르다. 채권은 권리의 내용상의 분류에 의한 것이고, 청구권은 효력상의 분류에 의한 것이다. 권리(사권)는 그 내용이 되는 생활이익을 표준으로 하여 재산권·인격권·가족권(신분권)·사원권으로 나누어지는데, 그중 재산권의 대표적인 것으로 채권이 있다($\frac{민법총칙}{[41]}$ 참조). 그런가 하면 권리
는 그것을 행사하는 경우에 어떻게 작용하는가 즉 어떤 효력이 생기는가에 따라
지배권·청구권·형성권·항변권으로 나누어지고($\frac{민법총칙}{[42]}$ 참조), 이 분류에 의할 때 한
종류의 권리가 청구권이다. 청구권 등은 채권·물권과 같은 기초적 권리의 효력
으로 발생하는 것으로서 기초적 권리와 다른 차원에서 존재한다.

2. 청구권 종류의 다양성

채권이 있으면 일반적으로 그로부터 청구권이 발생한다. 청구권은 채권 이
외에 물권·지식재산권·상속권·가족권 등으로부터도 생긴다. 물권적 청구권·
상속회복청구권·유아의 인도청구권·부양청구권·부부의 동거청구권이 그 예이
다. 이들 청구권이 채권과 무관함은 물론이다.

〈채권 이외의 권리에 기초한 청구권과 채권에 관한 법률규정〉
　물권적 청구권과 같이 채권 이외의 권리에서 발생한 청구권에 채권에 관한 법률규
정이 적용되는가? 청구권은 어느 것이든 특정인에 대하여 일정한 행위를 청구할 수
있는 권리라는 점에서 채권과 유사하다. 그러므로 청구권에는 그 성질이 허용하는 한
에서 채권에 관한 일반적 규정이 적용 또는 유추적용되어야 한다. 그러한 점은 물권
적 청구권도 마찬가지이다. 그리하여 통설은 이행지체에 관한 제387조 이하, 변제에
관한 제460조 이하 등은 물권적 청구권에 유추적용된다고 한다($\frac{물권법}{[16]}$ 참조). 그에 비하여
채권양도에 관한 규정은 원칙적으로 청구권에 (유추)적용되지 않는다고 하여야 한다
($\frac{같은 취지: 주해}{(8), 55면(호문혁)}$). 청구권은 그것의 기초가 된 권리와 분리하여 양도할 수 없기 때문이
다. 한편 물권 이외의 권리에 기초한 청구권이라도 그 성질이 채권적 청구권인 때에
는 특별한 사정이 없는 한 채권에 관한 규정이 직접 적용된다고 하여야 할 것이다.

3. 채권의 효력의 다양성

채권은 본질적으로 이행을 청구하는 효력(청구력)을 가진다. 그런데 청구적
인 효력이 채권의 효력의 전부가 아니다. 채권에는 그 외에도 채무자가 이행한
경우에 이행한 것(급부)을 수령하고 보유할 수 있는 효력 즉 급부의 수령·보유력
도 있고, 또 채권자대위권·채권자취소권·항변권·해제권 등과 같은 다른 효력
(권능)도 있다. 이 점에서도 채권과 청구권이 동일하지 않음을 알 수 있다.

4. 이행기가 되지 않은 채권의 경우

채권이 발생하면 보통 청구권이 존재한다. 그러나 이행기가 되지 않은 채권의 경우에는 채권은 존재하여도 청구권은 아직 발생하지 않는다. 청구권은 즉시 행위를 청구할 수 있는 권리이기 때문이다. 그러한 채권의 경우에는 이행기가 되어야 비로소 청구권이 생기게 된다.

5. 결 론

이상에서 본 바와 같이, 채권과 청구권은 존재의 평면이 다르고, 또 여러 면에서 차이가 있다. 채권과 청구권은 동일한 권리가 아닌 것이다. 그렇지만 채권이 성립하면 보통 청구권이 생기며, 그 청구권은 채권의 본질적인 효력 내지 내용을 이루고 있다.

〈채권과 물권에서 청구권의 지위〉

채권이 발생하면 청구권이 존재하고 또 청구권은 채권의 본질적 효력이다. 그리하여 흔히 채권은 청구권이라고 일컫는다. 그러면 물권의 경우에는 어떤가? 물권에 기하여도 청구권이 발생하며, 그것이 물권적 청구권이다. 그런데 물권적 청구권은 물권이 있으면 항상 존재하는 것이 아니고, 물권의 내용실현이 어떤 사정으로 말미암아 방해당하고 있거나 방해당할 염려가 있는 경우에 한하여 생긴다. 그리고 물권적 청구권이 생긴 후에 그 권리가 행사되어 물권의 정상적인 지배상태가 회복되면 물권적 청구권은 소멸한다. 그리고 이때에도 물권은 여전히 존재하게 된다(채권의 경우에는 청구권이 실행되면 채권 자체가 소멸한다). 여기서 물권적 청구권은 물권의 효력이기는 하지만 핵심적인 것이 아님을 알 수 있다. 물권의 효력 가운데 가장 중요한 것은 물건 기타의 객체를 직접 지배하는 것 즉 직접적인 지배력이다. 그리하여 물권을 지배권이라고 하는 것이다(민법총칙 [42] 참조).

IV. 채권과 채권관계 [8]

1. 채권관계의 의의

(1) 민법전은 채권에 관하여만 규정하고 있으며 채권관계라는 용어는 사용하지 않는다. 그러나 채권에 관한 법률관계에 있어서 채권만을 다루게 되면 법률문제의 해결은 불충분하게 된다. 그러한 법률관계에는 채권으로 파악되지 않는 의무도 있기 때문이다. 따라서 채권에 관한 법률관계 즉 채권관계의 개념을 인정하

고 그에 대하여 살펴보아야 할 필요가 있다.

(2) 채권관계란 2인 이상의 특정인 사이에 채권·채무가 존재하는 법률관계를 말한다. 이를 좀더 자세히 설명하면 다음과 같다.

1) **특별구속관계**　　채권관계는 일반인 사이의 관계가 아니고 채권자와 채무자라는 특정인 사이의 법률관계이다. 그러한 의미에서 채권관계는 일종의 특별구속관계라고 할 수 있다. 그에 비하여 물건 기타의 객체에 대한 지배관계인 물권관계는 물권자(예: 소유자)가 객체를 지배하는 것을 일반인 모두가 인정하여야 하는 관계이어서 특별구속관계가 아니다.

특별구속관계에는 채권관계만 있는 것이 아니다. 민법상의 다른 법률관계인 혼인관계나 공법상의 것인 공무원관계도 특별구속관계에 해당한다. 특별구속관계에서는 각 당사자가 일정한 구속(권리·의무)을 받게 되는데, 그 정도는 특별구속관계마다 차이가 있다. 혼인관계나 공무원관계에서는 구속의 정도가 매우 강하나, 채권관계에서는 특정한 행위를 청구하고 또 청구를 당하는 것이어서 그다지 강하지 않다(같은 취지: 곽윤직, 17면).

2) **포괄적인 관계**(채권과의 구별)　　채권관계는 기본적인 채권·채무만이 존재하는 관계가 아니고, 그 밖에 여러 가지의 권리(예: 항변권·해제권·해지권)와 의무(예: 통지의무·배려의무)도 포괄하는 관계이다. 즉 채권관계는 채권·채무의 단순한 결합관계가 아닌 것이다. 채권관계에 있어서 채무자가 부담하는 의무에 관하여는 후에 자세히 설명한다([28]·[29] 참조).

3) **유기적 관계**　　종래 우리의 통설에 의하면, 채권관계는 당사자가 달성하려는 목적을 향해서 서로 협력하여야 할 긴밀한 관계이고, 그러한 의미에서 채권관계는 하나의 유기적 관계라고 한다(곽윤직, 18면; 김상용, 22면; 김용한, 15면). 그런데 근래에는 통설이 채권관계를 협동체로 보는 데 대하여 회의적인 시각도 보인다(김학동, 5면).

생각건대 채권관계는 일단 발생한 후에는 내용이 완전히 고정되어 변하지 않는 것이 아니고 구체적인 경우의 사정에 따라 그 내용(권리·의무 등)이 변할 수 있는 유동적인 관계라고 할 것이다. 그러한 점에서 볼 때, 채권관계의 출생·성장(발전)·쇠약·사망을 전제로 한 유기적(유기체적) 관계라는 표현을 사용하는 것도 무방하다(Medicus, S. 5는 이를 과대평가하지 말아야 한다고 주장한다). 그러나 유기적 관계라는 개념 하에서 당사자가 서로 긴밀히 협력하여야 할 관계라고 설명하는 것은 적절하지 않다. 채권관계의 경우에 당사자인 채권자와 채무자는 경제적으로 서로 대립하는 지위에 있기 때문이다. 그들은 채권관계의 각 단계에서 그들이 부담하고 있는 법적 의무를 이행하면 충분한 것이다(물론 그 의무에는 신의칙에 기한 것도 포함된다). 결국 채권관계는 유기적 관계라고 할 수 있으나, 그것은 채권관계가 변동가능성이 있다는 점에서 그러하며, 거기에서 당사자의 협력관계는 강조되지 않아야 한다.

2. 호의관계(好意關係)와의 구별   [9]

(1) 채권관계와 호의관계의 구별

채권관계는 법의 규율을 받는 법률관계이다. 따라서 채권관계가 성립하면 그로부터 이행(급부)청구권이 발생하고, 채권자가 이행을 청구하여도 채무자가 이행하지 않으면 채권자는 채무의 강제이행을 청구하면서(또는 그것에 갈음하여) 채무불이행을 이유로 손해배상을 청구할 수도 있다. 이러한 채권관계와 구별하여야 하는 비법률관계로 호의관계가 있다.

호의관계는 법적인 의무가 없음에도 불구하고 호의로 어떤 행위를 해 주기로 하는 생활관계이다. 이웃집 어린 아이를 그 부모가 외출하는 동안 대가를 받지 않고 돌보아주기로 한 경우, 자기 차에 아는 사람을 무료로 태워준 경우(이른바 호의동승)가 그 예이다. 이러한 호의관계의 경우에는 약속한 행위를 하여야 할 법적 의무가 없고, 따라서 그 행위를 하지 않았다고 하여 채무불이행을 이유로 손해배상을 청구하지도 못한다.

이와 같이 채권관계와 호의관계의 법적 효과가 전혀 다르기 때문에, 그 둘은 명확하게 구별하여야 한다. 그리고 거기에서 더 나아가 호의관계의 법적 효과를 살펴볼 필요가 있다(호의관계에 관하여 자세한 점은 송덕수, "호의관계의 법률문제," 민사법학 15권, 420면 이하 참조).

(2) 채권관계와 호의관계의 구별표준

우리 문헌들은 대체로 채권관계와 호의관계의 구별에 관하여, 이해상황 또는 기타의 사정을 고려하여 순수한 호의만이 존재하는가 또는 표시된 내용에 대하여 법적 구속의사가 인정될 수 있는가에 따라서 판단해야 할 것이라고 한다(김상용, 27면; 김형배, 40면; 정기웅, 19면; 주석 채권총칙(1), 50면(조성민). 김학동, 5면도 유사하다). 이러한 우리의 통설의 자세한 의미는 불분명한데, 그것이 만약 당사자의 실제의 의사 유무로 구별하여야 한다는 것이면 옳지 않다. 당사자의 실제의 의사에 의하여 구별한다면, 사정에 맞지 않는 당사자의 불합리한 의사에 의하여서도 구별되게 되는 부당함이 생기기 때문이다. 채권관계인지 호의관계인지는 당사자의 실제의 의사에 의해서가 아니고, 구체적인 경우의 모든 사정에 비추어 합리적으로 판단해 볼 때 당사자에게 법적으로 구속당할 의사가 있었다고 보아야 하는지에 의하여 결정하여야 한다.

그러한 의미로 구별표준을 정리하면 다음과 같다. 호의행위자의 상대방이 제반사정 하에서 적절한 주의를 베풀었다면 호의행위자의 행위를 어떻게 이해했어야 하는지, 즉 호의행위자의 상대방이 호의행위자에게 법적으로 구속당할 의사가 있다고 보았어야 하는지에 의하여 구별하여야 한다. 그 결과 법적으로 구속당할 의사가 있다고 보았어야 한다면 채권관계(법률관계)로 되고, 그러한 의사가 없다고 보았어야 한다면 호의관계(비법률관계)로 되는 것이다.

(3) 호의행위자의 의무

호의관계의 경우에는 법적인 급부의무는 존재하지 않는다. 그러나 호의관계의 경우에도 때에 따라서는 「기타의 행위의무」(^{[29] 참조. 판례는 이를 신의}_{칙상의 부수의무라고 한다})만은 있을 수 있다(^{같은 취지: 김상용, 27면; 김형배, 40면; 주석 채권총칙(1), 50면}_{(조성민); Brox/Walker, Rn. 30; Fikentscher/Heinemann, Rn. 20}). 따라서 호의행위자의 의무의 문제는 순수한(단순한) 호의관계와 「기타의 행위의무」 있는 관계로 나누어 살펴보아야 한다.

순수한 호의관계의 경우에는 급부의무(^{주된·종된}_{급부의무})뿐만 아니라 「기타의 행위의무」도 존재하지 않는다. 그 결과 상대방은 급부를 청구할 수 없음은 물론이고, 호의행위에 의하여 손해가 발생하였다고 하더라도 계약법이 아니고 불법행위법에 의하여 손해가 배상될 수 있을 뿐이다.

호의관계 중에는 「기타의 행위의무」는 존재하는 경우도 있다. 이 경우에 어떤 근거로 그 의무의 존재를 인정할 것인가가 문제인데(^{여기에 관한 독일 학설과 자세한 논의}_{는 송덕수, 앞의 "호의관계의 법률문}_{제," 431면}_{이하 참조}), 사견은 다음과 같이 새긴다. 호의관계에 있어서도 사정에 따라서는 계약체결상의 과실과 마찬가지로 신의칙에 의하여 계약에 유사한 신뢰관계가 성립한다고 하여야 한다. 그리하여 호의행위자는 본래의 급부의무는 없지만 「기타의 행위의무」는 부담하게 된다. 그리고 그러한 경우에는 불법행위법이 아니고 계약법이 유추적용되어야 한다. 「기타의 행위의무」만 존재하는 경우에도 호의행위자의 상대방은 이행을 청구할 권리가 없다. 그러나 호의행위자가 「기타의 행위의무」를 위반한 때에는 상대방은 일종의 계약책임(^{또는 계약에}_{유사한 책임})으로서 손해배상을 청구할 수 있다(김학동, 5면 주 2는 호의관계의 경우에 채무불이행을 이유로 한 손해배상책임을 인정하는 것은 의문이고 불법행위에 기한 책임을 인정하여야 한다고 주장한다). 예컨대 사냥을 위하여 초대된 자는 초대한 자와 호의관계에 있다. 따라서 이 경우에 손님은 사냥을 하게 할 것을 청구하지는 못한다. 그리고 손님도 사냥을 하여야 하는 것도 아니고, 또 초대자도 사냥에 협력할 의무도 없다. 급부의무가 존재하지 않기 때문이다. 그렇지만 이 경우에 초대자는 손님이 사냥에서 다치지 않도록 하여야 할 신의칙상의 의무(일종의 보호의무)를 부담한다고 하여야 한다. 그 결과, 초대자의 비서가 사냥을 잘못 기획하여 손님이 총에 맞을 수밖에 없었던 때에는, 초대자는 제391조에 의하여 책임을 지게 된다.

(4) 호의행위자의 책임

호의행위자는 행위를 하지 않거나 행위를 하다가 중단하더라도 채무불이행 책임을 지지 않는다. 계약상의 급부의무가 없기 때문이다. 그러나 호의행위자가 행위를 하다가 손해를 발생시킨 경우에는, 불법행위로 인한 책임이 문제된다. 호의관계는 계약책임만 발생시키지 않는 것이지 불법행위책임과 같은 비계약책임까지 배제하는 것은 아니기 때문이다(Fikentscher/Heinemann, Rn. 29). 그리고 순수한 호의관계에 있어서와는 달리 「기타의 행위의무」가 있는 호의관계의 경우에는 「기타의 행위의무」 위반(이는 통설이 말하는 불완전이행에 포함되는 것임)책임에 유사한 책임이 인정될 수 있을 것이다.

호의관계의 경우에 가해가 발생한 때에 호의행위자의 책임을 감경하여야 하는가? 여기에 관하여 우리 문헌들은 논의가 거의 없고, 단지 호의동승에 대하여만 의견이 제시되고 있다. 생각건대, 호의행위자가 가해한 경우는 보통의 손해발생의 경우와는 달리 호의관계의 특수한 면을 고려하여야 한다. 그리하여 무상수치인의 주의의무에 관한 제695조를 호의관계에 있어서의 책임에 유추적용하는 것이 바람직하다. 즉 주의의무에 관하여 개인의 능력차를 인정하여 구체적 과실이 있는 경우에만 책임을 인정하자는 것이다. 그리고 이러한 결과는 「기타의 행위의무」 위반의 경우에도 마찬가지로 인정되어야 한다. 다만, 호의동승은 책임보험이 존재하는 등 특수성이 있어서 그러한 특수성까지 고려하여 별도로 다루어야 한다. 그에 관하여는 「채권법각론」 책에서 논의한다(채권법각론 [293]; 송덕수, "호의동승," 민사법학 18권, 578면 이하 참조).

[10] **V. 채권의 효력**

1. 서   설

민법은 제 3 편(채권) 제 1 장(총칙) 제 2 절의 제목을「채권의 효력」이라고 붙이고, 그 아래에서 ① 채무불이행과 그 구제수단인 강제이행 및 손해배상($^{387조 \, 내}_{지 \, 399조}$), ② 채권자지체($^{400조 \, 내}_{지 \, 403조}$), ③ 채무자의 책임재산 보전($^{404조 \, 내}_{지 \, 407조}$)에 관하여 규정하고 있다($^{제 3 편 제 1 장 제 2 절(채권의 효력)에 관한 입법론}_{적인 \, 비판에 \, 대하여는 \, 주해(9), \, 9면(송덕수) \, 참조}$). 이러한 민법규정의 영향으로 우리 문헌들은 거의 예외 없이「채권의 효력」이라는 제목의 장(章)을 두고, 그 안에서 민법전이 같은 제목의 절에서 규정하고 있는 것들을 기술하고 있다. 그러면서 그것들과 채권의 일반적인 효력($^{청구력 \cdot 급부보유력 \cdot 강제력 \cdot}_{제 3 자에 \, 의한 \, 채권침해 \, 등}$)이 채권의 효력이라고 한다. 그런데 이러한 우리의 통설의 태도가 올바른지는 의문이다.

아래에서「채권의 효력」의 일반론으로서「채권의 효력」의 의의와 그 개괄적인 내용을 정리하고, 이어서 채권의 개별적인 효력을 보다 구체적으로 살펴보기로 한다.

2. 채권의 효력 일반론

(1) 채권의 효력의 의의

우리의 문헌들은 대부분「채권의 효력」의 의의에 관하여 침묵하고 있다($^{다만,}_{김형}$배, 103면; 정기웅, 81면은 예외이다). 그러나 채권의 효력을 논의하려면 먼저 그것이 무엇인지를 확정하여야 한다. 그런데 채권의 효력의 의의를 확정하기는 쉽지 않다. 사견으로는「채권의 내용을 실현하게 하기 위하여 채권에 대하여 법이 인정하는 힘」이 채권의 효력이라고 이해한다. 그리고 이때「법이 인정하는 힘」은 실체법상의 것뿐만 아니라 절차법상의 것도 포함한다고 할 것이다. 다만,「법이 인정하는 힘」가운데 소극적인 것은 제외되고 적극적인 것만이 효력이라고 하여야 한다. 그렇지 않으면 채권에 관한 모든 법률규정(법)이 그 효력을 구성하게 되기 때문이다.

(2) 채권의 효력의 개괄적 내용

채권의 효력에는 구체적으로 어떠한 것이 있는가? 이는「채권의 효력의 의의」를 어떻게 이해하는가와 직결되는 문제이다. 그럼에도 불구하고 우리의 문헌들은, 채권의 효력의 의의를 밝히고 있든 밝히고 있지 않든, 그리고 그것을 어떻게 설명하고 있든, 거의 차이가 없다. 그 내용은, 앞서 언급한 바와 같이, 민법 제 3 편 제 1 장 제 2 절(채권의 효력)에 규정되어 있는 강제이행·손해배상·채권 자지체·책임재산 보전과 거기에 규정되어 있지 않은 청구력·급부보유력· 제 3 자에 의한 채권침해 등이다(대표적으로 곽윤직, 52면. 그러나 이은영, 34면은 청구력·보 유력·소구력·집행력·채권자대위권·채권자취소권만을 든다). 그러 나 그것들의 분류방식은 각양각색이다.

　채권의 효력을 구체적으로 열거하기 전에 몇 가지 사항을 정리하기로 한다. ① 「채권의 효력」의 의의에 비추어 볼 때, 채권의 효력에는 절차법상의 것도 포 함된다. 소를 제기할 수 있는 효력, 강제집행을 할 수 있는 효력이 그것이다. ② 채권자지체는 채권의 효력으로 다룰 수 없다. 그것은 결코 「채권에 대하여 법이 인정하는 힘」이 아니기 때문이다. ③ 채권에는 당연히 청구력이 있다. 그런데 그 의미는 재판 외에서 청구할 수 있는 효력만을 가리킨다고 하여야 한다. 왜냐하면 재판상 청구할 수 있는 효력 즉 소구력은 채권의 내용을 강제로 실현하기 위하여 필요한 것으로서 재판 외에서 청구할 수 있는 효력과는 기능에 있어서 현저하게 다르기 때문이다. 따라서 여기서는 청구력이라는 용어를 소구력을 포함하지 않 는 의미로 사용하기로 한다. ④ 채무불이행의 경우에는 채권에 대하여 청구력· 소구력·집행력이 인정되는데, 이들 중 앞의 둘은 채무불이행에 특유한 것이 아 니다. 그러므로 채권의 효력으로 따로 「채무불이행에 대한 효력」을 논하는 것은 부적당하다. 채무불이행의 경우에 있어서의 채권의 효력은 그 이전의 채권의 효 력, 특히 청구력에 실현강제력이 덧붙여진 것에 지나지 않는다(그렇다고 하여 채권법에서 채무불이행이 중요하지 않 다는 의미는 결코 아니다. 그것은 중요하나, 채권의 효력의 문제와는 구별되어야 한다). ⑤ 채무불이행의 경우의 손해배상청구권은 채무 불이행의 효과이며, 채권의 효력이 아니다. 그때의 채권의 효력은 「손해배상을 청구하는 효력」(청구력)과 그것의 실현강제력이다. 그러한 점에서 볼 때 손해배상 과 강제이행은 동등한 것이 아님을 알 수 있다. ⑥ 채권에는 급부보유력도 있다. 이는 채무자의 임의이행 또는 강제이행이 있는 경우에 채권자가 급부한 것을 수 령하여 보유할 수 있는 효력이다. ⑦ 그 밖에 채권자대위권·채권자취소권(책임 재산 보전의 효력)도 채권의 효력의 일종이라고 할 수 있다. ⑧ 그리고 제 3 자의 불법한 채권침해(제 3 자에 의한 채권침해)의 경우에 인정되는 효력도 채권의 효력 에 해당한다.

　이상의 것을 바탕으로 하여 채권의 효력을 정리하여 보면, 채권의 효력에는

① 청구력(재판 외에서 청구를 할 수 있는 효력), ② 실현강제력(소구력 즉 소를 제기할 수 있는 효력, 집행력 즉 강제집행을 할 수 있는 효력), ③ 급부보유력, ④ 채권자대위권·채권자취소권, ⑤ 제3자의 불법한 채권침해에 대한 효력 등이 있다고 할 수 있게 된다. 그런데 이들 효력을 어떻게 분류할 것인가가 문제이다.

채권의 효력은 채권자와 채무자라는 당사자 사이에서 인정되는 것이 대부분이다(채권이 상대권이기 때문에). 그러나 당사자 이외의 자와의 사이에서 인정되는 것도 있다. 이들 가운데 당사자 사이에서 인정되는 효력은 대내적 효력이라고 할 수 있고, 제3자와의 사이에서 인정되는 효력은 대외적 효력이라고 부를 수 있다. 이렇게 채권의 효력을 대내적 효력과 대외적 효력으로 나눌 경우에 청구력, 실현강제력(소구력·집행력), 급부보유력이 전자에 해당한다는 데 대하여는 다툼이 있을 수 없다. 그런데 나머지에 대하여는 견해가 대립된다. 학설은 나머지들 가운데 하나 또는 둘 모두가 대외적 효력이라고 한다. 생각건대 채권자대위권·채권자취소권과 제3자의 불법한 채권침해에 대한 효력은 모두 제3자에 대하여 영향을 미치기는 한다. 그러나 전자는 본래 채무자의 책임재산을 보전하려는 목적을 가지는 것으로서 그것이 제3자에게 효력을 미치는 것은 반사적인 효과에 지나지 않는다. 따라서 후자만을 대외적 효력으로 보아야 하며, 전자는 그로부터 분리하여 제3의 효력으로서「책임재산 보전의 효력」이라고 부르는 것이 좋을 것이다. 그렇게 본다면, 채권의 효력은 우선 크게 대내적 효력, 대외적 효력, 책임재산 보전의 효력의 셋으로 나누어지는데, 그중 대내적 효력은 다시 청구력·실현강제력(소구력·집행력)·급부보유력으로 세분되며, 대외적 효력은 제3자의 불법한 침해에 대한 효력이고, 책임재산 보전의 효력은 채권자대위권·채권자취소권을 가

〈채권의 효력 개관〉

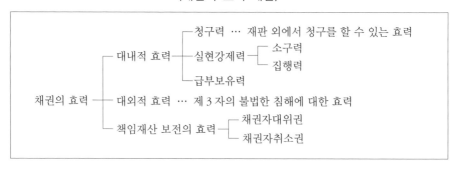

리킨다. 아래에서 이들을 나누어 설명하기로 한다.

3. 대내적 효력 [11]

(1) 청구력과 급부보유력

1) 채권에는 당연히 일정한 행위를 청구할 수 있는 효력, 즉 청구력이 있다. 그런데 여기서 「청구할 수 있다」고 함은, 앞에서 언급한 바와 같이($^{[10]}_{참조}$), 재판 외에서 청구할 수 있다는 것만을 의미한다. 재판상의 청구는 따로 소구력의 문제로 다루는 것이 적당하기 때문이다.

채권이 청구력을 갖는 시기는 원칙적으로 채무의 이행기(변제기)가 된 때이다. 그러나 채무자가 기한의 이익을 포기하거나 상실한 때와 같은 경우($^{153조\ 2항\cdot}_{388조}$)에는 예외적으로 이행기가 되지 않았더라도 청구력을 갖게 된다.

채권의 청구력에 있어서 이행을 청구할 수 있는 것(청구내용)은 처음에는 본래의 급부의무에 관하여서이다. 그런데 채무자가 그러한 급부의무를 그에게 책임있는 사유로 이행하지 않거나 이행할 수 없는 경우에는, 채권자는 그것과 병존하여($^{이행지체의\ 원}_{칙적인\ 경우}$) 또는 그것 대신에($^{이행불능의\ 경우,\ 395조가\ 정하}_{는\ 이행지체의\ 예외적인\ 경우}$) 손해배상을 청구할 수 있다($^{390}_{조}$). 가령 매도인 A가 매수인 B에게 특정한 그림을 팔기로 하는 매매계약을 체결한 경우에, A가 그 그림의 소유권이전의무의 이행을 지체하였다면 B는 A에게 제 1 차적 급부인 소유권이전과 함께 손해배상(지연배상)을 청구할 수 있고, A가 그의 과실로 그 그림을 불태워버렸다면 B는 A에게 본래의 급부인 그림의 소유권에 갈음하는 손해배상(전보배상)을 청구할 수 있다. 요컨대 채권의 청구력은 본래의 급부의무에 관하여서만 인정되는 것이 아니고, 채무불이행이 발생한 경우에는 손해배상의무에 관하여도 인정된다. 따라서 우리의 대부분의 문헌이 손해배상을 채권의 독립한 효력으로, 그것도 청구력과는 무관한 것으로 다루는 것은 잘못이다.

2) 채권에는 채무자의 급부가 있는 경우에 그것을 수령하고 적법하게 보유하는 효력, 즉 급부보유력이 있다. 이는 채권이 청구력을 가지는 한 당연히 인정되어야 하는 것이다. 이와 같이 채권에 급부보유력이 있기 때문에 채권자가 채무자로부터 수령한 급부를 보유하는 것은 적법하고 부당이득이 되지 않는다. 그 결과 변제로서 물건을 인도한 채무자는 채권자에 대하여 그 물건의 반환을 청구하지

못한다. 그런데, 앞에서 언급한 바와 같이$\binom{[5]}{참조}$, 급부의 수령·보유가 부당이득이 되지 않는 것은 채무자에 대한 상대적 관계에 있어서만이고 모든 자에 대한 관계에서 보유가 정당화되지는 않음을 주의하여야 한다.

3) 청구력과 급부보유력은 채권의 기본적 효력 내지 최소한도의 효력이다 $\binom{같은 취지: 곽윤직, 52면; 김상용, 75면; 김용한, 87면; 김학동, 59면. 김형배, 104면; 장경학, 82면은 이들을 본래}{적인 1차적 효력이라고 하고, 강제이행·손해배상을 2차적 효력이라고 하나, 이러한 설명 및 표현은 부적절하다}$. 따라서 그러한 효력만 갖추고 있으면 설사 실현강제력을 가지고 있지 않더라도 법률상의 채권이라고 할 수 있다. 뒤에 보는 자연채무$\binom{[3]·[14]}{참조}$와 책임없는 채무$\binom{[16]}{참조}$가 그 예이다.

[12]   **(2) 실현강제력**

1) 의   의   채무자가 청구권의 내용(본래의 급부의무 및/또는 손해배상의무)을 자발적으로 이행하지 않는 경우에 그것을 강제적으로 실현시킬 수 없다면 채권은 실효성이 없는 권리로 전락할 것이다. 따라서 법률은 원칙적으로 채권에 채무$\binom{손해배상}{의무 포함}$의 내용실현을 강제하는 힘을 부여하고 있는데$\binom{389조, 민소 248조 이하,}{민사집행법 61조 이하}$, 그러한 힘을 실현강제력이라고 한다.

주의할 것은, 실현강제력에 의하여 채무의 내용을 강제로 실현시킨다고 할 때에 채무는 본래의 급부의무만을 가리키는 것이 아니고 그것과 병존하거나 그것에 갈음하는 손해배상의무도 포함한다는 점이다. 이는, 손해배상의무가 본래의 급부의무와 마찬가지로 청구의 내용(즉 청구력의 객체)이 되는 것에 대응하는 것이다. 이미 앞에서 지적한 바와 같이$\binom{[10]}{참조}$, 손해배상의무의 발생은 채무불이행의 효과이고 채권의 효력은 아니지만, 설사 손해배상을 채권의 효력의 문제로 본다고 하더라도, 손해배상의무는 그것이 이행되지 않으면 그 실현이 강제되기 때문에, 손해배상은 실현강제력과 대등한 지위를 가질 수 없으며 그 이전의 문제에 지나지 않는다. 그 점에서 우리의 문헌들이 채무불이행에 대한 법적 구제수단으로 현실적 이행의 강제(강제이행)와 손해배상청구의 둘이 있다고 하여, 손해배상청구도 채권의 효력이고 또 강제이행과 대등한 지위를 가지는 것으로 이해하고 있음은 잘못이다$\binom{389조 4항도}{마찬가지이다}$.

채권의 실현강제력은 어떠한 내용의 것인가? 채무내용의 실현은 — 채무자의 인격·의사를 존중하고 있는 근대법에 있어서는 — 채무자의 재산$\binom{채권의 목적이 되}{는 특정재산 또}$ $\binom{는 채무자}{의 일반재산}$을 강제집행하는 방법으로 행하여진다. 그런데 그러한 강제집행이 가능하려면 채권자는 먼저 이행판결 기타의 집행권원을 얻어야 한다. 따라서 채권에는 채무자의 재산을 강제집행할 수 있는 효력과 그 전제로서 소를 제기하여$\binom{재판상}{의 청구}$

를
하여) 이행판결을 받을 수 있는 효력이 인정되어야 한다. 전자를 집행력, 후자를 소구력이라고 한다. 이들 가운데 집행력이 실현강제력의 중심에 있음은 물론이나, 소구력도 집행의 전제가 되는 만큼 실현강제력에 포함시켜서 생각하는 것이 바람직하다.

2) **소 구 력**   우리 법상 채권에는 원칙적으로 소구력이 인정된다. 따라서 채무자가 채무를 이행하지 않는 경우에는, 채권자는 일정한 요건 하에 국가에 대하여 이행판결(급부판결)을 청구할 수 있다. 즉 채권자는 소권(訴權)을 갖는다. 그리고 이때 채권자가 얻은 이행판결(확정판결 또는 가집행
선고 있는 종국판결)은 강제집행의 전제인 집행권원이 된다.

〈집행권원(執行權原)〉

집행권원(구 민사소송법에서는 이
를 채무명의라고 하였음)은 일정한 사법상의 급부(이행)청구권의 존재 및 범위를 표시하고 그 청구권에 집행력을 인정한 공정(公正)의 문서이다. 집행권원에는 민사집행법에 규정된 것(판결 및
기타)이 있는가 하면(같은 법 24조·56조··
57조 등 참조), 민사집행법 이외의 법률에 규정된 것도 있으며, 그 종류는 무수히 많다(법원행정처, 법원실무제
요 민사집행 I, 163면). 그런데 그 가운데 이행판결이 가장 대표적인 집행권원이며, 채권의 소구력은 그러한 이행판결을 구하는 소, 즉 이행의 소를 제기할 수 있는 효력이다.

소구력이 없는 채무를 일반적으로 자연채무라고 하는데, 그에 관하여는 뒤에 따로 자세히 살펴보기로 한다([13]·[14]
참조).

3) **집 행 력**   채권에는 원칙적으로 집행력이 있다. 따라서 채무자의 채무불이행이 발생할 경우, 채권자는 집행권원을 얻어 채무자의 재산(특정재산 또
는 일반재산)에 강제집행을 할 수 있다. 여기서 강제집행이라 함은 채권자의 신청에 의하여 국가의 집행기관이 채권자를 위하여 집행권원에 표시된 사법상의 이행청구권을 국가권력에 기하여 강제로 실현하는 법적 절차이다. 강제집행은 강제이행이라고도 한다(민법 389조에서는 강제이행
이라는 용어를 사용하고 있다)·

강제집행의 요건·대상·방법 등은 절차법인 민사집행법의 규율 및 연구대상이고 실체법인 민법에서는 논의할 성질의 것이 아니다. 설사 민법에서 논의한다고 하여도 여기서 간략한 정도로 다루는 것이 마땅하다. 그런데 우리 민법은 제389조에서 강제이행을 규정하고 있고, 그것도 채무불이행의 효과로서 그리하고 있기 때문에, 혼란을 피하고 또 이해의 편의를 위하여(강제이행은「채권의 목적」의 이해
를 전제로 하므로 그 점에서는「채권

의 목적」 뒤에 기
술하는 것이 좋다) 강제이행에 관한 자세한 사항은 「채무불이행」 부분에서 적기로 한
다([111]·[112]
참조).

4) 실현강제력이 채권의 속성(본질)인지 여부
실현강제력 내지 강제적
실현가능성이 채권의 속성(본질적·필
수적 내용)인지에 관하여는 견해가 나뉜다. i) 다수설(곽윤
직, 14
면; 김용한, 13
면; 장경학, 12면)은, 모든 채권이 법률상 강제적으로 실현될 수 있는 것은 아니고 채
권 가운데에는 소구할 수 없는 것 또는 강제집행할 수 없는 것도 예외적으로 있
기 때문에, 강제적 실현가능성은 채권의 본질적 성질(속성)이 아니라고 한다. 그
런가 하면 ii) 소송법상의 소권 및 집행권과 실체법상의 소구가능성 및 집행가능
성은 개념상 구별되어야 한다고 하면서, 실체법적인 의미의 소구가능성 및 집행
가능성은 채권에 내재하는 속성이라고 하는 견해(김형배,
117면), iii) 자세한 설명은 하지
않은 채 소구력과 집행력을 포함한 6가지를 채권의 속성으로 설명하는 견해
(이은영,
34면)도 있다. 그런데 ii)설과 iii)설은 이와 같이 소구력·집행력을 채권의 속성
이라고 하면서도, 그것을 갖추지 못한 경우에는 채권이 부존재하는 것이라고 하
지 않고, 채권이 존재하되 예외적인 것으로 이해한다.

생각건대 소구력·집행력을 채권의 「속성」이라고 하는 한 그것이 갖추어지
지 않은 경우에는 채권이 존재하지 않는다고 함이 논리적이다. 만약 위의 ii)설과
iii)설처럼 그러한 경우에도 채권의 존재를 인정하려면 「속성」이라는 표현을 사
용하지 않아야 한다. 그리고 ii)설은 소송법상의 소권·집행권으로부터 실체법상
의 소구가능성·집행가능성을 구별하고 있는데(김형배,
114면 이하), 뒤의 개념이 인정되어
야 하고 또 인정될 수 있는지 의심스러울 뿐만 아니라 그것들의 정확한 의미도
이해하기 어렵다. 결국 실현강제력이 없는 채권도 존재한다고 보는 한 실현강제
력은 채권 자체의 문제와는 구별되는 것으로 보아야 한다. 즉 실현강제력은 채권
의 속성이 아니라고 하여야 한다.

[13]   **(3) 자연채무**(自然債務)

1) 서   설   비록 예외적이기는 하지만 채권 가운데에는 실현강제력을
구비하지 못한 것도 있다. 즉 소구력이 없는 채권이 있는가 하면 집행력이 없는
채권도 있다. 이들 가운데 앞의 것을 보통 자연채무라고 한다.

자연채무라는 용어는 로마법에 그 기원을 두고 있다. 로마에서는 소구할 수
없거나 또는 적어도 집행은 할 수 없지만 다른 관계에서는 법적인 효력이 있는

일정한 의무를 자연채무(obligatio naturalis)라고 하였다(그러나 다른 의미로도 사용되었다. 주해(9), 22면(송덕수) 참조). 최초의 근대민법전인 프랑스민법전은 자연채무라는 개념을 사용하고 있으나, 그것은 임의로 변제된 자연채무에 대하여 반환청구를 허용하지 않는 정도에 그치고 있다(프랑스민법 1235조 2항). 독일민법은 자연채무에 관하여 아무런 규정도 두고 있지 않다. 그럼에도 불구하고 독일의 학자들은 예외없이 그것에 대하여 논의하고 있다. 그러나 대부분은 자연채무라는 표현을 탐탁지 않게 여겨 불완전채무라는 용어를 사용하거나 채권의 강제적 실현가능성의 문제로 논의하고 있다.

2) 자연채무의 의의

(가) 자연채무 개념의 인정필요성   우리 민법은 독일민법과 마찬가지로 자연채무에 관하여 아무런 규정도 두고 있지 않다. 그러한 상황에서 종래 i) 우리의 통설은 자연채무의 개념을 인정하여 왔다(곽윤직, 54면; 김기선, 43면; 김상용, 79면; 김용한, 93면; 김준호, 45면; 김학동, 61면; 이은영, 46면; 장경학, 89면). 그런데 근래에는 ii) 자연채무라는 개념을 인정하지 않으려는 견해(김형배, 126면; 윤철홍, 93면; 정기웅, 90면)도 주장되고 있다. 이 견해는 자연채무라는 추상적·일반적 개념을 인정할 필연적인 이유가 없으므로, 그 개념을 사용할 것이 아니고 문제되는 채무의 구체적 효과를 개별적으로 판단할 것이라고 한다. 생각건대 자연채무 개념을 인정한다고 하더라도 자연채무로 인정되는 각각의 채무에 대하여 동일한 효과가 인정되지는 않는다. 그 점에서 보면 자연채무 개념의 의미는 크지 않다고 할 수 있다. 그러나 그것이 결코 무의미하다고 할 수는 없다. 채무가 일반적으로 가지고 있는 소구가능성을 가지고 있지 못한 채무로서의 자연채무의 개념은 채무의 본질을 제대로 이해하고 각 경우의 특질을 밝히는 데 도움이 된다. 따라서 그 개념을 인정하는 것이 좋다. 다만, 자연채무라는 용어를 사용하는 것은 바람직하지 않다. 그것이 역사적인 개념이기는 하지만 그 개념의 현재의 의미가 최초에 쓰인 로마법상의 것과 일치하는 것도 아니고 과거뿐만 아니라 지금도 다의적이며 우리의 언어 감정과도 거리가 있기 때문이다. 그리하여 그 용어 대신에 「소구할 수 없는 채무」(소구가능성이 없는 채무)라는 용어를 사용하였으면 한다.

(나) 자연채무 개념의 의의   일반적으로 자연채무라고 하면, 채무자가 임의로 급부하지 않는 경우에도 채권자가 그 이행을 소로써 구하지 못하는 채무를 가리키는 것으로 이해되고 있으며, 그에 관하여는 다툼이 없다. 그러나 여기의 채무가 법률상의 채무 내지 법률적으로 의의 있는 채무만을 의미하는가에 관하여

는 견해가 대립한다. i) 다수설은 자연채무에 있어서의 채무는 법률상 의의 있는 것이어야 한다고 주장한다(곽윤직, 56면; 김상용, 80면; 김용한, 93면; 김학동, 61면; 장경학, 91면). 그런가 하면 소수설로서 ii) 법적 의무가 있는 경우뿐만 아니라 반사회적 행위로 인한 자연채무도 인정하는 견해(이은영, 48면), iii) 도덕상의 의무(744조의 도의관념에 적합한 비채변제를 그 예로 든다)를 포함하여 법률상 급부보유력이 인정되고 있는 경우를 자연채무의 개념에 의하여 통일적으로 파악하는 것이 필요하다고 보는 견해(김대정, 159면)도 있다. 그리고 과거에는 법률상은 물론 도의적으로도 아무런 의무가 없을지라도 임의의 급부가 있을 경우에 법률상 그 반환청구가 허용되지 않으면 그것 역시 자연채무에 속한다고 하는 견해도 있었다(문헌에 관하여는 주해(9), 29면(송덕수) 주 106 참조).

생각건대 ii)설이 법적으로 의미가 없는 채무 가운데 사회질서 위반의 경우만을 자연채무에 포함시킨 것은, 반사회질서 행위의 효과가 완전무효와 불완전무효의 두 가지가 있다는 데 근거한 것이라고 하나(이은영, 51면,), 반사회질서 행위의 효과가 그 둘로 나누어져야 할 근거는 충분치 않다. 그리고 iii)설은 그러한 해석이 어떤 점에서 유용한지 밝히고 있지 않다. 나아가 이들 소수설이 반사회질서 채무나 도의적 의무를 자연채무에 포함시키는 이론적인 이유의 설명도 부족하다. 따라서 ii)설·iii)설은 취하기 어렵다. 사견으로는 자연채무가 법적 개념인 한 거기의「채무」도 법률적으로 의의 있는 것이어야 한다고 생각한다. 그리고 단순히 반환청구가 배제된다는 것은 일반적으로는 하나의 법률적 의의일 수 있으나, 여기서는 그럴 수가 없다. 왜냐하면 자연채무의 경우의 법률적 의의는「채무」로서의 법률적 의의인데, 반환청구의 배제는 모든 채무가 갖추고 있는 성질이기는 하지만 그것은 가령 도의적 의무나 반사회질서의 채무처럼 채무가 아닌 경우에도 인정되는 것이어서, 결코 채무로서의 의의일 수가 없기 때문이다. 결국「채무」라는 개념을 특별히 다른 의미로 바꾸어 사용하지 않는 한 법률적으로 의의 있는 채무만이 자연채무일 수 있다고 할 것이다. 이 점에서 과거에 주장되었던 일부 학설도 옳지 않다.

[14]   **3) 자연채무가 문제되는 경우들의 검토**

(가) **부제소(不提訴)의 합의가 붙은 채무**   채권의 당사자는 채권에 관하여 부제소의 합의를 할 수 있다. 그 합의는 채권을 발생시키는 계약 당시에 할 수도 있고 또 이미 발생해 있는 채무에 관하여 사후에 할 수도 있다. 이들 중 앞의 경우

에는 처음부터 자연채무가 성립하고, 뒤의 경우에는 통상의 채무가 자연채무로 변경된다(대판 1993. 5. 14, 92다21760도 참조).

(나) **약혼에 의한 혼인체결의무**   견해(곽윤직, 32면)에 따라서는, 약혼에 의한 혼인체결의무는 우리 민법(803 조)이 계약으로 자연채무가 발생함을 분명하게 규정한 것이라고 한다. 이는 「약혼은 강제이행을 청구하지 못한다」라고 한 제803조에 있어서 「강제이행」을 소제기를 포함하는 넓은 의미로 새기는 입장이다. 그러나 그 규정의 「강제이행」은 오히려 좁게 강제집행의 의미로 새겨야 할 것이다. 따라서 약혼당사자의 혼인체결의무는 자연채무라고 할 수 없다(그렇다고 하여 책임없는 채무라고 할 수도 없다. 주해(9), 33면(송덕수) 참조).

(다) **소멸시효가 완성된 채무**   소멸시효가 완성된 채무가 자연채무인가에 관하여는 견해가 대립하고 있다. i) 법률적으로 의의 있는 채무만을 자연채무라고 보는 입장에서, 소멸시효 완성의 효과에 대하여 어느 학설을 취하든, 자연채무가 아니라는 견해(곽윤직, 57면; 김상용, 82면)가 있는가 하면, ii) i)설과 같이 법률적 채무만을 자연채무라고 보면서도 자연채무라고 하는 견해(김학동, 63면. 이 견해는 소멸시효 완성의 효과에 관한 상대적 소멸설에 의하면 시효완성을 원용한 후에, 절대적 소멸설에 의하면 시효완성만으로 곧 자연채무가 된다고 한다), iii) 도의적 채무를 자연채무라고 하는 입장에서 시효완성으로 소멸한 채무도 자연채무라고 하는 견해(김대정, 160면)도 있다.

주의할 것은, 소멸시효가 완성된 채무를 자연채무로 인정할 것인가는 궁극적으로는 자연채무를 어떤 범위에서 인정할 것인가라는 문제의 한 가지 측면에 불과하다는 점이다. 즉 법적인 채무만을 자연채무로 볼 것인가 아니면 도덕적인 의무까지 또는 반환청구가 금지되는 모든 채무를 자연채무로 인정할 것인가, 나아가 시효로 소멸한 채무는 도의적 채무가 아니고 법적인 채무로 보아야 하는가의 문제인 것이다. 그에 비하여 소멸시효 완성의 효과에 관하여 절대적 소멸설을 취하느냐 상대적 소멸설을 취하느냐는 구체적인 설명방법에 있어서는 영향을 미치겠지만 자연채무의 인정 여부라는 궁극적인 결과에는 직접 관계가 없다.

법적으로 의미 있는 채무만을 자연채무로 인정하여야 한다는 사견의 입장에서 소멸시효가 완성된 채무를 자연채무로 인정하여야 하는지를 검토해 보기로 한다. 소멸시효 완성의 효과에 관한 절대적 소멸설은 시효가 완성하면 권리가 당연히 소멸한다는 견해이다. 그리고 상대적 소멸설은 시효가 완성했다고 하여 권리가 당연히 소멸하는 것이 아니고, 단지 시효의 이익을 받을 자에게 권리의 소멸을 주장할 권리 즉 원용권이 생길 뿐이며, 이 원용권을 행사하여야 비로소 권리가 소멸한다고 하는 견해이다. 이들 가운데 상대적 소멸설에 의하면, 소멸시효가 완성된 채무도 채무자의 시효원용이 있을 때까지는 완전히 유효한 채무이므로 자연채무라고 할 수 없다. 그런가 하면 상대적 소멸설에 의하더라도 시효의 원용이 있으면 채무가 소멸하므로 그 이후에도 「법적으로 의미 있는 채무로서의 자연채무」를 인정할 수 없게 된다. 한편 절대적 소멸설에 의하면 소멸시효의 완성으로 채무가 당연히 소멸하므로 역시 자연채무를 인정할 수 없다. 결국 소멸시효 완성의 효과에 관하여 어느 견해를 취하더라도 시효가 완성된 채무는 자연채무라고 할 수 없다.

　　㈐ **반사회질서 행위에 기한 채무**　　　견해($\binom{\text{이은영,}}{\text{51면}}$)에 따라서는, 사회질서 위반 행위 가운데 경제적 질서·행정적 질서에 위반한 것으로서 질서위반의 정도가 미약한 경우에 그 행위에 기한 채무는 자연채무가 된다고 한다. 이는 사회질서 위반행위의 효과를 반사회성의 정도에 따라 차등적으로 인정하여 일정한 때에는 이행강제만 부인하고 임의이행은 부인하지 않는 견해이다. 그러나 우리 민법상 사회질서 위반의 효과를 사정에 따라 차등적으로 인정할 수 없는 만큼 위의 견해는 옳지 않다.

　　㈑ **불법원인에 기한 채무**　　　민법 제746조는 그 본문에서 「불법의 원인으로 인하여 재산을 급여하거나 노무를 제공한 때에는 그 이익의 반환을 청구하지 못한다」고 규정하고 있다. 여기서 불법원인에 기한 채무가 자연채무인지 문제된다. 생각건대 법적으로 의미 있는 채무만을 자연채무로 보아야 하는 한, 불법원인에 기한 채무($\binom{746조}{참조}$)는 자연채무라고 할 수 없다.

　　　구 이자제한법 아래에서는 제한을 넘는 이자채무가 자연채무인가에 관하여 다투어졌으나, 새로운 이자제한법($\binom{\text{같은 법}}{2조 4항}$)과 「대부업 등의 등록 및 금융이용자 보호에 관한 법률」($\binom{\text{같은 법}}{8조 4항}$)은 채무자가 제한초과이자를 임의로 지급한 경우에도 반환청구를 할 수 있다고 명문으로 규정함으로써($\binom{[49] 이}{\text{하 참조}}$) 자연채무인지의 논란이 생길 여지가 없게 되었다.

　　㈒ **사무관리에 있어서 보수지급의무**　　　과거에 일부 견해는, 자연채무를 넓게 인정하는 입장에서 사무관리자에 대한 보수지급의무는 보수를 지급한 경우에 그것의 반환청구가 금지된다고 하여야 하며, 따라서 자연채무라고 하였다. 그러나

자연채무를 법적 의무에 한정하는 사견의 견지에서는 그 의무는 자연채무라고
할 수 없다.

(사) **채권자가 승소의 종국판결을 받은 후에 소를 취하한 경우의 채무** 채권자가
승소의 종국판결을 받은 후에 소를 취하한 때에는 같은 소를 제기하지 못한다
$\binom{민소\ 267}{조\ 2항}$. 그렇지만 그 경우에 승소판결이 내려져 있는 만큼 소의 취하로 채권 자
체가 소멸한다고는 할 수 없고, 따라서 그러한 채무는 자연채무라고 하여야 한다
$\binom{통설도}{같음}$.

(아) **채권이 존재하고 있는데도 채권자의 패소판결이 확정된 경우의 채무** 여기
에 관하여는 i) 자연채무라고 하는 견해$\binom{곽윤직,\ 58면;\ 김상용,\ 82면;}{김형배,\ 125면;\ 정기웅,\ 92면}$, ii) 도의상의 존재에
불과할 뿐 자연채무가 아니라는 견해$\binom{김용한,\ 98면;\ 김학동,}{64면;\ 장경학,\ 95면}$가 대립하고 있다. 생각건대
이와 같은 경우에 패소판결이 확정되어 다시 소를 제기할 수 없게 되었다고 하더
라도, 채권이 완전히 소멸하지는 않고 어떤 면에서 법적으로 의미 있는 채무가
존재하고 있다고 생각하는 경우에는, 자연채무를 인정할 수 있다. 사견으로는 이
경우에 상계는 허용되지 않는다고 하여도 임의변제·경개·담보의 설정까지 배
제할 이유는 없으므로 자연채무를 인정하는 것이 타당하다고 생각한다.

(자) **파산절차나 개인회생절차에서 면책된 채무**$\binom{채무자회생법}{566조·625조\ 2항}$**·회생절차에서 일부 면책
된 채무**$\binom{채무자회생}{법\ 251조}$ 이와 같은 경우에 법률이 책임만을 면제한 만큼 채무 자체
는 소멸하지 않고 존속한다고 하여야 한다. 다만, 여기의 면책은 소구가능성도
배제하는 의미로 새겨야 할 것이다. 결국 파산절차 등에서 면책된 채무는 자연채
무라고 하여야 한다. 통설·판례$\binom{대판\ 2001.\ 7.\ 24,\ 2001다3122:\ 구\ 회사정리법에\ 의한\ 정리절차에서\ 약속}{어음\ 소지인이\ 정리채권신고를\ 하지\ 않아\ 실권된\ 경우의\ 어음금채권은\ 정}$
$\binom{리회사에\ 대한\ 관계에서\ 자연}{채무의\ 상태로\ 남게\ 된다고\ 함}$도 같다.

4) 자연채무의 효력 자연채무는 소구할 수 없다. 그러나 자연채무도 법
률상의 채무이기 때문에, 채무자의 임의의 급부는 증여가 아니고 채무의 변제이
며, 따라서 그 급부는 비채변제$\binom{742조}{참조}$로서의 수령자의 부당이득이 되지 않는다.
그 결과 당연히 급부한 채무자는 채권자에게 급부한 것의 반환을 청구할 수 없게
된다. 이것이 자연채무의 최소한도의 공통적인 효력이다. 그 밖에 자연채무에 어
떠한 효력이 부여될 것인가는 각각의 자연채무에 관하여 개별적으로 결정되어야
한다. 일반적으로 상계의 자동채권으로 하거나$\binom{다만\ 위\ (아)의\ 채무만은\ 상계의\ 자동}{채권으로\ 될\ 수\ 없다고\ 하여야\ 한다}$ 경개 또
는 준소비대차의 기초로 삼을 수 있고, 또한 그 채무를 위하여 보증이나 담보도

유효하게 성립시킬 수 있을 것이다. 한편 자연채무는 양도될 수 있으나, 그것이
자연채무임을 모르는(즉 선의의) 제 3 자에게 양도되더라도 자연채무로서의 성질
은 잃지 않는다고 새겨야 한다(통설도 같음. 그런데 이은영, 49면은 채무자가 선의의 양수인에 대하여 이의
없는 승낙을 한 경우에는 그 자연채무성을 가지고 양수인에게 대항할 수 없
다고
한다).

[15]　　(4) 채무와 책임

1) 책임의 의의　　　　책임은 다의적인 개념이다. 그것은 일반적으로는 ①
어떤 자가 자신이나 타인의 행위 또는 일정한 위험에 대한 결과를 피해자에게 손
해를 배상하는 방식으로 떠맡는 것(책임지는 것)을 의미하나(과실책임 · 위험책임 · 채무불이
행책임 · 불법행위책임 · 사용자
책임 · 책임있는
사유 등의 경우), ② 채무를 의미하는 때도 있다(일정한 금액의 한도에서 책임을 진다거나 손해
배상책임의 경우, 35조 · 750조 이하에서의 책임). 그
러나 여기서 문제삼는 것은 ③ 채무에 대한 개념으로서의 책임이다.

채무에 대한 개념으로서의 책임은「채무자의 재산이 채권자의 강제집행에
복종하는 상태」라고 할 수 있다. 통설은 책임을「채무자의 재산이 채권자의 강제
집행에 의한 공취(攻取)(내지 공취력(攻取力))에 복종하는 상태」라고 하나(대표적으
로 곽윤
직,
59면), 우리에게 생소한 독일법학상의 개념인 공취 내지 공취력이라는 용어를 사
용할 필요가 없고 또 공취력은 집행력과 동일시하면 충분하기 때문에, 위와 같이
정의하는 것이 바람직하다.

2) 채무와 책임의 관계　　　　채무와 책임의 관계에 관하여 학설은 대립하고
있다. i) 제 1 설(다수설)(곽윤직, 60면; 김주수, 106면; 김학동,
65면; 소성규, 49면; 윤철홍, 82면)은 채무와 책임을 구별 · 분리한
다. ii) 제 2 설(김용한, 103면; 이은영,
55면; 장경학, 98면)은 채무와 책임을 개념상 구별하는 것을 전제로 하
여 채권의 본질적 속성을 채무와 책임이 대등한 요소로서 결합된 것이라고 이해
한다. iii) 제 3 설(김상용, 97면; 김형배,
128면; 정기웅, 97면)은 채무와 책임의 개념적 구별을 부정하고 책임
을 채무 속에 흡수되어 있는 것으로 파악한다.

생각건대 ii)설과 iii)설은 채무와 책임의 개념적인 구별을 전제로 하느냐 여
부에서는 차이가 있으나, 책임을 채무의 내용 내지 본질로 파악하는 점에서는 동
일하다. 그러나 앞에서 본 바와 같이([112]
참조), 실현강제력은 결코 채권의 본질적 속
성이라고 할 수 없다. 따라서 ii)설과 iii)설은 타당하다고 할 수 없다. 특히 iii)설
은 책임을 완전히 급부의무의 내용에 흡수시키고 있는데, 그것이 가능할지는 의
문이다. 채무자 재산의 집행가능성으로서의 책임은 급부와는 다른 성질의 것이
라고 보아야 한다. 우리 법상 채무와 책임은 개념상 구별할 수 있으며, 또한 현행

제도에 있어서도 양자가 분리되어 있는 경우가 있다. 그러한 점에서 볼 때, 채무와 책임을 분리·대립시키는 i)설이 타당하다.

3) 채무와 책임의 분리   현재의 우리 법에서 채무와 책임은 다음의 경우   [16]
에는 분리되는 현상을 보인다.

ʎ) **책임없는 채무**   채권의 당사자는 채권을 발생시키면서 또는 기존의 채권에 관하여 강제집행을 하지 않기로 하는 특약을 할 수 있으며, 그러한 특약은 유효하다. 그 결과 그러한 특약이 있는 경우에 채권자가 특약에 반하여 강제집행을 하면, 채무자는 법원에 집행에 관한 이의를 신청할 수 있다(민사집행법 16조)(통설도 같으나, 이은영, 57면은 채무자가 그에 대하여 청구에 관한 이의의 소를 제기해야 할 것이라고 한다. 판례는 소수설과 같다. 대판 1993. 12. 10, 93다42979; 대판 1996. 7. 26, 95다19072). 그런데 이때 채무와 분리되어 있는 책임의 관념을 인정한다면, 그러한 특약은 「책임없는 채무」에 관한 특약이라고 이해할 수 있다.

〈판 례〉

「부집행의 합의는 실체상의 청구의 실현에 관련하여 이루어지는 사법상의 채권계약이라고 봄이 상당하고 이것에 위반하는 집행은 실체상 부당한 집행이라고 할 수 있으므로 민사소송법 제505조를 유추적용 내지 준용하여 청구 이의의 사유가 된다고 할 것이다.」(대판 1996. 7. 26, 95다19072)

ʏ) **책임이 한정되는 채무**   채무자는 채무의 전액에 관하여 그의 모든 재산으로써 책임을 지는 것이 원칙이다. 이를 인적(人的) 책임(인적 책임은 생명·신체·자유·신분과 같은 인격으로 책임을 지는 것인 인격적 책임과 다름을 주의하여야 한다) 또는 무한책임이라고 한다. 그런데 이러한 인적 책임 또는 무한책임에는 법률규정 또는 당사자의 특약에 의하여(김형배, 130면은 무한책임의 예외가 법률규정에 의하여서만 인정될 수 있는 것으로 잘못 기술한다) 예외가 인정된다. 즉 예외적으로 책임이 채무자의 일정한 재산에 한정되거나 또는 일정한 금액의 한도로 제한되는 경우가 있다. 전자를 물적 유한책임이라고 하고, 후자를 금액 유한책임이라고 한다.

(a) **물적 유한책임**   물적 유한책임이란 책임이 채무자의 일정한 재산에 한정되어 있어서 채권자는 그 특정재산에 대하여서만 강제집행을 할 수 있는 경우를 말한다. 그 예로는 상속의 한정승인(1028조)을 들 수 있다. 한정승인의 경우에는 상속채무는 줄어들지 않고 그대로 존속하지만 책임이 상속재산의 한도로 한정된다(대판 2006. 10. 13, 2006다23138).

(b) **금액 유한책임**   금액 유한책임은 채무자가 그의 전재산으로써 책임

을 지지만 그 책임액에 제한이 있는 경우이다. 이는 그의 전재산으로 책임을 지므로 인적 책임이고, 책임이 일정한 금액의 한도로 제한되어 있으므로 유한책임이다. 그리하여 금액 유한책임은 인적 유한책임이라고도 한다.

금액 유한책임의 예로는, 합자회사의 유한책임사원의 책임($\binom{상법}{279조}$)·선박소유자의 일정한 채무에 대한 책임($\binom{상법}{770조}$)을 들 수 있다. 통설($\binom{대표적으로}{곽윤직, 62면}$)은 주식회사의 주주의 책임($\binom{상법}{331조}$)과 유한회사의 사원의 책임($\binom{상법}{553조}$)도 금액 유한책임에 해당한다고 한다. 그러나 주식회사의 주주는 주식의 인수가액을 한도로 하여 회사에 대하여 출자의무를 부담할 뿐이고, 회사의 채권자에 대하여는 회사가 채무를 부담하여 그는 아무런 채무도 부담하지 않는다. 따라서 주식회사의 주주가 회사의 채권자에 대하여 유한책임을 진다는 표현은 옳지 않다($\binom{같은 취지: 지}{원림, 882면}$). 그러한 점은 유한회사의 사원의 경우에도 마찬가지이다. 유한회사의 사원도 회사에 대하여 재산출자의무를 부담할 뿐, 회사의 채권자에 대하여는 아무런 채무도 부담하지 않기 때문이다. 그에 비하여 합자회사의 유한책임사원은 회사채권자에 대하여 그 출자액을 한도로 하여 직접 책임을 지기 때문에, 그의 책임은 금액 유한책임이라고 할 수 있다. 한편 금액 유한책임은 당사자의 특약에 의하여도 인정될 수 있다.

㈐ **채무 없는 책임** 가령 물상보증인($\binom{대판 2018. 4. 10,}{2017다283028}$)이나 저당부동산의 제 3 취득자는 채무를 부담함이 없이 책임만을 진다. 그러나 이 경우에 채무가 전혀 존재하지 않고 책임만이 있는 것은 아니며, 채무의 주체와 책임의 주체가 분리되어 있을 뿐이다. 이와 같은 「채무 없는 책임」은 특정한 물건(또는 재산)으로 피담보채권의 우선변제에 사용되는 특별책임의 경우에만 인정되며, 채무자 이외의 자가 일반책임을 지는 경우에는 인정되지 않는다. 예컨대 보증인은 실질적으로는 책임만을 부담한다고 볼 수 있지만, 민법상 보증채무라는 채무도 부담하고 있으므로, 채무 없이 책임만 진다고 할 수 없다.

[17]   **4. 대외적 효력**(제 3 자에 의한 채권침해)

(1) 서   설

1) 대외적 효력으로 논의하여야 할 문제   채권의 대외적 효력이 무엇인가에 대하여는 논란이 있으나, 제 3 자의 불법한 채권침해에 대한 효력이 그에 해당한다고 보아야 함은 앞에서 설명한 바와 같다($\binom{[10]}{참조}$).

견해($\binom{김형배,}{319면}$)에 따라서는 제 3 자에 의한 채권침해에 대하여 채권을 보호하는 문제를 「채권의 효력」($\binom{따라서 채권의}{대외적 효력}$)의 관점에서 논의하는 것은 적당하지 않다고 한다. 제 3 자에 의한 채권침해는 채권의 효력이 어디까지 미치느냐라는 문제라기보다는 채권을 법질서 속에 존재하는 객관적 실체로 파악하고 이를 그 침해로부터 보호하는 문제로서 파악해야 한다는 것이다. 그러나 채권의 효력이란 채권의 내용을 실현하기 위하여 채권에 대하여 법이 인정하는 힘이므로, 제 3 자가 채권을 침해할 경우에 채권자에게 ― 원칙적이든 예외적이든 ― 불법행위로 인한 손해배상청구권을 인정하는 것도 그러한 힘의 일종이라고 할 수 있다. 제 3 자의 채권침해에 있어서 방해배제청구를 인정할 것인지의 문제는 더욱 그렇다($\binom{김상용, 94면은 이것은 채권의}{효력으로 파악할 것이라고 한다}$). 다만, 이들이 「채권의 효력」에 해당하여도 그것들의 논의를 불법행위론이나 다른 부분에서 할 수도 있을 것이다($\binom{물권침해에 관하여}{물권법 [12] 참조}$). 그러나 채권은 물권과 달리 제 3 자의 침해가 언제나 불법행위가 되지는 않으므로, 채권의 본질을 보다 잘 이해할 수 있게 하기 위하여 여기서 논의하는 것이 바람직하다.

2) 제 3 자에 의한 채권침해의 의의   널리 채권침해라 함은 채권의 내용실현이 방해되는 것을 말한다. 이러한 채권침해는 내용실현을 방해하는 자, 즉 침해자가 누구인가에 따라 채무자에 의한 침해와 제 3 자에 의한 침해로 나눌 수 있다. 이 가운데 전자는 채무불이행이라고 하여 채권침해와 따로 다루어지며, 보통 채권침해라고 하면 후자만을 가리킨다.

제 3 자에 의한 채권침해를 둘러싸고 종래부터 논의되고 있는 것은 두 가지이다. 그 하나는 제 3 자의 불법한 채권침해행위가 채권자에 대하여 불법행위로 될 수 있는가이고, 나머지 하나는 제 3 자가 채권자의 권리행사를 방해하는 경우에 채권자는 채권에 기하여 방해배제를 청구할 수 있는가이다. 아래에서 이들을 차례로 살펴보기로 한다.

(2) 제 3 자의 채권침해에 의한 불법행위의 성립   [18]

1) 문제의 제기   앞에서 설명한 바와 같이($\binom{[6]}{참조}$), 채권은 상대권으로서 특정한 의무자인 채무자에 의하여서만 침해될 수 있으며, 그것이 바로 채무불이행이다. 그리고 그러한 채무불이행의 경우에는 채권자는 채무자에 대하여 손해배상 등의 책임을 물을 수 있다. 그에 비하여 채권의 내용실현이 제 3 자의 행위에 의하여 방해당하는 경우에는, 상대권이라는 채권의 성질상 침해한 제 3 자는 의무자가 아니어서, 채권자는 그 제 3 자에 대하여 책임을 물을 수 없다고 하여야

할지 모른다. 그러나 채권이 상대권이라는 사실로부터 제 3 자에 의한 모든 침해가 당연히 용인될 수 있는 것은 아니다. 여기서 제 3 자의 불법한 채권침해가 불법행위로 될 수 있는가가 문제된다.

2) 불법행위의 성립 여부

⑺ **학 설** 제 3 자에 의한 채권침해가 불법행위를 성립시킬 수 있는가에 관하여 현재 우리의 학설은 일치하여 긍정하고 있다. 그런데 그 근거에 대하여는 견해가 대립하고 있다(이은영, 64면 주 2는 학설 대립은 설명방법의 차이에 지나지 않는다고 한다. 그리고 김학동, 68면은 750조의 규정상 불법행위의 성립근거는 문제되지 않는다고 한다).

i) 권리 불가침성설은 채권도 권리로서 법률상 인정된 이상 제 3 자의 채권침해를 인정하지 않을 수 없다고 한다(김기선, 169면). 이 견해는 「권리침해」를 불법행위의 성립요건의 하나로 요구하는 의용민법(709조) 하의 일본 통설의 영향을 받은 것이다. ii) 위법성설은 채권의 성질상 상대권인 채권도 예외적으로 일정한 경우에는 제 3 자에 의하여 침해될 수 있고, 그것이 불법행위로서 성립하려면 다시 불법행위의 요건을 갖추어야 하며, 무엇보다도 민법 제750조가 의용민법에서의 권리침해에 갈음하여 요구하는 위법성을 갖추어야 한다고 한다(곽윤직, 64면; 김대정, 173면; 김상용, 88면; 윤철홍, 96면; 장경학, 105면; 정기웅, 233면; 지원림, 867면. 김용한, 111면도 실질적으로 이 견해와 같다(자신은 채권 상대권설이라고 하여 다르다고 함)). iii) 침해·위법 동일시설은 채권의 객관적 성질상 제 3 자에 의한 침해가 가능한 때에는 그러한 채권에 대한 권한 없는 침해는 위법한 것이 된다고 판단하여야 할 것이므로 제 3 자에 의한 채권침해는 적극적으로 긍정하는 것이 타당하다고 한다(김형배, 321면).

⑷ **판 례** 대법원은 「제 3 자에 의한 채권침해가 불법행위를 구성할 수는 있으나 제 3 자의 채권침해가 반드시 언제나 불법행위가 되는 것은 아니고 채권침해의 태양에 따라 그 성립 여부를 구체적으로 검토하여 정하여야 한다」는 태도를 취하고 있다(대판 2001. 5. 8, 99다38699. 같은 취지: 대판 1975. 5. 13, 73다1244). 그런가 하면 근래에는 이와 같은 이론의 바탕 위에서 불법행위의 성립, 특히 채권침해의 위법성의 판단에 관하여 상세히 판시하고 있다(대판 2003. 3. 14, 2000다32437; 대판 2006. 8. 25, 2004다26119; 대판 2007. 5. 11, 2004다11162; 대판 2007. 9. 6, 2005다25021; 대판 2007. 9. 21, 2006다9446; 대판 2009. 10. 29, 2008다82582; 대판 2021. 6. 30, 2016다10827).

〈판 례〉

㈀「일반적으로 채권에 대하여는 배타적 효력이 부인되고 채권자 상호간 및 채권자와 제 3 자 사이에 자유경쟁이 허용되는 것이어서 제 3 자에 의하여 채권이 침해되

었다는 사실만으로 바로 불법행위로 되지는 않는 것이지만, 거래에 있어서의 자유경쟁의 원칙은 법질서가 허용하는 범위 내에서의 공정하고 건전한 경쟁을 전제로 하는 것이므로, 제 3 자가 채권자를 해한다는 사정을 알면서도 법규에 위반하거나 선량한 풍속 또는 사회질서에 위반하는 등 위법한 행위를 함으로써 채권자의 이익을 침해하였다면 이로써 불법행위가 성립한다고 하지 않을 수 없고, 여기에서 채권침해의 위법성은 침해되는 채권의 내용, 침해행위의 태양, 침해자의 고의 내지 해의의 유무 등을 참작하여 구체적, 개별적으로 판단하되, 거래자유 보장의 필요성, 경제·사회정책적 요인을 포함한 공공의 이익, 당사자 사이의 이익균형 등을 종합적으로 고려하여야 할 것이다.

이렇게 볼 때 특정기업으로부터 특정물품의 제작을 주문받아 그 특정물품을 그 특정기업에게만 공급하기로 약정한 자가 그 특정기업이 공급받은 물품에 대하여 제 3 자에게 독점판매권을 부여함으로써 제 3 자가 그 물품에 대한 독점판매자의 지위에 있음을 알면서도 위 약정에 위반하여 그 물품을 다른 곳에 유출하여 제 3 자의 독점판매권을 침해하였다면, 이러한 행위는 특정기업에 대한 계약상의 의무를 위반하는 것임과 동시에 제 3 자가 특정기업으로부터 부여받은 독점판매인으로서의 지위 내지 이익을 직접 침해하는 결과가 되어, 그 행위가 위법한 것으로 인정되는 한, 그 행위는 위 특정기업에 대하여 채무불이행 또는 불법행위로 됨과는 별도로 그 제 3 자에 대한 관계에서 불법행위로 된다고 할 것이다.」$\left(\genfrac{}{}{0pt}{}{대판\ 2003.\ 3.\ 14,}{2000다32437}\right)$

(ㄴ)「이러한 법리$\left(\genfrac{}{}{0pt}{}{위\ (ㄱ)의\ 첫째\ 단락}{의\ 법리:\ 저자\ 주}\right)$는 제 3 자가 위법한 행위를 함으로써 다른 사람 사이의 계약체결을 방해하거나 유효하게 존속하던 계약의 갱신을 하지 못하게 하여 그 다른 사람의 정당한 법률상 이익이 침해되기에 이른 경우에도 적용된다고 할 것이다.」$\left(\genfrac{}{}{0pt}{}{대판\ 2007.\ 5.\ 11,}{2004다11162}\right)$

(ㄷ)「이$\left(\genfrac{}{}{0pt}{}{위\ (ㄱ)의\ 첫째\ 단락}{의\ 법리:\ 저자\ 주}\right)$는, 강제집행 면탈 목적을 가진 채무자가 제 3 자와 명의신탁 약정을 맺고 채무자 소유의 부동산에 관하여 제 3 자 앞으로 소유권이전등기를 경료하였다가 그것이 '부동산 실권리자 명의 등기에 관한 법률'에 위반하여 무효라는 이유로 말소등기를 명하는 확정판결이 있은 경우에도 마찬가지라 할 것이므로, 위 명의신탁의 무효 혹은 민법상 채권자대위권, 채권자취소권 등의 법리에 의하여 제 3 자가 기존에 취득한 재산을 반환하거나 원상회복할 책임을 지게 되는 것은 별론으로 하고, 제 3 자가 채권자에 대한 관계에서 직접 불법행위책임을 지기 위하여는 단지 그가 채무자와의 약정으로 당해 명의수탁등기를 마쳤다는 것만으로는 부족하며, 나아가 그 명의신탁으로써 채권자의 채권의 실현을 곤란하게 한다는 점을 알면서 채무자의 강제집행 면탈행위에 공모 가담하였다는 등의 사정이 입증되어 그 채권침해에 대한 고의·과실 및 위법성이 인정되는 경우라야만 할 것이다.」$\left(\genfrac{}{}{0pt}{}{대판\ 2007.\ 9.\ 6,\ 2005다}{25021.\ 같은\ 취지:\ 대판}\right)$ 2009. 11. 26, 2008다24494)

(ㄹ)「추심명령에 기한 집행채권자의 추심금 청구에도 불구하고 제 3 채무자가 집행

채무자에 대하여 구 회사정리법에 의한 회사정리절차의 개시가 임박하였음을 인식하면서 그 추심금 청구에 불응하여 추심금을 지급하지 아니하고 있던 중에 집행채무자에 대하여 회사정리절차가 개시되어 집행채권자가 받았던 추심명령이 취소되고 집행채권이 정리계획에 따라 감액되었다고 하더라도, 특별한 사정이 없는 한, 위와 같은 제 3 채무자의 추심금 지급거절을 가리켜 앞에서 본 위법한 행위에 해당하는 것으로 볼 수 없고, 집행채권자가 받은 추심명령의 취소 또는 정리계획에 따른 집행채권의 감액 등으로 인한 집행채권자의 손해와 상당인과관계가 있는 것으로 볼 수도 없다고 할 것이다.」$\binom{\text{대판 2007. 9. 21,}}{\text{2006다9446}}$

이러한 판례는 제 3 자의 채권침해가 있었다고 하여 언제나 불법행위로 되는 것은 아니고 일정한 요건이 갖추어진 경우, 특히 위법성이 있는 때에만 불법행위로 된다는 입장으로서 학설 중 위법성설과 같다.

(대) **검토 및 사견** 학설 중 권리 불가침성설은 우리 민법 제750조가 의용민법에서와 달리 불법행위의 성립요건으로서 권리침해 대신에 위법성을 요구하고 있기 때문에 우리 법에서는 주장될 이유가 없을뿐더러, 절대권·상대권의 구별을 부인하는 점에서 옳지 않다. 그리고 침해·위법 동일시설은 침해의 가능 여부와 위법성 여부의 판단을 결합시키고 있는 점에서 바람직하지 않다. 침해의 가부와 위법성 판단은 분리할 수 있고 또 분리하는 것이 정확한 판단에 도움을 주기 때문이다. 그에 비하여 판례도 취하고 있는 위법성설은 채권의 상대성을 손상시키지 않으면서 우리 민법에 가장 잘 어울리는 해석이라고 할 수 있다$\binom{\text{다만, 곽윤직,}}{\text{64면은 채권}}$ $\binom{\text{의 불가침성이 입법정책의 문제라고}}{\text{하나, 그러한 설명은 필요하지 않다}}$. 그러나 위법성이 지나치게 강조될 필요는 없다. 결국 채권도 그 성질상 제 3 자에 의하여 침해될 수 있으며, 그 침해가 불법행위의 요건을 갖추게 되면 불법행위로 된다고 하면 충분하다.

[19] **3) 채권침해의 모습** 제 3 자의 채권침해가 불법행위가 되는지를 검토하려면 먼저 채권이 어떤 경우에 제 3 자에 의하여 침해될 수 있는가를 살펴보아야 한다. 그러한 경우에만 불법행위의 성립이 인정될 수 있기 때문이다. 채권침해에는 다음과 같은 모습의 것들이 있다.

(가) **채권의 귀속 자체를 침해한 경우** 가령 타인의 무기명채권증서를 훼멸하거나 또는 이를 횡령하여 선의의 제 3 자에게 취득하게 한 경우, 채권을 양도하고서 양수인이 대항요건$\binom{450}{\text{조}}$을 갖추기 전에 양도인이 그 채권을 2중으로 양도하고서 제 2 의 양수인으로 하여금 대항요건을 갖추게 한 경우$\binom{\text{통설도 사건처럼 채권침해를 인}}{\text{정하나, 김학동, 70면은 예외적}}$

으로 불법행위를 인정하고, 이은영, 72면은 그 경우에는 계약), 채권의 준점유자(${470 \atop 조}$) 또는 영수증소지
관계가 존재하므로 채무불이행책임으로만 처리하자고 한다
자(${471 \atop 조}$)로서 유효한 변제를 받은 경우, 표현대리인으로서 채권을 처분한 경우 등
과 같이, 제 3 자가 직접 채권을 처분 또는 행사하여 채권자로 하여금 그 채권 자
체를 상실하게 한 경우에는 제 3 자의 채권침해가 가능하다고 하여야 한다. 물론
이 경우에 채권자는 침해한 제 3 자와의 내부관계에 기하여 그 제 3 자에 대하여
채무불이행책임을 묻거나 특별한 관계가 없더라도 부당이득을 이유로 구제를 받
을 수 있다. 그러나 그러한 구제수단이 있다고 하여 불법행위의 성립이 배제되지
는 않는다.

주의할 것은, 제 3 자의 채권침해가 불법행위로 되려면 채권자가 채권 자체
를 상실하여야 하기 때문에 채권증서가 훼멸되거나 채권이 2중으로 양도되었다
고 하여 당연히 불법행위로 되지는 않는다는 점이다. 예컨대 제 3 자가 지명채권
의 채권증서를 훼멸하거나 이를 채무자에게 반환한 경우에는 채권이 소멸하지
않아서 불법행위로 되지 않는다. 그리고 2중양도나 2중계약도 원칙적으로는 유
효하다.

⒝ **채권의 목적인 급부를 침해한 경우**   제 3 자가 급부를 침해함으로써 그
급부의 전부 또는 일부가 불능으로 될 수도 있다. 그러한 경우 중에는 급부의 침
해로 채권이 소멸하는 때가 있는가 하면 채권이 소멸하지 않는 때도 있다.

⒜ 급부의 침해로 채권이 소멸한 경우   가령 특정물의 인도를 목적으
로 하는 채권에 있어서 제 3 자가 목적물을 멸실하게 하거나, 또는 채무자의 행위
를 목적으로 하는 채권에 있어서 제 3 자가 채무자를 감금하여 이행할 수 없게 한
경우에는, 채무는 채무자에게 책임없는 이행불능으로 되어 소멸하지만, 채권자
는 — 불법행위 요건이 갖추어지는 한 — 제 3 자에 대하여 손해배상을 청구할 수
있다.

한편 이행불능에 있어서 대상청구권(${[79] \cdot [80] \atop 참조}$)을 인정하는 때에는 앞의 예 중
첫째의 경우에는 채권자는 채무자가 제 3 자에 대하여 가지는 손해배상청구권의
이전을 청구할 수도 있다. 그리고 만약 불능으로 된 채권이 쌍무계약에 의하여
발생한 때에는, 채권자는 제537조에 의하여 의무를 면할 수도 있으나(그 경우에는 채권자는 제 3 자에 대하여 손해배상청구권을 가지지 못한다), 제 3 자에 대하여 손해배상청구권을 행사할 수 있으며, 그 경우에
는 — 대상청구권을 행사하는 때와 마찬가지로 — 상응하는 비율로 반대급부의무

를 부담한다고 새겨야 한다(이은영, 73면은 제 3 자에 대한 손해
배상청구권을 갖지 않는다고 한다).

(b) 급부의 침해로 채권이 소멸하지 않는 경우　　　가령 제 3 자가 채무자와 공모하여 채권의 목적물을 파괴하거나, 또는 제 3 자가 채무자를 교사·방조하여 혹은 채무자와 공동으로 채권자의 권리행사를 방해한 경우에는, 채무자는 채무불이행책임을 지게 되므로 채권은 손해배상청구권으로 변하여 존속한다. 그렇지만 이 경우에도 불법행위의 성립을 인정하여야 한다(통설도
같음).

제 3 자가 채무자의 일반재산(책임재산)을 감소하게 한 경우에는, 채권이 소멸하지는 않지만 채권의 실행이 곤란하게 되므로 채권의 침해행위로 될 수 있다(통설도 같음. 곽윤직 66면; 김학동,
72면; 김형배, 328면; 이은영, 74면). 다만, 그 행위가 정당한 법률행위이면 위법성이 없어서 불법행위로 될 수 없으며, 채권자취소권만에 의하여 해결하여야 한다. 그에 비하여 정당한 거래행위에 의하지 않고서 채무자의 일반재산을 감소하게 한 때에는 불법행위가 될 수 있을 것이다. 예컨대 제 3 자가 채무자와 공모하여 채무자의 유일한 재산을 은닉한 때에 그렇다. 대법원도, 제 3 자가 채무자에 대한 채권자의 존재 및 그 채권의 침해사실을 알면서 채무자와 적극 공모하거나 채권행사를 방해할 의도로 사회상규에 반하는 부정한 수단을 사용하는 등으로 채무자의 책임재산을 감소시키는 행위를 함으로써 채권자로 하여금 채권의 실행과 만족을 불가능 내지 곤란하게 한 경우 채권자에 대한 불법행위를 구성할 수 있다고 한다(대판 2007. 9. 6, 2005다25021;
대판 2019. 5. 10, 2017다239311).

[20]　　4) **불법행위의 성립요건**　　　제 3 자의 채권침해행위가 불법행위로 되려면 채권침해가 가능한 것만으로는 부족하며, 그 외에 일반 불법행위의 요건도 아울러 갖추어야 한다. 그중에 특히 문제가 되는 것이 고의·과실과 위법성이다.

(가) **고의·과실**　　　제 3 자의 채권침해가 불법행위로 되려면 가해자인 제 3 자의 고의 또는 과실이 있어야 한다(750조
참조). 즉 채권침해를 적극적으로 의욕했거나(고의) 또는 부주의가 존재하였어야 한다(과실). 그런데 채권에는 일반적으로 공시방법이 없으므로 제 3 자가 채권을 침해했더라도 그가 채권의 존재를 알지 못하는 한 고의는 물론이고 과실도 인정하기 어려울 것이다. 따라서 제 3 자의 채권침해가 불법행위로 되려면 우선 제 3 자가 채권의 존재를 알고 있을 것이 필요하다.

(나) **위법성**　　　제 3 자의 채권침해가 불법행위로 되려면 그 침해행위가

위법하여야 한다($^{750조}_{참조}$). 그런데 채권에는 배타성이 없기 때문에 채권침해에 위법
성이 없다고 인정되는 경우가 적지 않다($^{채권침해의 위법성의 판단에 관한 판례로 대판 2003. 3. 14,}_{2000다32437; 대판 2006. 6. 15, 2006다13117 참조}$).
특히 2중매매 기타의 2중계약에서 그렇다. 즉 채권에는 배타성이 없고 채권거래
는 자유이므로 제 3 자의 2중계약행위는 원칙적으로 위법성이 없다. 그러나
제 3 자의 채권취득행위가 부정한 경업을 목적으로 행하여지거나 제 3 자가 사
기·강박과 같은 부정한 수단을 써서 채무를 이행하게 한 경우에는 위법하다고
할 것이다($^{대판 2001. 5. 8,}_{99다38699 참조}$). 그리고 공연기획사가 합법적으로 공연개최 허가를 받고
은행과 적법하게 입장권판매 대행계약을 체결한 데 대하여 시민단체의 간부들이
은행의 전 상품에 대한 불매운동을 벌이겠다는 경제적 압박수단을 고지하여 은
행으로 하여금 공연기획사와 체결한 입장권판매 대행계약을 파기하게 하는 결과
를 가져온 경우에는, 그 계약에 기한 공연기획사의 채권을 침해하는 것으로서 위
법하다($^{대판 2001. 7. 13, 98다51091: 그 목적에 공익성이 있}_{다 하여 이러한 행위까지 정당화될 수는 없다고 함}$). 한편 판례는 2중매매의 경우에 관하
여 불법행위의 성립 여부를 판단한 적은 없으나, 매수인이 매도인에게 2중으로
매도할 것을 적극적으로 권유하는 등으로 매도인의 배임행위에 적극 가담하여
이루어진 매매계약은 사회질서에 반하는 법률행위로서 무효라고 한다($^{대판 1969. 11.}_{25, 66다1565}$
$^{이래 그 예가}_{대단히 많다}$). 이와 같이 2중매매가 사회질서에 반하여 무효인 경우에는, 채권침해
의 위법성이 인정되어 채권자인 제 1 매수인은 제 2 매수인에 대하여 불법행위를
이유로 직접 손해배상을 청구할 수 있다고 할 것이다($^{송덕수, 신사}_{례, 24면 참조}$). 대법원도 근래
이와 같은 취지의 판시를 한 바 있다. 즉 대법원은, 이미 분양된 아파트에 대하여
이중분양계약에 기한 금융기관의 대출과 근저당권설정행위가 최초 수분양자의
분양계약에 기한 채권을 침해하는 것으로서 불법행위에 해당하기 위해서는 그
금융기관의 임직원이 이중분양사실을 안다는 것만으로는 부족하고, 분양자의 이
중분양행위에 적극 가담하여, 이중분양을 요청하거나 유도하여 계약에 이르게
하거나 그와 같이 평가될 수 있는 정도에 이르러야 한다고 하였다($^{대판 2009. 10. 29,}_{2008다82582}$).

　5) **불법행위 성립의 효과**　　제 3 자의 채권침해가 불법행위로 되는 때에
는, 그 효과로서 손해배상청구권이 발생한다. 그러나 이 사실이 채권자의 다른
권리를 방해하지는 않는다. 즉 채권자는 경우에 따라서 그가 가지게 되는 채무불
이행으로 인한 손해배상청구권($^{채무자에 대하여 또는 내부관계가}_{있는 경우에는 침해자에 대하여도}$), 부당이득 반환청구권, 대
상청구권도 행사할 수 있다.

〈판 례〉

「제 3 자의 채권침해 당시 채무자가 가지고 있던 다액의 채무로 인하여 제 3 자의 채권침해가 없었더라도 채권자가 채무자로부터 일정액 이상으로 채권을 회수할 가능성이 없었다고 인정될 경우에는 위 일정액을 초과하는 손해와 제 3 자의 채권침해로 인한 불법행위 사이에는 상당인과관계를 인정할 수 없다. 이때의 채권회수 가능성은 불법행위 시를 기준으로 채무자의 책임재산과 채무자가 부담하는 채무의 액수를 비교하는 방법으로 판단할 수 있고, 불법행위 당시에 이미 이행기가 도래한 채무는 채권자가 종국적으로 권리를 행사하지 아니할 것으로 볼 만한 특별한 사정이 없는 한 비교대상이 되는 채무자 부담의 채무에 포함되며, 더 나아가 비교대상 채무에 해당하기 위하여 불법행위 당시 채무자의 재산에 대한 압류나 가압류가 되어 있을 것을 요하는 것은 아니다.」$\binom{\text{대판 2019. 5. 10,}}{\text{2017다239311}}$

[21]　　**(3) 제 3 자의 채권침해에 있어서 방해배제청구의 가부**

제 3 자가 채권자의 채권행사를 방해하는 경우에 채권자가 채권에 기하여 방해한 제 3 자에 대하여 방해배제를 청구할 수 있는지가 문제된다.

1) 방해배제청구권의 인정 여부

⒜ **학 설**　　　여기에 관하여 학설은 대립하고 있다. i) 채권의 불가침성을 인정하는 입장에서 채권의 일반적 성질로서 침해배제청구권이 생긴다는 견해$\binom{\text{김주수,}}{\text{97면}}$, ii) 침해배제청구권은 일반적으로 인정될 수는 없으나, 채권침해가 위법성을 띠고 있고 침해자에게 고의·과실이 있는 경우에는 예외적으로 인정된다는 견해$\binom{\text{김용한,}}{\text{117면}}$, iii) 공시방법을 갖춘 채권, 특히 임차권의 경우에 관하여 방해배제청구권을 인정하는 견해$\binom{\text{곽윤직, 68면; 김상용, 94면; 김준호,}}{\text{170면; 김학동, 72면; 이은영, 77면}}$, iv) 임차권이 대항력을 갖춘 경우와 점유를 취득한 임차권의 경우에 방해배제를 청구할 수 있다는 견해$\binom{\text{김형배,}}{\text{340면;}}$ $\binom{\text{정기웅,}}{\text{246면}}$가 그것이다.

⒝ **판 례**　　　우리 대법원은 의용민법 하에서 채권의 불가침성에 기하여 제 3 자의 채권침해의 경우에 방해배제청구권을 인정하였다$\binom{\text{대판 1953. 2. 21,}}{\text{4285민상129}}$. 그러나 현행민법이 시행된 후에는 여기에 관하여 직접적으로 태도를 밝힌 적이 없다. 다만, 채권자$\binom{\text{토지의 일시적인 경작권 또는 석유}}{\text{제품을 공급할 권리를 가지는 자}}$가 침해자에 대하여 직접 토지의 인도를 구한 경우$\binom{\text{대판 1981. 6. 23,}}{\text{80다1362}}$와 침해한 시설의 철거 등을 구한 경우$\binom{\text{대판 2001. 5. 8,}}{\text{99다38699}}$에 대하여, 그 권리가 채권적 권리에 불과하여 대세적인 효력이 없다는 이유로 이들 청구를 인정하지 않았으며, 임차권등기가 되어 있는 선박에 관하여 제 3 자 명의

의 원인무효의 가등기 및 본등기가 행하여져 임차권등기가 말소된 경우에 대하여는, 임차권자는 그 방해를 배제하기 위한 청구를 할 수 있다고 하였다($\substack{\text{대판 2002.} \\ \text{2. 26,}}$ $\substack{\text{99다} \\ \text{67079}}$). 대법원의 이러한 태도는 전체적으로는 학설 중 iii)설과 유사한 것으로 생각된다.

(다) **사 견** 현행법상 물권과 채권은 엄격히 구별되어야 한다. 따라서 채권에 기한 방해배제청구권은 원칙적으로 부정되어야 한다. 다만, 채권이 대항요건을 갖추어 물권화한 경우에는 물권에 준하여 방해배제청구권을 인정하여야 할 것이다. 그리고 이 경우에 인정되는 방해배제청구권은 일종의 물권적 청구권으로 인정되는 것이므로, 그것이 인정되기 위하여서는 침해행위가 위법하여야 한다. 그러나 침해자에게 고의·과실이 있을 필요는 없다.

2) **방해배제청구의 내용** 채권자의 방해배제청구로서 방해제거와 방해예방청구가 인정된다는 데 대하여는 다툼이 없다. 그러나 반환청구에 관하여는, i) 그것은 방해배제의 범위를 넘는다는 견해($\substack{\text{곽윤직, 68면; 김상용, 93면;} \\ \text{김형배, 340면; 이은영, 78면}}$)와 ii) 채권자가 자기에게 반환하라고 청구할 수는 없지만 채무자에게 반환하라고 청구할 수는 있다는 견해($\substack{\text{김용한, 119면; 김주수,} \\ \text{98면; 장경학, 117면}}$)가 대립하고 있다. 생각건대 채권자가 점유를 취득한 경우에는 점유보호청구권($\substack{\text{204조 내} \\ \text{지 206조}}$)을 행사하게 되기 때문에 반환청구권이 당연히 인정되고 문제될 것이 없다. 그러나 가령 등기된 부동산임차권($\substack{\text{621} \\ \text{조}}$)이나 등기된 건물의 소유를 목적으로 하는 토지임차권($\substack{\text{622} \\ \text{조}}$)의 경우에, 임차인이 점유를 취득하지 못한 때에는, 그 임차권이 비록 대항력을 가지고 있기는 하지만 그렇다고 하여 지상권이나 소유권과 완전히 동일시할 수는 없으므로 반환청구권은 인정되지 않아야 한다. 채무자에게 반환을 청구하는 것도 마찬가지이다. 다만, 임차권자가 임대인이 가지는 반환청구권을 대위행사할 수는 있으나, 그것은 채권자대위권의 문제이다($\substack{\text{[121]} \\ \text{참조}}$).

5. 책임재산 보전의 효력

이는 채권자대위권($\substack{\text{404조·} \\ \text{405조}}$)·채권자취소권($\substack{\text{406조·} \\ \text{407조}}$)을 가리키는데, 그에 대하여는 제 5 장에서 설명하기로 한다($\substack{\text{[117] 이} \\ \text{하 참조}}$).

제 2 장 채권의 발생

I. 채권의 발생원인 개관

[22]

앞에서 언급한 바와 같이($^{[3]}_{참조}$), 민법은 제 3 편(채권)에서 채권의 발생원인 가운데 4가지에 관하여만 개별적인 사항을 규정하고 있다. 계약 · 사무관리 · 부당이득 · 불법행위가 그것이다. 그러나 이들은 채권의 발생원인 중 대표적인 것일 뿐이며, 그 전부가 아니다.

채권의 발생원인은 그 성질에 따라 「법률행위」와 「법률행위가 아닌 것」으로 나눌 수 있다. 그런데 법률행위가 아닌 채권발생원인은 법률에 규정되어 있다. 그 결과 채권의 발생원인에는 「법률행위」와 「법률의 규정」의 둘이 있다고 할 수 있다. 채권의 발생원인을 이와 같이 나누는 경우에는, 민법 채권편에 규정되어 있는 것들 중 계약은 전자에 속하고, 나머지는 모두 후자에 속하게 된다.

법률행위(특히 계약)와 법률규정 이외의 원인에 의하여 채권이 발생할 수 있는가? 전통적 견해는 이를 부정한다. 그런데 사실적 계약관계론 내지 사회정형적 행위론을 지지하는 학자에 의하면, 때에 따라서는 일정한 사실적 행위에 의하여 계약이 성립한다고 한다. 그리하여 제 3 의 채권발생원인을 인정한다. 이에 관하여는 뒤에 「채권법각론」 책에서 따로 살펴보기로 한다($^{채권법각론}_{[29] 참조}$).

II. 법률행위에 의한 채권의 발생

법률행위에는 단독행위 · 계약 · 합동행위의 세 가지가 있다. 이들 가운데에서 합동행위($^{예: 사단법인}_{설립행위}$)는 채권의 발생원인으로서 문제되지 않으며, 단독행위와 계약만이 채권을 발생시킨다.

1. 단독행위에 의한 발생

채권이 단독행위에 의하여 발생하는 경우가 있다. 그런데 그러한 경우로서 민법에 규정되어 있는 것으로는 유언과 재단법인 설립행위의 둘이 있을 뿐이다. 문제는 법률규정이 없는 때에도 단독행위에 의하여 채권이 발생할 수 있는가이다. 여기에 관하여는 부정설(^{곽윤직·}_{4면 등})만이 나타나 있다. 생각건대 단독행위 가운데 타인의 권리·의무에 영향을 미치는 것은 비록 그것이 타인에게 이익만을 주는 경우에도 법률이 허용하는 때에 한하여서만 행하여질 수 있다고 하여야 하므로 (^{민법총칙}_{[83] 참조}), 부정설이 타당하다. 그 결과 법률규정이 없는 때에는 단독행위에 의하여 행위자가 채권을 취득할 수 없음은 물론이고 행위자가 채무를 부담할 수도 없다.

2. 계약에 의한 발생

계약(채권계약)이 성립하면 채권이 발생하며, 거기에는 — 단독행위에서와 달리 — 법률규정이 필요하지도 않다. 그리고 사적 자치의 원칙상 계약은 가장 중요한 채권발생원인이 되고 있다. 민법은 제 3 편 제 2 장에서 계약에 관하여 자세하게 규정하고 있으며, 특히 증여·매매·교환·소비대차·사용대차·임대차·고용·도급·여행계약·현상광고·위임·임치·조합·종신정기금·화해 등의 15가지에 대하여는 개별적인 규정도 두고 있다. 그러나 이들은 종래 사회에서 널리 행하여지던 계약들을 유형별로 정리해 둔 것에 지나지 않는다. 계약자유의 원칙상 당사자는 다른 종류의 계약도 얼마든지 체결할 수 있고, 또 열거된 종류의 계약을 체결하는 경우에도 규정된 것과 다른 내용으로 체결할 수도 있다. 이 점은, 정하여진 것 가운데 선택만 할 수 있고, 또 선택한 것도 그 내용을 임의로 바꿀 수 없는 물권의 경우와 다르다(^{185조}_{참조}).

15가지의 계약(전형계약) 중 현상광고(懸賞廣告)에 관하여는 그것이 계약인지 단독행위인지가 다투어지고 있다. 그에 관하여는 「채권법각론」에서 살펴보기로 한다 (^{채권법각론}_{[180] 참조}).

Ⅲ. 법률의 규정에 의한 채권의 발생 [23]

채권이 법률규정에 의하여 발생하는 경우가 있다. 그러한 법률규정은 민법
뿐만 아니라 각종의 특별법에도 두어져 있으나, 중요한 것은 민법전, 그중에서도
채권편에 있는 것이다. 그것이 바로 사무관리·부당이득·불법행위이다.

이 세 가지 채권발생원인을 하나씩 간략히 설명하기로 한다.

1. 사무관리

사무관리는 의무$\binom{계약 또는 법률}{에 의한 의무}$ 없이 타인을 위하여 그의 사무를 처리하는 행위
이다$\binom{734조}{참조}$. 폭풍우로 파손된 이웃집 지붕을 자기가 소유하고 있는 자재로 수선을
해 주는 행위가 그 예이다. 사무관리가 있으면 민법규정에 의하여 비용상환청구
권, (일정한 경우의) 손해배상청구권, 관리계속의무 기타의 의무가 발생한다.

2. 부당이득

부당이득이란 법률상 원인 없이 타인의 재산 또는 노무로 인하여 얻은 이익
을 가리킨다$\binom{741조}{참조}$. 예컨대 채무자가 그의 채무를 변제하였는데 그 사실을 잊어버
리고 다시 변제한 경우에 두 번째의 급부가 그에 해당한다. 부당이득이 있으면
민법규정에 의하여 손실자는 이득자에 대하여 부당이득 반환청구권이라는 채권
을 취득하게 된다.

3. 불법행위

불법행위는 고의 또는 과실로 위법하게 타인에게 손해를 가하는 행위이다
$\binom{750조}{참조}$. 타인을 때려 다치게 하거나 타인의 재산을 멸실시키는 것이 그에 해당한
다. 불법행위가 있으면 민법규정에 의하여 피해자는 가해자에 대하여 손해배상
청구권을 가지게 된다. 이 불법행위에 관한 규정은 그 수가 많지 않으나 각각의
불법행위를 일으키는 모습이 매우 다양하고 또 발생빈도도 대단히 높아서 실제
사회에서의 중요성은 결코 계약에 뒤지지 않는다.

〈민법 제 3 편 이외의 법률규정에 의하여 채권이 발생하는 경우의 예〉

민법 제 3 편(채권)이 아닌 법률규정에 의하여 채권이 발생하는 경우는 대단히 많다. 아래에서는 그러한 경우 가운데 몇 가지의 예를 민법전에 의한 것과 특별법에 의한 것으로 나누어 소개하기로 한다. 여기에 소개하는 예는 극히 일부이고, 그러한 예가 매우 많음을 유의해야한다.

민법 제 3 편(채권) 이외의 규정에 의하여 채권이 발생하는 경우는 나머지 각 편에 골고루 존재한다. 부재자의 재산관리인과 부재자 사이의 관계($\frac{22조}{이하}$), 법인의 불법행위능력($\frac{35}{조}$), 점유자와 회복자의 관계($\frac{201조\sim}{203조}$), 유실물의 소유자와 습득자 사이의 관계($\frac{253조,}{유실물법}$), 전세권 설정의 경우 전세권설정자와 전세권자 사이의 관계($\frac{309조 \cdot}{310조}$), 후견인의 재산관리의 경우($\frac{941조}{이하}$), 친족 사이의 부양의무($\frac{974조}{이하}$), 공동상속재산관리인의 재산관리($\frac{1040}{조}$), 유언집행자의 권리 · 의무($\frac{1100조}{이하}$)가 그 예이다.

특별법의 규정에 의하여 채권이 발생하는 경우의 예로는 비료관리법 제 7 조, 토양환경보전법 제10조의 3, 우주손해배상법 제 4 조, 원자력손해배상법 제 3 조, 「유류오염 손해배상 보장법」 제 5 조, 자동차손해배상보장법 제 3 조, 광업법 제75조, 제조물책임법 제 3 조, 국가배상법 제 5 조, 「독점규제 및 공정거래에 관한 법률」 제109조를 들 수 있다.

민법 제 3 편 이외의 법률규정에 의하여 채권이 발생하는 경우에도 원칙적으로 민법 제 3 편 제 1 장 총칙의 규정이 적용된다고 해야 한다($\frac{같은 취지: 곽윤직(채}{권각론, 신정판), 10면}$). 다만, 그에 관하여 특별규정이 두어져 있거나 채권관계에 총칙규정이 적용되기에 부적합한 특별한 사정이 있는 때에는 일부 규정이 적용되지 못할 수도 있다.

〈약정 채권관계와 법정 채권관계〉

채권관계 가운데 계약에 의하여 발생하는 것을 약정 채권관계라고 하고, 법률규정에 의하여 발생하는 것을 법정 채권관계라고 한다.

제 3 장 채권의 목적

I. 서 설 [24]

1. 민법 제3편 제1장 제1절(채권의 목적)의 의의

민법은 제 3 편(채권) 제 1 장(총칙) 제 1 절의 제목을 「채권의 목적」이라고 붙이고 있다. 그리고 그 절에서는 채권의 목적의 금전적 가치 문제($\frac{373}{조}$), 특정물채권($\frac{374}{조}$), 종류채권($\frac{375}{조}$), 금전채권($\frac{376조-}{378조}$), 이자채권($\frac{379}{조}$), 선택채권($\frac{380조-}{386조}$)에 관하여 규정하고 있다.

「채권의 목적」에 관한 규정을 여기에 둔 이유는 무엇인가? 이에 대하여 우리 민법의 기초자의 생각은 알 수가 없다. 그런데 우리 민법이 모범으로 삼은 의용민법은, 채권의 목적이 채권 성립의 한 요소인 만큼 그에 관한 규정은 모든 채권에 공통적으로 적용되도록 총칙에 두어야 마땅하고 또 변제 이전에(일본의 구민법에서는 채권의 목적에 관한 규정이 변제에 관한 부분이나 합의에 관한 부분에 흩어져 있었다) 우선 채권의 성립에 관련되므로 총칙의 첫부분에 위치하여야 한다는 생각을 기초로 하고 있다(廣中俊雄 編, 民法修正案(前三編)の理由書, 1987, 389면·390면). 이러한 의용민법의 기초이유는 우리 민법에 관하여도 마찬가지라고 할 수 있다.

「채권의 목적」에 관한 절(節)의 규정은 채권의 총칙으로서 모든 채권에 공통적으로 적용된다. 그리하여 계약에 의하여 발생한 채권뿐만 아니라 법률규정에 의하여 발생한 채권에 관하여도 적용된다. 그렇지만 그 규정들은 주로 계약에 의한 경우를 예정하여 만들어졌다. 법률규정에 의하여 발생한 채권에 있어서는 채권의 발생을 규정하면서 아울러 채권의 목적까지도 정하고 있기 때문이다. 한편 계약에 의하여 발생한 채권에 있어서 채권의 목적은 계약자유의 원칙상 매우 다양하게 정해질 수 있어서, 법률에서 그 모든 경우의 채권의 목적을 상정하여 통칙을 두는 것은 처음부터 불가능하다. 그 결과 이 절의 규정은 제373조·제374조를 제외하고는 주로 「채권의 목적」의 확정에 관한 것이다.

「채권의 목적」의 확정에 관한 이 절의 규정은 임의규정이고, 그 가운데에서도 보충규정이다. 따라서 당사자가 합의로 채권의 목적을 확정하거나 또는 그 확정방법을 정하고 있는 경우에는, 그 규정이 적용되지 않는다.

2. 기술순서

아래에서는 먼저 「채권의 목적」의 일반론을 살펴보고, 이어서 「채권의 목적」의 절에서 규정하고 있는 특정물채권·종류채권·금전채권·이자채권·선택채권에 대하여 차례로 적기로 한다. 그리고 민법에 규정은 없지만 선택채권과 유사한 것으로 임의채권이 있고, 문헌들이 그에 관하여도 설명하고 있으므로, 이 책에서도 그것도 함께 기술하기로 한다.

[25] ## Ⅱ. 「채권의 목적」 일반론

1. 채권의 목적의 의의

채권의 목적의 의의에 관하여는 견해가 대립하고 있다. 그런데 사견은, 채권의 목적은 「채무자가 하여야 하는 행위」이며, 그것은 구체적인 경우에 채권의 성격에 따라서 결과실현행위일 수도 있고 행위 자체일 수도 있다는 입장이다.

〈「채권의 목적」의 의의에 관한 논의〉
「채권의 목적」의 의의에 관하여는 견해가 대립하고 있다. i) 전통적인 견해인 다수설은 — 표현은 다소 달라도 내용상으로는 일치하여 — 채권의 목적은 「채권자가 채무자에 대하여 청구할 수 있는 일정한 행위 즉 채무자의 행위」라고 한다(곽윤직, 20면; 김상용, 29면; 김용한, 31면; 김주수, 45면; 김형배, 43면; 소성규, 63면; 윤철홍, 19면; 장경학, 27면). 이러한 다수설에 대하여 근래에는 급부라는 개념의 의미를 중심으로 논의하는 견해들이 소수설로 주장되고 있다. ii) 채권의 목적의 의의를 다수설과 같이 설명하면서도, 위의 사견과 실질적으로 동일하게 설명하는 견해(김학동, 16면), iii) 채권의 목적인 급부(이행)는 급부행위와 급부결과의 이중적 요소를 갖고 있으며, 이 두 요소는 각기 다른 역할을 담당하고 있고 그들 사이에 경중을 판단하기는 곤란하다는 견해(이은영, 81면), iv) 채무자의 일정한 행위를 통하여 채권자에게 일정한 결과가 생기는 것을 급부라고 하는 견해(정기웅, 27면) 등이 그것이다. 그리고 최근에는 v) 저자의 견해에 찬성하는 학설(주석 채권총칙(1), 65면(박재윤))도 주장되고 있다.
생각건대 「채권의 목적」의 의의를 규명함에 있어서는 채무자의 행위와 그에 의한 결과의 양자를 고려하지 않을 수 없다. 왜냐하면 모든 채권이 「행위」만을 목적으로 하지는 않기 때문이다. 예컨대 고용계약에 있어서 피용자의 노무제공의무(655조)는 채무자의 행위만을 목적으로 하지만, 매도인의 재산권이전의무($\frac{568조}{1항}$), 수급인의 일의 완성의무($\frac{664}{조}$)는 채무자의 행위에 의하여 실현된 결과를 목적으로 한다. 그러므로 경우에 따라서는 결과의 실현까지도 채권의 목적에 포함될 수 있다는 것을 주의하여야 한다. 그렇다고 하여 「채권의 목적」의 개념 정의에 그것을 반드시 포함시킬 필요는 없다. 더구나 iii), iv)설은 모든 채권이 급부결과의 실현에 향하여진 것으로 표현된 점에서도 부적절하다. 채권의 목적은 「채무자가 하여야 하는 행위」라고 하고, 다만 채무자의 행위가 구체적인 경우에 결과실현행위 또는 행위 자체일 수 있다고 이해하면 충분하다($\frac{\text{「채권의 목적」의 의의에 관한 자세한}}{\text{점은 주해(8), 59면 이하(송덕수) 참조}}$). 그리하여 채무자의 행위가 결과실현행위인 채권의 경우에는, 채무자가 그가 할 수 있는 모든 행위를 하였을지라도 결과실현이 없으면 채무불이행이 된다. 예컨대 관청의 허가·등기부에의 등기가 없어서 결과가 실현되지 않은 경우에 그렇다. 그에 비하여 채무자의 행위 자체를 목적으로 하는 채권의 경우에는, 결과실현은 반드시 있어야 하는 것이 아니다($\frac{\text{Larenz,}}{\text{S. 8}}$).

이러한 사견의 입장에서는, 채무자의 의무를 결과실현에 향하여진 것(결과채무)과 행위 자체에 향하여진 것(행위채무)으로 나누어 볼 수 있다. 이는 프랑스의 종래 통설·판례가 구별하고 있던 결과채무·수단채무와 비슷하다. 그런데 어떠한 의무가 결과채무인지 행위채무인지는 통일적으로 결정될 수 없으며, 구체적인 경우에 있어서 개별적인 의무가 어떤 의미와 목적을 가지는가에 따라 판단되어야 한다($\frac{\text{Fikentscher,}}{\text{S. 35}}$). 만약 여러 사정을 고려하여도 확정할 수 없는 경우에는 행위채무로 새겨야 할 것이다 ($\frac{\text{같은 취지:}}{\text{Ferid, S. 408}}$). 그리고 여기의 의무는 개별적인 것이므로 동일한 채무자가 어느 것에 대하여는 결과채무를 부담하고 다른 것에 대하여는 행위채무를 부담할 수도 있다. 예를 들면 특정물 매도인의 소유권이전의무는 결과채무이나, 그가 특정물채무자로서 목적물을 선관주의로 보존할 의무($\frac{374}{조}$)는 행위채무인 것이다.

우리 민법전은 채권의 목적을 가리키는 통일적인 용어를 사용하지 않고($\frac{\text{독일}}{\text{민법}}$ 은 Leistung이라고 하고, 일본민법은 급부라고 함), 때에 따라서 이행·행위·급여·변제·지급 등으로 각기 다르게 표현하고 있다. 그런데 학자들은 대부분 「급부」라는 단일한 용어를 쓰고 있다 ($\frac{\text{일부 학자는 「급여」라고 하며, 「이」}}{\text{행」이 적절하다는 견해도 있다}}$). 사견으로는 「이행행위」($\frac{\text{급부판결·「급부하여야 한다」 등 복합어의}}{\text{경우에는 급부를 이행으로 바꾸어 쓰면 된다}}$) 라고 하는 것이 바람직한 것으로 생각되나($\frac{\text{자세한 점은 주해}}{\text{(8), 66면(송덕수)}}$), 급부라는 용어가 워낙 굳어져 있기 때문에 이 책에서도 급부라는 용어를 사용하기로 한다.

채권의 목적과 채권의 목적물은 구별하여야 한다. 채권의 목적은 채무자의 이행행위(급부)이고 채권의 목적물은 그 이행행위(급부)의 객체이기 때문이다. 가령 매도인의 소유권이전의무의 경우에 채권의 목적은 소유권이전행위인 데 비하여, 채권의 목적물은 매매의 객체인 물건이다. 민법도 이 둘을 구별하여 사용하고 있으나$\binom{373조 \cdot 374조 \cdot 375}{조 \cdot 376조 \cdot 399조 등}$, 용어사용이 부정확한 때도 있다$\binom{예: 375조 1항 \cdot 399조. 일부 견해}{는 376조도 부정확하다고 하나, 이}$는 옳지 않다 $\Big)$.

[26]   ## 2. 채권의 목적의 요건

채권이 법률규정에 의하여 발생하는 경우$\binom{가령 사무관리 \cdot 부당이}{득 \cdot 불법행위 등의 경우}$에는 채권의 목적도 법률에 의하여 정하여지고, 따라서 그것은 당연히 유효하게 된다. 그러나 채권이 당사자의 법률행위, 특히 계약에 의하여 발생하는 경우에는 사정이 다르다. 그 경우에는 사적 자치가 인정되기 때문에 당사자는 원칙적으로 자유로운 의사에 기하여 채권의 목적(급부)을 정할 수 있다$\binom{이는 물권의 경우와 다}{른 점이다. 185조 참조}$. 그렇다고 하여 채권의 목적이 전혀 무제한일 수는 없다. 그것은 법률행위의 목적에 관한 일반적 유효요건(확정 · 가능 · 적법 · 사회적 타당성)을 갖추어야 한다. 왜냐하면 만약 채권의 목적이 법률행위 목적의 일반적 유효요건을 갖추지 못하면 법률행위의 목적도 그 요건을 갖추지 못하게 되기 때문이다. 예컨대 불타버린 집을 매매하는 경우 채권의 목적인 매도인의 소유권이전행위 · 인도행위가 원시적 불능인데, 그때에는 법률행위의 목적인 집의 소유권이전청구권의 발생, 인도청구권의 발생도 원시적 불능으로 되고, 그 결과 집의 매매계약도 무효로 된다. 따라서 채권의 목적도 확정할 수 있어야 하고, 실현가능하여야 하며, 적법하여야 하고, 사회적 타당성이 있어야 한다$\binom{통설도 같음. 그러나 이은영, 86면 이하는 급부의 요건으}{로 실현가능성 \cdot 사회적 효용성 \cdot 확정가능성의 셋을 든다}$. 그 밖에 채권의 목적이 금전으로 평가할 수 있는 것이어야 하는가에 관하여는 민법이 명문규정$\binom{373}{조}$을 두고 있다.

〈주의할 점〉

채권의 목적 즉 급부가 확정 · 가능 · 적법 · 사회적 타당성 등의 요건을 갖추었을지라도 법률행위가 그 요건을 갖추지 못하게 될 수도 있다. 그 이유는, 급부가 쌍무계약상의 것일지라도 그것은 하나의 것으로서만 문제되기 때문이다. 예컨대 폭리행위의 경우에는 폭리행위를 당한 자의 급부는 사회적 타당성이 있지만 전체적인 법률행위는 사회적 타당성이 없게 된다. 이러한 점 때문에 일부 견해$\binom{이은영,}{89면}$는 적법성 · 사회적 타당성은 급부 하나에 대하여가 아니고 계약에 대하여 심사할 것이라고 한다. 그러나 적법성 등은 먼저 급부에 관하여 검토하고$\binom{이는 정확한 분석을}{위하여서도 필요함}$, 그 뒤에 법률행위에 관하여 따로 검토하여야 한다.

(1) 확 정 성

채권의 목적 즉 급부는 확정되어 있거나 적어도 확정될 수 있어야 한다. 급부가 이행기까지 확정될 수 없는 경우에는, 채권은 성립하지 않고, 그 채권을 발생시키는 법률행위도 무효이다(대판 1987. 4. 1, 87다카1273은 주택 1동의 매매약정(약정서도 존재함)이 있는 경우에 관하여 확정가능성이 없음을 이유로 계약을 무효라고 하였다).

급부의 확정은 법률행위 특히 계약에 의하여 발생하는 채권에 관하여만 문제된다. 왜냐하면 법률규정에 의하여 발생하는 채권의 경우에는, 법률이 급부의 확정표준도 정하기 때문이다(734조 이하, 741조 이하, 750조 이하, 974조 이하 등).

〈급부확정의 방법〉

법률행위에 의하여 발생하는 채권에 있어서 급부의 확정은 사적 자치의 원칙상 마땅히 당사자가 행하여야 한다. 그리하여 민법은 단지 특수한 개별적인 채권에 관하여서만(예: 375조·376조·379조·380조 이하·428조·429조·656조) 또는 급부에 관한 사항 중 사소한 것에 관하여서만(예: 467조) 보충규정을 두고 있을 뿐이다. 따라서 급부의 확정은 우선은 법률행위 해석의 방법(민법총칙 [91] 이하 참조)으로 행하여져야 하며, 해석으로 결정할 수 없는 경우에는 보충규정에 문의하여야 한다. 그 결과 급부를 확정하는 방법에는 ① 당사자의 합의에 의한 확정, ② 관습에 의한 확정, ③ 법률규정(민법의 보충규정)에 의한 확정의 셋이 있게 되고, 그 가운데 ①의 확정에는 ㉠ 당사자가 합의에 의하여 직접 급부를 확정하는 경우와 ㉡ 당사자가 계약에 의하여 급부를 확정하는 방법을 정해 놓아 그 방법에 의하여 급부가 확정되는 경우가 있다. 그리고 이 ㉡의 방법으로 당사자의 일방(채무자 또는 채권자) 또는 제 3 자에게 급부의 확정을 맡길 수도 있다(이 방법의 경우에는 여러 가지 어려운 문제가 있는데, 그에 관하여는 주해(8), 71면(송덕수) 이하를 참조할 것). 주의할 것은 이들 확정방법은 동일평면에 있지 않으며 앞의 것이 뒤의 것에 우선한다는 점이다. 그리하여 선순위의 방법에 의한 확정이 없는 경우에만 후순위의 방법에 의한 확정이 고려된다. 그리고 최후의 방법인 위 ③에 의하여서도 급부가 확정될 수 없는 경우에는 채권은 성립하지 않는다.

(2) 실현가능성   [27]

급부는 실현이 가능한 것이어야 한다. 실현이 불가능한 급부를 목적으로 하는 채권은 성립하지 않으며, 그러한 채권을 발생시키는 계약은 무효이다. 그런데 계약을 무효화하는 불능(또는 불가능)은 모든 불능이 아니고 원시적 불능(민법총칙 [115] 참조)에 한한다. 즉 채권 성립시(법률행위 성립시와 채권 성립시가 다른 경우에는 전자가 기준이 된다)를 기준으로 하여 그때 이미 실현불능이 확정적인 경우에만 계약이 무효이고 채권이 성립하지 않는다(통설도 같음. 그러나 양창수, 민법연구(3), 159면 이하는 이러한 법리에 의문을 제기한다). 가령 매매계약 전날 밤에 목적물이 불타버린 경우가 그 예이다. 그에 비하여 채권이 성립할 당시에 실현이 가능했다면, 그 후에 불능으로 되었다고 하더라도(후발적 불능), 채권의 성립에는 지장이 없으며 계약도 무효가 아니다. 그때는 다른 효과가 생길 뿐이다. 그리고 채권 성립시에 불능이거나 적어도 가능하지 않았다 하더라도 이행기까지는 가능할 수도 있는 경우, 즉 불능이 확정적이지 않은 경우에도 계약은 유효하고 채권은 성립한다.

급부의 가능이라는 요건에서 가능·불능 여부는 사회의 거래관념에 의하여 판단하여야 한다($^{통설도}_{같음}$). 한편 사회통념상 불능이기만 하면 그것이 일반인 모두에게도 불능인가(객관적 불능) 아니면 채무자에게만 불능인가(주관적 불능)는 묻지 않는다($^{통설도}_{같음}$).

〈판 례〉

「이 사건 각 하도급계약 당시 소론과 같이 그 건축공사에 대한 건설부장관의 사업계획승인, 원도급인인 소외 대한주택공사의 하도급에 대한 승인, 그 건축부지의 확보 등이 갖추어져 있지 않았다 하더라도, 그 계약의 목적이 된 원심 판시 토지상에 아파트건축 등의 공사를 하는 것이 법률상 금지 내지 제한되어 있었다는 등 특단의 사정이 없는 이상 계약 후 이를 보완할 수 있는 것이므로 그와 같은 사유만으로는 이 사건 각 하도급계약 당시 그 계약목적이 실현불가능한 것이었다고 할 수 없」다($^{대판 1989. 11. 28,}_{89다카11777}$).

이 판결은, 이행기에 가능하면 그 이전에 불능이어도 불능이 아니라는 전제에서, 그 판결사안의 경우에는 사회통념에 비추어 불능이 아니라고 판단한 것으로 이해된다.

(3) 적 법 성

급부는 적법한 것이어야 한다. 다시 말해서 강행법규에 위반하지 않아야 한다($^{민법총칙 [116]}_{이하 참조}$). 예컨대 범죄행위의 실행, 법률상 양도가 금지되어 있는 물건($^{마약}_{등}$)의 인도를 목적으로 하는 채권은 성립하지 않으며, 그와 같은 약속을 한 계약은 무효이다. 급부 자체는 적법하고 또 사회적 타당성이 있더라도 그러한 급부를 목적으로 하는 채권을 발생시키는 계약이 부적법하거나 사회적 타당성이 없어서 무효로 될 수도 있다($^{같은 취지:}_{김형배, 78면}$). 왜냐하면 급부의 적법성은 계약이 쌍무계약이라고 할지라도 독립적으로 살피기 때문이다.

(4) 사회적 타당성

급부는 사회적 타당성이 있는 것이어야 한다. 즉 선량한 풍속 기타 사회질서에 위반하지 않아야 한다($^{민법총칙 [122]}_{이하 참조}$). 예컨대 인신매매나 남녀가 불륜관계를 맺는 것을 약속한 경우와 같이 급부의 내용이 사회질서에 반하는 때에는, 채권은 성립하지 않으며, 그러한 계약은 무효이다.

(5) 재산적(금전적) 가치

금전으로 가액을 산정할 수 없는 것이라도 채권의 목적으로 할 수 있다($\frac{373}{조}$). 여기서 금전으로 가액을 산정할 수 없다는 것은 일반적·객관적으로 산정할 수 없다는 의미인가, 아니면 채권자의 입장에서 주관적으로 산정할 수 없다는 의미인가? 여기에 관하여 우리의 학설로는 어느 쪽의 의미에서나 금전적 가치를 필요로 하지 않는다고 하는 견해만 주장되고 있다($\frac{곽윤직, 22면; 김용한, 37면;}{김주수, 45면; 장경학, 32면}$). 그러나 급부가 채권자에게 금전적 가치가 전혀 없는 경우는 없을 것이다. 따라서 이는「객관적으로 가액을 산정할 수 없는 것」도 채권의 목적이 될 수 있다는 의미로 새겨야 한다.

견해($\frac{김주수, 45면;}{이은영, 88면}$)에 따라서는, 법적으로 보호할 가치 있는 이익이 있는 경우에만 급부로 될 수 있다고 한다. 그러나 보호가치 있는 이익을 요구하면 재산적 가치를 요구하는 것과 같은 결과를 가져온다($\frac{주해(8), 99면}{(송덕수) 참조}$). 따라서 보호가치 있는 이익은 채권의 목적의 요건이 아니라고 하여야 한다.

재산적 가치뿐만 아니라 채권자의 보호가치 있는 이익도 급부의 요건이 아니라고 하여, 일정한 행위를 할 약속이 있는 경우에는 예외없이 채권이 성립한다는 것을 의미하지는 않는다. 어떤 자가 하여야 하는 일정한 행위가 채권의 목적이 되려면 적어도 채권관계라는 법률관계가 성립하여야 한다. 일상생활상의 단순한 예의적인 관계 즉 호의관계($\frac{[9]}{참조}$)는 채권관계가 아니며, 거기에서는 채권·채무는 문제되지 않는다.

「금전으로 가액을 산정할 수 없는 급부」를 목적으로 하는 채권에 있어서도 — 보통의 채권의 경우와 마찬가지로 — 채무불이행이 있으면 채권자는 금전으로 손해배상을 청구할 수 있다($\frac{394}{조}$). 그리고 본래의 급부(및 손해배상)에 관하여 국가에 이행판결을 선고해 줄 것을 청구할 수 있고, 또 그 판결에 기하여 채무내용의 실현을 강제할 수 있다.

재산적 가치가 없는 것을 목적으로 하는 채권도 보통의 채권처럼 재산권이라고 보아도 무방할 것이다($\frac{이설}{없음}$). 그러한 채권도 불이행이 있으면 금전에 의하여 손해배상을 하게 되기 때문이다.

[28]   **3. 채무자의 의무**

(1) 서   설

채권의 목적, 즉 채무자가 하여야 하는 행위는 채권자가 요구할 수 있는 행위(권리)의 측면에서보다는 채무자가 하여야 하는 의무의 측면에서 살펴보아야 누락되는 것이 없게 된다. 왜냐하면 채무자의 의무 가운데에는 채권자가 이행을 요구할 수 없는 것도 있기 때문이다.

(2) 제 1 차적 급부의무 · 제 2 차적 급부의무

채권관계, 특히 계약에 의한 채권관계(약정 채권관계)에 있어서 채무자의 의무는 제 1 차적 급부의무와 제 2 차적 급부의무로 나눌 수 있다. 그럴 경우 전자는 채권이 성립할 당시에 발생한 급부의무이고, 후자는 제 1 차적 급부의무에 장애가 생긴 경우에 그것 대신에 또는 그것과 병존하여 발생하는 급부의무이다. 예를 들면 매매계약에 의한 매도인의 재산권이전의무, 매수인의 대금지급의무는 제 1 차적 급부의무에 해당하고, 매도인의 손해배상의무, 임대차가 소멸한 경우의 청산의무, 계약이 해제된 경우의 원상회복의무는 제 2 차적 급부의무에 해당한다.

제 1 차적 급부의무와 제 2 차적 급부의무는 성립요건에 있어서 다르므로 구별되어야 한다. 전자는 원칙적으로 이행기가 되면 곧바로 이행을 청구할 수 있는데 비하여, 후자는 다른 요건, 가령 채무불이행으로 인한 손해배상청구권의 경우에는 특히 채무자의 유책사유 등을 더 갖추어야 이행을 청구할 수 있다. 한편 이두 의무는 뒤에 보는「본래의 급부의무」·「기타의 행위의무」의 구별과는 결합될 수 없다(그러나 김형배, 33면은 급부의무를 이 둘로 다시 세분하고, 김상용, 23면은 급부의무 가운데 주된 급부의무를 이 둘로 나누고 있다). 왜냐하면 제 2 차적 급부의무는「기타의 행위의무」의 위반의 경우에도 발생할 수 있을 뿐만 아니라, 제 2 차적 급부의무에도 본래의 급부의무 외에「기타의 행위의무」가 포함되어야 할 것이기 때문이다. 특히 청산의무의 경우에 그렇다.

[29]   (3) 본래의 급부의무 · 기타의 행위의무

채권관계에 있어서 채무자가 부담하는 의무에는 급부의무만 있는 것이 아니고, 그 밖에 채무를 이행하는 과정에서 법률이나 신의칙 등에 의하여 부담하여야 하는 의무들도 있다. 후자를 가리키는 용어로 여러 가지가 사용되고 있으나, 사견으로는「급부의무 이외의 행위의무」의 의미로「기타의 행위의무」라고 표현하

려고 한다(곽윤직, 17면은「기본채무 이외의 용태의무」라고 하고, 김상용, 24면; 김용한, 16면은 각각 부수의무, 성실의무라고 한다). 판례는 대체로 신의칙상의 부수적 의무라고 한다.

채무자의 의무를 「본래의 급부의무」와 「기타의 행위의무」로 나누는 경우에 그 구별표준은 소제기 가능성 여부에서 찾아야 한다. 그리하여 이행(급부)의 소나 부작위의 소에 의하여 이행이 강제될 수 있는 의무가 「본래의 급부의무」이고, 당해 의무의 이행이 없는 때에는 단지 불완전이행 또는 법률상의 보호의무 위반을 이유로 한 손해배상청구권만이 주어질 수 있는 경우의 의무가 「기타의 행위의무」이다.

「본래의 급부의무」는 그 내용에 따라 다시 주된 급부의무와 부수적 급부의무(이를 종된 급부의무라고도 함)로 나눌 수 있다. 전자는 채권관계(계약)의 종류를 결정하고 또 그것의 합의가 없으면 그러한 종류의 채권관계가 유효하게 존재할 수 없는 본질적인 급부의무이다. 매도인의 소유권이전의무, 매수인의 대금지급의무가 그 예이다. 그에 비하여 후자는 부수적인 의미만을 가지는 급부의무이다. 부수적 급부의무는 법률상 규정되어 있을 수도 있고(예: 683조의 수임인의 보고의무), 계약에 의하여 합의될 수도 있으며(예: 매매에 있어서 매도인이 송부하기로 한 경우), 신의칙으로부터 생길 수도 있다. 급부의무는 어느 것이든 소에 의하여 이행이 강제될 수 있다.

「기타의 행위의무」는 그 발생원인을 불문하고 — 이행청구권이 아니고 — 단지 손해배상청구권만에 의하여 제재를 당하는 의무이다. 특정물채무자의 선관주의 보존의무(374조), 채권자에게 신체적·재산적 손해를 가하지 않아야 할 의무가 그 예이다. 「기타의 행위의무」는 계약 목적의 달성을 적극적으로 촉진하는 의무(안전배려의무·설명의무 등)일 수도 있으나, 채권자의 완전성의 이익의 보호만을 목적으로 하는 것일 수도 있다.

견해(김형배, 32면; 장경학, 7면; 정기웅, 15면)에 따라서는, 「기타의 행위의무」에 해당하는 의무를 부수적 주의의무와 보호의무로 나누어 이해하기도 한다(김학동, 21면·25면은 부수적 의무와 보호의무로 구별하되, 후자는 채무의 내용이 아니라고 한다). 그런가 하면 그러한 의무를 부수의무라고 한 뒤, 그것을 독립적 부수의무와 종속적 부수의무로 세분하는 견해도 있다(김상용, 26면). 그리고 이들 견해는 각각 부수적 주의의무 중 고유한 목적이 두어져 있는 경우, 독립적 부수의무는 소구할 수 있다고 하면서, 그 예로 수임인의 보고의무를 들고 있다. 그러나 앞에서 본 바와 같이, 「기타의 행위의무」인지는 소구가능성 여부로 판단하여야 하며, 그러한 때에는 소구가능성이 있는 수임인의 보고의무를 급부의무(부수적 급부의무)라고 하게 된다.

「본래의 급부의무」와 「기타의 행위의무」를 구별하게 되면, (제 1 차적) 급부의무 없는 채권관계도 인정할 수 있게 된다. 계약체결상의 과실($\binom{채권법각론}{[30]\,이하\,참조}$)이나 제 3 자 보호효력 있는 계약($\binom{채권법각론}{[52]\,참조}$)에서 그 예를 볼 수 있다. 한편 위의 두 의무는 모두 상위의 급부(이행행위) 개념에 포함된다고 하여야 한다. 그래야만 「기타의 행위의무」의 위반도 채무불이행으로 다룰 수 있게 되고, 따라서 급부개념을 ─ 가령 채무불이행의 경우에 다르게 다루지 않고 ─ 통일적으로 설명할 수 있게 되기 때문이다.

〈채무자의 의무의 분류〉

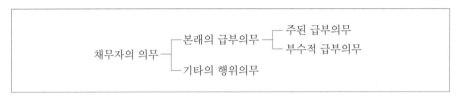

[30]   **4. 채권의 목적(급부)의 분류**

채권의 목적, 즉 급부는 그 내용이나 모습과 같은 표준에 의하여 여러 가지로 분류할 수 있다($\binom{아래의\,분류\,중\,(1)-(3)은\,내용에\,의한}{것이고,\,나머지는\,모습에\,의한\,것이다}$).

〈내용에 의한 급부의 분류〉

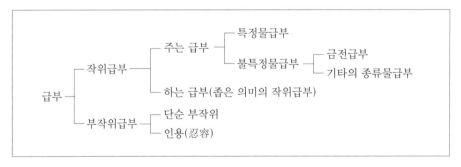

(1) 작위급부 · 부작위급부

급부의 내용이 적극적 행위 즉 작위인 경우를 작위급부(적극적 급부)라고 하고, 소극적 행위 즉 부작위인 경우를 부작위급부(소극적 급부)라고 한다($\binom{이것이\,각각의}{채권에\,있어서}$ 급부가 둘 중 어느 하나라는 의미는 아니다. 오히려 모든 채권이 작위와 부작위를 목적으로 한다. Fikentscher, S. 35). 예를 들면 매도인의 소유권이전의무, 매수인의 대금지급의무는 작위급부를 목적으로 하는 것이고, 매매계약의 결과를 신의칙에 반하여 수포로 돌아가지 않게 할 매도인의 의무, 종업원이 사용자와 후에 경업(競業)하지 않기로 한 경우의 종업원의 그 의무는 부작위급부를 목적으로 하는 것이다. 그리고 부작위급부에 있어서 부작위에는 단순부작위 외에 채권자가 일정한 행위를 하는 데 대하여 이의나 반대행위를 하지 않는 인용(忍容)도 포함된다. 예컨대 임차인은 임대인이 임대물을 수선하는 것을 방해하지 않을 의무가 있는데($^{624}_{조}$), 그러한 임차인의 의무는 인용의무(忍容義務)이다.

이 두 급부를 구별하는 실익은 채무불이행이 생긴 경우의 강제이행에 있어서 두드러진다($^{389조}_{참조}$).

(2) 주는 급부 · 하는 급부

급부가 작위인 경우, 즉 작위급부는 다시 「주는 급부」와 「하는 급부」로 나눌 수 있다. 「주는 급부」는 물건의 인도를 내용으로 하는 것이고, 「하는 급부」는 그 밖의 작위를 내용으로 하는 것이다. 「하는 급부」는 좁은 의미의 작위급부라고도 한다. 「주는 급부」와 「하는 급부」는 각각 — 종래 프랑스 통설 · 판례가 인정하던 — 「주는 채무」 · 「하는 채무」의 목적이 된다.

〈참 고〉

가령 채권과 같은 권리의 양도를 내용으로 하는 경우는 비록 물건의 인도는 아니지만 그와 마찬가지로 다루어야 한다. 즉 거기에는 「주는 급부」에 관한 규정이 유추적용되어야 한다.

「주는 급부」의 경우에는 급부결과가 중요하고 급부행위 자체는 중요하지 않다. 그에 비하여 「하는 급부」의 경우에는 채무자 자신의 급부행위가 중요하다. 그리고 채무불이행이나 강제이행에 있어서도 양자는 차이를 보인다.

(3) 특정물급부 · 불특정물급부

앞에서 본 「주는 급부」는 인도할 물건이 특정되어 있느냐 여부에 의하여 특정물급부 · 불특정물급부로 나눌 수 있다. 그리고 불특정물급부는 금전급부와 그 밖의 종류물의 급부로 세분될 수 있다(통설도 같으나, 김상용, 34면은 금전채무는 물건채무가 아니고 가치채무이기 때문에 금전급부를 불특정물급부에 포함시키는 것이 부적절하다고 한다. 그리고 이은영, 84면은 인도채무(「주는 급부」)를 특정물채무 · 종류채무 · 금전채무로 나눈다). 금전은 추상적인 일정량의 가치로서 급부되므로 보통의 물건과 현저한 차이가 있다.

〈참 고〉

「주는 급부」의 객체가 권리인 경우에도 그것이 특정되어 있는가에 따라 특정물급
부·불특정물급부에 관한 규정을 유추적용하여야 한다.

특정물급부·불특정물급부의 구별은 특정을 요하느냐 여부, 이행의 방법·
장소, 위험부담 등에 관하여 실익이 있다.

[31]　　　**(4) 가분급부 · 불가분급부**

급부는 그것의 본질 또는 가치를 손상하지 않고 분할하여 실현할 수 있느냐
에 따라 가분급부·불가분급부로 나누어진다. 이 구별은 「하는 급부」에 관하여서
도 할 수 있지만, 「주는 급부」에 관하여 행하는 때가 많다. 불가분급부에는 성질
상 불가분인 것과 성질상으로는 가분이지만 당사자의 의사표시에 의하여 불가분
으로 된 것이 있다($\frac{409조}{참조}$). 가령 소(牛) 1마리의 인도, 경업(競業)의 금지는 전자의
예이고, 금전 100만원의 지급 또는 20kg짜리 쌀 10포대의 인도를 한 번에 하도록
합의한 경우는 후자의 예다. 한편 성질상 불가분인 것이라도 당사자의 합의에
의하여 가분으로 할 수도 있다. 예컨대 소 한 마리를 인도하기로 한 채무에서, 식
용고기로 사용하기 위하여 채권자와 채무자 사이에 소 한 마리를 몇 부분의 고기
로 나누어 인도하도록 하는 합의가 있었으면, 급부는 성질상 불가분이었으나 의
사표시에 의하여 가분급부로 되었다고 할 것이다. 따라서 급부가 가분인지 여부
는 먼저 당사자의 의사표시의 해석에 의하여 결정되고, 특별한 의사표시의 존재
가 인정되지 않으면 급부의 객관적 성질에 의하여 정하여진다고 하여야 한다
($\genfrac{(}{)}{0pt}{}{\text{같은 취지: 정기웅, 31면. 김용한, 41면은 이를 의식하지 못하고 막연히 급}}{\text{부의 성질·거래의 관념·당사자의 의사에 의하여 판단할 것이라고 한다}}$).
가분급부·불가분급부의 구별은 우선 이행(이행의 제공), 불이행을 이유로 한
해제 등에서 의미를 가지나, 무엇보다도 채권자 또는 채무자가 다수 있는 경우에
그 구별실익이 현저하게 나타난다.

(5) 일시적 급부 · 계속적 급부 · 회귀적 급부

이는 급부를 실현하는 모습에 의한 구별이다.

일시적 급부는 1회(또는 수회)의 작위 또는 부작위에 의하여 완결되는 급부를
말한다. 건물의 인도 또는 대금의 지급이 그 예이다. 일시적 급부는 반드시 1회에
의하여 행하여지는 것만을 의미하는 것이 아니며, 수회에 걸쳐 나누어 급부되는
경우($\genfrac{(}{)}{0pt}{}{\text{예: 매매대금 100만원을 10개월}}{\text{에 나누어 지급하기로 한 경우}}$)라 할지라도 시간이 — 급부의 범위가 아니고 — 단지

급부의 방법만을 결정하고 있는 때에는 일시적 급부에 해당한다.

　계속적 급부는 채무자가 급부를 완료하려면 계속적으로 작위·부작위를 하여야 하는 급부이다. 이는 계속적 채권관계에서의 급부이다. 예컨대 임대차의 목적물을 사용·수익하게 할 임대인의 의무, 수치인의 보관의무, 고용계약에 있어서 피용자의 노무제공의무 등의 경우가 그에 해당한다. 그 밖에 계속적 공급계약에서의 급부도 계속적 급부라고 하여야 한다. 가령 맥주나 석탄을 매월 얼마씩 공급하기로 한 경우에 그렇다.

　회귀적 급부는 일정한 시간적 간격을 두고 일정한 행위를 반복하여야 하는 급부이다. 매일 신문을 배달하거나 매월 이자를 지급하는 경우가 그에 속한다. 통설$\binom{\text{대표적으로}}{\text{곽윤직, 25면}}$은, 회귀적 급부를 목적으로 하는 채무에 있어서는, 추상적인 기본채무가 존재하고, 그에 기하여 각각의 기간(또는 기일)에 구체적·반복적으로 지분채무가 발생한다고 한다. 그리고 이 지분채무의 목적이 지분급부인데, 지분급부는 그 자체 독립한 것이고, 따라서 어느 지분급부를 불이행한 것은 전체 급부의 일부불이행이 아니라고 한다. 그런데 사견은 통설이 기본채무·지분채무로 나누어 설명하는 것에 반대한다. 그 경우에는 각 기간에 일정한 급부$\binom{\text{이는 통설이 말}}{\text{하는 지분급부}}$를 하여야 하는 채무가 존재한다고 하면 충분하기 때문이다$\binom{\text{이자채권에 관하여는}}{\text{아래의 [48] 참조}}$.

　이들 급부의 구별의 실익은 이행지체·이행불능·동시이행의 항변권·계약의 해제 등에서 나타난다. 계속적 급부나 회귀적 급부를 목적으로 하는 계약의 경우에는, 계약의 해제는 그 성질상 장래에 향해서만 계약의 효력을 소멸시키는 해지로서만 인정되어야 한다. 그 결과 해제가 있더라도 원상회복의 문제는 생길 여지가 없으며 단지 청산의 문제만 남을 뿐이다. 그리고 계속적 급부나 회귀적 급부의 경우에는, 당사자 사이에 계속적 관계가 존재하게 되므로, 신의칙이나 사정변경의 원칙이 지배하는 정도가 보다 강하게 된다.

(6) 대체적 급부·부대체적 급부

　급부는 그 성질상 채무자만이 할 수 있는가 여부에 의하여 대체적 급부·부대체적 급부로 구별된다. 부대체적 급부는 채무자만이 할 수 있는 급부이고, 대체적 급부는 채무자 이외에 제 3 자에 의하여서도 행하여질 수 있는 급부이다.

　대체적 급부를 목적으로 하는 채권에 있어서는 제 3 자에 의한 변제$\binom{469조}{1항}$·대체집행$\binom{389조\ 2}{항\ 후단}$·채무인수가 가능하나, 부대체적 급부를 목적으로 하는 채권에서는 그것들이 불가능하다.

[32] Ⅲ. 특정물채권

1. 의 의

특정물채권은 특정물의 인도를 목적으로 하는 채권이다. 특정물이란 구체적인 거래에 있어서 당사자가 물건의 개성을 중요시하여 다른 물건으로 바꿀 수 없게 한 물건을 말한다. 그리고 「인도」는 물건의 점유를 이전하는 것이다.

특정물채권은 매매·증여·교환·사용대차·임대차($^{임대차가\ 종료한\ 경우의\ 임차인의\ 목}_{적물인도의무도\ 특정물채무이다.\ 대}$ $^{판\ 1991.\ 10.\ 25,\ 91다}_{22605\cdot22612\ 참조}$)·임치와 같은 계약에 의하여 발생하는 것이 보통이나, 법률규정에 의하여서도 발생할 수 있다. 부당이득자가 금전 이외의 물건을 보유하고 있는 경우가 그 예이다($^{747조\ 1}_{항\ 참조}$). 그리고 특정물채권은 채권이 성립할 당시부터 목적물이 특정되어 있어야만 하는 것은 아니다. 채권이 성립할 당시에는 특정되어 있지 않았더라도 후에 특정되면 그때부터는 특정물채권으로 된다. 종류채권이나 선택채권에 있어서 목적물이 특정된 경우에 그렇다($^{선택채권의\ 경우에는\ 단순한\ 특정에\ 의하여\ 언제나}_{특정물채권으로\ 되지는\ 않음을\ 주의하여야\ 한다}$).

2. 선관주의(善管注意)로 보존할 의무

특정물채권의 채무자는 목적물을 인도할 때까지 선량한 관리자의 주의로 보존하여야 한다($^{374}_{조}$). 다만, 그 규정은 임의규정이고 일반적·원칙적 규정이므로, 당사자 사이에 다른 특약($^{가령\ 의무를\ 부인하}_{거나\ 경감하는\ 특약}$)이 있거나 법률에 특별한 규정($^{예:}_{695조}$)이 있는 경우에는 적용되지 않는다($^{같은\ 취지:\ 김용한,\ 43면;}_{김형배,\ 52면;\ 장경학,\ 38면}$).

(1) 선관주의의무

선량한 관리자의 주의 즉 선관주의는 거래상 일반적으로 평균인에게 요구되는 정도의 주의, 다시 말하면 행위자의 직업 및 사회적 지위 등에 따라서 보통 일반적으로 요구되는 정도의 주의이다. 민법은 제374조에서 선관주의를 특정물채무자의 보존에 관하여 규정하였지만, 학자들은 그 규정이 민법상의 주의의무의 원칙을 규정한 것으로 이해한다.

이와 같은 선관주의를 게을리하는 것을 추상적 과실이라고 한다($^{민법총칙}_{[159]\ 참조}$). 한편 민법은 일정한 경우에 특별히 주의의무를 경감하여 행위자 자신의 구체적인 주의능력에 따른 주의만을 요구하기도 한다. 그러한 경우의 주의는 법률규정에서는 「자기 재산과 동일한 주의」($^{695}_{조}$), 「자기의 재산에 관한 행위와 동일한 주의」($^{922}_{조}$), 「고유재산에 대하는 것과 동일한 주의」($^{1022조\cdot}_{1044조}$) 등으로 표현되어 있다. 이처럼 경감된 주의를 게을리하는 것을 구체적 과실이라고 한다($^{통설도 같음. 그러나 이은영, 93}_{면은 「선관의무보다 낮은 정도}$ $^{의 객관적 과실개}_{념」으로 파악한다}$). 그러므로 특정물채무자인 무상수치인의 주의의무에 관한 제695조는 제374조에 대한 특별규정이라고 할 수 있다.

채무자의 선관주의의무 위반은 채권자가 증명할 필요가 없고 책임을 면하려는 채무자가 자신이 선관주의의무를 다하였음을 증명하여야 한다($^{이설이 없으며, 판}_{례도 같음. 대판}$ $^{1991. 10. 25, 91}_{다22605\cdot22612}$).

(2) 보존의무

특정물채권의 채무자는 선관주의를 가지고 목적물을 「보존할 의무」가 있다. 여기서 보존이라 함은 자연적 또는 인위적인 멸실·훼손으로부터 목적물을 보호하여 그것의 경제적 가치를 유지하는 것을 말한다.

목적물의 보존에 필요한 비용은 특약이 없는 한 원칙적으로 채무자가 부담하여야 한다. 다만, 채권자의 수령지체로 인하여 목적물의 보존비용이 증가된 때에는 그 증가액은 채권자가 부담하여야 한다($^{403}_{조}$). 그러나 매매의 경우에는 매수인이 수령지체를 하더라도 보존비용을 매도인이 부담한다고 하여야 한다($^{대판 1981. 5. 26, 80다211도 매수인의 이행지체의}_{경우에 관리보존비용의 상환을 인정하지 않는다}$). 왜냐하면 제587조가 매매의 목적물이 매수인에게 인도될 때까지는 매도인으로 하여금 목적물로부터 생기는 과실을 수취할 수 있도록 하고 있는데, 그것은 동시에 목적물의 관리보존비용도 매도인이 부담하여야 한다는 의미로 새겨지기 때문이다.

(3) 선관주의로 보존할 의무의 존속기간 [33]

제374조는 특정물채무자가 선관주의로 목적물을 보존하여야 하는 기간에 관하여 「물건을 인도하기까지」라고 규정하고 있는데, 그것은 채무자가 실제로 인도할 때까지를 뜻한다($^{이설}_{없음}$). 다만, 이행기 이후에는 이행을 하지 않거나 못하는 것이 이행지체·수령지체의 어느 것으로도 되지 않는 때에만 그러한 의무가 존재한다는 점을 주의하여야 한다. 이행지체나 수령지체의 경우에는 채무자의 책임이 가중되거나 경감되기 때문이다. 즉 이행지체가 된 후에는 채무자는 자기에게 과실이 없이 발생한 손해에 대하여도 배상책임을 지며($^{392}_{조}$), 채권자가 수령을 지

체한 때에는 채무자는 고의 또는 중대한 과실이 없으면 불이행으로 인한 책임을 지지 않는다($\frac{401}{조}$). 그리하여 이행기가 지난 뒤 실제로 인도할 때까지 사이에 채무자가 선관주의 보존의무를 부담하는 것은 이행지체도 수령지체도 없는 때에 한하게 되는 것이다. 예컨대 불가항력으로 인하여 또는 불확정 기한의 도래사실을 몰라서($\frac{387조\ 1항}{2문\ 참조}$) 이행기에 이행을 하지 못한 경우, 유치권이나 동시이행의 항변권과 같은 이행의 지연을 정당화하는 사유가 있어서 이행을 하지 않은 경우가 그에 해당한다.

<주의할 점>

　방금 이행기 이후에는 이행지체·수령지체의 어느 것으로도 되지 않는 때에만 선관주의로 보존할 의무가 존재한다고 기술하였다. 이는 통설이 하는 방식으로 설명한 것이다. 그런데 여기에는 부정확한 점이 있다. 채권자지체(수령지체) 중이라도 채무자에게 고의나 중과실이 있으면 채무자가 면책되지 않는데($\frac{401}{조}$), 중과실은 선관주의를 게을리하는 점에서는 경과실과 같고 단지 부주의의 정도에 있어서만 경과실과 차이가 있다. 따라서 마치 수령지체 중에는 선관주의가 아닌 다른 종류의 주의($\frac{가령\ 자기}{재산과\ 동}$ $\frac{일한}{주의}$)의무가 있는 것으로 오해하지는 않아야 한다($\frac{그에\ 관하여는}{[115]\ 참조}$).

(4) 선관주의로 보존할 의무를 위반한 경우의 효과

1) 효과 일반　　　특정물채무자가 선관주의로 목적물을 보존한 경우에는, 설사 그 목적물이 멸실 또는 훼손되었다 하더라도, 채무자는 그로 인한 책임을 지지 않는다. 그는 선관주의 보존의무는 모두 이행하였고($\frac{그\ 의무는\ 결과채무가}{아니고\ 행위채무임}$), 또 인도의무에 관하여는 선관주의를 다하여 유책사유(과실)가 없어서 채무불이행으로 되지 않기 때문이다($\frac{자세한\ 사항은\ 주해(8),}{113면(송덕수)\ 참조}$). 그에 비하여 채무자가 목적물을 보존함에 있어서 선관주의를 다하지 못하여 목적물이 멸실·훼손된 경우에는, 채무자는 다른 물건으로 급부할 의무는 없으나, 손해배상의무는 부담하게 된다($\frac{대판\ 1991.\ 10.\ 25,}{91다22605\cdot22612}$). 왜냐하면 그는 선관주의의무를 불이행하였을 뿐만 아니라 유책사유로 채무의 내용에 좇은 이행을 할 수 없게 되었기 때문이다.

2) 위험부담 문제　　　특정물채권에 있어서 채무자가 선관주의의무를 다했음에도 불구하고 목적물이 멸실·훼손된 때에는, 그 불이익은 채권자에게 돌아가게 된다. 멸실의 경우 인도의무를 면하고, 훼손의 경우 그 상태로 인도하면 충분하며, 어느 경우에도 손해배상의 의무는 없기 때문이다. 이처럼 목적물의 멸실·

훼손에 의한 손실을 채권자가 입게 되는 것을 가리켜「채권자가 위험을 부담한다」고 한다.

그러나 여기의 위험은 급부의 위험이다. 즉 급부가 당사자 쌍방의 유책사유없이 불능으로 된 경우에 채무자가 급부의무를 면할 수 있는가의 문제인 것이다. 이는 쌍무계약에서 문제되는 대가의 위험과 구별된다. 대가의 위험이란 당사자일방의 채무가 채무자에게 책임없는 사유로 이행불능으로 되어 소멸한 경우에 대가적인 의미에 있는 채무는 여전히 존재하는지의 문제이다. 이와 같이 대가의위험은 급부의 위험과는 별개의 것이기 때문에 특정물채권이 쌍무계약에 기하여발생한 경우에는, 급부의 위험과는 별도로 대가의 위험($^{537조 \cdot}_{538조}$)도 문제된다. 그런데 이때에는 급부의 위험은 큰 의미가 없다. 왜냐하면 보다 중요한 것은 급부를면할 수 있느냐가 아니고 대가를 받을 수 있느냐이기 때문이다.

3. 목적물의 인도의무   [34]

(1) 현상인도의무(現狀引渡義務)

민법 제462조는「특정물의 인도가 채권의 목적인 때에는 채무자는 이행기의현상대로 그 물건을 인도하여야 한다」고 규정하고 있다. 그런데 이 규정의 해석에 관하여는 학설이 대립하고 있다. 하나의 견해는 i) 채무자가 선관주의를 가지고 보존한 후에 그 목적물을 인도하여야 할 때(또는 인도할 때)의 현상 그대로 인도하여야 하며, 또한 그것으로 충분하다고 한다($^{곽윤직, 27면; 김상용, 39면;}_{김학동, 29면; 정기웅, 36면}$). 그런가 하면, ii) 제462조의 현상인도는 특정물의 멸실·훼손과는 관계없이 채무의 대상인본래의 특정물과 법적 동일성을 잃기까지에는 이르지 않은 변화가 있는 경우에만 인정되는 것이라고 하는 견해($^{김용한, 508면; 김주수, 53면 \cdot 429면;}_{김형배, 56면 \cdot 687면; 이은영, 100면}$)도 주장된다.

이들을 검토해 본다. 우선 ii)설은 그 견해에서 말하는「법적 동일성」의 의미가 불분명하다. 그리고 i)설은 제374조의 선관주의의무를 제462조의 현상인도의전제로 보는 점에서 적절하지 않다. 제462조는 특정물채무자의 현상인도의무를선관주의의무의 이행 여부로부터 완전히 분리하여 목적물인도의무에 관하여서만 규정한 것으로 보아야 한다. 그리하여 선관주의의무를 다하지 못한 경우에도 ― 손해배상책임을 지는 것은 별도로 하고 ― 목적물은 현상대로 인도하여야하고 또 그것으로 충분하다고 새겨야 한다. 왜냐하면 특정물채권에 있어서는 채무자가 선관주의의무를 다했든 못했든 적어도 목적물의 인도에 관한 한 목적물로 정하여진 물건이 아닌 것으로는 이행할 수 없기 때문이다.

그러나 제462조의 해석에는 주의하여야 할 점이 있다. 첫째로 인도의무의 이행불능을 야기하는 목적물의 「멸실」과 그에 이르지 않은 단순한 「훼손」 사이의 한계를 올바르고도 분명하게 정하여야 한다. 사견으로는 사회통념에 비추어 볼 때 목적물이 동일성을 유지할 수 없을 정도로 본질적으로 변경된 경우를 모두 멸실로 보아야 할 것으로 생각한다. 그리하여 가령 가옥이 불타 완전히 없어져 버린 경우뿐만 아니라 약간의 형체는 남아 있지만 가옥으로 사용할 수 없는 경우도 멸실에 포함시켜야 할 것이다. 둘째로 제462조의 「이행기」는 「인도할 때」로 바꾸어 해석하여야 한다. 특정물채무자는 채무가 소멸하지 않는 한 이행기가 지난 뒤에도 목적물의 인도의무를 부담하는데, 그 목적물은 다른 것으로 대신할 수 없기 때문이다.

특정물채무자가 선관주의의무를 다하지 못하여 목적물이 훼손된 경우에 채무자는 목적물을 수선하여 인도할 의무가 있는가? 여기에 관하여는 i) 손해배상책임은 져야 하지만 훼손된 물건을 수선하여 인도할 의무는 없다는 견해(김용한, 45면; 김학동, 30면)와 ii) 목적물의 흠이 수리 기타의 방법으로 쉽게 보완할 수 있는 경우에 신의칙에 기초해 채권자의 보완청구권 및 채무자의 보완허락청구권을 부여하여야 한다는 견해(이은영, 101면)가 대립하고 있다. 생각건대 손해배상방법에 관하여 원상회복주의가 아니고 금전배상주의($\frac{394}{조}$)를 원칙으로 하고 있는 우리 민법상 ii)설은 옳지 않다.

(2) 천연과실의 귀속 문제

천연과실의 귀속 문제는 특정물채권의 문제가 아니고 단지 과실수취권의 문제일 뿐이다. 따라서 각 특정물채무자에 대하여 과실수취권이 인정되는지가 검토되어야 한다. 군이 일반화시킨다면, 특정물채무자에게 과실수취권이 있는 것을 전제로 하여 이행기까지의 과실은 채무자가 수취할 수 있지만 그 이후의 과실은 목적물과 함께 채권자에게 인도하여야 하며, 다만, 매매($\frac{및\ 기타의}{유상계약}$)의 경우에는 예외($\frac{587조\cdot}{567조}$)가 규정되어 있다고 할 수 있다($\frac{통설도}{같음}$).

(3) 인도장소

특정물채권에 있어서 목적물의 인도장소는 당사자의 의사표시 또는 채무의

성질에 의하여 정하여지는데, 이것들에 의하여 정하여지지 않은 경우에는 채권
성립 당시에 그 물건이 있던 장소에서 인도하여야 한다($^{467조}_{1항}$).

IV. 종류채권

[35]

1. 서   설

(1) 의   의

종류채권은 목적물($^{급부되어야}_{하는 물건}$)이 종류와 수량에 의하여 정하여지는 채권, 다시
말하면 일정한 종류에 속하는 물건의 일정량의 급부를 목적으로 하는 채권이다.
20kg짜리 쌀 10포대 또는 맥주 50병의 급부를 목적으로 하는 채권이 그 예이다.

종류채권은 상품의 대량거래에서 많이 발생한다. 그러나 상품매매 외에도
보통의 매매·증여·교환·소비대차·임대차·소비임치·혼장임치·유증을 원인
으로 하여서도 발생한다.

종류채권에 있어서 종류를 표현하는 공통의 표지(標識)를 종류표지라고 한
다. 이러한 종류표지의 결정은 당사자가 자유롭게 할 수 있다. 그리고 종류표지
를 누적시키는 방법으로 종류를 좁힐 수도 있다. 예컨대 채권이 맥주 50병의 급
부를 목적으로 할 수도 있고, OB맥주 50병, 나아가 2013년산 OB맥주 50병이 목
적물로 될 수도 있다. 또한 당사자는 거래관념에 의하여 구별되는 대체물·부대
체물 사이의 구별에 구속당하지 않는다. 그리하여 부대체물도 종류채권의 목적
물로 될 수 있다. 르누아르가 그린 그림 10점을 매수하는 경우가 그 예이다. 그러
나 보통은 대체물이 종류채권의 목적물로, 부대체물이 특정물채권의 목적물로
되고 있다. 그렇지만 일반적으로 그렇다는 것이고, 쌀과 같은 대체물이「이 쌀」
이라고 특정되어 거래되는 때도 자주 있다.

(2) 재고채권(在庫債權)(한정종류채권)

한정된 범위의 종류물 가운데 일정량의 물건의 급부를 목적으로 하는 채권
을 재고채권 또는 한정(제한)종류채권이라고 한다($^{이 두 용어 중 후자는 종류표지가 누적되는 경}_{우 모두를 가리키는 것으로 오해될 소지가 있}_{어 부적}_{당하다}$). 예컨대 특정창고에 있는 쌀 100포대 중 10포대를 급부하기로 한 경우
($^{대판 1956. 3. 31,}_{4288민상232}$), 보유주식 중 일정량을 담보로 제공하기로 한 경우($^{대판 1994. 8. 26,}_{93다20191}$)에
재고채권이 발생한다.

재고채권도 일종의 종류채권이나($^{이설}_{없음}$), 처음부터 일정한 재고로만 급부의무를 부담하는 점에서 보통의 종류채권과 다르다($^{그리하여\ 조달}_{의무가\ 없다}$). 구체적인 경우에 보통의 종류채권이 존재하는지 재고채권이 존재하는지는 계약의 해석으로 결정할 문제이다. 그런데 채무자 스스로 생산한 물건과 동종의 물건의 급부가 약속된 경우($^{예:\ 농부가\ 농산물}_{을\ 매도하는\ 경우}$)에는, 재고에 한정시킨다는 특약이 없어도 — 다른 특별한 사정이 없는 한 — 재고채권이라고 보아야 한다.

일정범위의 부대체물 가운데에서 일정수량을 급부하기로 하는 채권이 재고채권인가 선택채권인가가 문제된다. 예컨대 1,000m²의 소유지 가운데 200m²를 급부하기로 한 경우에 그렇다($^{대판\ 2003.\ 3.\ 28,\ 2000다24856은\ 유사한\ 경우에\ 제한종류채권이라고\ 하였다.}_{그러나\ 대판\ 1965.\ 3.\ 16,\ 64다1216;\ 대판\ 2011.\ 6.\ 30,\ 2010다16090은\ 선택채권}$ $^{이라고}_{한다}$). 이때에는 당사자의 의사가 그 일정범위만을 중요시하고 구체적인 물건의 개성을 중요시하지 않는 경우는 재고채권($^{그리하여}_{종류채권}$)이고, 각각의 물건의 개성을 중요시할 경우는 선택채권이라고 하여야 한다. 그렇지만 각각의 물건의 개성을 중요시하는 것이 보통일 것이므로 대체로 선택채권으로 될 것이다($^{통설도}_{같음}$). 선택채권이라고 해석되는 경우에는 선택된 물건이 그 범위 내의 것이기만 하면 가장 나쁜 것이라도 이행하는 데 지장이 없다.

〈판 례〉

「토지소유자가 1필 또는 수필의 토지 중 일정면적의 소유권을 상대방에게 양도하기로 하는 계약을 체결한 경우, 상대방이 토지소유자에 대하여 구체적으로 어떠한 내용의 권리를 가지는 것인지는 원칙적으로 당해 계약의 해석문제로 귀착되는 것이지만, 위치와 형상이 중요시되는 토지의 특성 등을 감안하여 볼 때 특별한 사정이 없는 한 위치가 특정된 일정 면적의 토지 소유권을 양도받을 수 있는 권리를 가지는 것으로 보아야 할 것이고, 따라서 위와 같은 계약에 있어서 양도받을 토지의 위치가 확정되지 아니하였다면 상대방이 토지소유자에 대하여 가지는 채권은 민법 제380조 소정의 선택채권에 해당하는 것으로 보아야 한다($^{대법원\ 2000.\ 5.\ 12.\ 선고\ 98다23195\ 판결,\ 대법}_{원\ 2004.\ 2.\ 13.\ 선고\ 2003다10612\ 판결\ 등\ 참조}$)·」(가구공장을 경영할 목적으로 부지를 매수하였으나 부지가 도로에 접하지 않은 맹지여서 공장설립허가를 받을 수 없었던 갑과 위 부지에 연접한 토지로서 맹지는 아니나 형상이 남북으로 좁고 길어 이를 제대로 활용하지 못하고 있던 을이, 먼저 을 소유 토지를 갑 소유 토지에 합병한 후 합병된 토지 중 을 소유 토지 면적에 상응하는 만큼의 토지를 분할하여 을에게 이전하여 주기로 하는 내용의 교환계약을 체결하였으나 이전할 토지의 위치에 관하여는 합의를 하지 않은 사안에서, 을이 갑에게 가지는 채권은 380조에서 정한 선택채권에 해당하는 것으로 보아야 한다는 사례)

$\binom{\text{대판 2011. 6. 30,}}{\text{2010다16090}}$

2. 특정이 있기 전의 위험부담(종류채무의 조달채무성)   [36]

(1) 보통의 종류채권의 경우

종류채권의 채무자는 급부할 물건을 선택할 수 있는 자유를 가지는 반면에, 그가 급부하려고 준비한 물건이 멸실되어도 급부의무를 면하지 못한다. 그의 유책사유 없이 멸실되었더라도 마찬가지이다. 급부의 목적물이 확정되지 않은 동안($\substack{\text{즉 특정이}\\\text{있기 전}}$)에는, 채무자는 같은 종류에 속하는 다른 물건을 다시 마련하여 급부하여야 한다. 그리하여 종류채무는 조달채무라고 할 수 있다. 조달채무인 종류채무에 있어서는 급부의 위험은 채무자가 부담한다.

종류채무자의 조달의무는 종류물이 모두 멸실된 경우에는 없어진다. 그러나 종류물이 존재하더라도 「사회통념상」 급부가 불능($\substack{\text{채무자에게만 불능}\\\text{이어도 무방하다}}$)으로 인정되는 때($\substack{\text{모든 종류물이 압수·수입금지}\\\text{또는 생산이 중단된 경우 등}}$)에는 채무자는 급부의무를 면한다고 하여야 한다. 그런데 그 불능이 채무자의 유책사유로 인하여 발생한 때에는 — 물건의 급부는 할 필요가 없지만 — 손해배상은 하여야 한다.

(2) 재고채권의 경우

위의 설명은 원칙적으로 재고채권의 경우에도 타당하다. 다만, 재고채권에 있어서는 채권이 채무자의 재고($\substack{\text{현재의 재고 또는}\\\text{장래 생산할 물건}}$)에 한정되기 때문에, 채무자의 수확물과 같은 재고가 모두 멸실되는 때에는 채무자는 급부의무를 면한다. 그리하여 채무자는 물건을 시장에서 다시 조달할 필요가 없다. 재고가 없게 된 경우에 채무자가 다른 물건으로 채무를 이행할 수 있는가? 즉 조달할 권리는 있는가? 이는 법률행위의 해석의 문제인데($\substack{\text{재고조항이 채무자만을 위한 것}\\\text{일 때에 고려될 수 있을 것이다}}$), 불분명한 경우에는 인정하지 않아야 한다.

3. 목적물의 품질   [37]

(1) 품질의 결정

종류채권에 있어서 같은 종류에 속하는 물건의 품질이 균일하지 않고 차이가 있는 경우에 채무자는 어떤 품질의 물건을 급부하여야 하는가? 여기에 관하여 민법은 「법률행위의 성질이나 당사자의 의사에 의하여 품질을 정할 수 없는 때에는 채무자는 중등품질의 물건으로 이행하여야 한다」고 규정하고 있다($^{375조}_{1항}$).

그리하여 목적물의 품질이 법률행위의 성질에 의하여 정하여질 수 있다. 예컨대 소비대차($^{598}_{조}$)·소비임치($^{702}_{조}$)에 있어서 차주(借主)와 수치인(受置人)은 처음에 받은 물건과 동일한 품질의 물건을 반환하여야 한다. 그리고 당사자의 의사에 의하여 목적물의 품질이 정하여질 수 있다. 즉 당사자들이 ― 계약 당시에 또는 그 이후에 ― 목적물의 품질에 관하여 합의한 경우에는 그에 따라야 한다. 계약의 해석에 의하여 당사자의 의사를 확정할 수 없는 경우에는 관습에 의하여 품질이 정하여질 수도 있다($^{106}_{조}$).

> 주의할 것은 이와 같은 「법률행위의 성질」과 「당사자의 의사」라는 표준은 민법상 병렬적으로 규정되어 있으며, 그중 어느 것이 우선적 순위를 갖는 것은 아니라는 점이다. 문헌에 따라서는 전자가 첫째의 표준이고, 후자가 둘째의 표준이라고 설명하나($^{곽윤직, 29면; 김상용, 42면; 김학동,}_{33면; 김형배, 60면; 이은영, 106면}$), 양자에 순위를 둔다면 사적 자치의 원칙상 오히려 「당사자의 의사」가 첫째의 표준이라고 하여야 할 것이다($^{같은 취지: 김용한,}_{50면; 김주수, 57면}$)($^{그러나 이것도 정확}_{하지는 않다. 주해}$ $^{(8), 146면 주}_{77(송덕수) 참조}$).

목적물의 품질을 법률행위의 성질이나 당사자의 의사에 의하여 정할 수 없는 때에는 중등품질의 물건으로 급부하여야 한다($^{375조}_{1항}$). 따라서 채무자는 하등품질의 물건으로 급부할 수 없으며, 그 반면에 채권자는 상등품질의 물건을 요구할 수 없다. 한편 중등품질의 물건이란 「종류물」 가운데에서 중등품질을 갖는 것이므로, 재고채권의 경우에는 구체적인 재고 중에서 중등품질의 것을 급부하면 된다($^{같은 취지: Medicus, S. 96.}_{반대: 장경학, 44면}$).

(2) 품질이 다른 경우

이상의 방법으로 정하여진 품질($^{즉 법률행위의 성질이나 당사자의 의사에}_{의하여 정하여진 품질 또는 중등품질}$)에 미달하는 물건을 채무자가 제공하는 경우에는 ― 후술하는 ― 특정은 일어나지 않는다. 그리고 채권자는 그러한 물건을 수령할 필요가 없으며, 수령을 거절하고 적합한 품질의 물건을 급부할 것을 요구할 수 있다($^{그것이 채권자지}_{체로 되지도 않음}$). 만약 그가 수령하였다고 하더라도 그것이 채무내용에 좇은 이행으로 되지 못한다($^{390조}_{참조}$).

〈종류매매의 경우〉

종류채권이 종류매매$\binom{\text{또는 매매규정이 준}}{\text{용되는 유상계약}}$에 기하여 발생하는 경우에는 특별한 고려가 필요하다. 종류매매에 관하여는 제581조가 두어져 있기 때문이다. 그 규정은 종류매매에 있어서 특정된 목적물에 하자가 있는 경우의 매도인의 담보책임을 규정하고 있다. 그런데 품질미달의 물건은 언제나 하자 있는 물건이다. 따라서 종류매매의 경우에 매도인$\binom{\text{종류채권}}{\text{의 채무자}}$이 품질미달의 물건으로 급부하려고 하는 경우에는 제581조가 적용될 것이다. 그 결과 품질미달의 물건이 제공되면 매수인$\binom{\text{종류채권}}{\text{의 채권자}}$은 하자 있는 물건의 수령을 거절하고 하자 없는 다른 물건의 급부를 요구할 수 있다$\binom{581조}{2항}$. 그가 일단 수령한 때에도 수령한 물건을 반환하고 다른 물건의 급부를 요구할 수 있다. 그러나 매수인은 — 급부된 물건이 다른 종류의 물건(aliud)으로 인정되지 않는 한 — 하자 있는 물건을 채무의 이행으로서 수령하고 제581조 제 1 항$\binom{\text{및 580조 1항 ·}}{\text{575조 1항}}$에 따라 계약해제와 손해배상청구$\binom{\text{때에 따라서는}}{\text{손해배상청구만}}$ 등의 담보책임을 물을 수 있다. 그리하여 매수인이 두 방법$\binom{\text{하자 없는 물건을 요구하는 것 또는 하자}}{\text{있는 물건을 수령하고 담보책임을 묻는 것}}$ 가운데 어느 것이든 자유롭게 선택하여 행사할 수 있다. 만약 매수인이 제581조 제 1 항에 따른 담보책임을 묻는 경우에는 급부된 하자 있는 물건에 특정이 일어나나, 하자 없는 다른 물건을 청구하는 경우에는 특정은 일어나지 않는다$\binom{\text{Fikentscher,}}{\text{S. 154}}$.

품질미달의 물건을 급부한 채무자가 나중에 적합한 품질의 물건을 급부할 수 있는가? 그 결과 특히 종류매매에 있어서 매수인이 급부된 하자 있는 물건을 수령하고 담보책임을 묻는 경우에, 매도인은 하자 없는 다른 물건을 제공하여 매수인의 권리$\binom{\text{계약해제권 · 손}}{\text{해배상청구권}}$를 봉쇄할 수 있는가? 이는 부정하여야 한다. 왜냐하면 종류매매의 경우에 매도인의 사후급부권을 인정하면 앞에서 설명한 매수인의 선택권이 무의미해지기 때문이다. 결국 매도인은 사후에 다른 물건을 제공하여 매수인의 계약해제를 피할 수 없다.

채무자는 정하여진 품질을 넘는 물건, 즉 고품질(高品質)의 물건으로 급부할 수 있는가? 여기에 관하여 우리의 문헌은 대부분$\binom{\text{그러나 이은영, 107}}{\text{면은 사견과 같음}}$「정하여진 품질」을 중등품질이라고만 생각하여 중등품질 이상의 것 즉 상등품에 대하여 논의하고 있으며$\binom{\text{그러나 정하여진 품질이 항상 중등품질인 것은 아니기 때문에, 정확하게는}}{\text{정하여진 품질 이상의 것인 「고품질의 물건」에 대하여 논의하여야 한다}}$, 학설은 크게 두 가지로 나뉘어 있다. i) 다수설은 상등품이 채권자에게 불리할 수도 있으므로 상등품의 급부가 채무불이행이 되는지 여부는 그때 그때의 거래의 목적에 의하여 정하여진다고 하거나$\binom{\text{곽윤직, 29면; 김형배,}}{\text{60면; 장경학, 45면}}$ 또는 중등품질이 아니면 안 될 사정이 없는 한 채무불이행이 되지 않는다고 하여$\binom{\text{김용한, 50면; 김주수, 58면;}}{\text{김학동, 33면; 이은영, 107면}}$ 경우에 따라서는 채무불이행이 성립할 수 있음을 인정한다. 그에 비하여 ii) 소수설은 채무불이행은 성립하지 않는다고 한다(김상용,
42면,). 생각건대 이론상으로는 예외를 인정하는 다수설이 타당하나, 실제에 있어서 고품질의 물건이 채권자에게 불리할 경우는 생기기 어렵다(다수설은 상등품으로 이행하면 대가가 증가하거나 중등품만큼 잘 안 팔리는 경우를 드나, 전자는 「독점규제 및 공정
거래에 관한 법률」(5조·45조 참조) 때문에 거의 발생하지 않을 것이고, 후자는 상등품을 중등품의 가격으로 판매하
면 안 팔릴
리가 없다).

　　채무자가 잘못하여 정하여진 품질의 물건 대신에 고품질의 물건을 급부한 경우에 그 물건의 반환을 청구할 수 있는지가 문제되나, 부정하여야 한다(같은
취지:
Larenz,
S. 152). 채무자가 물건을 선택하여 급부한 이상 이제는 그 물건을 채권의 목적물로 인정하여야 하기 때문이다. 다만, 급부된 물건이 합의된 종류에 속하지 않으면 반환청구를 인정하여야 하며, 동산소유권의 양도에 있어서 고려되는 착오(가령
잘못
집어
준 경우)가 있는 때에는 취소할 수 있다고 할 것이다.

[38]　　## 4. 종류채권의 특정

(1) 특정의 의의

　　종류채권의 목적물은 종류와 수량에 의하여 추상적으로 정하여져 있을 뿐이므로, 종류채무가 실제로 이행되려면 그 종류에 속하는 물건 가운데 일정한 물건이 채권의 목적물로서 구체적으로 확정되어야 한다. 이를 종류채권의(정확하게는
종류채권의
목적
물의) 특정 또는 집중이라고 한다.

(2) 특정의 방법

　　민법은 특정의 방법으로 두 가지를 정하고 있다. 그 하나는 「채무자가 이행에 필요한 행위를 완료」하는 것이고, 나머지 하나는 채무자가 「채권자의 동의를 얻어 이행할 물건을 지정」하는 것이다(375조
2항). 그러나 계약자유의 원칙상 당사자가 계약으로 특정방법을 정할 수 있으며(채무자에의 지정권의
부여도 그에 해당한다), 그때에는 제375조 제 2 항은 적용되지 않는다. 그 외에 당사자들이 합의로 목적물을 선정하면 특정이 생긴다고 하여야 하며, 이는 다른 특별한 사정이 없는 한 특정방법이 약정되어 있는 경우에도 인정하여야 한다(그리하여 가
장 우선한다). 이들 특정방법을 우선적인 것부터 차례로 살펴보기로 한다.

〈특정의 전제〉

　　특정이 생기려면 그 당연한 전제로서 분리된 물건이 약정된 종류에 속하고 있어야 하고, 또 제375조 제 1 항에 의하여 정하여진 품질의 물건이어야 한다(다만 종류매매의 경우에 특수성이 있다. [37] 참조). 그런데 후자는 합의에 의한 특정의 경우에는 요구되지 않는다.

1) 합의에 의한 특정   당사자는 언제든지 합의에 의하여 목적물을 선정할 수 있으며, 그러한 경우에는 특정이 이루어진다. 이 경우에 특정은 합의만으로 생기지 않으며 사실상 목적물을 분리하여야 한다.

2) 약정된 방법에 의한 특정(특히 채무자에게 지정권이 부여된 경우)

⑺ 종류채권의 당사자는 특정방법을 약정할 수 있으며, 그때에는 약정된 방법에 의하여 특정이 이루어진다.

⑷ 이와 같은 특정방법의 하나로 당사자가 계약에 의하여 당사자의 일방 또는 제 3 자에게 종류채권의 목적물을 구체적으로 결정할 수 있는 지정권을 부여할 수 있다. 그러한 경우에는 지정권자의 지정권의 행사에 의하여 특정이 생긴다. 제375조 제 2 항의 둘째 경우도 당사자의 계약에 의하여 지정권이 채무자에게 부여된 경우로서 여기에 포함된다. 그 규정에서의 동의는 어떤 물건을 특정한 데 대한 동의가 아니고, 채무자가 지정하여서 특정하여도 좋다는 동의, 즉 지정권을 준다는 동의이기 때문이다(통설의 같음). 지정권(이는 일종의 형성권임)의 행사는 특별한 방식을 필요로 하지 않으나 일정한 물건을 같은 종류의 물건으로부터 구체적으로 지정·분리하여야 한다. 그러면 그때에 특정이 생기게 된다.

어떤 자에게 지정권이 주어졌는데 지정권자가 지정권을 행사하지 않는 경우에 선택채권에 관한 제381조·제384조를 유추적용할 것인가? 여기에 관하여 학설은 i) 긍정설(김기선, 69면)과 ii) 부정설(김상용, 43면; 김용한, 52면; 김형배, 61면; 장경학, 46면)이 대립하고 있다. 그리고 판례는 제한종류채권(재고채권)에 있어서 채무자가 이행에 필요한 행위를 하지 않거나 지정권자로 된 채무자가 이행할 물건을 지정하지 않은 경우에는 제381조를 준용할 것이라고 한다(대판 2003. 3. 28, 2000다24856; 대판 2009. 1. 30, 2006다37465). 생각건대 종류채권에 있어서는 종류물의 개성은 중요시되지 않고 또 지정권은 선택채권에 있어서의 선택권과 달리 목적물을 특정하는 것 이상의 의미를 지니고 있지 않기 때문에 그러한 경우에는 종류채권의 성질상 지정권이 부여되지 않은 때처럼 채무자가 이행에 필요한 행위를 완료하였을 때 특정이 생긴다고 해석하여야 한다. 판례 중 첫째 판결은 선택채권으로 보아야 할 사안(19필지 중 7,000평을 급부하기로 한 경우)에 대하여 제한종류채권이라고 한 뒤 제381조를 준용한 것으로서 결과(선택채권으로서 381조가 적용된 것과 같은 결과)에서는 옳으나 그에 이르는 이론적 과정은 옳지 않다(둘째 판결의 사
안은 불분명함).

[39]   **3) 채무자가 이행에 필요한 행위를 완료하는 경우**   위 1), 2)의 특정이 없는 경우에는 채무자가 이행에 필요한 행위를 완료하는 때에 특정이 있게 된다. 채무자가 이행에 필요한 행위를 완료하는 것이란 「채무의 내용에 따라서」 채무자가 이행을 위하여 하여야 하는 행위를 다하는 것을 말한다(이것은 460조의 「변제의 제공」
과 대체로 일치하나 양자가 동
일한 것은
아니다). 그 구체적인 시기는 채무의 종류에 따라 다르게 된다. 채무는 급부장소 (이행장소)에 의하여 지참채무·추심채무·송부채무로 나누어지는데, 이들 각각에 있어서 채무자가 하여야 하는 행위는 차이가 있다.

      ㈎ **지참채무의 경우**   지참채무라 함은 채무자가 목적물을 채권자의 주소지 또는 합의된 제 3 지(이 경우 급부장소를 제 3 지로 정하는
것은 채권자의 이익을 위하여서이다)에서 급부하여야 하는 채무이다. 우리의 통설은 채무자가 채권자의 주소에서 급부하여야 하는 채무만을 지참채무라고 하나(대표적으로
곽윤직, 30면), 채권자의 주소지 이외의 장소를 급부장소로 합의한 경우(예: 꽃다발을 연주회장으
로 배달하게 하는 경우)도 지참채무에 해당한다. 민법은 급부장소에 관하여 당사자가 특별히 정하지 않는 한 특정물채무 이외의 채무는 지참채무를 원칙으로 하고 있다(467
조). 따라서 종류채무도 원칙적으로 지참채무이다.

      이러한 지참채무에 있어서는 채무자가 채권자의 주소지 또는 합의된 제 3 지에서 적절한 시간에(급부가 허용
되는 시간에) 채무의 내용에 좇아 현실적으로 변제의 제공(현실제공)을 한 때, 즉 목적물이 채권자의 주소지 또는 합의된 제 3 지에 도달하여 채권자가 언제든지 수령할 수 있는 상태에 놓여진 때에 비로소 특정이 생긴다(460조 본
문 참조). 그러나 채권자가 미리 수령을 거절한 경우에는 목적물을 분리하고 구두의 제공을 하면 된다(460조 단
서 참조).

      ㈏ **추심채무의 경우**   추심채무는 채권자가 채무자의 주소지 또는 합의된 제 3 지(이 경우 곡물 수확장소와 같은 제 3 지를 추심장소
로 정하는 것은 채무자의 이익을 위하여서이다)에 와서 목적물을 추심하여 변제받아야 하는 채무이다. 통설은 추심채무는 채무자의 주소에 와서 목적물을 추심하여 변제받아야 하는 채무라고 하나(곽윤직,
30면 등), 채무자의 주소 이외의 장소를 급부장소로 합의한 경우(예: 채권자가 곡물 수확장소로 와
서 곡물을 받아가기로 한 경우)도 추심채무에 해당한다.

      추심채무에 있어서는 채권자의 추심행위가 필요하므로, 채무자가 목적물을 분리하여 채권자가 추심하러 온다면 언제든지 수령할 수 있는 상태에 놓아 두고 이를 채권자에게 통지하여 수령을 최고한 때, 즉 구두의 제공을 한 때 특정이 생긴다$\binom{460조\ 단}{서\ 참조}\binom{통설도\ 같음.\ 그러나\ 이은영,\ 112}{면은\ 현실의\ 제공을\ 요구한다}$. 그런데 여기의 구두의 제공은 채권자지체를 발생시키는 구두의 제공과 달리 구두로 제공된 물건이 미리 분리되어야 한다. 왜 냐하면 그렇지 않으면 급부의 위험이 어떤 객체에 관하여 이전되는지를 확정할 수 없기 때문이다.

㈐ **송부채무의 경우**　　　송부채무의 의의와 특정에 관하여는 학설이 대립하 고 있다. i) 통설은 채권자 또는 채무자의 주소 이외의 제 3 지에 목적물을 송부하 여야 하는 채무가 송부채무라고 하면서, 송부채무의 경우에는 목적물을 급부하여 야 하는 제 3 지가 채무의 본래의 이행장소인 때에는 지참채무와 같고, 제 3 지가 본 래의 이행장소는 아니지만 채무자의 호의로 제 3 지에 송부하는 경우에는 목적 물을 분리하여 제 3 지로 발송하는 때에 특정이 생긴다고 한다$\binom{곽윤직,\ 30면;\ 김대정,\ 51}{면;\ 김상용,\ 45면;\ 김용한,}$ 54면; 김주수, 59면; 김준 호, 25면; 장경학, 48면). 그런데 근래에는 ii) 송부채무는 채무자가 채권자의 주소나 영 업소 또는 제 3 의 장소로 발송하면 모든 의무를 면하는 채무이며, 그 채무에서는 채무자가 목적물을 분리 · 지정하여 운송기관을 통해 발송한 때에 특정된다는 견 해$\binom{이은영,\ 112면;\ 지원림,\ 901면.\ 김학동,\ 34면;}{주석\ 채권총칙(1),\ 123면(안법영)도\ 유사하다}$도 주장된다.

이들 중 통설은 문제가 많다. ① 채권자의 주소지로 송부하기로 한 경우를 송부채무에서 제외시킨 점에서 옳지 않다$\binom{지참채무에\ 있어서\ 채무자가\ 목적물을\ 송부}{하는\ 경우는\ 송부채무가\ 아님을\ 주의할\ 것}$. ② 통설 이 말하는 첫째 경우$\binom{즉\ 제\ 3\ 지가\ 채무의\ 본}{래의\ 이행장소인\ 경우}$는 송부채무가 아니고 지참채무의 일종이다. ③ 통설이 말하는 둘째 경우$\binom{즉\ 채무자가\ 호의로\ 제}{3\ 지에\ 송부하는\ 경우}$도 송부채무가 아니며, 그것은 추심 채무에 불과하다. 결국 통설은 송부채무로 다루어야 할 경우를 전혀 다루고 있지 않다. 그에 비하여 ii)설은 종래의 사견과 같은 것으로서 타당하다$\binom{송덕수,\ "종류채권}{(하)," 고시연구}$ 1989. 8, 81면 참조).

사견을 정리하여 적어보면 다음과 같다. 송부채무는 채무자가 목적물을 채 권자의 주소지 또는 합의된 제 3 지에 송부하여야 하는 채무이다. 그리고 이러한 송부채무에 있어서는 채무자로서는 목적물을 분리하여 운송기관에 맡겨 송부하 기로 한 장소로 송부하면 이행에 필요한 행위를 다한 것이 된다. 즉 목적물의 발 송의 위탁으로 특정이 생긴다. 그리고 송부채무의 경우에도 채권자가 목적물의 수령을 거절하면 구두의 제공만으로 특정이 생긴다고 하여야 한다.

4) **목적물의 멸실에 의한 특정**　　　종류에 속하는 물건이 멸실되어 이행에 필요한 수량만 남은 경우에는 종류채권은 특정물채권으로 변한다고 하여야 한

다. 종류물이 급부하여야 할 양에 미달하는 경우에도 같다(이때 부족분에 대한 손해
배상은 별개의 문제이다). 그러한 일은 재고채권에서 발생할 수 있을 것이다.

　　5) 재고채권(제한종류채권)의 특정방법　　위에서 설명한 종류채권의 특정방법은 재고채권의 경우에도 마찬가지이다. 재고채권의 경우에는 단지 종류물의 범위에 있어서 제한을 받을 뿐이다. 판례도 같은 입장이다(대판 2007. 12. 13,
2005다52214).

〈판　례〉

　　「제한종류채권에 관하여 당사자가 합의하여 급부 목적물을 특정하거나 특정방법 또는 지정권자를 정하는 경우에는 그에 따라야 하고, 그러한 약정이 없는 경우에는 민법 제375조 제 2 항에 따라 채무자가 이행에 필요한 행위를 완료하거나 채권자의 동의를 얻어 이행할 물건을 지정한 때에 그 물건을 채권의 목적물로 하는 것이다.」
(대판 2007. 12. 13,
2005다52214)

[40]　　**(3) 특정의 효과**

　　1) 급부의 위험의 이전　　종류채권의 목적물이 특정되면 그 특정된 물건이 채권의 목적물로 된다(375조
2항). 즉 종류채권은 특정으로 그 동일성을 유지하면서 특정물채권으로 변한다(통설도 같음. 그러나 이은영, 116면은 특정물채권으로 변경되지 않는다
고 하며, 김학동, 36면은 특정물채권과 전적으로 같을 수 없다고 한다). 그 결과 급부의 위험은 채무자로부터 채권자에게 이전한다. 따라서 채무자는 — 특정 전과는 달리 — 특정된 물건이 불가항력으로 멸실한 경우에는 같은 종류의 다른 물건이 있어도 더 이상 급부할 의무가 없다. 특정된 물건이 채무자에게 책임있는 사유로 멸실한 경우에도 다른 물건으로 급부할 의무는 없고 단지 손해배상의무만을 부담한다(김형배, 64면은 종류물
의 급부의무를 인정한다). 특정된 물건이 훼손된 때에도 다른 물건을 급부할 필요가 없으며, 훼손된 그 물건을 급부하면 된다(손해배상은 별
개의 문제임). 그런데 이것들은 특정물채권에 관한 규정 및 이론에 의한 것이다.

　　2) 대가의 위험 문제　　종류채권이 매매 기타의 쌍무계약으로부터 발생한 경우에는 급부의 위험 외에 대가의 위험도 문제된다. 그런데 대가의 위험은 급부의 위험과 달리 특정에 의하여 영향을 받지 않는다. 종류채권에 있어서도 대가의 위험을 누가 부담하는가는 제537조·제538조에 의하여 결정된다.

　　제537조에 의하면 대가의 위험은 원칙적으로 채무자가 부담한다. 다만, 채권자의 수령지체 중에 당사자 쌍방의 책임없는 사유로 이행불능이 된 때에는 채권자가 위험을 부담한다(538조
1항 2문). 따라서 종류채권의 목적물이 특정되었더라도 아직

수령지체의 요건을 갖추지 못하면 대가의 위험은 특정 전과 마찬가지로 채무자가 부담하게 된다. 특히 송부채무에 있어서 그렇다($\binom{\text{추심채무에서}}{\text{도 가능하다}}$). 예컨대 A는 B로부터 20kg짜리 쌀 10포대를 50만원에 매수하기로 하는 내용의 계약을 체결하였고, B는 A와의 합의에 따라 철도편으로 쌀 10포대를 A의 주소지로 부쳤는데, 그 쌀을 실은 기차가 강으로 전복되어 쌀이 모두 떠내려 간 경우에는, 특정은 생겼으나 수령지체의 요건은 갖추어지지 않았으므로, B는 다른 쌀을 급부할 의무는 없지만, 그 대신에 쌀의 대금 50만원을 청구하지도 못한다. 한편 특정과 거의 동시에 채권자가 수령지체에 빠지는 경우도 많다. 지참채무에 있어서 그렇다. 그러한 경우에 특정된 목적물이 불가항력으로 멸실된 때에는 대체로 수령지체 상태에서의 멸실일 것이므로 채무자는 급부의무를 면하면서 상대방의 이행은 청구할 수 있을 것이다.

3) 채무자에 대한 특정의 구속성 문제(변경권 문제)   종류채권의 채무자는 경우에 따라서 특정이 생긴 후라고 할지라도 특정의 구속에서 벗어나고 싶어 할 것이다. 예컨대 특정은 생겼지만 대가의 위험은 채권자에게 이전되지 않은 경우에 반대급부를 받기 위하여, 또는 특정된 물건을 오랫동안 분리 보관하는 데 많은 비용이 들 경우에 보관비용을 줄이기 위하여 다른 물건으로 급부하려고 할 수 있다. 이때 채무자의 의욕을 정당한 것으로 인정할 것인가가 특정의 구속성 내지 변경권의 문제이다. 우리의 많은 문헌은 다른 물건을 인도하는 것이 채무불이행으로 되는지에 관하여만 논의하나, 반대급부를 받기 위한 경우 등도 있으므로, 문헌들의 그러한 태도는 불완전하다.

여기에 관하여는 i) 특정이 원칙적으로 채무자를 구속하지 않는다는 견해($\binom{\text{김대정, 54면; 김학동, 37면;}}{\text{이은영, 115면; 지원림, 903면}}$)와 ii) 원칙적으로 구속한다는 견해($\binom{\text{곽윤직, 31면; 김상용, 49면;}}{\text{김용한, 55면; 김형배, 65면}}$)가 대립한다. 생각건대 종류채권의 경우 채권자는 원칙적으로 분리된 물건 자체에 어떤 이익을 가지고 있지 않다. 그가 만약 이익을 가지고 있다면 그는 특정물채권을 발생시켰을 것이다. 그리고 보면 제375조 제 2 항은 모든 행위를 완료한 채무자만을 보호하기 위한 취지의 것으로 보아야 한다($\binom{\text{Fikentscher,}}{\text{S. 153}}$). 따라서 채무자는 그 규정에 의한 보호를 스스로 포기할 수 있고, 그 결과 이미 발생한 특정을 무효화하고 다른 물건으로 다시 급부할 수 있다고 할 것이다. 그러나 채권자가 물건의 선택에 협력하거나 그가 이미 물건을 검사한 경우처럼 채권자가 특정된 물건 자체에 이익을 가지는 때에는 채무자가 특정에 구속된다고 하여야 한다(곽윤직, 32면; 김 상용, 46면은 채권자의 반대의사가 있는 때에도 변경권을 인정하 지 않으나, 이는 옳지 않다. 같은 취지: 김학동, 37면).

특정에의 구속이 인정되지 않는 경우에는 특정된 종류채권(특정물 채권)은 다시 종류채권의 상태로 되돌아간다(Larenz, S. 154). 그리하여 채무자는 같은 종류의 다른 물건으로 급부할 수 있다. 특정에의 구속이 인정되는 경우에는, 채무자는 특정된 물건으로 급부하여야 하며, 만약 그것이 불가능하고 불능에 대하여 그에게 유책 사유가 있는 때에는 손해배상을 하여야 한다.

[41] ## V. 금전채권

1. 의   의

(1) 금전채권은 넓은 의미로는 금전의 급부(인도)를 목적으로 하는 채권이며, 좁은 의미로는 「일정액」의 금전의 인도(지급)를 목적으로 하는 채권이다. 이 둘 가운데 뒤의 것을 금액채권이라고 하는데, 보통 금전채권이라고 하면 그것을 가리킨다.

(2) 금전채권은 법률행위(증여·매매·소비대차·임대차·고용·도급·임치 등의 계약이나 유증 등의 단독행위)에 의하여 발생하기도 하고, 법률의 규정에 의하여 발생하기도 한다(예: 부당이득을 원인으로 한 가액반환 의무, 불법행위에 의한 손해배상의무). 그리고 채무불이행으로 인한 손해배상채권도 원칙적으로 금전채권이다(손해배상은 금전배상을 원칙으로 하기 때문이다. 394조·763조 참조).

(3) 금전은 가치를 측정하는 수단으로서 재화의 교환을 매개하는 기능을 한다. 따라서 어떤 물건이나 그 밖의 급부에 대한 대가의 지급 또는 그것들에 대한 보상이나 배상은 대부분 금전으로 행하여진다. 그리고 그것은 금전채권의 발생과 이행을 통하게 된다. 여기서 오늘날의 경제생활에 있어서 금전채권이 매우 중요한 역할을 하고 있음을 알 수 있다.

2. 금전채권의 종류와 각 종류별 채무이행

(1) 금액채권

금액채권은 일정액의 금전의 인도(지급)를 목적으로 하는 채권이며(예: 100만원의 지급을 목적으로 하는 채권), 이것이 본래의 의미의 금전채권이다. 금액채권은 일종의 종류채권이다

$\binom{\text{같은 취지: 곽윤직, 32}}{\text{면. 반대: 김상용, 47면}}$. 그러나 급부되는 금전 자체는 의미가 없고 그것이 표시하는 금액 즉 화폐가치에 중점이 두어져 있다. 따라서 보통의 종류채권과 달리 「특정」이라는 것이 없고$\binom{\text{그 결과 급부의 위험의 이}}{\text{전 문제도 생기지 않는다}}$, 경제적 변혁이 생기지 않는 한 이행불능으로 되지도 않는다.

금액채권은 다른 특약이 없는 한, 채무자의 선택에 따라 각종의 통화로 변제할 수 있다$\binom{376조}{참조}$. 여기서 통화라 함은 국가가 법률로써 강제통용력을 인정한 금전을 가리키는데, 현재 우리나라의 통화에는 한국은행이 발행한 한국은행권(지폐)과 주화(鑄貨)의 두 종류가 있다$\binom{\text{한국은행법 47조 ·}}{\text{48조 · 53조 참조}}\binom{\text{기념주화나 과거에 통용력을 가졌던}}{\text{것은 통화, 그리하여 금전이 아니다}}$. 금전 대신에 우편환 · 수표 · 어음을 급부하는 것이 금전채권의 유효한 변제로 되는지가 문제되나, 그에 대하여는 뒤에 대물변제의 문제로 살펴보기로 한다$\binom{[243]}{참조}$.

(2) 금종채권(金種債權)

금종채권은 일정한 종류에 속하는 통화의 일정량의 급부를 목적으로 하는 채권이다$\binom{\text{예: 1만원권으로 100만원}}{\text{을 지급하여야 하는 채권}}$. 이러한 금종채권은 보통 당사자 사이의 특약에 의하여 발생할 것이다. 금종채권의 경우 채무자는 정하여진 종류의 통화로 변제하여야 한다. 그런데 문제는 그 종류의 통화가 변제기에 강제통용력을 잃으면 채무자가 급부의무를 면하게 되는지이다. 여기에 관하여 민법은 그러한 때에는 강제통용력 있는 다른 통화로 변제하도록 규정하고 있다$\binom{376}{조}$. 그러나 민법의 이 규정은 임의규정이라고 해석된다$\binom{이설}{없음}$. 따라서 당사자는 일정한 종류의 통화가 강제통용력을 상실하든 않든 반드시(즉 절대적으로) 그 종류로 급부하도록 약정할 수 있다. 그 결과 금종채권은 절대적 금종채권과 상대적 금종채권으로 나누어진다.

절대적 금종채권은 절대적으로 일정한 종류의 금전으로 급부하여야 하는 채권이다$\binom{\text{예: 수집의 목적으로 1996년에 발행된 1만원}}{\text{권 10매를 일정금액으로 매수하기로 한 경우}}$. 그에 비하여 위에서 설명한 금종채권은 상대적 금종채권이다. 절대적 금종채권의 경우에는, 그 종류의 금전이 강제통용력을 잃더라도 그것이 존재하는 한 그것으로 급부하여야 한다. 이 절대적 금종채권은 금전을 하나의 종류물로 다루는 것으로서 금전채권이 아니고 종류채권에 지나지 않으며, 따라서 거기에는 종류채권에 관한 규정이 적용되어야 한다.

(3) 특정금전채권

이는 「특정한 금전」의 급부를 목적으로 하는 채권이다. 봉금(封金)을 임치한 경우, 수집의 목적으로 2008년에 발행된 1만원권 중 번호가 가장 빠른 것을 매수하기로 한 경우에 그러한 채권이 발생한다. 이러한 특정금전채권은 특정물채권에 해당한다.

[42]   **(4) 외국금전채권(외화채권)**

1) 외국금전채권은 외국의 금전(예: 미화(美貨) 10만달러, 일화(日貨) 10만엔)의 급부를 목적으로 하는 채권이며, 이는 외화채권이라고도 한다. 이 외국금전채권도 — 내국금전채권과 마찬가지로 — 외국금액채권·외국금종채권(상대적 외국금종채권)·절대적 외국금종채권·특정 외국금전채권으로 나누어지는데, 그 가운데 절대적 외국금종채권은 종류채권이고 특정 외국금전채권은 특정물채권에 해당한다.

2) 외국의 금전은 우리나라에서는 통화로서 효력이 없으나, 민법은 국제간의 거래의 편의를 위하여 다음과 같은 특별규정을 두고 있다.

외화채권의 경우 당사자 사이에 특약이 없으면 채무자는 당해 외국의 각종의 통화로 변제할 수 있다($^{377조}_{1항}$). 그리고 이때 채무자는 외국의 통화로 지급하는 것 대신에「지급할 때에 있어서의 이행지의 환금시가(換金市價)」에 의하여 우리나라의 통화로 변제할 수도 있다($^{378}_{조}$)(김학동, 40면은 378조의 문언(「지정」)을 이유로 외국통화의 지급을 특약한 경우에는 그 규정이 적용되지 않는다고 하나, 그 규정의 제목에 비추어 볼 때 그 규정은 외화채권 일반에 관한 것으로 이해하여야 한다). 환산시기에 관하여 판례는 과거에는 변제하여야 할 때 즉 이행기(변제기)라고 하였으나(대판 1978. 5. 23, 73다1347; 대판 1987. 6. 23, 86다카2107), 현재에는 현실로 이행하는 때 즉 현실이행시라고 변경하였다(대판(전원) 1991. 3. 12, 90다2147; 대판 2000. 6. 9, 99다56512; 대판 2007. 4. 12, 2006다72765; 대판 2007. 7. 12, 2007다13640; 대판 2012. 10. 25, 2009다77754; 대판 2016. 6. 23, 2015다55397). 이는 통설(대표적으로 곽윤직, 34면)과 같은 태도로서 타당하다. 그리고 이러한 법리는 외화채권자가 경매절차를 통하여 변제를 받는 경우에도 동일하게 적용되어야 하므로, 집행법원이 경매절차에서 외화채권자에 대하여 배당을 함에 있어서는 특별한 사정이 없는 한 배당기일 당시의 외국환시세를 우리나라 통화로 환산하는 기준으로 삼아야 한다(대판 2011. 4. 14, 2010다103642). 또한 우리나라 통화를 외화채권에 변제충당할 때도 특별한 사정이 없는 한 현실로 변제충당할 당시의 외국환시세에 의하여 환산하여야 한다(대판 2000. 6. 9, 99다56512). 한편 제378조에 비추어 외화채권의 경우 채권자도 우리나라의 통화로 청구할 수 있다고 해석함이 바람직하다(같은 취지: 김형배, 73면; 이은영, 120면; 대판(전원) 1991. 3. 12, 90다2147).

〈판 례〉

(ㄱ)「채권액이 외국통화로 지정된 금전채권인 외화채권을 채무자가 우리나라 통화로 변제함에 있어서는 민법 제378조가 그 환산시기에 관하여 외화채권에 관한 같은 법 제376조, 제377조 제 2 항의 "변제기"라는 표현과는 다르게 "지급할 때"라고 규정

한 취지에서 새겨볼 때, 그 환산시기는 이행기가 아니라 현실로 이행하는 때, 즉 현실이 행시의 외국환시세에 의하여 환산한 우리나라 통화로 변제하여야 한다고 풀이함이 상당하다. 따라서 채권자가 위와 같은 외화채권을 대용급부의 권리를 행사하여 우리나라 통화로 환산하여 청구하는 경우에도 법원이 채무자에게 그 이행을 명함에 있어서는 채무자가 현실로 이행할 때에 가장 가까운 사실심 변론종결 당시의 외국환시세를 우리나라 통화로 환산하는 기준시로 삼아야 할 것이다.」$\binom{\text{대판(전원) 1991. 3. 12, 90다2147. 전체 같}}{\text{은 취지: 대판 2012. 10. 25, 2009다77754.}}$ 후단에 관하여 같은 취지: 대판 2019. 6. 13, 2018다258562)

(ㄴ)「채권액이 외국통화로 지정된 금전채권인 외화채권을 채권자가 대용급부의 권리를 행사하여 우리나라 통화로 환산하여 청구하는 경우 법원이 채무자에게 그 이행을 명함에 있어서는 채무자가 현실로 이행할 때에 가장 가까운 사실심 변론종결 당시의 외국환시세를 우리나라 통화로 환산하는 기준시로 삼아야 할 것인바$\binom{\text{대법원}}{\text{1991. 3. 12.}}$선고 90다2147 전원합의체 판결 등 참조), 그와 같은 제 1 심 이행판결에 대하여 채무자만이 불복·항소한 경우, 항소심은 속심이므로 채무자가 항소이유로 삼거나 심리 과정에서 내세운 주장이 이유 없다고 하더라도 법원으로서는 항소심 변론종결 당시의 외국환시세를 기준으로 채권액을 다시 환산해 본 후 불이익변경금지 원칙에 반하지 않는 한 채무자의 항소를 일부 인용하여야 할 것이다.」$\binom{\text{대판 2007. 4. 12,}}{\text{2006다72765}}$)

외국의 특별한 종류의 통화의 지급을 목적으로 하는 채권 즉 외국금종채권의 경우에, 그 종류의 통화가 변제기에 강제통용력을 잃은 때에는, 채무자는 그 나라의 다른 통화로 변제하여야 한다$\binom{\text{377조}}{\text{2항}}$). 그리고 이때에도 채무자는 지급할 때의 이행지의 환금시가에 의하여 우리나라의 통화로 변제할 수 있다$\binom{378}{\text{조}}$).

3. 금전채무불이행의 특칙$\binom{\text{제397}}{\text{조}}$ [43]

금전채권$\binom{\text{특히 금}}{\text{액채권}}$의 경우에는 이행불능은 있을 수 없고 이행지체만이 생길 수 있을 뿐이다. 그런데 민법은 이 금전채권의 이행지체(채무불이행)에 관하여 제397조의 특칙을 두고 있다.

(1) 손해의 증명 문제

일반적으로 채무불이행의 경우에 채권자가 손해배상을 청구하려면 그가 손해의 발생 및 손해액을 증명하여야 한다. 그런데 금전채무의 불이행(이행지체)에 있어서는 채권자는 손해를 증명할 필요가 없다$\binom{\text{397조 2}}{\text{항 전단}}$). 즉 그는 손해의 발생 및 손해액의 증명이 없이도 손해배상을 청구할 수 있는 것이다$\binom{\text{그러나 채권자가 손해가 발생하}}{\text{였다는 취지의 주장은 하여야}}$한다. 대판 2000. 2. 11, 99다49644). 민법이 이러한 규정을 둔 이유는, 금전채권에 관하여는 손해의 증명이 곤란하고 또 금전은 자본으로서 이익을 가져오는 것이 보통이기 때문이다.

(2) 무과실 항변의 문제

금전채권의 채무자는 과실없음을 항변하지 못한다($^{397조\ 2}_{항\ 후단}$). 따라서 그는 그에게 책임없는 사유로 이행을 지체한 경우에도 손해배상책임을 진다(무과실책임). 여기서 한 가지 문제는 불가항력으로 이행지체에 빠진 때에도 손해배상책임을 져야 하는지이다($^{397조\ 2항\ 후단에\ 상응하는\ 의용민법\ 419조\ 2항\ 후단은\ 「채무}_{자는\ 불가항력을\ 가지고\ 항변하지\ 못한다」고\ 규정하고\ 있었다}$). 불가항력이라 함은 외부에서 일어난 사건 내지 사고로서 보통 일반적으로 필요하다고 인정되는 주의나 예방방법으로써는 막지 못하는 것을 가리키며, 태풍·홍수·지진·벼락·전쟁 등이 그에 해당한다고 한다($^{곽윤직,}_{35면}$). 이러한 불가항력, 가령 지진으로 말미암아 교통·통신시설이 모두 파괴되어 변제기에 금전을 지급하지 못한 경우에도 채무자가 손해배상책임을 져야 하는지 아니면 책임을 지지 않는지가 문제되는 것이다. 여기에 관하여 학설은 i) 책임인정설($^{김대정,\ 64면;\ 김상용,\ 50면;\ 김용한,\ 60면;\ 김준호,\ 31면;}_{소성규,\ 80면;\ 윤철홍,\ 52면;\ 장경학,\ 55면;\ 주해(9),\ 629면}$)($^{양삼}_{승}$)과 ii) 책임부정설($^{곽윤직,\ 35면;\ 김주수,\ 66면;\ 김학동,\ 41면;}_{김형배,\ 70면;\ 이은영,\ 124면;\ 지원림,\ 916면}$)로 나뉘어 대립하고 있다. ii)설은, 그때에도 채무자의 책임을 인정하면 지나치며, 본래 불가항력 개념은 무과실책임이 지나치게 무겁게 되는 것을 제한하기 위하여 사용된 것이라는 점을 그 이유로 들고 있다($^{곽윤직,}_{36면}$). 그에 비하여 i)설은 불가항력적 사태가 발생하면 화폐가치가 하락하는 것이 상례이므로 만약 채무자가 불가항력을 가지고 항변할 수 있다고 하면 채무자는 2중의 이익을 얻게 될 것이라고 한다($^{김상용,}_{50면}$). 그리고 이에 대한 판례는 없다($^{김상용,\ 50면은\ 대판(전원)\ 1994.\ 12.\ 13,\ 93다951이\ i)설의}_{입장이라고\ 하나,\ 그\ 판결은\ 이에\ 대한\ 것이라고\ 볼\ 수\ 없다}$). 생각건대 의용민법에서는 「불가항력으로써 항변할 수 없다」고 하였었는데($^{같은\ 법}_{419조\ 2항}$) 현행민법이 「과실없음을 항변하지 못한다」고 한 점을 고려할 때, 책임을 제한하는 ii)설을 따르는 것이 바람직하다.

채권자가 채무자의 금전채무 불이행을 이유로 해제하는 경우에도 채무자는 과실없음을 항변할 수 없는가? 여기에 관하여 제397조 제 2 항의 취지는 금전채무 불이행의 경우 지연이자 정도를 손해로 인정하자는 것이므로, 계약해제와 같은 불이익을 입게 할 때는 원칙으로 돌아가 유책사유가 필요하다고 하여야 하며, 강제집행이나 담보권의 실행을 시도하는 때에도 같다고 하는 견해가 있다($^{주해(9),}_{632면}$)($^{양삼}_{승}$). 생각건대 제397조 제 2 항이 지나친 면을 가지고 있는 점, 제397조 제 2 항의 문언도 「전항의 손해배상에 관하여는」이라고 하고 있는 점 등을 고려할 때 이 견해가 타당하다.

(3) 손해배상액 [44]

금전채무를 불이행한 경우의 손해배상액은 법정이율($^{법정이율의\ 자세한}_{점은\ [47]\ 참조}$)에 의하는 것이 원칙이다($^{397조\ 1}_{항\ 본문}$).

그러나 위의 원칙에는 예외가 있다. 법령의 제한에 위반하지 않는 약정이율이 있는 경우에 그렇다. 그때에는 손해배상액은 그 약정이율에 의하여 산정된다($^{397조\ 1}_{항\ 단서}$). 문제는 약정이율이 법정이율보다 낮은 경우에도 약정이율에 의하여 지연손해배상액을 산정하여야 하는가이다. 대법원은 예전에 하나의 판결에서 「별도의 약정이 있음을 이유로 하여 법정이율보다도 낮은 비율에 의한 지연손해금을 인정하기 위하여는 법정이율보다 낮은 이자율 또는 지연손해금률의 약정이 있다는 점에 관하여 당사자 사이에 다툼이 없거나 증거에 의하여 적극적으로 인정되는 사정이 존재하여야 할 것이고 피고($^{대여금채무}_{자:\ 저자\ 주}$)가 법정이자율보다 낮은 비율에 의한 이자율 또는 지연손해금률의 약정이 있음을 자인한다 하여 그에 따른 금원의 지급을 명할 수는 없다」고 하여($^{대판\ 1995.\ 10.\ 12,}_{95다26797}$), 긍정하는 입장을 보인 바 있다. 그런데 근래의 판결에서, 「제397조 제 1 항 단서규정은 약정이율이 법정이율 이상인 경우에만 적용되고, 약정이율이 법정이율보다 낮은 경우에는 그 본문으로 돌아가 법정이율에 의하여 지연손해금을 정할 것」이라고 하였다. 그러면서 그 이유로, 「금전채무에 관하여 아예 이자약정이 없어서 이자청구를 전혀 할 수 없는 경우에도 채무자의 이행지체로 인한 지연손해금은 법정이율에 의하여 청구할 수 있으므로, 이자를 조금이라도 청구할 수 있었던 경우에는 더욱이나 법정이율에 의한 지연손해금을 청구할 수 있다고 하여야 할 것」이라는 등의 여러 이유를 들고 있다($^{대판\ 2009.\ 12.\ 24,}_{2009다85342}$). 이 두 판결은 모순을 보인다. 다만, 둘 중 앞의 판결의 중점은 채무자의 자인 여부에 좌우되는지에 있으므로, 현재의 판례는 뒤의 판결이라고 할 수 있다. 그런데 이 문제와 관련하여 우선 주의할 점이 있다. 제397조 제 1 항은 임의규정이다. 따라서 당사자가 금전채무의 손해배상률을 약정하고 있으면, 그 규정은 적용되지 않는다($^{그\ 약정은\ 일종의\ 손해배상액의\ 예정에\ 해}_{당한다.\ 판례도\ 같은\ 입장이다.\ [105]\ 참조}$). 그리고 그 점은 그 율이 법정이율보다 낮은 때에도 마찬가지이다. 그리하여 법정이율보다 낮게 약정된 손해배상률이 적용되는 것이다. 그러나 손해배상률이 아니고 변제기까지의 이율에 관하여만 약정하고 있는 경우에는, 그것이 법정이율보다 낮은 때에도 그에 의하게 되는지는 검토를 필요로 한다. 여기에 관하여 위의 판결은 그때에는 법정이율이 적용된다고 하였고, 처음 판결은 그때에도 약정이율이 적용된다고 하였다(처음 판결 중 지연손해금률을 낮게 정한 경우에 그 율에 의하게 된다는 부분은 다툼의 여지가 없이 옳다). 생각건대 제397조 제 1 항의 문구에 비추어 볼 때(397조에 대응하는 의용민법 419조는 1항 단서에서 명문으로 「약정이율이 법정이율을 넘는 때」에 한하여 약정이율에 의하도록 정하고 있었는데, 현행민법은 그러한 문구를 뺐다. 그와 관련하여 대판 2009. 12. 24, 2009다85342는, 민법의 제정과정에서 의용민법과 달리 약정이율이 법정이율보다 낮은 경우에도 위 단서규정이 적용된다는 것이 입법자 의사였다고 볼 아무런 자료가 없다고 한다) 두 가지의 해석이 모두 가능하다. 그런데 변제기까지 이율을 법정이율보다 낮게 정하고 있다고 하여 변제기 후의 이율도 낮게 인정하는 것은 결코 합리적이라고 할 수 없다. 결국 근래의 판결처럼 제397조 제 1 항 단서는 약정이율이 법정이율보다 높은 경우에만 적용된다고 하여야 한다.

〈판 례〉

(ㄱ) 「제소전 화해 조항에 채무의 변제기와 채무원금만 정하고 변제기 이후의 지연손해금에 관하여 아무런 규정을 두고 있지 아니한 경우에는 원칙으로 돌아가 변제기 이후에는 민법 소정의 연 5푼의 비율에 의한 지연손해금을 지급하여야 할 것이다.」(대판 1992. 5. 26, 91다28528)

(ㄴ) 「당사자 일방이 금전소비대차가 있음을 주장하면서 약정이율에 따른 이자의 지급을 구하는 경우, 특별한 사정이 없는 한 그 대여금채권의 변제기 이후의 기간에 대해서는 약정이율에 따른 지연손해금을 구하는 것으로 보아야 하고, 여기에는 약정이율이 인정되지 않는다고 하더라도 법정이율에 의한 지연손해금을 구하는 취지가 포함되어 있다고 볼 수 있다. 이는 채무자가 금전소비대차계약 공정증서의 집행력을 배제하기 위하여 제기한 청구이의의 소에서 채권자가 금전대여와 함께 약정이율에 따른 지연손해금을 주장한 경우에도 마찬가지이다.」(대판 2017. 9. 26, 2017다22407)

이와 같이 채무자는 실제의 손해가 얼마인지를 묻지 않고 일정한 이율에 의하여 산정된 금액을 손해배상으로 지급하여야 한다. 그리하여 채무자는 실제의 손해가 그보다 작거나 없다는 것을 증명하여 책임을 면하지 못하며, 채권자는 실제의 손해가 그보다 크다는 것을 증명하여 초과손해의 배상을 청구하지 못한다. 견해(김상용, 51면; 김형배, 69면; 이은영, 127면; 지원림, 917면;)에 따라서는 실손해액이 「법정이율」에 의한 손해액을 초과할 경우에는 이를 증명하여 배상을 청구할 수 있다고 하나(지원림, 917면; 김형배, 69면은 이는 특별손해라고 한다), 제397조의 규정의 위치(채무불이행의 원칙규정인 390조와 손해배상 범위규정인 393조의 뒤에 두어져 있는 점)와 내용(손해를 불문하는 점), 별도의 손해배상을 인정하려고 하는 경우에 민법이 예외적으로 명문규정을 두고 있는 점(685조·705조· 958조 등 참조) 등을 고려할 때, 그 견해는 옳지 않다(같은 취지: 곽윤직, 36면; 김용한, 61면; 김주수, 66면; 김준호, 30면; 장경학, 56면; 주해(9), 633면(양삼승). 김학동, 42면은 같). 그런데 대법원은, 금전을 특수한 용도에 사
은 취지라고는 하면서도 입법론상 의문을 제기한다
용하여 이자 상당액을 넘는 특별한 이득을 보았을 것인데 그것을 얻지 못한 것은
특별사정으로 인한 손해이며 그러한 손해를 배상받으려면 가해자가 그 특별사정
을 알거나 알 수 있었어야 한다고 한다(대판 1991. 1. 11, 90다카16006. 대판 1991. 10. 11, 91다25369
는 매도인이 매수인으로부터 매매대금을 지급받지 못하여
제 3 자로부터 부동산을 매수하고 그 잔대금을 지급하지 못하여 그 계
약금을 몰수당한 경우에 대하여 특별한 사정으로 인한 손해라고 하였다). 그런데 대법원이 실제로 손해배
상을 인정한 적은 없다.

(4) 외화채권의 경우   [45]

제397조는 외화채권에도 적용된다. 판례도 선물환계약에 기한 채권을 금전
채권이라고 하면서, 그 당사자들은 제397조 제 2 항에 의하여 계약불이행에 대하
여 과실없음을 들어 항변할 수 없다고 한다(대판 2003. 4. 8,
2001다38593).

〈판 례〉

「선물환계약이란 장래의 일정기일 또는 기간 내에 일정금액, 일정종류의 외환을
일정환율로써 교부할 것을 약정하는 계약으로서 그에 기한 채권은 금전채권이므로
그 당사자들은 민법 제397조 제 2 항에 의하여 계약불이행에 대하여 과실없음을 들어
항변할 수 없는 것이다.」(대판 2003. 4. 8,
2001다38593)

4. 기타의 특수문제

(1) 사정변경의 원칙에 의한 금전채권의 증액·감액 평가

인플레이션 기타 경제사정의 변동으로 금전의 가치가 폭락하거나 폭등한 경
우에 금전채권의 금액을 그대로 유지하면 일방당사자에게 가혹하게 된다. 여기
서 사정변경의 원칙(내지 객관적 행위기초론)에 의하여 금전채권의 증액 또는 감액
평가를 인정할 것인지가 문제된다. 학설은 i) 인정설(김용한,
62면)과 ii) 부정설(이은영,
122면)로
나뉘어 있다. 그리고 판례는 이를 부정한다(대판 1955. 4. 14,
4286민상231). 생각건대 어떤 경우에
도 약정된 대로 이행하도록 하면 때에 따라서 극심한 불공평을 초래할 수 있다.
따라서 화폐가치가 크게 변동된 경우에는 신의칙의 하부원칙인 사정변경의 원칙
에 의하여 일정한 요건 하에 금전채권의 내용을 조정할 수 있다고 하여야 한다.
그런데 그때에는 요건을 합리적으로 확정하여야 하고 또 그 적용에 신중을 기하
여야 한다.

(2) 지급유예 조치

경제공황·통화개혁과 같은 특별한 사정이 있는 경우에는 일정한 기간 동안 지급유예(Moratorium) 조치를 취하는 수도 있다(우리나라의 예: 1962년의 긴급통화조 치법 15조·16조 참조(통화개혁시)). 이러한 지급유예 조치가 행하여지면 그 동안은 채무불이행책임을 지지 않게 된다.

[46]　## Ⅵ. 이자채권

1. 서　　설

이자채권이라 함은 이자의 급부(지급)를 목적으로 하는 채권을 말한다. 이자채권에 관한 논의는 이자가 무엇인지에서부터 시작하여야 한다. 그 뒤에 이자채권의 문제, 이자의 제한, 이자의 이자인 복리에 대하여 살펴보아야 한다.

2. 이　　자

(1) 의　　의

이자의 법적 의의에 관하여는 학자들의 견해가 일치하지 않고 있으나(자세한 점은 송덕수, "이자채권(상)," 사법행정 1993. 8, 31면 이하 참조), 사견으로는 「원본인 금전 기타의 대체물을 소비의 방법으로 사용할 수 있는 데 대한 대가로서 수익에 관계없이 사용기간에 비례하여 지급되는 금전 기타의 대체물」이라고 정의하는 것이 가장 바람직하다고 생각한다.

이것을 나누어 설명하면 다음과 같다. ① 이자는 원본인 「금전 기타의 대체물」을 사용할 수 있는 데 대한 대가이다. 왜냐하면 이자가 발생하는 가장 대표적인 경우인 소비대차에 관하여 제598조가 대체가능성을 전제로 하고 있기 때문이다. 따라서 토지·건물과 같은 부대체물의 사용대가인 지료·차임은 이자가 아니다. ② 이자는 금전 기타의 대체물을 「소비의 방법으로」 사용할 수 있는 데 대한 대가이다. 처음에 받은 물건을 그대로 반환하기로 한 경우에는, 그 사용대가는 이자가 될 수 없다. 따라서 대체물이라 하더라도, 가령 기계와 같이 소비되지 않고 후에 그대로 반환되어야 하는 때에는, 이자의 문제는 생기지 않는다. 이 경우의 기계의 사용대가는 차임에 지나지 않는다. ③ 이자는 금전 기타의 대체물을 「사용할 수 있는 데 대한 대가」이다. 원본이 실제로 사용되어야 하는 것은 아니다. 따라서 이자는 법정과실에 해당한다. 그에 비하여 원본의 소각금(消却金)·할부

거래에서의 할부금·주식의 배당금은 원본의 사용가능성에 대한 대가가 아니므로 이자가 아니다. 또한 금전채무불이행의 경우에 지급되는 지연배상은 보통 「지연이자」라고 불리나, 그것은 성질상 손해배상이며 이자가 아니다. 통설($\substack{\text{다만, 이은영,} \\ \text{130면은 이자}}$ $\substack{\text{채권이라} \\ \text{고 한다}}$)·판례($\substack{\text{대판 1995. 10. 13, 94다57800; 대판 1998. 11. 10, 98다42141. 지연손해금은 그 성질이 손해배상금이지} \\ \text{이자가 아니며, 163조 1호의 1년 이내의 기간으로 정한 채권도 아니므로 3년간의 단기소멸시효의 대상}}$ $\substack{\text{이 되지 않는} \\ \text{다고 한다}}$)도 같다. ④ 이자는 수익에 관계없이 사용기간에 비례하여 지급되는 것이다. 수익에서 일정률의 배당을 받는 것은 이자가 아니다. 그리고 사용기간에 관계없이 지급되는 것($\substack{\text{예:} \\ \text{례금}}$ $\substack{\text{사}}$)도 이자가 아니다. 그렇다고 하여 지속적으로 지급되는 것만이 이자인 것은 아니다. 전체의 사용기간에 대한 이자금액이 사전에 계산되어 원본 교부시 원본으로부터 이것이 공제될 수도 있다. 선이자($\substack{[51] \\ \text{참조}}$)가 바로 그것이다. ⑤ 이율은 이자의 필수불가결한 요소가 아니다($\substack{\text{같은 취지: 김상용, 59면. 반대: 곽윤} \\ \text{직, 38면; 김학동, 45면; 김형배, 77} \\ \text{면; 이은영, 128면;} \\ \text{지원림, 918면}}$). 이자는 이율로써가 아니고 확정금액으로 합의될 수도 있는 것이다. 가령 쌀 10포대의 이자를 월 2만원으로 정할 수 있다. ⑥ 이자는 원본을 사용할 수 있는 데 대한 대가로 지급되는 「금전 기타의 대체물」이다. 즉 이자는 금전인 것이 보통이나 쌀·보리와 같은 그 밖의 대체물일 수도 있다. 그리고 이자는 원본과 동종의 대체물일 필요가 없다($\substack{\text{이설} \\ \text{없음}}$).

(2) 발생원인

이자는 어떤 자가 금전 기타의 대체물을 사용할 수 있다고 하여 당연히 발생하는 것은 아니다. 즉 민법상 일반적인 이자지급의무는 없다($\substack{\text{Medicus/Lorenz, Rn.190 참} \\ \text{조. 상법 55조는 상인이 영업}}$ $\substack{\text{에 관하여 금전을 대여한 경우나 그 영업범위 내에서 금전을 체} \\ \text{당(替當)하였을 때에는 법정이자를 청구할 수 있다고 규정한다}}$). 이자는 이자를 발생시키기로 하는 당사자 사이의 특약(이자 약정)이 있거나 또는 법률의 규정($\substack{\text{29조 2항·411조·425조 2항·441} \\ \text{조·548조 2항·587조·685조·688} \\ \text{조 1항·701조·748} \\ \text{조 2항·958조 등}}$)이 있는 경우에만 발생한다. 이 가운데 당사자의 특약에 의하여 발생하는 이자를 약정이자라고 하고, 법률규정에 의하여 발생하는 이자를 법정이자라고 한다.

(3) 이   율

[47]

전술한 바와 같이, 이자는 반드시 이율에 의하여 산정되어야 하는 것은 아니다. 그렇지만 법정이자는 물론이고 약정이자도 대부분의 경우에는 원본액에 대한 비율, 즉 이율에 의하여 산정된다.

1) **법정이율**   법정이율은 법률이 정한 이율인데, 민사에 있어서는 연(年) 5푼이고($\substack{379 \\ \text{조}}$), 상사에 있어서는 연 6푼이다($\substack{\text{상법} \\ 54\text{조}}$). 그리고 공탁금의 이자는 연

1만분의 35이다($\substack{\text{공탁법 6조,「공탁금의}\\\text{이자에 관한 규칙」 2조}}$).

　　법정이율은 이자의 산정 외에 금전채무불이행으로 인한 손해배상, 즉 지연이자의 산정에도 쓰인다($\substack{\text{다만, 법령의 제한에 위반하지 않은 약정이율이 있는 경}\\\text{우에는 예외적으로 그 약정이율에 의한다. 397조 1항}}$). 그런데 금전채무의 전부 또는 일부의 이행을 명하는 판결을 선고할 경우($\substack{\text{민소 251조에 규정된 소에}\\\text{해당하는 경우는 제외한다}}$)에 금전채무불이행으로 인한 손해배상액 산정의 기준이 되는 법정이율은 그 금전채무의 이행을 구하는 소장(訴狀) 또는 이에 준하는 서면이 채무자에게 송달된 날의 다음날부터는 연 100분의 40 이내의 범위에서 은행법에 따른 은행이 적용하는 연체금리 등 경제여건을 고려하여 대통령령으로 정하는 이율에 따르며($\substack{\text{「소송촉진 등에 관}\\\text{한 특례법」 3조 1항}}$), 그 이율은 현재에는 연 100분의 12이다($\substack{\text{「소송촉진 등에 관한 특례법 제 3 조}\\\text{제 1 항 본문의 법정이율에 관한 규정」}}$).

〈판　례〉

　　㈀「상법 제54조의 상사법정이율은 상행위로 인한 채무나 이와 동일성을 가진 채무에 관하여 적용되는 것이고, 상행위가 아닌 불법행위로 인한 손해배상채무에는 적용되지 아니하므로 원심이 이 사건 손해배상금 원금인 그 대출원금 상당액에 대하여 민사 법정이율인 연 5푼이 아닌 상사 법정이율인 연 6푼의 법정이자를 가산한 데에는 위 법리를 오해한 위법이 있다」($\substack{\text{대판 2004. 3. 26,}\\\text{2003다34045}}$).

　　㈁「파산채권자의 배당금 지급청구권에는 다양한 종류의 파산채권 원본과 그에 대한 파산선고 전일까지의 이자 및 지연손해금을 합산한 채권이 모두 반영되어 있어, 원래 채권의 성격이 반드시 그대로 유지된다고 보기는 어렵고, 배당절차는 금전화 및 현재화를 거친 파산채권 원금 및 파산선고 이전까지의 지연손해금에 대하여 배당재원의 범위 내에서 각 채권의 비율에 따라 분배하는 절차로서, 배당률을 정하여 통지함으로써 발생한 구체적 배당금 지급채무의 이행은 파산재단을 대표한 파산관재인의 의무이지 파산자의 의무는 아니라 할 것이므로, 배당금 지급채무는 파산채무의 원래 속성이나 파산자가 상인인지 여부와는 무관하게 민사채무로 봄이 상당하고, 그 지연으로 인한 지연손해금에 적용될 법정이율도 원래 파산채무의 속성이나 약정이율 혹은 채무명의에서 정한 지연이율에 영향을 받지 아니하고 민사 법정이율인 연 5%가 적용되어야 할 것이다.」($\substack{\text{대판 2005. 8. 19,}\\\text{2003다22042}}$)

　　㈂「금전채권자가 채무자를 상대로 채무의 이행을 청구하는 소를 제기한 후에 채무자가 자신의 채무를 이행함으로써 원래의 금전채무는 소멸하여 그 범위에서 채권자의 채무이행청구는 기각될 수밖에 없고 이제 그 채무의 이행지체로 인한 지연손해의 배상만이 남게 된 경우에 그 지연손해금 산정의 기준이 되는 법정이율에 대하여는 '소송촉진 등에 관한 특례법' 제 3 조상의 이율은 적용되지 아니한다.」($\substack{\text{대판}\\\text{2010. 9. 30,}\\\text{2010다}\\\text{50922}}$)

2) **약정이율**　　약정이율은 당사자에 의하여 정하여진 이율이다. 당사자
는 원칙적으로 자유롭게 이율을 정할 수 있다. 다만, 특별법에 의하여 금전소비
대차에 관하여는 이율이 제한되고 있다($^{[49]\,이}_{하\,참조}$).

약정이자는 약정이율에 의하여 산정된다. 그러나 이자약정에서 이율이 정해
지지 않은 경우에는 법정이율에 의한다($^{379조,\,상}_{법\,54조}$).

3. 이자채권 [48]

(1) 의의 및 발생

이자채권은 이자의 급부(지급)를 목적으로 하는 채권이다. 그런데 이자는 금
전 기타의 대체물로 지급되므로, 이자채권은 일종의 종류채권이고, 특히 이자가
금전인 경우에는 금전채권에 속하게 된다.

이자채권은 — 이자가 그러한 바와 같이 — 당사자 사이의 특약이나 법률의
규정에 의하여 발생한다. 이자채권을 발생시키는 특약은 소비대차·소비임치에
수반하여 행하여지는 것이 보통이나, 매매대금이나 임차보증금의 전부 또는 일
부의 지급을 유예하면서 이자를 지급하기로 약정하는 경우도 있다.

(2) 이자채권의 분류 문제

우리 문헌들은 대체로 이자채권을 기본적 이자채권과 지분적 이자채권으로
나누고 있다. 그러면서 원본에 대하여 일정기(一定期)에 일정률의 이자를 발생시
키는 채권이 기본적 이자채권이고, 기본적 이자채권의 효과로서 매기(每期)에 일
정액의 이자를 지급하여야 할 채권이 지분적 이자채권이라고 한다($^{곽윤직,\,39면;\,김상}_{용,\,62면;\,김용한,\,64}$
$^{면;\,김학동,\,46면;}_{지원림,\,919면}$). 그리고 일부 견해는 이와 같은 입장에 덧붙여, 지분적 이자채권에
는 장래의 (추상적인) 지분적 이자채권과 이미 변제기에 도달한 현재의 (구체적인)
지분적 이자채권이 있다고 주장하기도 한다($^{김형배,}_{79면}$).

생각건대 ① 우리 민법이 이자채권의 구별을 알지 못한다는 점, ② 이자채권
의 세분이 없이도 그것의 법률문제 설명에 지장이 없고, 오히려 나누어 설명하는
경우에 개념의 혼란을 가져올 가능성이 커진다는 점($^{특히\,장래의\,지분적\,이자채권}_{까지\,인정하면\,더욱\,그렇다}$)을 고려
할 때 위와 같은 학설은 옳지 않다. 사견에 의하면, 우리 민법상 이자채권은 매기
(每期)($^{가령\,매월\,말}_{또는\,매년\,말}$)에 원본에 대한 일정률의 액($^{또는\,처음부터}_{확정된\,일정액}$)의 지급을 청구할 수 있는
것이며, 그것은 한 가지일 뿐이다($^{사견의\,이러한\,이자채권\,개념은\,구별\,학설이\,말하는\,지분적\,이자채권에}_{가까운\,것이다.\,통설이\,말하는\,기본적\,이자채권은\,추상적\,채권으로서}$

^{그 실은 공}_{허한 것이다}). 물론 이러한 이자채권에는 이미 변제기가 된 것도 있고 아직 변제기가 되지 않은 것도 있다. 이 중에 후자에 대하여는 그것이 부분적으로 다른 성질을 가지고 있기 때문에, 그러한 점에 관하여서만은 특별히 따로 설명하여야 하나, 그것으로 충분하다. 그러고 보면 이자채권의 분류는 필요하지 않다(^{이은영, 128면은 지}_{분적 이자채무만으}
_{로 이자채무를 파악하는}
것이 합리적이라고 한다).

(3) 이자채권의 성질

이자채권은 한편으로 원본채권에 의존하는 성질, 즉 종속성 내지 부종성을 가지면서, 다른 한편으로 원본채권으로부터의 독립성도 가지고 있다.

1) **부종성**(附從性)　　　이자채권은 원본채권의 종된 권리로서 주된 권리인 원본채권의 존재를 전제로 한다. 그 결과 이자채권은 성립과 존속에 있어서 원본채권에 종속하게 된다. 즉 원본채권이 성립하지 않으면 이자채권은 발생하지 않으며, 원본채권이 소멸하면 이자채권도 소멸한다. 그리고 원본채권이 양도 또는 포기된 경우에는 이자채권도 양도 또는 포기되는 것으로 되며, 원본채권이 압류되면 그 효력이 이자채권에도 미치고, 원본채권에 대하여 전부명령(轉付命令)(^{민사}_{집행}
법 229
조)이 발하여지면 이자채권도 압류채권자에게 이전한다.

이자채권의 이러한 부종성은 「이미 변제기가 된 이자채권」의 경우에는 부분적으로 상당히 완화된다. 그리하여 그러한 이자채권만은 원본채권이 변제 또는 면제로 인하여 소멸하였다고 하여 당연히 소멸하지는 않으며, 원칙적으로 존속한다. 그러나 원본채권이 소멸시효에 의하여 소멸하는 때에는 다르다. 즉 원본채권이 시효로 소멸하게 되면, 변제기가 된 이자채권(^{1년 이내의 정기로}_{지급하기로 한 경우})은 그 채권 자체의 시효(^{163조 1호의 3}_{년의 단기시효})가 완성되지 않았을지라도 원본채권의 시효소멸의 영향으로 소멸하게 된다(^{같은 취지: 김대정, 76면; 김형배, 81면; 장경학, 63면;}_{지원림, 920면. 반대: 곽윤직, 40면; 김주수, 73면}). 왜냐하면 우리 민법상 소멸시효는 그 기산일에 소급하여 효력이 생기고(¹⁶⁷_조), 또 주된 권리의 소멸시효가 완성한 때에는 종된 권리에 그 효력이 미치기 때문이다(¹⁸³_조). 판례도 같은 태도이다 (_{대판 2008. 3. 14,}
_{2006다2940}). 그리고 원본채권의 양도 또는 포기는 특별한 의사표시가 없는 한 변제기가 된 이자채권에 대하여는 영향을 미치지 않는다(^{양도에 관하여 판례도 같은 취지}_{임. 대판 1989. 3. 28, 88다카12803}). 원본채권에 대한 압류나 전부명령도 마찬가지이다.

2) **독립성**(獨立性)　　　이자채권은 하나의 권리로서 원본채권으로부터의 독립성도 가지고 있다. 그리하여 원본채권과 별도로 소를 제기할 수 있고, 양도

할 수도 있으며, 그에 대하여 담보도 제공할 수 있고, 또 압류할 수도 있다. 그리고 원본채권과 분리하여 양도될 수 있는 이자채권에는 변제기가 되지 않은 채권도 포함된다(김형배, 80면; 장경학, 63면은 이를 「장래의 지분적 이자채권」의 양도로 설명하나, 그럴 필요는 없다).

4. 이자의 제한   [49]

(1) 서   설

이자 가운데 법정이자는 제한이 문제되지 않는다. 그러나 약정이자의 경우에는 사정이 다르다. 당사자는 원칙적으로 자유롭게 이자 내지 이율을 정할 수 있다. 그렇다고 하여 이자약정을 무제한으로 유효하게 해야 한다는 것은 아니다. 이자발생 특약은 보통 소비대차에 수반하여 행하여진다. 그런데 소비대차는 생산을 목적으로 체결되기도 하지만 궁핍을 면하기 위하여서도 체결된다. 이들 중 특히 뒤의 경우에는 이자의 규제가 절실하다. 그러나 앞의 경우에도 규제는 필요하다. 생산을 위하여 소비대차를 하는 자 중에는 중소기업과 같이 금융기관으로부터 저리(低利)로 대출을 받기가 어려운 자도 많은데, 그러한 자, 특히 중소기업은 소비를 위하여 소비대차를 하는 자처럼 보호되어야 하기 때문이다.

우리나라에서는 종래 이자제한법을 제정하여(1962년 법 971호) 약정이자를 규제해 왔었으나, 1997년 외화부족 사태에 직면하여 국제통화기금(IMF)의 지원과 통제를 받으면서 IMF의 요구에 의하여 그 법이 폐지되었다(1998. 1. 13). 그러한 상황에서는 이자는 제103조·제104조로 규제할 수밖에 없었다. 그런데 이들 규정에 의하여 규제되려면 이율이 극도로 높아야 하고, 또 규제되는 경우 이자약정 전체가 무효로 되는 문제가 생기게 된다. 그 후 우리나라는 IMF의 통제를 벗어났고, 그 뒤에 고리대금업자의 폭리행위가 문제되자 「대부업 등의 등록 및 금융이용자 보호에 관한 법률」(이하 대부업 법이라 함)이 제정되었다. 이 대부업법은 대부업자의 등록과 감독을 위한 것이나, 그 법에는 약정이자를 제한하는 한시적인 규정도 두고 있다. 그런데 대부업법에 의한 이자제한은 대부업자 즉 대부업(대부업이란 금전의 대부(어음할인·양도담보, 그 밖에 이와 비슷한 방법을 통한 금전의 교부를 포함한다)를 업(業)으로 하거나, 대부업의 등록을 한 자나 여신금융기관으로부터 대부계약에 따른 채권을 양도받아 이를 추심하는 것을 업으로 하는 것을 말한다. 다만, 대부의 성격 등을 고려하여 대통령령으로 정하는 경우는 제외한다. 대부업법 2조 1호)의 등록을 한 자가 대부를 하는 경우에만 적용되는 것이어서 일반 사인 사이의 대차에 있어서는 이자가 제한되지 않는 문제가 생겼다. 그리하여 과거의 이자제한법을 부활시켜야 한다는 주장이 제기되어 법무부에서 입법을 추진하였으나 정부 부처간의 견해 차이로 입법이 이루어지지 못하였다. 그런 상황에서 대법원이 전원합의체 판결로, 사회통념상 허용되는 한도를 초과하는 이율의 이자를 약정하여 지급받는 경우에는 차주는 그 이자의 반환을 청구할 수 있다고 판시하였다(대판(전원) 2007. 2. 15, 2004다50426. 같은 취지: 대판 2023. 6. 15, 2022다211959(그리고 공증료는 채권자가 채무자의 채무불이행에 대비하여 강제집행을 위한 집행권원을 미리 확보해 놓는 데 드는 비용으로서 채무자가 당연히 부담해야 할 성질의 것도 아니고 담보권 설정비용으로 볼 수도 없다고 함)). 그러자 이자제한법의 부활을 반대하던 정부 부처도 그 주장을 포기하였고, 그리하여 과거의 이자제한법과 유사한(과거에는 없던 내용이 여럿 추가됨) 내용의 새로운 이자제한법이 제정되었다(2007. 3. 29.에 공포되었으며, 공포 후 3개월이 경과한 날인 2007. 6. 30.부터 시행됨). 이는 매우 바람직한 입법이라고 할 수 있다. 다만, 대부업법도 여전히 효력이 있고 그 법이 적용되는 범위에서는 이자제한법이 적용되지 않기 때문에, 현재의 제도상 이자의 제한은 이자제한법에 의한 것과 대부업법에 의한 것으로 2원화되어 있다(이는 장차 시정되어야 할 것이다). 아래에서 이자의 제한을 둘로 나누어 기술하기로 한다.

〈판 례〉

「상고이유 제 2 점에 대하여

가. 금전 소비대차계약과 함께 이자의 약정을 하는 경우, 양쪽 당사자 사이의 경제력의 차이로 인하여 그 이율이 당시의 경제적·사회적 여건에 비추어 사회통념상 허용되는 한도를 초과하여 현저하게 고율로 정하여졌다면, 그와 같이 허용할 수 있는 한도를 초과하는 부분의 이자 약정은 대주가 그의 우월한 지위를 이용하여 부당한 이득을 얻고 차주에게는 과도한 반대급부 또는 기타의 부당한 부담을 지우는 것이므로 선량한 풍속 기타 사회질서에 위반한 사항을 내용으로 하는 법률행위로서 무효라 할 것이다.

이와 같이 선량한 풍속 기타 사회질서에 위반하여 무효인 부분의 이자 약정을 원인으로 차주가 대주에게 임의로 이자를 지급하는 것은 통상 불법의 원인으로 인한 재산급여라고 볼 수 있을 것이나, 불법원인급여에 있어서도 그 불법원인이 수익자에게만 있는 경우이거나 수익자의 불법성이 급여자의 그것보다 현저히 커서 급여자의 반환청구를 허용하지 않는 것이 오히려 공평과 신의칙에 반하게 되는 경우에는 급여자의 반환청구가 허용된다고 해석되므로(대법원 1993. 12. 10. 선고 93다12947 판결 등 참조), 대주가 사회통념상 허용되는 한도를 초과하는 이율의 이자를 약정하여 지급받은 것은 그의 우월한 지위를 이용하여 부당한 이득을 얻고 차주에게는 과도한 반대급부 또는 기타의 부당한 부담을 지우는 것으로서 그 불법의 원인이 수익자인 대주에게만 있거나 또는 적어도 대주의 불법성이 차주의 불법성에 비하여 현저히 크다고 할 것이어서 차주는 그 이자의 반환을 청구할 수 있다고 봄이 상당하다.

나. 그럼에도 불구하고, 원심이 1999. 9. 17.부터 2000. 10. 30.까지 사이에 원고로

부터 차용한 돈에 대하여 지급한 이자 중 정당한 이율 범위를 초과하는 부분은 부당
이득으로서 피고들에게 반환되어야 한다는 피고들의 상계항변을 판단함에 있어서,
위에서 본 법리와는 달리 당사자 사이에 약정된 이율의 일부가 사회질서에 반하는
것으로서 일부무효가 된다 하더라도 채무자가 그 이율에 따라 이자를 임의로 지급한
경우에는 그 반환을 구할 수 없다고 보아 상계항변을 배척한 데에는 사회질서에 반
하여 고율로 약정된 이자의 지급으로 인한 부당이득 내지 불법원인급여 반환에 관한
법리를 오해한 결과 그 무효사유를 판단하지 아니하여 판결에 영향을 미친 위법이
있다.」($^{대판(전원)\ 2007.\ 2.\ 15,}_{2004다50426}$)

(2) 이자제한법에 의한 제한   [50]

1) 이자제한법의 적용범위
이자제한법은 금전대차 즉 금전의 소비대차
에 있어서의 약정이자에 적용된다($^{같은\ 법\ 2조}_{1항\ 참조}$). ① 대차관계에 기하지 않고서 생긴
금전채권($^{예:\ 매매잔대}_{금의\ 이자}$)에는 적용되지 않는다($^{과거의\ 판례도\ 금전\ 이외의\ 대차관계에\ 적용\ 또는\ 유추적용}_{되지\ 않는다고\ 하였다.\ 대판\ 1977.\ 5.\ 24,\ 77다271\cdot439;\ 대}$$^{판\ 1980.\ 6.\ 10,}_{80다669\ 등}$). ② 금전 이외의 대체물의 대차에는 적용(또는 유추적용)되지 않는다고
하여야 한다($^{같은\ 취지:\ 이은영,\ 135면;\ 지원림,}_{923면.\ 다른\ 견해:\ 김대정,\ 87면}$). ③ 금전의 소비대차인 한 그것이 상인 사
이의 것이라 하더라도 적용된다($^{대판\ 1959.\ 7.\ 30,\ 4291민상}_{567(판례총람\ 7-2(A),\ 592면)}$). 뿐만 아니라 이자가 금전이
아니더라도 적용된다고 하여야 한다. ④ 이자가 확정된 금액으로 약정된 경우에
도 적용되어야 한다. ⑤ 대차원금이 10만원 미만인 대차의 이자에 관하여는 적용
되지 않는다($^{같은\ 법}_{2조\ 5항}$).

이자제한법의 시행 전에 성립한 대차관계에 관한 계약상의 이자율에 관하여
도 그 법 시행일 이후부터는 그 법에 따라 이자율을 계산한다($^{같은\ 법}_{부칙\ 2항}$).

이자제한법은 다른 법률에 따라 인가·허가·등록을 마친 금융업 및 대부업
과 대부업법 제 9 조의 4에 따른 미등록 대부업자에 대하여는 적용하지 않는다
($^{같은\ 법}_{7조}$).

2) 제한이율

(개) 최고이자율
금전대차에 관한 계약상의 최고이자율은 연 25퍼센트를
초과하지 않는 범위 안에서 대통령령으로 정한다($^{같은\ 법}_{2조\ 1항}$). 그리고 대통령령에 의
하면 현재의 최고이자율은 연 20퍼센트이다($^{「이자제한법\ 제\ 2\ 조\ 제\ 1\ 항의\ 최고이자율에\ 관한\ 규정」.}_{2021.\ 7.\ 7.부터\ 시행되며,\ 시행\ 후\ 새로이\ 체결되는\ 계약}$$^{또는\ 갱신되는}_{분부터\ 적용됨}$). 한편 이 최고이자율은 약정한 때의 이자율을 말한다($^{같은\ 법}_{2조\ 2항}$).

(내) 간주이자(看做利子)
금전의 대차와 관련하여 채권자가 받은 것은 예

금(禮金)·할인금·수수료·공제금·체당금(替當金) 그 밖의 명칭에도 불구하고 이를 이자로 본다($^{같은\ 법}_{4조\ 1항}$). 그리고 채무자가 금전대차와 관련하여 금전지급의무를 부담하기로 약정하는 경우 의무발생의 원인 및 근거법령, 의무의 내용, 거래상 일반원칙 등에 비추어 그 의무가 원래 채권자가 부담하여야 할 성질인 때에는 이를 이자로 본다($^{같은\ 법\ 4조\ 2항.}_{2011.\ 7.\ 25.\ 개정시\ 신설}$).

　　　(대) **제한이율이 변경된 경우의 문제**　　　제한이율에 관한 법령이 개정되어 제한이율이 변경된 경우에, 개정 전에 체결된 금전 소비대차에도 신법(新法)을 적용하여야 하는가?($^{이\ 문제는\ 변제기가\ 도래하기\ 전에\ 이율이\ 변경된\ 경우뿐만\ 아니}_{라\ 변제기가\ 도래한\ 후에\ 이율이\ 변경된\ 경우에도\ 똑같이\ 생김}$) 이는 신법이 그에 관하여 특별규정을 두거나($^{과거의\ 대통령령\ 중에는\ 특별규정(경)}_{과규정)을\ 두고\ 있는\ 것들이\ 많았다}$) 당사자가 이자(이율)에 관하여 새로이 약정을 한 경우에는 문제되지 않으나, 둘 모두가 없는 때에는 신법의 적용 여부를 해석으로 결정하여야 한다. 이 문제에 관하여 여기에서 자세히 논할 여유는 없으므로 결론만을 적기로 한다($^{자세한\ 내용은\ 송덕수,\ "이자채권(하),"}_{사법행정\ 1993.\ 9,\ 34면\ 이하\ 참조}$).

　　　제한이율이 인하된 경우에는 그 이후에는 변경된 이율을 적용하여야 한다. ($^{과거의\ 학설·판례도\ 같음.\ 대판\ 1973.\ 2.\ 13,\ 72}_{다1955;\ 대판\ 1984.\ 4.\ 10,\ 82다512·82다카1284}$). 이는 이자제한법을 단순한 강행규정으로 보지 않고 사회질서에 기하여 폭리를 금지하기 위한 것이라고 이해하는 입장이다. 다음에 제한이율이 인상된 경우에는 어떤가? 이 경우에 문제되는 것은, 약정이율이 약정 당시의 제한이율을 넘고 있어서 무효로 된($^{그러나\ 이\ 경우에\ 「이자약정」이\ 무효}_{로\ 되는가에\ 관하여는\ 검토가\ 필요하다}$) 초과부분의 전부 또는 일부가 인상된 제한이율의 한도까지 되살아나 유효하게 되는가이다. 여기에 관하여 과거의 학설·판례($^{대판\ 1983.\ 8.\ 23,\ 82다카1115;}_{대판\ 1991.\ 7.\ 26,\ 90다15488\ 등}$)는 유효하게 되지 않는다고 한다. 그러나 제한이율은 폭리의 기준으로 볼 수 있으므로 그것이 인상되었다면 변경 후에는 변경된 이율이 적용되어야 한다.

[51]　　　3) **제한위반의 효과**　　　이자가 제한이율에 따라 산정된 금액을 초과하는 경우에는, 그 초과부분의 이자는 무효이다($^{같은\ 법}_{2조\ 3항}$). 그리하여 초과부분의 이자지급의무는 성립하지 않으며, 채권자는 제한초과이자를 재판상 청구할 수 없다. 그리고 제한초과이자를 원금에 포함시키는 계약을 하거나 준소비대차계약 또는 경개계약을 하여도 그 초과부분에 관하여는 효력이 생기지 않는다($^{대판\ 1998.\ 10.\ 13,}_{98다17046}$). 근저당설정의 경우에도 같다. 또한 제한초과의 이자채권을 자동채권으로 하여 상계의 의사표시를 하여도 상계의 효력은 생기지 않는다($^{대판\ 1963.\ 11.\ 21,}_{63다429}$). 당사자가 합의로 상계를 한 경우에도 마찬가지라고 하여야 한다($^{민법\ 시행\ 전\ 판례는\ 합의상계의\ 경우에}_{는\ 제한이율의\ 제한을\ 받지\ 않는다고\ 하}$

였었다. 대판 1962. 4. 18,
4294민상1543 등 참조).

채무자가 제한초과이자를 임의로 지급한 경우에는 초과 지급된 이자 상당 금액은 원본에 충당되고, 원본이 소멸한 때에는 그 반환을 청구할 수 있다(같은 법 2조 4항). 이는 과거의 이자제한법 하에서는 논란이 심했던 문제를 바람직한 방향으로 입법으로 해결한 것이다.

판례(대판 2021. 2. 25, 2020다230239)는, 금전을 대여한 채권자가 고의 또는 과실로 이자제한법을 위반하여 최고이자율을 초과하는 이자를 받아 채무자에게 손해를 입힌 경우에는 특별한 사정이 없는 한 제750조에 따라 불법행위가 성립한다고 한다. 그러면서 최고이자율을 초과하여 지급된 이자는 이자제한법 제 2 조 제 4 항에 따라 원본에 충당되므로, 이와 같이 충당하여 원본이 소멸하고도 남아 있는 초과 지급액은 이자제한법 위반행위로 인한 손해라고 볼 수 있다고 한다. 그리고 부당이득 반환청구권과 불법행위로 인한 손해배상청구권은 서로 별개의 청구권으로서, 제한초과이자에 대하여 부당이득 반환청구권이 있다고 해서 그것만으로 불법행위의 성립이 방해되지 않는다고 한다. 나아가 채권자와 공동으로 위와 같은 이자제한법 위반행위를 하였거나 이에 가담한 사람도 제760조에 따라 연대하여 손해를 배상할 책임이 있다고 한다.

4) **선이자**(先利子)　　　소비대차를 함에 있어서 원본으로부터 이자를 미리 공제하고 그 잔액만을 차주(借主)에게 교부하는 경우가 있다. 가령 100만원을 이자를 월 5푼으로 6개월간 대차하면서, 6개월분의 이자 30만원을 약정 원본액 100만원으로부터 미리 공제하고 나머지 70만원만을 차주에게 교부하고, 6개월 후의 변제기에는 100만원을 변제하기로 하는 때가 그 예이다. 이러한 경우에 미리 공제되는 이자(앞의 예에서 는 30만원)를 선이자라고 한다.

새로운 이자제한법은 선이자에 관하여도 명문의 규정을 두고 있다. 그에 의하면, 선이자를 사전 공제한 경우에는 그 공제액이 채무자가 실제 수령한 금액을 원본으로 하여 제한이율에 따라 계산한 금액을 초과하는 때에는 그 초과 부분은 원본에 충당한 것으로 본다(같은 법 3조)(대판 2021. 3. 25, 2020다289989). 이는 과거에 사견이 주장하던 내용으로 입법된 것으로서 바람직하다(송덕수, 앞의 "이자채 권(하)," 41면 참조). 아무튼 위의 규정에 의하면, 위에서 든 예의 경우에 선이자 30만원 가운데 실제 교부받은 금액인 70만원에 대하여 제한최고이율 연 20퍼센트에 따라 계산한 6개월분의 액 7

만원(70만원×0.20×6/12)을 넘는 금액 23만원은 원본 100만원에 충당된 것으로 된다. 그 결과 차주는 100만원에서 23만원을 뺀 금액인 77만원만 변제하면 된다.

5) 복리(複利)의 규제 이자제한법에 의하면, 이자에 대하여 다시 이자를 지급하기로 하는 복리약정은 제한이율을 초과하는 부분에 해당하는 금액에 대하여는 무효로 본다($^{같은\ 법}_{5조}$)($^{이는\ 아마도\ 복리가\ 약정된\ 모든\ 경우([53]\ 참조)에\ 대하여\ 적용}_{하려는\ 것으로\ 보이나,\ 만약\ 그렇다면\ 그\ 타당성은\ 의심스럽다}$).

〈이자제한법 제 6 조의 문제〉

이자제한법은 제 6 조에서「법원은 당사자가 금전을 목적으로 한 채무의 불이행에 관하여 예정한 배상액을 부당하다고 인정한 때에는 상당한 액까지 이를 감액할 수 있다」고 규정하고 있다. 이 규정은 1962년 구 이자제한법이 처음 제정되었을 때부터 있었으며, 새 이자제한법에도 다시 들어가게 되었다. 그런데 그 규정은 민법 제398조 제 2 항과 완전히 중복되는 것으로서 의미가 없다고 하겠다($^{같은\ 취지:\ 곽윤}_{직(신정판),\ 86면}$). 이러한 입법은 의용민법에는 제398조 제 2 항에 해당하는 규정이 없었던 데 그 원인이 있는 것으로 추측된다($^{곽윤직(신정}_{판),\ 86면}$).

6) 벌 칙 이자제한법 제 2 조 제 1 항에서 정한 최고이자율을 초과하여 이자를 받은 자는 1년 이하의 징역 또는 1천만원 이하의 벌금에 처한다($^{같은\ 법}_{8조\ 1항}$). 그리고 여기의 징역형과 벌금형은 병과(倂科)($^{같이}_{부과}$)할 수 있다($^{같은\ 법}_{8조\ 2항}$).

[52] **(3) 대부업법에 의한 제한**

1) 제한이율 대부업자($^{사업자가\ 그\ 종업원에게\ 대부하는\ 경우,\ 노동조합이\ 그\ 구성원에게\ 대부}_{하는\ 경우,\ 국가·지방자치단체가\ 대부하는\ 경우,\ 비영리법인이\ 정관에서}$ 정한 목적의 범위 안에서 대부하는 경우는 제외함. 대부업법 시행령 2조)가 개인이나 중소기업기본법 제 2 조 제 2 항에 따른 소기업(小企業)에 해당하는 법인에 대부를 하는 경우 그 이자율은 연 100분의 27.9 이하의 범위에서 대통령령으로 정하는 율을 초과할 수 없다($^{대부업법}_{8조\ 1항}$)($^{대부업법의\ 개정법}_{률\ 중\ 2007.\ 12.\ 21.}$ 의 개정법률(부칙 2항), 2009. 1. 21.의 개정법률(부칙 5조), 2010. 1. 25.의 개정법률(부칙 3조)은 그 법 시행 전에 성립한 대부계약상의 이자율에 관하여도 그 법 시행일 이후부터는 개정법률을 적용한다고 하고 있는바, 이는 지극히 타당한 내용의 입법이다. 그런데 2014. 1. 1.의 개정법률(부칙 7조)과 현행법인 2016. 3. 3.의 개정법률(부칙 4조 1항. 4조 2항 3항 도 참조)은 개정규정에 따른 이자율을 이 법 시행 후 최초로 계약을 체결하거나 갱신하는 분부터 적용하고 있다). 그리고 현재의 최고이율은 연 100분의 20이며($^{대부업법\ 시행령\ 5조\ 2항.\ 2021.\ 7.\ 7.부터\ 시행되며,\ 시}_{행\ 후\ 새로이\ 체결되는\ 계약\ 또는\ 갱신되는\ 분부터\ 적용}$), 월 이자율 및 일 이자율은 연 100분의 20을 단리로 환산한다($^{대부업법\ 시행}_{령\ 5조\ 3항}$).

그리고 대부와 관련하여 대부업자가 받는 것은 사례금·할인금·수수료·공제금·연체이자·체당금 등 그 명칭이 무엇이든 모두 이자로 본다($^{간주이자\ 내}_{지\ 의제이자}$)($^{대부업법\ 8}_{조\ 2항\ 본문}$). 다만, 해당 거래의 체결과 변제에 관한 부대비용으로서 대통령령으로 정한 사항은 그렇지 않다($^{대부업법\ 8}_{조\ 2항\ 단서}$). 판례는, 명목 여하를 불문하고 대부업자와 채무자 사이의 금전대차와 관련된 것으로서 금전대차의 대가로 볼 수 있는 것이라면 이자로 간주되고, 따라서 대부업자가 이를 대부금에서 미리 공제하는 것은 선이자의 공제에 해당한다고 한다(대판 2014. 11. 13, 2014다24785 · 24792 · 24808; 대판 2023. 11. 16, 2023다266390; 대판 2024. 1. 25, 2022다229615). 그리고 채무자가 직접 대부중개업자에게 지급한 중개수수료(특별한 사정이 있으면 예외임)와 채권자에게 지급한 공증료는 간주이자라고 하며(대판 2014. 11. 13, 2014다24785 · 24792 · 24808), 대부업자가 대부계약의 채무자 외의 자와 별도로 체결한 약정에 따라 금전 기타 대체물을 받기로 한 경우에도 그것이 대부업자와 채무자 사이의 대부계약에 따른 금전대차와 관련된 것으로서 금전대차의 대가로 볼 수 있는 것은 대부업법 제 8 조 제 2 항의 이자 또는 간주이자에 해당한다고 한다(대판 2024. 1. 25, 2022다229615: 주식매매예약에 따른 예약완결권을 취득한 사례).

한편 대부업자가 개인이나 중소기업기본법 제 2 조 제 2 항에 따른 소기업(小企業)에 해당하는 법인에 대부를 하는 경우 대통령령으로 정하는 율을 초과하여 대부금에 대한 연체이자를 받을 수 없다(대부업법 8조 3항). 여기의 「대통령령으로 정하는 율」이란 금융위원회가 대부자금의 조달비용, 연체금의 관리비용, 연체금액, 연체기간, 대부계약의 특성 등을 고려하여 정하는 연체이자율을 말하는데, 연 100분의 20을 초과할 수 없다(대부업법 시행령 5조 5항).

2) 제한위반의 효과   대부업자가 제한을 위반하여 대부계약을 체결한 경우 제한이율을 초과하는 부분에 대한 이자계약은 무효이다(대부업법 8조 4항)(대부업법의 이자율 상한에 관한 규정은 특별한 사정이 없는 한 대부계약에 따른 채권이나 채권자의 지위가 양도되거나 신탁되는 경우에도 적용된다. 대판 2022. 6. 30, 2020다271322). 그리고 채무자가 대부업자에게 대부업법 제 8 조 제 1 항과 제 3 항에 따른 제한이율을 초과하는 이자를 지급한 경우 그 초과 지급된 이자 상당 금액은 원본에 충당되고, 원본에 충당되고 남은 금액이 있으면 그 반환을 청구할 수 있다(대부업법 8조 5항).

3) 선 이 자   대부업자가 선이자를 사전에 공제하는 경우에는 그 공제액을 제외하고 채무자가 실제로 받은 금액을 원본으로 하여 제한이율을 산정한다(대부업법 8조 6항). 그 결과 초과하는 부분이 있다면 그 초과부분은 대부업법 제 8 조 제 5 항에 따라 당사자 사이에서 약정된 선이자 공제 전의 대부원금에 충당되고 그 충당 후의 나머지가 채무자가 변제기에 갚아야 할 대부원금이 된다(대판 2013. 5. 9, 2012다56245 · 56252; 대판 2014. 11. 13, 2014다24785; 대판 2023. 11. 16, 2023다266390).

4) 여신금융기관과 미등록 대부업자에 대한 규제   여신금융기관(대통령령으로 정하는 법령에 따라 인가 또는 허가 등을 받아 대부업을 하는 금융기관. 대부업법 2조 4호)은 연 100분의 27.9 이하의 범위에서 대통령령으로

정하는 율$\binom{\text{현재는 연}}{100분의 20}$을 초과하여 대부금에 대한 이자를 받을 수 없다$\binom{\text{대부업법}}{15조 1항}$. 그리고 여신금융기관은 대부금의 연체이자도 대통령령으로 정하는 율$\binom{\text{같은 법 시행령 9}}{\text{조 4항 참조. 이 연}}$체이자율은 연 100분의$\binom{}{20을 초과할 수 없음}$을 초과하여 받을 수 없다$\binom{\text{대부업법}}{15조 3항}$. 한편 대부업법의 간주이자 규정$\binom{\text{같은 법}}{8조 2항}$과 제한을 위반한 경우의 효과 규정$\binom{\text{같은 법 8}}{\text{조 4항-6항}}$은 여기에 준용된다$\binom{\text{같은}}{\text{법 15}}$조 2항·5항$\big)$.

대부업의 등록 또는 등록갱신을 하지 않고 사실상 대부업을 하는 자, 즉 미등록 대부업자$\binom{\text{대부업법}}{9조의 4 1항}$가 대부를 하는 경우의 이자율에 관하여는 이자제한법의 제한이율 규정$\binom{\text{같은 법}}{2조 1항}$과 대부업법 제 8 조 제 2 항부터 제 6 항까지를 준용한다$\binom{\text{대부업법}}{11조 1항}$. 미등록 대부업자의 이자제한에 관하여 종전에는 대부업법의 제한규정을 준용하였는데, 이를 개정하여 제한이율이 낮은 이자제한법을 준용하도록 한 것이다. 이는 미등록자의 등록을 유도하려는 취지로 보인다$\binom{\text{그런데 현재는 이자제한법과 대}}{\text{부업법에 의한 제한이율이 동일}}$하여 의미가$\big)$ 없게 되었다$\big)$.

〈대부업법상 제한이율 규정의 한시적 적용규정 삭제〉

종래 대부업법은 제정할 때부터 계속하여 제한이율 규정$\binom{\text{대부업자, 여신금융기관(연체이자}}{\text{에 관한 규정은 제외), 미등록 대부}}$업자의 셋 모$\big)$을 한시적으로 적용하도록 하는 부칙 규정을 두어왔다. 그런데 2018. 12. 24. 대부업법 개정시에 그 부칙 규정$\binom{\text{2016. 3. 3. 대부업}}{\text{법 부칙 2조 1항}}$을 삭제하여 이제는 대부업법상의 제한이율 규정도 시간에 제약을 받음이 없이 상시적으로 적용되게 되었다.

[53]

5. 복리(複利)

(1) 의 의

복리(또는 중리(重利))라 함은 이자의 이자, 즉 변제기가 도래한 이자를 원본에 산입하여 그에 대한 이자를 다시 붙이는 것을 말한다. 그에 비하여 변제기가 도래한 이자를 「원본에 산입하지 않고서」 이를 독립한 원본으로 하여 이자를 붙이는 것은 독립이자(獨立利子)라고 부르는데, 그것은 여기의 복리가 아니다.

복리도 넓은 의미에서는 일종의 이자이며, 따라서 그것도 당연히 발생하지는 않는다. 복리가 발생하려면 그에 관한 당사자의 특약이나 법률의 규정이 있어야 한다. 당사자의 특약에 의한 복리를 약정복리라 하고, 법률의 규정에 의한 복리를 법정복리라 한다.

(2) 약정복리

약정복리는 당사자의 특약에 의하여 발생하는 복리이다. 이러한 약정복리는 어떤 범위에서 이자의 제한을 받는가? 통설은, 약정복리에는 ① 이자의 변제기가 된 뒤에 당사자가 새로운 합의에 의하여 이자를 원본에 산입하는 경우와 ② 이자의 변제기가 되기 전에 미리 복리의 예약을 해 두는 경우가 있고, ②의 경우는 다시 ㉠ 이자의 지급을 지체하는 것을 조건으로 하여 이자가 원본에 산입되도록 하는 경우와 ㉡ 이자지급의 지체를 조건으로 함이 없이 이자가 발생하면 당연히 원본에 산입되도록 하는 경우로 세분된다고 한 뒤, 이들 가운데 ①과 ② ㉠의 경우에는 그 이율 자체가 제한 내에 있으면 유효하나, ② ㉡의 경우에는 원본에 산입된 이자와 이 이자에 대한 이자와의 합산액이 본래의 원본에 대하여 제한범위 안에 있어야 모든 범위에서 유효하다고 한다($^{대표적으로}_{곽윤직, 40면}$). 그리고 판례는 ② ㉠의 경우에 관하여 통설과 같은 태도를 보이고 있다($^{대판 1978. 8. 22,}_{77다1392·1393}$). 사견은 통설에 찬성한다.

(3) 법정복리

법정복리는 법률의 규정에 의하여 인정되는 복리이다.

이자채무의 이행이 지체된 경우에는 그 연체이자에 대하여 다시 지연이자를 지급하여야 한다($^{통설·판례도 같음. 대판 1996. 9. 20,}_{96다25302. 반대: 이은영, 132면}$). 그러나 이것은 엄격한 의미에서는 복리라고 할 수 없다($^{같은 취지: 김용한, 68면; 김주수, 74}_{면; 김형배, 82면. 반대: 곽윤직, 41면}$).

Ⅶ. 선택채권 [54]

1. 의   의

선택채권은 채권의 목적이 선택적으로 정하여져 있는 채권이다. 다시 말하면 수개의 선택적 급부를 목적으로 하는 채권이다. 예컨대 X토지·소나타 승용차·금전 1,000만원·채권자의 초상화를 그려 주는 것 가운데 어느 하나의 급부를 목적으로 하는 경우에 선택채권이 존재한다. 여기의 선택적 급부는 「주는 급부」에 한하지 않으며 「하는 급부」라도 무방하다.

선택채권은 복수의 채권이 아니고 하나의 채권이며, 따라서 그로부터 하나의 청구권만 생긴다. 그런데 선택채권의 경우에는 급부가 선택적으로 정하여져 있어서 채무자가 이행을 하려면 선택에 의하여 어느 하나의 급부로 확정되어야 한다. 여기서 선택권자의 선택이 중요한 의미를 가지게 됨을 알 수 있다.

〈선택채권의 경우 선택 전의 효과〉

선택채권에 있어서 선택이 있기 전에 채무자는 제374조의 보관의무를 지는가?

여기에 관하여는 학설이 대립하고 있다. 하나의 견해는 i) 선택채권은 특정물채권이 아니므로, 그러한 보관의무를 지지 않는다고 한다(곽윤직(신정판), 87면; 주석 채권총칙 (1), 306면(박재윤); 주해(8), 218면 주 1(이 공현)). 그에 비하여 다른 견해는 ii) 선택된 채무가 특정물채무인 경우에는 채권발생 시부터 선관주의 보존의무가 있다고 한다(김대정, 125면; 김형배, 25면; 이은영, 144면). 이 견해는 그 이유로 선택의 소급효를 든다(특히 김대정, 125면 참조).

생각건대 제385조 제 2 항에 비추어 볼 때 이러한 견해 대립은 생길 여지가 없다. 그 규정에 의하면, 가령 갑이 을에게 A라는 말(馬)과 B라는 소(牛) 가운데 을의 선택에 따라 어느 하나를 급부하기로 하였는데, 갑이 과실로 말을 죽게 한 경우에, 을은 불능으로 된 말을 선택하여 갑에게 책임있는 이행불능을 이유로 손해배상을 청구할 수 있다(물론 이것은 386조의 소급효가 인정되어 있어서 가능하다). 그리고 이러한 해석에 대하여는 다툼이 없다. 그런데 이러한 손해배상청구가 인정되려면 그 전제로서 갑에게 말에 대한 선관주의의무가 인정되어 있어야 한다. 결국 선택적 급부의 목적물이 특정물인 경우에는 채무자는 선관주의 보존의무가 있다고 하여야 한다. 다만, 선택권자가 선관주의 보존의무를 다하지 못한 물건의 인도를 선택하지 않으면 채무자는 ─ 선택된 급부에 대하여만 의무를 부담할 뿐 ─ 선관주의 보존의무의 위반에 대한 책임은 지지 않게 된다. 채무자가 선택권이 있는데 그의 과실로 이행불능이 된 경우에도, 제385조 제 1 항의 규정상 잔존급부에 특정이 일어나므로, 채무자가 선관주의 보존의무 위반을 이유로 한 책임을 지는 일이 없다.

선택채권은 법률행위(증여·매매· 대차 등) 또는 법률의 규정(135조·203조 2항·310조 1항·626조 2항 등. 김학동, 51면; 이은영, 140면은 다수설과 달리 135조의 경우에는 청구권이 경합한다고 함)에 의하여 발생한다.

2. 종류채권과의 구별

선택채권은 급부가 확정되어 있지 않다는 점에서 종류채권과 같다. 그러나 ① 급부의 수가 한정되어 있다는 점, ② 급부의 개성이 중요시된다는 점, ③ 이행불능에 의한 특정이 인정된다는 점, ④ 선택에 소급효가 있다는 점 등 여러 가지 사항에서 종류채권과 차이가 있다. 그런데 선택채권이 장차 종류채권으로 될 수 있는 경우도 있다. 선택적 급부 가운데 종류물의 인도가 포함되어 있는 때가 그렇다.

3. 선택채권의 특정   [55]

선택채권에 있어서 채무가 이행되려면 급부가 하나로 확정되어 단순채권으로 변경되어야 한다. 이를 선택채권의 특정이라고 한다. 민법은 선택채권의 특정방법으로 선택권의 행사와 급부불능의 두 가지를 규정하고 있다. 그러나 계약 자유의 원칙상 계약(합의)에 의한 특정도 가능하다. 민법이 규정하고 있는 특정방법에 관하여 자세히 보기로 한다.

(1) 선택에 의한 특정

1) 선 택 권   선택채권의 목적인 수개의 급부 가운데 하나의 급부를 선정하는 의사표시가 선택이고, 이 선택을 할 수 있는 법률상의 지위가 선택권이다. 선택권은 일종의 형성권이다($\substack{\text{이설}\\ \text{없음}}$).

2) 선택권자   누가 선택권을 가지는가는 선택채권의 발생원인인 법률행위 또는 법률규정($\substack{135\text{조}\cdot 203\text{조 } 2\text{항}\cdot 310\\ \text{조 } 1\text{항}\cdot 626\text{조 } 2\text{항 등}}$)에 의하여 정하여지는 것이 보통이다. 그럼에 있어서 채권자나 채무자 외에 제 3 자도 선택권자가 될 수 있다. 그런데 만약 선택권자를 정하는 법률규정이나 당사자의 약정이 없으면 선택권은 채무자에게 속한다($\substack{380\\ \text{조}}$).

3) 선택권의 이전   선택권은 권리이지 의무가 아니므로 선택권자에게 선택권의 행사를 강요하지는 못한다. 그러나 선택권자가 선택권을 행사하지 않으면 선택채권은 이행될 수 없으므로, 민법은 일정한 경우에는 선택권이 타인에게 이전되는 것으로 정하고 있다.

⑺ **당사자의 일방이 선택권을 가지는 경우**   이 경우는 선택권 행사기간이 정해져 있는지 여부에 따라 차이가 있다. ① 선택권 행사의 기간이 정해져 있는 때에 선택권자가 그 기간 내에 선택권을 행사하지 않으면, 상대방은 상당한 기간을 정하여 그 선택을 최고할 수 있고, 선택권자가 그 기간 내에 선택하지 않으면 선택권은 상대방에게 이전한다($\substack{381\text{조}\\ 1\text{항}}$). ② 선택권 행사의 기간이 정해져 있지 않는 때에는, 채권의 기한이 도래한 후 상대방이 상당한 기간을 정하여 그 선택을 최고하여도 선택권자가 그 기간 내에 선택하지 않으면, 선택권은 상대방에게 이전한다($\substack{381\text{조}\\ 2\text{항}}$).

(나) **제 3 자가 선택권을 가지는 경우**　　　이 경우는 제 3 자가 선택할 수 있는지 여부에 따라 다르다. ① 선택할 제 3 자가 선택할 수 없는 때에는 선택권은 곧바로 채무자에게 이전한다($^{384조}_{1항}$). 즉 선택불능이 확정되면 선택권은 법률상 당연히 채무자에게 이전하며, 선택권이 이전되기 위하여 변제기를 기다릴 필요가 없고 또 당사자가 최고를 할 필요도 없다($^{통설도}_{같음}$). ② 제 3 자가 선택할 수 있음에도 불구하고 선택하지 않는 때에는, 채권자나 채무자는 상당한 기간을 정하여 그 선택을 최고할 수 있고, 제 3 자가 그 기간 내에 선택하지 않으면 선택권은 채무자에게 이전한다($^{384조}_{2항}$).

〈선택채권이 법률규정에 의하여 발생한 경우의 선택권 이전 문제〉

견해($^{김학동,}_{52면}$)에 따라서는, 채권이 법률규정에 의하여 발생한 경우에는 선택권은 이전되지 않는다고 한다($^{선택권이 오래 행사되지 않은 때에는 원칙적으로}_{소멸시효에 의하여 채권 자체가 소멸한다고 한다}$). 그러나 그와 같이 새겨야 할 법적 근거가 없을 뿐만 아니라 선택권이 채무자에게 있을 때에는 채권자의 청구가 불가능하게 되므로, 거기에도 선택권의 이전이 인정된다고 하여야 한다.

4) **선택권의 행사**　　　채권자나 채무자가 선택권을 가지는 경우에는 선택은 상대방에 대한 의사표시($^{여기의 의사표시는 묵시적인 것이라}_{도 무방하다. 상품송부가 그 예이다}$)로 하여야 하며($^{382조}_{1항}$), 그 의사표시는 상대방의 동의가 없으면 철회하지 못한다($^{382조}_{2항}$)($^{대판 1965. 3. 16,}_{64다1216}$). 그리고 제 3 자가 선택권을 가지는 경우에는 선택은 채무자 및 채권자에 대한 의사표시로 하여야 하며($^{383조}_{1항}$), 그 의사표시는 채권자 및 채무자의 동의가 없으면 철회하지 못한다($^{383조}_{2항}$).

선택은 단독행위이므로 조건을 붙일 수 없고($^{민법총칙}_{[253] 참조}$), 소급효가 있는 행위이어서 기한도 붙이지 못한다($^{민법총칙}_{[257] 참조}$).

〈판　례〉

「선택권자가 선택의 의사표시를 한 뒤라도 상대방의 방해행위 등으로 선택의 목적을 달성할 수 없는 경우와 같이 특별한 사정이 있으면 상대방의 동의 없이도 이 의사표시를 철회하고 새로운 선택을 할 수 있다.」($^{대판 1972. 7. 11,}_{70다877}$)

5) **선택의 효과**　　　선택이 행하여지면 선택채권은 하나의 급부를 목적으로 하는 단순채권으로 변한다. 그러나 반드시 특정물채권으로 되는 것은 아니며, 선택된 급부의 성질에 따라 특정물채권·종류채권·금전채권 또는 「하는 급부」

를 목적으로 하는 채권으로 된다($^{[54]의}_{예\ 참조}$). 선택에 의하여 종류채권으로 변한 경우에 다시 특정이 필요함은 물론이다.

선택은 그 채권이 발생한 때에 소급하여 효력이 생긴다($^{386조}_{본문}$). 그 결과 채권이 발생한 때부터 선택된 급부를 목적으로 하는 채권이 성립하였던 것이 된다. 그리하여 특정물의 인도가 선택된 때에는 처음부터 선관주의의무를 지게 된다($^{[54]}_{참조}$). 그런데 이러한 선택의 소급효는 — 후술하는 바와 같이 — 급부불능의 경우에 잔존급부에 특정되지 않는 때($^{385조}_{2항}$)에 불능으로 된 급부도 선택할 수 있도록 하는 것임을 주의하여야 한다. 한편 민법은 선택의 소급효는 제 3 자의 권리를 해하지 못한다고 규정하고 있는데($^{386조}_{단서}$), 이는 물권변동에 관하여 대항요건주의를 취하고 있던 의용민법($^{411}_{조}$)을 그대로 답습한 것으로서 성립요건주의($^{186조.\ 그\ 밖에}_{450조도\ 참조}$)를 취하는 우리 민법에서는 제 3 자가 해쳐지는 경우가 생길 수 없어서 전혀 무의미하다($^{이설}_{없음}$).

(2) 급부불능에 의한 특정

[56]

민법은 제385조에서 급부불능에 의한 특정을 규율하고 있다. 그럼에 있어서 그 제 1 항에서는 원시적 불능과 후발적 불능의 경우에 대하여 잔존급부에 특정된다고 하는 원칙을 규정하고, 제 2 항에서는 후발적 불능 가운데 선택권 없는 당사자의 과실에 의하여 불능이 생긴 경우에 대하여 예외를 인정하고 있다. 따라서 다음과 같이 정리할 수 있다.

1) 원시적 불능의 경우   수개의 급부 가운데 채권이 성립할 당시부터 원시적으로 불능한 것이 있는 때에는 채권은 잔존하는 급부에 관하여 존재한다($^{385조}_{1항}$). 즉 잔존급부에 특정이 일어난다.

2) 후발적 불능의 경우   후발적 불능의 경우에는 선택권 없는 당사자의 과실로 불능으로 된 때와 그렇지 않을 때가 다르다.

(개) 선택권 없는 당사자의 과실로 급부가 후발적으로 불능(이행불능)으로 된 때에는 잔존급부에 특정되지 않는다($^{385조}_{2항}$). 따라서 채권자가 선택권자인 경우 그는 채무자의 과실로 불능으로 된 급부를 선택하여 채무자에게 책임있는 이행불능을 이유로 손해배상을 청구할 수 있고, 채무자가 선택권자인 경우 그는 채권자의 과실로 불능으로 된 급부를 선택하여 채무자에게 책임없는 이행불능을 이유로 책임을 면할 수 있다. 이러한 경우에 불능으로 된 급부를 선택할 수 있도록 하

는 것은 제386조에서 규정한 선택의 소급효이다. 왜냐하면 선택의 소급효가 인정되면 불능으로 된 급부를 선택한 경우에 그 선택은 채권이 발생한 때에 소급하므로, 현재는 불능이지만 채권발생시에 가능했던 급부가 선택될 수 있기 때문이다. 제386조는 제385조 제 2 항을 돕는 규정인 것이다. 그런데 우리 문헌들은 대체로 제386조가 선택에 의한 특정만에 관한 규정이고 또한 그 경우에 관하여서만 의미를 가지는 것으로 오해하고 있는바, 이는 잘못이다($\binom{\text{우리 문헌들은 한결같이 급부불능에 의한}}{\text{특정은 소급효가 없다고도 하는데, 이러}}$한 설명은 불 필요한 것이다)·

(나) 선택권이 있는 당사자의 과실에 의하여 또는 당사자 쌍방의 과실없이 급부가 후발적으로 불능으로 된 때에는, 채권의 목적은 잔존하는 급부에 존재한다($\binom{385조}{1항}$). 이때 손해배상을 청구할 수 있는 것은 별개의 문제이다.

(다) 선택권 있는 당사자와 선택권 없는 당사자의 공동과실로 불능으로 된 경우에 관하여는 학설이 대립한다. i) 통설은 제385조 제 1 항에 따라 잔존하는 급부에 관하여 채권이 존재한다고 한다($\binom{\text{곽윤직, 51면; 주석 채권총칙(1), 327면}}{\text{(박재윤); 주해(8), 234면(이공현) 등}}$). 이때에는 쌍방에게 과실이 있으므로 어느 일방에만 책임을 물을 수 없고, 또한 후발적 불능이 발생한 경우 제385조 제 1 항이 적용되지 않으면 그 규정 제 2 항이 적용되어야 하기 때문이라고 한다($\binom{\text{주해(8), 234}}{\text{면(이공현)}}$). 그에 비하여 ii) 소수설은 제385조 제 2 항을 적용하되, 선택권 있는 당사자의 과실은 — 그가 불능인 급부를 선택하여 전보배상을 구하면 — 과실상계의 사유가 된다고 하면 족하다고 한다($\binom{\text{지원림,}}{\text{908면}}$). 이 견해는 선택권 없는 당사자의 과실이 존재하므로 제385조 제 2 항의 적용이 배제되어야 한다는 점에 수긍이 가지 않고, 선택채권을 발생시키는 목적이 선택권을 가지는 당사자의 수요를 충족시키기 위한 것인데, 그의 뜻과 달리 잔존급부를 강요하는 것이 적절한지 고려해야 할 것이라 한다. 생각건대 이는 제385조 제 2 항이「선택권 없는 당사자의 과실만에 의하여」이행불능된 경우에만 적용되는지, 아니면「선택권 없는 당사자의 과실에 의하여」이행불능이 생겼으면 선택권 있는 당사자의 과실이 경합하여 존재하든 않든 언제나 적용되는지의 문제이다. 제385조의 규정상 통설과 소수설의 해석이 모두 가능하다. 그러나 그 규정이 제 1 항에서 불능의 경우에는 잔존급부에 특정된다는 것을 원칙으로 정하고 있는 점, 선택권 있는 당사자가 자신에게 과실이 있으면서도 불능으로 된 급부를 선택하는 것은 신의칙에 반하는 점에 비추어 볼 때, 통설이 타당하다. 종래 저자는 이러한 입장에

서 기술해왔다$\left(\substack{신민법강의, \\ C-134 \, 참조}\right)$.

선택권 있는 제 3 자와 당사자 일방의 공동과실로 불능으로 된 경우에도 위와 같은 이유에서 잔존급부에 특정된다고 하여야 한다$\left(\substack{같은 \, 취지: \, 주석 \, 채권 \\ 총칙(1), \, 327면(박재윤)}\right)$. 이에 대하여는 선택권 없는 당사자의 과실로 인한 경우와 같이 해결할 수 있다는 이유로 의문을 제기하는 견해가 있다$\left(\substack{주해(8), \, 234면 \\ 주 \, 8(이공현)}\right)$.

Ⅷ. 임의채권 [57]

1. 의   의

임의채권은 채권의 목적이 하나로 확정되어 있으나, 채권자 또는 채무자가 다른 급부로서 본래의 급부에 갈음할 수 있는 권리$\left(\substack{대용권(代用權) \, 내 \\ 지 \, 보충권(補充權)}\right)$를 가지고 있는 채권이다. 예컨대 미술품 상인인 A가 B에게 X그림을 판매하면서 만약 B가 원한다면 A의 Y그림을 청구할 수 있다고 합의한 경우에 B가 대용권을 가지는 임의채권이 발생한다.

2. 선택채권과의 구별

임의채권은 선택채권과 유사하다. 그러나 여러 가지 점에서 선택채권과 차이가 있다. 따라서 선택채권에 관한 규정은 임의채권에 적용되지 않는다$\left(\substack{같은 \, 취지: \\ 지원림, \, 908 \\ 면; \, Brox/Walker, \\ Rn. \, 14}\right)$.

(1) 급부의 단일성/수개의 선택적 급부

임의채권의 경우에는 처음부터 하나의 급부$\left(\substack{위의 \, 예에서는 \\ X그림의 \, 인도}\right)$만이 채권의 목적(본래의 급부)이며 그것에 갈음하는 급부$\left(\substack{위의 \, 예에서는 \\ Y그림의 \, 인도}\right)$는 보충적인 지위를 가지는 데 지나지 않는다. 그에 비하여 선택채권의 경우에는 선택이 있기까지는 수개의 선택적 급부가 동등한 지위를 가지고 병존한다.

임의채권의 경우에는 대용이 있기 전에는 본래의 급부만이 유일한 채권의 목적이므로$\left(\substack{Medicus/Lorenz, \\ Rn. \, 212}\right)$, 이 급부가 원시적 불능이면 임의채권은 성립하지 않고, 이 급부가 채무자에게 책임없는 사유로 이행불능으로 되면 채권은 소멸한다. 다만, 본래의 급부가 채무자의 유책사유로 이행불능으로 되면 그 급부가 손해배상

급부로 변하여 존속하므로 임의채권이 소멸하지 않는다. 그에 비하여 선택채권의 경우에는 수개의 급부 가운데 일부가 불능으로 되면 특정의 문제가 생길 뿐이다($\binom{385조}{참조}$).

(2) 대용의 의사표시만으로 불충분/선택의 의사표시로 충분

통설($\genfrac{}{}{0pt}{}{\text{가령 곽윤직, 51면; 주석 채권총칙(1), 309면(박재윤);}}{\text{주해(8), 221면(이공현). 다른 견해: 지원림, 908면}}$)에 의하면, 임의채권에 있어서 채무자의 대용권 행사는 의사표시만으로는 불충분하고 현실로 대용급부를 제공하여야만 유효하게 된다고 한다. 즉 채무자가 채권자에게 본래의 급부를 하겠다는 의사표시를 하여도 그것이 대용권 포기의 의미가 아닌 한 대용권은 소멸하지 않고, 대용급부를 할 의사표시를 하였다고 하더라도 현실의 급부행위가 있기까지는 생각을 바꾸어 본래의 급부를 할 수 있으며 채권자도 본래의 급부를 청구할 수 있다고 한다. 그에 비하여 선택채권의 경우에는 선택의 의사표시만으로 특정이 생기고, 또 선택의 소급효가 인정된다.

(3) 본래의 급부 감축시 대용급부 감축/급부 사이의 영향 없음

임의채권에서 대용급부는 본래의 급부와 동등한 가치가 있는 것을 전제로 하므로 본래의 급부가 일부불능이나 약정 기타의 사유로 감축되면 대용급부도 같은 비율로 감축된다($\binom{\text{이설}}{\text{없음}}$). 그에 비하여 선택채권의 경우에는 하나의 급부의 감축은 다른 급부에 영향을 주지 않는다.

3. 임의채권의 발생

임의채권은 계약 등의 법률행위나 법률의 규정($\genfrac{}{}{0pt}{}{\text{378조 · 443조 후단 · 602}}{\text{조 2항 본문 · 764조 등}}$)에 의하여 발생한다. 판례도 외화채권을 임의채권이라고 이해하고 있다($\genfrac{}{}{0pt}{}{\text{대판(전원) 1991. 3. 12, 90다}}{\text{2147. 지원림, 910면은 이 판결}}$ 이 채권자의 대용권을 인정한 데 대하여 의문을 제기한다).

[58]
4. 임의채권의 효력

(1) 대용권의 의의 및 귀속

대용권은 임의채권에 있어서 채권자 또는 채무자가 본래의 급부 대신에 다른 급부(대용급부)를 청구하거나 제공할 수 있는 권리이다. 이 권리는 상대방의 동의 없이 일방적인 의사표시로 행사할 수 있는 것이어서($\genfrac{}{}{0pt}{}{\text{Brox/Walker,}}{\text{Rn. 14}}$) 일종의 형성권이라고 할 수 있다.

누가 대용권을 가지는가는 임의채권을 발생시키는 법률행위나 법률의 규정에 의하여 정해진다. 그런데 불분명할 때에는 채무자가 대용권을 가지는 것으로 새겨야 한다($^{통설도}_{같음}$). 임의채권에서는 본래의 급부와 대용급부가 동등한 가치를 가지므로 그 두 급부 중 어느 것을 급부하는가에 대하여는 채권자보다 채무자에게 이해관계가 더 크기 때문이다($^{같은 취지: 주해(8),}_{222면(이공현)}$).

(2) 대용권의 행사와 그 효과

1) 채무자가 대용권을 가지는 경우   이 경우에는 채권자는 대용권이 없으므로 본래의 급부만 청구할 수 있다.

이 경우에 채무자가 대용권을 행사하려면 실제로 대용급부를 제공하여야 하며, 대용급부를 하겠다는 의사표시만으로는 아무런 효력도 생기지 않는다. 그 결과 이러한 의사표시가 있은 후 대용급부의 제공 전에 대용급부가 불능이 되더라도 채무자는 본래의 급부의무를 면하지 못한다($^{통설도}_{같음}$). 그러나 채무자가 대용급부를 제공한 뒤 채권자가 수령지체에 빠진 상태에서 채무자에게 책임없는 사유로 대용급부가 불능으로 된 때에는 채무자는 본래의 급부의무도 면한다($^{이설}_{없음}$). 한편 채무자가 대용급부를 제공한 뒤라도 채권자의 수령 전에 본래의 급부가 채무자의 책임없는 사유로 불능으로 되면 임의채권은 소멸한다($^{통설도 같음. 그런데 지원림, 909면}_{은 채무자는 대용급부의무를 진다}_{고 한}_{다}$). 대용급부가 실제로 행해지기 전에는 본래의 급부만이 채권의 목적이기 때문이다.

채무자에게 대용권이 있는 경우에 채권자의 책임있는 사유로 대용급부가 불능으로 되면 채무자는 대용급부에 관하여 대용권을 행사하여($^{대용급부로 본래의 급부에}_{갈음한다는 의사표시로}$) 본래의 급부의무를 면할 수 있다. 그에 비하여 채무자의 유책사유나 불가항력으로 불능으로 된 때에는 신의칙상 채무자는 대용권을 상실한다고 새겨야 한다.

2) 채권자가 대용권을 가지는 경우   이 경우에는 채무자는 대용권이 없으므로 본래의 급부만 제공할 수 있으며, 채권자에게 대용급부의 수령을 강요하거나 대용급부로 상계를 할 수도 없다. 이 경우에도 본래의 급부만이 채권의 목적이므로 그 급부가 채무자에게 책임없는 사유로 불능으로 되면 임의채권은 소멸하고, 따라서 채권자는 대용급부도 청구할 수 없다. 그리고 본래의 급부를 제공받은 채권자는 대용급부를 청구하지 않는 한 바로 수령지체에 빠진다($^{주석 채권총}_{칙(1), 311면}$ (박재윤); 주해(8), 222면(이공현)).

채무자와 달리 채권자는 의사표시만으로 대용권을 행사하며, 다른 행위를 할 필요가 없다.

채권자가 대용권을 행사한 뒤에 채무자의 책임없는 사유로 대용급부가 불능으로 된 때에는 채무자는 대용급부의무는 물론이고 본래의 급부의무도 면하게 된다($^{이설}_{없음}$).

제 4 장 채무불이행과 채권자지체

제 1 절 채무불이행

제1관 서 설

Ⅰ. 채무불이행의 의의 [59]

채무불이행이라 함은 채무자에게 책임있는 사유로 채무의 내용에 좇은 이행이 이루어지지 않고 있는 상태를 통틀어 일컫는 말이다. 이러한 채무불이행의 경우에는 채권자의 손해배상청구권 등의 법률효과가 발생하게 된다. 민법은 채무불이행에 관하여 제387조 이하($_{390조}^{특히}$)에서 자세히 규정하고 있다.

문헌에 따라서는 위와 같은 채무불이행의 개념($_{임이\ 있는\ 경우}^{채무자에게\ 책}$) 외에 ― 채무자에게 책임이 생기는 경우인지를 묻지 않고 ― 널리 채무의 내용에 좇은 이행이 없는 경우 모두를 가리키는 것으로,「광의의 채무불이행」($_{68면}^{곽윤직,}$),「급부장애」($_{지원림,\ 민사법학\ 15권,\ 375면}^{김상용,\ 95면;\ 김형배,\ 150면;}$) 또는「급부불이행」($_{73면}^{김학동,}$)이라는 개념을 사용하기도 한다. 그러나 뒤의 경우들은 공통적인 성질이 없을뿐더러 그러한 경우들을 함께 설명하여야 할 필요성도 없으므로 굳이 그러한 용어를 사용하여 혼란을 자초할 이유는 없다고 하겠다. 하나의 문헌($_{69면,}^{곽윤직,}$)은 강제이행이 광의의 채무불이행의 효과이기 때문에 두 개념의 구별이 필요하다고 한다. 그러나 강제이행은 채권의 일반적 효력이지 채무불이행의 효과가 아니기 때문에, 그것도 적절한 이유가 될 수 없다($_{참조}^{[10]}$).

Ⅱ. 채무불이행의 모습(유형)

1. 문제의 제기

민법은 채무불이행의 모습에 관하여 한편으로「채무의 내용에 좇은 이행을 하지 아니한 때」라고 포괄적으로 규정하면서($_{본문}^{390조}$), 다른 한편으로 이행지체

$\binom{387조\cdot 392조\cdot 395}{조\cdot 544조\cdot 545조}$와 이행불능$\binom{390조\ 단}{서\cdot 546조}$이라는 구체적인 유형에 대하여서만은 별도의 규정도 두고 있다.

이러한 상황 하에서 종래 우리의 학설은 채무불이행의 유형을 이행지체·이행불능·불완전이행의 셋으로 나누는 데 일치하고 있었다. 그런데 근래 그와 같은 세 유형만으로의 분류는 적절하지 않다는 주장이 제기되어 세력을 얻어가고 있다$\binom{무엇보다도\ 주해(9),}{224면\ 이하(양창수)}$. 이러한 견해는 제390조가 일반조항이라는 견지에서 채무불이행이 세 가지 유형에 한정되지 않는다고 한다$\binom{이른바\ 열}{린\ 유형론}$.

이러한 논의에 비추어 볼 때, 먼저 제390조가 채무불이행에 관한 일반조항인지를 검토한 뒤, 그것을 바탕으로 하여 구체적인 유형을 살펴보아야 할 것이다.

2. 제390조의 일반조항성

(1) 제390조가 채무불이행에 관한 일반조항인지에 관하여는 i) 긍정설$\binom{이은영,}{200면;}$ 주해(9), 224면(양창수); 지원림, 민사법학 15권, 382면$)$과 ii) 부정설$\binom{김학동,}{74면}$이 대립하고 있다. i)설은 제390조의 문언을 근거로 하고, ii)설은 ① 제390조의 위치$\binom{채무불이행을\ 규정하}{는\ 중간부분에\ 위치}$, ② 그 단서에서 이행불능에 대하여만 면책시키는 점, ③ 민법이 채무불이행 유형으로 이행지체·이행불능만을 규정하고 불완전이행에 해당하는 경우를 담보책임으로 규율하고 있는 점을 그 이유로 든다$\binom{그렇지만\ 이\ 견해는\ 유형\ 자체에서}{는\ 민법이\ 열린\ 입장이라고\ 한다}$.

(2) 생각건대 민법 제390조는 의용민법 제415조$\binom{「채무자가\ 그\ 채무의\ 본지(本旨)에\ 좇은\ 이}{행을\ 하지\ 아니하는\ 때에는\ 채권자는\ 그\ 손}$ 해의 배상을 청구할 수 있다. 채무자의 책임으로 돌아갈 사유로 인하여 이행을 할 수 없음에 이른 때에도 또한 같다」$)$를 기초로 하였다. 그러나 의용민법과 다소 차이가 있다. 의용민법은 이행지체와 이행불능을 별개의 문장으로 규정하고 있는 데 비하여, 민법 제390조는 의용민법에서의 이행지체 관련규정을 일반적인 표현으로 사용하고$\binom{본}{문}$ 책임없는 이행불능에 대하여 예외를 인정하는 점$\binom{단}{서}$에서 그렇다.

이는 사소한 것처럼 보이나, 실질적으로는 그 당시 이행지체·이행불능 외에 제 3 의 채무불이행 유형으로 인정되던 불완전이행도 포괄하려는 중요한 의미를 내포한 것으로 생각된다$\binom{같은\ 취지:\ 주해(9),}{209면(양창수)}$. 그러나 입법자의 그러한 의도와는 달리 민법의 채무불이행의 규정이 이행지체와 이행불능에 머물고 말았다는 점을 부인할 수 없다.

우선 제390조가 모든 채무불이행을 포괄하려고 하였다면, 그 단서에서 이행불능 이외에도 널리 채무불이행이 채무자의 유책사유 없이 발생한 때 모두에 대하여 면책을 인정하였어야 한다. 그리고 그 본문이 이행지체에만 적합한 표현($\genfrac{(}{)}{0pt}{}{\text{「이행을 하지}}{\text{아니한 때」}}$)이어서 이행불능이나 특히 불완전이행에는 맞지 않다($\genfrac{(}{)}{0pt}{}{\text{390조 본문의 표현이 이}}{\text{행지체의 경우의 해제에}}$ $\genfrac{}{)}{0pt}{}{\text{관한 544조와 의용민법 541조}}{\text{의 그것과 같음을 상기하라}}$). 모든 채무불이행을 표현하려면 「채무의 내용에 좇은 이행이 없는 때」라고 하였어야 한다.

그리고 민법은 채무불이행 및 그에 기한 계약해제에 관하여 이행지체와 이행불능만을 규정하고 있다. 그리하여 특히 불완전이행에 관하여는 책임이 없는 때에 면책을 인정하지도 않고 또 책임있는 때에 계약해제를 인정하지도 않는다($\genfrac{(}{}{0pt}{}{\text{해제에 관하여는 390조에 해당하는}}{\text{포괄적인 규정이 없음을 유의할 것}}$ $\genfrac{(}{}{0pt}{}{\text{그럼에도 불구하고 우리 민법이 많이 문제되는 채무불이행의 유형}}{\text{에 대하여서만 법정하고 있는 것이라고 함은 지나친 합리화이다}}$). 이러한 점에서 볼 때, 민법의 입법자는 채무불이행을 포괄적으로 규율하려고 하였으나, 실질적으로는 그 규율을 포기하였거나 능력의 부족으로 그에 대한 초보적인 규정($\genfrac{}{}{0pt}{}{\text{390}}{\text{조}}$)만 두는 데 그치고 말았다고 할 수 있다. 그렇기는 하지만 입법자의 의도를 감안하여 제390조가 채무불이행을 일반적으로 규율하려고 했다고 선의로 해석을 해 주어도 무방하다.

3. 채무불이행의 유형   [60]

(1) 학   설

채무불이행의 유형에 관하여 학설은 크게 i) 이행지체·이행불능·불완전이행(또는 이행가해(履行加害))의 3유형을 인정하는 견해($\genfrac{}{}{0pt}{}{\text{3유}}{\text{형론}}$)($\genfrac{(}{)}{0pt}{}{\text{김기선, 145면; 김상용, 95면; 김주}}{\text{수, 111면; 김형배, 152면; 장경학,}}$ $\genfrac{}{)}{0pt}{}{\text{134면; 정기웅, 112면. 지원림, 민사법학 15권,}}{\text{385면은 불완전이행 대신에 이행가해를 든다}}$)와 ii) 3유형에 한정되지 않는다는 견해($\genfrac{}{)}{0pt}{}{\text{이른바 열}}{\text{린 유형론}}$)($\genfrac{(}{)}{0pt}{}{\text{곽윤직, 71면; 김학동, 74면; 이은}}{\text{영, 206면; 주해(9), 224면(양창수)}}$)로 나뉜다. 이 가운데 ii)설은 대체로 제390조가 채무불이행을 포괄적·일반적으로 규정하고 있다는 전제에 서 있다. 그러나 그러한 견지에 서 있으면서도 i)설을 취하는 문헌도 있다($\genfrac{(}{)}{0pt}{}{\text{지원림, 민사법학 15권,}}{\text{382면이 그 예이다}}$). 그리고 ii)설은 개별적인 주장 내용에 있어서 일치하지 않으며, (a) 이행지체·이행불능·불완전이행 외에 기타의 것($\genfrac{(}{)}{0pt}{}{\text{가령 부작위의무의}}{\text{위반·이행거절}}$)을 인정하는 견해($\genfrac{(}{)}{0pt}{}{\text{곽윤직, 71면; 김학동,}}{\text{74면; 이은영, 206면}}$)가 있는가 하면, (b) 이행지체·이행불능·불완전급부·이행거절·부수의무위반을 드는 견해($\genfrac{(}{)}{0pt}{}{\text{주해(9), 224면}}{\text{이하(양창수)}}$)도 있다. 한편 i)설, ii)설을 막론하고 제390조를 일반조항이라고 이해하는 견해는 채무불이행의 요건을 유형별로 개별적으로 기술하지 않고, 공통적인 요건과 개별적인 요건으로 나누어 설명한다.

(2) 검토 및 사견

1) 앞서 언급한 바와 같이$\binom{[59]}{참조}$, 민법은 채무불이행 중 이행지체와 이행불능에 관하여는 명문의 규정을 두고 있다. 그러므로 문제는 이 두 유형 외에 다른 유형이 인정되는지, 그리고 그러한 유형으로 가령 불완전이행과 같은 하나의 것만 있는지이다. 이에 대하여 판단하려면 먼저 불완전이행의 출현배경과 그 의미를 살펴보아야 한다.

2) 독일민법은 — 2002년에 개정되기 전까지$\binom{개정된 독일민법 280조는 채무}{불이행을 포괄적으로 규정한다}$ — 채무불이행의 유형으로 이행불능과 이행지체만을 규정하고 있었다. 그러나 이는 이행이 없는 경우에 관한 것이어서, 이행이 있었지만 흠이 있는 경우$\binom{예: 병든 닭을 급부한 경}{우, 지붕수리를 제대로}$ 못한 경우, 물건의 사용방법을 알리지 않아 손해가 생긴 경우)는 채무불이행으로 되지 못하였다. 독일민법의 기초자는 이들 경우가 개별계약에서 규정된 담보책임으로 해결될 것으로 믿었다. 그러나 독일민법의 기초자의 이러한 생각이 잘못되었음이 곧 밝혀졌다. 이 문제를 처음 제기한 학자는 슈타우프(Hermann Staub)였다. 그는 이행의 지체나 불능과 같이 채무자가 하여야 하는 것을 하지 않는 경우뿐만 아니라 채무자가 하지 않아야 하는 것을 행한 경우에도 책임을 져야 한다고 하면서, 후자를 「적극적 계약침해」라고 표현한다. 이러한 슈타우프의 견해는 그 후 독일의 학설·판례에 의하여 널리 받아들여졌으며, 다만 「적극적 계약침해」라는 용어 대신에 「적극적 채권침해」나 「불완전이행」(Schlechterfüllung)이라고 하는 견해도 생겼다. 그리하여 독일에서는 일반적으로 불완전이행이 — 이행지체와 이행불능 외의 — 제3의 채무불이행의 유형으로 인정되게 되었다. 그리고 불완전이행에는 이행지체·이행불능 외의 유형이 모두 포함되었다.

독일의 이와 같은 학설은 일본에 영향을 미쳤다. 그 결과 의용민법 하에서 일본의 통설은 채무불이행의 유형으로 이행지체·이행불능·불완전이행의 셋을 인정하였다. 그리고 그러한 배경 아래에서 우리 민법 제390조가 탄생한 것이다.

[61] 3) 앞서 본 바와 같이$\binom{[59]}{참조}$, 민법 제390조는 채무불이행을 일반적·포괄적으로 규율하면서도 실질적으로는 이행지체와 이행불능을 염두에 두고 있다. 그러한 상황에서 제3의 채무불이행 유형으로 불완전이행만 인정하면 충분한지, 그것과 함께 다른 몇 개의 유형을 인정할 것인지, 아니면 그것을 해산하고 여러 개의 다른 유형을 둘 것인지가 문제되는 것이다. 이 논의의 중심은 불완전이행을

완결적인 유형으로 볼 것인가이다. 일부 견해(특히 주해(9), 224면(양창수))는 종래의 통설처럼 다양한 경우들을 모두 불완전이행으로 다루게 되면 무리를 범하기 쉽고 공통된 요건을 제시하지 않아 공허한 것일 뿐이라고 한다.

생각건대 제390조를 포괄적인 규정으로 파악하는 한 이행지체·이행불능을 제외한 채무불이행 모두를 불완전이행이라고 하여 반드시 하나의 유형으로 파악할 필요는 없다. 그리고 제390조가 채무불이행을 포괄적으로 규정하고 있기 때문에 당연히 채무불이행 유형이 열려 있다고 보는 것도 속단이다. 논리적으로 검토해 보면 채무불이행이 몇 가지 한정된 유형으로 나누어질 수도 있는 것이다.

앞서 본 바와 같이([29] 참조), 채무자의 의무에는 급부의무뿐만 아니라 「기타의 행위의무」도 있다. 그리고 제390조의 「채무」에는 「기타의 행위의무」도 포함된다고 하여야 한다(자세한 점은 [62] 참조). 그 결과 채무불이행에는 크게 급부의무 위반과 「기타의 행위의무」 위반이 있게 된다. 이들 중 「기타의 행위의무」 위반은 그것을 하나의 유형으로 다루면 된다(이것은 불완전이행에 포함되어 있었던 것이다). 그러나 급부의무 위반은 다르다. 논리적으로 생각해 볼 때 급부의무는 이행과 관련하여 크게 「이행이 없는 경우」와 「이행이 있는 경우」로 나누어진다. 그리고 「이행이 없는 경우」는 다시 이행을 할 수 있는데도 이행이 없는 경우와 이행을 할 수 없는 경우로 세분된다. 이 가운데 전자가 이행지체이고 후자가 이행불능이다. 한편 「이행이 있는 경우」에는 하자 없이 이행된 경우와 이행에 하자가 있는 경우의 두 가지가 있다. 이들 중 전자는 채무의 소멸을 가져오나, 후자는 채무자에게 책임을 발생하게 하는 원인이 되며, 그것을 불완전급부(이는 주해(9), 295면(양창수)이 쓰는 표현이다)라고 부를 수 있다(이것은 불완전이행에 포함되어 있던 것이다). 이와 같이 논리상 채무불이행은 모두 위에 언급한 것들의 어느 하나에 속하게 되고, 그 밖의 유형은 인정될 수 없다. 그러면 일부 견해가 독립한 유형으로 인정하는 부작위채무의 위반과 이행거절은 어떻게 되는가? 사견으로는 이들은 이행지체의 특수한 경우로 생각한다(다만, 부작위채무의 적극적 위반이 때로 이행불능이 되는 때도 있다. 가령 건축을 하지 않는다는 내용의 채무를 지는 자가 견고한 건축을 한 경우에 그렇다)(같은 취지: 부작위채무에 관하여 김용한, 156면; 김주수, 139면. 그리고 이행거절에 관하여 지원림, 민사법학 15권, 399면). 이상과 같이 보게 되면 종래 불완전이행으로 다루어지던 하자 있는 이행, 「기타의 행위의무」 위반, 이행거절, 부작위채무 위반 등(이 중에 앞의 둘만 불완전이행으로 인정하는 문헌도 많다) 가운데 앞의 둘은 독립한 유형으로 인정되고, 나머지 둘은 다른 유형에 포함되게 된다. 여기서 이행지체·이행불능 외에 독립한 유형으로 분류하는 불완전급부와 「기타의 행위의무」 위반은 현재까지도 일반적으로 불완전이행으로 다루어지는 문제이다. 그러나 이들은 앞에서 본 것처럼 성질이 전혀 다르고 또 요건 등에서도 차이가 있다. 그러므로 — 제390조가 포괄적인 규정인 만큼 — 이 두 유형을 불완전이행이라는 하나의 채무불이행 유형으로 다룰 것이 아니고 개별적으로 다루는 것이 보다 합리적이다(같은 취지: 주해(9), 224면(양창수)).

문헌에 따라서는 이행거절이나 부작위채무 위반을 독립한 유형으로 설명하기도 한다(이은영, 206면; 주해(9), 311면(양창수)). 이러한 설명방식은 구체적인 문제해결을 위한 정리로서 유용할 수는 있다. 그러나 그러한 태도는 기본적으로 망라적인 채무불이행 유형의 분류를 포기하는 것이고, 그로 인하여 법적 문제해결에 있어서 응용력을 떨어뜨리는 결과를 가져올 우려가 있다.

요컨대 채무불이행의 유형으로는 이행지체·이행불능·불완전급부·「기타의 행위의무」의 위반의 네 가지가 있으며, 그 외의 것은 없다고 할 것이다.

〈채무불이행의 모습(유형)〉

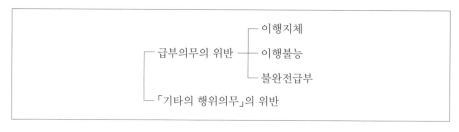

[62] 　　　　　　　　　　　　〈제390조의 「채무」의 의미〉
채무불이행에 있어서 채무는 급부의무만을 가리키는가 아니면 「기타의 행위의무」([29] 참조)도 포함하는가?

여기에 관하여 학설은 i) 모든 의무를 포함한다는 견해(곽윤직, 69면)와 ii) 「기타의 행위의무」를 부수적 의무(또는 부수의무)와 보호의무로 나눈 뒤, 채권자의 완전성의 이익의 보호를 목적으로 하는 후자는 거기에 포함되지 않는다고 하는 견해(김학동, 75면; 주해(9), 219면(양창수). 전자를 급부의무에 포함시키고 보호의무를 배제하는 이은영, 195면도 같은 입장이다)로 나뉘어 있다.

그리고 판례는 숙박업자(대판 1994. 1. 28, 93다43590; 대판 1997. 10. 10, 96다47302; 대판 2000. 11. 24, 2000다38718·38725; 대판 2023. 11. 2, 2023다244895)·도급인(대판 1997. 4. 25, 96다53086)·사용자(대판 1998. 2. 10, 95다39533; 대판 1999. 2. 23, 97다12082; 대판 2001. 7. 27, 99다56734; 대판 2006. 9. 28, 2004다44506; 대판 2021. 8. 19, 2018다270876)·병원(대판 2003. 4. 11, 2002다63275)·건강보조식품 판매자(대판 2022. 5. 26, 2022다211089)의 보호의무(또는 안전배려의무)를 인정하고, 그것을 위반한 경우에는 채무불이행, 특히 불완전이행으로 된다고 한다(대판 2000. 11. 14, 2000다38718·38725가 그렇다). 그런가 하면 계약의 일방 당사자에게 신의성실의 원칙상 상대

방에게 계약의 효력에 영향을 미치거나 상대방의 권리 확보에 위험을 가져올 수 있는 사정 등을 미리 고지할 의무가 있다고 한 뒤, 제조업자에 대하여 고지의무 위반을 이유로 위자료 지급을 인정한 경우가 있고($\binom{대판 2022. 5. 26,}{2020다215124}$), 사용자의 보호의무 위반($\binom{대판 2000. 3. 10, 99다60115;}{대판 2000. 5. 16, 99다47129}$)과 증권회사와 고객 사이에 포괄적 일임매매약정 또는 투자수익보장약정이 있는 경우에 증권회사 직원의 보호의무 위반($\binom{대판 1996. 8. 23, 94다38199; 대}{판 1997. 10. 24, 97다24603; 대판}{1999. 6. 11, 97다58477; 대판 1999. 12. 24, 99}{다44588. 대판 2003. 1. 24, 2001다2129도 참조.}$)에 대하여 불법행위 여부를 문제삼은 적도 있다. 그리고 신탁회사가 신탁계약의 체결을 권유하면서 합리적인 투자판단을 할 수 있도록 고객을 보호하여야 할 주의의무를 위반함으로써 고객이 본래 체결하지 않았을 신탁계약을 체결하게 된 경우에, 신탁회사는 그 신탁계약 체결로 고객이 입게 된 손해에 관하여 불법행위로 인한 손해배상책임을 지고, 다른 특별한 사정이 없는 한 계약상의 채무불이행에 의한 손해배상책임을 지지는 않는다고 한다($\binom{대판 2018. 2. 28,}{2013다26425}$). 판례는 전체적으로는 i)설과 같고, 사안에 따라 일정한 때에는 불법행위책임만 인정하는 것으로 생각된다.

생각건대 보호의무의 위반이 있는 경우에도 채무불이행 문제로 다루는 것이 타당하다. 그것은 일반인 사이의 관계인 불법행위의 문제로 다루면 채권자의 보호에 미흡하게 되거나 혹은 이론상 무리가 따를 가능성이 크기 때문이다. 그 점에서 볼 때 i)설 및 판례가 옳다고 할 것이다.

〈판 례〉

(ㄱ) 「광고주가 모델이나 유명 연예인, 운동선수 등과 사이에 광고모델계약을 체결하면서 출연하는 유명 연예인 등에게 일정한 수준의 명예를 유지할 의무를 부과하는 품위유지약정을 한 경우, … 위 광고에 출연하기로 한 모델은 위와 같이 일정한 수준의 명예를 유지하기로 한 품위유지약정에 따라 계약기간 동안 광고에 적합한 자신의 긍정적인 이미지를 유지함으로써 그것으로부터 발생하는 구매 유인 효과 등 경제적 가치를 유지하여야 할 계약상 의무, 이른바 품위유지의무가 있고, 이를 이행하지 않는 경우에는 광고모델계약에 관한 채무불이행으로 인한 손해배상채무를 면하지 못한다.」(아파트 건설회사와 광고모델계약을 체결하면서 품위유지약정을 한 유명 연예인이 별거 중인 남편과의 물리적인 충돌로 자신의 멍들고 부은 얼굴 사진을 언론에 공개한 경우에 광고주에게 채무불이행으로 인한 손해배상책임을 진다고 한 사례)($\binom{대판 2009. 5. 28,}{2006다32354}$)

(ㄴ) 「자회사나 공기업($\binom{이하 '자회사}{등'이라 한다}$)이 대출을 받는 등 신용제공을 수반하는 거래에서 채권자는 모회사 또는 정부($\binom{이하 '모회사}{등'이라 한다}$)에 대하여 계약당사자인 자회사 등에 관한 일정한 확인이나 보장을 요구하는 경우가 있고, 이러한 보장은 법적 구속력을 가지는 보증의 형태로 이루어지기도 하지만, 때로는 법적 구속력은 없지만 보장하는 모회사 등의 명예나 신용을 고려한 이행을 기대하여 자회사 등에 대한 지분 비율의 확인, 자회사 등이 체결하는 계약에 대한 인식 및 승인, 자회사 등의 자력 또는 이행능력을

뒷받침할 방침의 선언 등을 담은 이른바 컴포트레터(letter of comfort)라고 불리는
서면을 작성·교부받는 경우가 있다.

이 경우에 … 발행인이 컴포트레터를 교부함으로써 수취인이 거래에 응하도록 적
극적으로 유인하고, 수취인은 이에 의하여 형성된 발행인의 신용에 대한 합리적인
신뢰를 바탕으로 계약의 체결에 이른 점 등이 인정된다면 경우에 따라서는 모회사
등은 채무불이행으로 인한 손해배상책임을 부담할 수도 있게 된다.」(대판 2014. 7. 24,
2010다58315)

〈이행거절에 관한 판례〉

저자는 이행거절을 독립한 채무불이행 유형으로 인정하지 않아야 한다는 입장이
다. 그런데 이행거절에 해당하는 판례를 살펴보는 일은 유익할 수 있다. 그리하여 아
래에서 이들을 정리해 두기로 한다.

(ㄱ) 이행기 후의 이행거절　　「쌍무계약인 부동산 매매계약에 있어 매수인이 이
행기일을 도과한 후에 이르러 매도인에 대하여 계약상 의무 없는 과다한 채무의 이
행을 요구하고 있는 경우에는 매도인으로서는 매수인이 이미 자신의 채무를 이행할
의사가 없음을 표시한 것으로 보고 자기 채무의 이행제공이나 최고 없이도 계약을
해제할 수 있다 할 것이다.」(대판 1992. 9. 14,
92다9463)

(ㄴ) 이행기 전의 이행거절

① 부동산 매도인이 중도금의 수령을 거절하였을 뿐만 아니라 계약을 이행하지 아
니할 의사를 명백히 표시한 경우 매수인은 신의성실의 원칙상 소유권이전등기 의무
이행기일까지 기다릴 필요 없이 이를 이유로 매매계약을 해제할 수 있다고 한 사례
(대판 1993. 6. 25,
93다11821).

②「계약상 채무자가 계약을 이행하지 아니할 의사를 명백히 표시한 경우에 채권
자는 신의성실의 원칙상 이행기 전이라도 이행의 최고 없이 채무자의 이행거절을 이
유로 계약을 해제하거나 채무자를 상대로 손해배상을 청구할 수 있고, 채무자가 계
약을 이행하지 아니할 의사를 명백히 표시하였는지 여부는 계약 이행에 관한 당사자
의 행동과 계약 전후의 구체적인 사정 등을 종합적으로 살펴서 판단하여야 한다.」
(대판 2005. 8. 19, 2004다53173. 같은 취지: 대판 1997. 11. 28, 97다
30257; 대판 2007. 9. 20, 2005다63337; 대판 2021. 7. 15, 2018다214210)

③「이행거절이라는 채무불이행이 인정되기 위해서는 채무를 이행하지 아니할 채
무자의 명백한 의사표시가 위법한 것으로 평가되어야 한다.」(대판 2015. 2. 12,
2014다227225)

(ㄷ) 이행거절이 철회된 경우　　「이행거절의 의사표시가 적법하게 철회된 경우
상대방으로서는 자기 채무의 이행을 제공하고 상당한 기간을 정하여 이행을 최고한
후가 아니면 채무불이행을 이유로 계약을 해제할 수 없다고 할 것이다.」(대판 2003. 2. 26,
2000다40995)

(ㄹ) 이행거절의 경우의 손해액 산정의 기준시기　　「이행지체에 의한 전보배상에
있어서의 손해액 산정은 본래의 의무이행을 최고하였던 상당한 기간이 경과한 당시
의 시가를 표준으로 하고, 이행불능으로 인한 전보배상액은 이행불능 당시의 시가

상당액을 표준으로 해야 할 것인바, 채무자의 이행거절로 인한 채무불이행에서의 손해액 산정은, 채무자가 이행거절의 의사를 명백히 표시하여 최고 없이 계약의 해제나 손해배상을 청구할 수 있는 경우에는, 이행거절 당시의 급부목적물의 시가를 표준으로 해야 할 것이다.」(상품권의 발행인은 상품권을 제시하며 상품권에 기재된 내용에 따라 제품의 공급을 요구하는 소지인에게 그 액면금 상당의 제품을 공급할 의무가 있으므로, 발행인이 상품권을 구입한 실수요자들로부터 상품권을 제시받고도 그 의무이행을 거절한 경우에는 상품권의 최종소지인은 발행인에 대하여 제품제공의무에 대한 이행의 최고 없이 곧바로 그 이행에 갈음한 손해배상을 청구할 수 있고, 나아가 상품권 발행인이 위 의무를 이행하지 아니함으로써 그 소지인이 입은 손해는 통상의 경우 상품권의 액면금 상당이라고 본 사례)($\binom{대판\ 2007.\ 9.\ 20,}{2005다63337}$)

Ⅲ. 채무불이행의 요건과 효과 개관 [63]

앞에서 본 바와 같이 채무불이행에는 이행지체·이행불능·불완전급부·「기타의 행위의무」위반의 네 유형이 있다. 이들 각각의 요건과 효과에 대하여는 후에 자세히 살펴보겠으나, 이해의 편의를 위하여 여기서 그것들을 개괄적으로 정리해 보려고 한다.

1. 채무불이행의 요건

채무불이행의 요건 가운데에는 모든 채무불이행에 공통하는 요건과 각각의 유형에 특유한 것이 있다.

(1) 공통적인 요건

채무불이행의 공통적인 요건으로 논의되는 것은 주관적 요건으로서 채무자의 책임있는 사유 즉 유책사유와 객관적 요건으로서 채무불이행의 위법성이다.

(가) 민법은 이행불능에 관하여서만 채무자의 유책사유(귀책사유)를 명문으로 요구하고 있다($\binom{390조\ 단서\cdot}{546조\ 참조}$). 그러나 학설·판례는 일치하여 이행지체·불완전급부·「기타의 행위의무」위반에 대하여도 유책사유가 필요하다는 견지에 있다. 과실책임의 원칙상 이행지체를 이행불능과 구별할 이유가 없고, 또 금전채무에 관한 특칙($\binom{397조}{2항}$)으로 미루어 볼 때 금전채무 이외의 채무의 지체의 경우에는 무과실을 이유로 항변할 수 있다고 새겨지기 때문이다.

채무자의 유책사유는 채무자의 고의·과실보다는 넓은 개념이다. 채무자의 법정대리인 또는 이행보조자의 고의·과실이 채무자의 고의·과실로 간주(의제)되기 때문이다($\frac{391}{조}$).

〈유책사유(有責事由)라는 용어〉

  우리 문헌들은 일반적으로 채무자의 고의·과실($\frac{\text{및 채무자의 법정대리인·}}{\text{이행보조자의 고의·과실}}$)을 통틀어서 채무자의 「귀책사유」(歸責事由)라고 표현하고 있다. 이 「귀책사유」라는 용어는 의용민법에서 사용하고 있는 「책임에 귀(歸)할 사유」를 줄인 말로서 법률가들만이 편의상 쓰는 것이고 본래부터 있는 한문용어도 아니라고 한다($\frac{\text{곽윤직,}}{72면}$). 「귀책사유」라는 용어를 사용하는 일본 문헌의 영향으로 우리나라에서도 「귀책사유」가 의용민법 하에서뿐만 아니라 현행 민법이 제정된 뒤에도 널리 사용되고 있는 것이다. 그런데 현행 민법에는 「책임에 귀할 사유」라는 표현은 전혀 사용되지 않고 있으며, 그것 대신에 「책임있는 사유」($\frac{538조 1항·}{546조}$) 또는 「책임없는 사유」($\frac{537}{조}$)라고 하고 있다($\frac{\text{다만, 민법안이}}{\text{국회에서 의결}}$ $\frac{\text{된 뒤 법사위에서 538조의 표제를 붙이면서 「채권자 귀책사유로 인한}}{\text{이행불능」이라고 하여 기초자의 개선노력을 깎아내리는 우를 범하였다}}$). 그리하여 우리의 일부문헌($\frac{\text{곽윤직,}}{72면}$)은 우리 민법에서는 「귀책사유」는 합당하지 않으며 그것에 갈음하여 「책임있는 사유」를 줄인 말인 「유책사유」라는 용어를 사용하는 것이 좋다고 한다. 저자도 이 주장에 적극 찬성하여 이전부터 「귀책사유」 대신 「유책사유」라고 표현하고 있다.

  (내) 채무불이행의 위법성이 채무불이행의 공통적인 요건인가에 관하여는 i) 긍정설($\frac{\text{곽윤직, 72면; 김기선, 151면; 김상용, 99면; 김용한, 121면;}}{\text{김주수, 123면; 김학동, 91면; 장경학, 160면; 정기웅, 114면}}$)과 ii) 부정설($\frac{\text{김형배, 173면; 이은영, 247}}{\text{면; 주해(9), 112면·228면}}$ $\binom{\text{양창}}{\text{수}}$)이 대립하고 있다. ii)설은 채무자의 고의·과실(즉 유책사유)의 개념 속에는 이미 위법성이 포함되어 있으므로 위법성은 별개의 요건이 아니라고 한다($\frac{\text{김형배,}}{174면}$). 그에 대하여 i)설에서는 고의·과실은 채무자 개인에 대한 주관적 판단인 데 비하여 위법성은 행위 자체에 대한 객관적 판단이어서 후자가 전자에 포함될 수 없고, 가령 동시이행의 항변권이 있어서 이행기에 의도적으로 이행하지 않는 경우에 채무자의 고의를 부인하는 것은 타당하지 않다고 한다($\frac{\text{김학동,}}{92면}$). 생각건대 논리적으로 볼 때 위법성의 판단은 채무자의 고의·과실과 구별되어야 하고 또 채무자의 고의·과실이 있는 경우와 위법성이 인정되는 경우가 불일치할 수 있으므로 i)설을 따라야 할 것이다.

  채무불이행의 요건으로서의 위법성은 각각의 채무불이행에 있어서 구비하여야 하는 적극적인 요건이 아니고, 동시이행의 항변권·유치권·기한유예·긴급피난 등의 위법성 조각사유가 없으면 위법하다고 평가되는 소극적인 요건이다($\frac{\text{대판 2002.}}{\text{12. 27, 2000다}}$

47361; 대판 2013. 12. 26, 2011다
85352; 대판 2015. 1. 29, 2013다100750$\big)$. 민법은 이러한 취지에서 불법행위$\binom{750}{\text{조}}$와 달리 채무불이행$\binom{390}{\text{조}}$에 관하여서는 위법성을 명문으로 요구하지 않고 있다$\binom{\text{같은 취지:}}{\text{김학동, 91면}}$.

㈐ 견해$\binom{\text{이은영,}}{264면}$에 따라서는 「손해발생 및 인과관계」를 공통적인 요건으로 들기도 한다. 이는 채무불이행의 효과로서 손해배상만을 생각한 태도이다. 그러나 채무불이행의 효과에는 계약해제나 대상청구권도 있고, 그러한 효과가 발생하기 위하여서 손해가 발생할 필요는 없다. 그리고 강제이행을 채무불이행의 효과로 설명하는 경우에는 더욱 그렇다. 결국 「손해발생 및 인과관계」는 공통한 요건이 아니라고 하여야 한다.

(2) 개별적인 요건

채무불이행이 성립하려면 각각의 채무불이행 유형에 따라 그 유형에 특유한 요건을 갖추어야 한다.

이행지체가 성립하려면 이행기가 도래하고 이행이 가능한데도 이행이 없어야 한다. 그리고 이행불능이 되려면 이행이 후발적으로 불능이어야 한다. 한편 불완전급부로 되려면 이행행위가 있었을 것과 그것에 하자가 있을 것이 필요하다. 끝으로 「기타의 행위의무」의 위반으로 되려면 그 의무위반이 있어야 한다.

2. 채무불이행의 효과

[64]

일반적으로 문헌들은 채무불이행의 효과로 이행강제권과 손해배상청구권, 계약의 해제권·해지권의 발생을 든다. 그러나 강제이행은 채권의 일반적인 효력이지 채무불이행의 효과가 아니다$\binom{[10] \text{ 이하, 특}}{\text{히 } [12] \text{ 참조}}$.

따라서 그것은 채무불이행에서 다룰 문제가 아니다. 그렇지만 민법이 그것을 채무불이행과 관련하여 규정하고 있으므로 이 책에서는 손해배상 다음에 그에 관하여 살펴보기로 한다$\binom{[111]\cdot[112]}{\text{참조}}$.

채무불이행의 가장 중요한 효과는 손해배상청구권의 발생이다. 그런데 손해배상의 성격이 경우에 따라 달라지기도 하므로 유의하여야 한다. 그리고 불이행으로 된 채무가 계약에 기하여 발생한 때에는 일정한 요건 하에 계약의 해제권·해지권이 생기게 된다. 그 밖에 이행불능의 경우에는 통설·판례에 의하여 대상청구권이 인정되기도 한다.

〈채무불이행의 요건과 효과〉

유 형	요 건		효 과
	공통적 요건	개별적 요건	
이행지체	(1) 채무자의 유책사유 (채무자의 고의·과실 외에 이행보조자 등의 고의·과실 포함) (2) 위법성(정당화 사유가 없을 것)	(1) 이행기 도래 (2) 이행 가능 (3) 이행이 없을 것	손해배상 청구권 ┌ 지연배상 원칙 └ 예외적으로 전보배상 계약의 경우 해제권
이행불능		후발적 불능	손해배상청구권(전보배상) 계약의 경우 해제권 대상청구권(유책사유 없는 경우 포함)
불완전급부		(1) 이행행위가 있었을 것 (2) 이행에 하자가 있을 것	손해배상청구권 계약의 경우 해제권 ※ 문헌들은 완전이행이 가능한 경우와 그것이 불가능한 경우로 나누어 설명함
「기타의 행위 의무」위반		「기타의 행위의무」 위반이 있을 것	손해배상청구권 계약의 경우 해제권

제2관 채무불이행의 유형별 검토

[65] **Ⅰ. 이행지체**

1. 의의 및 요건

이행지체라 함은 채무의 이행기가 되었고 또 그 이행이 가능함에도 불구하고 채무자의 책임있는 사유(유책사유)로 이행을 하지 않고 있는 것을 말한다. 이행지체는 채무자지체라고도 한다.

이행지체의 요건은 다음과 같다.

(1) 이행기가 도래하였을 것

이행지체가 성립하려면 우선 채무의 이행기(이행기는 당사자의 의사표시 또는 법률규정에 의하여 결정된다)가 되었어야 한다. 그러나 이행기가 되었다고 하여 당연히 이행지체로 되는 것은 아니다. 민법은 여러 가지 평가에 기하여 때에 따라서는 이행기의 도래 외에 다른 요건을 요구하기도 한다. 그런가 하면 일정한 경우에는 이행기가 되지 않았는데도 채무

자로 하여금 기한의 이익을 잃게 하여 채권자가 즉시 이행을 청구할 수 있도록
하고 있다. 여러 가지 경우를 나누어 살펴보기로 한다.

1) 확정기한부 채무　　　채무의 이행에 관하여 확정기한이 있는 경우에는
그 기한이 도래(到來)한 때로부터 지체책임이 있다($^{387조}_{1항 1문}$). 확정기한부 채무에 있
어서는 — 기한 없는 채무($^{387조}_{2항}$)에서와 달리 — 지체책임이 생기기 위하여 채권자
가 최고할 필요는 없다. 그리고 이 경우 채무자의 지체책임이 생기는 정확한 시
기는 기한이 되기 시작한 때가 아니고 기한이 경과한 때($^{이를 도과(徒過) 또는}_{허송(虛送)이라고 함}$)이다. 그
리하여 이행기가 확정일로 정하여져 있는 경우($^{예: 2008년 1월 10일에}_{이행하기로 한 채무}$)에는 그 기한의
다음날로부터 지체책임을 지고($^{이설이 없으며, 판례도 같은 취}_{지임. 대판 1988. 11. 8, 88다3253}$), 이행기가 확정기간으로
정하여져 있는 경우($^{예: 11월 말까지 이}_{행하기로 한 채무}$)에는 그 기간이 지난 다음날로부터 지체책임을
진다.

이러한 원칙에는 예외가 있다.

㈎ 지시채권과 무기명채권의 경우에는 확정기한이 정하여져 있는 때에도 그
기한이 도래한 후 소지인이 증서를 제시하여 이행을 청구한 때로부터 지체책임
이 있다($^{517조·524조,}_{상법 65조}$). 면책증권의 경우에도 같다($^{526}_{조}$).

㈏ 추심채무나 그 밖에 채무를 이행하려면 먼저 채권자가 협력하여야 하는
경우에는, 확정기한이 정하여져 있을지라도 채권자의 협력이 있어야 비로소 지
체로 될 수 있다($^{이설}_{없음}$). 예를 들면, 쌀 10포대의 급부의무를 지는 채무자가 10월
15일에 채권자가 오면 그에게 쌀을 인도하기로 한 경우에는, 그 날 채권자가 오
지 않아서 이행을 못한 때에는, 10월 16일이 지나도 채무자는 지체책임을 지지 않
는다. 그리고 판례는, 만기가 정해진 예금계약에 따른 금융기관의 예금 반환채무
는 그 만기가 도래하더라도 임치인이 미리 만기 후 예금 수령방법을 지정한 경우
와 같은 특별한 사정이 없는 한 임치인의 적법한 지급청구가 있어야 비로소 이행
할 수 있으므로, 예금계약의 만기가 도래한 것만으로 금융기관인 수치인이 임치
인에 대하여 예금반환 지연으로 인한 지체책임을 부담한다고 볼 수는 없고, 정당
한 권한이 있는 임치인의 지급청구에도 불구하고 수치인이 예금반환을 지체한
경우에 그 지체책임을 물을 수 있다고 한다($^{대판 2023. 6. 29,}_{2023다218353}$).

㈐ 당사자 쌍방의 채무가 동시이행관계에 있는 때($^{536조}_{참조}$)에는 이행기($^{확정기}_{한 포함}$)
가 되었을지라도 상대방이 이행의 제공을 할 때까지는 지체책임을 지지 않는다

(대판 1996. 7. 12, 96다7250 · 7267; 대판 1998. 3. 13, 97다54604 · 54611; 대판 2001. 7. 10, 2001다3764). 그 경우에는 위법성이 없기 때문이다(이설 있음). 그리고 이러한 효과는 채무자가 동시이행의 항변권을 행사하지 않아도 당연히 인정된다. 이는 통설이며, 판례도 같다(대판 1997. 7. 25, 97다5541; 대판 1998. 3. 13, 97다54604 · 54611; 대판 1999. 7. 9, 98다13754 · 13761; 대판 2001. 7. 10, 2001다3764). 다만, 판례는 기존채무의 이행확보를 위하여 어음이나 수표를 발행한 경우에 기존채무의 이행과 어음 · 수표의 반환에 대하여 동시이행관계를 인정하면서도, 이 경우에 동시이행관계의 인정은 채무자로 하여금 이중지급의 위험을 면하게 하려는 것이지 쌍무계약상의 채권채무관계나 그와 유사한 대가관계가 있어서 그러는 것은 아니므로, 어음 · 수표를 반환받지 않았음을 이유로 동시이행의 항변권을 행사하여 그 지급을 거절하고 있지 않은 한 이행지체의 책임을 진다고 한다(대판 1993. 11. 9, 93다11203 · 11210; 대판 1999. 7. 9, 98다 47542 · 47559. 그 밖에 대판 2008. 1. 18, 2005다10814도 참조). 그리고 상품권 발행인의 상품권의 내용에 따른 제품제공의무(그 이행에 갈음한 손해배상의무)와 상품권 소지인의 상품권 반환의무에 관하여도 같은 태도이다(대판 2007. 9. 20, 2005다63337). 이러한 판례는 타당하다.

〈판 례〉

㈀ 「채무이행의 확정기한이 있는 경우에는 그 기한이 도래한 다음날로부터 이행지체의 책임을 지고 기한의 정함이 없는 경우에는 그 이행의 청구를 받은 다음날로부터 이행지체의 책임을 져야 할 것」이다(대판 1988. 11. 8, 88다3253).

㈁ 「쌍무계약에서 쌍방의 채무가 동시이행관계에 있는 경우 일방의 채무의 이행기가 도래하더라도 상대방 채무의 이행제공이 있을 때까지는 그 채무를 이행하지 않아도 이행지체의 책임을 지지 않는 것이며, 이와 같은 효과는 이행지체의 책임이 없다고 주장하는 자가 반드시 동시이행의 항변권을 행사하여야만 발생하는 것은 아니다.」(대판 2001. 7. 10, 2001다3764)

㈂ 쌍무계약의 당사자 일방이 먼저 한번 현실의 제공을 하고, 상대방을 수령지체에 빠지게 하였다고 하더라도 그 이행의 제공이 계속되지 않는 경우는 과거에 이행의 제공이 있었다는 사실만으로 상대방이 가지는 동시이행의 항변권이 소멸하는 것은 아니므로, 일시적으로 당사자 일방의 의무의 이행 제공이 있었으나 곧 그 이행의 제공이 중지되어 더 이상 그 제공이 계속되지 아니하는 기간 동안에는 상대방의 의무가 이행지체 상태에 빠졌다고 할 수는 없다고 할 것이고, 따라서 그 이행의 제공이 중지된 이후에 상대방의 의무가 이행지체되었음을 전제로 하는 손해배상청구도 할 수 없는 것이다(대판 1995. 3. 14, 94다26646).

㈃ 대법원은, 확정기한부 채무에 관하여 이행기를 지남으로써 이행지체에 빠진 이상 채권자가 「채무의 일부를 수령하였다고 하여 이행지체의 효과가 없어지고 기한의 정함이 없는 채무로 된다고 볼 수는 없다」고 한다(대판 1992. 10. 27, 91다483).

(ㅁ) 기존채무의 지급과 관련하여 만기를 백지로 하여 약속어음이 발행된 경우에는 어음이 수수된 당사자 사이의 의사해석으로서는 특별한 사정이 없는 한 기존채무의 변제기는 그보다 뒤의 날짜로 보충된 백지어음의 만기로 유예한 것으로 풀이함이 상당하다($\frac{대판\ 1990.\ 6.\ 26,}{89다카32606}$).

(ㅂ) 「매수인이 매도인으로부터 물품을 공급받은 다음 그들 사이의 물품대금 지급방법에 관한 약정에 따라 그 대금의 지급을 위하여 물품 매도인에게 지급기일이 물품 공급일자 이후로 된 약속어음을 발행·교부한 경우 물품대금 지급채무의 이행기는 그 약속어음의 지급기일이고($\frac{대법원\ 1999.\ 8.\ 24.\ 선}{고\ 99다24508\ 판결\ 참조}$), 위 약속어음이 발행인의 지급정지의 사유로 그 지급기일 이전에 지급거절되었더라도 물품대금 지급채무가 그 지급거절된 때에 이행기에 도달하는 것은 아니다.」($\frac{대판\ 2000.\ 9.\ 5,}{2000다26333}$)

2) 불확정기한부 채무   채무의 이행에 관하여 불확정기한이 있는 때에   **[66]** 는 채무자는 그 기한이 도래하였음을 안 때($\frac{정확하게는}{그\ 다음날}$)로부터 지체책임이 있다($\frac{387}{조\ 1}$ $\frac{항}{2문}$). 이 경우에는 기한이 도래하면 채무는 이행기에 있게 되지만, 채무자가 그 사실을 알지 못함에도 불구하고 지체책임을 지도록 하는 것은 가혹하므로 이와 같이 규정한 것이다. 그리고 이러한 취지에 비추어 볼 때 채권자의 최고가 있으면 채무자가 기한 도래 사실을 알지 못하더라도 그 최고가 있는 때($\frac{정확하게는}{그\ 다음날}$)로부터 지체책임을 진다고 하여야 한다($\frac{이설이}{없음}$). 한편 여기의 기한 도래는 불확정한 사실이 발생한 때는 물론이고 그 사실의 발생이 불가능하게 된 때에도 인정되어야 한다($\frac{민법총칙}{[256]\ 참조}$). 통설·판례($\frac{대판\ 1989.\ 6.\ 27,\ 88다카10579;}{대판\ 2002.\ 3.\ 29,\ 2001다41766}$)도 같다.

〈판 례〉

(ㄱ) 「일반적으로 건축 중인 상가건물의 특정점포를 임차하면서, 계약서에 그 점포의 인도시기(입점시기)를 기재하지 아니하고, 건물의 준공예정일에 관한 설명만을 듣고서 그 점포에 관한 임대차계약을 체결한 경우, 그 점포의 인도시기에 관하여 당사자의 합리적인 의사는 확정기한을 이행기로 정한 것이라고 보기는 어렵고, 불확정기한을 이행기로 정하는 합의가 이루어진 것으로 보아야 할 것이고, 그 불확정기한의 내용은 그 건설공사의 진척상황 및 사회경제적 상황에 비추어 예상할 수 있는 합리적인 공사지연기간이 경과한 때라고 하는, 매우 폭 넓고 탄력적인 것으로 보아야 할 것이다.」($\frac{대판\ 2000.\ 11.\ 28,}{2000다7936}$)

(ㄴ) 「상가건물의 점포를 분양하면서 분양대금을 완납하고 건물 준공 후 공부정리가 완료되는 즉시 소유권을 이전하기로 약정한 경우, 그 점포에 관한 소유권이전등기에 관하여 확정기한이 아니라 불확정기한을 이행기로 정하는 합의가 이루어진 것으로

보아야 할 것이며, 건설공사의 진척상황 및 사회경제적 상황에 비추어 분양대금이
완납되고 분양자가 건물을 준공한 날로부터 사용승인검사 및 소유권보존등기에 소요
될 것으로 예상할 수 있는 합리적이고 상당한 기간이 경과한 때 그 이행기가 도래한
다고 보아야 한다.」$\binom{\text{대판 2008. 12. 24,}}{\text{2006다25745}}$

(ㄷ) 「채무이행시기가 확정기한으로 되어 있는 경우에는 기한이 도래한 때로부터 지
체책임이 있으나, 불확정기한으로 되어 있는 경우에는 채무자가 기한이 도래함을 안
때로부터 지체책임이 발생한다고 할 것인바, 이 사건 중도금 지급기일을 '1층 골조공
사 완료시'로 정한 것은 중도금 지급의무의 이행기를 장래 도래할 시기가 확정되지
아니한 때, 즉 불확정기한으로 이행기를 정한 경우에 해당한다고 할 것이므로, 중도
금 지급의무의 이행지체의 책임을 지우기 위해서는 1층 골조공사가 완료된 것만으로
는 부족하고 채무자인 원고가 그 완료 사실을 알아야 한다고 할 것이다.」$\binom{\text{대판 2005. 10. 7,}}{\substack{\text{2005다}\\\text{38546}}}$

(ㄹ) 구 공익사업을 위한 토지 등의 취득 및 보상에 관한 법률상의 사업시행자가 사
업구역 내에 편입되는 토지의 소유자에게서 그 토지를 협의취득하면서 일부는 현금
으로, 나머지는 채권으로 보상하기로 하고, 매매계약서에 '소유권이전등기를 필한 후
매매대금을 지급한다'고 정한 사안에서, 위 매매계약서상 매매대금 지급기일은 사업
시행자 명의의 소유권이전등기가 경료된 때, 즉 등기에 필요한 서류가 등기소에 접
수되고 등기관에 의해 해당 등기가 마쳐진 때에 도래하는 것으로 보아야 하고, 이는
불확정기한이므로 매매대금 지급의무의 이행을 지체하였다고 하기 위해서는 소유권
이전등기가 경료된 것만으로는 부족하고 채무자인 사업시행자가 그 사실을 알아야
하며, 이에 관한 증명책임은 채권자인 토지소유자에게 있음에도, 소유권이전등기신
청 접수일에 매매대금 지급의무의 이행기가 도래하였다고 보아 이를 기준으로 대금
지급을 위하여 발행한 보상채권의 이율을 산정한 원심판단에는 법리오해 등 위법이
있다고 한 사례$\binom{\text{대판 2011. 2. 24,}}{\text{2010다83755}}$.

[67]   **3) 기한 없는 채무**   채무의 이행에 관하여 기한이 정하여져 있지 않은
때에는 채무자는 이행청구를 받은 때로부터 지체책임이 있다$\binom{387조}{2항}$. 기한이 없는
채무는 발생과 동시에 이행기에 있게 되나, 이행지체로 되려면 채권자의 최고
$\binom{\text{최고는 소장(訴狀)의 송달로도 할 수 있다. 대판}}{\text{1963. 5. 9, 63다131; 대판 1969. 1. 28, 68다2313}}$가 있어야 한다. 견해$\binom{\text{김형배,}}{\text{178면}}$에 따라서는, 신의
칙상 채무자가 현실적인 이행을 할 수 있는 상당한 기간을 주면서 최고를 하여야
한다고 하나, 제387조 제 2 항에 대하여 예외를 규정하고 있는 제603조 제 2 항에
비추어 볼 때 받아들이기 어렵다. 한편 이 경우에 채무자가 지체책임을 지는 것은
채권자로부터 이행청구를 받은 다음 날부터이다$\binom{\text{대판 1972. 8. 22, 72다1066; 대판 1988. 11. 8,}}{\text{88다3253; 대판 2014. 4. 10, 2012다29557}}$.

그런데 이와 같은 원칙에는 예외가 있다.

(카) 소비대차에 있어서 반환시기의 약정이 없는 때에는 대주(貸主)는 상당한 기간을 정하여 반환을 최고하여야 하며($^{603조 2}_{항 본문}$), 그 기간이 경과하여야 지체로 된다. 대주가 만약 상당한 기간을 정하지 않고 최고한 경우에는, 최고 후 상당한 기간이 경과한 때에 지체책임이 생긴다고 할 것이다($^{대판 1963. 5. 9, 63다131;}_{대판 1969. 1. 28, 68다2313}$).

(나) 불법행위로 인한 손해배상채무에 있어서는 그 채무의 성립과 동시에 지체로 된다고 하여야 한다($^{통설·판례도 같음. 대판 1966. 10. 21,}_{64다1102; 대판 1971. 6. 8, 70다2401}$). 따라서 특별한 사정이 없는 한 채무 성립과 동시에 지연손해금이 발생한다($^{대판 2020. 1. 30,}_{2018다204787}$).

(다) 이행기의 정함이 없는 채권을 양수한 채권양수인이 채무자를 상대로 그 이행을 구하는 소를 제기하고 그 소송 계속 중 채무자에 대한 채권양도통지가 이루어진 경우에는 특별한 사정이 없는 한 채무자는 그 채권양도통지가 도달된 다음 날부터 이행지체의 책임을 진다($^{대판 2014. 4. 10,}_{2012다29557}$). 지명채권이 양도된 경우 채무자에 대한 대항요건이 갖추어질 때까지 채권양수인이 채무자에게 대항할 수 없기 때문이다.

〈판 례〉

(ㄱ)「민법 제387조 제 2 항의 규정에서 채무이행의 기한이 없는 경우에는 채무자는 이행청구를 받은 때로부터 지체책임이 있다라고 한 취지는 채무자는 이행의 청구를 받은 날 안으로 이행을 하면 되고, 그 청구를 받은 날을 도과할 때 비로소 지체의 책임을 진다고 풀이하는 것이 상당하다. 만일 이행청구를 받은 때에 곧 이행지체의 책임을 지게 된다면 채무자는 청구도 없는데 언제든지 이행의 준비를 갖추고 있을 것을 요구하는 것이 되어서 채무자에게 가혹할뿐더러 오히려 이행을 청구하는 요건을 무의미하게 만든다.」($^{대판 1972. 8. 22,}_{72다1066}$)

(ㄴ)「금전채무의 지연손해금채무는 금전채무의 이행지체로 인한 손해배상채무로서 이행기의 정함이 없는 채무에 해당하므로, 채무자는 확정된 지연손해금채무에 대하여 채권자로부터 이행청구를 받은 때로부터 지체책임을 부담하게 된다 할 것이다($^{대법원 1998. 6. 26.}_{선고 97다7868 판결}$)·」($^{대판 2004. 7. 9, 2004다11582. 같은 취지: 대판 2010. 12. 9, 2009다59237; 대판 2021. 5. 7,}_{2018다259213; 대판 2022. 3. 11, 2021다232331; 대판 2022. 4. 14, 2020다268760}$)

「채무불이행으로 인한 손해배상채무는 특별한 사정이 없는 한 이행기한의 정함이 없는 채무이므로 채무자는 채권자로부터 이행청구를 받은 때부터 지체책임을 진다.

상법 제399조 제 1 항에 따라 주식회사의 이사가 회사에 대한 임무를 게을리하여 발생한 손해배상책임은 위임관계로 인한 채무불이행책임이다. 따라서 주식회사의 이사가 회사에 대하여 위 조항에 따라 손해배상채무를 부담하는 경우 특별한 사정이 없는 한 이행청구를 받은 때부터 지체책임을 진다.」$\binom{\text{대판 2021. 5. 7, 2018다275888. 후단}}{\text{에 관하여 같은 취지: 대판 2021. 7. 15,}}$
2018다
298744)

「판결에 의해 권리의 실체적인 내용이 바뀌는 것은 아니므로, 이행판결이 확정된 지연손해금의 경우에도 채권자의 이행청구에 의해 지체책임이 생긴다.」$\binom{\text{대판}}{\text{2022. 3. 11,}}$
2021다
232331)

「판결이 확정된 채권자가 시효중단을 위한 신소를 제기하면서 확정판결에 따른 원금과 함께 원금에 대한 확정 지연손해금 및 이에 대한 지연손해금을 청구하는 경우, 확정 지연손해금에 대한 지연손해금채권은 채권자가 신소로써 확정 지연손해금을 청구함에 따라 비로소 발생하는 채권으로서 전소의 소송물인 원금채권이나 확정 지연손해금채권과는 별개의 소송물이므로, 채무자는 확정 지연손해금에 대하여도 이행청구를 받은 다음 날부터 지연손해금을 별도로 지급하여야 하되 그 이율은 신소에 적용되는 법률이 정한 이율을 적용하여야 한다.」$\binom{\text{대판 2022. 4. 14,}}{\text{2020다268760}}$

(ㄷ) 「부당이득 반환의무는 이행기한의 정함이 없는 채무이므로 그 채무자는 이행청구를 받은 때에 비로소 지체책임을 진다.」$\binom{\text{대판 2010. 1. 28, 2009다24187·24194. 같은 취지: 대판}}{\text{1995. 11. 21, 94다45753·45760; 대판 2008. 2. 1, 2007다}}$
8914(타인의 토지를 점유함으로 인한 부당이득 반환채무에
관하여 같은 취지로 판시); 대판 2017. 3. 30, 2016다253297 등)

(ㄹ) 「조세환급금은 조세채무가 처음부터 존재하지 않거나 그 후 소멸하였음에도 불구하고 국가가 법률상 원인 없이 수령하거나 보유하고 있는 부당이득에 해당하고, 환급가산금은 그 부당이득에 대한 법정이자로서의 성질을 가진다. 부당이득 반환의무는 일반적으로 기한의 정함이 없는 채무로서, 수익자는 이행청구를 받은 다음 날부터 이행지체로 인한 지연손해금을 배상할 책임이 있다. 그러므로 납세자가 조세환급금에 대하여 이행청구를 한 이후에는 법정이자의 성질을 가지는 환급가산금청구권 및 이행지체로 인한 지연손해금청구권이 경합적으로 발생하고, 납세자는 자신의 선택에 좇아 그중 하나의 청구권을 행사할 수 있다」$\binom{\text{대법원 2009. 9. 10. 선고}}{\text{2009다11808 판결 참조}}$·」$\binom{\text{대판(전원)}}{\text{2018. 7. 19,}}$
2017다
242409)

(ㅁ) 「불법행위로 인한 손해배상채무의 지연손해금의 기산일은 불법행위 성립일」이다(토지의 면적 및 경계가 잘못 등재된 지적공부의 기재를 진실한 것으로 믿고 토지를 매수하였다가 그 토지의 일부에 관한 소유권을 취득할 수 없게 됨으로써 매도인에게 지급한 매매대금 중 위 토지 일부에 해당하는 금액 상당의 손해를 입은 매수인의 국가에 대한 손해배상채권은 그 매매대금을 실제로 지급한 때에 성립하고 그때 이행기가 도래하므로 국가는 그 날부터 갚는 날까지의 지연손해금을 지급하여야 한다고 한 사례)$\binom{\text{대판 2010. 7. 22,}}{\text{2010다18829}}$.

(ㅂ) 「불법행위시와 변론종결시 사이에 장기간의 세월이 경과됨으로써 위자료를 산정함에 있어 반드시 참작해야 할 변론종결시의 통화가치 등에 불법행위시와 비교하여 상당한 변동이 생긴 때에는, 예외적으로라도 불법행위로 인한 위자료배상채무의 지연손해금은 그 위자료 산정의 기준시인 사실심 변론종결 당일로부터 발생한다고

보아야만 할 것이다. …

한편 위와 같이 불법행위로 인한 위자료배상채무의 지연손해금이 그 위자료 산정의 기준시인 사실심 변론종결 당일로부터 발생한다고 보아야만 하는 예외적인 경우에는 논리상 변론종결시 이전에는 지연손해금을 붙일 수 없는 결과, 위자료채무가 성립한 불법행위시로부터 지연손해금을 붙이는 원칙적인 경우와는 달리, 불법행위시로부터 변론종결시까지 상당한 장기간(이 사건에서는 34년) 동안 배상이 지연됨에도 그 기간에 대한 지연손해금이 전혀 가산되지 않게 된다는 사정까지 참작하여 변론종결시의 위자료 원금을 산정함에 있어 이를 적절히 증액할 여지가 있을 수 있다.」(대판 2011. 1. 13, 2009다103950. 전단에 대하여 같은 취지: 대판 2012. 3. 29, 2011다38325)

(시)「이 사건 재심대상판결(대법원 2011. 1. 27. 선고 2010다6680 판결: 저자 주)은, 피고(재심피고, 아래에서는 '피고'라고만 한다) 소속 공무원들에 의하여 불법구금되어 유죄의 확정판결까지 받았다가 오랜 시일이 경과된 후에 재심을 통하여 무죄가 확정된 피해자가 피고에게 불법행위로 인한 손해배상으로 위자료를 청구하였고 그 불법행위일부터 장기간이 경과한 뒤에 제소됨으로써 이미 소멸시효가 완성되었다는 피고의 항변이 신의칙 위반 또는 권리남용에 해당한다는 이유로 배척된 사안에서, 불법행위로 인한 손해배상채무에 대하여는 원칙적으로 그 성립과 동시에 불법행위시로부터 지연손해금이 발생한다고 할 것이지만, 불법행위시와 사실심 변론종결시 사이에 40년 이상의 오랜 세월이 경과되어 위자료를 산정함에 반드시 참작해야 할 변론종결시의 통화가치 또는 국민소득 수준 등에 불법행위시와 비교하여 상당한 변동이 생긴 때에는, 합리적인 이유 없이 과잉손해배상이 이루어지는 것을 방지하기 위하여, 예외적으로 그 위자료 산정의 기준시인 사실심 변론종결일부터 지연손해금이 발생한다고 판단한 것이다.

그렇다면 원고가 들고 있는 대법원판결들(대법원 1975. 5. 27. 선고 74다1393 판결, 대법원 1993. 3. 9. 선고 92다48413 판결, 대법원 2010. 7. 22. 선고 2010다18829 판결: 저자 주)과 이 사건 재심대상판결은 서로 다른 사안에서 불법행위로 인한 손해배상채무의 지연손해금의 기산일에 관하여 원칙과 예외에 속하는 법리를 각각 선언하고 있다고 할 것이고, 따라서 이 사건 재심대상판결은 원고가 들고 있는 대법원판결들이 선언한 법리의 적용 범위와 한계를 분명히 하고 그 법리가 적용되지 않는 경우에 적용할 새로운 법리를 표시한 것일 뿐 종래 대법원이 표시한 의견을 변경한 경우에는 해당하지 않는다고 할 것이다.

불법행위로 인한 손해배상에 있어 재산상 손해에 대한 배상액은 그 손해가 발생한 불법행위 당시를 기준으로 하여 액수를 산정하여야 하고, 공평의 관념상 별도의 이행최고가 없더라도 그 불법행위 당시부터 지연손해금이 발생하는 것이 원칙이다. 이에 비하여 정신상 손해에 대한 배상인 위자료는 불법행위 그 자체로 인하여 피해자가 입은 고통의 정도, 가해자가 보인 태도, 가해자와 피해자의 연령, 사회적 지위, 재산상태는 물론, 국민소득수준 및 통화가치 등 여러 사정을 종합적으로 고려하여 사실심 변론종결시를 기준으로 그 수액이 결정되어야 한다. 그 결과, 불법행위시와 사실심 변론종결시가 통화가치 등의 변동을 무시해도 좋을 정도로 근접해 있는 경우에는 위자료에 대하여도 재산상 손해에 대한 배상액과 마찬가지로 불법행위 당시부터 지연손해금의 지급을 명하더라도 특별히 문제될 것은 없고, 그렇게 하는 것이 원칙이다. 그러나 불법행위시부터 사실심 변론종결시까지 사이에 장기간이 경과하고 통화가치 등에 상당한 변동이 생긴 경우에는, 그와 같이 변동된 사정까지를 참작하여 사실심 변론종결시를 기준으로 한 위자료의 수액이 결정되어야 하는 것이므로, 그 위자료에 대하여는 앞서 본 원칙적인 경우와는 달리, 사실심 변론종결일 이후의 기간에 대하여 지연손해금을 지급하도록 하여야 하고, 불법행위시로 소급하여 그때부터 지연손해금을 지급할 아무런 합리적인 이유나 근거가 없다. 이 사건 재심대상판결은 이러한 법리를 선언하고 있는 것으로서 정당하여 그대로 유지되어야 하고, 이를 변경할 이유나 필요도 없다.」($\binom{\text{대판(전원) 2011. 7.}}{\text{21, 2011재다199}}$)

(ㅇ)「불법행위에 있어 위법행위 시점과 손해발생 시점 사이에 시간적 간격이 있는 경우에 불법행위로 인한 손해배상청구권의 지연손해금은 손해발생 시점을 기산일로 하여 발생한다.」($\binom{\text{대판 2011. 7. 28, 2010다76368. 같은}}{\text{취지: 대판 2022. 6. 16, 2017다289538}}$)

(ㅈ) 타인의 불법행위로 인하여 상해를 입고 그 때문에 사망한 자는 상해를 입음과 동시에 가해자에 대하여 장래 생존하여 얻을 이익의 상실에 따른 손해배상청구권을 취득하는 것이고 그 손해는 사망 이전에 발생하는 것이지 사망을 원인으로 하여 발생하는 것이 아니므로 불법행위일부터 재산상 손해와 위자료를 합산한 금액 전부에 대하여 지연손해금의 지급을 명한 것은 정당하다($\binom{\text{대판 1993. 3. 9,}}{\text{92다48413}}$).

(ㅊ)「집합건물법 제 9 조에 의하여 준용되는 민법 제667조가 정하는 수급인의 하자보수에 갈음하는 손해배상채무는 이행의 기한이 없는 채무로서 이행청구를 받은 때부터 지체책임이 있다.」($\binom{\text{대판 2009. 2. 26,}}{\text{2007다83908}}$)

(ㅋ)「신원보증인의 채무는 피보증인의 불법행위로 인한 손해배상채무 그 자체가 아니고 신원보증계약에 기하여 발생한 채무로서 이행기의 정함이 없는 채무이므로 채권자로부터 이행청구를 받지 않으면 지체의 책임이 생기지 않는다.」($\binom{\text{대판 2009. 11. 26,}}{\text{2009다59671}}$)

(ㅌ)「유류분반환청구권의 행사로 인하여 생기는 원물반환의무 또는 가액반환의무는 이행기한의 정함이 없는 채무이므로, 반환의무자는 그 의무에 대한 이행청구를 받은 때에 비로소 지체책임을 진다.」($\binom{\text{대판 2013. 3. 14,}}{\text{2010다42624·42631}}$)

(ㅍ)「추심명령은 압류채권자에게 채무자의 제 3 채무자에 대한 채권을 추심할 권능을 수여함에 그치고, 제 3 채무자로 하여금 압류채권자에게 압류된 채권액 상당을 지급할 것을 명하거나 그 지급기한을 정하는 것이 아니므로, 제 3 채무자가 압류채권자에게 압류된 채권액 상당에 관하여 지체책임을 지는 것은 집행법원으로부터 추심명령을 송달받은 때부터가 아니라, 추심명령이 발령된 후 압류채권자로부터 추심금 청구를 받은 다음날부터라고 할 것이다.」($\binom{\text{대판 2012. 10. 25,}}{\text{2010다47117}}$)

(ㅎ)「형사보상 청구인은 형사보상법에서 정한 절차에 따라 무죄판결을 선고한 법원

으로부터 보상결정을 받아 그 법원에 대응하는 검찰청에 보상금 지급청구서를 제출하면서 보상금의 지급을 청구할 수 있다. 이러한 경우 국가가 청구인에 대한 보상금의 지급을 지체한다면, 금전채무를 불이행한 것으로 보아 국가는 청구인에게 미지급 보상금에 대한 지급청구일 다음 날부터 민법 제397조에 따라 지연손해금을 가산하여 지급하여야 한다.」$\binom{대판\ 2017.\ 5.\ 30,}{2015다223411}$

(ㄱ)「기한을 정하지 않은 채무에 정지조건이 있는 경우, 정지조건이 객관적으로 성취되고 그 후에 채권자가 이행을 청구하면 바로 지체책임이 발생한다. 조건과 기한은 하나의 법률행위에 독립적으로 작용하는 부관이므로, '조건의 성취'는 '기한이 없는 채무에서 이행기의 도래'와는 별개의 문제이기 때문이다.

그리고 청구금액이 확정되지 아니하였다는 이유만으로 채무자가 지체책임을 면할 수는 없다. 청구권은 이미 발생하였고 가액이 아직 확정되지 아니한 것일 뿐이므로, 지연손해금 발생의 전제가 되는 원본채권이 부존재한다고 말할 수는 없기 때문이다. 불법행위로 인한 손해배상채무의 경우 불법행위가 발생한 시점에는 손해배상액을 확정할 수 없는 경우가 대부분이지만, 그 발생시점부터 지체책임이 성립하는 점에 비추어도 그러하다.」$\binom{대판\ 2018.\ 7.\ 20,}{2015다207044}$

4) 기한의 이익을 상실한 채무 [68]

(가) 일정한 사유가 있는 때에는 채무자는 기한의 이익$\binom{153조.\ 민법총}{칙\ [258]\ 참조}$을 잃는다. 채무자를 신뢰할 수 없는 사정이 생긴 경우에까지 채무자에게 기한의 이익을 부여할 이유가 없기 때문이다. 그 사유는 다음과 같다.

(a) 채무자가 담보를 손상, 감소 또는 멸실하게 한 때$\binom{388조}{1호}$ 여기의 담보는 물적 담보$\binom{질권·저당권·가등기}{담보·양도담보\ 등}$뿐만 아니라 인적 담보$\binom{보증}{등}$도 포함한다. 그리고 손상·감소·멸실하게 하는 행위는 법률행위일 수도 있고 사실행위일 수도 있다$\binom{이설}{없음}$. 채무자에게 고의·과실이 있어야 하는가에 관하여는 i) 긍정설$\binom{주해(9),\ 137}{면(양창수)}$과 ii) 부정설$\binom{곽윤직,\ 76면;\ 김상용,\ 114면;\ 김용한,\ 128면;\ 김주수,}{116면;\ 김학동,\ 98면;\ 김형배,\ 180면;\ 장경학,\ 156면}$이 대립되는데, 과실책임의 원칙에 비추어 볼 때 i)설이 타당하다.

(b) 채무자가 담보제공의 의무를 이행하지 않은 때$\binom{388조}{2호}$ 채무자의 담보제공의무는 당사자 사이의 특약이나 법률의 규정에 의하여 생기며, 그것들 모두가 여기의 의무에 해당한다. 그리고 담보도 인적 담보인지 물적 담보인지를 묻지 않는다.

(c) 채무자가 파산의 선고를 받은 때$\binom{채무자회생}{법\ 425조}$

(d) 그 밖에 민법에는 규정이 없으나, 당사자가 기한의 이익의 상실에 관하여

특약을 할 수도 있으며($_{97다12990}^{대판 1997. 8. 29,}$), 그때에는 임의규정인 제388조의 내용과 다르게 정할 수도 있다($_{99다56192}^{대판 2001. 10. 12,}$).

(내) 기한이익의 상실사유가 있으면 채무자는 기한의 이익을 「주장하지 못한다」($_{본문}^{388조}$). 따라서 채권자는 기한이 있음에도 불구하고 즉시 이행을 청구할 수도 있다. 그러나 기한의 도래가 의제(간주)되는 것은 아니기 때문에, 채권자는 기한의 존재를 인정하여 기한까지의 이익을 청구할 수도 있다. 결국 기한이익의 상실사유가 있는 때에는 채권자의 청구가 있는 때로부터 채무자는 지체책임을 지게 된다.

〈판 례〉

(ㄱ)「기한이익 상실의 특약은 그 내용에 의하여 일정한 사유가 발생하면 채권자의 청구 등을 요함이 없이 당연히 기한의 이익이 상실되어 이행기가 도래하는 것으로 하는 정지조건부 기한이익 상실의 특약과 일정한 사유가 발생한 후 채권자의 통지나 청구 등 채권자의 의사행위를 기다려 비로소 이행기가 도래하는 것으로 하는 형성권적 기한이익 상실의 특약의 두 가지로 대별할 수 있고, 기한이익 상실의 특약이 위의 양자 중 어느 것에 해당하느냐는 당사자의 의사해석의 문제이지만 일반적으로 기한이익 상실의 특약이 채권자를 위하여 둔 것인 점에 비추어 명백히 정지조건부 기한이익 상실의 특약이라고 볼 만한 특별한 사정이 없는 이상 형성권적 기한이익 상실의 특약으로 추정하는 것이 타당하다. …

그리고 이른바 형성권적 기한이익 상실의 특약이 있는 경우에는 그 특약은 채권자의 이익을 위한 것으로서 기한이익의 상실사유가 발생하였다고 하더라도 채권자가 나머지 전액을 일시에 청구할 것인가 또는 종래대로 할부변제를 청구할 것인가를 자유로이 선택할 수 있으므로, 이와 같은 기한이익 상실의 특약이 있는 할부채무에 있어서는 1회의 불이행이 있더라도 각 할부금에 대해 그 각 변제기의 도래시마다 그때부터 순차로 소멸시효가 진행하고 채권자가 특히 잔존채무 전액의 변제를 구하는 취지의 의사를 표시한 경우에 한하여 전액에 대하여 그때부터 소멸시효가 진행하는 것」이다($_{취지: 대판 1997. 8. 29, 97다12990}^{대판 2002. 9. 4, 2002다28340. 같은}$).

(ㄴ)「계약당사자 사이에 일정한 사유가 발생하면 채무자는 기한의 이익을 잃고 채권자의 별도의 의사표시가 없더라도 바로 이행기가 도래한 것과 같은 효과를 발생케 하는 이른바 정지조건부 기한이익 상실의 특약을 하였을 경우에는 그 특약에 정한 기한이익의 상실사유가 발생함과 동시에 기한의 이익을 상실케 하는 채권자의 의사표시가 없더라도 이행기 도래의 효과가 발생하고, 채무자는 특별한 사정이 없는 한 그때부터 이행지체의 상태에 놓이게 된다고 할 것이다.」($_{취지: 대판 1999. 7. 9, 99다15184}^{대판 1989. 9. 29, 88다카14663. 같은}$)

5) 채권이 가압류된 경우　　　채권이 가압류된 경우에 제 3 채무자가 이행

지체책임을 면하는가? 여기에 관하여 판례는, 채권의 가압류는 제 3 채무자에 대하여 채무자에게 지급하는 것을 금지하는 데 그칠 뿐 채무 그 자체를 면하게 하는 것이 아니고, 가압류가 있다 하여도 그 채권의 이행기가 도래한 때에는 제 3 채무자는 그 지체책임을 면할 수 없다고 한다(대판(전원) 1994. 12. 13, 93다951(이 경우에 제 3 채무자로서는 공탁을 함으로써 이중변제 의 위험에서 벗어나고 이행지체의 책임도 면할 수 있다): [247]에 인용함).

(2) 이행이 가능할 것   [69]

이행지체로 되려면 이행기에 이행이 가능하여야 하며, 이행이 불가능하면 이행불능으로 된다. 그리고 이행기에 이행이 가능하였으나, 그 이후에 불능으로 된 경우 즉 이행지체 후의 이행불능도 불능으로 된 때부터는 이행불능으로 다루어야 할 것이다(이설 없음).

(3) 이행이 없을 것

채무가 이행되었거나 이행의 제공이 있으면 이행지체로 되지 않으며, 그 어느 것도 없는 경우에 이행지체로 된다.

대법원은, 계약당사자 사이에서 일방이 상대방에 대해 계약의 체결이 관련 법령 등에 위반되지 않는다는 점과 함께 그 계약의 이행을 진술·보장하였는데도 계약을 이행하지 못하여 상대방에게 손해를 입힌 경우에는 계약상 의무를 이행하지 않은 것에 해당하므로 일종의 채무불이행 책임이 성립하나(대판 2019. 6. 13, 2016다203551. 대판 2018. 10. 12, 2017다6108도 참조), 당사자 사이에 체결된 계약이 강행법규 위반으로 무효인 경우에 그 계약 불이행을 이유로 진술·보장 약정에 따른 손해배상채무를 이행하는 것이 강행법규가 금지하는 것과 동일한 결과를 가져온다면 이는 강행법규를 잠탈하는 결과가 되고, 이러한 경우에는 진술·보장 조항 위반을 이유로 손해배상을 청구할 수 없다고 한다(대판 2019. 6. 13, 2016다203551).

(4) 이행하지 않는 데 대하여 채무자에게 책임있는 사유(유책사유)가 있을 것

1) 서   설   민법은 이행불능에 관하여는 채무자의 책임있는 사유 즉 유책사유(귀책사유)를 요구하고 있다(390조 단서·546조). 그에 비하여 이행지체에 관하여는 명문의 규정이 없다. 그렇지만 학설은 일치하여 이행지체의 경우에도 유책사유가 필요하다고 한다. 생각건대 과실책임의 원칙상 이행지체와 이행불능을 구별할 이유가 없고, 제397조 제 2 항을 반대해석하면 금전채무 이외의 채무가 이행지체에 있는 때에는 과실없음을 항변할 수 있으며, 제391조·제392조도 유책사

유를 인정하는 전제에 서있는 만큼, 통설을 따라야 할 것이다.

　채무자의 유책사유는 채무자의 고의·과실 외에 채무자의 법정대리인·이행 보조자의 고의·과실도 포함한다($^{391}_{조}$)($^{김형배, 153면은 우연한 사고라 하더라도 그것이 채무자의 지}_{체 중에 발생한 것일 때에는 채무자의 귀책사유로 인정된다고}^{설명}_{한다}$). 따라서 그 유책사유는 채무자의 고의·과실보다 넓은 개념이다.

　일부 견해($^{김형배, 173면;}_{이은영, 247면}$)는 고의·과실의 개념 속에 위법성의 요소가 포함되어 있으므로 위법성을 별개의 요건으로 할 필요가 없다고 하나, 이는 옳지 않다.

　2) 채무자의 고의·과실　　　고의는 자기의 행위로부터 이행지체라는 위법 한 결과가 발생할 것을 인식하면서도 그 행위를 하는 것이다. 그리고 과실은 자기의 행위로부터 이행지체라는 위법한 결과가 발생할 것을 인식했어야 함에도 불구하고 부주의로 말미암아 인식하지 못하는 것이다. 여기서 요구되는 주의는 원칙적으로 선량한 관리자의 주의(선관주의) 즉 채무자의 사회적 지위·종사하는 직업 등에서 보통 일반적으로 요구되는 정도의 주의이다($^{이 원칙을 민법은 374조에서 특정}_{물채무에 관하여 규정하고 있다}$). 다만, 무상임치($^{695}_{조}$) 등에서는 「자기 재산과 동일한 주의」 등으로 주의의무를 경감시키고 있다($^{[32]}_{참조}$). 이들 중 선량한 관리자의 주의의무 위반을 추상적 과실이라고 하고, 경감된 주의를 위반하는 것을 구체적 과실이라고 한다.

　　가령 무상수치인이 주의능력이 매우 뛰어나서 자신의 평소의 주의를 다하지는 못 했지만 선관주의보다는 더 주의를 베푼 경우에 면책되는가? 이때 책임을 지우는 것 은 부당하다. 그 점 때문에 일부 견해($^{이은영,}_{249면}$)는 무상임치 등에서의 주의의무의 경감 은 개인적인 능력 차이와 관계없이 모든 채무자에게 부여되는 책임감경의 성격을 갖 는다고 하면서, 이때라고 해서 과실이 주관적으로 판단되는 것은 아니라고 한다. 그 러나 그 경우의 면책은 주의의무 경감의 취지상 인정되어야 한다는 예외 인정으로 충분하며, 그것을 위하여 구체적 과실 개념을 버릴 것은 아니다. 그리고 실제로는 선 관주의는 대단히 높은 주의이어서 자신의 주의를 다 베풀지 않았는데도 그것을 넘는 경우는 있기 어렵다.

　위와 같은 채무자의 고의나 과실이 있으면 채무자의 이행지체가 성립할 수 있다.

　한편, 판례에 따르면, 채무자가 자신에게 채무가 없다고 믿었고 그렇게 믿은 데 정당한 사유가 있는 경우에는 채무불이행에 고의나 과실이 없는 때에 해당한 다고 한다($^{대판 2013. 12. 26, 2011다85352;}_{대판 2015. 1. 29, 2013다100750}$). 그러나 채무자가 채무의 발생원인 내지 존재에 관한 법률적인 판단을 통하여 자신의 채무가 없다고 믿고 채무의 이행을 거부한 채 소송을 통하여 이를 다투었다고 하더라도, 채무자의 그러한 법률적 판단이 잘못된 것이라면 특별한 사정이 없는 한 채무불이행에 관하여 채무자에게 고의나 과실이 없다고는 할 수 없다고 한다(^{대판 2013. 12. 26, 2011다85352;} _{대판 2015. 1. 29, 2013다100750}).

3) 법정대리인 · 이행보조자의 고의 · 과실   [70]

(가) 서   설   제391조는 「채무자의 법정대리인이 채무자를 위하여 이행하거나 채무자가 타인을 사용하여 이행하는 경우에는 법정대리인 또는 피용자의 고의나 과실은 채무자의 고의나 과실로 본다」고 규정한다. 이와 같이 채무자의 법정대리인이나 이행보조자의 고의 · 과실이 채무자의 고의 · 과실로 의제(간주)되기 때문에, 채무불이행에 있어서 채무자의 유책사유는 채무자의 고의 · 과실로부터 법정대리인 · 이행보조자의 고의 · 과실에까지 확장하게 되고, 채무자는 그들의 행위에 대하여 책임을 지게 된다. 민법이 이와 같은 규정을 둔 이유는 타인을 사용하여 이익을 얻는 채무자는 동시에 그로부터 생길 수 있는 위험(^{채권자의 이익}_{을 침해할 위험})도 부담하는 것이 마땅하다는 데 있다.

제391조는 채권관계가 존재하고 있는 경우(^{예: 지붕수리의 도급}_{계약을 체결한 경우})에 넓은 의미의 채무이행(^{이행행위 외에 그것과}_{관련성이 있는 행위})에 관하여서만 적용된다(^{판례도 같다. 대판 2008.}_{2. 15, 2005다69458}). 그에 비하여 그 밖의 관계에서는 적용되지 않는다. 따라서 어떤 법정채권관계가 새로 성립하는 경우에는 적용이 없다. 지붕수리 보조자가 공구를 떨어뜨려 행인을 다치게 한 경우가 그 예이다. 이행보조자 등의 행위가 단순히 그러한 행위를 하는 기회에 즈음하여 행하여진 경우에도 적용되지 않는다. 예컨대 지붕수리 보조자가 나오면서 시계를 훔친 경우에 그렇다. 그리고 채무이행에 관한 것인 한 급부의무의 위반이 있었는지 「기타의 행위의무」의 위반이 있었는지는 묻지 않는다. 따라서 지붕수리 보조자가 수리를 하다가 과실로 유리창을 깬 경우에는 채무자가 책임을 지게 된다.

〈판   례〉

「이행보조자의 행위가 채무자에 의하여 그에게 맡겨진 이행업무와 객관적, 외형적으로 관련을 가지는 경우에는 채무자는 그 행위에 대하여 책임을 져야 하고, 채무의 이행에 관련된 행위이면 가사 이행보조자의 행위가 채권자에 대한 불법행위가 된다고 하더라도 채무자가 면책될 수는 없다.」(^{대판 2008. 2. 15,}_{2005다69458})

　　법정대리인 또는 이행보조자의 과실 판단의 경우에는 누구의 주의의무를 기준으로 하여야 하는가? 여기에 관하여는 보조자가 아니고 채무자를 기준으로 하여야 한다는 견해만 주장되고 있다(김상용, 103면; 김형배, 158면; 이은영, 258면; 장경학, 144면; 주해⑼, 427면(양창수); 지원림, 1089면). 그럼에 있어서 법정대리인과 이행보조자를 구분하지도 않는다. 생각건대 제한능력자의 경우를 생각해 보면, 법정대리인이 채무를 이행하는 때에는 법정대리인을 기준으로 함이 옳다. 그리고 이행보조자를 사용하는 때에는 원칙적으로는 채무자를 기준으로 하여야 할 것이나, 특별한 사정이 있는 때에는 예외가 인정되어야 한다. 가령 자기보다 더 능력이 나은 자에게 맡긴다는 약속이 있는 경우에 그렇다.

　　⑷ **법정대리인**　　　　법정대리인은 대리권이 법률의 규정에 기초하여 주어지는 대리인이다. 여기의 법정대리인은 제391조의 취지에 비추어 넓게 새기는 것이 일반이다. 그리하여 친권자·후견인·부재자 재산관리인뿐만 아니라 유언집행자·파산관재인·일상가사대리권 있는 부부 등이 모두 포함된다(이설 없음).

　　⒟ **이행보조자**　　　　이행보조자는 채무자가 채무의 이행을 위하여 사용하는 자이다. 종래의 통설은 이러한 이행보조자를 넓은 의미의 것으로 이해하고, 그것을 다시 협의의 이행보조자와 이행대행자로 구분한다(대표적으로 곽윤직, 78면). 그런데 근래에는 이러한 구별에 소극적인 견해도 있다(김학동, 84면; 주해⑼, 419면(양창수). 대판 1999. 4. 13, 98다51077·51084; 대판 2002. 7. 12, 2001다44338; 대판 2011. 5. 26, 2011다1330도 유사한 것으로 보인다). 그러나 이행대행자에 대하여는 제391조가 적용되지 않아야 하는 경우도 있으므로 양자는 구별하는 것이 옳다.

〈판　례〉

　　㈀「민법 제391조에서의 이행보조자로서의 피용자라 함은 일반적으로 채무자의 의사관여 아래 그 채무의 이행행위에 속하는 활동을 하는 사람이면 족하고, 반드시 채무자의 지시 또는 감독을 받는 관계에 있어야 하는 것은 아니므로 채무자에 대하여 종속적인가 독립적인 지위에 있는가는 문제되지 않는 것이어서, 임대인이 임차인과의 임대차계약상의 약정에 따라 제 3 자에게 도급을 주어 임대차목적 시설물을 수선한 경우에는, 그 수급인도 임대인에 대하여 종속적인지 여부를 불문하고 이행보조자로서의 피용자라고 보아야 할 것이고, 이러한 수급인이 시설물 수선공사 등을 하던 중 수급인의 과실로 인하여 화재가 발생한 경우에는, 임대인은 민법 제391조에 따라 위 화재발생에 귀책사유가 있다 할 것이어서 임차인에 대한 채무불이행상의 손해배상책임이 있다 할 것이다.」(대판 2002. 7. 12, 2001다44338. 같은 취지: 대판 1999. 4. 13, 98다51077·51084. 이 판결의 앞 부분에 대하여 대판 2011. 5. 26, 2011다1330; 대판 2018. 2. 13, 2017다275447도 같은 태도이다)

(ㄴ) 「이행보조자가 채무의 이행을 위하여 제 3 자를 복이행보조자로서 사용하는 경우에도 채무자가 이를 승낙하였거나 적어도 묵시적으로 동의한 경우에는 채무자는 복이행보조자의 고의, 과실에 관하여 민법 제391조에 의하여 책임을 부담한다고 보아야 한다.」(기획여행업자인 갑 회사와 사전 협의에 따라 현지에서 선택관광 서비스를 제공해 온 병이 고용한 현지 운전사의 과실로 교통사고가 발생하여 을 등이 사망한 사안에서, 갑 회사와 을 등이 체결한 기획여행계약의 약관조항에서 규정하는 '현지 여행업자'는 '여행업자의 여행지 현지에서의 이행보조자 내지 여행업자가 사용을 승낙하였거나 또는 적어도 사용에 묵시적으로 동의한 복이행보조자'를 의미하는 것으로 해석해야 하므로, 병이 약관의 '현지 여행업자'에 해당한다고 보아 갑 회사는 을 등이 입은 손해를 배상할 책임이 있다고 한 사례)(대판 2011. 5. 26, 2011다1330. 같은 취지: 대판 2020. 6. 11, 2020다201156)

(ㄷ) 「민법 제391조의 이행보조자로서의 피용자라 함은 채무자의 의사 관여 아래 그 채무의 이행행위에 속하는 활동을 하는 사람을 의미하므로(대법원 2002. 7. 12. 선고 2001다44338 판결, 대법원 2007. 6. 14. 선고 2007다10290 판결 등 참조), 채무자의 채권자에 대한 채무 이행행위에 속한다고 볼 수 없는 활동을 하는 사람을 민법 제391조의 이행보조자에 해당한다고 볼 수는 없다.」(예술의전당이 갑 주식회사와 예술의 전당이 관리·운영하는 오페라극장에 관한 대관계약을 체결한 후 오페라극장에서 국립오페라단의 공연 도중 발생한 화재로 무대와 조명 등이 소실되어 위 대관계약 이행이 불가능하게 된 사안에서, 국립오페라단이 위 대관계약에 관한 예술의전당의 이행보조자 지위에 있다고 하여 예술의전당에 위 대관계약의 이행불능으로 갑 회사가 입은 손해를 배상할 책임이 있다고 본 원심판결에 법리오해의 위법이 있다고 한 사례)(대판 2013. 8. 23, 2011다2142)

(a) 협의의 이행보조자   좁은 의미로 이행보조자라고 하면 채무자의 지시에 따라 채무의 이행을 보조하는 자이다. 지붕수리업자의 조수가 그 예이다. 이행보조자가 이행을 보조하는 관계는 사실상의 관계(예: 가족이나 친구가 보조하는 경우)로 충분하며 고용과 같은 채권계약이 있을 필요는 없다(같은 취지: 대판 2018. 2. 13, 2017다275447). 그리고 제 3 자가 단순히 호의로 행위를 한 경우에도 그것이 채무자의 용인 아래 이루어지는 것이면 그 제 3 자는 이행보조자에 해당한다(대판 2018. 2. 13, 2017다275447). 또한 이행보조자의 활동이 일시적인지 계속적인지도 문제되지 않는다(대판 2018. 2. 13, 2017다275447).   [71]

이행보조자이기 위하여서는 그 자의 행위에 관하여 채무자가 간섭을 할 수 있는 가능성이 있어야 하는가, 즉 그 보조자에 관하여 선임·지휘·감독 등을 할 수 있어야 하는가? 구체적으로는 우편·철도 등을 이용하는 경우에 그 직원이 이행보조자로 되는지 문제된다. 여기에 관하여는 i) 긍정설(김대정, 475면; 곽윤직, 78면; 김용한, 132면)과 ii) 부정설(김상용, 106면; 김학동, 85면; 김형배, 161면; 이은영, 255면; 주해(9), 409면(양창수); 주석 채권총칙(1), 578면(이상욱). 지원림, 1088면도 이에 속하는 것으로 보인다)이 대립하고 있

다. 그리고 판례는 협의의 이행보조자와 이행대행자로 구분하지 않으면서, 제391
조에 정하고 있는 「이행보조자」로서 피용자는 채무자의 의사 관여 아래 그 채무
의 이행행위에 속하는 활동을 하는 사람이면 충분하고 반드시 채무자의 지시 또
는 감독을 받는 관계에 있어야 하는 것은 아니며, 따라서 그가 채무자에 대하여
종속적인 지위에 있는지, 독립적인 지위에 있는지는 상관없다고 한다(대판 1999.
4. 13, 98다
51077 · 51084; 대판 2002. 7. 12, 2001다44338; 대판 2008. 2. 15, 2005다69458; 대판 2011. 5. 26, 2011다
1330; 대판 2018. 2. 13, 2017다275447; 대판 2018. 12. 13, 2015다246186; 대판 2020. 6. 11, 2020다211156). 그런데 이
판결 사안들은 대부분 이행대행자에 관한 것이다(대판 2008. 2. 15, 2005다
69458만은 그렇지 않다). 주의할 것은,
이러한 판례가 우편 · 철도 등을 이용하는 경우에도 꼭 같은 결론을 취할 것인지
는 확언하기 어렵다는 점이다. 독일에서는 이행보조자에 대하여 사회적 종속관
계를 요구하지 않으면서도 철도 · 우편은 이행보조자일 수 없다는 견해도 있을 수
있기 때문이다(Larenz, S. 298 ·
299 참조). 생각건대 간섭가능성이 없는 경우에까지도 채무자에
게 책임을 지우는 것은 지나치다고 할 것이므로 긍정설을 따라야 한다. 그리고
협의의 이행보조자와 이행대행자의 구분이 필요하다 함은 앞에서 기술하였다
([70]
참조).

이행보조자가 협의의 이행보조자인 경우에는 언제나 제391조가 적용된다.

(b) 이행대행자   이행대행자는 채무자의 이행을 위하여 단순히 보조하
는 것이 아니라 독립하여 채무의 전부 또는 일부를 채무자에 갈음하여 이행하는
자이다. 수치인에 갈음하여 임치물을 보관하는 제 3 수치인, 임차물을 수선하거
나 거기에 일정한 시설을 할 의무가 있는 임대인으로부터 도급을 받아 목적물을
수선하거나(대판 2002. 7. 12,
2001다44338 참조) 시설을 설치하는 수급인(대판 1999. 4. 13, 98
다51077 · 51084 참조)이 그 예이다.

이행대행자의 행위에 대하여 채무자가 책임을 지는가? 여기에 관하여 학설
은 나뉘어 있다. i) 통설은 세 경우 즉 ① 명문규정상 · 특약상 · 채무의 성질상 대
행자의 사용이 허용되지 않는 경우(120조 · 657조 2항 · 682조 ·
701조 · 1103조 2항 등), ② 명문규정상(122조
등) · 채
권자의 승낙에 의하여 대행자의 사용이 허용되는 경우, ③ 명문상 또는 특약으로
금지되어 있지도 않고 허용되어 있지도 않아서 채무의 성질상 사용해도 무방한
경우로 나누어, ①의 경우에는 대행자를 사용하는 것 자체가 의무위반(채무불이
행)이 되므로 대행자의 고의 · 과실을 불문하고 채무자의 책임이 생기고, ②의 경
우에는 원칙적으로 대행자의 선임 · 감독에 과실이 있는 때에만 책임을 지며
(121조 · 682조 2항 · 701
조 · 1103조 2항 등 참조), ③의 경우에는 제391조가 적용되어 대행자의 고의 · 과실이 채

무자의 고의 · 과실로 다루어진다고 한다(곽윤직, 79면; 김대정, 475면; 김상용, 109면;
김용한, 133면; 김주수, 119면; 장경학, 140면). 기본적으로 통설과 같은 견지에 있으면서 ②의 경우에 선임 · 감독에 과실이 있는 때에만 책임을 지도록 하는 명문규정이 없을 때에는 제391조가 적용된다는 것을 명시하는 문헌도 있다(김형배,
162면). ii) 제 1 소수설은 이 문제는 이행대행자에 의하여 행하여진 이행행위가 채무의 내용에 좇은 이행행위가 되는가의 문제, 즉 제390조의 이행행위의 내용적 적합성의 문제라고 하면서, ㉠ 법률규정 · 당사자의 합의 · 채무의 객관적 성질에 비추어 대행자의 사용이 금지된 경우와 ㉡ 대행자의 사용이 허용되는 경우로 나누어, ㉠의 경우에는 대행자를 사용하는 것이 곧 채무자의 고의 · 과실에 의한 불이행이 되고, ㉡의 경우에는 제391조가 적용된다고 한다(이은영,
256면). iii) 제 2 소수설은 이행대행자는 채권자의 승낙(동의)이 있거나 법률의 규정이 있는 경우에만 선임될 수 있고, 채권자의 동의나 법률의 규정이 없는 경우에 이행대행자를 둘 수도 있고 두지 않을 수도 있는 경우는 있을 수 없다고 하면서, 이행대행자를 사용할 수 없음에도 무단으로 이행대행자를 선임하였다면 그 선임행위 자체가 채무불이행이 되고, 이행대행자를 선임할 수 있는 경우에는 채무자에게 선임 · 감독에 과실이 있는 경우에만 책임을 진다고 한다(이호정, 89면;
지원림, 1089면). 이 견해에 의하면 이행대행자의 경우에는 제391조가 적용될 여지가 없게 된다. 생각건대 두 소수설은 통설이 말하는 ③의 경우가 없다고 하나, 그러한 경우도 존재한다(대판 2002. 4. 12, 2001
다82545 · 82552 참조). 채무 가운데 결과채무는 제 3 자가 변제할 수도 있기 때문이다. 따라서 통설처럼 세 경우로 나누는 것이 타당하다. 그리고 그 각각의 경우의 책임도 대체로 통설이 옳다. 다만, 통설이 말하는 ②의 경우에는 선임 · 감독에 과실이 있는 때에만 책임을 지도록 하는 명문규정이 없을 때에도 유사한 다른 경우의 규정을 유추적용하여 선임 · 감독상 과실이 있는 경우에만 책임을 진다고 하여야 한다(김학동, 86면은 이행대행자를 따로 나누지 않으면서, 통설이 말하는 ①의 경우에는
391조가 적용되어야 하고, ②의 경우의 책임감경은 위임 · 임치에서만 일어난다고 한다).

〈이행보조자와 관련된 기타의 문제〉

(ㄱ) **이용보조자(利用補助者)**   이행대행자의 특수한 것에 이용보조자가 있다. 이용보조자는 채무자가 목적물을 이용할 때 그 이용을 보조하는 자이며, 임차인의 가족 · 동거인이 그 예이다. 이용보조자의 행위는 채무자(가령
임차인)의 목적물 이용권(권리)에 협력하는 행위이면서 동시에 목적물 보관의무(채무)를 보조하는 행위이다. 그리고 후자의 면에서 보면 이용보조자의 행위도 이행보조자의 행위라고 할 수 있다. 그러나 이용보조자는 권리행사도 보조하는 점에서 이행보조자와 다르다. 그렇지만

채무불이행에 관하여는 제391조를 적용하여야 한다.

(ㄴ) **전차인(轉借人) 문제** 전차인이 이행보조자인가(지원림, 1088면은 이행보조자 (또는 이용보조자)라고 한다), 이행대행자인가, 이용보조자인가(김용한, 134면)에 관하여는 학설의 태도가 분명치 않다.

그리고 전차인의 과실에 대한 임차인의 책임과 관련하여서는 i) 전대에 임대인의 동의가 있는 경우에는 책임이 경감되어 선임·감독에 과실이 있는 경우에만 책임을 지고, 동의가 없는 무단전대의 경우에는 의무위반으로 인한 채무불이행책임을 진다는 견해(김형배, 163면; 장경학, 143면), ii) 전대에 승낙이 있는 경우에는 책임이 경감되고 승낙이 없는 경우에는 제391조가 적용된다는 견해(김용한, 134면; 김주수, 120면), iii) 임대인의 동의를 얻어 전대한 경우에도 임차인은 책임을 지게 되나 신의칙에 의하여 경감될 수 있고, 무단전대의 경우는 임대인에게 대항할 수 있는 무단전대인 때에는 전차인은 임차인의 이행보조자로 해석되나 임대인에게 대항할 수 없는 무단전대인 때에는 무단전대 자체가 바로 임차인의 의무위반으로서 임차인은 채무불이행책임을 진다는 견해(김상용, 107면), iv) 임대인의 승낙이 없는 경우에는 전대 자체가 채무불이행으로 되고, 동의가 있는 경우에는 제391조가 적용된다는 견해(주해(9), 421면(양창수))가 대립하고 있다. 생각건대 전차인은 일종의 이행대행자라고 보는 것이 옳을 듯하다. 그리하여 전차인의 과실에 임차인이 책임을 지느냐에 대하여는 이행대행자에 관한 이론을 그대로 적용하여야 한다. 그에 의하면 임차인이 임대인의 동의를 얻지 않고 전대한 경우에는 전대 자체가 의무위반이므로 임차인은 전차인의 과실을 불문하고 책임을 져야 하고, 임대인의 동의를 얻어 전대한 경우에는 전차인의 선임·감독에 과실이 있는 때에만 책임을 진다. 건물의 임차인이 건물의 소부분을 임대인의 동의 없이 전대한 때에는 제391조를 적용하는 것이 옳다. 제632조는 임차인의 편의를 위한 규정이라고 보아야 하기 때문이다.

(ㄷ) **체약보조자(締約補助者) 문제** 계약체결상의 과실(채권법각론 [30] 이하 참조)이론을 취할 경우에는 체약보조자의 과실에 대하여도 본인이 책임을 지게 된다.

(ㄹ) **제3자 보호효력 있는 계약에서의 문제** 제 3 자 보호효력 있는 계약이론(채권법각론 [52] 참조)을 인정하게 되면, 가령 채무자의 이행보조자의 과실로 채권자의 가족이나 가정부가 피해를 입은 때에는 그 제 3 자도 제391조에 기하여 채무자에게 책임을 물을 수 있게 된다.

[72]　　**(라) 효　　과**

(a) 채무자의 법정대리인·이행보조자의 고의·과실이 있는 경우에는 채무자에게 고의·과실이 있는 것으로 의제되어(391조), 채무자가 채권자에 대하여 채무불이행으로 인한 손해배상책임을 진다(390조). 이행보조자 등은 채권자에 대하여 채무불이행책임은 지지 않는다. 그러나 불법행위책임을 질 수는 있다(750조). 그 경우의 채무자의 책임과 이행보조자의 책임은 부진정연대채무 관계에 있다(대판 1994. 11. 11, 94다22446).

(b) 사정에 따라서는 이행보조자의 행위에 대하여 채무자의 사용자책임의 요건이 갖추어질 수도 있다. 그러한 때 가운데 채무자에게 채무불이행책임은 없는 경우도 있으나, 채무불이행책임을 져야 하는 경우도 있다. 그런데 후자의 경우에는 청구권의 경합도 문제된다$\binom{채권법각론}{[251] 참조}$.

(c) 이행보조자는 내부관계에 기하여 또는 일반적인 구상법리에 의하여 채무자에게 손해배상책임을 져야 할 경우도 있다.

〈이행보조자의 행위에 대한 채무자의 책임$\binom{391}{조}$과 사용자책임$\binom{756}{조}$의 비교〉

이 두 책임은 모두 타인에 의하여 발생한 손해에 대한 책임인 점에서 같다. 그러나 다음과 같은 여러 가지 점에서 차이가 있다. ① 전자는 이미 현존하는 채권관계를 전제로 하나$\binom{채무불이}{행책임}$, 후자는 기존의 채권관계를 전제로 하지 않는다$\binom{불법행}{위책임}$. ② 전자는 타인의 행위에 대한 책임인 데 비하여, 후자는 자신의 행위$\binom{선임 \cdot 감독}{상의 부주의}$에 대한 책임이다. ③ 제391조에 의하여서는 새로운 채권이 발생하지 않으나$\binom{독립한 채권발}{생 원인이 아님}$, 제756조에 의하여서는 독립한 손해배상채권이 발생한다. ④ 제391조에서는 면책이 불가능하나, 제756조에서는 면책이 가능하다. ⑤ 제391조의 경우에 이행보조자는 채무불이행책임을 지지 않으나$\binom{이행보조자가 불법행}{위책임을 질 수는 있음}$, 제756조에서는 피용자도 불법행위책임을 진다. ⑥ 제391조에 의한 채무자책임에는 소멸시효의 일반원칙$\binom{162}{조}$이 적용되나, 사용자책임에는 제766조의 단기시효가 적용된다.

4) 책임능력　　채무자의 유책사유가 인정되기 위하여서는 채무자에게 책임능력이 있어야 하는지가 문제된다. 여기에 관하여는 i) 필요설$\binom{곽윤직, 80면; 김상용,}{109면; 김용한, 135면;}$ $\binom{김주수, 121면; 김학동, 88면;}{주해(9), 369면 \cdot 427면(양창수)}$, ii) 불필요설$\binom{이은영,}{247면}$, iii) 구체적 과실에서는 필요하나 추상적 과실에서는 불필요하다는 견해$\binom{김형배,}{172면}$가 대립하고 있다. 생각건대 고의 · 과실이 인정되기 위하여서는 행위의 위법한 결과와 책임을 인식할 수 있어야 하고, 또 그 점은 과실의 종류와는 무관하다. 결국 책임능력이 필요하다고 할 것이다.

법정대리인 · 이행보조자에게도 책임능력이 필요한지에 관하여는 i) 필요설$\binom{주해(9), 427}{면(양창수)}$과 ii) 불필요설$\binom{김학동,}{88면}$이 대립하고 있으나, 이들에 대하여도 책임능력이 요구된다고 새겨야 한다.

5) 면책특약의 효력　　당사자 사이에 채무자 또는 이행보조자의 책임을 면하는 내용의 특약이 있었던 경우 그러한 특약도 원칙적으로 유효하다. 문제는 고의 또는 중과실에 대하여 면책된다는 것도 유효한지이다. 그에 관하여는 i) 채무자의 고의에 대한 특약은 사회질서에 반하여 무효이나, 이행보조자의 고의에 [73]

대한 특약은 유효하다는 견해($^{곽윤직, 80면;}_{김주수, 122면}$), ii) 채무자 또는 이행보조자의 고의 또는 중과실에 대한 — 책임발생 전에 행하여진 — 특약은 모두 사회질서에 반하여 무효라는 견해($^{이은영, 262면; 주해(9), 373면 · 428면(양창수). 김상용,}_{110면; 김형배, 171면은 고의에 대하여만 같은 태도이다}$), iii) 채무자의 고의 또는 중과실에 대한 특약은 사회질서에 반하여 무효지만 이행보조자의 경우에는 유효하다는 견해($^{김학동,}_{88면}$)가 대립하고 있다. 생각건대 면책특약이 책임발생 후에 행하여졌다면 그것은 설사 고의에 의한 책임에 대한 것이라도 채무면제계약으로서 유효하다고 할 것이다. 그러나 책임발생 전에 고의에 대하여 행하여진 것은 사회질서에 반하여 무효라고 하여야 한다. 보조자에 대한 것도 마찬가지이다. 그에 비하여 명문규정이 없는 한 중과실에 대한 면책특약은 유효하다고 새겨야 한다. 한편 보통거래약관($^{채권법각론}_{[8] 이하 참조}$) 안에 있는 면책조항에 대하여는 「약관의 규제에 관한 법률」에 특별규정이 있다($^{같은 법}_{7조}$).

　6) **증명책임**　　　채무자의 유책사유의 증명은 누가 하여야 하는가? 여기에 관하여 학설은 i) 채무자가 자기에게 유책사유가 없음을 증명하여야 책임을 면한다는 견해($^{곽윤직, 81면}_{등 다수설}$)와 ii) 원칙적으로는 i)설과 같으나 불완전이행의 경우에는 개별적으로 증명책임자를 결정하여야 한다는 견해($^{김학동, 91면;}_{이은영, 263면}$)로 나뉘어 있다. 그리고 판례는 이행불능($^{대판 1969. 3. 18, 69다56; 대판 1980. 11. 25,}_{80다508; 대판 1982. 8. 24, 82다카254}$)과 이행지체($^{대판 1984. 11. 27,}_{80다177}$)에 관하여, 또는 채무불이행 일반에 관하여($^{대판 1985. 3. 26, 84다카1864;}_{대판 2023. 8. 31, 2022다290297}$) i)설처럼 채무자에게 반대증명책임을 지운다.

　생각건대 제397조 제 2 항 · 제390조 단서에 비추어 볼 때 채무자가 반대증명을 하여야 할 것이다. 그리고 그러한 결과는 불완전이행($^{사전에 의하면 불완전급부}_{와 「기타의 행위의무」 위반}$)의 경우에도 인정되어야 한다. 불완전이행에 있어서 채권자는 물론 손해발생과 인과관계, 손해의 범위를 증명할 것이며, 그때 채무자는 자신이 책임을 지지 않으려면 그에게 고의 · 과실이 없었음을 증명하여야 할 것이다.

(5) 이행하지 않는 것이 위법할 것

　채무불이행이 성립하려면 위법성이 있어야 한다($^{위법성을 따로 요구하지 않는 견해가}_{있음은 앞에서 설명하였다. [63] 참조}$). 그런데 위법성은 정당화 사유 즉 위법성 조각사유가 없으면 당연히 인정되는 소극적인 요건이다($^{대판 2002. 12. 27, 2000다47361; 대판 2013. 12. 26,}_{2011다85352; 대판 2015. 1. 29, 2013다100750}$). 그리하여 채무불이행으로 인한 손해배상청구에 있어서 확정된 채무의 내용에 좇은 이행을 하지 않았다면 그 자체가 바로 위법한 것으로 평가된다($^{대판 2013. 12. 26, 2011다85352;}_{대판 2015. 1. 29, 2013다100750}$). 한편 이행지체의 위법성을 조각시키는 사유로는 유치권·동시이행의 항변권·기한유예의 항변 등이 있다.

〈판 례〉

「채무불이행에 있어서 확정된 채무의 내용에 좇은 이행이 행하여지지 아니하였다면 그 자체가 바로 위법한 것으로 평가되는 것이고, 다만 그 이행하지 아니한 것이 위법성을 조각할 만한 행위에 해당하게 되는 특별한 사정이 있는 때에는 채무불이행이 성립하지 않는 경우도 있을 수 있」다($\binom{대판\ 2002.\ 12.\ 27,}{2000다47361}$).

2. 이행지체의 효과

[74]

이행지체가 발생하였다고 하여 본래의 채무가 소멸하거나 손해배상채무로 변경되지는 않으며, 그 채무는 그대로 존속한다($\binom{395조가\ 이를\ 전제}{로\ 규정하고\ 있음}$). 그리고 그 채무는 이행이 가능하므로 채권자는 본래의 채무의 이행을 청구할 수 있다. 그러나 이는 이행지체의 효과라고 할 수는 없다. 이행지체의 효과는 손해배상청구권과 계약해제권의 발생이다($\binom{강제이행에\ 관하여}{는\ 뒤에\ 설명한다}$).

(1) 손해배상청구권의 발생

이행지체가 성립하면 채권자는 손해배상을 청구할 수 있다($\binom{390조}{본문}$).

1) **지연배상**(遲延賠償) 이행지체에 있어서 손해배상은 원칙적으로 이행의 지체로 인하여 생긴 손해의 배상 즉 지연배상이다. 금전채무의 경우의 지연이자가 그 전형적인 예이다. 이 경우에 채권자는 지연배상과 함께 본래 채무의 이행도 청구할 수 있다. 그러므로 채무자는 이들 모두를 제공하여야 채무내용에 좇은 이행의 제공을 한 것으로 된다($\binom{460조}{참조}$).

2) **전보배상**(塡補賠償) 이행지체의 경우에 채권자는 일정한 요건이 갖추어진 때에는 예외적으로 이행에 갈음하는 손해의 배상 즉 전보배상을 청구할 수 있다. 채권자가 상당한 기간을 정하여 이행을 최고하여도 그 기간 내에 이행하지 않거나 지체 후의 이행이 채권자에게 이익이 없는 때에 그렇다($\binom{395}{조}$). 그리고 전보배상을 청구할 수 있는 것은 대체물 인도의무를 이행하지 않는 경우에도 마찬가지이다($\binom{대판\ 2024.\ 2.\ 15,}{2019다238640}$).

3) **책임가중** 민법은 지체 후에 생긴 손해에 대하여는 채무자에게 유책사유가 없는 경우에도 배상하도록 하고 있다($\binom{392조}{본문}$). 그 결과 이행지체 후에는 채무자는 과실없음을 이유로 항변하지 못하고, 또 채무자가 고의·중과실에 관하여

서만 책임을 지도록 되어 있는 경우에도 지체 후에는 경과실에 대하여도 책임을 지게 된다. 다만, 채무자가 이행기에 이행하여도 손해를 면할 수 없는 경우만은 예외로 하고 있다($\substack{392조\\단서}$). 이것의 증명책임은 채무자에게 있다(반대증명책임).

(2) 계약해제권의 발생

계약상의 채무가 이행지체로 된 경우에는 채권자는 일정한 요건 하에 해제권을 취득하게 된다. 즉 채권자가 상당한 기간을 정하여 이행을 최고하였는데 그 기간 내에 이행이 없으면 그는 계약을 해제할 수 있다($\substack{544조\\본문}$). 그러나 채무자가 미리 이행하지 않을 의사를 표시한 경우 또는 정기행위의 경우에는 최고 없이 곧바로 해제할 수 있다($\substack{544조\;단\\서 \cdot 545조}$). 그리고 채권자는 계약을 해제하면서 동시에 손해배상도 청구할 수 있다($\substack{551\\조}$).

〈강제이행(强制履行)의 문제〉

민법은 제389조에서 강제이행을 규정하고 있다. 그 때문에 대부분의 문헌은 이행지체의 첫째의 효과로 강제이행을 들고 있다. 그러나 여러 번 언급한 바와 같이, 강제이행은 이행지체 기타 채무불이행의 효과가 아니고 일반적인 채권의 효력의 문제이다. 그러한 점은 그것이 본래의 채무에 관하여서만 인정되는 것이 아니고 손해배상채무에 관하여서도 인정되는 것에서도 분명히 드러난다. 또한 강제이행은 채무가 이행기에 있고 강제실현이 가능하면 채무자에게 유책사유가 없어도 행하여질 수 있다($\substack{같은\;취지:\;곽윤직,\;68면;\;김형\\배,\;183면.\;반대:\;김상용,\;117면}$). 즉 이행지체의 전형적인 효과인 손해배상청구권 · 계약해제권과 다른 것이다. 요컨대 채권자는 채무가 이행기에 있으면 소구력(訴求力)과 집행력을 행사하여 강제로 실현할 수 있고, 그것은 손해배상채무도 마찬가지이다. 이들은 채권의 효력에 의한 것이다.

3. 이행지체의 종료

(1) 채권의 소멸

채권이 소멸하면 그 원인을 묻지 않고 이행지체도 종료한다.

(2) 채권자의 지체면제

채권자가 지체의 책임을 면제하면 지체책임은 소멸한다. 이때 장래의 기간에 대하여까지 이행지체로 되지 않는지는 법률행위의 해석의 문제이다. 이행지체가 성립한 후에 채권자가 기한을 유예한 경우에는, 유예기간 동안에는 지체책임이 발생하지 않을 것이나, 이미 발생한 지체책임도 소멸하는지는 문제이다. 이는 기한유예의 의사표시의 해석으로 결정되어야 하며, 불분명한 때에는 책임이 소멸하지 않는다고 하여야 한다($\substack{같은\ 취지:\ 김학동,\ 100면;\\주해(9),\ 94면(양창수)}$).

(3) 이행의 제공

채무자가 지연배상과 함께 본래의 채무의 이행의 제공을 하면 지체는 종료한다. 그러나 채권자가 이미 해제를 하였거나($\substack{544조\\참조}$) 지체 후의 이행이 채권자에게 이익이 없어 전보배상을 청구한 때($\substack{395조\\참조}$)에는 이행의 제공을 하여 지체를 소멸시킬 수 없다.

(4) 지체 후의 이행불능

지체 후에 이행불능으로 된 경우를 이행불능으로 보게 되면($\substack{[69]\\참조}$), 그때에도 이행지체는 종료한다.

II. 이행불능 [75]

1. 의의 및 요건

이행불능이란 채권이 성립한 후에 채무자에게 책임있는 사유로 이행할 수 없게 된 것을 말한다. 그 요건은 다음과 같다.

(1) 채권의 성립 후에 이행이 불가능하게(불능으로) 되었을 것(후발적 불능)

1) 사회통념상 불능 불능이라는 개념은 본래 물리적·자연적인 것이다. 그러나 통설과 판례($\substack{대판\ 1974.\ 5.\ 28,\ 73다1133;\ 대판\ 1994.\ 5.\ 10,\ 93다37977;\ 대판\ 1995.\ 2.\ 28,\ 94다42020;\ 대\\판\ 1996.\ 7.\ 26,\ 96다14616;\ 대판\ 2003.\ 1.\ 24,\ 2000다22850;\ 대판\ 2015.\ 8.\ 27,\ 2013다28247;\\대판\ 2016.\ 5.\ 12,\ 2016다200729;\ 대판\ 2017.\ 8.\ 29,\\2016다212524;\ 대판\ 2017.\ 10.\ 12,\ 2016다9643}$)는 일치하여 민법상 불능은 절대적·물리적 불능이 아니고 사회관념상 내지 거래관념상의 불능을 가리킨다고 한다($\substack{민법총칙\\[115]도\ 참조}$). 일반사법인 민법에 있어서는 물리적인 관점에서가 아니고 현실적인 가능성에 비추어 불능 여부를 판단하는 것이 바람직할뿐더러, 여러 가지 경우에 융통성을 발휘할 수 있게 하려면 통설·판례에 따라야 할 것이다. 불능을 그렇게 이해하면 이행불능은 사회통념에 비추어 볼 때 채무자의 이행을 기대할 수 없는 것이라고 할 수 있다($\substack{위에\ 인용된\\판례\ 참조}$). 한편 판례는, 이와 같이 사회통념상 이행불능이라고 보기 위해서는 이행의 실현을 기대할 수 없는 객관적 사정이 충분히 인정되어야 하고, 특히 계약은 어디까지나 그 내용대로 지켜져야 하는 것이 원칙이므로, 채권자가

굳이 채무의 본래 내용대로의 이행을 구하고 있는 경우에는 쉽사리 그 채무의 이행이 불능으로 되었다고 보아서는 안 된다고 한다(대판 2016. 5. 12, 2016다200729: 매매나 증여의 대상인 권리가 타인에게 귀속되어 있다는 이유만으로 채무자의 계약에 따른 이행이 불능이라고 할 수는 없다고 함).

사회통념상의 불능을 불능이라고 하게 되면, 물리적으로 이행이 불가능한 경우(물리적 불능)는 물론이고 물리적으로는 가능하지만 지나치게 많은 비용과 노력이 드는 경우도 불능으로 된다. 가령 태평양 바다에 빠진 보석을 찾아주기로 하는 채무가 그렇다. 그리고 사실상 이행이 불가능한 경우뿐만 아니고 법률상 불가능한 경우(법률적 불능의 예: 일정한 종류의 물건의 거래가 법률상 금지된 경우)도 불능에 해당하게 된다. 그에 비하여 현재는 가능하지 않더라도 장차 가능할 수 있으면 불능이 아니다. 가령 타인 소유의 물건을 매도한 경우에 그렇다(569조 · 570조 참조)(그러나 그 경우에 소유자가 제 3 자에게 소유권을 이전하거나 수용되면 사회통념상 불능으로 된다고 할 것이다). 또 채무자 이외의 자에게는 가능하더라도 채무자에게 불가능한 때(이른바 주관적 불능)는 불능이다.

채무를 이행하는 행위가 법률로 금지되어 그 행위의 실현이 법률상 불가능한 경우(법률적 불능)도 불능에 해당한다(대판 2017. 8. 29, 2016다212524,).

〈주관적 불능 · 객관적 불능의 구별 문제〉
주관적 불능은 채무자만이 불능인 경우이고 객관적 불능은 모든 자에게 불능인 경우이다. 불능을 이 둘로 나누어야 하는가? 여기에 관하여 i) 다수설은 부정하나(곽윤직, 84면; 김형배 192면; 이은영, 227면 주 1), ii) 소수설은 긍정한다(김학동, 107면; 지원림 1034면). 소수설은 그 이유로 원시적 · 주관적 불능은 원시적 · 객관적 불능과 달리 법률행위를 무효로 만들지 않는다는 점을 든다. 그러나 원시적 · 주관적 불능은 사회통념상 불능으로 인정되지 않으며, 그러한 점에서 보면 이 두 불능은 구별할 필요가 없다. 즉 그 두 불능의 구별 없이도 사회통념상의 불능 개념으로 불능 전체를 쉽고도 적절하게 규율할 수 있는 것이다.

2) 후발적 불능　　이행불능으로 되려면 채권이 성립한 후에 불능으로 되었어야 한다. 즉 후발적 불능이어야 한다. 채권의 성립 당시에 이미 불능인 원시적 불능의 경우에는 채권은 성립하지 않게 되고, 따라서 특별한 사정이 없는 한 채권자가 그 이행을 구하는 것은 허용되지 않으며, 제535조에서 정한 계약체결상의 과실이 문제될 뿐이다(대판 2017. 8. 29, 2016다212524; 대판 2017. 10. 12, 2016다9643). 그리고 채권자가 이미 이행한 급부가 있으면 그것은 부당이득의 법리에 따라 반환청구할 수 있다(대판 2017. 8. 29, 2016다212524; 대판 2017. 10. 12, 2016다9643).

3) 일부불능의 경우　　불능에는 전부가 불능인 경우와 일부만이 불능인 경우가 있다. 이들 가운데 일부만이 불능인 일부불능에 대하여는 — 그것이 원시적인 것이든 후발적인 것이든 — 제137조의 일부무효의 법리가 적용된다($\binom{대판 1995. 7. 25,}{95다5929}$).

4) 불능의 기준시기　　이행이 가능한가 불가능한가는 이행기를 표준으로 하여 결정하여야 한다. 그러나 이행기가 되기 전에 불능으로 되었고 이행기에 있어서도 불능인 것이 확실한 때에는 이행기를 기다리지 않고 그때 이미 불능으로 된다. 물론 이행기 전에 일시적으로만 불능인 경우는 불능이 아니다. 한편 이행지체 후에 불능으로 되면 그때부터는 이행불능으로 다루어야 한다($\binom{[69]}{참조}$).

〈이행불능의 구체적인 예(판례)〉 [76]

우리의 대법원이 이행불능인지 여부에 관하여 판단한 사안들을 정리하기로 한다.

　(ㄱ) 물리적 불능의 경우　　임차건물이 불타버린 때에는 임차인의 임차목적물 반환의무는 이행불능으로 된다($\binom{대판 2004. 2. 27, 2002다}{39456 등 다수의 판결}$). 그러나 임대인이 소유권을 상실하였다는 이유만으로는 임대인이 부담하는 목적물을 사용·수익하게 할 의무는 불능이라고 할 수 없다($\binom{대판 1994. 5. 10,}{93다37977}$).

　(ㄴ) 2중매매 기타 2중양도의 경우　　부동산을 2중으로 매도하고 매도인이 그중 1인(특히 제 2 매수인)에게 먼저 소유권이전등기를 해 준 경우에는 특별한 사정($\binom{소유권}{을 회}$ 복하여 이전하여 줄 수 있는 사정)이 없는 한 다른 1인에 대한 소유권이전등기 의무는 이행불능으로 된다($\binom{대판 1965. 7. 27, 65다947; 대판 1981. 6. 23,}{81다225; 대판 1983. 3. 22, 80다1416}$). 매매 이외의 2중양도에 있어서도 같다. 그리하여 가령 A가 토지를 B에게 증여하기로 하는 계약을 체결하고 나서 그 토지를 다시 C에게 노무제공에 대한 보수조로 양도하기로 하는 계약을 체결하였고, 그 후 B에게 토지의 소유권이전등기를 한 경우에는, A의 C에 대한 소유권이전의무는 이행불능으로 된다($\binom{대판 1984. 11. 27,}{84다카1542·1543}$). 그러나 매매목적물에 관하여 2중으로 제 3 자와 매매계약을 체결하였다는 사실만으로는 매매계약이 이행불능으로 되었다고 할 수 없다($\binom{대판 1996. 7. 26,}{96다 14616}$). 한편 체비지(替費地)를 2중매매한 경우에는 매도인이 매수인 앞으로 체비지대장상의 소유자 명의를 변경하여 준 시점에 매도인의 다른 매수인에 대한 체비지에 관한 의무가 이행불능으로 된다($\binom{대판 1996. 2. 23, 94다53532; 대판 1998. 10. 23,}{98다36207; 대판 2009. 1. 30, 2006다37465}$).

　(ㄷ) 매매 등의 경우　　① 부동산의 소유권이전등기 의무자가 그 의무를 이행할 수 없게 되면 이행불능으로 된다. 그리하여 부동산의 매도인이 목적물을 제 3 자에게 양도하고 이전등기를 마친 경우나 매도인이 제 3 자에게 지상권 및 저당권등기를 마친 경우에는 매도인은 이행불능에 빠진다($\binom{대판 1974. 5. 28,}{73다1133}$). 그리고 1필지의 토지 중 일부를 특정하여 매매계약이 체결되었으나 그 부분의 면적이 법령상 분할이 제한되는 경우에 해당한다면, 매도인으로서는 그 부분을 분할하여 소유권이전등기 절차를 이행할 수 없으며, 따라서 매도인의 소유권이전등기 절차 이행의무는 이행이 불가능하

고(대판 2017. 8. 29, 2016다212524; 대판 2017. 10. 12, 2016다9643), 이는 교환계약에서도 마찬가지이다(대판 2017. 8. 29, 2016다212524). ② 그에 비하여 소유권이전등기 의무자로부터 타인에게 등기가 되었을지라도 회복 내지 처분·이행이 가능한 때에는 이행불능으로 되지 않는다. 그 결과 갑과 을 사이의 토지교환계약 후 갑 소유의 교환목적 토지에 관하여 병 명의로 소유권이전등기가 되었다고 하더라도 갑과 병 사이에 명의신탁관계의 성립이 인정되는 경우(토지의 일부매매가 있었는데 전부에 관하여 매수인 앞으로 이전등기가 되어 이른바 상호명의신탁이 인정되는 경우)(대판 1989. 9. 12, 88다카33176), 부동산 매도인으로부터 제 3 자에게 불법으로 소유권이전등기가 된 경우(대판 1975. 7. 22, 75다450), 소유권이전등기 의무자(취득시효 완성자의 상대방)가 그 부동산 위에 제 3 자 명의로 단순히 가등기를 해 준 경우(대판 1991. 7. 26, 91다8104; 대판 1993. 9. 14, 93다12268), 매매목적 부동산에 관하여 제 3 자의 처분금지 가처분 등기(대판 1993. 5. 27, 92다20163)나 환매특약의 등기(대판 1994. 10. 25, 94다35527) 또는 소유권말소예고등기(대판 1999. 7. 9, 98다13754·13761)가 된 경우에는 등기의 회복이나 부동산의 처분이 가능하므로 이행불능으로 되지 않는다. ③ 부동산 소유권이전등기 의무자가 목적부동산을 제 3 자에게 양도하고 아직 등기를 해 주지 않은 경우에는 특단의 사정이 없는 한 소유권이전등기 의무는 이행불능이 아니고 그 경우에 등기의무자의 상속인 명의로 소유권이전등기가 된 때도 같다(대판 1984. 4. 10, 83다카1222. 이 판결의 사안은 미등기 부동산을 매도한 후 등기 전에 매도인이 사망하자 매도인의 상속인이 상속의 등기를 한 경우이다). ④ 매매목적물에 관하여 매도인의 다른 채권자가 강제경매를 신청하여 그 절차가 진행 중에 있다는 사유만으로는 아직 매수인이 그 목적물의 소유권을 취득할 수 없는 때에 해당한다고 할 수 없으므로 매수인은 이를 이유로 계약을 해제하거나 위약금의 청구를 할 수 없으며(대판 1987. 9. 8, 87다카655), 매매목적물에 대하여 가압류집행이 되었다고 하여 매매에 따른 소유권이전등기가 불가능한 것도 아니다(대판 1999. 6. 11, 99다11045). ⑤ A가 B를 강박하여 그에 따른 하자 있는 의사표시에 의하여 부동산에 관한 소유권이전등기를 마친 다음 타인에게 매도하여 소유권이전등기를 한 경우에 B가 등기명의인을 상대로 제기한 소유권이전등기 말소청구소송 또는 진정명의 회복을 위한 소유권이전등기 청구소송이 패소확정된 때에는 그때에 A의 목적부동산에 대한 소유권이전등기 말소등기의무는 이행불능이 된다(대판 2005. 9. 15, 2005다29474). ⑥ 부동산 소유권이전등기 의무자가 그 부동산에 관하여 제 3 자 앞으로 비록 채무담보를 위하여 소유권이전등기를 하였을지라도 그 의무자가 채무를 변제할 자력이 없는 경우에는, 특단의 사정이 없는 한 그 소유권이전등기 의무는 이행불능으로 된다(대판 1991. 7. 26, 91다8104). ⑦ 토지의 교환계약 후 목적토지에 관하여 그 소유자인 계약당사자로부터 그의 처 앞으로 소유권이전등기가 된 경우에는, 사회통념상 소유권을 회복하여 이전하여 줄 수 있는 특별한 사정이 있다고 하여야 하므로, 아직 이행불능으로 확정되었다고 볼 수는 없다(대판 1992. 10. 13, 91다34394). ⑧ 매도인이 자신의 제수 앞으로 가등기가 되어 있는 점포를 매도하였는데 그 뒤 가등기에 기한 점포 경매가 있었고 그때 매도인의 아들이 점포를 경락받은 경우에도 이행불능이라고 단정할 수 없다(대판 1994. 12. 22, 94다40789). ⑨ 「매수인에게 부동산의 소유권이전등기를 해줄 의무를 지는 매도인이 그 부동산에 관하여 다른 사람에게 이전등기를 마쳐 준 때에는 매도인이 그 부

동산의 소유권에 관한 등기를 회복하여 매수인에게 이전등기해 줄 수 있는 특별한
사정이 없어야 비로소 매수인에 대한 소유권이전등기 의무가 이행불능의 상태에 이
르렀다고 할 수 있다.」(매도인 갑이 매매목적물인 부동산을 을에게 신탁하고 이전등
기를 마치자 매수인 병이 위 부동산 소유권이전등기 의무의 이행불능에 따른 손해배
상청구권을 피보전권리로 하여 위 신탁이 사해행위에 해당한다고 주장한 사안에서,
신탁의 성질상 매도인 갑이 소유권에 관한 등기명의를 회복하여 병에게 이전등기해
주는 것이 불가능하게 되었다고 단정할 수 없으므로 병이 갑에 대하여 손해배상청구
권을 가진다고 단정할 수 없고, 갑의 행위가 사해행위에 해당한다고 단정할 수도 없
다는 이유로 병의 사해행위 취소청구를 인용한 원심을 파기한 사례)($^{대판\ 2010.\ 4.\ 29,}_{2009다99129}$) ⑩
민법이 타인의 권리의 매매를 인정하고 있는 것처럼 타인의 권리의 증여도 가능하
며, 이 경우 채무자는 그 권리를 취득하여 채권자에게 이전하여야 하고, 이 같은 사
정은 계약 당시부터 예정되어 있는 것이므로, 매매나 증여의 대상인 권리가 타인에
게 귀속되어 있다는 이유만으로 채무자의 계약에 따른 이행이 불능이라고 할 수는
없다($^{대판\ 2016.\ 5.\ 12,}_{2016다200729}$).

  ⑵ **임대차의 경우**   임대차에 있어서 목적물을 사용·수익하게 할 임대인의 의
무는 임대인이 소유권을 상실하였다는 이유만으로는 불능하게 된 것이라고 단정할
수 없으나($^{대판\ 1994.\ 5.\ 10,}_{93다37977}$), 임대인이 임대차 목적물의 소유권을 제 3 자에게 양도하고
그 소유권을 취득한 제 3 자가 임차인에게 그 임대차 목적물의 인도를 요구하여 이를
인도한 경우($^{대판\ 1996.\ 3.\ 8,}_{95다15087}$) 또는 임차인이 진실한 소유자로부터 목적물의 반환청구나
차임 내지 그 해당액의 지급요구를 받는 등의 이유로 임대인이 임차인으로 하여금
사용·수익하게 할 수가 없게 된 경우($^{대판\ 1978.\ 9.\ 12,\ 78다1103;}_{대판\ 1996.\ 9.\ 6,\ 94다54641}$)에는 임대인의 채무는 이
행불능으로 된다.

  ⑴ **기타의 경우**   ① 당사자가 토지를 사실상의 경계대로 매매하였으나, 분할
측량의 잘못 등으로 지적도상의 경계표시와 사실상의 경계표시가 차이가 나서 그 차
이가 나는 부분이 인접토지를 취득한 제 3 자 앞으로 지적공부상 경계에 의하여 소유
권이전등기가 된 경우에는, 매도인의 소유권이전의무는 이행불능이 된다($^{대판\ 1992.}_{1.\ 21,}$
$^{91다}_{32961 \cdot 32978}$). ② 「징발재산 정리에 관한 특별조치법」 제20조 제 1 항의 환매는 환매권
자와 국가간의 사법상의 매매에 불과하므로, 국가가 환매권자로부터 환매권 행사의
통지를 받은 후 대상 토지를 타인에게 양도하고 소유권이전등기까지 마쳤으면, 환매
권 행사로 인한 소유권이전등기 의무는 이행불능이 된다($^{대결\ 1990.\ 2.\ 13,}_{89다카12435}$). ③ 주식양도
후에 주식병합으로 양도인이 신주를 받아 제 3 자에게 양도하면 구주 양수인에 대한
신주 양도의무는 이행불능이 된다($^{대판\ 1969.\ 3.\ 25,}_{66다340}$). ④ 골재채취를 하기로 한 곳에 학
교교사 건물의 신축 및 운동장 부지 조성작업이 진척되어 원상회복이 용이하지 않게
된 경우에는, 골재채취에 협력할 의무가 이행불능으로 된다($^{대판\ 1990.\ 5.\ 8,}_{88다카4574 \cdot 4581}$). ⑤ 마을
버스 운송사업조합이 광고업자 A와 마을버스 차체 내부 및 정류소 표지판을 이용한

광고계약을 체결한 후, 광고업자 B와 다시 광고계약을 체결하고 B로 하여금 광고를 하게 한 경우에는, 사회통념상 운송사업조합의 A에 대한 의무는 이행불능으로 된다$\binom{\text{대판 2002. 3. 15,}}{\text{2001다76397}}$. ⑥ 계약의 일방당사자가 계약기간 중에 부도가 발생하였다는 사실만으로 당해 계약의 이행이 그의 유책사유로 불가능하게 되었다고 단정할 수 없고, 그 부도발생 전후의 계약의 이행정도, 부도에 이르게 된 원인, 부도발생 후의 영업의 계속 혹은 재개 여부, 당해 계약을 이행할 자금사정 기타 여건 등 제반사정을 종합하여 계약의 이행불능 여부를 판단하여야 한다$\binom{\text{대판 2006. 4. 28,}}{\text{2004다16976}}$. ⑦ 구 국토이용관리법$\binom{\text{현행「국토}}{\text{의 계획 및 이용에 관}}$한 법률」에 흡수 폐지됨$)$상 토지거래허가구역 내에서 허가 없이 체결한 계약은 유동적 무효이고, 그 결과 채권적 효력도 전혀 생기지 않으므로, 이행불능은 아예 문제되지 않는다(토지거래허가구역 내에 있는 토지를 허가대상이 아닌 다른 부동산과 교환하기로 하는 내용의 교환계약이 국토이용관리법상의 토지거래허가를 받아야 하는 거래계약이어서, 당해 계약에 관하여 관할관청의 토지거래허가를 받지 않은 이상 허가를 받기까지는 유동적 무효의 상태에 있는 것임에도 불구하고, 당해 계약이 유효한 계약임을 전제로 하여, 매수인의 교환대상 건물에 관한 소유권이전등기 의무가 이행불능이 되었고 그와 같은 채무불이행이 매수인의 귀책사유에 기한 것이라는 이유로 계약이 매도인에 의하여 적법하게 해제된 것을 이유로, 매수인은 매도인에게 이행불능으로 인한 손해배상책임이 있다고 한 원심판결을 파기한 사례)$\binom{\text{대판 1997. 7. 25,}}{\text{97다4357 · 4364}}$.

〈판 례〉

「피고가 원고를 강박하여 그에 따른 하자 있는 의사표시에 의하여 부동산에 관한 소유권이전등기를 마친 다음 타인에게 매도하여 소유권이전등기를 경료하여 준 경우, 그 소유권이전등기는 소송 기타 방법에 따라 말소 환원 여부가 결정될 특별한 사정이 있으므로 피고의 원고에 대한 소유권이전등기 의무는 아직 이행불능이 되었다고 할 수 없으나, 원고가 등기명의인을 상대로 제기한 소유권이전등기 말소청구소송 또는 진정명의 회복을 위한 소유권이전등기 청구소송이 패소확정되면 그때에 피고의 목적 부동산에 대한 소유권이전등기 말소등기의무는 이행불능 상태에 이른다고 할 것이고, 위 등기 말소청구소송 등에서 등기명의인의 등기부 취득시효가 인용된 결과 원고가 패소하였다고 하더라도 등기부 취득시효 완성 당시에 이행불능 상태에 이른다고 볼 것은 아니다.」$\binom{\text{대판 2005. 9. 15,}}{\text{2005다29474}}$

[77]   **(2) 채무자에게 책임있는 사유로 불능으로 되었을 것**

민법은 이행불능에 관하여는 채무자의 유책사유를 명문으로 규정하고 있다$\binom{\text{390조 단}}{\text{서 · 546조}}$. 그에 관하여는 이행지체와 관련하여 자세히 설명하였다$\binom{\text{[69] 이}}{\text{하 참조}}$.

이행불능이 채무자에게 유책사유 없이 발생한 경우에는 채무자는 채무를 면하게 된다$\binom{\text{390조}}{\text{단서}}$. 그리고 이 경우에 불능으로 되어 소멸한 채무가 쌍무계약에 의

하여 발생한 것일 때에는 상대방의 채무도 소멸하는가의 문제가 생기는데, 그것
이 곧 위험부담의 문제이다(537조·538조 참조. 채권 [42] 이하 참조).

〈판 례〉

(ㄱ)「공공사업의 시행자가 공공용지의 취득 및 손실보상에 관한 특례법에 따라 그
사업에 필요한 토지를 협의취득하는 행위는 토지수용의 경우와는 달리 사경제주체로
서 하는 사법상의 법률행위에 지나지 아니하여 토지 소유자는 그 협의매수의 제의에
반드시 응하여야 할 의무가 있는 것은 아니라 할 것이므로, 이 사건 제 1 토지의 5/6
지분 및 제 2 토지가 각 위 특례법에 따라 협의취득된 것이라면 피고는 위 제 2 토지
에 관한 소유권이전등기 의무의 이행불능에 대하여, 원고는 위 제 1 토지의 5/6지분
에 관한 소유권이전등기 의무의 이행불능에 대하여 각 귀책사유가 없다고 단정할 수
는 없다.」(대판 1996. 6. 25, 95다6601)

(ㄴ)「임차인의 임차물반환채무가 이행불능이 된 경우에 임차인이 그 이행불능으로
인한 손해배상책임을 면하려면 그 이행불능이 임차인의 귀책사유로 말미암은 것이 아
님을 입증할 책임이 있으며, 임차건물이 그 건물로부터 발생한 화재로 손실된 경우에
있어서 그 화재의 발생원인이 불명인 때에도 임차인이 그 책임을 면하려면 그 임차건
물의 보존에 관하여 선량한 관리자의 주의의무를 다하였음을 입증하여야 한다
(당원 1985. 4. 9 선고 84다카2416 판결; 1982. 8. 24 선고 82다카254 판결; 1980. 11. 25 선고 80다508 판결 등 참조).」(대판 1987. 11. 24, 87다카1575. 같은 취지: 대판 1994. 10. 14, 94다38182; 대판 2001. 1. 19, 2000다57351).

(ㄷ)「계약당사자 일방이 자신이 부담하는 계약상 채무를 이행하는 데 장애가 될 수
있는 사유를 계약을 체결할 당시에 알았거나 예견할 수 있었음에도 이를 상대방에게
고지하지 아니한 경우에는, 비록 그 사유로 말미암아 후에 채무불이행이 되는 것 자
체에 대하여는 그에게 어떠한 잘못이 없다고 하더라도, 상대방이 그 장애사유를 인
식하고 이에 관한 위험을 인수하여 계약을 체결하였다거나 채무불이행이 상대방의
책임있는 사유로 인한 것으로 평가되어야 하는 등의 특별한 사정이 없는 한, 그 채무
가 불이행된 것에 대하여 귀책사유가 없다고 할 수 없다. 그것이 계약의 원만한 실현
과 관련하여 각각의 당사자가 부담하여야 할 위험을 적절하게 분배한다는 계약법의
기본적 요구에 부합한다.」(지방공사가 아파트 분양공고 및 분양계약 체결 당시, 아파
트 부지에 대한 문화재 발굴조사과정에 유적지가 발견되어 현지 보존결정이 내려질
경우 아파트 건설사업 자체가 불가능하게 되거나 그 추진·실행에 현저한 지장을 가
져올 수 있음을 충분히 알았음에도 입주자 모집공고문과 분양계약서에 이에 관한 구
체적 언급을 하지 않았고, 이를 별도로 수분양자들에게 알리지도 않은 사안에서, 아
파트 수분양자들이 위 장애사유에 관한 위험을 인수하였다고 볼 수 없으므로, 분양
계약에 따른 아파트 공급의무 불이행에 대한 귀책사유가 지방공사에 있다고 한 사
례)(대판 2011. 8. 25, 2011다43778)

(3) 이행불능이 위법할 것

이행불능이 되려면 위법성이 있어야 한다. 즉 위법성 조각사유가 없어야 한다. 그런데 이행불능에 있어서는 위법성 조각사유가 거의 없다(곽윤직, 86면은 동물의 보
관자가 긴급피난으로 그것
을 죽인 경우 정
도를 들고 있다).

[78] ## 2. 이행불능의 효과

이행불능의 경우에는 이행지체에 있어서와 달리 채무의 이행 자체가 불가능하기 때문에 본래의 채무의 이행청구는 문제도 되지 않는다. 그리고 강제이행도 불가능하다. 이행불능의 효과로는 손해배상청구권과 계약해제권의 발생이 명문으로 규정되어 있고, 그 밖에 통설·판례는 대상청구권(대체이익청구권)도 인정한다. 그런데 이 대상청구권은 책임있는 이행불능뿐만 아니라 책임없는 이행불능의 경우에도 인정되는 것임을 주의하여야 한다.

(1) 손해배상청구권의 발생

이행불능(책임있는 이행불능)의 요건이 갖추어진 경우에는 채권자는 손해배상을 청구할 수 있다($^{390}_{조}$). 이때의 손해배상은 그 성질상 이행에 갈음하는 손해배상, 즉 전보배상(塡補賠償)이다. 이행불능에 있어서는 설사 채무 전부의 이행이 불능으로 되었을지라도 채무 자체가 소멸하는 것은 아니다. 본래의 채무가 동일성을 유지한 채 손해배상채무로 변경되는 것에 불과하다(내용적 변경·
이설 없음). 그 결과 본래의 채무에 붙어 있던 담보도 그대로 유지되며, 이행불능으로 된 채무가 쌍무계약에 의하여 발생한 때에도 본래의 채무의 소멸이 없어서 위험부담이 문제되지도 않는다.

앞에서 언급한 바와 같이($^{[75]}_{참조}$), 채무의 일부만이 불능인 경우에는 일부무효의 법리($^{137}_{조}$)가 적용된다. 그리하여 일부불능은 원칙적으로 전부불능처럼 다루어진다. 다만, 나머지 부분만으로도 채권 내지 계약의 목적을 달성할 수 있는 때에는 나머지 부분은 불능으로 되지 않는다. 일부불능이 전부불능으로 다루어지는 경우에는, 채권자는 이행이 가능한 부분의 급부를 청구할 수는 없고, 채무 전부의 이행에 갈음하는 손해배상(전보배상)을 청구하거나 계약 전부를 해제할 수 있을 뿐이다(대판 1995. 7. 25,
95다5929). 그에 비하여 나머지 부분이 유효하게 다루어지는 일부불능에 있어서는, 채권자는 가능한 부분의 이행을 청구하면서 아울러 이행이 불가능한 부분의 전보배상을 청구할 수 있다.

〈일부불능의 경우에 관한 다른 견해〉

이행(급부)의 일부만이 불능으로 된 경우에 관하여 i) 우리의 다수설$\binom{곽윤직, 86면; 김}{주수, 133면 등}$은, 위의 사견과 달리, 채권자는 가능한 부분의 급부청구와 함께 불능부분의 전보배상을 청구할 수 있다고 한다. 다만, 나머지 부분의 이행이 채권자에게 아무런 이익이 없고 또한 나머지 부분을 제공하는 것이 신의칙에 반하는 때에는, 채권자는 가능한 부분의 이행을 거절하고 전부의 이행에 갈음하는 전보배상을 청구할 수 있다고 한다. 그런가 하면 위의 다수설의 입장이면서 급부 전부에 관하여 전보배상을 청구할 수 있는 경우를 약간 수정하여 ii) 일부이행이 채권자에게 이익이 없는 경우로 한정하는 견해$\binom{지원림, 1046면. 이 견}{해는 395조를 유추한다}$, iii) 채권자에게 이익이 없거나 신의칙에 반하거나 채권의 목적을 달성할 수 없는 경우를 들고 있는 견해$\binom{김대정, 512면;}{김상용, 122면}$도 있다. 이들 견해는 기본적으로 일부불능에 관하여 명문규정을 두고 있는 독일민법$\binom{2002년 개정 전 280조 2항 1문,}{개정 후 281조 1항 2문·3문}$의 결과를 인정한 것이다$\binom{다만, 지원림, 1046면은 이행지체에 관한 395조를 유추적용했다고 한다. 그런데 그 규}{정은 지체 후의 「전부이행」이 채권자에게 이익이 없는 경우에 관한 것이어서 여기에 유}{추적용되기에 \atop 부적절하다}$.

생각건대 이러한 해석이 불가능하지는 않으나, 우리 민법에 없는 규정의 결과를 인정하는 것보다는 우리 민법에 있는 일부무효의 법리$\binom{137}{조}$를 유추적용하는 것이 우리 민법에 일치하는 것이기도 하고 또 실질적으로 타당하다$\binom{지원림, 1046면은 137조의 적}{용 또는 유추적용에 반대한다}$. 사견과 판례는 그러한 입장이다.

〈판 례〉

「쌍무계약에 있어서 당사자 일방이 부담하는 채무의 일부만이 채무자의 책임있는 사유로 이행할 수 없게 된 때에는, 그 이행이 불가능한 부분을 제외한 나머지 부분만의 이행으로는 계약의 목적을 달성할 수 없다면 채무의 이행은 전부가 불능이라고 보아야 할 것이므로, 채권자로서는 채무자에 대하여 계약 전부를 해제하거나 또는 채무 전부의 이행에 갈음하는 전보배상을 청구할 수 있을 뿐이지, 이행이 가능한 부분만의 급부를 청구할 수 없다고 할 것이다.」$\binom{대판 1995. 7. 25,}{95다5929}$

(2) 계약해제권의 발생

계약에 기하여 발생한 채무가 채무자의 책임있는 사유로 이행이 불능으로 된 때에는, 채권자는 계약을 해제할 수 있다$\binom{546}{조}$. 이때 최고는 요구되지 않는다. 그리고 그 채무$\binom{예: 매도인의 소유}{권이전등기 의무}$가 쌍무계약으로부터 발생한 경우에 상대방이 자기의 채무$\binom{예: 매수인의 잔}{대금지급의무}$의 이행의 제공을 할 필요도 없다$\binom{대판 2003. 1. 24,}{2000다22850}$.

〈소멸시효가 완성된 채무의 채무불이행시 효과(판례)〉

판례는, 본래의 채권(공사비채권임)이 시효소멸된 이상 그 채권이 이행불능이 되었다 하여 이를 원인으로 한 손해배상청구권이 허용될 수는 없다고 한다($^{대판\ 1987.\ 6.\ 23,}_{86다카2549}$). 그리고 이행불능 또는 이행지체를 이유로 한 법정해제권은 채무자의 채무불이행에 대한 구제수단으로 인정되는 권리이고, 따라서 채무자가 이행해야 할 본래 채무가 이행불능이라는 이유로 계약을 해제하려면 그 이행불능의 대상이 되는 채무자의 본래 채무가 유효하게 존속하고 있어야 한다고 한 뒤, 채무불이행에 따른 해제의 의사표시 당시에 이미 채무불이행의 대상이 되는 본래 채권이 시효가 완성되어 소멸하였다면, 채무자가 소멸시효의 완성을 주장하는 것이 신의성실의 원칙에 반하여 허용될 수 없다는 등의 특별한 사정이 없는 한, 채권자는 채무불이행 시점이 본래 채권의 시효 완성 전인지 후인지를 불문하고 그 채무불이행을 이유로 한 해제권 및 이에 기한 원상회복청구권을 행사할 수 없다고 한다($^{대판\ 2022.\ 9.\ 29,\ 2019다204593.\ 같은}_{취지:\ 대판\ 2010.\ 11.\ 25,\ 2010다56685}$).

[79] **(3) 대상청구권(代償請求權)**

1) 의의 및 인정근거 대상청구권($^{명칭으로서는\ 대체이익청구권}_{또는\ 대용물청구권이\ 더\ 낫다}$)은 이행을 불능하게 하는 사정의 결과로 채무자가 이행의 목적물에 대신하는 이익($^{일반적으로\ 이를\ 대}_{상(代償)이라고\ 표}$현하나, 본래 대상에는 그러한 의미가 없다)을 취득하는 경우에 채권자가 채무자에 대하여 그 이익을 청구할 수 있는 권리이다.

독일민법($^{같은\ 법\ 285조\ ·}_{326조\ 3항}$)과 프랑스민법($^{같은\ 법}_{1303조}$)은 채권자의 대상청구권을 명문으로 규정하고 있으나, 우리 민법은 그러한 규정을 가지고 있지 않다. 그렇지만 우리의 학설은 이행불능의 경우에 채권자의 대상청구권을 인정하는 데 다툼이 없다. 다만, 그 권리를 일반적으로 인정할 것인가, 아니면 제한적으로 인정할 것인가에 관하여는 견해가 나뉘고 있으며, 전자가 압도적인 다수설이다($^{소수설로서\ 이은}_{영,\ 230면이\ 있음}$). 그리고 대법원도 1992년에 처음으로 대상청구권을 인정한 이래 같은 취지의 판결을 잇달아 내놓고 있다($^{대판\ 1992.\ 5.\ 12,\ 92다4581\ ·}_{4598\ 및\ 그\ 후속\ 판결}$). 그런데 몇몇 판결에서는 취득시효 완성자에게도 일정한 요건 하에 대상청구권을 인정하고 있다($^{대판\ 1994.\ 12.\ 9,}_{94다25025;\ 대판}$ 1995. 8. 11, 94다21559; 대판 1995. 12. 5, 95다4209; 대판 1996. 12. 10, 94다43825). 생각건대 대상청구권은 우리 법에서도 인정되어야 할 뿐만 아니라 그것도 일반적으로 인정되어야 한다. 그러나 취득시효 완성자는 — 처분금지 가처분이 내려진 경우 외에는 — 대상청구권이 인정될 수 없다고 하여야 한다($^{자세한\ 점은,\ 송덕수,\ 신}_{사례,\ [35]번\ 문제\ 참조}$).

명문규정이 없는 우리 민법 하에서 대상청구권을 어떤 근거로 인정할 것인가에 관하여는 i) 결국 조리에서 찾을 수밖에 없다는 견해(이상정, 이시윤박사 회, 갑기념논문집, 254면), ii) 우리 민법의 다른 개별적인 규정들의 배후에 존재하는 보다 일반적인 법원칙 내지 법의 이치를 법률에 규정되지 아니한 사항에 적용하는 법유추 또는 전체유추에 의하여 대상청구권을 인정할 수 있다는 견해(주해(9), 290면(양창수)), iii) 민법 제390조가 근거 규정이고 제 2 조가 이를 수정하는 규정이라는 견해(안법영, 김형배교수 회, 갑기념논문집, 251면) 등이 대립하고 있다. 생각건대 민법은 그 개별적인 규정이 독립적으로 해석되어서는 안 되며, 관련되는 모든 규정을 고려하여 전체적인 견지에서 우리 민법이 일정한 사항에 관하여 어떠한 가치판단을 내렸는가를 탐구하는 방법으로 해석되어야 한다. 이러한 관점에서 볼 때 대상청구권은, 민법 제342조(물상대위) 등에서 명문의 형태로 표현되어 있는「경제관계상 속하지 않아야 할 자에게 귀속된 재산적 가치는 그것이 마땅히 속하여야 할 자에게 돌려져야 한다」는 우리 민법의 근저에 흐르는 사상(근본사상)에서 그 근거를 찾을 수 있다.

2) 요   건   대상청구권이 성립하려면 다음의 네 가지 요건을 갖추어야 한다.

첫째로, 급부(이행)가 후발적인 불능으로 되어야 한다. 불능이 법률행위에 의하여 생겼는가 사실행위나 그 밖의 원인에 의하였는가는 중요하지 않다(그 원인의 예로는 수용·하천구역에의 편입(대판 2002. 2. 8, 99다23901)이 있음). 급부가 원시적으로 불능인 때에는 채무가 성립하지 않으며, 따라서 대상청구권이 문제될 여지가 없다. 후발적 불능인 한 채무자에게 책임있는 사유로 인한 것이냐의 여부는 묻지 않는다(대판 1996. 6. 25, 95다6601도 참조). 그리고 종류채권의 경우에는 대상청구권이 인정되지 않는다. 대상청구권이 성립하려면 채무가 성립한 후 급부가 불능으로 되어야 하는데, 종류채권의 경우에는 특정이 되기 전에는 채무자가 급부의무를 면하지 못하여 불능으로 되지 않기 때문이다. 그러나 종류채무라도 특정된 후에는 그것이 특정물채무로 변하게 되므로 대상청구권이 인정될 수 있다. 그리고 종류채권, 특히 재고채권(한정종류채권)의 경우에 종류물(또는 모든 재고)이 모두 소실되거나 압류된 때에는 대상청구권이 인정된다.

둘째로, 채권의 목적물에 관하여 그것에 대신하는 이익을 취득하여야 한다.「대신하는 이익」(대체이익)의 예로는 손해배상, 수용보상금(대판 1992. 5. 12, 92다4581·4598; 대판 1995. 2. 3, 94다27113; 대판 1995. 12. 22, 95다38080; 대판 1996. 10. 29, 95다56910; 대판 2002. 2. 8, 99다23901(하천구역에의 편입에 의한 손실보상금). 그 밖에 취득시효에 관한 판결도 같다), 보험금(대판 2016. 10. 27, 2013다7769: 화재보험금·화재공제금에 대하여 대상청구권을 인정함), 매매대금, 담보권자가 받은 배당금(대판 2012. 6. 28, 2010다71431), 그리고 이들에 대한 청구권을 들 수 있다.

셋째로, 급부를 불능하게 하는 사정의 결과로 채무자가 채권의 목적물에 관하여 「대신하는 이익」을 취득하여야 한다. 바꾸어 말하면 「급부를 불능하게 하는 사정」과 「대신하는 이익의 취득」 사이에 인과관계 즉 상당인과관계가 있어야 한다(대법원도 2003. 11. 14, 2003다35482 판결에서 이같이 판시하였다).

넷째로, 급부가 불능하게 된 객체와 채무자가 그에 관하여 「대신하는 이익」을 취득한 객체 사이에 동일성이 존재하여야 한다.

3) 효   과   대상청구권은 채권적 청구권이다. 따라서 대상청구권의 요건이 갖추어졌다고 하여 「대신하는 이익」(가령 수용보상금이나 수용보상금청구권)이 채권자에게 직접 이전되지는 않는다(같은 취지: 대판 1996. 10. 29, 95다56910). 그리고 채무자는 그가 취득한 것 모두를 채권자에게 인도하여야 하며, 그 결과 대체이익이 채권의 목적물의 통상의 가치를 넘는 경우에는 초과가치도 인도하여야 한다(같은 취지: 이은영, 232면). 판례도 같은 입장으로 생각된다(대판 2016. 10. 27, 2013다7769: 화재보험금·화재공제금 전부에 대하여 대상청구권을 행사할 수 있고, 인도의무의 이행불능 당시 매수인이 지급하였거나 지급하기로 약정한 매매대금 상당액의 한도 내로 범위가 제한된다고 할 수 없다. 대판 2008. 6. 12, 2005두5956도 참조). 일부 견해(김상용, 130면; 지원림, 1043면)는 손해의 한도 내에서 대상청구권을 인정할 것이라고 하나, 그렇게 새기면 채무자에게 유책사유가 있는 경우에는 대상청구권이 무의미하게 될 뿐만 아니라 그러한 해석의 타당성도 의심스럽다. 가령 증여의 목적물을 증여자가 타인에게 비싸게 매각한 경우에 초과가치도 마땅히 수증자에게 속하여야 할 것이다.

채무자의 유책사유로 이행불능이 발생한 경우에는 채권자는 채무불이행으로 인한 손해배상청구권과 아울러 대상청구권도 가지게 된다. 그리하여 채권자는 두 권리를 선택적으로 행사할 수 있다. 다만, 그가 대상청구권을 행사하여 「대신하는 이익」을 수령하는 때에는, 손해배상액이 수령한 이익의 가치만큼 감소된다. 이것은 상계가 없이도 당연히 일어난다.

[80]   〈쌍무계약에서의 문제〉

쌍무계약에 있어서 당사자 일방의 채무가 당사자 쌍방에게 책임없는 사유로 이행할 수 없게 된 때에는, 채무자는 상대방의 이행을 청구하지 못한다(537조). 그런데 대상청구권이 인정되면 그때에도 채권자는 그 권리를 가지게 된다. 결국 채권자는 자기의 채무는 이행하지 않으면서 채무자가 취득한 「대신하는 이익」은 청구할 수 있다는 결과로 된다. 이것이 부당함은 물론이다. 그러한 경우에 채권자가 대상청구권을 행사하면, 그는 제537조의 규정에도 불구하고 여전히 반대급부의무를 부담한다고 새겨야 한다(같은 취지: 대판 1996.). 이는 쌍무계약에 있어서 급부의무와 반대급부의무 사이의 견련성의 당연한 귀결이다. 즉 제537조에서 「상대방의 이행을 청구하지 못한다」는 것은 채권이 이행불능으로 되어 소멸한 점에 한하여 적용되는 것으로 보아야 한다. 다만, 대상청구권은 채권자의 권리이지 의무가 아니므로, 채권자는 제537조에 의하여 자신의 채무를 면할 수도 있고 또 대상청구권을 행사할 수도 있다. 채권자가 대상청구권을 행사하는 경우에는 그는 자신의 채무를 이행하여야 하는데, 만약 「대신하는 이익」이 본래의 급부보다 적은 경우에는 그의 채무도 그에 상응하게(비례하여) 줄어든다(572조 참조. 독일민법 326조 3)(구체적인 예에 대하여).

〈대상청구권에 관한 중요판례〉

(ㄱ) 「우리 민법에는 이행불능의 효과로서 채권자의 전보배상청구권과 계약해제권 외에 별도로 대상청구권을 규정하고 있지 않으나 해석상 대상청구권을 부정할 이유가 없」다(대판 1992. 5. 12, 92다4581 · 4598. 같은 취지: 대판 1995. 2. 3, 94다27113; 대판 1995.)(12. 22, 95다38080; 대판 1996. 12. 10, 94다43825; 대판 2002. 2. 8, 99다23901).

(ㄴ) 「대상청구권이 인정되기 위하여서는 급부가 후발적으로 불능하게 되어야 하고, 급부를 불능하게 하는 사정의 결과로 채무자가 채권의 목적물에 관하여 '대신하는 이익'을 취득하여야 한다.」(대판 2003. 11. 14,)(2003다35482).

(ㄷ) 소유권이전등기 의무의 목적 부동산이 수용되어 그 소유권이전등기 의무가 이행불능이 된 경우, 등기청구권자는 등기의무자에게 대상청구권의 행사로써 등기의무자가 지급받은 수용보상금의 반환을 구하거나 또는 등기의무자가 취득한 수용보상금청구권의 양도를 구할 수 있을 뿐 그 수용보상금청구권 자체가 등기청구권자에게 귀속되는 것은 아니다(대판 1996. 10. 29,)(95다56910).

(ㄹ) 우리 민법은 이행불능의 효과로서 채권자의 전보배상청구권과 계약해제권 외에 별도로 대상청구권을 규정하고 있지 않으나 해석상 대상청구권을 부정할 이유가 없다고 할 것인데, 매매의 일종인 경매의 목적물인 토지가 경락허가결정 이후 하천구역에 편입되게 됨으로써 소유자의 경락자에 대한 소유권이전등기 의무가 이행불능이 되었다면 경락자는 소유자가 하천구역 편입으로 인하여 지급받게 되는 손실보상금에 대한 대상청구권을 행사할 수 있다.

대상청구권은 특별한 사정이 없는 한 매매 목적물의 수용 또는 국유화로 인하여 매도인의 소유권이전등기 의무가 이행불능되었을 때 매수인이 그 권리를 행사할 수 있다고 보아야 할 것이고 따라서 그때부터 소멸시효가 진행하는 것이 원칙이라 할 것이나, 국유화가 된 사유의 특수성과 법규의 미비 등으로 그 보상금의 지급을 구할 수 있는 방법이나 절차가 없다가 상당한 기간이 지난 뒤에야 보상금청구의 방법과 절차가 마련된 경우라면, 대상청구권자로서는 그 보상금청구의 방법이 마련되기 전에는 대상청구권을 행사하는 것이 불가능하였던 것이고, 따라서 이러한 경우에는 보상금을 청구할 수 있는 방법이 마련된 시점부터 대상청구권에 대한 소멸시효가 진행하는 것으로 봄이 상당할 것인바, 이는 대상청구권자가 보상금을 청구할 길이 없는 상태에서 추상적인 대상청구권이 발생하였다는 사유만으로 소멸시효가 진행한다고 해석하는 것은 대상청구권자에게 너무 가혹하여 사회정의와 형평의 이념에 반할 뿐만 아니라 소멸시효제도의 존재이유에 부합된다고 볼 수 없기 때문이다.

채무자가 수령하게 되는 보상금이나 그 청구권에 대하여 채권자가 대상청구권을 가지는 경우에도 채권자는 채무자에 대하여 그가 지급받은 보상금의 반환을 청구하거나 채무자로부터 보상청구권을 양도받아 보상금을 지급받아야 할 것이나, 어떤 사유로 채권자가 직접 자신의 명의로 대상청구의 대상이 되는 보상금을 지급받았다고 하더라도 이로써 채무자에 대한 관계에서 바로 부당이득이 되는 것은 아니라고 보아야 할 것이다(대판 2002. 2. 8, ^{99다23901}).

(ㅁ)「점유로 인한 부동산소유권 취득기간 만료를 원인으로 한 등기청구권이 이행불능으로 되었다고 하여 대상청구권을 행사하기 위하여는 그 이행불능 전에 등기명의자에 대하여 점유로 인한 부동산소유권 취득기간이 만료되었음을 이유로 그 권리를 주장하였거나 그 취득기간 만료를 원인으로 한 등기청구권을 행사하였어야 하고, 그 이행불능 전에 위와 같은 권리의 주장이나 행사에 이르지 않았다면 대상청구권을 행사할 수 없다고 봄이 공평의 관념에 부합한다.」(대판 1996. 12. 10, ^{94다43825})

(ㅂ) 취득시효가 완성된 토지가 수용됨으로써 취득시효 완성을 원인으로 하는 소유권이전등기 의무가 이행불능이 된 경우에는 그 소유권이전등기 청구권자가 대상청구권의 행사로서 그 토지의 소유자가 토지의 대가로서 지급받은 수용보상금의 반환을 청구할 수 있다고 하더라도, 시효취득자가 직접 토지의 소유자를 상대로 공탁된 토지수용보상금의 수령권자가 자신이라는 확인을 구할 수는 없다(대판 1995. 7. 28, ^{95다2074}).

(ㅅ)「쌍무계약의 당사자 일방이 상대방의 급부가 이행불능이 된 사정의 결과로 상대방이 취득한 대상에 대하여 급부청구권을 행사할 수 있는 경우가 있다고 하더라도, 그 당사자 일방이 대상청구권을 행사하려면 상대방에 대하여 반대급부를 이행할 의무가 있다고 할 것인바, 이 경우 당사자 일방의 반대급부도 그 전부가 이행불능이 되거나 그 일부가 이행불능이 되고 나머지 잔부의 이행만으로는 상대방의 계약목적을 달성할 수 없는 등 상대방에게 아무런 이익이 되지 않는다고 인정되는 때에는, 상대방이 당사자 일방의 대상청구를 거부하는 것이 신의칙에 반한다고 볼 만한 특별한 사정이 없는 한, 당사자 일방은 상대방에 대하여 대상청구권을 행사할 수 없다고 봄이 상당하다 할 것이다.

이 사건에서, 쌍무계약인 위 토지교환계약의 목적물인 이 사건 제 1 토지 및 제 2 토지가 모두 공공사업의 시행자에 의하여 협의취득되거나 수용됨으로써 당사자인 원·피고의 상대방에 대한 각 토지 소유권이전등기 의무가 이행불능으로 되었고, 피고가 원고의 대상청구를 거부하는 것이 신의칙에 반한다고 볼 만한 특별한 사정이 있음을 인정할 만한 자료가 없으니, 원고는 위 교환계약에 따른 피고의 제 2 토지에 관한 소유권이전등기 의무가 이행불능이 된 사정의 결과로 피고가 취득한 대상의 급부를 청구할 수 없다.」$\binom{\text{대판 1996. 6. 25,}}{\text{95다6601}}$

(ㅇ) 신용보증기금이 갑 주식회사를 상대로 제기한 사해행위 취소소송에서 원물반환으로 근저당권설정등기의 말소를 구하여 승소판결이 확정되었는데, 그 후 해당 부동산이 관련 경매사건에서 담보권 실행을 위한 경매절차를 통하여 제 3 자에게 매각된 사안에서, 위와 같이 부동산이 담보권 실행을 위한 경매절차에 의하여 매각됨으로써 확정판결에 기한 갑 회사의 근저당권설정등기 말소등기절차 의무가 이행불능된 경우, 신용보증기금은 대상청구권 행사로서 갑 회사가 말소될 근저당권설정등기에 기한 근저당권자로서 지급받은 배당금의 반환을 청구할 수 있다고 한 사례$\binom{\text{대판 2012.}}{\text{6. 28,}}$ $\binom{\text{2010다}}{\text{71431}}$.

(4) 이른바 청구권 경합의 문제

때에 따라서는 동일한 사실이 한편으로는 이행불능을 가져오면서 다른 한편으로 제750조의 불법행위를 성립시키기도 한다. 가령 대가를 받고 다른 자의 골동품을 보관하고 있는 자(수치인)가 잘못하여 그 골동품을 깨뜨려 버린 경우에 그렇다. 그와 같은 경우에 골동품의 보관을 맡긴 자(임치인)가 이행불능을 이유로 한 손해배상청구권과 불법행위로 인한 손해배상청구권을 선택적으로 행사할 수 있는지가 문제된다. 여기에 관하여는 논란이 있으나, 사견은 이를 긍정하는 견지에 있다$\binom{\text{청구권경합설임. 자세한 점}}{\text{은 채권법각론 [251] 참조}}$.

Ⅲ. 불완전급부(不完全給付)   [81]

1. 의의 및 법적 근거

(1) 의   의

불완전급부는 채무자가 급부의무의 이행행위를 하였으나 그 이행에 하자가 있는 것을 말한다. 법전을 매수하였는데 그 책의 몇 장이 빠져있는 경우, 닭을 매수하였는데 병든 닭을 급부한 경우, 지붕을 수리하였는데 비가 새는 경우, 수술을 받았는데 의사의 잘못으로 다른 곳이 나빠진 경우가 그 예이다. 이러한 불완전급부는 불완전이행의 한 가지로 설명되는 것이 보통이나, 독립한 유형으로 파악하는 것이 옳다$\binom{[61]}{\text{참조}}$.

하자 있는 이행의 경우에는 그 흠 있는 이행의 결과로 채권자의 다른 법익이 침해되는 경우도 있다. 그 경우에 늘어난 손해를 보통 「확대손해」 또는 「부가적 손해」라고 한다. 앞의 예에서 책의 몇 장이 빠져 있어 졸업시험에 불합격하였거나, 병든 닭이 인도되어 채권자의 다른 닭이 병들어 죽은 것이 그에 해당한다.

〈용어의 문제〉

앞에서 언급한 바와 같이($^{[60]}_{참조}$), 독일에서는 적극적 계약침해 · 적극적 채권침해 · 불완전이행을 동의어로 사용한다. 그런데 우리나라에서는 보통 여기의 하자 있는 이행과 뒤에서 보는 「기타의 행위의무」 위반을 한데 묶어 다루면서 그것을 불완전이행이라고 표현한다. 그런데 그때 적극적 채권침해 용어는 i) 불완전이행과 동의어로 사용하는가 하면($^{곽윤직, 89면; 김상용,}_{128면; 김형배, 220면}$,), ii) 불완전이행에는 확대손해가 없는 경우와 확대손해가 있는 경우가 있으며, 전자가 협의의 불완전이행이고 후자가 적극적 채권침해라고 하기도 한다($^{김용한, 159면;}_{김주수, 138면}$). 학설로서는 i)설이 바람직하다. 그러므로 불완전이행의 일부를 떼어 불완전급부로 다루고 있는 이 책에서도 부가손해의 유무에 따라 용어를 다르게 사용하지 않을 것이다.

(2) 법적 근거

불완전급부의 법적 근거에 관하여는($^{문헌들은 불완전이}_{행에 관하여 논함}$) 학설이 대립하고 있다. i) 다수설은 제390조가 근거라고 하나($^{김상용, 129면; 김용한, 156면; 김주수,}_{137면; 김형배, 221면; 장경학, 179면}$), ii) 소수설은 형식적으로는 제390조를 근거라고 할 수 있으나, 실질적으로는 「기본채무 이외의 용태의무」 위반이 그 근거라고 한다($^{곽윤직,}_{91면}$). 이 견해는 민법은 기본적으로 채무불이행의 모습으로서 이행지체 · 이행불능의 두 가지를 예정하고 이행이 불완전한 경우는 하자담보책임으로서 해결하려는 것이라는 견지에 있다.

생각건대 불충분하기는 하지만 제390조는 포괄적 규정으로서 모든 채무불이행의 원천이라고 보아야 한다. 따라서 불완전급부도 제390조에 의하여 하나의 채무불이행으로 인정된다고 할 것이다.

[82]　　### 2. 불완전급부의 요건

(1) 이행행위가 있었을 것

불완전급부가 되려면 급부의무의 이행행위가 있었어야 한다. 만약 그것이 없었으면 이행지체나 이행불능으로 될 것이다. 이행한 급부는 「주는 급부」에 한하지 않으며 「하는 급부」라도 무방하다. 위에서 든 예 중 지붕수리나 수술의 경우는 후자에 해당한다.

(2) 이행에 하자가 있을 것

이행행위가 흠이 없게 되면 완전한 이행이 되고 불완전급부는 문제되지 않는다(뒤의「기타의 행위의무」, 위반은 남을 수 있다). 이행에 하자가 있는 때에 불완전급부로 되는 것이다. 불완전급부의 모습은 「주는 채무」와 「하는 채무」에 따라 다르다.

1) 주는 채무의 경우   「주는 채무」에 있어서 불완전급부는 인도된 물건에 하자가 있는 때에 많이 문제된다. 인도된 말(馬)이나 닭이 병이 들어 있거나 구입한 책의 몇 장이 빠져 있는 경우에 그렇다. 우리 판례에 나타난 예로는, 매수한 채소종자 중 30퍼센트만 발아된 경우(대판 1977. 4. 12, 76다3056), 감자종자가 잎말림병에 감염된 것인 경우(대판 1989. 11. 14, 89다카15298), 수입한 면제품 셔츠가 세탁하면 심하게 줄어드는 등의 하자가 있는 경우(대판 1992. 4. 28, 91다29972), 공기정화기에 하자가 있는 경우(대판 2003. 7. 22, 2002다35676) 등이 있다.

이와 같이 인도된 물건은 특정물일 수도 있고 불특정물일 수도 있다. 그리고 어떤 경우이든 일단 하자담보책임이 문제된다. 즉 매매(및 기타 유상계약)에서는 원칙적으로 매도인이 하자담보책임을 지게 되며(580조·581조), 증여의 경우에는 예외적으로만 책임을 진다(559조). 이 하자담보책임에 있어서 하자는 특정물채권에 있어서는 채권성립시에, 종류채권에 있어서는 특정시에 존재하여야 한다. 그러면 이와 같이 인도된 물건에 하자가 있는 경우에는 채무자(매도인 등)는 하자담보책임만 지는가? 여기에 관하여는 불완전급부(불완전이행)책임이 보충적인 성격이 있다는 견지에서 확대손해가 생기지 않는 때에는 하자담보책임만 인정되고, 확대손해가 생긴 때에만 불완전급부가 인정된다는 견해가 있을 수 있다. 그러나 하자담보책임은 무과실책임이고 거기에서의 손해배상범위는 신뢰이익이라는 점에 비추어볼 때, 그에 관한 규정은 종국적인 것이 아니라고 보아야 한다. 그리하여 하자가 채무자의 유책사유에 의하여 발생한 때에는 확대손해가 없는 때에도 제390조에 의하여 불완전급부책임을 물을 수 있다고 하여야 한다(같은 취지: 곽윤직, 92면; 김상용, 131면).

일부 견해(김용한, 161면; 김학동, 111면)는 석탄을 인도하여야 하는데 쌀을 인도한 경우와 같이 본래의 급부와 전혀 다른 급부를 한 경우에도 불완전이행(불완전급부)으로 다룰 것이라고 한다. 그러나 그러한 경우에는 이행이 없었다고 보는 것이 옳다.

2) 하는 채무의 경우 「하는 채무」에 있어서도 불완전급부가 생길 수 있다. 그런데 그 모습에는「하는 채무」의 성질상 두 가지가 있다. 하나는「하는 채무」의 내용이 일정한 결과의 실현을 목적으로 하는 경우에, 채무자가 하자 있는 결과를 발생시킬 때에 생긴다. 임차인이 임차물을 손상한 경우, 수치인이 목적물을 훼손한 경우, 운송인의 운송방법이 부적당하여 화물이 손상되거나 여객이 다친 경우, 수급인이 완성한 일에 흠이 있는 경우($\binom{\text{가령 지붕수리업자가 지붕을}}{\text{수리하였는데 비가 새는 경우}}$)가 그 예이다. 다른 하나는 일정한 결과를 실현시킬 필요가 없고 그러한 결과를 위하여 최선을 다하여야 하는 경우에, 그 노력을 다하지 않는 때에 생긴다. 의사가 처방이나 수술을 잘못하였거나 변호사가 법률자문을 잘못한 경우가 그 예이다.

(3) 확대손해의 발생이 필요한지 여부

불완전급부의 결과 확대손해가 발생한 때도 많으나, 확대손해의 발생은 그 요건이 아니다. 그리하여 확대손해가 발생한 경우는 물론이고 확대손해가 없더라도 불완전급부의 요건이 갖추어지면 불완전급부로 된다고 할 것이다. 하자담보책임 규정이 있어도 같다.

(4) 채무자의 유책사유

불완전급부로 되려면 하자 있는 이행이 채무자의 책임있는 사유로 행하여졌어야 한다($\binom{\text{대판 1997. 5. 7, 96다39455;}}{\text{대판 2003. 7. 22, 2002다35676}}$). 채무자의 유책사유에 대하여는 이행지체와 관련하여 설명한 것이 그대로 적용된다($\binom{[69] \text{ 이}}{\text{하 참조}}$). 그리하여 이 요건의 증명도 채무자가 유책사유 없음을 증명하여야 할 것이다.

(5) 불완전급부가 위법할 것

불완전급부가 성립하려면 그것이 위법하여야 한다($\binom{[163]}{\text{참조}}$).

[83] **3. 불완전급부의 효과**

통설은 — 불완전급부를 포함하여 — 불완전이행의 효과를 완전이행이 가능한 경우와 그것이 불가능한 경우로 나누어 설명한다. 구체적으로는 전자의 경우에는 완전이행청구권이 생기되 추완방법(追完方法)이 있으면 추완청구권이 생기고, 그 외에 이행지체로 인한 손해배상($\binom{\text{및 확대손}}{\text{해의 배상}}$)을 청구할 수 있다고 하며, 후자의 경우에는 확대손해의 배상과 전보배상만을 청구할 수 있다고 한다. 그리고 그 밖에 완전이행이 가능한지 여부에 따라 이행지체와 이행불능에 준하여 계약해제권을 인정한다(곽윤직, 94면; 김상용, 135면; 김용한, 166면; 김주수, 145면). 즉 완전이행이 가능한 경우에는 채권자가 상당한 기간을 정하여 이행을 최고하여도 채무자가 이행을 하지 않는 때에 계약을 해제할 수 있고, 완전이행이 불가능한 경우에는 최고 없이 곧 계약을 해제할 수 있다고 한다. 판례도, 수임인이 위임계약상의 채무를 제대로 이행하지 않은 경우에 그 채무를 이행하는 것이 가능한 때에 관하여, 위임인은 수임인에 대하여 상당한 기간을 정하여 그 이행을 최고하고 수임인이 그 기간 내에 그것을 이행하지 않을 때에 한하여 계약을 해제할 수 있다고 하여, 통설과 같다(대판 1996. 11. 26, 96다27148).

그러나 손해배상의 방법에 관하여 금전배상주의($^{394}_{조}$)를 취하고 있는 우리 민법상 불완전급부의 경우에 완전이행청구권, 특히 추완청구권이 가능한지는 의문이다(우리 통설은 원상회복주의를 원칙으로 하는 독일의 이론을 깊은 고려 없이 받아들인 것이 아닌가 싶다). 하자담보책임 규정이 있을 때는 더욱 그렇다. 우리 민법에 있어서는 손해배상청구권만 생긴다고 하여야 할 것이다. 물론 거기의 손해배상에는 확대손해가 있는 경우에는 그것에 대한 배상도 포함된다. 그 외에 불완전급부가 행하여진 채무가 계약에 기하여 생긴 때에는 채무불이행의 일반적인 효과의 하나인 계약해제권도 발생한다고 새겨야 한다. 다만, 민법에 그 요건이 규정되어 있지 않아서 의문이나, 제580조를 유추적용하여 불완전급부로 인하여 계약의 목적을 달성할 수 없는 때에 한정하는 것이 좋을 것으로 생각된다(580조·575조 참조). 근래에 해제권의 인정범위에서는 차이를 보이지만 해제를 인정하는 요건에 있어서 사견과 결론을 같이하는 견해(김대정, 560면; 김학동, 172면; 이은영, 243면)가 주장되고 있어서 고무적이다.

일부 견해는 i) 불완전이행의 경우의 완전이행청구권·추완청구권·손해배상청구권·계약해제권은 모두 신의칙상 상당한 기간이 지나면 소멸한다고 한다(곽윤직, 95면; 김용한, 166면; 김주수, 146면). 그런가 하면 ii) 이들 중 손해배상청구권만은 10년의 시효에 걸린다고 하여야 한다는 견해(김상용, 136면)도 있다. 사견에 의하면 채권자는 손해배상청구권과 계약해제권만 가지게 되는데, 채권자의 그러한 권리가 이행지체·이행불능에 있어서와 다르게 취급될 이유는 없다. 따라서 단기에 소멸하지 않는다고 하여야 한다.

〈판 례〉

「의사가 선량한 관리자의 주의의무를 다하지 아니한 탓으로 오히려 환자의 신체기능이 회복불가능하게 손상되었고, 또 손상 이후에는 그 후유증세의 치유 또는 더 이상의 악화를 방지하는 정도의 치료만이 계속되어 온 것뿐이라면 의사의 치료행위는 진료채무의 본래 내용에 좇은 이행을 하지 아니한 것이거나 손해전보의 일환으로 행하여진 것에 불과하여 병원 측으로서는 환자에 대하여 그 수술비와 치료비의 지급을 청구할 수 없다. 그리고 이는 손해의 발생이나 확대에 피해자 측의 귀책사유가 없음에도 공평의 원칙상 피해자의 체질적 소인이나 질병과 수술 등 치료의 위험도 등을 고려하여 의사의 손해배상책임을 제한하는 경우에도 마찬가지이다(대법원 2015. 11. 27. 선고 2011다28939 판결 참조).」(대판 2016. 6. 23, 2015다55397. 대판 2018. 4. 26, 2017다288115는 위 전단의 법리를 인정하면서, 그 법리는 환자가 종전 소송에서 특정 시점 이후에 지출될 것으로 예상되는 향후치료비 청구를 누락한 경우에도 마찬가지라고 한다)

[84]   ## Ⅳ.「기타의 행위의무」위반

1. 의   의

급부의무 이외의 행위의무, 즉「기타의 행위의무」(이를 신의칙상의 부수의무라고도 하나, 그러한 표현은 바람직하지 않다. 그 의무는 신의칙에 의하여서만 생기는 것이 아니고 또 그 표현은 부수적 급부의무와 혼동하게 할 우려가 있기 때문이다)를 위반하는 것도 채무불이행이 된다.「기타의 행위의무」위반은 일반적으로 불완전이행의 일부로 다루나, 불완전급부와 매우 다르기 때문에 독립한 유형으로 다루는 것이 바람직하다(주해(9), 343면(양창수)).

2. 요   건

(1)「기타의 행위의무」의 위반이 있을 것

이 유형의 채무불이행이 되려면 당연히「기타의 행위의무」([29] 참조)의 위반이 있어야 한다. 그것 외에 불완전급부에서처럼 급부의무의 이행행위가 있었을 것은 필요하지 않다. 이행행위가 있는 경우가 많겠으나, 때에 따라서는 이행행위가 없었어도「기타의 행위의무」의 위반이 있을 수 있다.

「기타의 행위의무」는 법률규정이나 신의칙 또는 계약(연예인의 품위유지의무는 계약에 의하여 생긴「기타의 행위의무」의 예이다)에 의하여 생기며, 그 모습에는 설명의무·안전배려의무·보호의무 등이 있다. 견해(김학동, 110면)에 따라서는 채권자의 완전성의 이익만을 목적으로 하는 보호의무는「기타의 행위의무」에 포함되지 않는다고 하나, 포함시키는 것이 옳다(같은 취지: 김상용, 133면; 김형배, 231면).「기타의 행위의무」의 모습을 구체적으로 보기로 한다(이것이 그 전부가 아님을 주의할 것).

1) 설명의무   가령 기계의 매도인은 그 기계의 사용방법을 올바르게 설명하여야 할 의무가 있다. 그리고 농민들이 농약판매업자와 상의하여 농약을 선택하여 온 때에는 판매업자는 농약의 성능·사용방법 등에 관하여 정확하게 설명

을 해 줄 의무가 있다(대판 1995. 3. 28, 93다62645). 또한 종묘업자는 그가 생산한 종자에 대하여 설명할 의무가 있으나, 종자들에 관하여 그 봉투 및 품종설명서에 상세히 설명하면 충분하다고 할 것이다(대판 2001. 4. 10, 99다70945). 그 밖에 의사는 그가 수술 등의 의료행위를 하는 경우에는 질병의 증상·치료방법·발생이 예상되는 위험 등에 관하여 환자나 그 법정대리인에게 설명할 의무가 있다(대판 1996. 4. 12, 95다56095; 대판 1997. 7. 22, 95다49608; 대판 1999. 9. 3, 99다10479).

　　2) 안전배려의무　　　　가령 근로계약에 있어서 사용자는 피용자가 노무를 제공하는 과정에서 피용자의 생명·신체·건강의 안전을 배려하여야 할 의무가 있 다(대판 1997. 4. 25, 96다53086; 대판 1999. 2. 23, 97다12082; 대판 2000. 5. 16, 99다47129; 대판 2001. 7. 27, 99다 56734. 대판 1998. 2. 10, 95다39533은 피용자가 다른 피용자에게 은밀하게 성희롱을 당하지 않도록 할 의무까지는 없다고 한다). 그리고 판례는, 근로자 파견관계에서 사용사업주와 파견근로자 사이에는 특별한 사정이 없는 한 파견근로와 관련하여 사용사업주가 파견근로자에 대한 보호의무 또는 안전배려의무를 부담한다는 점에 관한 묵시적인 의사의 합치가 있다고 한다(대판 2013. 11. 28, 2011다60247. 따라서 사용사업주의 보호의무 또는 안전배려의무 위반으로 손해를 입 은 파견근로자는 사용사업주와 직접 고용 또는 근로계약을 체결하지 아니한 경우에도 위와 같은 묵시적 약정에 근거하여 사용사업주에 대하여 보호의무 또는 안전배려의무 위반을 원인으로 하는 손해배상을 청구할 수 있고, 이러 한 약정상 의무 위반에 따른 채무불이행책임을 원인으로 하는 손해배상청구권에 대하여는 불법행위책임에 관한 민법 제766 조 제1항의 소멸시효 규정 이 적용될 수는 없다고 한다). 또한 술에 취한 사람에게 재차 영리의 목적으로 술을 판매하는 영업자로서는 추가적인 음주로 말미암아 그가 안전상 사고를 당하지 않도록 구체적인 상황 하에서 요구되는 필요한 조치를 취하여야 할 안전배려의무가 인정될 수 있고, 이러한 안전배려의무는 고온의 찜질실 등 이용객의 구체적 상태 여하에 따라 안전에 위해를 초래할 수도 있는 시설을 제공하는 찜질방 영업자에게도 마찬가지로 요구된다고 한다(대판 2010. 2. 11, 2009다79316). 그런가 하면, 학교법인은 학생과의 재학계약에서 학생의 생명·신체·건강 등의 안전을 확보하기 위하여 교육장소의 물적 환경을 정비하여야 하고, 학생이 교육을 받는 과정에서 위험 발생의 우려가 있을 때에는 미리 그 위험을 제거할 수단을 마련하는 등 합리적 조치를 하여야 할 안전배려의무를 부담하며, 학교법인이 안전배려의무를 위반하여 학생의 생명·신체·건강 등을 침해하여 손해를 입힌 때에는 불완전이행으로서 채무불이행으로 인한 손해배상책임을 부담한다고 한다(대판 2018. 12. 28, 2016다33196). 이러한 의무를 안전배려의무라고 한다.

　　3) 보호의무　　　　채무자는 채무이행과정에서 채권자에게 신체적·재산적 손해를 가하지 않아야 할 의무가 있다. 이것이 보호의무이다. 이 의무의 위반을 채무불이행으로 파악하지 않고 불법행위 문제로 돌리려는 견해도 있으나, 이는

옳지 않다.

채무자가 보호의무를 위반한 경우의 예로는 채무자가 피아노를 운반하다가 채권자의 카펫을 망가뜨린 경우, 창문을 수리하는 자가 수리를 하다가 옆 창문의 유리를 깬 경우를 들 수 있다. 그리고 판례에 의하면, 여행업자는 여행자에 대하여 보호의무를 지므로 여행자가 놀이기구를 이용하다가 다른 여행자의 과실로 상해를 입은 경우에는 손해배상책임이 있다고 하며($^{대판 1998. 11. 24,}_{98다25061}$), 숙박업자는 투숙객에 대하여 보호의무를 지므로 숙박업자가 이를 위반하여 투숙객에게 손해를 입힌 경우에는 불완전이행책임을 진다고 한다($^{대판 1997. 10. 10, 96다47302; 대판}_{2000. 11. 24, 2000다38718 · 38725}$). 또한 병원은 입원환자의 휴대품 등의 도난을 방지할 보호의무가 있어서 입원환자와 무관한 자가 병실에 무단출입하여 입원환자의 휴대품 등을 절취하였다면 그로 인한 책임이 있다고 한다($^{대판 2003. 4. 11,}_{2002다63275}$). 그런가 하면 학원의 운영자나 교습자는 교습계약(수강계약)의 당사자로서 수강생의 생명 · 신체의 안전을 미리 확보할 수 있도록 배려하여야 할 의무가 있다고 한다($^{대판 2008. 1. 17,}_{2007다40437}$). 그에 비하여 탁아소는 이미 급부의무로서 유아를 보호할 의무를 부담한다. 병원도 환자의 질병으로 인한 위험을 막아야 할 급부의무가 있다.

(2) 채무자의 유책사유

채무자의 책임있는 사유가 있어야 한다($^{[63]}_{참조}$). 이 요건의 증명도 다른 채무불이행에 있어서처럼 채무자가 자신에게 과실없음을 주장 · 증명하여야 한다$\binom{대판 1997. 10. 10, 96다47302; 대판 2000. 11. 24, 2000다38718 · 38725. 그에}{비하여 채권자는 구체적인 보호의무의 존재와 그 위반사실을 증명하여야 한다}$.

(3)「기타의 행위의무」위반이 위법할 것

이것도 채무불이행의 하나이므로 위법성이 필요하다($^{[63]}_{참조}$).

3.「기타의 행위의무」위반의 효과

「기타의 행위의무」위반이라는 채무불이행의 요건이 갖추어지면 채권자($^{근로계}_{약의}$ $^{경우에는}_{근로자}$)는 손해배상을 청구할 수 있다. 그리고 위반된 의무가 계약에 기하여 생긴 때에는 일정한 요건 하에 계약을 해제($^{계속적 채권관계}_{의 경우에는 해지}$)할 수 있다고 하여야 한다($^{반대:}_{김형}$ $^{배, 231면 ·}_{232면}$). 해제요건도 불완전급부의 경우처럼 계약의 목적을 달성할 수 없는 때라고 하는 것이 좋을 것이다.

제3관 손해배상

Ⅰ. 서 설 [85]

채무자의 채무불이행이 있으면 채권자는 채무자에 대하여 손해배상을 청구할 수 있다($\frac{390}{조}$). 이러한 손해배상에 관하여 민법은 그 범위 및 방법·배상액의 예정·과실상계·배상자대위 등에 대하여 명문의 규정을 두고 있다($\frac{393조}{이하}$). 그런데 손해배상은 불법행위의 경우에도 인정된다. 그리고 채무불이행으로 인한 손해배상에 대한 대부분의 규정은 불법행위로 인한 손해배상에도 준용된다($\frac{763}{조}$). 그 결과 아래에서 설명하는 이론은 불법행위에도 원칙적으로 적용된다($\substack{설명\ 자체에서\ 불법행\\위의\ 경우를\ 언급하기\\도\ 함을\ 유}$의할 것).

Ⅱ. 손해배상의 의의

손해배상의 의의를 손해와 배상으로 나누어 살펴보기로 한다.

1. 손 해

(1) 손해의 의의

1) **손해 개념** 손해의 의의에 관하여 학설은 차액설과 구체적 손해설(현실적 손해설)의 두 가지 견해로 나뉘어 대립하고 있다. i) 차액설은 법익에 관하여 받은 불이익이 손해라고 한 뒤, 그것은 가해원인이 없었다고 한다면 있었어야 할 이익상태와 가해가 이미 발생하고 있는 현재의 이익상태와의 차이라고 한다($\substack{곽윤\\직,\\106면;\ 김용\\한,\ 194면}$). 그에 비하여 ii) 구체적 손해설은 법익에 대한 구체적 불이익이 손해라고 한다($\substack{김상용,\\146면}$). ii)설은 i)설이 비재산적 손해에는 적절하지 않다는 이유를 든다. 그리고 판례는 불법행위로 인한 재산적 손해에 관하여 차액설을 취하고 있다($\substack{대판(전\\원)\ 1992.\ 6.\ 23,\ 91다33070;\ 대판\ 1996.\ 2.\ 9,\ 94다53372;\ 대판\ 1998.\ 9.\ 22,\ 98다2631;\ 대판\ 1998.\ 7.\ 10,\ 96다38971;\ 대판\\2009.\ 8.\ 20,\ 2008다51120·51137·51144·51151;\ 대판\ 2023.\ 5.\ 18,\ 2022다230677;\ 대판\ 2023.\ 11.\ 30,\ 2019다224238;\ 대판\\2024.\ 1.\ 4,\ 2022다286335}$)($\substack{김형배,\ 239면은\ 판례가\ 전반적으로\ 차액설의\ 견지인\ 것처럼\ 설명하나,\\나머지\ 경우에는\ 다르게\ 설명될\ 수\ 있으므로,\ 그러한\ 설명은\ 부적절하다}$).

〈판 례〉

㈀「불법행위로 인한 재산상 손해는 위법한 가해행위로 인하여 발생한 재산상 불이익, 즉 그 위법행위가 없었더라면 존재하였을 재산상태와 그 위법행위가 가해진

현재의 재산상태의 차이를 말하는 것이고, 그것은 기존의 이익이 상실되는 적극적 손해의 형태와 장차 얻을 수 있을 이익을 얻지 못하는 소극적 손해의 형태로 구분된다.」$\binom{\text{대판(전원) 1992. 6.}}{\text{23, 91다33070}}$

㈝「불법행위로 인한 재산상 손해는 위법한 가해행위로 인하여 발생한 재산상 불이익, 즉 그 위법행위가 없었더라면 존재하였을 재산상태와 그 위법행위가 가해진 현재의 재산상태의 차이를 말하는 것이므로, 손해액을 산정함에 있어서는 먼저 위법행위가 없었더라면 존재하였을 재산상태를 상정하여야 할 것인데, 위법행위가 없었을 경우의 재산상태를 상정함에 있어 고려할 사정들은 위법행위 전후의 여러 정황을 종합한 합리적인 추론에 의하여 인정될 수 있어야 하고, 당사자가 주장하는 사정이 그러한 추론에 의하여 인정되지 않는 경우라면 이를 위법행위가 없었을 경우의 재산상태를 상정하는 데에 참작할 수 없다.」$\binom{\text{대판 2009. 9. 10,}}{\text{2008다37414}}$

㈜「위법행위가 있었다 하더라도 그로 인한 재산상태와 그 위법행위가 없었더라면 존재하였을 재산상태 사이에 차이가 없다면 다른 특별한 사정이 없는 한 위법행위로 인한 손해가 발생하였다고 할 수 없다.」(보험계약자 등이 피보험자가 선박에서 발생한 총기오발 사고로 상해를 입었음에도 양망작업 중 사고로 상해를 입은 것으로 허위신고하여 보험회사로 하여금 피보험자에게 보험금을 지급하게 한 사안에서, 보험사고의 경위를 사실대로 신고하였더라도 위 총기오발 사고로 인한 상해는 보험약관상 보험사고인 '업무상 재해'에 해당하여 보험회사는 피보험자에게 보험금을 지급할 수밖에 없었고, 보험사고 경위의 허위신고가 그 자체로 절차의 엄격한 준수가 요구되는 법령 위반에 해당한다는 등의 특별한 사정도 보이지 않으므로, 보험회사가 지급한 보험금이 보험계약자 등의 허위신고로 인한 손해에 해당한다고 볼 수 없다고 한 사례)$\binom{\text{대판 2009. 9. 10,}}{\text{2009다30762}}$

사견은 「일정한 원인$\binom{\text{채무불이행·}}{\text{불법행위 기타}}$에 의하여 피해자가 입는 불이익」을 손해라고 이해하고자 한다. 이러한 불이익에는, 뒤에 보는 바와 같이, 재산적인 것도 있고 비재산적인 것도 있다. 그 가운데 재산적인 것은 위의 차액설에 의하여 설명되고 계산될 수 있으나, 비재산적인 것은 그럴 수 없다. 그러한 점에서 볼 때 손해 전체를 차액설로 설명하는 것은 적절하지 않다. 그렇지만 재산적 손해는 차액설에 의하여 계산하여도 무방하다.

2) 규범적 손해 어떤 가해원인에 의하여 피해자에게 피해가 생겼지만 그것이 손해배상이 아닌 다른 방법으로 전보되어 피해자의 재산상태가 가해 전후에 차이가 없는 경우에는 손해는 존재하지 않는가? 여기에 관하여는 그러한 경우에도 손해가 존재한다고 하면서, 그것은 규범적 손해라고 하는 견해가 주장된

다(김학동·126면). 이는 본래 손익상계(이익공제)의 문제인데 그 이전에 손해의 성립에서 다루는 것이다(Brox, S. 186). 그리고 위와 같은 주장은 타당하다. 그리하여 가령 어떤 자가 신체침해를 당했지만 치료비는 의료보험에 의하여 지급받고 그의 노무제공이 없었음에도 불구하고 임금을 지급받았을지라도, 그는 손해를 입은 것으로 된다.

이와 같은 규범적 손해가 인정되려면 두 가지 요건을 갖추어야 한다. 첫째로 피해가 가해자에 의하여서가 아니고 다른 방법으로 전보되어 피해자에게 재산적인 손실이 존재하지 않아야 하고, 둘째로 그러한 전보에 의하여 가해자가 면책되지 않아야 하는 법적인 평가가 인정되어야 한다(Brox, S. 186).

우리 대법원은, 타인의 불법행위로 인한 후유증으로 노동능력의 일부를 상실한 경우에 있어서, 피해자가 후유증에도 불구하고 종전과 같은 직장에서 종전과 다름없이 수입을 얻고 있었다고 하더라도 달리 특별한 사정이 없는 한 피해자가 신체적인 기능의 장애로 인하여 아무런 재산상 손해를 입지 않았다고 단정할 수 없다고 하는데(대판 1987. 6. 23, 87다카296 이래 다수의 판결. 특히 대판 1992. 12. 22, 92다31361; 대판 1993. 7. 27, 92다15031 참조. 뒤의 두 판결은 손익상계도 부정한다), 이는 대법원이 규범적 손해를 인정한 것이라고 할 수 있다(같은 취지: 지원림, 1060면).

(2) 손해의 종류 [86]

손해는 여러 가지 표준에 의하여 종류를 나눌 수 있다.

1) **재산적 손해·비재산적 손해**   재산적 손해와 비재산적 손해를 어떠한 표준에 의하여 구별할 것인가에 관하여는 두 가지의 견해가 대립하고 있다. 그중 하나는 i) 침해되는 법익을 기준으로 하는 것으로서, 재산에 관하여 생긴 손해가 재산적 손해이고, 생명·신체·자유·명예 등의 비재산적 법익에 관하여 생긴 손해가 비재산적 손해라고 한다(곽윤직, 107면). 다른 하나는 ii) 침해행위의 결과로서 발생하는 손해가 재산적인 것인가 비재산적인 것인가에 따라 전자를 재산적 손해, 후자를 비재산적 손해라고 한다(김대정, 602면; 김상용; 147면; 김용한, 194면; 김형배, 242면; 장경학, 204면). 판례는 ii)설과 같다(대판(전원) 1992. 6. 23, 91다33070; 대판 1996. 2. 9, 94다53372; 대판 1998. 7. 10, 96다38971; 대판 1998. 9. 22, 98다2631). 생각건대 i)설처럼 이해하게 되면 생명·신체 등 비재산적 법익의 침해에 의하여 생기는 치료비·일실이익(逸失利益) 등이 비재산적인 손해라고 하게 되어 부적절하다. 그러므로 ii)설 및 판례처럼 손해 즉 불이익을 기준으로 하여, 그 가운데 재산적인 것을 재산적 손해라고 하고, 비재산적인 것을 비재산적 손해라고 하여야 한다.

비재산적인 손해는 흔히 정신적 손해라고 한다. 그러나 그것은 정확하지는 않다. 비재산적인 손해에는 순수한 정신적 손해(심리적 고통)만 있는 것이 아니고 실제로 느끼는 신체적 고통도 있기 때문이다. 그러므로 이들을 포괄하는 용어로는 비재산적인 손해가 더 적당하다. 한편 이와 같은 비재산적인 손해에 대한 배상을 위자료(慰藉料)라고 한다.

2) 적극적 손해와 소극적 손해　　손해 가운데 기존의 이익의 멸실 또는 감소로 인하여 생긴 불이익이 적극적 손해(예: 멸실된 물건의 가치, 신체침해에 있어서 치료비)이고, 장래에 얻을 수 있는 이익(일실이익)을 얻지 못함으로 인하여 생긴 불이익이 소극적 손해이다(예: 전매(轉賣)하여 얻었을 이익을 얻지 못한 경우, 노동수입 상실 손해). 이와 같은 두 손해의 구별은 학설·판례(주로 불법행위의 사례에 있어서 그렇다. 대판(전원) 1992. 6. 23, 91다33070; 대판 1996. 2. 9, 94다53372; 대판 1998. 7. 10, 96다38971) 모두가 인정한다.

적극적 손해·소극적 손해의 구별 실익은 무엇보다도 적극적 손해는 「통상의 손해」(393조 1항 참조)로, 소극적 손해는 「특별손해」(393조 2항 참조)로 되는 수가 많다는 데 있다.

3) 이행이익(履行利益)·신뢰이익(信賴利益)　　법률행위의 영역에 있어서는 법률이 이행이익의 배상과 신뢰이익의 배상을 구별한다(535조 참조). 이 경우 이행이익(적극적 이익)은 법률행위 특히 계약이 이행되지 않음으로써 생긴 손해이고, 신뢰이익(소극적 이익)은 법률행위의 유효를 믿음으로써 생긴 손해이다. 따라서 이행이익은 법률행위가 유효한데 이행되지 않는 경우에 문제되고, 신뢰이익은 계약이 무효로 된 경우(원시적 불능의 경우, 착오취소로 인하여 무효로 된 경우가 그 대표적 예이나, 계약이 유효한 경우라도 계약체결상의 과실이 인정되는 때나 매도인의 담보책임이 인정되는 때에는 거기에 해당한다(이설 있음). 근래 판례는 계약해제의 경우에도 신뢰이익 배상을 인정한다)에 문제된다.

채무불이행의 경우에는 원칙적으로 이행이익을 배상해야 하며, 특별한 경우에 한하여 — 법률규정이나 이론에 의하여 — 신뢰이익의 배상이 인정된다.

이행이익·신뢰이익의 구별에 대하여는, 그것은 손해배상의 대상이 되는 법익에 관한 구별이지 손해의 구별은 아니라고 하기도 한다(곽윤직, 108면 등). 생각건대 이 둘은 동일한 경우에 발생한 손해가 구분된 것이 아니고, 각기 다른 관점에서 확정된 별개의 손해들이다. 따라서 논리적으로는 위의 견해가 타당하다. 그러나 법률이 이 구별을 인정하고 있기 때문에 현실적으로 반드시 필요한 구별이다. 판례도 명문의 규정이 있는 계약체결상의 과실(535조)에 관하여는 물론이고, 다른 경우에 관하여도 신뢰이익의 개념을 인정·사용하고 있다(대판 1983. 5. 24, 82다카1667(해제의 경우); 대판 1999. 7. 27, 99다13621(해제의 경우); 대판 2002. 6. 11, 2002다2539(해제의 경우); 대판 2003. 10. 23, 2001다75295(해제의 경우)).

이 두 이익의 구체적인 계산방법을 본다. 이행이익(예: 인도할 물건의 가치)은 법률행위가 이행되었으면 있었을 재산상태에서 피해자의 현재의 재산상태를 빼는 방법으로 계산한다. 그리고 신뢰이익(예: 계약서 작성비 기타의 계약체결 비용)은 피해자가 문제되는 법률행위에 관하여 아무것도 듣지 않았으면 있었을 재산상태에서 현재의 재산상태를 빼는 방법으로 계산한다. 대부분의 경우 신뢰이익은 이행이익보다 적다. 그러나 신뢰이익이 이행이익보다 더 커지는 때도 있다. 어떤 계약이 유효하다고 믿음으로써 더 유리한 계약의 체결을 거절한 경우가 그 예이다(구체적인 예는 주해(2), 513면(송덕수) 참조). 그러한 경우에는 이행이익의 한도에서 신뢰이익을 배상하도록 하여야 한다. 그러지 않으면 채무불이행을 한 자는 그가 이행한 경우보다 더 큰 손실을 입게 되어 부당하기 때문이다. 민법은 원시적 불능에 있어서 계약체결상의 과실책임으로 신뢰이익의 배상을 인정하면서 이와 같은 취지를 명문으로 규정하고 있다(535조 1항 단서). 그러나 명문규정이 없어도 마찬가지로 해석하여야 한다. 판례도 같은 취지이다(대판 1999. 7. 27, 99다13621; 대판 2002. 6. 11, 2002다2539; 대판 2003. 4. 11, 2001다53059; 대판 2003. 10. 23, 2001다75295).

<계약의 이행을 믿고 지출한 비용의 배상 문제>   [87]

대법원은 여러 판결에서 계약의 일방 당사자가 상대방의 이행을 믿고 지출한 비용의 배상청구를 인정한다(대판 1992. 4. 28, 91다29972; 대판 1999. 2. 9, 98다49104; 대판 1999. 7. 27, 99다13621; 대판 2002. 6. 11, 2002다2539; 대판 2003. 10. 23, 2001다75295; 대판 2007. 1. 25, 2004다51825; 대판 2017. 2. 15, 2015다235766. 그 밖에 대판 1996. 2. 13, 95다47619도 참조). 그와 같은 대법원 판결 가운데에는 그러한 비용을 신뢰이익이라고 명시한 것도 있다(대판 1999. 7. 27, 99다13621; 대판 2002. 6. 11, 2002다2539; 대판 2003. 10. 23, 2001다75295; 대판 2007. 1. 25, 2004다51825가 그렇다). 그리고 대법원은 지출비용의 배상요건과 관련하여, 초기의 판결에서는 지출사실을 상대방이 알았거나 알 수 있었고 또 그것이 통상적인 지출비용의 범위 내에 속한 경우에 배상을 청구할 수 있다고 하였다(대판 1992. 4. 28, 91다29972; 대판 1999. 2. 9, 98다49104; 대판 1999. 7. 27, 99다13621. 같은 취지의 최근 판례: 대판 2023. 7. 27, 2023다223171 · 223188). 그런데 그 뒤에는, 채무불이행을 이유로 계약해제와 아울러 손해배상을 청구하는 경우에 관하여, 그 비용 중 계약의 체결과 이행을 위하여 통상적으로 지출되는 비용은 통상의 손해로서 상대방이 알았거나 알 수 있었는지의 여부와는 관계없이 그 배상을 구할 수 있고, 이를 초과하여 지출되는 비용은 특별한 사정으로 인한 손해로서 상대방이 이를 알았거나 알 수 있었던 경우에 한하여 그 배상을 구할 수 있다고 하였다(대판 2002. 6. 11, 2002다2539; 대판 2003. 10. 23, 2001다75295; 대판 2016. 4. 15, 2015다59115). 이는 대법원이 지출비용의 배상범위에 제393조를 적용한 것이다. 한편 대법원은, 채무불이행을 이유로 계약해제와 아울러 손해배상을 청구하는 경우 그 계약 이행으로 인하여 채권자가 얻을 이익 즉 이행이익의 배상을 구하는 것이 원칙이고, 다만 일정한 경우에는 그 계약이 이행되리라 믿고 채권자가 지출한 비용 즉 신뢰이익의 배상도 구할 수 있는 것이지만, 중복배상 및 과잉배상 금지원칙에 비추어 그 신뢰이익(지출비용)의 배상은 이행이익에 갈음하여서만 청구할 수 있고, 청구범위도 이행이익을 초과할 수 없다고 한

다(대판 2007. 1. 25, 2004다51825. 그 밖에 1992. 4. 28, 91다29972; 대판 1999. 2. 9, 98다49104; 대판 2002. 6. 11, 2002다2539; 대판 2017. 2. 15, 2015다235766). 그리고 지출비용 상당의 손해를 일실이익 상당의 손해와 같이 청구하는 경우에는 중복배상을 방지하기 위하여 일실이익은 제반비용을 공제한 순이익에 한정된다고 한다(대판 1992. 4. 28, 91다 29972; 대판 2023. 7. 27, 2023다223171 · 223188). 그런가 하면 채권자가 계약의 이행으로 얻을 수 있는 이익이 인정되지 않는 경우라면, 채권자에게 배상해야 할 손해가 발생하였다고 볼 수 없으므로, 당연히 지출비용의 배상을 청구할 수 없다고 한다(대판 2017. 2. 15, 2015다235766).

이러한 판례에 대하여는 지출비용의 배상 자체의 인정 여부(다수는 찬성하나, 반대하는 견해도 있다. 특히 김재형, 민법론(2), 68면 이하), 신뢰이익과의 관계, 이행이익에의 초과금지 등에 관하여 학자들 사이에 논란이 많이 있다. 그런데 여기서 그에 관하여 자세히 논의할 여유가 없으므로 사견만을 기술하기로 한다.

본래 신뢰이익은, 앞에서 기술한 바와 같이, 법률행위의 유효를 믿음으로써 생긴 손해이다. 따라서 계약(내지 채무)이 이행될 것이라고 믿고 지출한 비용은 본래의 의미의 신뢰이익은 아니다. 그러나 계약(내지 채무)의 불이행의 경우와 관련하여서는 계약의 이행을 믿음으로써 입은 손해가 신뢰이익이므로, 계약이 이행될 것이라고 믿고 지출한 비용은 신뢰이익에 해당한다고 하여야 한다. 다만, 신뢰이익은 손해이기 때문에 지출비용이 유익한 경우에는 제외되고 무익하게 된 경우(헛되이 지출한 비용)에만 신뢰이익으로 된다고 할 것이다.

헛되이 지출한 비용은 배상되어야 하는가? 우리의 채무불이행법(계약해제의 손해배상도 마찬가지이다)은 이행이익의 배상을 당연한 전제로 삼고 있으며, 신뢰이익의 배상은 전혀 인정하지 않는다. 특히 제393조는 「채무불이행으로 인한」 손해배상이라고 규정하고 있는데, 신뢰이익은 채무불이행과 관계없이 즉 채무가 이행되었더라도 지출되었을 것이어서 거기의 손해로 될 수 없다. 따라서 논리적으로는 우리 민법상 채무불이행의 경우에 채권자는 지출비용을 비롯한 신뢰이익은 배상청구를 할 수 없다. 그렇지만 신뢰이익 가운데 헛되이 지출한 비용만은 배상청구를 할 수 있도록 하는 것이 바람직하다. 무엇보다도 채무불이행으로 인하여 손해를 입었는데 손해(이행이익)의 범위를 증명할 수 없는 경우에 그렇다. 즉 그러한 경우에 이행이익 대신에 지출비용의 배상을 청구할 수 있도록 하면, 채권자가 손해증명의 어려움으로부터 벗어날 수 있게 되고, 결과적으로 손해분담의 공평이 실현될 수 있게 된다. 지출비용의 배상을 인정하는 경우 그 배상은 본래의 손해배상(이행이익의 배상)이 아니다. 그러므로 거기에 제393조도 적용되지 않아야 한다. 이 점에서 제393조를 적용하는 판례는 옳지 않다. 계약의 이행과 인과관계가 있는 것이면 모두 배상범위에 포함된다고 할 것이다. 채권자의 예견가능성을 문제삼을 것이 아니다. 나아가 지출비용의 배상을 인정하더라도, 그것은 이행이익을 청구하여야 하는데 채권자 보호를 위하여 그것에 갈음하여 그것의 범위 안에서 청구할 수 있도록 허용하는 것에 지나지 않으므로, 배상액은 이행이익을 넘지 못한다고 하여야 한다. 만약 이행이익을 넘어서도 청구할 수 있다고 하면 채권자

는 채무가 이행된 경우보다 채무불이행의 경우에 더 유익하게 되는데, 이는 불합리
하다. 한편, 앞에서 언급한 바와 같이, 지출비용의 배상은 우리 민법에서는 명문규정
없이는 인정되기 어렵다. 그런데 이를 인정할 필요성은 있으므로, 지출비용의 배상을
인정하는 명문규정을 두는 것이 필요하다($\binom{\text{이에 대한 명문규정으로}}{\text{독일민법 284조 참조}}$).

4) **직접적 손해와 간접적 손해**   손해는 직접적 손해와 간접적 손해로 나   [88]
누어지기도 한다. 그러할 경우 직접적 손해는 침해된 법익 자체에 대한 손해이
고, 간접적 손해는 법익 침해의 결과로 생기는 손해이다. 예컨대 신체침해의 경우
신체침해 그 자체는 전자에 해당하고, 신체침해로 인한 노동수입의 결손은 후자
의 예이다($\binom{\text{김학동, 130면은 노동수입}}{\text{결손도 전자로 이해한다}}$). 주의할 것은, 직접적 손해·간접적 손해의 개념은
직접적 피해자·간접적 피해자의 개념($^{[89]}_{참조}$)과는 전혀 다르다는 점이다. 이 점에서
혼동을 피하게 하기 위하여 간접적 손해를 후속손해라고 표현하는 것이 좋다.

2. 손해의 배상

불법한 원인으로 발생한 손해를 피해자 이외의 자가 「전보(塡補)」($\binom{\text{메워서}}{\text{채워 줌}}$)하는
것이 손해의 배상이다. 민법은 적법한 원인으로 인하여 생긴 손실을 전보하는 것은
배상이라고 하지 않고, 「보상(補償)」이라고 한다($\binom{\text{216조 2항·218조 1항·219조 2항·220조 1항·}}{\text{226조 2항·228조·230조 1항·261조 등 참조}}$).

Ⅲ. 손해배상청구권   [89]

1. 발생요건

채무불이행에 있어서 손해배상청구권이 발생하기는 하나, 채무불이행의 요
건만으로 충분하지는 않다($\binom{\text{손해발생이 채무불이행의 요건}}{\text{이 아님을 상기하라. [63] 참조}}$). 손해배상청구권이 생기려면 그
밖에 「손해의 발생」이 있어야 하며, 또 그것이 배상범위($^{393조}_{참조}$)에 해당하여야 한
다. 그리고 이러한 점은 피해자(채권자)가 증명하여야 한다. 판례는 「채무불이행
으로 인한 손해배상액의 청구에 있어서 손해의 발생 사실과 그 손해를 금전적으
로 평가한 배상액에 관하여는 손해배상을 구하는 채권자가 주장·입증하여야 하
는 것이므로, 채권자가 손해배상책임의 발생 원인 사실에 관하여는 주장·입증을
하였더라도 손해의 발생 사실에 관한 주장·입증을 하지 아니하였다면 변론주의
의 원칙상 법원은 당사자가 주장하지 아니한 손해의 발생 사실을 기초로 하여 손

해액을 산정할 수는 없다」고 한다($^{대판 2000. 2. 11,}_{99다49644}$). 다만, 채무불이행으로 인한 손해
배상책임이 인정된다면 손해액에 관한 증명이 불충분하다 하더라도 법원은 그
이유만으로 손해배상청구를 배척할 것이 아니라 그 손해액에 관하여 적극적으로
석명권을 행사하고 증명을 촉구하여 이를 밝혀야 한다고 한다($^{대판 1992. 4. 28, 91다}_{29972; 대판 1997. 12. 26,}$
$^{97다42892 · 42908; 대판 2006. 1. 27, 2005다52078 · 52085; 대판 2008. 2. 14, 2006다37892. 그리고 대판 1987. 3. 10, 86다}$
$^{카331; 대판 1987. 12. 22, 85다카2453 등은 석명권을 행사하는 것 외에 경우에 따라서는 직권으로라도 손해액을 심리 · 판단}$
$^{할 것이라}$
$_{고 한다}$).

　　판례는, 불법행위나 채무불이행으로 인한 손해배상청구권은 현실적으로 손
해가 발생한 때에 성립하는 것이고, 이때 현실적으로 손해가 발생하였는지 여부
는 사회통념에 비추어 객관적이고 합리적으로 판단할 것이라고 한다($^{대판 1992. 11. 27,}_{92다29948; 대판}$
$^{1998. 4. 24, 97다28568; 대판 1998. 8. 25, 97다4760; 대판 2001. 7. 13, 2001다22833; 대판 2003. 4. 8, 2000다53038; 대판 2004. 11.}$
$_{26, 2003다58959; 대판 2019. 8. 14, 2016다217833; 대판 2021. 11. 25, 2020다294516; 대판 2022. 6. 16, 2017다289538 등}$).
그러면서 판례는, 불법행위나 채무불이행 등으로 인하여 피해자 또는 채권자가
제 3 자에 대하여 어떤 채무를 부담하게 된 경우에, 상대방에게 그 채무액과 동일
한 배상을 구하기 위하여는, 그 채무의 부담이 현실적 · 확정적이어서 실제로 변
제하여야 할 성질의 것임을 요한다고 한다($^{대판 1992. 11. 27, 92다29948. 같은 취지: 대판}_{2001. 7. 13, 2001다22833(채무불이행의 경우); 대판}$
$^{2019. 8. 14, 2016다217833(불법행위의 경우); 대판 2020. 7. 9, 2017다5645}$
$_{(불법행위의 경우); 대판 2021. 11. 25, 2020다294516(채무불이행의 경우)}$).

　　한편 손해배상청구권은 손해가 현실화되기 전에도 인정된다($^{같은 취지: 김}_{학동, 130면}$). 그리
하여 가령 지붕수리업자가 지붕을 잘못 수리하여 비가 새는 경우에, 그것의 재수
리를 의뢰하기 전이어서 아직 수리비를 지출하지 않았더라도 손해배상을 청구할
수 있다.

2. 손해배상청구권자

(1) 직접적 피해자와 간접적 피해자

　　어떤 하나의 행위($^{채무불이행 ·}_{불법행위}$)에 의하여 피해를 입은 자 가운데에는 손해배상
청구권의 요건이 갖추어지는 경우가 있는가 하면 독립적으로 요건이 구비되어
있지는 않고 단지 다른 자에 대한 침해의 결과로 피해를 입는 경우도 있다. 전자
를 직접적 피해자라고 하고, 후자를 간접적 피해자라고 한다. 우리 민법상 명문
의 규정은 없지만 원칙적으로 직접적인 피해자만이 손해배상청구권을 갖는다고
하여야 한다($^{같은 취지: 주해}_{(9), 485면(지원림)}$). 간접적인 피해자에게 이를 인정할 경우에는 그 한계
를 정할 수가 없기 때문이다($^{같은 취지:}_{Brox, S. 189}$). 간접적인 피해자는 법률에 명문규정($^{예:}_{752조}$)

이 있는 경우에만 예외적으로 손해배상청구권을 갖는다고 할 것이다.

채무불이행에 있어서는 채권자(계약의 당사자 및 제3자를 위한 계약의 경우의 제3자)가 손해배상청구권을 가지게 된다. 다만, 제 3 자 보호효력 있는 계약을 인정한다면, 채권자와 밀접한 관계에 있는 일정한 제 3 자도 계약에 기한 손해배상청구권을 가질 수 있다(채권법각론 [52] 참조).

(2) 제 3 자 손해의 청산

[90]

계약의 당사자 일방이 상대방에 대하여 계약상의 의무를 위반하였지만 그로 인하여 상대방이 아니고 제 3 자에게 재산상의 손해가 생긴 경우에는, 전술한 이론에 의한다면 가해자는 손해배상을 할 의무가 없게 될 것이다. 왜냐하면 상대방은 자신이 손해를 입지 않았으므로 배상청구권을 가질 수 없고, 제 3 자는 손해를 입었지만 가해자가 그에 대하여 의무위반을 하지 않았기 때문이다(Brox, S. 189). 그러한 문제는 불법행위에서도 생길 수 있다. 예컨대 어떤 물건의 소유권이전청구권을 가지는 자가 그 물건의 소유자인 채무자와의 내부관계에서 위험을 부담하고 있을 때, 가해자가 그 물건을 멸실시켰다면, 소유자는 채권자에 대하여 부담하고 있는 채무를 면하게 되고(책임없는 이행불능), 따라서 손해를 입지 않은 만큼 손해배상청구권을 가지지 못하고, 제 3 자(채권자)는 단지 간접적으로만 피해를 당했을 뿐이므로 가해자에 대하여 손해배상청구권을 가지지 못한다. 이와 같은 경우에 가해자가 책임을 지지 않는 것은 부당하다. 그 때문에 독일의 학설·판례는 일정한 요건 하에 피해자가 가해자에 대하여 제 3 자의 손해를 주장할 수 있도록 하고 있다. 이를 제 3 자 손해의 청산이라고 한다. 우리 민법에 있어서도 이 이론을 받아들여 간접대리(예: 상법 101조 의 위탁매매업)·「기타의 행위의무」위반 등의 경우(그러나 독일과 달리 송부매매에서 는 필요하지 않다. 같은 취지: 김학동, 132면)에는 제 3 자 손해의 청산을 인정하여야 한다(같은 취지: 주해 (9), 487면(지원림)).

3. 손해배상청구권의 성질

채무불이행으로 인한 손해배상청구권은 본래의 채권이 확장된 것이거나(지연배상의 경우) 또는 내용이 변경된 것(전보배상의 경우)이다. 즉 손해배상청구권은 본래의 채권과 동일성이 있다. 따라서 본래의 채권의 담보는 손해배상청구권에도 미친다(334조·360조· 429조 참조). 그리고 손해배상청구권의 소멸시효기간은 본래의 채권의 성질에 의하여 결정된다(가령 10년(보통의 채권 시효)·5 년(상사 시효)·3년·1년 등). 판례도, 금전채무에 대한 변제기 이후의 지연손해금은 금전채무의 이행을 지체함으로 인한 손해의 배상으로 지급되는 것이므로 그 소멸시효기간은 원본채권의 그것과 같다고 하고$\binom{\text{대판 2010. 9. 9, 2010다28031: 사채(社債)}}{\text{의 상환청구권에 대한 지연손해금과 사채의}}$
$\binom{\text{이자에 대한 지연손해금에 관하}}{\text{여 상법 487조의 적용을 인정함}}$, 은행이 영업행위로서 한 대출금에 대한 변제기 이후의 지
연손해금은 그 원본채권과 마찬가지로 상행위로 인한 채권에 관하여 적용될 5년
간의 소멸시효를 규정한 상법 제64조가 적용된다고 하며$\binom{\text{대판 1979. 11. 13, 79다1453; 대}}{\text{판 2008. 3. 14, 2006다2940 등}}$,
우수현상광고의 광고자로서 당선자에게 일정한 계약을 체결할 의무가 있는 자가
그 의무를 위반한 경우의 손해배상청구권은 계약이 체결되었을 경우에 취득하게
될 계약상의 이행청구권과 실질적이고 경제적으로 밀접한 관계가 형성되어 있기
때문에 그 손해배상청구권의 소멸시효기간은 계약이 체결되었을 때 취득하게 될
이행청구권에 적용되는 소멸시효기간에 따른다고 하여$\binom{\text{대판 2005. 1. 14,}}{\text{2002다57119}}$, 같은 입장
에 있다. 한편 손해배상청구권의 소멸시효기간은 채무불이행이 생긴 때부터 진
행한다고 하여야 한다$\binom{\text{판례는 같은 취지이나, 이설}}{\text{있음. 민법총칙 [269] 참조}}$.

[91] ## Ⅳ. 손해배상의 방법

1. 입법주의

손해배상방법에 관한 입법주의로는 금전배상주의와 원상회복주의가 있다.
전자는 손해를 금전으로 평가하여 배상하게 하는 방법이고, 후자는 손해발생의
원인이 없었으면 있었을 상태로 회복하게 하는 방법$\binom{\text{예: 물건의 수선 ·}}{\text{상처의 치료}}$이다.

2. 우리 민법의 경우: 금전배상주의의 원칙

민법은 금전배상주의를 원칙으로 하고 있다$\binom{394}{조}$. 다만, 다른 의사표시$\binom{\text{이는 당사}}{\text{자 한쪽}}$
$\binom{\text{의 일방적인 의사표시가 아니고 양당}}{\text{사자의 합의를 가리킨다. 이설 없음}}$가 있거나$\binom{394}{조}$ 법률에 다른 규정이 있는 때$\binom{764조, 광업법 77}{조, 「부정경쟁방지}$
$\binom{\text{및 영업비밀 보호에 관한}}{\text{법률」6조, 특허법 131조 등}}$에는 예외이다.

〈판 례〉

「채무불이행으로 인한 손해배상을 규정하고 있는 민법 제394조는 다른 의사표시
가 없는 한 손해는 금전으로 배상하여야 한다고 규정하고 있는바, 위 법조 소정의 금
전이라 함은 우리나라의 통화를 가리키는 것이어서 채무불이행으로 인한 손해배상을
구하는 채권은 당사자가 외국통화로 지급하기로 약정하였다는 등의 특별한 사정이
없는 한 채권액이 외국통화로 지정된 외화채권이라고 할 수 없다.」$\binom{\text{대판 1997. 5. 9,}}{\text{96다48688; 대판}}$
$\binom{\text{2005. 7. 28, 2003다12083. 불법행위에 관하여}}{\text{같은 취지의 판결: 대판 1995. 9. 15, 94다61120}}$

V. 손해배상의 범위   [92]

1. 서 설

민법은 제393조에서 손해배상의 범위에 관하여 규정하고 있다. 그 제 1 항에서는 통상의 손해를 배상하도록 하고, 제 2 항에서는 특별한 손해는 예견가능성이 있는 때에만 배상하도록 한다. 그런데 이 규정을 어떻게 해석하여야 하는가에 관하여는 견해가 나뉘고 있다. 다투어지고 있는 문제는 두 가지이다. 하나는 손해배상책임의 성립과 책임의 범위(배상범위)를 구별하여야 할 것인가이고, 다른 하나는 어떤 기준으로 배상범위를 결정할 것인가이다. 이 두 문제를 차례로 살펴본 뒤, 그것을 바탕으로 하여 우리 민법에 있어서의 손해배상 범위에 관한 올바른 이론을 기술하기로 한다.

2. 손해배상책임의 성립과 배상범위의 구별

과거 우리의 학설은 채무불이행이나 불법행위로 인한 손해배상책임의 성립의 문제와 손해배상 범위의 결정의 문제를 구별하지 않고 한꺼번에 처리하여 왔다. 그리고 현재에도 대부분의 문헌은 그러한 경향에 있다. 그런데 근래에는 i) 이 두 문제를 구별하여 이해하여야 한다는 견해가 주장되고 있다(김상용, 154면; 소성규, 186면; 주해(9), 530면(지원림)). 그런가 하면 ii) 이에 대하여 비판적인 견해도 있다(김학동, 136면). ii)설은 손해배상의 범위는 손해배상책임의 성립을 전제로 하는 것인 만큼 굳이 실제의 판단에 있어서 그러한 과정을 구별할 필요가 있을지 의문이라고 한다. 생각건대 논리적으로 구별되는 문제라도 한꺼번에 판단할 수 있다. 그러한 점에서 구별부인설의 지적은 일리가 있다. 그러나 한꺼번에 판단하기에 부적당한 사정이 있다면 별 문제이다. 그런데 손해배상책임의 성립의 문제와 배상범위의 결정의 문제는 인과관계 기타의 법적 관계에 있어서 동일하지 않다. 무엇보다도 전자의 경우에는 인과관계가 일정한 원인이 없었다면 손해가 발생하지 않았을 것이라는 관계 즉 조건적 인과관계로 충분하나, 후자의 경우에는 그것으로는 부족하고 추가적인 평가가 필요하게 된다. 그리고 이는 배상범위의 결정에도 직접 영향을 미치게 된다. 따라서 위 두 문제는 구별해서 다루는 것이 바람직하다.

일부 문헌(김상용, 158면; 주해(9), 532면(지원림))은 독일의 학설(가령 Brox, S. 194)을 따라 책임의 성립과 책임의 범위의 측면에 따라 인과관계를 둘로 나누어, 그것들을 각각 책임설정적 인과관계와 책임충족적 인과관계로 나눈다. 그리고 이들 가운데 전자에 관하여는 법률이 위법성·고의 과실 등의 요소로 조건적 인과관계에 제약을 가하고 있으나, 후자에 대하여는 아무런 제약도 가하고 있지 않다고 한다. 그리하여 후자에 있어서 배상범위가 한정될 필요가 있다고 한다. 이와 같은 설명은 손해배상 범위의 결정에 관하여 상당인과관계설을 취하면 적절할 수 있으나, 다른 견해를 취하는 경우에는 부적절하다. 그리고 설사 상당인과관계설을 취한다고 하여 군이 두 인과관계 개념을 사용할 필요는 없다. 사견으로는 배상범위를 결정하기 위한 손해는 모두 조건적 인과관계에 있어야 하나, 일부 손해(후속손해)는 제393조에 의하여 배상이 제한될 수 있다고 생각한다.

[93]   **3. 손해배상범위의 결정기준**

(1) 학   설

손해배상범위의 결정기준에 관한 학설은 크게 i) 상당인과관계설, ii) 위험성관련설, iii) 규범목적설로 나누어진다.

i) 상당인과관계설은 채무불이행(또는 불법행위)과 상당인과관계에 있는 손해를 배상하여야 한다는 견해이다. 그리고 객관적으로 보아 어떤 전행사실(前行事實)로부터 보통 일반적으로 초래되는 후행사실(後行事實)이 있을 때 양자는 상당인과관계에 있다고 한다. 상당인과관계설은 어떤 사정 하에서 상당인과관계를 살펴보아야 하는가에 따라 주관적 상당인과관계설·객관적 상당인과관계설·절충설의 셋으로 나누어질 수 있다. 그런데 우리나라에서 주장되고 있는 것은 절충설 한 가지이며, 이것이 우리의 다수설이다(곽윤직, 113면; 김상용, 169면; 김용한, 202면; 김주수, 174면; 김학동, 134면; 윤철홍, 191면; 이은영, 287면; 주해(9), 538면(지원림)). 이는 채무불이행 당시에 보통인(평균인)이 알 수 있었던 사정과 채무자가 특히 알고 있었던 사정을 함께 고찰의 대상으로 삼아야 한다는 견해이다. 즉 보통인이 알 수 있었던 사정과 채무자가 특히 알고 있었던 사정 하에서 보통·일반적으로 발생하는 손해를 배상하여야 한다는 것이다. 그리고 이러한 절충설을 취하면서 상당성을 판단함에 있어서 특별한 고려가 필요하다고 하는 견해도 있다(김상용, 169면; 이은영, 289면; 주해(9), 538면(지원림). 특히 첫째와 셋째 문헌은 규범의 보호목적도 고려한다).

상당인과관계설 중 절충설은 제393조에 관하여 그 제 1 항은 상당인과관계의 원칙을 선언한 것이고, 제 2 항은 절충설의 견지에서 고찰의 대상으로 삼는 사정의 범위를 규정한 것이라고 새긴다.

ii) 위험성관련설은 손해를 피침해규범과 직접적인 관련이 있는 1차손해와 그 1차손해를 기점으로 하여 야기된 후속손해로 나누어, 1차손해는 제390조를 근거로 채무자에 귀속되고, 후속손해는 1차손해가 가지는 위험성과 후속손해 사이의 평가적 관계, 즉 위험성관련이 있는 경우에 한하여 채무자에 귀속된다고 한다($_{256면}^{김형배,}$). 그리고 이러한 위험성관련은 특별한 경우를 제외하고는 일반적으로 긍정되어야 한다고 한다. 이 견해에 의하면 제390조는 1차손해에 관한 규정이고, 제393조는 후속손해에 관한 규정이라고 한다.

iii) 규범목적설은 손해배상의 책임귀속에 있어서는 배상의무를 근거지우는 규범의 보호목적을 토대로 하여 손해배상의 범위를 결정하여야 한다는 견해이다($_{176면}^{정기웅,}$). 이 견해는 ii)설처럼 손해를 1차손해와 후속손해로 나누며, 1차손해의 귀속근거는 제390조이고, 제393조는 후속손해에 관한 규정이라고 한다. 그러나 이 견해는 불법행위에 있어서와 달리 채무불이행의 경우에는 계약의 규범목적에 따라 배상책임이 귀속된다고 한다.

(2) 판 례

우리 판례는 다수설과 마찬가지로 상당인과관계설을 취하고 있다($_{3, 66다503(불}^{대판 1966. 5.}$ 법행위); 대판 1994. 3. 25, 93다32828 · 32835(불법행위); 대판 1994. 4. 15, 93다60953(의사의 설명의무 위반); 대판 1994. 12. 27, 94다36285(공무원의 직무상 의무 위반); 대판 2003. 4. 11, 2001다53059(계약의 중도파기); 대판 2004. 5. 14, 2004다7354(변호사의 선관주의의무 위반); 대판 2004. 6. 24, 2002다6951 · 6968(프로축구 선수의 약정위반); 대판 2006. 9. 8, 2006다21880(불법행위); 대판 2006. 9. 22, 2005다30610(불법쟁의행위); 대판 2010. 11. 11, 2008다52369(수익증권 판매 회사가 고객에 대하여 설명의무를 위반한 경우); 대판 2012. 1. 27, 2010다81315(채무불이행) 등). 특기할 것은, 근래 판례가 공무원의 직무상 의무 위반에 의한 국가배상책임이 문제된 사안에서 상당인과관계의 유무를 판단함에 있어서 규범의 목적 등도 고려하고 있다는 점이다($_{94다36285; 대판 2003. 4. 25, 2001다59842 등 다}^{대판 1993. 2. 12, 91다43466; 대판 1994. 12. 27,}$수의 판결).

〈판 례〉

(ㄱ) 「공무원에게 부과된 직무상 의무의 내용이 단순히 공공 일반의 이익을 위한 것이거나 행정기관 내부의 질서를 규율하기 위한 것이 아니고 전적으로 또는 부수적으로 사회구성원 개인의 안전과 이익을 보호하기 위하여 설정된 것이라면, 공무원이 그와 같은 직무상 의무를 위반함으로 인하여 피해자가 입은 손해에 대하여는 상당인과관계가 인정되는 범위 내에서 국가가 배상책임을 지는 것이고, 이때 상당인과관계의 유무를 판단함에 있어서는 일반적인 결과 발생의 개연성은 물론 직무상 의무를 부과하는 법령 기타 행동규범의 목적, 그 수행하는 직무의 목적 내지 기능으로부터 예견가능한 행위 후의 사정, 가해행위의 태양 및 피해의 정도 등을 종합적으로 고려

하여야 할 것이다.」$\binom{\text{대판 2003. 4. 25,}}{\text{2001다59842}}$

(ㄴ) 「채무불이행으로 인한 손해배상청구소송에 있어, 재산적 손해의 발생사실이 인정되고 그의 최대한도인 수액은 드러났으나 거기에는 당해 채무불이행으로 인한 손해액 아닌 부분이 구분되지 않은 채 포함되었음이 밝혀지는 등으로 구체적인 손해의 액수를 입증하는 것이 사안의 성질상 곤란한 경우, 법원은 증거조사의 결과와 변론의 전취지에 의하여 밝혀진 당사자들 사이의 관계, 채무불이행과 그로 인한 재산적 손해가 발생하게 된 경위, 손해의 성격, 손해가 발생한 이후의 제반 정황 등의 관련된 모든 간접사실들을 종합하여 상당인과관계 있는 손해의 범위인 수액을 판단할 수 있다.」$\binom{\text{대판 2004. 6. 24, 2002다6951 · 6968: 프로축구 선수가 해외구단으로 이적하면서 이적료를 분배받고서 당}}{\text{초 약정과 달리 귀국시 다른 구단에 입단한 경우. 같은 취지: 대판 2008. 12. 24, 2006다25745(이 판결은 이}}$ 어서 「소유권이전등기 절차의 이행이 장기간 지연됨으로써 발생한 재산상 손해 역시 그 구체적 손해액을 객관적인 자료를 토대로 하여 계산하기 어려울 경우에는, 사실심법원이 제반 경위를 참작하여 이를 정할 수 있다」고 한다); 대판 2010. 10. 14, 2010다40505. 불법행위로 인한 손해배상청구에 관하여 같은 취지의 판결: 대판 2009. 8. 20, 2008다51120 · 51137 · 51144 · 51151) 대법원은 종래 여러 차례에 걸쳐 채무불이행에 관하여 뿐만 아니라 불법행위에 관하여$\binom{\text{대판 2007. 11. 29, 2006다3561; 대판}}{\text{2020. 3. 26, 2018다301336(이 판결 사}}$ 안은 아래 민소 규정이 시행되기 전의 것인데, 민소 규정도 언급함) 등)도 이러한 취지의 판결을 해 왔는데, 2016. 3. 29.에 민사소송법이 개정될 때 이 판결과 같은 내용의 규정이 민사소송법에 신설되었다$\binom{\text{같은 법 202}}{\text{조의 2 참조}}$.

[94]　　**(3) 검토 및 사견**

위험성관련설은 상당인과관계설의 문제점을 시사해 주는 바가 있으나, 지나치게 복잡하며, 채무불이행에는 적절하지 못한 것으로 보인다. 그리고 규범목적설은 독일에서 완전배상의 원칙상 상당인과관계가 인정되는 범위가 너무 넓어서 그것을 제한할 목적으로 등장하였다. 그런데 우리의 상당인과관계설은 그렇지 않다. 그리고 그 표준이 너무 막연하다. 한편 상당인과관계설은 미흡한 점만 보완한다면 적절한 이론이 될 수 있다고 생각한다.

상당인과관계설의 문제점을 보기로 한다. 그 견해에 의하면 채무불이행 또는 불법행위에 의하여 발생한 손해 가운데 채무불이행 등과 상당인과관계 있는 손해만이 배상되게 된다. 그런데 이를 엄격하게 고집하는 경우에는 부적절한 결과가 생기게 된다. 가령 유리창수선의무 부담자가 수리를 하면서 옆의 창문을 아주 가볍게 건드렸는데 그 유리창이 깨진 경우, 또는 어떤 자가 다른 자를 살짝 밀었는데 그가 넘어지면서 벽에 머리를 부딪쳐 중상을 입은 경우에, 유리창이 깨진 것과 중상을 입은 것은 개념상 가해행위와 상당인과관계 있는 손해라고 할 수는 없다. 이들 경우의 결과는 그와 같은 가해행위가 있을 경우에 「보통 · 일반적으로」 생기는 것이 아니기 때문이다. 그렇다고 하여 그러한 손해의 배상책임을 면하게 하거나 통상적인 손해의 한도로 감경시켜서는 안 된다. 그런데 그렇게 하면 그 경우에는 상당인과관계설을 적용하지 않은 것이 된다.

이러한 문제는 왜 생기는 것인가? 채무불이행 또는 불법행위에 의한 손해 가운데에는 채무불이행 또는 불법행위가 성립하면서 발생하는 것과 그 밖의 것이 있다. 전자가 직접적 손해이고, 후자가 후속손해(간접적 손해)이다(참조[88]). 이 중에 직접적 손해(가령 위의 예에서의 유리창 가치, 신체침해(그리하여 그에 대한 치료비와 위자료))는, 가해행위에 의하여 야기된 것인 한, 상당인과관계가 없어도 배상되어야 한다. 그때의 인과관계는 조건관계로 충분한 것이다. 이는 손해배상책임이 성립함에 있어서 요구되는 인과관계가 조건관계인 것과 같은 맥락에 있다. 그에 비하여 후속손해(가령 위의 예에서 유리창이 깨져서 감기가 든 것, 수입의 결손)는 가해행위와 조건관계에 있다고 하여 모두 배상하게 할 수는 없다. 그리하면 배상범위가 지나치게 확대되기 때문이다. 따라서 배상범위의 제한이 필요하게 된다. 배상범위를 제한하는 이론은 여러 가지가 있을 수 있으며, 상당인과관계설도 그중 하나이다. 그리고 그 이론은 합리적으로 배상범위를 결정할 수 있는 것이라고 생각한다.

이제 배상범위에 관한 민법규정을 어떻게 해석할 것인가에 관하여 설명하기로 한다. 손해배상의 범위에 관한 기본적인 규정은 제393조이다. 그 규정은 제 1 항에서 「채무불이행으로 인한 손해배상은 통상의 손해를 그 한도로 한다」고 규정하고, 제 2 항에서는 「특별한 사정으로 인한 손해는 채무자가 그 사정을 알았거나 알 수 있었을 때에 한하여 배상의 책임이 있다」고 규정한다. 상당인과관계설을 취하는 학자들은 이들 규정에 대하여 그 제 1 항은 상당인과관계의 원칙을 선언한 것이고, 제 2 항은 절충설의 견지에서 고찰의 대상으로 삼는 사정의 범위를 규정한 것이라고 한다(대표적으로 곽윤직, 115면). 이는 제393조가 직접적 손해의 배상까지도 포함하고 있다는 전제에 서 있다. 그러나 앞에서 본 바와 같이, 직접적 손해는 상당인과관계의 문제가 아니다. 따라서 그것은 제393조가 아니고 제390조에 의하여 배상이 인정된다고 볼 것이며, 제393조는 그것을 전제로 하고 있다고 생각된다. 그리고 제393조 제 1 항은 「통상의 손해」를 한도로 한다고 규정한 것으로 보아 상당인과관계의 원칙을 선언한 것으로 보인다. 그런데 제393조는 직접적 손해를 제외한 손해, 즉 후속손해에 관한 것으로 보아야 하므로, 그 제 1 항은 후속손해에 관한 상당인과관계원칙 규정이라고 할 것이다.

　　문제는 우리 민법이 상당인과관계설 중 절충설을 취하고 있는 것인지이다. 상당인과관계설을 취하는 학자들은 제393조 제 2 항이 절충설을 입법한 것으로 이해한다. 그러나 이는 옳지 않다. 그 규정은 결코 「일정한 사정 하에서의 상당인과관계」를 규정한 것이 아니기 때문이다. 사견으로는 제393조 제 2 항은 상당인과관계설과는 별개로 민법이 일정한 요건 하에 「특별한 사정으로 인한 손해」 즉 특별손해의 배상을 인정하기 위한 규정으로 생각된다. 특별손해는 배상하지 않음을 원칙으로 하되, 채무자가 특별한 사정을 알았거나 알 수 있었을 경우에는 예외적으로 배상을 인정한 것이다.

　　이와 같이 제393조 제 2 항이 절충설의 입장이 아니라면, 제 1 항이 상당인과관계설 중 절충설의 견지에 서있다고 보아야 하는가? 만약 그렇게 이해한다면, 제 1 항에 의하면 보통인이 알 수 있었던 사정과 채무자가 알고 있었던 사정 하에서 상당인과관계 있는 손해가 배상되어야 한다고 새기게 될 것이다. 그러나 그렇게 되면 채무자가 알고 있었던 사정 하에서의 손해는 제 2 항의 특별손해와 겹치게 된다. 그런데 그것들의 요건은 차이가 있어서 배상범위가 달라질 가능성이 크다. 이러한 결과는 민법 제393조의 해석으로서 적절하지 않다. 그리고 보면 제 1 항의 상당인과관계의 원칙은 보통인(평균인)이 알 수 있었던 사정만을 기초로 적용하여야 한다. 결국 절충설은 우리 민법에 맞는 이론이 아닌 것이다.

[95]　　**4. 제393조의 해석**(손해배상의 범위)

　　위에서 적은 바와 같이, 제393조는 통상손해와 특별손해의 배상에 관하여 규정하고 있으나, 이는 후속손해만에 관한 것으로 보아야 한다. 따라서 손해배상의 범위문제는 직접적 손해·통상손해·특별손해의 셋으로 나누어 보아야 한다.

　　(1) 직접적 손해

　　예컨대 특정물채무에 있어서 채무자의 과실로 목적물이 멸실된 경우, 어떤 자가 과실로 남의 장식장에 부딪쳐 그 위의 도자기가 떨어져 깨진 경우에, 목적물의 가치·도자기의 가치는 직접적 손해이다. 이러한 손해는 가해행위와 상당인과관계에 있을 필요가 없이 배상되어야 하며, 그 근거는 제393조가 아니고 제390조($\binom{\text{불법행위의 경}}{\text{우에는 750조}}$)라고 하여야 한다. 신체침해의 경우, 피해자의 상해 자체와 그로 인한 정신적 손해도 직접적 손해이어서 마찬가지로 된다. 뿐만 아니라 이 경우의 치료비도 직접적 손해로 보아, 가령 특이체질로 인하여 치료비가 많이 든 때에도 그 모두를 배상하도록 하여야 할 것이다(판례는 이와 같은 경우에 대하여 — 상당인과관계의 필요 여부에 대하여는 명시하지 않으면서 — 손해 배상액을 정하면서 과실상계의 법리를 유추적용하여 그 손해의 발생 또는 확대에 기여한 피해자 측의 요인을 참작할 수 있다고 한다(대판 1998. 7. 24, 98다12270; 대판 2000. 1. 21, 98다50586; 대판 2005. 6. 24, 2005다16713; 대판 2014. 7. 10, 2014다16968; 대판 2016. 6. 23, 2015다55397). [103] 참조).

(2) 통상손해(通常損害)

후속손해 가운데에는 통상의 손해만을 배상하는 것이 원칙이다($^{393조}_{1항}$). 여기서 통상의 손해라고 하는 것은, 그 종류의 채무불이행(또는 불법행위)이 있으면 보통·일반적으로 발생한다고 생각되는 손해이다. 그러한 손해로 인정되려면 두 가지 요건을 갖추어야 한다. 즉 A라는 채무불이행에 의하여 B라는 손해가 생긴 경우에, 첫째로 A라는 채무불이행이 없었으면 B라는 손해가 생기지 않았어야 하고 (구체적 관계), 둘째로 일반적으로도 A라는 채무불이행이 있으면 보통 B라는 손해가 발생하여야 한다(일반적 관계).

예컨대 이행지체의 경우 이행이 늦어서 이용하지 못한 것, 신체침해의 경우 수입을 올리지 못한 것 등이 그에 해당한다. 직접적 손해를 따로 인정하지 않으면 그것들은 모두 통상손해로 취급된다.

통상손해에 관하여는 채무자의 예견 유무는 묻지 않는다. 따라서 채권자는 채무불이행과 손해액만 증명하면 된다.

〈판 례〉

(ㄱ)「민법 제393조 제 1 항 … 의 통상손해는 특별한 사정이 없는 한 그 종류의 채무불이행이 있으면 사회일반의 거래관념 또는 사회일반의 경험칙에 비추어 통상 발생하는 것으로 생각되는 범위의 손해를 말하고, 제 2 항의 특별한 사정으로 인한 손해는 당사자들의 개별적·구체적 사정에 따른 손해를 말한다.

분양받은 아파트에 관하여 소유권이전등기 절차의 이행이 장기간 지연되었다면 수분양자에게는 재산권을 완전히 행사하지 못하는 손해가 발생하였다고 볼 수 있다. 주위 부동산들의 거래상황 등에 비추어 볼 때 등기절차가 이행되지 않아 수분양자 등이 활용기회의 상실 등의 손해를 입었을 개연성이 인정된다면, 등기절차 지연으로 인한 통상손해가 발생하였다고 할 것이고, 이 손해가 특별한 사정으로 인한 손해라고 하더라도 예견가능성이 있다고 보아야 한다(위 대법원 2006다 25745 판결 참조). 이러한 법리는 분양된 아파트에 관하여 전유부분에 대한 소유권이전등기 절차만을 이행하고 그에 관한 대지권이전등기의 이행을 장기간 지연한 경우에도 마찬가지로 적용될 수 있다.」
(대판 2021. 5. 27, 2017다230963. 첫째 단락에 관하여 같은 취지: 대판 2008. 12. 24, 2006다25745; 대판 2014. 2. 27, 2013다66904; 대판 2019. 4. 3, 2018다286550; 대판 2022. 5. 26, 2021다300791 등)

(ㄴ)「상가건물과 지하철역 사이의 연결통로 개설의무가 이행불능된 경우, 수분양자

에게는 그 교환가치의 하락 등의 재산상 손해가 발생하였으며, 주위 부동산들의 거래상황 등에 비추어 볼 때 상가건물과 지하철역 사이의 연결통로가 개설되지 않음으로써 교환가치의 하락 등의 손해를 입었을 개연성이 인정된다면, 연결통로 개설의무 이행불능으로 인한 통상손해가 발생한 것이고, 이 손해가 특별한 사정으로 인한 손해라고 하더라도 예견가능성이 있다.」($^{대판\ 2009.\ 7.\ 9,}_{2009다24842}$)

(ㄷ)「여행자가 해외 여행계약에 따라 여행하는 도중 여행업자의 고의 또는 과실로 상해를 입은 경우 그 계약상 여행업자의 여행자에 대한 국내로의 귀환운송의무가 예정되어 있고, 여행자가 입은 상해의 내용과 정도, 치료행위의 필요성과 치료기간은 물론 해외의 의료 기술수준이나 의료제도, 치료과정에서 발생할 수 있는 언어적 장애 및 의료비용의 문제 등에 비추어 현지에서 당초 예정한 여행기간 내에 치료를 완료하기 어렵거나, 계속적, 전문적 치료가 요구되어 사회통념상 여행자가 국내로 귀환할 필요성이 있었다고 인정된다면, 이로 인하여 발생하는 귀환운송비 등 추가적인 비용은 여행업자의 고의 또는 과실로 인하여 발생한 통상손해의 범위에 포함되고, 이 손해가 특별한 사정으로 인한 손해라고 하더라도 예견가능성이 있었다고 보아야 한다.」($^{대판\ 2019.\ 4.\ 3,}_{2018다286550}$)

(ㄹ) 강제집행정지를 위하여 법원의 명령으로 제공된 공탁금은 채권자가 강제집행정지 자체로 인하여 입은 손해배상금채권을 담보하는 것이나, 그 손해의 범위는 민법 제393조에 의하여 정해져야 할 것인바, 담보제공자의 권리행사 최고에 따라 담보권리자가 권리행사를 위하여 제기한 소송의 소송비용은 강제집행정지로 인하여 입은 통상손해에 해당한다고 할 것이므로 위 소송비용은 강제집행정지를 위하여 법원의 명령으로 제공된 담보공탁금의 피담보채권이 된다고 할 것이다($^{대결\ 2004.\ 7.\ 5,}_{2004마177}$).

(ㅁ)「토지의 매매계약이 매수인측의 귀책사유로 해제되는 경우에 매도인측이 입는 통상의 손해액은, 그 계약이 해제되지 아니하고 이행된 경우에 매도인이 얻게 되는 경제적 이익과 계약이 해제된 경우에 매도인에게 남아 있는 경제적 이익의 차액이라고 할 것이고, 이 사건에서와 같이 매매계약이 해제된 후에 매도인이 제 3 자에게 그 매매목적물을 다시 매도한 경우라면, 제 3 자에의 매도가격이 시가에 비추어 현저히 저렴하게 책정된 것이라는 등의 특별한 사정이 없는 한, 매도인이 당초의 매매계약에 의하여 취득할 것으로 예상되었던 매매대금과 제 3 자와 사이의 매매계약에 의하여 취득하게 되는 매매대금과의 차액에 당초의 매매대금의 취득예정시기로부터 후의 매매대금의 취득시기까지의 기간 동안 당초의 매매대금에 대한 법정이율에 의한 이자 상당액을 합한 금액이라고 할 것이다.」($^{대판\ 2004.\ 7.\ 22,}_{2004다3543}$)

(ㅂ)「금융기관의 임직원이 여신업무에 관한 규정을 위반하여 동일인에 대한 대출한도를 초과하여 자금을 대출하면서 충분한 담보를 확보하지 아니하는 등 그 임무를 해태하여 금융기관으로 하여금 대출금을 회수하지 못하는 손해를 입게 한 경우 그 임직원은 그 대출로 인하여 금융기관이 입은 손해를 배상할 책임이 있고, 이러한 경

우 금융기관이 입은 통상의 손해는 위 임직원이 위와 같은 규정을 준수하여 적정한 담보를 취득하고 대출하였더라면 회수할 수 있었을 미회수 대출원리금이라 할 것이며, 특별한 사정이 없는 한 이러한 통상손해의 범위에는 약정이율에 의한 대출금의 이자와 약정연체이율에 의한 지연이자가 포함된다(대법원 2012. 4. 12. 선고 2010다75945 판결, 대법원 2013. 11. 14. 선고 2013다57498 판결 참조).」(대판 2015. 10. 29, 2011다81213)

(3) 특별손해 [96]

특별한 사정으로 인한 손해 즉 특별손해(이는 통상손해와 달리 구체적 관계만 있고 일반적 관계는 없는 경우이다)는 채무자가 그 사정을 알았거나 알 수 있었을 때에 한하여 배상책임이 있다($393조 2항$). 이와 같이 특별손해는 그것을 발생시킨 「특별한 사정」에 관하여 채무자가 이를 알았거나 알 수 있었을 경우에만 배상책임이 있다. 특별한 사정에 관하여 예견가능성이 있으면 되고, 그 결과인 손해(또는 손해의 액수)에 관하여는 예견가능성이 필요하지 않다(대판 2002. 10. 25, 2002다23598).

문제는 이 예견가능성을 언제를 기준으로 하여 결정할 것인가이다. 학설은 i) 이행기설(곽윤직, 116면; 양창수, 민법연구(2), 133면), ii) 채무불이행시, 즉 이행지체의 경우에는 이행기, 이행불능의 경우에는 불능시, 불완전이행의 경우에는 불완전이행을 한 때라는 견해(김용한, 207면; 김주수, 182면; 장경학, 227면), iii) 계약체결시설(김형배, 264면)이 대립하고 있다. 그리고 판례는 이행기설을 취한다(대판 1985. 9. 10, 84다카1532). 생각건대 i)설은 단순히 이행기라고만 하여 채무불이행의 유형별 특수성을 살리지 못한다. 그리고 iii)설은 보호해야 할 채권자의 이익을 충분히 보호하지 못하며, 채무자를 과대보호하게 된다. 가령 계약 당시에는 몰랐지만 이행기 전에 알았던 사정으로 인한 손해는 배상되어야 옳은데, 이 견해에서는 그럴 수 없다. 결국 ii)설이 타당하다.

특별손해의 경우에 특별한 사정의 존재와 그 사정에 대한 예견가능성은 채권자가 증명해야 한다(이설 없음).

특별손해의 예로는, 물건의 매수인이 자기가 산 가격보다 비싼 가격으로 전매하는 계약을 체결하였는데 목적물에 흠이 있어서 판매할 수 없게 된 경우에 얻지 못한 전매이익(대판 1992. 4. 28, 91다29972), 매도인이 매수인으로부터 매매대금을 받지 못하여 그가 제 3 자로부터 매수한 부동산의 대금을 지급하지 못함으로써 계약금을 몰수당한 경우의 그 금액(대판 1991. 10. 11, 91다25369), 아직 매매대금을 완불하지 않은 토지의 매수인이 그 토지상에 건물을 신축하기 위하여 설계비 또는 공사계약금을 지출하였다가 계약이 해제됨으로 말미암아 이를 회수하지 못하는 손해(대판 1996. 2. 13, 95다47619),
매매의 목적물에 관한 소유권이전등기 의무가 이행불능이 된 경우에 이행불능
이후에 목적물의 가격이 등귀한 때에 그 등귀금액(대판 1996. 6. 14, 94다61359·61366), 매수인이 잔금
지급을 지체하는 사이에 매매대상 토지의 개별 공시지가가 급등하여 매도인의
양도소득세 부담이 늘게 된 경우의 손해(대판 2006. 4. 13, 2005다75897: 지체된 기간 동안의 지연이자는 통상손해임)를 들 수 있
다. 그리고 대법원은 불법행위의 직접적 대상에 대한 손해가 아닌 간접적 손해
(이것은 간접적 피해 의 의미인 듯하다)는 특별손해라고 하면서, 전신주에 대한 가해로 전기가 공급되지
않음으로써 영업상의 손실이 발생할 것이라는 데 대하여는 예견가능성이 없으
나, 불시의 전력중단으로 가동 중이던 기계에 고장이 발생한다든지 작업 중인 자
료가 못쓰게 되는 등의 적극적인 손해가 발생할 수 있을 것이라는 데 대하여는
예견가능성을 인정한다(대판 1996. 1. 26, 94다5472).

〈채무불이행으로 인한 위자료〉

　불법행위 가운데에는 비재산적인 손해배상을 인정하는 명문규정이 두어져 있는
경우도 있다(751조· 752조). 그러나 채무불이행에 관하여는 그와 같은 규정이 없다. 여기서
채무불이행의 경우에도 비재산적인 손해의 배상이 인정되는지가 문제된다. 여기에
관하여 학설은 긍정하면서, 그 손해는 특별손해로 되는 경우가 많을 것이라고 한다
(곽윤직, 107면 등). 판례도, 재산적 손해의 배상만으로는 회복될 수 없는 정신적 고통을 입었다
는 특별한 사정이 있고, 채무불이행자가 그와 같은 사정을 알았거나 알 수 있었을 경
우에 한하여 정신적 고통에 대한 위자료를 인정할 수 있다고 하여 같은 취지이다
(대판 1993. 11. 9, 93다19115; 대판 1994. 12. 13, 93다59779; 대판 1996. 12. 10, 96다36289; 대판 2004. 11. 12, 2002다53865). 그리고 하나의 판결에서는, 숙박업
자의 의무 위반으로 투숙객이 사망한 경우에, 투숙객의 근친자에 대하여 채무불이행
을 이유로 한 위자료청구권을 인정하지 않았다(대판 2000. 11. 24, 2000다38718·38725). 이러한 학설·판례
는 모두 타당하다(마지막 판결에서는 간접피해자의 위자료청구권이 문제되 었는데, 명문규정이 없는 한 그 권리는 부정되어야 한다).

〈가정적(假定的) 인과관계의 문제〉

　예컨대 쥐약을 먹고 사망할 것이 확실한 개를 죽인 자는 그의 행위가 없었더라도
개가 죽었을 것이라는 이유로 손해배상을 거부할 수 있는가? 이와 같이 채무불이행
또는 불법행위를 행한 자가 그의 행위가 없었더라도 이미 존재하고 있는 사정 혹은
나중에 생긴 사정 때문에 동일한 결과가 생겼을 것이라는 이유로 손해배상(전부 또 는 일부)을
거부할 수 있는지가 가정적 인과관계의 문제이다. 가정적 인과관계에 해당하는 경우
가운데에는 민법에 명문으로 규정되어 있는 것도 있다. 제392조가 그것이다. 그런데
문제는 명문규정이 없는 때에는 이러한 경우를 어떻게 처리할 것인지이다. 독일의

통설은 직접적인 손해에 대하여는 이를 고려하지 않고 간접적인 손해에 대하여는 고려한다($^{Brox,}_{S.212}$). 우리나라에서는 가해행위의 객체가 이미 손상을 입고 있는 때에는 고려되어야 한다는 견해가 주장되고 있다($^{김학동,\ 139}_{면이\ 그렇다}$).

5. 손해배상액의 산정기준 [97]

우리 민법상 손해배상은 원칙적으로 금전으로 하여야 한다($^{394}_{조}$). 따라서 손해배상이 행하여지려면 배상범위에 해당하는 손해가 금전으로 평가되어야 한다. 여기서 어떤 기준으로 배상액을 산정할 것인지가 문제된다.

(1) 배상액 산정의 가격

1) **재산적 손해**　　재산적 손해의 배상액은 물건 기타 급부의 재산적 가치를 금전적으로 평가한 금액으로 나타난다. 그런데 그러한 평가금액, 즉 재산가격은 무엇을 기준으로 하였는가에 따라 통상가격($^{일반거래상\ 인정}_{되는\ 교환가치}$) · 특별가격($^{특수한\ 경제적\ ·}_{지역적\ ·\ 계층적}$ $^{여건\ 하의\ 거래에서}_{형성되는\ 교환가치}$) · 감정가격($^{재산권의\ 주체의\ 감정}_{에\ 따라\ 평가되는\ 가격}$)으로 나누어진다. 그러나 상당인과관계 이론에 비추어 볼 때 일반적으로는 통상가격 내지 통상교환가격을 표준으로 하여야 한다. 그에 비하여 특별가격이나 감정가격은 그것이 생기게 된 특별한 사정에 관하여 채무자가 알았거나 알 수 있었을 경우에 한하여 특별손해로서 배상하게 할 수 있을 것이다.

한편 판례는 재산적 손해가 있음은 분명한데 그 손해액의 확정이 불가능한 경우에는, 그것을 위자료의 증액사유로 삼을 수 있다고 한다($^{대판\ 1984.\ 11.\ 13,\ 84다카}_{722;\ 대판\ 2004.\ 11.\ 12,\ 2002}$ $^{다53865;\ 대판\ 2007.\ 6.\ 1,\ 2005다5812 · 5829 ·}_{5836;\ 대판\ 2018.\ 4.\ 12,\ 2017다229536}$). 그러나 재산적 손해배상을 위자료의 방법으로 명하는 것은 옳지 않으며, 산정이 어려워도 재산적 손해 자체로 배상을 하도록 하여야 한다.

〈 판　례 〉

(ㄱ)「법원은 위자료액을 산정함에 있어서 피해자측과 가해자측의 제반사정을 참작하여 그 금액을 정하여야 하므로 피해자가 가해자로부터 당해사고로 입은 재산상 손해에 대하여 배상을 받을 수 있는지의 여부 및 그 배상액의 다과 등과 같은 사유도 위자료액 사정의 참작사유가 되는 것은 물론이며, 특히 재산상 손해의 발생이 인정되는데도 입증곤란 등의 이유로 그 손해액의 확정이 불가능하여 그 배상을 받을 수 없는 경우에 이러한 사정을 위자료의 증액사유로 참작할 수 있다고 할 것이다.

그런데 이러한 위자료의 보완적 기능은 재산상 손해의 발생이 인정되는데도 손해액의 확정이 불가능하여 그 손해전보를 받을 수 없게 됨으로써 피해회복이 충분히 이루어지지 않는 경우에 이를 참작하여 위자료액을 증액함으로써 손해전보의 불균형을 어느 정도 보완하고자 하는 것이므로, 함부로 그 보완적 기능을 확장하여 그 재산상 손해액의 확정이 가능함에도 불구하고 편의한 방법으로 위자료의 명목 아래 사실상 재산상 손해의 전보를 꾀하는 것과 같은 일은 허용되어서는 안 될 것이다.」_{(대판 1984. 11. 13, 84다카722. 같은 취지: 대판 2004. 11. 12, 2002다53865(전체에 대하여 같은 취지); 대판 2007. 6. 1, 2005다5812·5829·5836(앞부분에 대하여 같은 취지))}

(ㄴ)「발생한 재산상 손해의 확정이 가능한 경우에 위자료의 명목 아래 재산상 손해의 전보를 꾀하는 일은 허용될 수 없고(대법원 1984. 11. 13. 선고 84다카722 판결 등 참조), 재산상 손해의 발생에 대한 증명이 부족한 경우에는 더욱 그러하다.」(대판 2014. 1. 16, 2011다108057)

2) 비재산적 손해   비재산적 손해는 그것을 직접 금전으로 평가하는 것이 불가능하다. 따라서 그에 대한 배상액은 신체적 또는 심리적 고통을 덜어줄 만한 수단이나 물자를 금전으로 평가할 수밖에 없다. 그런데 어떠한 수단이나 물자가 적절한지도 문제이다. 그러므로 그에 대하여는 피해자로 하여금 적당하다고 생각되는 액을 청구하게 하고, 법원이 여러 가지 사정을 고려하여 판정하는 도리밖에 없다. 이때 법원은 신체적·심리적 고통의 정도는 물론이고 피해자의 인격이나 사회적 지위·쌍방 당사자의 자산상태·가해의 동기·가해 전후의 모든 사정 등을 널리 고려하여야 한다(이설 없음). 그리고 판례는, 채무불이행으로 입은 정신적 피해에 대한 위자료 액수에 관해서는 — 불법행위의 경우와 마찬가지로 — 사실심법원이 여러 사정을 참작하여 그 전권에 속하는 재량에 따라 확정할 수 있다고 한다(대판 2018. 11. 15, 2016다244491).

[98]   **(2) 배상액 산정의 시기**
가령 배상액을 물건의 통상가격을 표준으로 산정한다고 할 때, 그 가격이 변동하고 있다면 어떤 시점을 기준으로 하여 정할 것인지가 문제된다. 이러한 문제는 모든 채무불이행 유형에서 발생하고 또 이행지체의 경우에는 전보배상뿐만 아니라 지연배상에서도 생기나, 여기서는「주는 채무」(물건급부의무)의 이행지체 또는 이행불능을 이유로 한 전보배상의 경우를 중심으로 하여 살펴보기로 한다.

여기에 관하여 학설은 i) 사실심에서의 구두변론종결시를 기준으로 하여야 한다는 견해(판결시설)(김상용, 171면; 김용한, 210면; 김주수, 188면; 김학동, 149면. 김형배, 271면은 여러 가지 경우를 나누어 설명하나, 여기서 문제삼는 경우에 관하여는 판결시설을 취한다), ii) 손해배상책임이 발생한 때를 기준으로 하여 그 배상액을 산정하고, 그 후의 손해는 상당인과관계의 범위 내의 손해를 가산하여야 한다는 견해(손해배상책임

발생시설)($^{곽윤직, 117면;}_{김대정, 645면}$), iii) 원칙적으로 책임발생시설에 따르되, 구체적인 사례에서 책임발생 이후의 사정을 고려하는 것이 불가피하다고 판단되는 경우에는 예외적으로 그 기준시를 변론종결시로 삼아야 한다는 견해(절충설)($^{이은영,}_{337면}$)로 나뉘어 있다. i)설은 손해의 전보라는 손해배상제도의 목적에 비추어 손해가 없는 상태로 되돌려야 한다는 입장이다. 그에 비하여 ii)설은 손해배상책임은 원칙적으로 금전채권이며, 그 내용은 원칙적으로 채권이 발생한 때 정하여져야 한다고 주장한다. 한편 iii)설은 ii)설이 특별손해의 법리를 원용하는 것은 옳지 않다고 한다.

판례는 이행불능에 의한 전보배상의 경우에는 이행불능이 발생한 때를 기준으로 할 것이라고 한다($^{대판 1975. 5. 27, 74다1872; 대판 1994. 1. 11, 93다17638; 대판}_{1996. 6. 14, 94다61359 · 61366; 대판 2005. 9. 15, 2005다29474}$). 그리고 이때 배상액의 지급이 지연되면 이행불능 당시부터 배상을 받을 때까지 지연이자(법정이자)를 청구할 수 있으나($^{대판 1975. 5. 27, 74다1872; 대판}_{1996. 6. 14, 94다61359 · 61366}$), 이행불능 후에 가격이 등귀하였다고 하여도 그 손해는 특별한 사정으로 인한 것이어서 매도인이 이행불능 당시 예견가능성이 있는 경우에만 배상을 청구할 수 있다고 한다($^{대판 1995. 10. 13, 95다}_{22337; 대판 1996. 6. 14,}$ $^{94다}_{61359 · 61366}$). 그에 비하여 이행지체에 의한 전보배상의 경우에 대하여는 본래의 채무이행을 최고한 후 상당한 기간이 경과한 당시의 시가를 표준으로 하여야 한다는 것도 있고($^{이것이 주류의 판례이다. 대판 1967. 6. 13, 66다1842; 대판}_{1997. 12. 26, 97다24542; 대판 2007. 9. 20, 2005다63337}$), 사실심 변론종결시의 시가를 기준으로 하여야 한다는 것도 있다($^{대판 1969. 5. 13,}_{68다1726}$). 한편 채무자의 이행거절의 경우에 대하여는, 채무자가 이행거절의 의사를 명백히 표시하여 최고 없이 계약의 해제나 손해배상을 청구할 수 있는 경우에는, 이행거절 당시의 급부목적물의 시가를 표준으로 해야 할 것이라고 한다($^{대판 2007. 9. 20, 2005}_{다63337([62]에 인용)}$).

〈판   례〉

(ㄱ)「매도인이 매매목적물에 관한 소유권이전등기 의무가 이행불능이 됨으로 말미암아 매수인이 입는 손해액은 원칙적으로 그 이행불능이 될 당시의 목적물의 시가 상당액이라고 할 것이고, 그 이후 목적물의 가격이 등귀하였다 하여도 그로 인한 손해는 특별한 사정으로 인한 것이어서 매도인이 이행불능 당시 그와 같은 특수한 사정을 알았거나 알 수 있었을 때에 한하여 그 등귀한 가격에 의한 손해배상을 청구할 수 있다 함은 대법원의 확립된 판례이고, 이러한 법리는 이전할 토지가 환지예정이나 환지 확정 후의 특정토지라고 하여도 다를 바가 없으며, 그 배상금의 지급이 지체되고 있다고 하여도 그 배상금에 대한 법정이자 상당의 지연손해금을 청구하는 외에 사실심 변론종결시의 시가에 의한 손해배상을 청구할 수 있게 되는 것은 아니다.」

$\binom{\text{대판 1996. 6. 14,}}{\text{94다61359 · 61366}}$

(ㄴ) 「이행지체에 의한 전보배상청구에 있어서는 다른 특별한 사정이 없는 한, 채권자는 채무자에 대하여 상당한 기간을 정하여 그 본래의 의무이행을 최고하고 그 이행이 없는 경우에 그 본래 의무이행에 대신하는 전보배상을 청구할 수 있고, 그 전보배상에 있어서의 손해액 산정의 표준시기는 원칙적으로 최고하였던, '상당한 기간'이 경과한 당시의 시가에 의하여야 하는 것이다.」$\binom{\text{대판 1997. 12. 26,}}{\text{97다24542}}$

(ㄷ) 「현재의 급부청구와 장래의 집행불능이 되는 경우에 대비한 대상청구가 병합된 경우가 아니라 그 현재의 급부청구의 이행을 명하는 판결이 확정된 뒤에 그 급부의무가 집행불능이 되는 경우의 전보배상액도 그 집행불능이 된 당시의 목적물의 시가 상당액으로 보아야 한다.」$\binom{\text{대판 2006. 3. 10,}}{\text{2005다55411}}$

학설·판례를 검토해 본다. i)설은 현재의 손해를 전보하게 함으로써 얼핏 보면 피해자를 두텁게 보호하고 실질적으로 타당한 것으로 보인다. 그러나 그 견해는 우선 손해 및 손해배상책임이 확정되었음에도 불구하고 배상액은 청구시기에 따라 달라지게 되어 이론적으로 바람직하지 않다. 그리고 이 견해에 의하면, 배상청구권이 발생한 후에 가격 등귀가 있으면 등귀된 부분을 당연히 배상하도록 하는데(직접적 손해 또는 통상손해), 이는 청구가 늦은 데 따른 손실을 가해자에게 전가하는 것으로서 옳지 않다. 배상책임이 생긴 후 몇 년이 경과하여 가격이 매우 높아진 때에는 더욱 그렇다. 이 경우에 그 가격 모두를 배상하게 하는 것은 손해분담의 공평에 반한다. 한편 iii)설은 예외적으로 변론종결시를 기준으로 하여야 할 경우를 자의적으로 결정할 우려가 있다. 결국 손해배상액은 손해배상채권이 발생한 때를 기준으로 하여 정하여야 한다. 그리고 그 이후의 가격변동은 사정에 따라 특별손해로서 인정될 수 있을 뿐이다.

이러한 견지에서 판례를 살펴보면, 이행불능에 관한 판례는 옳다. 이행불능으로 인한 손해배상청구권은 이행불능시$\binom{\text{가령 2중매매의 경우 제3자}}{\text{에의 소유권이전등기시}}$에 발생하기 때문이다. 그리고 이행지체 중의 전보배상에 대한 판례 가운데 최고 후 상당한 기간이 경과된 때의 시가를 기준으로 하는 것도 옳다. 이행지체로 인한 전보배상청구권은 최고 후 상당한 기간이 경과한 때에 생기기 때문이다$\binom{\text{395조}}{\text{참조}}$. 만약 최고 후 해제를 하였다면 해제시에 손해배상청구권이 발생하므로 그때가 기준시가 되어야 한다$\binom{\text{같은 취지: 곽}}{\text{윤직, 118면}}\binom{\text{해제가 있는 경우는 해제하지 않은 경우(반대급부의무 존}}{\text{속)와는 다름을 유의하여야 한다. 김학동, 150면은 반대}}$. 그에 비하여 이행지체에 있어서 사실심 변론종결시의 시가를 기준으로 하는 판례는 부당할뿐더러$\binom{\text{다만 본래의}}{\text{청구를 하면}}$

서 예비적으로 전보배상을 청구할 때는 예외이다), 다른 판례와 모순되기도 하여 문제이다.

(3) 배상액 산정의 장소

채무불이행에 있어서 통상가격 등의 산정은 특약 또는 특별한 규정(예: 상법 137조)이 없는 한 채무의 이행지에서의 가격을 표준으로 하여야 한다(이설 없음).

Ⅵ. 손해배상의 범위에 관한 특수문제   [99]

1. 손익상계(損益相計)

(1) 의   의

손익상계는 채무불이행(또는 불법행위)으로 손해를 입은 자가 같은 원인으로 이익을 얻고 있는 경우에 그의 손해배상액의 산정에 있어서 그 이익을 공제하는 것이다. 신체침해를 당한 자가 입원비를 손해배상으로 받는 경우에 그가 입원기간 동안 절약하게 된 식비를 손해배상액에서 공제하는 것이 그 예이다(대판 1967. 7. 18, 67다1092 참조). 손익상계는 민법에 명문의 규정은 없지만 통설·판례(대판 1962. 6. 14, 4294민상1359; 대판 2020. 11. 26, 2016다13437 등)는 당연한 것으로 인정하고 있다.

손익상계는 엄격하게 말하면 상계(492조)가 아니다. 손익상계를 하는 경우에는 채무자에게 채권이 있지도 않고 또 특별한 의사표시로 대등액에서 소멸시키는 것도 아니기 때문이다. 그것은 배상액의 산정에서 채권자가 얻은 이익을 공제하는 것에 지나지 않는다. 따라서 손익상계는 이득(이익)공제라고 부르는 것이 낫다.

그리고 이러한 손익상계는 공평의 관념상 당사자의 주장을 기다리지 않고 법원이 손해를 산정함에 있어서 당연히 행하여야 한다(대판 2002. 5. 10, 2000다37296·37302; 대판 2009. 12. 10, 2009다54706·54713; 대판 2023. 11. 30, 2019다224238).

(2) 공제되는 이익

손익상계의 경우에 어떤 범위에서 이익을 공제할 것인지가 문제된다. 학설은 i) 배상원인과 상당인과관계를 가지는 것에 한한다는 견해(곽윤직, 119면; 김학동, 151면)와 ii) 구체적 사정에 따라 개별적으로 결정될 수밖에 없으며, 그때의 기준은 손해배상제도의 목적인 손해의 공평분담을 지도원리로 하여 각 계약규범의 보호목적을 유형적으로 고찰하여 형량하게 될 것이라는 견해(김주수, 194면; 김형배, 281면)로 나뉘어 있다. 그리고 판례는 i) 설과 같다($\binom{\text{대판 1992. 12. 22, 92다31361; 대판 2002. 10. 11, 2002다33502; 대판 2005. 10. 28, 2003}}{\text{다69638; 대판 2007. 11. 30, 2006다19603; 대판 2009. 12. 10, 2009다54706 · 54713; 대판}}$
$\binom{\text{2020. 11. 26, 2016다13437; 대판}}{\text{2023. 11. 30, 2019다224238 등}}$). 사건은 배상원인과 상당인과관계에 있는 이익($\binom{\text{이때의 이익은 장}}{\text{래에 얻을 수 있}}$
$\binom{\text{는 것도 포함한다. 대판}}{\text{2002. 5. 10, 2000다37296 · 37302}}$)만이 공제된다고 새길 것이다. 다만, 각종의 연금법 기타의 법률이 보상금 등의 급여에 관하여 특별히 규정하고 있는 경우에는, 공제에 관하여 명문규정이 있으면 그에 의하되($\binom{\text{공무원연금법 42조, 사립학교교직원}}{\text{연금법 41조, 군인연금법 20조 등 참조}}$), 명문규정이 없으면 그 규정들의 취지를 고려하여 공제 여부를 결정하여야 한다. 이와 같이 채무불이행 등과 상당인과관계에 있는 이익만 공제되기 때문에, 채무불이행이 아닌 다른 원인(다른 계약 등)에 의하여 얻은 이익은 공제되지 않는다. 예컨대 보험계약에 기한 이익($\binom{\text{대판 1998. 11. 24,}}{\text{98다25061}}$), 다른 계약에 기한 보수 등은 공제대상이 아니다.

〈판 례〉

「손해배상액 산정에서 손익상계가 허용되기 위해서는 손해배상책임의 원인이 되는 행위로 인하여 피해자가 새로운 이득을 얻었고, 그 이득과 손해배상책임의 원인인 행위 사이에 상당인과관계가 있어야 하며($\binom{\text{대법원 2007. 11. 30. 선고}}{\text{2006다19603 판결 등 참조}}$), 그 이득은 배상의무자가 배상하여야 할 손해의 범위에 대응하는 것이어야 한다($\binom{\text{대법원 2007. 11. 16. 선고}}{\text{2005다3229 판결 등 참조}}$).」 $\binom{\text{대판 2023. 11. 30,}}{\text{2019다224238}}$

〈손익상계의 대상인지에 관한 판례〉

판례에 의하면, 도급계약의 수급인이 계약에 따른 일의 완성을 위하여 준비하여 둔 원석 및 좌대($\binom{\text{그 비용이 손해}}{\text{로 인정된 경우}}$)를 처분하여 얻을 수 있는 대가($\binom{\text{대판 2002. 5. 10,}}{\text{2000다37296 · 37302}}$), 신체침해를 받은 자의 입원비가 손해로 인정된 경우의 입원 중의 식비($\binom{\text{대판 1967. 7. 18,}}{\text{67다1092}}$), 일반노동능력을 100퍼센트 상실한 피해자의 일실수익 산정에서 잔존여명($\binom{\text{잔존여명이 평균인}}{\text{의 기대여명과 달}}$
$\binom{\text{리 짧은}}{\text{경우임}}$)시부터 55세($\binom{\text{당시의 가}}{\text{동연한임}}$)까지의 생계비($\binom{\text{대판 1984. 3. 27,}}{\text{83다카853}}$), 근로기준법이나 산업재해보상보험법에 의한 휴업급여 · 장해급여($\binom{\text{대판 1995. 4. 25, 93다61703. 같은 성질}}{\text{의 손해에 대한 것에서만 공제를 인정함}}$) 또는 치료비($\binom{\text{대판 1981. 6. 23,}}{\text{80다2316}}$), 사용자의 고용의무 불이행을 이유로 고용의무를 이행하였다면 받을 수 있었던 임금 상당액을 손해배상으로 청구하는 경우에 그 근로자가 사용자에게 제공하였어야 할 근로를 다른 직장에 제공함으로써 얻은 이익($\binom{\text{대판 2020. 11. 26, 2016다13437; 대}}{\text{판 2022. 9. 29, 2018다301527. 그}}$
$\binom{\text{이익이 사용자의 고용의무 불이행과}}{\text{사이에 상당인과관계가 있어야 함}}$)은 손해배상액에서 공제될 것이라고 한다. 그리고 「국가유공자 등 예우 및 지원에 관한 법률」 또는 공무원연금법에 따라 연금을 받던 자가 타인의 불법행위로 사망한 경우에 유족이 받은 유족연금은 사망한 자의 연금액에서 공제되어야 하고($\binom{\text{대판 1994. 5. 10, 93다57346;}}{\text{대판 2002. 5. 28, 2002다5019}}$), 공무원이 다른 공무원의 불법행위로 사망한 경우에 유족이 받은 공무원연금법 소정의 유족보상금과 국가배상에 의한 손해배상금은 서로 공제대상이 된다고 한다($\binom{\text{대판(전원) 1998. 11.}}{\text{19, 97다36873}}$). 또한 임기가 정하여져 있는 감사가 그 임기만료 전에 정당한 이유 없이 주주총회의 특별결의로 해임되었음을 이유

로 상법 제415조, 제385조 제 1 항에 의하여 회사를 상대로 남은 임기 동안 또는 임기 만료 시 얻을 수 있었던 보수 상당액을 해임으로 인한 손해배상액으로 청구하는 경우, 당해 감사가 그 해임으로 인하여 남은 임기 동안 회사를 위한 위임사무 처리에 들이지 않게 된 자신의 시간과 노력을 다른 직장에 종사하여 사용함으로써 얻은 이익이 해임과 사이에 상당인과관계가 인정된다면 해임으로 인한 손해배상액을 산정함에 있어서 공제될 것이라고 한다($^{대판\ 2013.\ 9.\ 26,}_{2011다42348}$,).

그에 비하여 상해보험의 성질을 가지는 해외여행보험에 가입하여 수령한 보험금($^{대판\ 1998.\ 11.\ 24,}_{98다25061}$,), 부상을 당한 자의 생활비($^{대판\ 1966.\ 5.\ 31,}_{66다590}$,), 교통사고의 피해자가 사고로 상해를 입은 후에도 종전과 같이 직장에 근무하여 종전과 같은 보수를 지급받고 있는 경우의 그 보수($^{대판\ 1992.\ 12.\ 22,}_{92다31361}$,), 개인택시 운전사가 교통사고로 부상을 입고 개인택시 운송사업면허를 양도하여 받은 대가($^{대판\ 1990.\ 2.\ 13,}_{88다카34100}$,), 행정기관의 위법한 행정지도로 일정기간 어업권을 행사하지 못하는 손해를 입은 자가 그 어업권을 타인에게 매도하여 받은 매매대금($^{대판\ 2008.\ 9.\ 25,}_{2006다18228}$,), 타인의 생명침해의 경우에 가해자가 지급한 조위금($^{대판\ 1971.\ 7.\ 27,\ 71다1158.\ 이것은\ 위}_{자료\ 산정시에는\ 참작할\ 것이라고\ 함}$), 생명침해의 경우에 사망한 자에 대하여 지불할 부양비($^{대판\ 1966.\ 2.\ 28,\ 65다2523.\ 피}_{해자\ 자신의\ 이익은\ 아니라고\ 함}$), 불법행위로 사망한 피해자 명의의 개인택시 운송사업면허를 매도함으로써 발생한 처분가액에 대한 가동연한까지의 중간이자 상당의 이득($^{대판(전원)\ 1989.\ 12.\ 26,}_{88다카16867}$,), 증권회사 직원이 고객의 계좌를 이용하여 고객의 위임이 없이 임의로 주식을 거래함으로써 발생한 이득($^{대판\ 2003.\ 1.\ 24,\ 2001다2129.\ 이는\ 고}_{객이\ 추인하면\ 고객에게\ 귀속된다고\ 함}$), 회사의 이사가 계열회사의 주식을 싼 가격에 매도함으로써 절감된 법인세($^{대판\ 2005.\ 10.\ 28,\ 2003}_{다69638:\ 이는\ 과세관청}_{이\ 법인세를\ 부과하지}_{않음에\ 따른\ 이익임}$), 국가가 입찰담합에 의한 불법행위의 피해자인 경우에 가해자에게 부과하여 납부받은 과징금($^{대판\ 2011.\ 7.\ 28,}_{2010다18850}$,)은 공제되지 않는다고 한다. 그리고 근로기준법상의 유족보상금・장사비와 이에 상응하는 산업재해보상보험법에 의한 유족보상일시금・장의비($^{대판\ 1981.\ 10.\ 13,}_{80다2928}$,), 근로기준법상의 요양보상($^{대판\ 1994.\ 12.\ 27,\ 94다40543;\ 대}_{판\ 2008.\ 11.\ 27,\ 2008다40847.\ 이}_{는\ 언제나\ 지}_{급되어야\ 함}$), 구「국가유공자 예우 등에 관한 법률」에 의한 기본연금・부가연금・간호수당 등의 보상금($^{대판\ 1997.\ 7.\ 22,}_{95다6991}$,)도 공제대상이 아니라고 한다.

2. 과실상계(過失相計)   [100]

(1) 의   의

과실상계는 손해의 발생 또는 확대에 관하여 피해자에게도 과실이 있는 경우에 손해배상의 범위를 정함에 있어서 그 과실을 참작하는 제도이다. 과실상계는 이와 같이 과실을 참작하는 제도이고 엄격하게는「상계」가 아니므로「과실참작」이라고 해야 한다. 민법은 과실상계를 채무불이행에 관하여 규정하고($^{396}_{조}$), 이를 불법행위에 준용하고 있다($^{763}_{조}$).

(2) 요   건

1) 채무불이행에 의한 손해배상청구권이 성립하기 위한 요건이 갖추어져야 한
다. 즉 채무불이행·손해발생·인과관계 및 배상범위에 해당할 것 등이 그것이다.

2) 채무불이행 또는 손해의 발생에 관하여 채권자에게 과실이 있어야 한다.

㈎ 민법은「채무불이행에 관하여」채권자에게 과실이 있을 것을 요구하고
있다. 그러나 이는 채무불이행(또는 불법행위)의 성립 자체에 과실이 있는 경우
(예: 채무의 이행기 전에 채권자가 이사를 하고 이를 통지하지 않았고 채무자도 조사를 하지 않아 이행
지체가 된 때, 택시의 난폭운전으로 사고가 났는데 승객이 과속을 요구했거나 이를 제지하지 않은 때)뿐만 아니라,
채무불이행이 생긴 후에 손해의 발생 또는 확대에 과실이 있는 경우(예: 채무자의 이행
지체 후 채권자가
이사하고 이를 통지하지 않은 때, 교통사고의
승객이 치료를 게을리하여 상처가 악화된 때)도 포함된다. 통설·판례(대판 1993. 5. 27, 92다20163. 그리고
판례는 손해경감조치 불이행의 경우
에 이를 참작한다. 대판 1992. 9. 25, 91
다45929; 대판 2003. 7. 25, 2003다22912)도 같다.

〈판   례〉

㈀「신의칙 또는 손해부담의 공평이라는 손해배상제도의 이념에 비추어 볼 때, 불
법행위의 피해자에게는 그로 인한 손해의 확대를 방지하거나 감경하기 위하여 노력
하여야 할 일반적인 의무가 있으며 피해자가 합리적인 이유 없이 손해경감조치의무
를 이행하지 않을 경우에는 법원이 그 손해배상액을 정함에 있어 민법 제763조, 제
396조를 유추적용하여 그 손해확대에 기여한 피해자의 의무불이행의 점을 참작할 수
있다(대법원 1999. 6. 25. 선고
99다10714 판결 참조).

한편, 손해의 확대를 방지하거나 경감하는 데 적절한 법적 조치가 존재하는 경우
이는 손해경감조치에 해당될 수 있고, 피해자가 그 법적 조치를 취함에 있어 감당하
기 어려운 많은 비용이 소요된다든가, 그 결과가 불확실하다거나, 판단을 받기까지
현저하게 많은 시간이 필요하다는 등의 사정이 없음에도 불구하고 합리적인 이유 없
이 그 법적 조치를 취하지 아니한 경우에는 그 손해확대에 기여한 피해자의 의무불
이행의 점을 손해배상액을 정함에 있어 참작할 수 있을 것이다.」(대판 2003. 7. 25,
2003다22912)

㈁「신의칙 또는 손해부담의 공평이라는 손해배상제도의 이념에 비추어 볼 때, 불
법행위의 피해자에게는 그로 인한 손해의 확대를 방지하거나 감경하기 위하여 노력
하여야 할 일반적인 의무가 있으며, 그 손해경감조치의무가 수술을 받아야 할 의무
일 경우, 일반적으로 피해자는 그 수술이 위험 또는 중대하거나 결과가 불확실한 경
우에까지 용인하여야 할 의무는 없다고 하겠으나, 그렇지 아니하고 관례적이며 상당
한 결과의 호전을 기대할 수 있는 수술이라면 이를 용인할 의무가 있고 이를 거부하
는 것은 합리적인 이유가 없으므로(대법원 1999. 6. 25. 선고
99다10714 판결 등 참조), 그와 같은 수술을 거부함으
로써 손해가 확대된 경우 그 손해 부분은 피해자가 부담하여야 할 것이고, 더 나아가
그러한 수술이 필요하다는 사실을 알면서도 상당한 기간 내에 수술을 받지 아니함으

로 말미암아 확대된 손해 부분 역시 피해자가 부담하는 것이 공평의 견지에 비추어 타당하다고 할 것이지만, 그렇다고 하여 수술을 받는 데 필요한 상당한 기간이 지난 후의 손해 전부를 피해자의 귀책사유로 인한 것이라고 볼 수는 없으며, 상당한 기간 내에 수술을 받았더라도 개선될 수 없는 노동능력 상실 부분에 해당하는 일실수입 손해는 여전히 불법행위자가 부담하여야 한다.」(대판 2006. 8. 25, 2006다20580. 대판 2010. 3. 25, 2009다95714; 대판 2023. 3. 16, 2022다283305도 참조)

(ⁿ) 여기의 과실의 의미에 관하여는 논란이 있다. 학설은 i) 보통의 과실에 있어서의 의무 위반이라는 것은 위법한 부주의라는 뜻에 지나지 않으며, 그 위법성은 이를 법률상의 의무 위반에 한할 것은 아니고, 오히려 사회생활에 있어서의 협동정신 또는 채권관계에 있어서의 신의칙 위반도 포함하는 것으로 해석하여야 한다고 하면서, 이와 같이 새긴다면 과실상계에 있어서의 과실을 특이한 관념으로 생각할 필요가 없다는 견해(곽윤직, 120면; 김용한, 219면(그러나 그 정도에 있어서 채무자의 주의의무 위반보다 가벼운 것이라고 함); 장경학, 242면), ii) 과실상계에 있어서의 과실은 타인에 대한 법적 의무를 전제로 하지 않는 것으로서 자신에 대한 책무에 지나지 않는다는 점에서 일반적 과실과 구별된다는 견해(김형배, 276면; 정기웅, 195면; 지원림, 1102면. 이 견해는 주의의 정도에서 일반적 과실과 마찬가지로 새기는 것 같다), iii) 여기의 과실은 단순한 부주의로서 보통의 과실에서보다 낮은 정도의 주의 위반이라는 견해(김상용, 178면; 김학동, 154면), iv) 과실상계가 책임부정의 기능을 하는 경우에는 피해자의 과실도 가해자의 과실과 같은 정도의 것이어야 하나, 과실상계가 단순히 배상액 삭감의 기능을 하는 경우에는 약한 정도의 과실로 충분하다는 견해(이은영, 329면)로 나뉘어 있다. 그리고 판례는 「가해자의 과실이 의무위반의 강력한 과실임에 반하여 과실상계에 있어서 과실이란 사회통념상, 신의성실의 원칙상, 공동생활상 요구되는 약한 부주의까지를 가리키는 것」이라고 하여(대판 2001. 3. 23, 99다33397. 대판 1991. 12. 10, 91다14123; 대판 1992. 2. 14, 91다4249; 대판 2004. 7. 22, 2001다58269 등 같은 취지의 판결도 많음), iii)설과 유사하다.

생각건대 과실상계의 경우에 채권자는 타인에 대한 법적 의무를 부담하지 않는다. 그러한 점에서 볼 때 여기의 과실은 보통의 과실과는 구별하여야 한다. 그리고 그 정도에 있어서도 보통의 과실에서보다 낮은 정도의 부주의만으로도 충분하다고 할 것이다. 그러한 점에서 iii)설이 타당하다. i)설은 두 과실을 같은 성질의 것으로 파악하는 점에서 옳지 않고, ii)설은 주의의 정도를 동일하게 해석하는 점에서 문제가 있고, iv)설은 책임부정과 책임감경이 본질상 다르지 않고 그 정도에 있어서만 차이가 있음에도 불구하고 그 둘을 달리 취급하는 점에서 바람직하지 않다.

[101]   (다) 채권자의 과실을 인정하기 위하여서는 채권자에게 책임능력이 있어야 하는가? 여기에 관하여 학설은 i) 책임능력이 필요하다는 견해(김용한, 219면; 김주수, 196면; 장경학, 243면), ii) 책임능력이 필요하지 않다는 견해(김학동, 154면), iii) 책임능력까지는 필요하지 않고 사리변별능력 내지 위험변별능력이 있으면 된다는 견해(김상용, 179면), iv) 책임부인의 경우에는 책임능력이 있어야 하지만, 단순한 배상액 삭감의 경우에는 위험판별능력만 있어도 된다는 견해(이은영, 331면)로 나뉘어 있다. 그리고 판례는 사리를 변식함에 족한 지능을 가지고 있으면 충분하고 행위의 책임을 변식함에 족한 지능을 가질 것을 요하지 않는다고 하면서, 8세(대판 1968. 8. 30, 68다1224)와 14세(대판 1971. 3. 23, 70다2986)의 미성년자에 대하여 과실능력을 인정한다(그러나 6세의 자에게는 부정한다. 대판 1967. 2. 7, 66다2411; 대판 1974. 12. 24, 74다1882). 생각건대 여기의 과실을 보통의 과실과 달리 이해하여야 하는 한 책임능력이 반드시 필요하다고 할 이유가 없으나, 사리변별능력은 필요하다고 할 것이다.

        (라) 채권자의 과실에는 채권자 자신의 과실뿐만 아니라 그의 수령보조자(채무자의 이행보조자에 대응하는 개념)의 과실도 포함하는 것으로 새겨야 한다(이설 없음). 판례도 「민법 제763조, 제396조 소정의 피해자의 과실에는, 피해자 본인의 과실만이 아니라, 사회공평의 이념상 피해자와 신분상 내지는 생활상 일체로 볼 수 있는 관계에 있는 자의 과실도 이른바 피해자측의 과실로서 포함된다고 해석하여야 할 것」이라고 하여 같은 견지에 있다(대판 1994. 6. 28, 94다2787). 그러면서 구체적인 경우에 피해자인 어린 미성년자의 감호의무자(보호감독의무자)인 부모(대판 1967. 2. 7, 66다2411(6세); 대판 1967. 4. 25, 67다355(2세 7개월); 대판 1968. 4. 16, 67다2653(3세); 대판 1972. 1. 31, 71다2505(7세 7개월); 대판 1974. 12. 24, 74다1882(6세)), 피해자의 피용자(대판 1969. 7. 29, 69다829), 피해자가 동승한 차량의 운전자인 아버지(대판 1989. 4. 11, 87다카2933; 대판 1989. 12. 12, 89다카43)·조카(대판 1987. 2. 10, 86다카1759(삼촌 트럭에 삼촌가족을 태운 경우))·남동생(대판 1996. 10. 11, 96다27384), 남편 오토바이에 동승한 처가 피해를 입은 경우의 남편(대판 1993. 5. 25, 92다54753)의 과실을 피해자의 손해 산정에 참작하고 있다. 그에 비하여 피해자인 4촌동생(가족회사의 동료임)을 회사 차량에 동승시키고 운전한 4촌형(대판 1996. 11. 12, 96다26183), 결혼할 사이인 피해 여성을 호의로 동승시키고 운전한 화물자동차 운전자(대판 1997. 11. 14, 97다35344), 다방 종업원이 차배달을 목적으로 다방 주인이 운전하는 차량에 동승했다가 사고를 당한 경우에 운전자인 다방 주인(대판 1998. 8. 21, 98다23232)의 과실은 참작하지 않을 것이라고 한다(판례는 동승의 경우에는 운전자가 동승자와 신분상 또는 생활관계상 일체일 것을 요구하고 있다).

[102]   **(3) 효   과**

        법원은 채권자(피해자)와 채무자(가해자)의 과실을 비교·교량하여 채무자의 책임을 면하게 하거나 감경할 수 있다. 채권자의 과실의 참작 비율을 정하는 일은 법원의 자유재량에 속한다(대판 1984. 7. 10, 84다카440). 그리고 판례에 의하면 과실상계 사유에 관한(손해부담의 공평을 기하기 위한 책임제한(또는 책임제한 사유)에 관한 것도 같음. 대판 2012. 10. 11, 2010다86709; 대판 2017. 6. 8, 2016다249557; 대판(전원) 2019. 2. 21, 2018다248909; 대판 2020. 4. 29, 2014다11895; 대판 2022. 12. 29, 2019다210697; 대판 2023. 6. 1, 2020다242935; 대판 2023. 6. 15, 2017다46274) 사실인정이나 그 비율을 정하는 것은 그것이 형평의 원칙에 비추어 현저히 불합리하다고 인정되지 않는 한(대판 2014. 11. 27, 2011다68357은 불법행위로 인한 피해자의 손해가 실질적으로 전부 회복되었다거나 손해를 전적으로 피해자에게 부담시키는 것이 합리적이라고 볼 수 있는 등의 특별한 사정이 없는 한 가해자의 책임을 함부로 면제하여서는 안 된다고 한다) 사실심의 전권사항에 속한다고 한다(대판 1983. 12. 27, 83다카1389; 대판 1995. 7. 25, 95다17267; 대판 2003. 1. 24, 2001다2129; 대판 2004. 2. 27, 2003다6873; 대판 2006. 2. 10, 2005다57707; 대판 2007. 11. 30, 2006다19603; 대판 2018. 7. 26, 2018다227551; 대판 2018. 9. 13, 2016다35802; 대판 2018. 11. 29, 2016다266606 · 266613; 대판 2020. 2. 27, 2019다223747; 대판 2021. 3. 11, 2018다285106; 대판 2022. 7. 28, 2017다16747 · 16754; 대판 2023. 8. 31, 2022다303995; 대판 2023. 11. 30, 2019다224238 등 다수의 판결). 그러나 과실이 있는 한 반드시 참작되어야 한다(396조. 대판 1966. 7. 26, 66다937; 대판 1967. 12. 5, 67다2367). 또한 과실상계는 배상의무자의 주장이 없더라도 소송자료에 의하여 피해자의 과실이 인정되면 법원이 직권으로 심리판단하여야 한다(대판 1966. 12. 27, 66다2168; 대판 1996. 10. 25, 96다30113; 대판 2016. 4. 12, 2013다31137 등).

〈판 례〉

가해자가 가입한 자동차보험회사로부터 피해자가 지급받은 치료비액수 중 피해자의 과실에 상당하는 부분은 피해자가 부담하여야 할 것인데도 이를 가해자가 부담한 셈이므로 이 건 청구가 치료비에 관한 것이 아니라고 하더라도 이를 가해자의 손해배상액에서 공제하여야 한다(대판 1981. 7. 7, 80다2271).

손해배상사건에서 피해자측에도 과실이 있는 경우에 손해배상책임을 면제할 것인가 또는 배상액을 정함에 있어서만 참작할 것인가는 가해자측과 피해자측의 과실의 경중과 그 밖의 제반 사정을 비교교량하여 공평의 원칙에 따라 결정해야 한다(대판 1991. 4. 26, 90다14539(불법행위의 경우); 대판 2009. 9. 10, 2006다64627(채무불이행의 경우)).

그리고 판례는, 불법행위로 인한 손해배상 사건에서 피해자의 과실을 들어 과실상계를 함에 있어서는 피해자의 부주의를 이용하여 고의로 불법행위를 저지른 자가 바로 그 피해자의 부주의를 이유로 자신의 책임을 감하여 달라고 주장할 수 없으나(대판 1970. 4. 28, 70다298(사용자의 감독이 소홀한 틈을 이용하여 피용자가 부정행위를 한 경우); 대판 1976. 5. 11, 75다11(정부양곡 보관자가 자기에 대한 도 재무관의 양곡 보관관리에 관한 감시가 소홀한 틈을 이용하여 스스로 부정행위를 저지른 경우); 대판 1987. 7. 21, 87다카637; 대판 1995. 11. 14, 95다30352; 대판 2010. 7. 8, 2010다21276; 대판 2018. 2. 13, 2015다242429), 그러한 사유가 없는 불법행위자는 과실상계의 주장을 할 수 있다고 한다(대판 2007. 6. 14, 2005다32999; 대판 2009. 8. 20, 2008다51120 · 51137 · 51144 · 51151; 대판 2011. 7. 14, 2011다21143(피해자인 건물주에게서 임대차계약 체결, 보증금 수령 등 건물 관리 업무 일체를 위임받은 공인중개사 중개보조원이 임대차계약 체결 후 보증금을 건물주에게 지급하지 않고 횡령을 하자 건물주가 공인중개사와 공인중개사협회를 상대로 손해배상을 구한 사안); 대판 2016. 4. 12, 2013다31137; 대판 2018. 2. 13, 2015다242429). 그런데 피해자의 부주의를 이용하여 고의로 불법행위를 저지른 자가 바로 그 피해자의 부주의를 이유로 자신의 책임을 감하여 달라고 주장하는 것이 허용되지 아니하는 것은, 그와 같은 고의적 불법행위가 영득행위에 해당하는 경우 과실상계와 같은 책임의 제한을 인정하게 되면 가해자로 하여금 불법행위로 인한 이익을 최종적으로 보유하게 하여 공평의 이념이나 신의칙에 반하는 결과를 가져오기 때문이므로, 고의에 의한 불법행위의 경우에도 위와 같은 결과가 초래되지 않는 경우에는 과실상계나 공평의 원칙에 기한 책임의 제한은 얼마든지 가능하다고 볼 것이라고 한다(대판 2007. 10. 25, 2006다16758; 대판 2016. 4. 12, 2013다31137). 따라서 가해행위가 사기 · 횡령 · 배임 등의 영득행위인 경우 등 과실상계를 인정하게 되면 가해자로 하여금 불법행위로 인한 이익을 최종적으로 보유하게 하여 공평의 이념이나 신의칙에 반하는 결과를 가져오는 경우에만 예외적으로 과실상계가 허용되지 않는다고 한다(대판(전원) 2013. 9. 26, 2012다1146; 대판(전원) 2013. 9. 26, 2012다13637).

　　채권자(피해자)가 손해배상액 가운데 일부만을 청구한 경우에 어떤 방법으로 과실상계를 할 것인지가 문제된다. 여기에 관한 학설로는 i) 손해액과 청구액의 비율에 따라서 감액부분을 안분하여 청구액에서 안분된 감액부분을 공제한 나머지 금액만을 인용하는 견해(안분설. 按分說)(이 견해는 결국 청구액에 관하여 과실상계비율을 정하게 된다), ii) 손해의 전액에서 과실상계의 비율에 의한 감액을 하여 잔액이 청구액보다 많으면 청구액을 인용하고 잔액이 청구액보다 적으면 잔액을 인용하는 견해(외측설. 外側說), iii) 손해의 전액에서 과실감액한 액을 우선 청구액에서 공제하고 잔액만을 인용하는 견해(내측설. 內側說)를 생각할 수 있다. 그런데 학자들은 대체로 분명한 입장을 밝히지 않고 있다. 한편 판례는 ii)의 외측설을 취하고 있다(대판 1976. 6. 22, 75다819; 대판 1977. 2. 8, 76다2113; 대판 1984. 3. 27, 83다323, 83다카1037; 대판 2008. 12. 11, 2006다5550; 대판 2008. 12. 24, 2008다51649). 판례는 그렇게 풀이하는 것이 일부청구를 하는 당사자의 통상적인 의사라고 한다. 생각건대 여기서 문제되는 경우는 우선 채무자(가해자)가 손해배상을 하여야 하는 경우이다. 그리고 그 경우 채무자는 어차피 일정액까지는 배상을 하여야 한다. 그러한 점에서 볼 때 채무자보다는 채권자를 더 보호함이 옳다. 따라서 판례가 취하고 있는 외측설을 따라야 한다.

〈판　례〉

「일개의 손해배상청구권 중 일부가 소송상 청구되어 있는 경우에 과실상계를 함에 있어서는 손해의 전액에서 과실비율에 의한 감액을 하고 그 잔액이 청구액을 초과하지 않을 경우에는 그 잔액을 인용할 것이고 잔액이 청구액을 초과할 경우에는 청구의 전액을 인용하는 것으로 해석하여야 할 것이며 이와 같이 풀이하는 것이 일부청구를 하는 당사자의 통상적 의사라고 할 것이다. 이는 소위 외측설에 따른 이론인바 외측설에 따라 원고의 청구를 인용한다고 하여도 이것이 당사자 처분권주의에 위배되는 것이라고 할 수는 없는 것이라고 할 것이다.」$\left(\begin{smallmatrix}\text{대판 1976. 6. 22, 75다819. 같은 취}\\\text{지: 대판 2008. 12. 24, 2008다51649}\end{smallmatrix}\right)$

동일한 경우에 손익상계와 과실상계를 하여야 하는 때에는 먼저 과실상계를 한 다음에 이득을 공제하여야 한다$\left(\begin{smallmatrix}\text{대판 1990. 5. 8, 89다카29129; 대판 1996. 1. 23,}\\\text{95다24340; 대판 2010. 2. 25, 2009다87621}\end{smallmatrix}\right)$. 그리고 이는 과실상계뿐만 아니라 손해부담의 공평을 기하기 위한 책임제한의 경우에도 마찬가지이다$\left(\begin{smallmatrix}\text{대판 2008. 5. 15,}\\\text{2007다37721}\end{smallmatrix}\right)$.

(4) 적용범위 [103]

1) 본래의 급부를 청구하는 경우　과실상계는 채무불이행 내지 불법행위로 인한 손해배상책임에 대하여 인정되는 것이므로 채무내용에 따른 본래의 급부를 청구하는 경우에는 적용되지 않는다$\left(\begin{smallmatrix}\text{대판 1987. 3. 24, 84다카1324; 대판 1996. 5. 10, 96다}\\\text{8468; 대판 1999. 2. 5, 97다34822; 대판 2000. 4. 7, 99다}\\\text{53742; 대판 2001. 2. 9, 99다48801;}\\\text{대판 2015. 5. 14, 2013다69989·69996}\end{smallmatrix}\right)$. 그리하여 채권자의 청구가 연대보증인들에 대하여 그 보증채무의 이행을 구하고 있는 것이 명백한 경우에는 과실상계의 법리는 적용될 여지가 없고$\left(\begin{smallmatrix}\text{대판 1987. 3. 24, 84다카1324;}\\\text{대판 1996. 2. 23, 95다49141}\end{smallmatrix}\right)$, 예금주가 인장관리를 다소 소홀히 하였거나 입·출금 내역을 조회하여 보지 않음으로써 금융기관 직원의 불법행위가 용이하게 된 사정이 있다고 할지라도 정기예탁금 계약에 기한 정기예탁금 반환청구 사건에 있어서는 그러한 사정을 들어 금융기관의 채무액을 감경하거나 과실상계할 수 없다$\left(\begin{smallmatrix}\text{대판 2001. 2. 9,}\\\text{99다48801}\end{smallmatrix}\right)$.

2) 수령지체의 경우　과실상계는 손해배상책임의 문제일뿐더러 수령지체에 대하여는 그 법률효과가 따로 규정되어 있으므로, 수령지체의 경우에도 과실상계는 인정되지 않는다$\left(\begin{smallmatrix}\text{대판 1993. 7. 27, 92다42743(근로자가 사}\\\text{용자의 수령지체로 근로하지 못한 경우)}\end{smallmatrix}\right)$.

3) 하자담보책임의 경우　판례는 매도인이나 수급인의 하자담보책임은 무과실책임으로서 여기에 제396조가 준용될 수 없다 하더라도 담보책임이 공평의 원칙에 입각한 것인 이상 매수인이나 도급인의 잘못을 참작하여 손해배상의 범위를 정할 것이라고 한다$\left(\begin{smallmatrix}\text{매도인에 관하여 대판 1995. 6. 30, 94다23920. 수급인에 관하여 대판 1980. 11. 11,}\\\text{80다923·924; 대판 1990. 3. 9, 88다카31866; 대판 1999. 7. 13, 99다12888}\end{smallmatrix}\right)$. 이는 대법원이 하자담보책임에 제396조를 적용하거나 준용하는 것이 법적으로 가능하지 않다고 하면서도 사실상 그 법리를 적용하고 있는 것이라고 하겠다.

4) 계약해제로 인한 원상회복청구의 경우　판례에 따르면, 과실상계는

매매계약이 해제되어 원상회복의무의 이행으로서 이미 지급한 매매대금 기타의 급부의 반환을 구하는 경우에는 적용되지 않는다(대판 2014. 3. 13, 2013다34143). 그리고 계약의 해제로 인한 원상회복청구권에 대하여 해제자가 그 해제의 원인이 된 채무불이행에 관하여 「원인」의 일부를 제공하였다는 등의 사유를 내세워 신의칙 또는 공평의 원칙에 기하여 일반적으로 손해배상에 있어서의 과실상계에 준하여 그 권리의 내용이 제한될 수도 없다(대판 2014. 3. 13, 2013다34143).

5) 기   타   판례에 의하면, 고의에 의한 채무불이행으로 손해배상책임을 지는 채무자가 계약 체결 당시 채권자가 계약내용의 중요부분에 관하여 착오에 빠진 사실을 알면서도 이를 이용하거나 이에 적극 편승하여 계약을 체결하고 그 결과 채무자가 부당한 이익을 취득하게 되는 경우 등과 같이 채무자로 하여금 채무불이행으로 인한 이익을 최종적으로 보유하게 하는 것이 공평의 이념이나 신의칙에 반하는 결과를 초래하는 경우에는, 채권자의 과실에 터 잡은 채무자의 과실상계 주장을 허용하여서는 안 된다고 한다(대판 2008. 5. 15, 2007다88644; 대판 2011. 5. 26, 2007다83991; 대판 2014. 7. 24, 2010다58315). 그리고 — 전술한 바와 같이([102] 참조) — 피해자의 부주의를 이용하여 고의의 불법행위를 한 자는 피해자의 부주의를 이유로 과실상계를 할 수 없다고 한다(대판 1995. 11. 14, 95다30352; 대판 2000. 1. 21, 99다50538; 대판 2000. 9. 29, 2000다13900; 대판 2005. 11. 10, 2003다66066 등). 그러나 피용자의 고의에 의한 불법행위로 사용자책임을 지는 경우(대판 2002. 12. 26, 2000다56952), 또는 대표기관의 고의의 불법행위로 법인이 책임을 지는 경우(대판 1987. 11. 24, 86다카1834; 대판 1987. 12. 8, 86다카1170)에는 피해자의 과실을 참작할 것이라고 한다. 또 중개보조원이 업무상 행위로 거래당사자인 피해자에게 고의로 불법행위를 저지른 경우라고 하더라도, 중개보조원을 고용하였을 뿐 이러한 불법행위에 가담하지 않은 개업공인중개사에게 책임을 묻고 있는 피해자에게 과실이 있다면, 법원은 과실상계의 법리에 따라 손해배상의 책임과 그 금액을 정하는 데 이를 참작하여야 하고(대판 2008. 6. 12, 2008다22276; 대판 2018. 2. 13, 2015다242429), 따라서 과실에 의한 불법행위자인 중개보조원이 고의에 의한 불법행위자와 공동불법행위 책임을 부담하는 경우 중개보조원의 손해배상액을 정할 때에는 피해자의 과실을 참작하여 과실상계를 할 수 있고, 중개보조원을 고용한 개업공인중개사의 손해배상금액을 정할 때에는 개업공인중개사가 중개보조원의 사용자일 뿐 불법행위에 관여하지는 않았다는 등의 개별적인 사정까지 고려하여 중개보조원보다 가볍게 책임을 제한할 수도 있다고 한다(대판 2018. 2. 13, 2015다242429). 나아가 판례는 표현대리가 성립한 경우에 본인은

표현대리행위에 의하여 전적인 책임을 져야 하고, 상대방에게 과실이 있다고 하더라도 과실상계의 법리를 유추적용하여 본인의 책임을 경감할 수 없다고 한다($^{대판\ 1994.\ 12.\ 22,\ 94다24985;}_{대판\ 1996.\ 7.\ 12,\ 95다49554}$). 그리고 손해배상액의 예정의 경우에는 과실상계가 허용되지 않는다고 한다($^{대판\ 1972.\ 3.\ 31,}_{72다108}$). 대법원은 그 이유로 예정액을 감액할 때 제반사정이 고려되기 때문에 채권자의 과실 등을 들어 따로 감경할 필요가 없다는 점을 들기도 한다($^{대판\ 2002.\ 1.\ 25,}_{99다57126}$). 그런가 하면 대법원은, 가해행위와 피해자 측의 요인이 경합하여 손해가 발생하거나 확대된 경우에는 피해자 측의 요인이 체질적인 소인 또는 질병의 위험도와 같이 피해자 측의 귀책사유와 무관한 것이라고 할지라도, 그 질환의 태양·정도 등에 비추어 가해자에게 손해의 전부를 배상하게 하는 것이 공평의 이념에 반하는 경우에는, 법원은 손해배상액을 정하면서 과실상계의 법리를 유추적용하여 그 손해의 발생 또는 확대에 기여한 피해자 측의 요인을 참작할 수 있다고 한다($^{대판\ 1998.\ 7.\ 24,\ 98다12270;\ 대판\ 2000.\ 1.\ 21,\ 98다50586;\ 대판\ 2005.\ 6.\ 24,\ 2005}_{다16713;\ 대판\ 2014.\ 7.\ 10,\ 2014다16968;\ 대판\ 2016.\ 6.\ 23,\ 2015다55397;\ 대판}$ 2018. 9. 13, 2016다35802; 대판 2020. 6. 25, 2019다292026·292033·292040). 다만, 책임제한에 관한 사실인정이나 그 비율을 정하는 것이 형평의 원칙에 비추어 현저하게 불합리하여서는 안 된다고 한다($^{대판\ 2005.}_{6.\ 24,\ 2005}$ 다16713; 대판 2010. 10. 28, 2010다52126; 대판 2014. 7. 10, 2014다16968; 대판 2016. 6. 23, 2015다55397). 그러나 질병의 특성, 치료방법의 한계 등으로 당해 의료행위에 수반되는 위험을 감내해야 한다고 볼 만한 사정도 없이, 그 의료행위와 관련하여 일반적으로 요구되는 판단능력이나 의료기술 수준 등에 비추어 의사나 간호사 등에게 요구되는 통상적인 주의의무를 소홀히 함으로 인하여 피해가 발생한 경우에는 단지 치료 과정에서 손해가 발생하였다는 등의 막연한 이유만으로 손해배상책임을 제한할 것은 아니라고 한다($^{대판\ 2016.\ 6.\ 23,}_{2015다55397}$). 그리고 대법원은, 교통사고 피해자의 기왕증이 그 사고와 경합하여 악화됨으로써 피해자에게 특정 상해의 발현 또는 치료기간의 장기화, 나아가 치료종결 후 후유장애 정도의 확대라는 결과 발생에 기여한 경우에는, 기왕증이 그 특정 상해를 포함한 상해 전체의 결과 발생에 대하여 기여하였다고 인정되는 정도에 따라 피해자의 전 손해 중 그에 상응한 배상액을 부담케 하는 것이 손해의 공평한 부담이라는 견지에서 타당하고($^{대판\ 1994.\ 11.\ 25,\ 94다1517;\ 대판\ 2002.\ 4.\ 26,\ 2000다16237;\ 대판\ 2004.\ 11.\ 26,}_{2004다47734;\ 대판\ 2010.\ 3.\ 25,\ 2009다95714;\ 대판\ 2019.\ 5.\ 30,\ 2015다8902}$), 법원이 기왕증의 상해 전체에 대한 기여도를 정함에 있어서는 반드시 의학상으로 정확히 판정하여야 하는 것은 아니며, 변론에 나타난 기왕증의 원인과 정도, 상해의 부위 및 정도, 기왕증과 전체 상해와의 상관관계, 치료경과, 피해자의 연령과 직업 및 건강상태 등 제반사정을 고려하여 합리적으로 판단할 수 있다고 한다$\binom{\text{대판 1994. 11. 25, 94다1517; 대판 2004. 11. 26,}}{\text{2004다47734; 대판 2010. 3. 25, 2009다95714}}$.

〈판 례〉

(ㄱ)「불법행위로 인한 손해배상사건에서 피해자에게 손해의 발생이나 확대에 관하여 과실이 있거나 가해자의 책임을 제한할 사유가 있는 경우에는 배상책임의 범위를 정함에 있어서 당연히 이를 참작하여야 하고, 나아가 그 책임제한의 비율을 정할 때에는 손해의 공평 부담이라는 제도의 취지에 비추어 손해 발생과 관련된 모든 상황이 충분히 고려되어야 하며, 책임제한에 관한 사실인정이나 비율을 정하는 것이 사실심의 전권사항이라고 하더라도 형평의 원칙에 비추어 현저히 불합리하여서는 안된다」$\binom{\text{대법원 2022. 4. 28. 선고}}{\text{2019다224726 판결 등 참조}}$·」$\binom{\text{대판 2022. 11. 30, 2016다26662 · 26679 · 26686. 과실}}{\text{상계에 관하여 같은 취지: 대판 2004. 2. 27, 2003다6873}}$

(ㄴ)「채무불이행에 관하여 채권자측에 과실이 있는 때에 법원이 손해배상의 범위를 정함에 있어서 채권자측의 과실을 어느 정도로 참작할 것인지는, 구체적인 사안마다 신의칙과 공평의 관념에 따라 채권자측과 채무자측의 고의나 과실의 정도, 책임원인 사실인 채무불이행의 내용, 손해의 발생 및 확대 등에 어느 정도의 원인을 이루었는지 등 여러 가지 사정을 참작하여 손해가 공평하게 분담되도록 합리적으로 결정하여야 할 것」이다$\binom{\text{대판 1991. 1. 25,}}{\text{90다6491}}$.

(ㄷ)「불법행위에서 과실상계는 공평이나 신의칙의 견지에서 피해자의 과실을 고려하여 손해배상액을 정하는 것으로, 이때 고려할 사항에는 가해자와 피해자의 고의 · 과실의 정도, 위법행위의 발생과 손해의 확대에 관하여 어느 정도의 원인이 되어 있는지 등을 포함한다.」$\binom{\text{대판 2018. 7. 26,}}{\text{2018다227551}}$

(ㄹ)「산업재해보상보험법 또는 국민건강보험법에 따라 보험급여를 받은 피해자가 제 3 자에 대하여 손해배상청구를 할 경우 그 손해발생에 피해자의 과실이 경합된 때에는 먼저 산정된 손해액에서 과실상계를 한 다음 거기에서 보험급여를 공제하여야 하는바, 피해자 스스로 보험급여를 공제하고 손해배상청구를 한 경우에도 위 과실상계의 대상이 되는 손해액에는 보험급여가 포함되어야 한다」$\binom{\text{대법원 2010. 7. 15. 선고}}{\text{2010다2428, 2435 판결}}$ 등$\binom{\text{대판 2019. 5. 30,}}{\text{2016다205243}}$·」

(ㅁ)「불법행위에 따른 손해배상액을 산정할 때에 손해부담의 공평을 기하기 위하여 가해자의 책임을 제한할 수 있」다$\binom{\text{대판 2023. 6. 1,}}{\text{2020다242935}}$.

[104]   ## 3. 중간이자의 공제

채무불이행 또는 불법행위로 인하여 채권자가 장래의 일정한 시기에 손해를 입게 되는 경우$\binom{\text{예: 일실이익이나}}{\text{장래의 치료비}}$에 그 손해의 배상을 현재에 일시금으로 청구할 때에는 채무불이행 또는 불법행위 당시의 현가액을 산출하기 위해 그때까지의 중간이자를 공제하여야 한다. 중간이자의 공제방법에는 단리(單利)로 공제하는 호프만(Hoffmann)식과 복리(複利)로 공제하는 라이프니츠(Leibniz)식 등이 있다. 구체적으로는 현재의 배상액을 X, 연수를 n, 연이율을 r, 장래의 손해액을 A라고 하면 호프만식은 $X = \dfrac{A}{1+nr}$로 계산하고, 라이프니츠식은 $X = \dfrac{A}{(1+r)^n}$로 계산된다. 이 두 방식 가운데 호프만식이 계산하기가 쉽고 피해자에게 유리하나, 라이프니츠식이 합리적이라고 평가된다.

민법상 중간이자의 공제방법은 규정되어 있지 않다($\binom{\text{「국가배상법 시행령」 6조 3항}}{\text{은 호프만식에 의하도록 함}}$). 그러한 상황에서 우리의 판례는 과거에는 호프만식에 의하였으나($\binom{\text{대판 1966. 11. 29, 66다}}{\text{1871; 대판 1967. 11. 21,}}$ 67다2199; 대판 1978. 4. 11, 77다2455; 대판 1981. 9. 22, 81다588), 그 후에는 위의 판례가 호프만식 이외의 방법을 부정한 것이 아니라고 하면서 호프만식에 의할 것인가 라이프니츠식에 의할 것인가를 법원이 자유로운 판단에 따라 결정할 수 있다고 하였고($\binom{\text{대판 1983. 6. 28,}}{\text{83다191}}$), 그 뒤에는 두 방법이 모두 이용되고 있다. 그리고 1980년대 중반 이후에는 호프만식에 의한 계산이 위법하지 않다고 판단한 예가 많다($\binom{\text{대판 1985. 10. 22, 85다}}{\text{카819 및 그 후속판결}}$).

두 방식을 모두 인정하는 판례의 태도에 대하여 학설은 i) 타당하다는 견해($\binom{\text{김상용,}}{\text{185면}}$)와 ii) 비판적인 견해($\binom{\text{곽윤직, 채권각론, 462면; 김}}{\text{학동, 152면; 김형배, 280면}}$)로 나뉘어 있다. 생각건대 판례의 태도에 의하면 유사한 경우의 결과가 달라지게 되어 바람직하지 않다. 사견으로는 금리가 매우 낮은 현재의 상황에서 라이프니츠식에 의한 계산은 피해자에게 불리하므로, 근래의 판결에서처럼 호프만식에 의하되 과잉배상을 막도록 함이 좋을 것으로 생각한다.

4. 손해배상액의 예정

[105]

(1) 손해배상액 예정의 의의

손해배상액의 예정은 채무불이행의 경우에 채무자가 지급하여야 할 손해배상의 액을 당사자가 미리 계약으로 정해 두는 것이다($\binom{\text{398조}}{\text{1항}}$). 배상액은 일정 금액으로 정하는 것이 보통이나, 채무액에 대한 일정 비율로 정하여도 무방하다($\binom{\text{대판 2000. 7. 28, 99다38637;}}{\text{대판 2017. 7. 18, 2017다206922}}$). 이러한 배상액 예정을 하는 이유는 ① 채무자의 채무불이행이 있을 때 손해 발생 및 손해액의 증명 곤란을 배제하고, 아울러 ② 채무의 이행을 확보하려는 데 있다($\binom{\text{통설도 같음. 그러나 김학동, 156면은 ②만이 이유라고 한다. 대판 1991. 3. 27, 90다}}{\text{14478; 대판 1993. 4. 23, 92다41719; 대판(전원) 2022. 7. 21, 2018다248855 · 248862;}}$ 대판 2023. 8. 18, 2022다227619도 통설과 유사함(그 외에 분쟁을 사전에 방지하여 법률관계를 간이하게 해결함을 추가하고 있음)). 당사자는 법률규정($\binom{\text{근로기준법 20조(사용자}}{\text{는 근로계약 불이행에 대}}$

한 위약금 또는 손해배상액을 예정하는 계약을 체결하지 못한다), 선원법 29조(선박소유자는 선원근로계약의 불이행에 대한 위약금이나 손해배상액을 미리 정하는 계약을 체결하지 못한다) 등)이나 사회질서에 반하지 않는 한 배상액 예정계약을 체결할 수 있다($\binom{398조}{1항}$). 다만, 보통거래약관에 의할 경우에는 약관규제법의 제한을 받는다($\binom{같은~법}{8조}$).

〈판　례〉

(ㄱ)「금전채무에 관하여 이행지체에 대비한 지연손해금 비율을 따로 약정한 경우에 이는 일종의 손해배상액의 예정으로서 민법 제398조 제 2 항에 의한 감액의 대상이 된다.」($\binom{대판~2017.~7.~18,}{2017다206922}$)

(ㄴ) 1년 이상 해외 파견된 피용자가 귀국일로부터 5년 이상 근무하지 아니할 때에는 파견에 소요된 경비 및 기타 손해를 배상한다는 규정은 피용자가 해외에서 교육받는데 사용자가 필요한 모든 경비를 지급하고 피용자가 귀국 후에 약정기간을 근무하지 아니하고 퇴직하는 경우에는 실제로 소요된 비용을 사용자에게 반환하되 약정기간 동안 근무하는 경우에는 이를 면제한다는 약정으로 보아야 하고 이러한 약정은 근로기준법 제24조($\substack{현행~20조에\\해당:~저자~주}$)에서 금지된 위약금 또는 손해배상예정의 약정은 아니다 ($\binom{대판~1980.~7.~8,}{80다590}$).

배상액 예정계약은 채무불이행이 발생하기 전에 체결한 것을 의미한다. 채무불이행이 발생한 후에 체결한 것은 일종의 화해인「손해배상에 관한 합의」에 해당한다($\binom{채권법각론}{[214]~참조}$).

배상액 예정계약의 법적 성질은 채무불이행을 정지조건으로 하는 정지조건부 계약이고, 본래의 채권관계에 종된 계약이다. 배상액 예정에 관한 규정($\binom{398}{조}$)은 금전이 아닌 것으로 손해배상에 충당하기로 예정한 경우에도 준용된다($\binom{398조}{5항}$).

〈판　례〉

「계약 당시 당사자 사이에 손해배상액을 예정하는 내용의 약정이 있는 경우에는 그것은 계약상의 채무불이행으로 인한 손해액에 관한 것이고 이를 그 계약과 관련된 불법행위상의 손해까지 예정한 것이라고는 볼 수 없다.」($\binom{대판~1999.~1.~15,}{98다48033}$)

[106]　　**(2) 배상액 예정의 효과**

1) **일반적 효과**　　채무불이행으로 인한 손해배상액의 예정이 있는 경우에는 채권자는 채무불이행의 사실만 증명하면 손해의 발생 및 그 액을 증명하지 않고서 예정배상액을 청구할 수 있다($\binom{이설이~없으며,~판례도~같음.~대판~1975.~3.~25,~74다296;~대판}{1991.~1.~11,~90다8053;~대판~2000.~12.~8,~2000다50350;~대판}$ $\substack{2007.~12.~27,\\2006다9408}$). 제398조가「손해배상액」만을 규정하고 있으나「손해의 발생의 예정」

도 포함하는 것으로 새겨야 하는 것이다.

　문제는 채무불이행의 요건으로 채무자의 유책사유도 필요한지이다. 여기에 관하여 학설은 i) 불필요설(곽윤직, 123면; 김상용, 189면; 김주수, 200면)과 ii) 필요설(김대정, 661면; 김학동, 158면; 김형배, 285면; 이은영, 365면; 장경학, 245면; 주해(9), 668면(양창수); 지원림, 1110면)로 나뉘어 있다. i)설은 본래 배상액의 예정이 모든 증빙문제를 피할 목적으로 체결된 것이라는 이유를 들고, ii)설은 민법이 채무불이행에 관하여 과실책임주의를 취하므로 그것을 배제하는 특약이 없는 한 유책사유가 필요하다고 한다. 생각건대 배상액의 예정은 채무불이행을 전제로 하는 것으로 해석된다. 따라서 채무불이행의 모든 요건, 그리하여 채무자의 유책사유와 위법성도 요구된다고 할 것이다. 물론 여기서도 채권자가 채무자의 유책사유를 증명할 필요는 없고, 채무자가 책임을 면하려면 그에게 유책사유가 없음을 증명하여야 한다. 우리 대법원도 최근의 판결에서 사견과 같은 태도를 취하였다(대판 2007. 12. 27, 2006다9408; 대판 2010. 2. 25, 2009다83797). 즉 채무자는 채권자와 사이에 채무불이행에 있어 채무자의 귀책사유를 묻지 않는다는 약정을 하지 않은 이상 자신의 귀책사유가 없음을 주장·입증(증명)함으로써 예정배상액의 지급책임을 면할 수 있다고 한다. 그러면서 대법원은, 채무자의 귀책사유를 묻지 않는다는 약정의 존재 여부는 근본적으로 당사자 사이의 의사해석의 문제인데, 당사자의 통상의 의사는 채무자의 귀책사유로 인한 채무불이행에 대해서만 손해배상액을 예정한 것으로 봄이 상당하므로, 채무자의 귀책사유를 묻지 않기로 하는 약정의 존재는 엄격하게 제한하여 인정할 것이라고 한다. 한편 금전채무불이행처럼 원래부터 유책사유가 없다는 이유로 항변할 수 없는 경우(397조 2항 후단 참조)에는 — 유책사유를 묻지 않기로 하는 약정이 없어도 — 유책사유가 없는 때에도 예정액을 청구할 수 있다고 하여야 한다(같은 취지: 주해(9), 669면 (양창수); 주석 채권총칙(1), 664면(유남석)).

　그 밖에 손해의 발생도 요건인가? 여기에 관하여도 학설은 i) 불필요설(곽윤직, 123면; 김대정, 659면; 김상용, 188면; 김용한, 221면; 김주수, 200면; 주해(9), 670면(양창수))과 ii) 필요설(김형배, 285면)이 대립한다. ii)설은 우리 민법상 배상액의 예정은 제재적인 성질의 것으로 해석될 수 없음을 이유로 든다. 다만 ii)설은 이 제도의 취지상 채무자가 채권자에게 손해가 없음을 증명하여 책임을 면할 수 있다고 한다. 한편 판례는 i)설과 같다(대판 1975. 3. 25, 74다296 등 판결). 생각건대 ii)설의 주장도 일리가 있으나, 그렇게 해석하면 배상액 예정제도가 상당부분 무의미해져서 조심스럽다. 이는 결국 배상액 예정제도의 취지의 문제로 거슬러 올라

가나, 앞의 ①, ②가 모두 그 취지라고 보아야 하는 한, i)설을 지지하여야 한다 $\binom{\text{ii})설은 다소라도 손해가 발생하면 예정액 전부에 대하여 책임을 지게 하는데(김형배, 286면),}{\text{그렇게 되면 손해가 전혀 없는 경우와 약간 있는 경우의 차이가 불합리하게 커져서도 문제이다}}$. 따라서 채권자는 그가 채무자의 채무불이행의 사실만 증명하면 자신에게 손해가 발생했는지, 손해액이 얼마인지 묻지 않고 예정배상액을 청구할 수 있다. 이에 대하여 채무자는 다른 특약이 없는 한 손해가 전혀 없다는 사실 또는 실제의 손해액이 예정액보다 적다는 사실을 증명하더라도 책임을 면하거나 감액될 수 없다. 그러면 채권자는 실제의 손해액이 예정액보다 크다는 것을 증명하여 초과액을 청구할 수 있는가? 여기에 관하여 일부 견해$\binom{\text{김용한, 225면;}}{\text{김학동, 159면}}$는 특별손해는 예정액에 포함되어 있지 않다고 하면서, 예견가능성이 있으면 특별손해의 배상을 따로 청구할 수 있다고 한다. 그러나 이와 같이 새길 근거는 없다. 배상액 예정의 취지를 생각해 볼 때, 다른 특약이 없는 한 예정배상액에는 모든 손해$\binom{\text{직접적 손해·통상}}{\text{손해·특별손해}}$가 포함된 것으로 해석하여야 한다$\binom{\text{같은 취지: 곽윤직,}}{\text{123면; 김형배, 286면}}$. 판례도 같은 취지이다$\binom{\text{대판 1988. 9. 27, 86다}}{\text{카2375 · 2376; 대판}}$ $\binom{\text{1993. 4. 23,}}{\text{92다41719}}$. 따라서 채권자는 실제의 손해액이 예정액보다 크다는 것을 증명하여도 초과액을 청구할 수 없다$\binom{\text{대판 1970. 10. 23,}}{\text{70다1756}}$. 다만, 초과액을 증명하여 청구할 수 있다는 특약이 있을 때에는 예외이다. 그리고 그러한 특약은 묵시적으로 행하여질 수도 있다$\binom{\text{판례는 도급계약에 있어서 하자보수보증금을 약정한 경우에 관하여 이를}}{\text{인정한다. 대판 2002. 7. 12, 99다68652; 대판 2002. 7. 12, 2000다17810}}$.

〈판 례〉

「공사도급계약서 또는 그 계약내용에 편입된 약관에 수급인이 하자담보책임 기간 중 도급인으로부터 하자보수요구를 받고 이에 불응한 경우 하자보수보증금은 도급인에게 귀속한다는 조항이 있을 때 이 하자보수보증금은 특별한 사정이 없는 한 손해배상액의 예정으로 볼 것이고$\binom{\text{대법원 2001. 9. 28. 선고}}{\text{2001다14689 판결 참조}}$, 다만 하자보수보증금의 특성상 실손해가 하자보수보증금을 초과하는 경우에는 그 초과액의 손해배상을 구할 수 있다는 명시 규정이 없다고 하더라도 도급인은 수급인의 하자보수의무 불이행을 이유로 하자보수보증금의 몰취 외에 그 실손해액을 입증하여 수급인으로부터 그 초과액 상당의 손해배상을 받을 수도 있는 특수한 손해배상액의 예정으로 봄이 상당하다.」$\binom{\text{대판 2002. 7. 12,}}{\text{2000다17810}}$

[107]   **2) 예정액의 감액**   손해배상의 예정액이 부당히 과다(過多)한 경우에는 법원은 적당히 감액할 수 있다$\binom{\text{398조}}{\text{2항}}$. 이는 배상액 예정제도가 채무자를 부당하게 압박할 목적으로 이용될 우려가 있기 때문에 두어진 것이다. 그리고 판례에 따르

면, 금전채무에 관하여 이행지체에 대비한 지연손해금 비율을 따로 약정한 경우에 그것은 일종의 손해배상액의 예정으로서 제398조 제 2 항에 의한 감액의 대상이 된다(대판 2000. 7. 28, 99다38637; 대판 2017. 5. 30, 2016다275402; 대판 2017. 7. 11, 2016다52265(이 판결은 이자제한법 6조도 근거로 들고 있음); 대판 2017. 7. 18, 2017다206922; 대판 2017. 8. 18, 2017다228762(이 판결도 이자제한법 6조도 근거로 들고 있음)).

　　여기서「부당히 과다한 경우」란 손해가 없다거나 손해액이 예정액보다 적다는 것만으로는 부족하고(대판 1991. 3. 27, 90다14478; 대판 2023. 8. 18, 2022다227619 등), 채권자와 채무자의 각 지위, 계약의 목적 및 내용, 손해배상액을 예정한 동기, 채무액에 대한 예정액의 비율, 예상 손해액의 크기, 그 당시의 거래관행 등 모든 사정을 참작하여 일반 사회관념에 비추어 그 예정액의 지급이 경제적 약자의 지위에 있는 채무자에게 부당한 압박을 가하여 공정성을 잃는 결과를 초래한다고 인정되는 경우를 뜻하는 것으로 보아야 하고(대판 1994. 10. 25, 94다18140; 대판 1996. 2. 27, 95다42393; 대판 2002. 1. 25, 99다57126; 대판 2002. 1. 25, 99다57126; 대판 2009. 11. 26, 2009다58692; 대판 2009. 12. 24, 2009다60169 · 60176; 대판 2017. 5. 30, 2016다275402; 대판 2017. 7. 11, 2016다52265(금전채무의 불이행에 대하여 손해배상액을 예정한 경우에는 위에서 든 고려요소 이외에 통상적인 연체금리도 고려하여야 한다); 대판 2017. 7. 18, 2017다206922; 대판 2017. 8. 18, 2017다228762; 대판 2018. 9. 13, 2015다209347; 대판 2020. 11. 26, 2020다253379; 대판 2021. 11. 25, 2017다8876; 대판 2023. 8. 18, 2022다227619), 단지 예정액 자체가 크다든가 계약체결 시부터 계약해제 시까지의 시간적 간격이 짧다든가 하는 사유만으로는 부족하다(대판 2014. 7. 24, 2014다209227; 대판 2023. 8. 18, 2022다227619). 그리고 예정액이 부당하게 과다한지 여부는 사실심의 변론종결 당시를 기준으로 하여 그때까지 발생한 모든 사정을 종합적으로 고려하여 판단하여야 한다(대판 2002. 12. 8, 2000다35771; 대판 2002. 12. 24, 2000다54536; 대판 2023. 8. 18, 2022다227619 등 다수의 판결). 그런데 이 때 실제의 손해액을 구체적으로 심리 · 확정할 필요는 없으나(대판 1975. 11. 11, 75다1404; 대판 1995. 11. 10, 95다33658), 기록상 실제의 손해액 또는 예상 손해액을 알 수 있는 경우에는 그 예정액과 대비하여 볼 필요는 있다(대판 1995. 11. 10, 95다33658; 대판 2004. 7. 22, 2004다3543; 대판 2023. 8. 18, 2022다227619). 판례는, 예정액을 감액하는 경우에, 손해배상액 예정이 없더라도 채무자가 당연히 지급의무를 부담하여 채권자가 받을 수 있던 금액보다 적은 금액으로 감액하는 것은 손해배상액 예정에 관한 약정 자체를 전면 부인하는 것과 같은 결과가 되기 때문에 감액의 한계를 벗어나는 것이라고 한다(대판 2023. 8. 18, 2022다227619). 감액사유에 대한 사실인정이나 그 비율을 정하는 것은 형평의 원칙에 비추어 현저히 불합리하다고 인정되지 않는 한 사실심의 전권에 속하는 사항이다(대판 2017. 5. 30, 2016다275402; 대판 2017. 7. 11, 2016다52265; 대판 2020. 11. 26, 2020다253379; 대판 2021. 11. 25, 2017다8876; 대판 2023. 8. 18, 2022다227619 등). 한편 예정액이 부당하게 과다한 경우에는 법원은 당사자의 주장이 없더라도 직권으로 이를 감액할 수 있으나, 여러 가지 사정을 고려하더라도 부당하게 과다하다고 인정되지 않는 경우에는 이에 대하여 당사자의 주장이 없다면 법원이 직권으로 과다하지 않다는 것을 판단할 필요까지는 없다($\frac{대판}{2000다54536. 대판}$ $\frac{}{1995. 11. 10, 95다33658도 참조}$). 나아가 법원이 감액을 한 경우에는 배상액 예정에 관한 약정 중 감액부분에 해당하는 부분은 처음부터 무효이다($\frac{대판 1991. 7. 9, 91다11490; 대}{판 2004. 12. 10, 2002다73852}$).

　　판례에 의하면, 손해배상액의 예정을 보통거래약관($\frac{채권법각론}{[8] 이하 참조}$)에 의하여 한 경우에 약관규제법에 의하여 약관조항이 무효인 때에는, 그것이 유효함을 전제로 제398조 제 2 항을 적용하여 적당한 한도로 손해배상예정액을 감액하거나 과중한 손해배상의무를 부담시키는 부분을 감액한 나머지 부분만으로 그 효력을 유지시킬 수는 없다고 한다($\frac{대판 1994. 5. 10, 93다30082(분양신청금); 대판 1996. 9. 10, 96다19758(분양신청}{예약금); 대판 2009. 8. 20, 2009다20475 · 20482(임대차에서 연체료 및 위약금)}$).

　　배상예정액이 부당하게 과다한 경우 가운데에는 예정계약이 제103조 또는 제104조에 위반되는 때가 있을 수 있다. 그러한 경우에는 그 규정들에 의하여 예정계약 전체가 무효로 된다($\frac{같은 취지: 곽윤직,}{123면; 김용한, 223면}$). 이에 대하여 일부 견해($\frac{김주수, 201면; 김}{형배, 284면; 장경}$ $\frac{학,}{264면}$)는 그 한도 내에서 무효가 된다고 하나, 근거 없는 해석이다.

　　예정액이 부당하게 과소(過少)한 경우에 증액을 할 수 있는가? 이에 대하여 긍정하는 견해가 있다($\frac{김상용, 191면; 장경학, 246면. 입법론으로 같은 주}{장을 하는 문헌으로 김용한, 222면; 김형배, 287면}$). 그러나 증액이나 감액은 모두 계약자유에 대한 중대한 제한이기 때문에 명문규정이 있는 경우에만 허용된다. 따라서 증액은 이를 인정하는 명문규정이 없기 때문에 인정되지 않는다고 하여야 한다($\frac{같은 취지: 곽윤직, 123면; 김}{주수, 201면; 김학동, 160면}$).

　　배상액이 예정된 경우에 과실상계를 허용할 것인가에 대하여 학설은 일치하여 긍정하고 있으나, 판례는 부정한다($\frac{대판 1972. 3. 31, 72다108; 대판 2002. 1. 25, 99다}{57126; 대판 2016. 6. 10, 2014다200763 · 200770}$). 대법원은 그 이유로 예정액을 감액할 때 제반사정이 고려되기 때문이라는 점을 들기도 한다($\frac{대판 2002. 1. 25,}{99다57126}$). 생각건대 판례가 예정액을 감액함에 있어서 채권자의 과실을 고려하는 한 실질적으로 학설과 차이가 없다고 할 수 있겠으나, 예정액의 감액은 본래「과실」과 관계없이 과다한 경우에 인정되어야 하는 것이고, 따라서 이론적으로는 감액과는 별도로 과실상계를 허용하여야 한다. 한편 손익상계도 인정된다고 할 것이다($\frac{이설}{없음}$).

　　배상액이 예정된 경우에 채무자가 채무의 일부만을 이행하였다면 채권자는 예정액 전액을 청구할 수 있는가? 여기에 관하여 학설은 i) 원칙적으로, 즉 일부이행으로 계약의 목적을 달성할 수 없는 것이 아닌 한, 미이행부분의 비율에 해당하는 예정배상액만을 청구할 수 있다는 견해($\frac{김대정, 662면; 김상용,}{191면; 김형배, 287면}$)와 ii) 일부이행에 비례한 감액을 반드시 하여야 한다는 것은 지나치며 재량감액에 있어서 고려하면 족하다는 견해($\substack{\text{주해}(9),\ 673 \\ \text{면}(양창수)}$)로 나뉘어 있다. 생각건대 배상액을 예정한 경우에 채권자는 일반적으로 채무 전부가 이행되기를 원하고 있으며, 따라서 일부가 이행되었다고 그 비율만큼 만족한다고 보기 어렵다. 그러한 점에서 볼 때 비례적 감액을 인정하는 i)설은 바람직하지 않다.

〈판 례〉

(ㄱ)「지체상금을 계약 총액에서 지체상금률을 곱하여 산출하기로 정한 경우, 민법 제398조 제 2 항에 의하면, 손해배상액의 예정액이 부당히 과다한 경우에는 법원은 적당히 감액할 수 있다고 규정되어 있고 여기의 손해배상의 예정액이란 문언상 그 예정한 손해배상의 총액을 의미한다고 해석되므로, 손해배상의 예정에 해당하는 지체상금의 과다 여부는 지체상금 총액을 기준으로 하여 판단하여야 하고($\substack{\text{대법원} \\ 1996.\ 4.\ 26. \\ \text{선고}\ 95\text{다} \\ 11436\ \text{판결}\ 참조}$), 손해배상 예정액이 부당하게 과다한 경우에는 법원은 당사자의 주장이 없더라도 직권으로 이를 감액할 수 있으며, … 한편 위 규정의 적용에 따라 손해배상의 예정액이 부당하게 과다한지 및 그에 대한 적당한 감액의 범위를 판단하는 데 있어서는 법원이 구체적으로 그 판단을 하는 때, 즉 사실심의 변론종결 당시를 기준으로 하여 그 사이에 발생한 위와 같은 모든 사정을 종합적으로 고려하여야 할 것이나($\substack{\text{대법원}\ 1999.\ 4.\ 23.\ \text{선고}\ 98\text{다}45546\ \text{판결}, \\ 2000.\ 7.\ 28.\ \text{선고}\ 99\text{다}38637\ \text{판결}\ 등\ 참조}$), 위와 같은 사정을 고려하더라도 지체상금이 부당하게 과다하다고 인정되지 아니하는 경우에는 이에 대하여 당사자의 주장이 없다면 법원이 직권으로 지체상금이 부당하게 과다하지 않다는 것을 판단할 필요까지는 없다고 할 것이다.」($\substack{\text{대판}\ 2002.\ 12.\ 24, \\ 2000\text{다}54536}$)

(ㄴ) 매수인이 당초 약정된 잔금 지급기일까지 잔금을 지급하지 못하여 그 지급독촉을 받아 오다가, 매도인과의 사이에 그 잔금의 지급기일을 연기받는 한편 그 기일의 준수를 다짐하면서 만일 그 연기된 날까지 잔금을 지급하지 아니하면 매매계약을 해제하여 무효로 함과 아울러 매도인에게 이미 지급한 계약금 및 중도금에 대한 반환청구권을 포기 내지 상실키로 하는 약정을 한 경우, 그 포기 약정을 손해배상액의 예정으로 보아 그 예정액이 부당히 과다하다는 이유로 이를 감액한 원심판결을 수긍한 사례($\substack{\text{대판}\ 1995.\ 12.\ 12, \\ 95\text{다}40076}$).

3) 이행의 청구·계약의 해제와의 관계   손해배상액의 예정은 이행의 청구나 계약의 해제에 영향을 미치지 않는다($\substack{398조 \\ 3항}$). 이는 당연한 것이다. 다만, 배상액의 예정에는 여러 성질이 있으므로($\substack{\text{예: 지연배상액·전보배} \\ \text{상액·계약청산 배상액}}$), 각각의 경우에 예정액이 표준이 되는지를 면밀히 살펴보아야 한다. 아래에서 우리의 통설($\substack{\text{곽윤직, 124면; 김대정,} \\ 663면;\ 김상용,\ 192면;}$ [108]

주석 채권총칙(1), 667면(유남석) 등 참조. 그런데 주해(9), 676면(양창수)은 다른 경우들도 있을 수 있다고 하면서 통설의 유형화에 큰 의미를 부여할 것이 아니라고 한다)에 따라 경우를 나누어 살펴보기로 한다.

(가) 예정된 배상액이 지연배상액인 경우에는, 이행지체가 발생하면 채권자는 본래의 급부의 이행을 청구하면서 예정액을 청구할 수 있으나(대판 1997. 7. 25, 97다5541 등), 이행불능으로 인한 손해배상에 관하여는 표준이 되지 못한다. 이행지체나 이행불능을 이유로 계약을 해제하고 손해배상을 청구하는 경우와 불완전급부 ·「기타의 행위의무」 위반이나 하자담보책임(대판 1988. 3. 8, 87다카2083도 도급에 관하여 같은 취지이다)의 경우에도 마찬가지이다(주석 채권총칙(1), 668면(유남석)).

채무들이 동시이행관계에 있는 쌍무계약에 있어서 지연배상액에 예정된 경우에는 주의하여야 할 점이 있다. 그 경우에는 상대방이 채무를 이행하지 않고 있다고 하여 바로 예정액을 청구할 수 있는 것이 아니고, 자기의 채무를 제공하여 상대방에게 청구하였음에도 불구하고 상대방이 이행을 하지 않아야 비로소 상대방의 지체책임이 생기며, 따라서 예정액을 청구할 수 있게 된다. 판례도 같은 입장이다(대판 1997. 7. 25, 97다5541; 대판 1998. 2. 10, 96다 7793 · 7809 · 7816; 대판 2009. 1. 30, 2007다10337 등).

(나) 예정된 배상액이 전보배상액인 경우에는, 그 예정액은 지연배상액에는 표준이 되지 못한다. 그에 비하여 이행불능이 발생하면 채권자는 해제를 하지 않고도 곧바로 예정액을 청구할 수 있다. 그런데 채권을 발생시킨 계약이 쌍무계약이라면 채권자는 반대급부는 하여야 한다. 이행지체 또는 이행불능을 이유로 계약을 해제하고 손해배상을 청구하는 때에는 어떤가? 그때의 손해배상을 이행이익의 배상이라고 새기는 한(채권법각론 [71] 참조), 채권자는 예정액으로부터 해제에 의하여 면하게 된 반대급부의 액을 공제하고 나머지를 청구할 수 있다고 할 것이다(해제시 의 손해 배상이 신뢰이익의 배상이라고 이해하면 예정액은 반드시 표준이 된다고 할 수 없다). 판례는, 계약당사자가 채무불이행으로 인한 전보배상에 관하여 손해배상액을 예정한 경우에 채권자가 채무불이행을 이유로 계약을 해제하거나 해지하더라도 원칙적으로 손해배상액의 예정은 실효되지 않고, 전보배상에 관하여 특별한 사정이 없는 한 손해배상액의 예정에 따라 배상액을 정해야 하며, 다만 위와 같은 손해배상액의 예정이 계약의 유지를 전제로 정해진 약정이라는 등의 사정이 있는 경우에 채무불이행을 이유로 계약을 해제하거나 해지하면 손해배상액의 예정도 실효될 수 있다고 한다(대판 2022. 4. 14, 2019 다292736 · 292743).

(다) 예정된 배상액이 계약관계를 청산하기 위한 배상액인 경우에는, 채무불

이행이 발생하면 채권자는 계약을 해제하지 않고서 곧바로 예정액을 청구할 수 있다(^{곽윤직,}_{124면}). 이때 예정액을 청구하면 당사자의 본래의 채무는 소멸한다. 그리고 이 예정액은 계약을 해제하여도 청구할 수 있다.

(라) 예정된 배상액은 위의 세 가지만 있는 것은 아니다. 위의 세 가지는 전형적인 것일 뿐이며, 당사자 사이의 약정의 내용에 따라 다른 종류의 것도 얼마든지 있을 수 있다. 예정된 배상액이 어떤 성질의 것이고, 그 효과가 어떠한지는 결국은 배상액을 예정한 약정의 해석의 문제이다.

(3) 위 약 금

[109]

위약금은 채무불이행의 경우에 채무자가 채권자에게 지급할 것을 약속한 금전이다(금전이 아닌 것을 약속한 때에는 위약금은 아니나, 위약금에 관한 규정을 준용한다. 398조 5항). 위약금에는 위약벌(違約罰)의 성질을 가지는 것과 손해배상액의 예정의 성질을 가지는 것의 두 가지가 있는데, 민법은 후자로 추정한다(^{398조}_{4항}). 따라서 위약금이 위약벌로 인정되려면 이를 주장·증명하여야 한다(대판 2000. 12. 8, 2000다35771; 대판 2001. 1. 19, 2000다42632; 대판 2001. 9. 28, 2001다14689; 대판 2009. 12. 24, 2009다60169·60176; 대판 2016. 7. 14, 2012다65973; 대판 2017. 11. 29, 2016다259769).

위약금이 배상액의 예정으로 인정되는 경우에는 배상액의 예정에 관한 규정이 적용된다. 따라서 채무불이행이 있으면 채권자는 실제의 손해액을 증명할 필요 없이 그 예정액을 청구할 수 있고, 실제 손해액이 예정액을 초과하더라도 그 초과액을 청구할 수 없다(대판 1988. 5. 10, 87다카3101; 대결 1990. 2. 13, 89다카26250). 그에 비하여 위약금이 위약벌인 때에는 배상액의 예정에 관한 규정은 적용되지 않는다. 그 결과 그것이 부당하게 과다하여도 제398조 제 2 항을 유추적용하여 감액할 수 없다(같은 취지: 김형배, 289면. 반대: 김상용, 194면). 판례도 같다(대판 1993. 3. 23, 92다46905; 대판 2002. 4. 23, 2000다56976; 대판 2005. 10. 13, 2005다26277; 대판 2015. 12. 10, 2014다14511; 대판 2016. 1. 28, 2015다239324; 대판(전원) 2022. 7. 21, 2018다248855·248862(현재의 판례는 타당하고 그 법리에 따라 거래계의 현실이 정착되었다고 할 수 있으므로 그대로 유지되어야 한다고 함. 이러한 다수의견에 대해 대법관 6인의 반대의견이 있음)). 그런데, 판례는, 의무의 강제에 의하여 얻어지는 채권자의 이익에 비하여 약정된 벌이 과도하게 무거울 때에는 그 일부 또는 전부가 공서양속에 반하여 무효로 된다고 한다(대판 1993. 3. 23, 92다46905(백화점 수수료 위탁판매매장 계약에서 임차인이 매출신고를 누락하는 경우 판매수수료의 100배에 해당하고 매출신고 누락분의 10배에 해당하는 벌칙금을 임대인에게 배상하기로 한 위약벌의 약정이 공서양속에 반하지 않는다고 한 사례); 대판 2002. 4. 23, 2000다56976; 대판 2013. 7. 25, 2013다27015; 대판 2013. 12. 26, 2013다63257; 대판 2015. 12. 10, 2014다14511; 대판 2016. 1. 28, 2015다239324). 다만, 판례는, 당사자가 약정한 위약벌의 액수가 과다하다는 이유로 법원이 계약의 구체적 내용에 개입하여 그 약정의 전부 또는 일부를 무효로 하는 것은, 사적 자치의 원칙에 대한 중대한 제약이 될 수 있고, 스스로가 한 약정을 이행하지 않겠다며 계약의 구속력으로부터 이탈하고자 하는 당사자를 보호하는 결과가 될 수 있으므로, 가급적 자제하여야

하며, 이러한 견지에서 위약벌 약정이 공서양속에 반하는지를 판단함에 있어서
는 신중을 기하여야 하고, 단순히 위약벌 액수가 많다는 이유만으로 섣불리 무효
라고 판단할 일은 아니라고 한다(대판 2016. 1. 28, 2015다239324. 같은 / 취지: 대판 2015. 12. 10, 2014다14511). 한편 판례는, 위약금
약정이 손해배상액의 예정과 위약벌의 성격을 함께 가지는 경우에는 특별한 사
정이 없는 한 법원은 당사자의 주장이 없더라도 직권으로 제398조 제 2 항에 따
라 위약금 전체 금액을 기준으로 감액할 수 있다고 한다(대판 2020. 11. 12, / 2017다275270). 그리고 그
때 부당하게 과다한지의 판단은 제398조 제 2 항에서와 동일한 방법으로 한다.

위약벌에 이자제한법의 이자제한 규정이 적용되는가? 이에 대하여 판례는,
이자제한법의 최고이자율 제한에 관한 규정은 금전대차에 관한 계약상의 이자에
관하여 적용될 뿐, 계약을 위반한 사람을 제재하고 계약의 이행을 간접적으로 강
제하기 위하여 정한 위약벌의 경우에는 적용될 수 없다고 한다(대판 2017. 11. 29, / 2016다259769).

〈판 례〉

㈎「도급계약에 있어 계약이행보증금과 지체상금의 약정이 있는 경우에는 특별한
사정이 없는 한 계약이행보증금은 위약벌 또는 제재금의 성질을 가지고, 지체상금은
손해배상의 예정으로 봄이 상당하다.」(대판 1997. 10. 28, 97다21932. 같은 / 취지: 대판 1996. 4. 26, 95다11436)

㈏「위약금이 위약벌로 해석되기 위하여는 특별한 사정이 주장·입증되어야 하는
바, 소외 A주식회사와 소외 B주식회사 사이의 이 사건 하도급계약서에 계약보증금
외에 지체상금도 규정되어 있다는 점만을 이유로 하여 이 사건 계약보증금을 위약벌
로 보기는 어렵다 할 것이다.」(대판 2000. 12. 8, 2000다35771. 같은 / 취지: 대판 2008. 12. 10, 2007다13992)

㈐「계약의 일방 당사자인 피고의 귀책사유로 인하여 계약이 해제되는 경우에는
위약금 약정을 두지 않고 그 상대방인 원고의 귀책사유로 인하여 계약이 해제된 경
우에 대해서만 위약금 약정을 두었다 하더라도, 그 위약금 약정이 무효로 되는지 여
부는 별론으로 하고 원고에 대한 위약금 규정이 있다고 하여 공평의 원칙상 그 상대
방인 피고의 귀책사유로 계약이 해제되는 경우에도 원고의 귀책사유로 인한 해제의
경우와 마찬가지로 피고에게 위약금 지급의무가 인정되는 것은 아니므로(대법원 2000.
1. 18. 선고 99
다49095 판결, 대법원 2007. 10. 25.
선고 2007다40765 판결 등 참조), 이 사건 실시협약서에서 원고의 채무불이행으로 인한 위
약금에 관한 규정을 두었다 하여 당연히 이를 피고의 채무불이행으로 인한 경우에도
같은 내용의 위약금 약정이 인정되어야 한다고 해석할 수는 없다.」(대판 2008. 2. 14, / 2006다37892)

㈑「당사자 사이에 채무불이행이 있으면 위약금을 지급하기로 약정한 경우 그 위
약금 약정이 손해배상액의 예정인지 위약벌인지는, 계약서 등 처분문서의 내용과 계
약의 체결 경위, 당사자가 위약금을 약정한 주된 목적 등을 종합하여 구체적인 사건
에서 개별적으로 판단해야 할 의사해석의 문제이다. 위약금은 민법 제398조 제 4 항

에 따라 손해배상액의 예정으로 추정되지만, 당사자 사이의 위약금 약정이 채무불이행으로 인한 손해의 배상이나 전보를 위한 것이라고 보기 어려운 특별한 사정, 특히 하나의 계약에 채무불이행으로 인한 손해의 배상에 관하여 손해배상예정에 관한 조항이 따로 있다거나 실손해의 배상을 전제로 하는 조항이 있고 그와 별도로 위약금 조항을 두고 있어서 그 위약금 조항을 손해배상액의 예정으로 해석하게 되면 이중배상이 이루어지는 등의 사정이 있을 때에는 그 위약금은 위약벌로 보아야 한다」$\binom{\text{대판(전}}{\text{원) 2022. 7. 21, 2018다248855 · 248862. 같은}}$ 취지: 대판 2016. 7. 14, 2013다82944 · 82951)

(ㅁ)「계약 당시 일방의 책임으로 계약이 해지되면 계약이행보증금이 상대방에게 귀속된다고 정한 경우 계약이행보증금은 위약금으로서 민법 제398조 제 4 항에 따라 손해배상액의 예정으로 추정된다. 손해배상액을 예정한 경우 다른 특약이 없는 한 채무불이행으로 발생할 수 있는 모든 손해가 예정액에 포함된다. 그 계약과 관련하여 손해배상액을 예정한 채무불이행과 별도의 행위를 원인으로 손해가 발생하여 불법행위 또는 부당이득이 성립한 경우 그 손해는 예정액에서 제외되지만$\binom{\text{대법원}}{\text{1999. 1. 15. 선}}$고 98다48033 판결 등 참조), 계약 당시 채무불이행으로 인한 손해로 예정한 것이라면 특별한 사정이 없는 한 손해를 발생시킨 원인행위의 법적 성격과 상관없이 그 손해는 예정액에 포함되므로 예정액과 별도로 배상 또는 반환을 청구할 수 없다.」$\binom{\text{대판 2018. 12. 27,}}{\text{2016다274270 · 274287}}$

(4) 계 약 금

계약금은 계약을 체결할 때 당사자 일방이 상대방에게 교부하는 금전 기타의 유가물이다. 민법은 이 계약금에 관하여 당사자 사이에 다른 약정이 없는 한 해약금 즉 해제권을 보류하기 위하여 수수(授受)된 것으로 추정하고 있다$\binom{\text{565조. 채}}{\text{권법각론}}$[84] 이 하 참조). 그런데 문제는 계약금을 수수하면서 당사자가, 채무불이행이 있으면 계약금을 교부한 자는 이를 몰수당하고 계약금을 교부받은 자는 그 배액을 상환하기로 약정한 때에는 어떻게 되는지이다. 여기에 관하여 판례는 계약금은 위약금의 특약이 있으면 손해배상액의 예정의 성질을 가지는 것으로 볼 수 있으나 $\binom{\text{대판 1979. 4. 24, 79다217; 대판 1981. 7. 28, 80다2499; 대판 1996. 6. 14, 95다11429. 그리고 대}}{\text{판 1992. 5. 12, 91다2151은 특약이 있으면 배상액 예정과 해약금의 두 성질을 모두 갖는다고 한다}}$, 특약이 없으면 배상액의 예정으로 인정될 수 없다고 한다. 그리고 그 결과로 위약금의 특약이 없는 때에는 당사자 일방의 유책사유로 계약이 해제되더라도 계약금이 위약금으로서 상대방에게 당연히 귀속되지도 않고$\binom{\text{대판 1992. 11. 27, 92다23209;}}{\text{대판 1996. 6. 14, 95다54693}}$, 또 그것이 부당히 과다하다고 하여 감액할 수도 없다고 한다$\binom{\text{대판 1971. 12. 14, 71다2014;}}{\text{대판 1981. 7. 28, 80다2499}}$. 그에 비하여 위약금의 특약이 있는 때에는 위약금에 관한 규정이 적용될 것이다. 다만, 이 경우의 계약금은 이미 교부되어 있는 점에서 단순히 위약금의 약정이 있는 경우와 다르다.

〈판 례〉

「국가를 당사자로 하는 계약에 관한 법률(이하 '국가계약법'이라 한다)의 규정은 국가와 사인 간의 계약관계에서 관계 공무원이 지켜야 할 계약사무 처리에 관한 필요한 사항을 정한 국가의 내부규정에 불과할 뿐만 아니라 국가계약법이 적용되는 계약도 그 본질은 사인간의 계약과 다를 바가 없으므로, 그 법령에 특별한 규정이 있는 경우를 제외하고는 사법의 규정 내지 법 원리가 그대로 적용된다고 할 것이므로(대법원 1996. 4. 26. 선고 95다11436 판결 참조), 매매계약에 의하여 지급된 계약금에 관하여 위약금 약정이 있어 그 계약금이 국가계약법 제12조가 규정한 계약보증금의 성질을 갖는다고 하더라도, 당연히 위약벌의 성질을 갖는 것은 아니라 할 것이다.」(대판 2004. 12. 10, 2002다73852)

[110] Ⅶ. 손해배상자의 대위

1. 의 의

채권자가 그 채권의 목적인 물건 또는 권리의 가액 전부를 손해배상으로 받은 때에는 채무자는 그 물건 또는 권리에 관하여 당연히 채권자를 대위한다(399조). 예컨대 수치인이 과실로 임치물을 도난당하여 그가 임치인에게 물건의 가액을 변상하면 수치인은 물건의 소유권을 취득하게 된다. 이것을 손해배상자의 대위 또는 배상자의 대위라고 한다.

민법은 배상자대위를 채무불이행에 관하여 규정하고(399조), 불법행위에도 준용하고 있다(763조). 민법이 배상자대위를 인정하는 이유는 배상을 받은 채권자가 2중의 이득을 얻지 않게 하려는 데 있다.

2. 요 건

배상자대위가 되려면 채권자가 채권의 목적인 물건 또는 권리의 가액의 전부를 손해배상으로 받았어야 한다. 즉 물건 또는 권리를 목적으로 하는 채권에 관하여 「전보배상」의 「전부」를 받았어야 한다. 따라서 단순히 지연배상을 받았거나 전보배상의 일부만을 받은 경우에는 대위는 생기지 않는다(대판 2007. 10. 12, 2006다42566). 일부만을 받은 경우에 일부만의 대위도 인정되지 않는다(변제에 의한 대위(483조)와 보험자대위의 경우(상법 682조 단서)에는 일부대위가 인정됨).

〈판 례〉

「민법 제399조는 "채권자가 그 채권의 목적인 물건 또는 권리의 가액 전부를 손해 배상으로 받은 때에는 채무자는 그 물건 또는 권리에 관하여 당연히 채권자를 대위 한다"고 규정하고 있는바, 채권의 목적인 물건 또는 권리가 가분적인 것이라는 등의 특별한 사정이 있는 경우는 별론으로 하고 그 밖의 경우에는 성질상 채무자가 채권 의 목적인 물건 또는 권리의 가액의 일부를 손해배상한 것만으로는 채권자를 대위할 수 없다고 할 것이다.」$\binom{대판\ 2007.\ 10.\ 12,}{2006다42566}$

3. 효   과

배상자대위의 요건이 갖추어진 때에는 채권의 목적인 물건 또는 권리가 법 률상 당연히 채권자로부터 배상자에게 이전된다(이른바 물권적 대위). 여기에는 물 건이나 권리의 이전에 필요한 양도행위 기타의 요건($\substack{등기,\ 인도,\ 채권양\\도의\ 통지 \cdot 승낙\ 등}$)은 필요하지 않 다($\substack{이설이\ 없으며,\ 판례도\ 같다.\\대판\ 1977.\ 7.\ 12,\ 76다408}$)($\substack{그러나\ 입법론으로는\ 기타의\ 요건을\ 요\\구함이\ 바람직하다.\ 독일민법\ 255조\ 참조}$). 그리고 채권자가 제 3 자에 대하여 손해배상청구권을 가지는 경우, 즉 채무자의 과실과 제 3 자의 과실이 경 합하여 이행불능으로 된 때에는 그 권리도 대위한다($\substack{통\\설}$). 그때의 손해배상청구권 은 채권의 목적이 된 물건 · 권리에 갈음하는 것이라고 할 수 있기 때문이다. 그러 나 권리자(소유자 등)가 보험계약에 기하여 가지게 되는 보험금청구권에는 대위 하지 않는다. 그 권리는 채권의 목적이 된 물건 · 권리와 같은 것으로 볼 수 없기 때문이다. 그리하여 가령 소유자가 화재보험에 가입해 있는 건물을 임차하고 있 는 자가 과실로 그 건물을 불태워 버린 경우에 그 임차인은 그가 전액의 손해배 상을 하였다고 하더라도 소유자의 보험금청구권을 취득하지 못한다. 그러한 경 우에는 오히려 보험금을 지급한 보험자가 소유자의 손해배상청구권을 대위한다 ($\substack{보험자대위.\\상법\ 682조}$). 그런데 위의 경우에 소유자가 반드시 보험금청구를 먼저 하여야 하는 것은 아니다. 그(권리자)는 보험자가 보험금을 지급하기 전까지는 자유로이 임차 인(배상의무자)으로부터 손해배상을 받을 수 있고, 그때 보험자는 그 한도 내에서 면책되며, 따라서 보험자대위는 일어나지 않는다($\substack{대판\ 1981.\ 7.\ 7,\ 80다1643;\ 대\\판\ 2000.\ 11.\ 10,\ 2000다29769}$). 보험자대 위는 권리자가 배상의무자로부터 배상을 받기 전에 보험자가 보험금을 지급한 때에 일어나는 것이다.

배상자대위가 일어난 후 물건이 발견된 경우에 채권자가 가액을 반환하고 그 물건의 반환을 청구할 수 있는지가 문제된다. 여기에 관하여 학설은 i) 긍정설

$\binom{김형배,}{293면}$과 ii) 부정설$\binom{김상용, 197면; 김용한,}{229면; 지원림, 1100면}$로 나뉘어 있다. i)설은 배상자대위의 취지가 소유자로부터 소유권을 빼앗으려는 것이 아니라는 이유를 들고 ii)설은 긍정할 경우 법률관계가 복잡해진다는 이유를 든다. 생각건대 이를 긍정하려면 그러한 경우에는 배상자대위에도 불구하고 물권변동이 일어나지 않았다고 하거나 혹은 반환청구권이 생긴다고 하여야 한다. 그런데 그와 같이 해석되기 위하여서는 모두 명문규정이 필요하다. 결국 명문규정이 없는 한 i)설처럼 해석할 수는 없다.

제4관 강제이행(현실적 이행의 강제)

[111] ### Ⅰ. 서   설

강제이행은 채무자가 채무를 임의로 이행하지 않는 경우에 채권자가 국가권력에 의하여 강제로 채권의 내용을 실현하는 것을 말한다. 이러한 강제이행은, 앞에서 몇 차례 언급한 바와 같이, 채무불이행의 효과가 아니고 채권의 속성의 문제이다. 그런데 민법이 이를 채무불이행과 관련하여 규정하고 있고($\binom{389}{조}$), 그 영향으로 문헌들도 강제이행을 채무불이행의 효과로서 논의하고 있기 때문에, 이 책에서는 논의는 하되 채무불이행의 말미인 이 곳에서 간략하게만 적기로 한다.

우리의 현행법은 강제이행에 관하여 민법과 민사집행법에서 규율하고 있다$\binom{본래는 민법에}{있을 것이 아님}$. 그에 의하면 강제이행의 방법에는 직접강제·대체집행·간접강제의 셋이 있으며, 그것을 사용하는 순서는 방금 열거한 순서와 같다$\binom{이설}{없음}$. 우리 법상 각각의 강제이행의 의의와 그것들이 허용되는 경우들을 나누어 살펴보기로 한다.

Ⅱ. 직접강제

(1) 직접강제는 국가기관이 채무자의 의사를 묻지 않고 채권의 내용을 그대로 실현하는 방법이다($\binom{예: 동산인도채무의}{경우의 동산 교부}$). 직접강제는 대단히 효과적이고 인격존중의 사상에도 적합하다. 그러나 이는 「주는 채무」에 있어서 그러하며, 「하는 채무」의 경우에는 그렇지 않다.

(2) 직접강제는 「주는 채무」에 관하여서만 허용된다($\binom{389조 1항. 이 1항의 「강제이}{행」은 직접강제의 의미이다}$). 그

리고 직접강제가 인정되는 채무의 경우에는 대체집행이나 간접강제는 허용되지 않는다. 가장 효과적인 방법이 있음에도 불구하고 우회하는 다른 수단을 인정할 이유가 없기 때문이다.

Ⅲ. 대체집행

(1) 대체집행은 채무자로부터 비용을 추심하여 그 비용으로 채권자 또는 제 3 자로 하여금 채무자에 갈음하여 채권의 내용을 실현하게 하는 방법이다(예: 건물철거채무의 경우에 철거비용을 추심하여 타인을 시켜 철거하게 한 때).

(2) 대체집행은 「하는 채무」(389조 2항 첫부분의 「전항의 채무」는 1항 단서의 채무를 가리킨다.) 중 제 3 자가 이행하여도 무방한 채무 즉 대체적 작위를 목적으로 하는 채무에 관하여 허용된다(389조 2항 후단, 민사집행법 260조). 그리고 이와 같은 채무에는 간접강제는 인정되지 않는다고 해석한다(이설 없음). 인격존중을 위하여서이다.

Ⅳ. 간접강제

[112]

(1) 간접강제는 손해배상의 지급을 명하거나 벌금을 과하거나 채무자를 구금하는 등의 수단을 써서 채무자를 심리적으로 압박하여 채권의 내용을 실현시키는 방법이다(예: 지체기간에 따라 지연손해금을 명하는 것)(대판 2003. 10. 24, 2003다36331은 간접강제란 채무불이행에 대한 제재를 고지함으로써 그 제재를 면하기 위하여 채무를 이행하도록 동기를 부여하는 것을 목적으로 하는 집행방법이라고 한다). 이 간접강제는 인격존중의 사상에 반할 가능성이 있다. 그리하여 최후의 수단으로서만 인정된다.

(2) 간접강제는 「하는 채무」 가운데 대체집행이 허용되지 않는 것, 즉 부대체적 작위를 목적으로 하는 채무에 한하여 허용된다(389조 2항 후단 참조, 민사집행법 261조). 감정(鑑定)·계산보고·재산목록작성 등의 채무가 그 예이다. 부작위채무도 부대체적 채무이어서 그에 대한 강제집행은 간접강제만 가능하다(대판 2014. 5. 29, 2011다31225). 그러나 채무자의 자유의사 또는 인격존중에 반하는 경우에는 간접강제도 허용되지 않는다. 가령 초상화를 그려줄 채무, 부부의 동거의무가 그렇다.

그리고 우리 법상 간접강제의 구체적인 수단으로는 손해배상(늦어진 기간에 따른 배상 또는 즉시의 손해배상)만 인정된다(민사집행법 261조 1항 2문).

V. 기   타

(1) 법률행위(의사표시)를 목적으로 하는 채무의 경우에는 채무자의 의사표시에 갈음할 재판을 청구할 수 있다($^{389조\ 2}_{항\ 전단}$). 그러한 채무도 부대체적 작위채무이기는 하나, 그 행위 자체보다는 그 행위의 효과만이 필요하므로, 대체집행이나 간접강제를 허용하지 않고 의사표시를 명하는 판결로 채무자의 의사에 갈음하게 한 것이다. 그리고 이러한 결과는 준법률행위($^{의사의\ 통지\ ·}_{관념의\ 통지}$)에 관하여도 인정된다($^{민사집행법}_{263조\ 1항}$). 한편 위의 채무에 있어서는 다른 강제이행방법은 허용되지 않는다고 할 것이다.

(2) 부작위채무의 경우에는 특수성이 있다. 부작위채무에 있어서는 그 채무 자체의 강제이행은 필요하지 않다. 다만, 그 의무 위반으로 유형적(有形的)인 결과가 생긴 경우에는 그것을 제거하여야 하는 문제가 생긴다. 그런데 민법은 그러한 때에는 채무자의 비용으로 그 위반한 것을 제각(除却)하고 장래에 대한 적당한 처분을 법원에 청구할 수 있도록 하고 있다($^{389조}_{3항}$). 이는 대체적인 제거의무에 대한 강제이행의 방법으로서 일종의 대체집행이다. 그리고 이때에도 다른 강제이행방법은 허용되지 않는다.

〈판   례〉

(ㄱ) 「가. 대법원은 부작위채무에 관하여 판결절차의 변론종결 당시에 보아 부작위채무를 명하는 집행권원이 성립하더라도 채무자가 이를 단기간 내에 위반할 개연성이 있고, 또한 판결절차에서 민사집행법 제261조에 의하여 명할 적정한 배상액을 산정할 수 있는 경우에는 판결절차에서도 채무불이행에 대한 간접강제를 할 수 있다고 하였다($^{대법원\ 1996.\ 4.\ 12.\ 선고\ 93다40614,\ 40621\ 판결,}_{대법원\ 2014.\ 5.\ 29.\ 선고\ 2011다31225\ 판결\ 등\ 참조}$).

또한 대법원은 부대체적 작위채무에 관하여서도 판결절차의 변론종결 당시에 보아 집행권원이 성립하더라도 채무자가 부대체적 작위채무를 임의로 이행할 가능성이 없음이 명백하고, 판결절차에서 채무자에게 간접강제 결정의 당부에 관하여 충분히 변론할 기회가 부여되었으며, 민사집행법 제261조에 의하여 명할 적정한 배상액을 산정할 수 있는 경우에는 판결절차에서도 채무불이행에 대한 간접강제를 할 수 있다고 하였다($^{대법원\ 2013.\ 11.\ 28.\ 선고}_{2013다50367\ 판결\ 참조}$).

나. 위와 같은 현재의 판례는 타당하므로 그대로 유지되어야 한다.」($^{대판(전원)\ 2021.}_{7.\ 22,\ 2020다}$ $^{248124[핵심]}_{판례\ 234면]}$)

(ㄴ) 「당사자 사이에 일정한 행위를 하지 않기로 하는 부작위 약정을 체결하였는데

채무자가 이러한 의무를 위반한 경우, 채권자는 채무자를 상대로 부작위의무의 이행을 소구할 수 있고, 부작위를 명하는 확정판결을 받아 이를 집행권원으로 하여 대체집행 또는 간접강제 결정을 받는 등으로 부작위의무 위반 상태를 중지시키거나 그 위반 결과를 제거할 수 있다.」$\left(\substack{대판\ 2012.\ 3.\ 29,\\2009다92883}\right)$

(3) 강제이행의 청구는 손해배상의 청구에 영향이 없다$\left(\substack{389조\\4항}\right)$. 따라서 채무자에게 유책사유가 있는 경우에는 강제이행을 청구하면서도 채무불이행을 이유로 손해배상$\left(\substack{예:\ 지\\연배상}\right)$을 청구할 수도 있다.

제 2 절   채 권 자 지 체

Ⅰ. 의   의 [113]

채권자지체란 채무의 이행에 급부의 수령 기타 채권자의 협력을 필요로 하는 경우에, 채무자가 채무의 내용에 좇은 이행의 제공을 하였음에도 불구하고 채권자가 그것의 수령 기타의 협력을 하지 않거나 혹은 협력을 할 수 없기 때문에 이행이 지연되고 있는 것이다$\left(\substack{400\\조}\right)$. 채권자지체는 수령지체라고도 한다.

채권은 그 대부분이 채무의 이행에 채권자의 협력을 필요로 한다. 채권자가 공급하는 재료에 가공하기로 하는 채무, 고용계약에 기한 노무급부의무, 의사의 치료채무, 물건의 인도채무, 금전지급의무 등이 그 예이다. 이러한 채무의 경우에 채권자의 협력이 없어서 채무의 이행이 완료되지 않은 때에 그 불이익을 모두 채무자에게 지우는 것은 옳지 않다. 여기서 민법은 채권자지체라는 제도를 두어 일정한 요건 하에 채권자에게 불이익을 받게 하고 있다$\left(\substack{401조\ 내\\지\ 403조}\right)$.

Ⅱ. 채권자지체의 법적 성질

채권자지체의 법적 성질에 관하여 학설은 i) 채무불이행책임설, ii) 법정책임설, iii) 절충설, iv) 제 4 설로 나뉘어 있다. 이들은 채권자에게 수령의무가 있는지, 그것의 성질은 무엇인지를 둘러싸고 생기는 견해의 대립이다.

i) 채무불이행책임설은 채권관계에 있어서 채권자와 채무자는 공동목적의 달성에 협력할 유기적 관계를 구성하며, 따라서 채권자는 채권과 아울러 수령의무도 진다고 한다. 그리고 채권자지체는 채권자의 수령의무(협력의무)의 불이행 책임이라고 본다($^{곽윤직, 97면;}_{김용한, 170면}$). ii) 법정책임설은 채권자지체를 법정책임(법이 정한 책임)으로 이해한다($^{김학동, 174면; 이은영,}_{402면; 지원림, 965면}$). 일부 문헌($^{김학동,}_{175면}$)은 이 견해를 취하면서, 채권자는 법적인 수령의무를 지지 않지만 채권자가 수령을 하지 않을 때에는 일정한 불이익을 받게 되는 점에서 채권자는 수령할 간접의무(책무)를 진다고 설명하기도 한다. iii) 절충설은 채권자에게 일반적인 수령(협력)의무를 인정하지 않으나, 매매·도급·임치관계에서는 부수적 의무 내지 신의칙을 기초로 하여 수취의무를 인정한다($^{김형배,}_{304면}$). iv) 제4설은 채권자의 수령의무를 법적인 책무로 이해한 뒤, 수령지체로 인한 불이익은 채권자에게 유책사유가 있느냐 없느냐에 따라 다르다고 하면서, 유책사유가 없는 경우에는 민법이 명시적으로 규정하는 효과만 인정하고, 유책사유가 있는 경우에는 채무자에게 계약해제권 및 손해배상청구권을 인정한다($^{김상용,}_{211면}$).

생각건대 우리 민법상 채권자의 수령의무 내지 협력의무는 일반적으로 규정되어 있지 않다. 그런가 하면 개별적인 규정도 없다. 그러한 상황에서는 채권자지체의 규정을 기초로 채권자의 협력의무의 존재 여부가 검토되어야 한다. 민법은 채무불이행에 관한 모든 규정(특히 손해배상)이 끝난 뒤에, 그리고 전혀 다른 성질을 가지고 있는 채권자대위권·채권자취소권 앞에서 채권자지체를 규정하고 있다. 또한 제400조가 채권자지체의 요건을 정하면서 채무불이행의 핵심요건인 유책사유를 규정하지 않을뿐더러, 제403조는 그 제목을 「채권자지체와 채권자의 책임」이라고 붙였음에도 불구하고 그 내용에는 손해배상 등이 포함되어 있지 않다. 이러한 점에서 볼 때 채권자지체를 채무불이행으로 보는 것은 무리이다. 채권자의 협력의무는 인정할 수 없는 것이다. 그리고 앞에서 언급한 바와 같이 ($^{[8]}_{참조}$), 채권관계를 유기적 관계라고 할 수 있으나, 거기에서 당사자의 협력관계는 강조되지 않아야 한다. 그러므로 유기적 관계라는 점에서 협력의무를 끌어낼 수도 없다. 결국 i)설은 옳지 않다. 그리고 iii)설은 독일민법에서와 같은 결과를 인정하는데, 명문규정이 없는 우리 민법에서 그 세 가지 계약의 경우에만 수취의무가 존재하는 근거를 찾기가 어렵다. 또한 iv)설은 채권자에게 유책사유가 있고 없

음에 따라 효과가 달라지는 근거를 설명하지 않고 있다. 요컨대 우리 민법상 채
권자에게는 당사자의 특약이나 법률의 특별규정이 없는 한 법적 의무로서의 협
력의무는 없다고 할 것이다. 다만, 그에게는 협력이 없으면 불이익을 입게 되는
간접의무(책무)만이 있을 뿐이다. 그 결과 채권자지체책임은 채무불이행책임이
아니고 민법이 정한 책임이라고 하는 수밖에 없다. 이에 의하면 채권자지체의 요
건으로 채권자의 유책사유와 위법성이 필요하지도 않고, 그 효과로서 손해배상
청구권·계약해제권도 인정되지 않는다(불법행위를 이유로 손해배상을 청구할 수는 있다. 그러나 해제 권은 인정될 여지가 없다. 입법론으로는 일정한 요건(해제의 요
건은 더욱 엄격함을 요함) 하에 이 들 권리가 인정되는 것이 바람직하다).

　　판례는 최근에, 채권자지체의 성립에 채권자의 유책사유는 요구되지 않고,
채권자지체가 성립하는 경우 그 효과로서 원칙적으로 채권자에게 민법 규정에
따른 일정한 책임이 인정되는 것 외에, 채무자가 채권자에 대하여 일반적인 채무
불이행책임과 마찬가지로 손해배상이나 계약 해제를 주장할 수는 없다고 하여,
법정책임설을 취했다(대판 2021. 10. 28, 2019다 293036[핵심판례 236면]).

Ⅲ. 채권자지체의 요건   [114]

(1) 채권의 성질상 이행에 채권자의 협력을 필요로 할 것

　　부작위채무와 같이 채무의 이행에 채권자의 협력이 요구되지 않는 경우에는
채권자지체가 문제되지 않는다.

(2) 채무의 내용에 좇은 이행의 제공(이는 변제의 제공과 같음. 그 자세한 내용에 관하여는 [225] 이하 참조)이 있을 것

　　이행의 제공이 없거나 이행의 제공이 채무의 내용에 좇은 것이 아닌 때에는
채권자지체는 성립하지 않는다. 따라서 채무자는 원칙적으로 현실의 제공을 하
여야 한다. 다만, 채권자가 미리 변제받기를 거절하거나 채무의 이행에 채권자의
행위를 요하는 경우에는 구두의 제공으로 하더라도 무방하고, 채권자의 변제받
지 않을 의사가 확고한 경우(채권자의 영 구적 불수령)에는 구두의 제공조차 필요하지 않다
(대판 2004. 3. 12, 2001다79013). 그런데 판례는, 구두의 제공조차 필요없는 경우라고 하더라도, 이
는 그로써 채무자가 채무불이행책임을 면한다는 것에 불과하고, 제538조 제 1 항
제 2 문 소정의 「채권자의 수령지체 중에 당사자 쌍방의 책임없는 사유로 이행할
수 없게 된 때」에 해당하기 위해서는 현실제공이나 구두제공이 필요하다고 한다

$\binom{\text{대판 2004. 3. 12, 2001다79013: 채권자가 자신의 잔대금지급채무를 이행하지 않을 의사를}}{\text{명백히 표시하여 채무자의 소유권이전등기 의무의 수령을 거절할 의사가 명백한 경우임}}$.

(3) 채권자의 수령불능 또는 수령거절

채권자지체로 되려면 채권자가 이행을 받을 수 없거나(수령불능) 또는 수령을 받지 않아야 한다(수령거절)$\binom{400}{조}$. 그 이유는 묻지 않는다.

여기의 수령불능은 채무자가 이행을 할 수 있는 것(이행가능)을 전제로 하며, 채무자가 이행할 수 없기 때문에(이행불능) 수령할 수 없는 것은 포함되지 않는다. 그런데 이행이 가능한지의 구별이 매우 어려운 경우가 있어서 문제이다. 그러한 경우의 구별표준에 관하여 학설은 i) 급부를 불가능하게 한 장애가 채권자 또는 채무자 가운데 어느 쪽의 영향 범위 내에서 생겼느냐를 표준으로 하여, 그것이 채무자 쪽에 있으면 이행불능, 채권자 쪽에 있으면 수령불능이 된다고 하는 견해(영역설)$\binom{\text{곽윤직, 98면;}}{\text{김용한, 173면}}$, ii) 급부장애의 위험을 누가 부담하는 것이 공평한 것인가의 관점에서 해결하여야 한다는 견해$\binom{\text{김상용, 214면; 김형}}{\text{배, 306면·315면}}$가 대립하고 있다. 생각건대 i)설이 타당하다. 그에 의하면 고용계약의 경우 질병·교통기관의 파업 등에 의한 노무급부의무의 불이행은 채무자의 책임있는 이행불능으로 되고, 원료나 전기 등의 공급불능·공장의 소실·기계의 파괴 등에 의한 노무제공불능은 수령불능으로 된다. 주의할 것은, 수령불능이라고 해도 영구적인 불능은 이행불능$\binom{\text{채권}}{\text{자에}}$
$\binom{\text{게 책임있는 이행불능. 그러나 의사의 왕진을 요청한 뒤 환자가}}{\text{사망한 경우에는 채권자에게도 책임없는 불능이라고 할 것이다}}$으로 된다고 새겨야 한다는 점이다$\binom{\text{같은 취지: 김형배,}}{\text{307면; 이은영, 408면}}$. 그리하여 쌍무계약에 있어서는 채권자는 급부를 수령할 수 없지만 반대급부는 하여야 한다$\binom{538조}{1항}$.

(4) 채권자의 유책사유·위법성이 요건인지 여부

채권자치체를 채무불이행책임으로 이해하는 견해는 채권자지체가 성립하려면 채권자의 수령불능 또는 수령거절이 그의 유책사유에 의했어야 하고$\binom{\text{그것의 증명책}}{\text{임은 채권자에}}$
$\binom{\text{게 있다}}{\text{고 함}}$, 또 채권자의 수령불능 또는 수령거절이 위법해야 한다고 주장한다$\binom{\text{곽윤직,}}{\text{98면 등}}$. 그러나, 앞에서 설명한 바와 같이, 채권자지체책임은 법정책임으로 보아야 하며, 따라서 채권자의 유책사유와 위법성은 채권자지체의 요건이 아니라고 해야 한다. 판례도 같은 견지에 있다$\binom{\text{대판 2021. 10. 28, 2019다}}{\text{293036[핵심판례 236면]}}$.

Ⅳ. 채권자지체의 효과

[115]

(1) 채무자의 주의의무 경감

채무자는 채권자지체 중에는 고의 또는 중대한 과실이 있는 때에만 책임을 지고 경과실이 있는 때에는 면책된다($^{401}_{조}$). 한편 판례는, 어떠한 부동산에 관한 소유권이전등기 의무에 관하여 채무자가 일단 그 이행제공을 하여 채권자가 수령지체에 빠지게 되었다고 하더라도 그 후 채무자가 목적 부동산을 제 3 자에게 양도하여 그 소유권이전등기 의무의 이행이 불능하게 되었다면, 채무자는 다른 특별한 사정이 없는 한 제401조 · 제390조에 기하여 상대방에 대하여 자기 채무의 이행불능으로 인한 손해배상채무를 부담한다고 한다($^{대판\ 2014.\ 4.\ 30,}_{2010다11323}$).

〈판 례〉

「상인이 그 영업범위 내에서 물건의 임치를 받은 경우에는 보수를 받지 아니하는 때에도 선량한 관리자의 주의로 보관할 의무가 있으므로 이를 게을리하여 임치물이 멸실 또는 훼손된 경우에는 채무불이행으로 인한 손해배상책임을 면할 수 없으나($^{상법\ 62조\ 참}_{조:\ 저자\ 주}$), 다만 수치인이 적법하게 임치계약을 해지하고 임치인에게 임치물의 회수를 최고하였음에도 불구하고 임치인의 수령지체로 반환하지 못하고 있는 사이에 임치물이 멸실 또는 훼손된 경우에는 수치인에게 고의 또는 중대한 과실이 없는 한 채무불이행으로 인한 손해배상책임이 없다고 할 것이다.

… 원고와 피고 사이의 위 건고추 보관약정은 기간의 약정이 없는 임치라고 할 것이므로 수치인인 피고는 언제든지 그 계약을 해지할 수 있다고 할 것인바, 원심이 인정하고 있는 바와 같이 위 건고추가 변질되고 벌레먹기 전인 1981. 5. 경 피고가 원고에게 보관물의 처분과 인수를 요구하였다면 이는 임치계약을 해지하고 임치물의 회수를 최고한 의사표시라고 볼 여지가 있고, 그와 같이 본다면 원고가 원심 인정과 같이 시세가 싸다는 등 이유로 그 회수를 거절한 이상 이때부터 수령지체에 빠진 것이라 하겠으므로 그 후 피고 보관 중인 위 건고추가 변질되고 벌레가 먹음으로써 상품가치가 상실되었다고 하여도 그것이 피고의 고의 또는 중대한 과실로 인한 것이 아닌 한 피고에게 그 배상책임을 물을 수 없을 것이다.」($^{대판\ 1983.\ 11.\ 8,}_{83다카1476}$)

〈제401조와 제461조 사이의 관계〉

민법 제461조에 의하면, 변제의 제공이 있으면 채무자에게 중과실이 있어도 채무를 면하게 된다. 그런데 제401조에 따르면, 채권자지체 중이라도 채무자에게 중과실이 있으면 책임을 져야 한다. 이러한 모순을 어떻게 해결하여야 하는가?

이 문제에 관하여 하나의 문헌은 특히 제401조의 연혁을 추적하여 그것이 일본의 학설과 독일민법($^{같은 법}_{300조}$)을 염두에 두고 제정된 것이라고 한 뒤 독일의 해석론을 원용하여 다음과 같이 해석할 것이라고 한다. 제401조는 채권자지체가 발생한 후 급부목적물이 멸실·훼손된 경우, 좀 더 범위를 넓혀서 말한다면「일부 또는 전부의 이행불능」이 발생한 경우에 채무자에게 어떠한 사유가 있어야 그에게 책임을 부담시킬 수 있는가에 관한 것이라고 한다($^{양창수, 민법}_{연구(1), 365면}$). 그에 비하여 제461조는 변제의 제공이 있는 때부터는 채무자가「이행지체」에 빠지지 않는다는 것, 즉 지체책임을 지지 않는다는 의미라고 한다($^{양창수, 민법}_{연구(1), 366면}$). 따라서 가령 불완전이행($^{사견으로는 불완전급부와}_{「기타의 행위의무」위반}$)에는 제401조도, 제461조도 적용되지 않는다고 한다.

이와 같은 주장은 적절한 것이라고 생각된다.

(2) 채무자의 이자의 지급 정지

채무자는 채권자지체 중에는 채권이 이자 있는 것일지라도 이자를 지급할 의무가 없다($^{402}_{조}$).

(3) 증가비용의 채권자부담

채권자지체로 인하여 그 목적물의 보관 또는 변제의 비용이 증가된 때에는 그 증가액은 채권자가 부담한다($^{403}_{조}$). 채권의 목적물을 채무자 스스로 보관하지 않고 창고업자 등 제 3 자에게 맡겨 보관하고 있는 경우에 채권자지체로 인하여 창고사용료나 그 밖의 임치비용이 증가한 경우는 보관비용이 증가된 경우에 해당한다. 그리고 채권자지체 중에 물건의 운임이 인상된 경우의 그 인상분, 도급계약에서 재료비나 인건비가 인상된 경우의 그 인상분, 채권자에 대한 최고·통지 등에 든 비용은 변제비용이 증가된 경우에 해당한다($^{주해(9), 739}_{면(이은영)}$).

(4) 쌍무계약에 있어서의 위험이전

쌍무계약의 당사자 일방의 채무가 채권자지체 중에 당사자 쌍방의 책임없는 사유로 이행할 수 없게 된 때에는 채권자가 위험을 부담하게 된다($^{538조 1항 2문. 이행}_{제공에 관한 대판}$ $^{2004. 3. 12, 2001다79013}_{에 유의. [114] 참조}$). 이는 쌍무계약의 당사자 일방의 채무가 채권자지체가 아닌 때에 쌍방의 책임없는 사유로 이행할 수 없게 된 때에 채무자가 위험을 부담하게 되는 것($^{537}_{조}$)과 다른 점이다.

〈판   례〉

수급인이 도급인에게 공사금을 지급하고 기성부분을 인도받아가라고 최고하였다면 수급인은 이로써 자기 의무의 이행 제공을 하였다고 볼 수 있는데 도급인이 아무런 이유 없이 수령을 거절하던 중 쌍방이 책임질 수 없는 제 3 자의 행위로 기성부분이 철거되었다면 도급인의 수급인에 대한 공사대금지급채무는 여전히 남아 있다 $\binom{\text{대판 1993. 3. 26,}}{\text{91다14116}}$.

(5) 공 탁 권

[116]

채권자지체책임을 법정책임으로 이해하면 채권자지체의 요건은 공탁의 요건과 같게 된다. 그 결과로 채권자지체가 있는 때에는 변제자는 채권자를 위하여 변제의 목적물을 공탁하여 그 채무를 면할 수 있다$\binom{\text{487조}}{\text{1문}}$. 그리고 변제의 목적물이 공탁에 적당하지 않거나 멸실 또는 훼손될 염려가 있거나 공탁에 과다한 비용을 요하는 경우에는 변제자는 법원의 허가를 얻어 그 물건을 경매하거나 시가(市價)로 방매(放賣)하여 대금을 공탁할 수 있다$\binom{\text{490}}{\text{조}}$.

(6) 손해배상청구권과 계약해제권이 인정되는지 여부

채권자지체를 채무불이행책임이라고 보는 견해$\binom{\text{전술한 iv)설도}}{\text{결과에서 같다}}$는 채권자지체의 경우에 채무자는 채권자지체로 생긴 손해의 배상을 청구할 수 있고, 또 일정한 요건 하에$\binom{\text{544조·545조·546}}{\text{조를 유추적용함}}$ 계약을 해제할 수 있다고 한다$\binom{\text{곽윤직,}}{\text{98면 등}}$. 그러나 채권자지체책임은 법정책임으로 보아야 하며, 따라서 채권자지체의 효과로 규정되어 있지 않은 손해배상청구권이나 계약해제권은 인정되지 않는다. 한편 쌍무계약에 있어서 채권자지체에 빠진 채권자가 자신의 채무에 관하여 이행지체 상태에 있는 경우에 채무자가 채권자의 이행지체를 이유로 해제할 수는 있는데, 이는 이행지체의 효과로서 인정되는 것으로서 채권자지체와는 별개의 문제이다.

판례는 최근에 다음과 같이 판시하였다. 민법 제400조 내지 제403조, 제538조 제 1 항의 규정 내용과 체계에 비추어 보면, 「채권자지체가 성립하는 경우 그 효과로서 원칙적으로 채권자에게 민법 규정에 따른 일정한 책임이 인정되는 것 외에, 채무자가 채권자에 대하여 일반적인 채무불이행책임과 마찬가지로 손해배상이나 계약 해제를 주장할 수는 없다. 그러나 계약 당사자가 명시적·묵시적으로 채권자에게 급부를 수령할 의무 또는 채무자의 급부 이행에 협력할 의무가 있다고 약정한 경우, 또는 구체적 사안에서 신의칙상 채권자에게 위와 같은 수령의무나 협력의무가 있다고 볼 특별한 사정이 있다고 인정되는 경우에는 그러한 의무 위반에 대한 책임이 발생할 수 있다. … 이와 같이 채권자에게 계약상 의무로서 수령의무나 협력의무가 인정되는 경우, 그 수령의무나 협력의무가 이행되지 않으면 계약 목적을 달성할 수 없거나 채무자에게 계약의 유지를 더 이상 기대할 수 없다고 볼 수 있는 때에는 채무자는 수령의무나 협력의무 위반을 이유로 계약을 해제할 수 있다」($\binom{대판 2021. 10. 28, 2019다}{293036[핵심판례 236면]}$).

V. 채권자지체의 종료

(1) 채권의 소멸

채권자지체 중에 채무의 변제·변제의 수령·공탁 등으로 채권이 소멸하면 채권자지체도 소멸한다.

(2) 채권자지체의 면제

채무자가 채권자에게 채권자지체를 면제한 경우에는 채권자지체는 종료한다. 이 지체의 면제는 채무의 면제($\binom{506}{조}$)와 마찬가지로 채무자가 일방적 의사표시로 할 수 있다고 해석한다($\binom{곽윤직,}{99면}$).

(3) 채무불이행의 발생

채권자지체 중에 채무자의 이행이 불능으로 되면 채권자지체는 종료한다. 채무자에게 유책사유($\binom{고의 \cdot}{중과실}$)가 있는지를 묻지 않는다($\binom{같은 취지: 이}{은영, 413면}$).

(4) 수령하겠다는 통지

채권자가 수령에 필요한 준비를 하고 또한 지체 중의 모든 효과를 승인하여 수령하겠다는 통지($\binom{문헌들은 수령의 「의사표시」라고 하나, 이}{것은 의사의 통지일 뿐 의사표시가 아니다}$)를 한 때에도 채권자지체는 종료한다($\binom{통설도 같음. 그러나 김학동, 179면은 이행할 수 있}{는 상당한 기간이 경과한 후에 종료한다고 새긴다}$).

제 5 장   책임재산의 보전

제 1 절   서   설

I. 서   설 [117]

채권 가운데에는 처음부터 금전급부를 목적으로 하는 것(금전채권)도 많다. 그러나 그러한 채권이 아니라고 하더라도 채무자의 채무불이행이 있으면 — 이행이 불가능한 경우는 물론이고 이행이 가능한 경우에도 채권자가 본래의 채무의 이행을 원하지 않을 때$\binom{395조}{참조}$에는 — 채권은 그 전부가 손해배상청구권으로 변하게 되고$\binom{\text{본래의 채무의 이행을 원하는 때}}{\text{에는 손해배상청구권이 병존함}}$, 결국 채권자는 금전으로 손해배상을 받게 된다 $\binom{394}{조}$. 그런데 금전채권의 실현을 위한 금전은 채무자의 일반재산에 의하여 확보된다. 그러므로 채무자의 일반재산은 채권에 대한 최후의 보장이라고 할 수 있다 $\binom{\text{강제집행}}{\text{가능}}$. 이와 같이 채무자의 일반재산이 최후에 책임을 진다는 의미에서 그 재산을 책임재산이라고 한다.

채무자의 책임재산은 특정한 채권만을 담보하는 것은 아니고 모든 채권자를 위한 공동담보로 된다. 그렇지만 채무자의 책임재산이 감소하게 되면 채권을 변제받을 가능성은 그만큼 줄어들게 된다. 따라서 변제받을 가능성을 크게 하려면 채무자의 재산이 감소되지 않게 하여야 할 것이다. 그렇다고 하여 채무자의 재산 감소행위를 모두 금지할 수는 없다. 왜냐하면 채권은 채무자의 재산을 직접 지배하는 권리가 아니기 때문이다. 여기서 민법은 채무자가 그의 권리의 실행을 게을리함으로써 그의 재산을 감소하게 하거나 또는 제 3 자와 공모하여 고의로 재산의 감소를 꾀하는 경우에만 채권자로 하여금 간섭할 수 있게 한다. 전자가 채권자대위권 제도이고, 후자가 채권자취소권 제도이다. 이들은 모두 채무자의 책임재산을 보전하기 위한 것이다.

제 2 절　채 권 자 대 위 권

[118]　Ⅰ. 채권자대위권의 의의 및 성질

1. 의　　의

　　채권자대위권이란 채권자가 자기의 채권을 보전(保全)하기 위하여 그의 채무자에게 속하는 권리를 행사할 수 있는 권리이다($^{404조 1}_{항 본문}$). A가 B에 대하여 200만원의 금전채권을 가지고 있고 B가 C에 대하여 100만원의 금전채권을 가지고 있는 경우에, A가 자신의 채무자인 B가 제 3 자(제 3 채무자) C에 대하여 가지고 있는 100만원의 금전채권을 행사하는 것이 그 예이다.

　　채권자대위권 제도는 프랑스민법상의 간접소권 제도를 본받은 것이다($^{같은 법}_{1166조}$). 프랑스의 이 제도는 강제집행제도가 미비한 프랑스($^{추심명령 제}_{도가 없음}$)에서 그것을 보완해 온 것으로 여겨진다. 그러므로 집행제도가 완비된 독일·스위스 등에서는 채권자대위권 제도가 인정되지 않는다. 우리의 강제집행법은 독일을 본받아 강제집행절차를 비교적 완비해 두고 있다. 그럼에도 불구하고 의용민법의 영향으로 채권자대위권 제도가 두어졌는데, 그 제도는 의용민법 하에서부터 법원실무에 있어서 특별한 모습($^{뒤에 보는 특정채권}_{의 보전을 위한 대위}$)으로 매우 중요한 기능을 하고 있다.

　　채권자대위권 제도의 기능으로는 세 가지를 들 수 있다. 첫째로 강제집행의 준비로서 작용을 할 수 있다. 강제집행을 하려면 집행권원이 필요하고 절차가 복잡하다. 그런데 대위권은 요건·절차가 간단하다. 따라서 급속을 요하는 경우에는 먼저 대위권을 행사하고 뒤에 집행을 할 수 있다. 둘째로 강제집행($^{강제집행은}_{청구권만 할}$ $^{수}_{있음}$)을 할 수 없는 권리도 행사할 수 있게 한다. 예컨대 취소권·해제권·환매권도 대위할 수 있다. 또한 채무자의 권리에 대한 보존행위도 할 수 있다. 가령 채무자의 채권이 시효에 걸려 소멸하려고 하는 경우에 채권자가 채무자의 권리를 대위행사하여 시효를 중단시킬 수 있는 것이다. 셋째로 특정채권($^{특정물채}_{권이 아님}$)의 보전을 위하여 이용되어 오고 있다. 이는 의용민법 하에서부터 판례에 의하여 인정된 것인데, 실제에 있어서는 이것이 가장 중요한 작용을 하고 있다.

2. 성   질

채권자대위권의 성질에 관하여 학설은 크게 둘로 나뉘어 있다. 하나는 i) 소송법상의 권리가 아니고 실체법상의 권리이며, 구체적으로는 일종의 법정재산관리권이라고 하는 견해이고(곽윤직, 128면; 김대정, 195면; 김상용, 221면; 김학동, 181면; 이은영, 423면; 장경학, 278면; 주해(9), 749면(김능환); 주석 채권총칙(1), 715면(이상경); 지원림, 1120면. 김용한, 232면; 김주수, 216면은 유사하게 「광의의 관리권」이라고 한다), 나머지 하나는 ii) 일종의 포괄적 담보권과 사적인 실행방법의 복합적인 성질을 가진 것이라는 견해(김형배, 349면)이다. 생각건대 ii)설이 말하는 포괄적 담보권이 무엇인지도 문제이거니와 우리 법상 그러한 권리가 인정될 수 있는지 의문이다. i)설에 찬성한다.

Ⅱ. 채권자대위권의 요건

[119]

1. 채권자가 자기의 채권을 보전할 필요가 있을 것

채권자대위권이 성립하려면 채권자가 자기의 채권을 보전할 필요가 있어야 한다(404조 1항 본문). 따라서 우선 채권자의 채권이 존재하여야 하고, 그 채권의 보전 필요성이 있어야 한다.

(1) 채권자의 채권(피보전채권)의 존재

채권자에게 보전할 채권이 존재하여야 한다. 민법은 「채권」이라고 규정하고 있으나, 학설·판례는 채권에 한정하지 않고 넓게 인정한다. 학설은 i) 널리 청구권을 의미한다고 하는 견해가 다수설이나(대표적으로 곽윤직, 132면), ii) 청구권의 성질에 비추어 개별적으로 판단하여야 한다는 소수설도 있다(김상용, 222면; 이은영, 428면). 그리고 판례에 의하면, 물권적 청구권(대판 2007. 5. 10, 2006다82700·82717: 건물에 관한 철거청구권에 대하여 인정), 토지거래허가 신청절차의 협력의무의 이행청구권(대판 1995. 9. 5, 95다22917; 대판 2013. 5. 23, 2010다50014), 수임인이 위임인에 대하여 가지는 자기에 갈음하여 변제하게 할 수 있는 권리(688조 2항 전단의 대변제청구권(代辨濟請求權))는 피보전채권이 될 수 있으나(대판 2002. 1. 25, 2001다52506), 이혼으로 인한 재산분할청구권은 협의 또는 심판에 의하여 그 구체적 내용이 형성되기 전에는 피보전채권이 될 수 없다고 한다(대판 1999. 4. 9, 98다58016). 생각건대 여기의 「채권」은 좁게 새기지 않는 것이 타당하다. 그런데 채권을 넓게 해석한다고 하여 모든 청구권이나 채권이 피보전채권으로 될 수는 없다. 그것들은 대위를 위하여 보전하는 데 적합한 것이어야 한다. 그러나 이는 학설들과 판례 모두가 취하고 있는 태도일 것이다. 그러고 보면 실질적으로는 견해가 일치하고 있다고 할 것이다. 다만, 보전에의 적합성을 강조하는 점에서 ii)설이 더 고무적이기는 하다.

보전되는 채권의 발생원인은 묻지 않으며, 그것이 제 3 채무자에게 대항할수 있는 것일 필요도 없다(대판 1988. 2. 23, 87다카961; 대판 2003. 4. 11, 2003다1250 등 다수의 판결). 그리고 대위할 권리보다 먼저 성립하고 있지 않아도 무방하다. 그러나 채권이 저당권 등의 특별담보로 보전되어 있는 경우에 관하여는 담보로부터 완전한 변제를 받기 어려운 때에만 대위할 수 있다고 하여야 한다(같은 취지: 김상용, 222면; 이은영, 429면. 곽윤직, 132면은 언제나 대위를 인정함).

채권자대위소송에서 대위에 의하여 보전될 채권자의 채무자에 대한 권리(피보전채권)가 존재하는지 여부는 소송요건으로서 법원의 직권조사사항이므로, 법원으로서는 그 판단의 기초자료인 사실과 증거를 직권으로 탐지할 의무까지는 없다 하더라도, 법원에 현출된 모든 소송자료를 통하여 살펴보아 피보전채권의 존부에 관하여 의심할 만한 사정이 발견되면 직권으로 추가적인 심리·조사를 통하여 그 존재 여부를 확인하여야 할 의무가 있다(대판 2009. 4. 23, 2009다3234).

판례에 따르면, 채권자대위권을 행사함에 있어서 채권자가 채무자를 상대로 하여 그 보전되는 청구권에 기한 이행청구의 소를 제기하여 승소판결을 선고받고 그 판결이 확정되면 제 3 채무자는 그 청구권의 존재를 다툴 수 없다고 한다(대판 1988. 2. 23, 87다카961; 대판 1998. 3. 27, 96다10522; 대판 2007. 5. 10, 2006다82700·82717. 같은 취지: 대판 2015. 9. 24, 2014다74919; 대판 2019. 1. 31, 2017다228618). 그런데 판례는, 그 청구권의 취득이, 채권자로 하여금 채무자를 대신하여 소송행위를 하게 하는 것을 주목적으로 이루어진 경우와 같이, 강행법규에 위반되어 무효라고 볼 수 있는 경우 등에는 그 확정판결에도 불구하고 채권자대위소송의 제 3 채무자에 대한 관계에서는 피보전권리가 존재하지 않는다고 보아야 하며, 이는 그 확정판결 또는 그와 같은 효력이 있는 재판상 화해조서 등이 재심이나 준재심으로 취소되지 않아 채권자와 채무자 사이에서는 그 판결이나 화해가 무효라는 주장을 할 수 없는 경우라 하더라도 마찬가지라고 한다(대판 2019. 1. 31, 2017다228618).

채권자대위소송에서 채권자의 보전할 채권이 인정되지 않거나 채무자에 대한 소에서 패소한 경우에는, 채권자가 스스로 원고가 되어 채무자의 제 3 채무자에 대한 권리를 행사할 당사자적격이 없게 되므로, 그 대위소송은 부적법하여 각하할 수밖에 없다(대판 1988. 6. 14, 87다카2753; 대판 1990. 12. 11, 88다카4727; 대판 1993. 2. 12, 92다25151(패소의 경우); 대판 1994. 11. 8, 94다31549; 대판 2003. 5. 13, 2002다64148 등 다수의 판결).

따라서 채권자가 채권자대위소송을 제기한 경우, 제 3 채무자는 채무자가 채권자에 대하여 가지는 항변권이나 형성권 등과 같이 그 권리자에 의한 행사를 필요로 하는 사유를 들어 채권자의 채무자에 대한 권리가 인정되는지 여부를 다툴 수 없지만, 채권자의 채무자에 대한 권리의 발생원인이 된 법률행위가 무효라거나 위 권리가 변제 등으로 소멸하였다는 등의 사실을 주장하여 채권자의 채무자에 대한 권리가 인정되는지 여부를 다투는 것은 가능하고, 이 경우 법원은 제 3 채무자의 위와 같은 주장을 고려하여 채권자의 채무자에 대한 권리가 인정되는지 여부에 관하여 직권으로 심리·판단하여야 한다(대판 2015. 9. 10, 2013다55300). 한편 판례는, 피대위자인 채무자가 실존인물이 아니거나 사망한 사람인 경우도 피보전채권인 채권자의 채무자에 대한 권리를 인정할 수 없는 경우에 해당하므로 그러한 채권자대위소송은 당사자적격이 없어 부적법하다고 한다(대판 2021. 7. 21, 2020다300893).

〈판   례〉

㈀「민법 제404조에서 규정하고 있는 채권자대위권은 채권자가 채무자에 대한 자기의 채권을 보전하기 위하여 필요한 경우에 채무자의 제 3 자에 대한 권리를 대위행사할 수 있는 권리를 말하는 것으로서, 이때 보전되는 채권은 보전의 필요성이 인정되고 이행기가 도래한 것이면 족하고, 그 채권의 발생원인이 어떠하든 대위권을 행사함에는 아무런 방해가 되지 아니하며, 또한 채무자에 대한 채권이 제 3 채무자에게까지 대항할 수 있는 것임을 요하는 것도 아니라고 할 것이므로, 채권자대위권을 재판상 행사하는 경우에 있어서도 채권자인 원고는 그 채권의 존재사실 및 보전의 필요성, 기한의 도래 등을 입증하면 족한 것이지, 채권의 발생원인사실 또는 그 채권이 제 3 채무자인 피고에게 대항할 수 있는 채권이라는 사실까지 입증할 필요는 없으며, 따라서 채권자가 채무자를 상대로 하여 그 보전되는 청구권에 기한 이행청구의 소를 제기하여 승소판결이 확정되면 제 3 채무자는 그 청구권의 존재를 다툴 수 없다 할 것이다.」(대판 2003. 4. 11, 2003다1250. 같은 취지: 대판 2000. 6. 9, 98다18155; 대판 2010. 11. 11, 2010다43597)

㈁「채권자대위소송에서 피대위자인 채무자의 특정이 필요한 사항이기는 하나, 이는 피보전채권과 대위행사할 채권의 존부를 판단하고, 판결의 효력이 미칠 주관적 범위와 집행력이 미치는 범위를 정하며 채무자 본인이 제기할 소송이 중복소송에 해당하는지 여부를 판단하기 위하여 요구되는 것이므로, 채무자가 제대로 특정되었는지 여부는, 당해 채권자대위소송의 소송물이 갖는 성격과 채무자 특정의 난이도 및 소송과정에서 드러난 사안의 특성 등에 비추어, 그 특정한 정도가 위에서 든 목적들을 달성하는 데 충분한지 검토한 후 그 결과에 따라 구체적·개별적으로 결정하면 될 일이지 반드시 모든 경우에 일률적으로 채무자 개개인의 인적 사항을 통상의 소송당

사자와 같은 정도로 상세히 특정하여야 하는 것은 아니다.」$\binom{\text{대판 2004. 11. 26,}}{2004다40986}$

[120] **(2) 채권보전의 필요성**

민법은 명문으로 채권보전의 필요성을 요구하고 있다$\binom{404조\ 1}{항\ 본문}$. 그런데 어떤 경우에 그것이 인정되는지가 문제이다.

1) 판　　례　　판례는 이 요건과 관련하여 보전하려는 채권이 금전채권인 경우와 금전채권이 아닌 채권, 특히 특정채권인 경우를 다르게 다루어 오고 있다.

⑺ 피보전채권이 금전채권인 경우　　판례에 의하면, 보전하려는 채권 즉 피보전채권이 금전채권이거나 금전채권이 아니더라도 손해배상채권으로 귀착할 수밖에 없는 것인 때에는,「채무자가 무자력하여 그 일반재산이 감소되는 것을 방지할 필요가 있는 경우」에 보전의 필요성이 인정된다고 한다$\binom{\text{대판 1963. 4. 25, 63다122; 대}}{\text{판 1969. 7. 29, 69다835; 대}}$ 판 1969. 11. 25, 69다1665. 대판 1968. 1. 23, $\binom{}{67다2440도\ 참조(손해배상청구권)}$. 그리하여 단순히 채무자가 채무이행의 의사가 없는 것만으로는 대위권을 행사할 수 없다고 한다. 그리고 채권의 보전이 필요한지 여부는 사실심의 변론종결 당시를 표준으로 하여 판단하여야 하며, 그러한 요건의 존재사실은 채권자가 주장·증명하여야 할 것이라고 한다$\binom{\text{대판 1976. 7. 13,}}{75다1086}$.

그런데 판례는 다른 한편으로 피보전채권이 금전채권임에도 불구하고 일정한 경우에는 채무자의 무자력을 요구하지 않고 있다. 구체적으로는, 타인의 건물에서 유실물을 실제로 습득한 자가 법률상의 습득자$\binom{\text{건물 등의 점유자.}}{\text{유실물법 10조 2항}}$를 대위하여 보상금의 반액을 청구하는 경우$\binom{\text{이때는 법률상의 습득자만이 보상금청구권을 가지}}{\text{며, 보상금은 반씩 나누게 된다. 유실물법 10조 3항}}\binom{\text{대판 1968. 6. 18,}}{68다663}$, 채권자가 채무자(상속인)를 대위하여 상속등기를 하는 경우$\binom{\text{대결 1964. 4. 3,}}{63마54}$, 의료인이 그의 치료비청구권을 보전하기 위하여 채무자인 환자가 국가에 대하여 가지고 있는 국가배상청구권(치료비청구권)을 대위행사하는 경우$\binom{\text{대판 1981. 6. 23,}}{80다1351}$, 임대차보증금 반환채권을 양수한 채권자가 그 이행을 청구하기 위하여 임차인의 가옥인도가 선이행되어야 할 필요가 있어서 임대인을 대위하여 임차인에게 가옥을 임대인에게 인도하라고 하는 경우$\binom{\text{대판 1989. 4. 25,}}{88다카4253·4260}$, 수임인이 위임인에 대하여 가지는 대변제청구권(代辨濟請求權)$\binom{688조\ 2}{항\ 전단}$을 보전하기 위하여 채무자인 위임인의 채권을 대위행사하는 경우$\binom{\text{대판 2002. 1. 25,}}{2001다52506}$, 명의신탁자가 명의수탁자의 상속인에 대하여 ─ 명의신탁 해지를 원인으로 한 소유권이전등기 청구권의 이행불능을 이유로 ─ 가지고 있는 제747조의 가액배상청구권을 보전하기 위하여 그 상속인이 자신의 상속지분에 관한 원상회복이 불가능함으로 인하여 제 3 자에 대하여 가지고 있는 가액배상청구권을 대위행사하는 경우($\frac{대판\ 2006.\ 1.\ 27,}{2005다39013}$)에 관하여, 채무자의 무자력이 요건이 아니라고 한다. 판례는 이러한 예외적인 경우에는 채권보전의 필요성을 뒤에 보는 특정채권의 경우와 동일하게 이해하고 있는 듯하다($\frac{대판\ 2006.}{1.\ 27,}$ $\frac{2005다}{39013}$). 그런가 하면 분양계약을 해제한 수분양자 갑이 분양대금 반환채권(금전채권)을 보전하기 위해 분양자인 을 주식회사를 대위하여 그로부터 분양수입금 등의 자금관리를 위탁받은 수탁자인 병 주식회사를 상대로 사업비 지출 요청권을 행사한 사안에서, 채권보전의 필요성을 특정채권의 경우와 똑같이 설명한 뒤, 을 회사가 무자력이라고 할 수 없어 보전의 필요성이 인정되지 않는다고 한 원심이 잘못이 있다고 하면서 대위행사가 인정된다고 한다($\frac{대판\ 2014.\ 12.\ 11,}{2013다71784}$).

대법원은 최근에 전원합의체 판결로,「보전의 필요성은 채권자가 보전하려는 권리의 내용, 채권자가 보전하려는 권리가 금전채권인 경우 채무자의 자력 유무, 채권자가 보전하려는 권리와 대위하여 행사하려는 권리의 관련성 등을 종합적으로 고려하여 채권자가 채무자의 권리를 대위하여 행사하지 않으면 자기 채권의 완전한 만족을 얻을 수 없게 될 위험이 있어 채무자의 권리를 대위하여 행사하는 것이 자기 채권의 현실적 이행을 유효·적절하게 확보하기 위하여 필요한지 여부를 기준으로 판단하여야 하고, 채권자대위권의 행사가 채무자의 자유로운 재산관리행위에 대한 부당한 간섭이 되는 등 특별한 사정이 있는 경우에는 보전의 필요성을 인정할 수 없다」고 하였다($\frac{대판(전원)\ 2020.\ 5.\ 21,}{2018다879[핵심판례\ 242면]}$)($\frac{이는\ 대법원이\ 보전의\ 필요성}{을\ 피보전채권이\ 금전채권인}$ $\frac{가\ 특정채권인가를\ 묻지\ 않고\ 공통적으}{로\ 적용되도록\ 종합한\ 것으로\ 보인다}$). 그러면서 채권자가 자신의 금전채권을 보전하기 위하여 채무자를 대위하여 부동산에 관한 공유물분할청구권을 행사하는 것은, 책임재산의 보전과 직접적인 관련이 없어 채권의 현실적 이행을 유효·적절하게 확보하기 위하여 필요하다고 보기 어렵고 채무자의 자유로운 재산관리행위에 대한 부당한 간섭이 되므로 보전의 필요성을 인정할 수 없고, 특정 분할 방법을 전제하고 있지 않은 공유물분할청구권의 성격 등에 비추어 볼 때 그 대위행사를 허용하면 여러 법적 문제들이 발생하며, 따라서 극히 예외적인 경우가 아니라면 금전채권자는 부동산에 관한 공유물분할청구권을 대위행사할 수 없다고 한다($\frac{대판}{(전원)}$ $\frac{2020.\ 5.\ 21,\ 2018다}{879[핵심판례\ 242면]}$). 그리고 이는 채무자의 공유지분이 다른 공유자들의 공유지분과 함께 근저당권을 공동으로 담보하고 있고, 근저당권의 피담보채권이 채무자의 공유지분 가치를 초과하여 채무자의 공유지분만을 경매하면 남을 가망이 없어 민사집행법 제102조에 따라 경매절차가 취소될 수밖에 없는 반면, 공유물분할의 방법으로 공유부동산 전부를 경매하면 민법 제368조 제 1 항에 따라 각 공유지분의 경매대가에 비례해서 공동근저당권의 피담보채권을 분담하게 되어 채무자의 공유지분 경매대가에서 근저당권의 피담보채권 분담액을 변제하고 남을 가망이 있는 경우에도 마찬가지라고 한다(대판(전원) 2020. 5. 21, 2018다879[핵심판례 242면]. 이러한 다수의견에 대하여 공유물분할청구권의 대위행사를 허용해야 한다는 반대의견이 있음).

그런가 하면, 대법원은 보전의 필요성에 관한 위 전원합의체 판결(대판(전원) 2020. 5. 21, 2018 다879)의 법리를 다시 확인한 뒤, 그 법리에 따르면, 보전의 필요성이 인정되기 위하여는 우선 적극적 요건으로서 채권자가 채권자대위권을 행사하지 않으면 피보전채권의 완전한 만족을 얻을 수 없게 될 위험의 존재가 인정되어야 하고, 나아가 채권자대위권을 행사하는 것이 그러한 위험을 제거하여 피보전채권의 현실적 이행을 유효·적절하게 확보하여 주어야 하며, 다음으로 소극적 요건으로서 채권자대위권의 행사가 채무자의 자유로운 재산관리행위에 대한 부당한 간섭이 된다는 사정이 없어야 한다고 하였다(대판(전원) 2022. 8. 25, 2019 다229202[핵심판례 244면]). 그리고 이러한 적극적 요건과 소극적 요건은 채권자가 보전하려는 권리의 내용, 보전하려는 권리가 금전채권인 경우 채무자의 자력 유무, 피보전채권과 채권자가 대위행사하는 채무자의 권리와의 관련성 등을 종합적으로 고려하여 그 인정 여부를 판단할 것이라고 하였다(대판(전원) 2022. 8. 25, 2019 다229202[핵심판례 244면]). 그러면서 피보험자가 임의 비급여 진료행위(이는 요양기관이 요양급여대상으로 규정되어 있거나 요양급여대상·비급여대상 어느 것으로도 규정되어 있지 않은 진료행위 등을 하고 임의로 비급여인 것처럼 수진자에게 진료비를 부담시키는 것이며, 그러한 진료행위는 원칙적으로 무효임)에 따라 요양기관에 진료비를 지급한 다음 실손의료보험계약상의 보험자에게 청구하여 그 진료비와 관련한 보험금을 지급받았는데, 그 진료행위가 위법한 임의 비급여 진료행위로서 무효이고, 동시에 보험자와 피보험자가 체결한 실손의료보험계약상 그 진료행위가 보험금 지급사유에 해당하지 않아 보험자가 피보험자에 대하여 보험금 상당의 부당이득 반환채권을 갖게 된 경우, 채권자인 보험자가 금전채권인 부당이득 반환채권을 보전하기 위하여 채무자인 피보험자를 대위하여 제 3 채무자인 요양기관을 상대로 진료비 상당의 부당이득 반환채권을 행사하는 형태의 채권자대위소송에서 채무자가 자력이 있는 때에는 보전의 필요성이 인정된다고 볼 수 없다고 하였다(대판(전원) 2022. 8. 25, 2019다229202[핵심판례 244면]. 소수의견은 보전 필요성을 인정하자고 함). 이 판결은 피보전채권이 금전채권인 경우 채무자가 무자력이 아닌 때에는 채권 보전의 필요성 인정을 매우 까다롭게 한 것이다.

(나) **피보전채권이 특정채권인 경우**   판례에 의하면, 보전하려는 채권이 특   [121]
정의 채권(금전채권이 아닌 채권, 특히 특정
채권. 특정물채권이 아님을 주의)인 때에는 일정한 요건이 구비되어 있는 한 채무
자의 무자력은 그 요건이 아니라고 한다. 구비하여야 할 요건은 「채권자가 보전
하려는 권리와 대위하여 행사하려는 채무자의 권리가 밀접하게 관련되어 있고
채권자가 채무자의 권리를 대위하여 행사하지 않으면 자기 채권의 완전한 만족
을 얻을 수 없게 될 위험이 있어 채무자의 권리를 대위하여 행사하는 것이 자기
채권의 현실적 이행을 유효·적절하게 확보하기 위하여 필요한 경우」이어야 한
다(대판 2001. 5. 8, 99다38699; 대판 2007. 5. 10, 2006
다82700·82717; 대판 2013. 5. 23, 2010다50014). 다만, 채권자대위권의 행사가 채무자의 자
유로운 재산관리행위에 대한 부당한 간섭이 된다는 등의 특별한 사정이 있는 경
우에는 보전의 필요성을 인정할 수 없다고 한다(대판 2001. 5. 8, 99다38699; 대판 2007. 5. 10, 2006
다82700·82717; 대판 2013. 5. 23, 2010다50014).
그리고 이러한 요건이 갖추어져 있는 한 등기청구권이나 임차인의 인도청구권
(판례는 이를 「명도청
구권」이라고 표현함) 등의 보전을 위한 경우에만 대위권이 인정되는 것은 아니라고 한
다(대판 2001. 5. 8,
99다38699). 그러면서 물권적 청구권에 대하여도 제404조의 규정과 위와 같
은 법리가 적용될 수 있다고 한다(대판 2007. 5. 10,
2006다82700·82717). 주의할 것은, 특정채권의 보전
을 위하여 대위행사가 인정되는 권리는 그 특정채권의 보전을 위한 것에 한정된
다는 점이다(대판 1993. 4. 23,
93다289). 어떤 권리든 자유롭게 대위행사될 수 있는 것은 아니
다. 그러므로 특정채권의 보전을 위한 경우는 피보전채권과 대위되는 권리를 함
께 고찰하여야 한다.

판례가 특정채권의 보전을 위하여 채무자의 자력과 관계없이 대위행사를 인
정하는 경우들을 구체적으로 살펴보기로 한다.

(a) 등기청구권을 보전하기 위하여 등기청구권을 대위행사하는 경우   채
권자가 자신의 등기청구권을 보전하기 위하여 채무자의 등기청구권·환매권 등
을 대위행사할 수 있다고 한다(등기청구권만을 대위행사할
수 있는 것이 아님을 주의). 즉 판례에 의하면, 부동산소
유권이 전전양도(매도·교환 등)된 경우에 최후의 양수인은 중간취득자를 대위하
여 최초의 양도인에 대하여 중간취득자 앞으로 이전등기를 할 것을 청구할 수 있
고(대판 1969. 10. 28,
69다1351), 환매로 인하여 취득하게 되는 토지를 매수한 자는 매도인의 환
매권을 대위행사할 수 있다(대판 1992. 10. 27,
91다483).

그런가 하면 채무자가 행사하여야 할 올바르지 못한 등기의 말소청구권도

대위할 수 있다. 즉 매도한 부동산을 제3자에게 증여하거나 양도한 것이 반사회질서행위에 해당하는 경우에 매수인은 매도인을 대위하여 수증자 또는 양수인 명의의 등기의 말소를 청구할 수 있으며($\substack{\text{대판 1980. 5. 27, 80다565;} \\ \text{대판 1983. 4. 26, 83다카57}}$), 채무담보의 목적으로 채권자 앞으로 소유권이전등기를 해 준 자는 장차 원리금을 변제하고 그 등기의 말소를 청구할 수 있으므로 그것을 보전하기 위하여 채권자($\substack{\text{등기청구권에 대} \\ \text{하여는 채무자임}}$)가 제3자에게 행한 소유권이전등기가 무효인 경우 그 채권자를 대위하여 제3자 명의의 등기의 말소를 청구할 수 있다($\substack{\text{대판 1970. 7. 24, 70다805;} \\ \text{대판 1988. 1. 19, 85다카1792}}$). 그리고 명의신탁자는 명의신탁의 해지 없이도 그 채권을 보전하기 위하여 수탁자가 가지고 있는 원인무효의 소유권이전등기 말소청구권을 대위행사할 수 있고($\substack{\text{대판 1965. 11. 23, 65다1669; 대판} \\ \text{1989. 3. 14, 88다카10890; 대판} \\ \text{1993. 5. 11, 92다} \\ \text{52870 등 다수의 판결}}$), 취득시효 완성자가 취득시효 완성으로 인한 등기를 하기 전에 제3자 명의로 원인무효의 등기가 된 경우에는 취득시효 완성자는 취득시효 완성 당시의 소유자가 가지는 등기말소청구권을 대위행사할 수 있으며($\substack{\text{대판 1990. 11. 27,} \\ \text{90다6651}}$)($\substack{\text{그런데 취득시효 완성자의 공동상속인이 채무자의 제3채무자에 대한 소유권이전등기의 말소등기청구권을 대위행사하는} \\ \text{경우에는, 그 공동상속인은 자신의 지분 범위 내에서만 말소등기청구권을 대위행사할 수 있고, 그 지분을 초과하는 부분에} \\ \text{관하여는 채무자를 대위할 보전의 필요성이 없다. 대판} \\ \text{2010. 11. 11, 2010다43597; 대판 2014. 10. 27, 2013다25217}}$), 매도인이 부동산을 매도한 후 등기이전을 하기 전에 제3자에 대한 채무담보의 목적으로 이전등기를 한 경우에 매수인은 매도인의 제3자에 대한 채무를 변제한 뒤 매도인을 대위하여 제3자 명의의 소유권이전등기의 말소를 청구할 수 있다($\substack{\text{대판 1971. 10. 22,} \\ \text{71다1888·1889}}$).

〈참 고〉

한편 판례는, 무자력한 채무자가 그의 유일한 재산인 부동산을 매매를 가장하여 제3자에게 이전등기한 경우에 채권자가 채무자를 대위하여 그 등기의 말소를 청구할 수 있다는 견지에 있다($\substack{\text{대판 1989. 2. 28, 87다카1489 참조. 이 판결 사안은 채권자가 부} \\ \text{동산매수인과 같은 특정채권자가 아니고 금전채권자인 경우임}}$).

나아가 법정지상권자($\substack{\text{366조에 의한 법정지상권자 또} \\ \text{는 관습법상의 법정지상권자}}$)가 지상권의 등기 없이 그 소유건물을 양도한 경우에 건물양수인은 건물양도인을 대위하여 지상권설정등기($\substack{\text{및 이} \\ \text{전등기}}$)를 청구할 수 있다($\substack{\text{대판 1988. 9. 27, 87다카279;} \\ \text{대판 1989. 5. 9, 88다카15338}}$).

그러나 부동산소유자에 대하여 소유권이전등기 청구권을 가지고 있는 자라도 그가 등기를 하기 전에 제3자가 소유자를 상대로 소유권이전등기 절차이행의 확정판결을 받아 소유권이전등기를 한 경우에는, 그 확정판결이 당연무효이거나 재심의 소에 의하여 취소되지 않는 한, 소유자를 대위하여 등기의 원인무효를 이유로 등기의 말소를 청구할 수 없다(대판 1975. 8. 19, 74다2229; 대판 1996. 6. 25, 96다8666; 대판 1999. 2. 24, 97다46955). 이는 확정판결의 기판력에 저촉되기 때문이다.

(b) 임차권 등 사용청구권을 보전하기 위하여 방해배제청구권을 대위행사하는 경우   판례는 임차인과 같이 사용청구권을 가지는 자가 그의 권리를 보전하기 위하여 채무자(임대인 등)의 권리를 대위하는 것도 채무자의 자력 유무에 관계없이 인정하고 있다. 즉 판례에 의하면, 임차인은 임차권의 보전을 위하여 임대인의 반환청구권을 대위행사할 수 있고(대판 1962. 1. 25, 4294민상607; 대판 1964. 12. 29, 64다804), 지하도상가 내 각 점포의 사용청구권을 가지는 자는 상가의 소유자인 시(市)가 불법점유자들에 대하여 가지는 점포의 인도청구권을 대위행사할 수 있다(대판 1995. 5. 12, 93다59502). 그러나 임대인의 동의 없이 임차권이 양도된 경우에는, 특약이 없는 한 임차권의 양도를 가지고 임대인에게 대항할 수 없고(629조 1항), 따라서 양수인은 임대인의 권한을 대위행사할 수 없다(대판 1985. 2. 8, 84다카188).

(c) 기타의 경우   판례는 등기청구권이나 임차권 이외의 권리를 보전하 [122] 기 위하여서도 대위권을 행사하는 것을 인정한다. 판례에 의하면, 미등기 건물의 매수인은 매도인에 대하여 완전한 권리행사에의 협력을 요구할 수 있으므로 매도인을 대위하여 불법점유자에 대하여 인도청구를 할 수 있고(대판 1973. 7. 24, 73다 114; 대판 1980. 7. 8, 79다1928), 부동산의 매수인은 대위의 대상이 된 매도인(채무자)의 권리가 제 3 자로부터 방해를 받아 확정을 보지 못하고 있는 경우에는 매도인을 대위하여 제 3 자에 대하여 매도인의 권리의 확인과 그 방해의 제거를 구할 수 있다(대판 1976. 4. 27, 73다1306). 그리고 매수인이 매도인으로부터 구 국토이용관리법상의 규제구역(현행 「국토의 계획 및 이용에 관한 법률」 117조의 허가구역에 해당) 내에 있는 토지로서 등기부 등 관계공부가 멸실되어 토지대장상 소유자 미복구로 되어 있는 토지를 매수하였는데 후에 매도인이 사망한 경우에, 매수인은 매도인의 상속인들에 대한 토지거래허가 신청절차의 협력의무의 이행청구권을 보전하기 위하여 그 상속인들을 대위하여 그 토지가 그들의 소유라는 확인을 구할 수 있다(대판 1993. 3. 9, 92다56575). 또한 부동산의 명의신탁자는 수탁자를 대위하여 제 3 자의 침해에 대하여 그 배제를 구할 수 있으며(대판(전원) 1979. 9. 25, 77다1079), 도로공사에 대하여 특정 주유소에 자기의 상표를 표시하고 자기의 석유제품을 공급할 권리를 가지는 자는 그 권리를 보전하기 위하여 도로공사가 그 주유소에 대하여 가지는 권리를 대위할 수 있다(대판 2001. 5. 8, 99다38699). 그런가 하면 토지소유자는 자신의 토지 위에

있는 타인의 건물에 대한 철거청구권을 보전하기 위하여 그 건물소유자를 대위하여 그 건물의 임차인들에 대하여 임대차계약을 해지하고 건물의 인도를 구할 수 있다(대판 2007. 5. 10, 2006다82700·82717).

〈판 례〉

(ㄱ)「채권자대위권은 그 채권이 금전채권(손해배상채권 포함)일 때에는 채무자가 채무이행의 의사가 없는 것만으로는 행사할 수 없고 채무자가 무자력하여 그 일반재산의 감소를 방지할 필요가 있는 경우에 이를 행사할 수 있는 것」이다(대판 1969. 11. 25, 69다1665).

(ㄴ)「채권자가 채무자를 대위함에 있어서 대위에 의하여 보전될 채권자의 채무자에 대한 권리가 금전채권인 경우에는 그 보전의 필요성 즉, 채무자가 무자력인 때에만 채권자가 채무자를 대위하여 채무자의 제3채무자에 대한 권리를 행사할 수 있는 것인바(대법원 1993. 10. 8. 선고 93다28867 판결 등 참조), 채권자대위의 요건으로서의 무자력이란 채무자의 변제자력이 없음을 뜻하는 것이고 특히 임의변제를 기대할 수 없는 경우에는 강제집행을 통한 변제가 고려되어야 하므로, 소극재산이든 적극재산이든 위와 같은 목적에 부합할 수 있는 재산인지 여부가 변제자력 유무 판단의 중요한 고려요소가 되어야 한다(대법원 2006. 2. 10. 선고 2004다2564 판결). 따라서 채무자의 적극재산인 부동산에 이미 제3자 명의로 소유권이전청구권 보전의 가등기가 경료되어 있는 경우에는 강제집행을 통한 변제가 사실상 불가능하므로, 위 가등기가 가등기담보 등에 관한 법률에 정한 담보가등기로서 강제집행을 통한 매각이 가능하다는 등의 특별한 사정이 없는 한 위 부동산은 실질적으로 재산적 가치가 없어 적극재산을 산정함에 있어서 이를 제외하여야 할 것이다.」(대판 2009. 2. 26, 2008다76556)

(ㄷ)「채권자는 채무자에 대한 채권을 보전하기 위하여 채무자를 대위해서 채무자의 권리를 행사할 수 있는바, 채권자가 보전하려는 권리와 대위하여 행사하려는 채무자의 권리가 밀접하게 관련되어 있고 채권자가 채무자의 권리를 대위하여 행사하지 않으면 자기 채권의 완전한 만족을 얻을 수 없게 될 위험이 있어 채무자의 권리를 대위하여 행사하는 것이 자기 채권의 현실적 이행을 유효·적절하게 확보하기 위하여 필요한 경우에는 채권자대위권의 행사가 채무자의 자유로운 재산관리행위에 대한 부당한 간섭이 된다는 등의 특별한 사정이 없는 한 채권자는 채무자의 권리를 대위하여 행사할 수 있어야 하고, 피보전채권이 특정채권이라 하여 반드시 순차매도 또는 임대차에 있어 소유권이전등기 청구권이나 명도청구권 등의 보전을 위한 경우에만 한하여 채권자대위권이 인정되는 것은 아니다(대법원 2001. 5. 8. 선고 99다38699 판결 등 참조). 한편, 원고가 조치원 버스정류장에 대하여 가지는 이 사건 건물에 관한 철거청구권은 이 사건 토지들의 소유권에 기한 방해배제청구권으로서 물권적 청구권에 해당하는 것인데 물권적 청구권에 대하여도 채권자대위권에 관한 민법 제404조의 규정과 위와 같은 법리가 적용될 수 있다고 할 것이다.」(대판 2007. 5. 10, 2006다82700·82717)

㈃「취득시효 완성으로 인한 등기를 하기 전에 먼저 소유권이전등기를 경료하여 그 부동산소유권을 취득한 제 3 자에 대하여는 시효취득을 주장할 수 없다 할 것이지만 이는 어디까지나 그 제 3 자 명의의 등기가 적법, 유효함을 전제로 하는 것이므로 만일 위 제 3 자 명의의 등기가 원인무효의 등기라면 취득시효 완성으로 인한 소유권이전등기 청구권을 가진 자는 취득시효 완성 당시의 소유자에 대하여 가지는 소유권이전등기 청구권으로써 위 소유자를 대위하여 위 제 3 자 앞으로 경료된 원인무효인 등기의 말소를 구할 수 있다 할 것이다.」($\binom{대판 1990. 11. 27,}{90다6651}$)

㈄「부동산의 소유자에 대하여 소유권이전등기를 청구할 지위에 있기는 하지만 아직 그 소유권이전등기를 경료하지 않은 상태에서, 제 3 자가 부동산의 소유자를 상대로 그 부동산에 관한 소유권이전등기 절차이행의 확정판결을 받아 소유권이전등기를 경료한 경우에는, 그 확정판결이 당연무효이거나 재심의 소에 의하여 취소되지 않는 한, 종전의 소유권이전등기 청구권을 가지는 자가 부동산의 소유자에 대한 소유권이전등기 청구권을 보전하기 위하여 부동산의 소유자를 대위하여 제 3 자 명의의 소유권이전등기가 원인무효임을 내세워 그 등기의 말소를 구하는 것은 확정판결의 기판력에 저촉되므로 허용될 수 없다.」($\binom{대판 1999. 2. 24,}{97다46955}$)

2) 학　　설　　학설은 i) 무자력(無資力)요건설($\binom{대체로 판}{례지지설}$), ii) 무자력불요설, iii) 절충설로 나뉘어 있다.　　　　　　　　　　　　　　　　　　　　　　　[123]

i) 무자력요건설은 원칙적으로는 채무자가 무자력이어야 하나, 특정채권($\binom{및 특}{수한}$ $\binom{경우의}{금전채권}$)의 보전을 위한 경우에는 무자력이 필요하지 않다고 한다($\substack{곽윤직, 131면; 김대정,\\212면; 김상용, 225면; 김\\용한, 236면; 김학동, 184면; 주석 채권총칙(1), 723\\면(이상경); 주해(9), 756면(김능환); 지원림, 1122면}$). 이 견해는 예외적인 경우는 대위권을 전용(轉用)하는 것이기는 하지만 합리적인 효과를 긍정할 수 있으므로 시인할 것이라고 한다. ii) 무자력불요설은 대위권의 행사는 채권자가 채무자의 권리를 대신 행사하는 것이므로 거기에 채무자의 무자력을 요구하는 것은 부당하다고 한다($\substack{김주수,\\221면}$). iii) 절충설은 채무자의 무자력은 대위권행사의 필수적인 요건이 아니라고 한 뒤, 채무자의 무자력을 대위권행사의 전제로 할 것인가의 문제에 관하여는 채무자의 제 3 채무자에 대한 권리가 채권자의 채권에 대하여 담보로서의 관련성이 강하거나 또는 밀접불가분의 관계에 있느냐 하는 점을 고려하여 판단하면 될 것이라고 한다($\substack{김형배, 350면. 이은영,\\435면도 유사하다}$).

3) 검토 및 사견　　　채권자대위권은 채무자의 책임재산을 보전하는 제도이다. 따라서 원칙적으로 채무자의 책임재산이 부족한 경우 즉 채무자가 무자력인 때에 행사할 수 있다고 할 것이다. 다만, 자신의 등기청구권을 보전하기 위하

여 채무자의 등기청구권을 대위행사하거나 임차권 등을 보전하기 위하여 채무자
의 반환청구권을 대위행사하는 것과 같이, 피보전채권이 특정채권이고 대위되는
권리가 그것과 밀접한 경우에는, 제3자에게 피해가 없고 또 등기부의 기재를 실
제의 권리변동과 일치시키는 등의 효과도 있으므로, 채무자의 자력과 관계없이
대위권을 인정하여도 무방하다. 그러나 피보전채권이 금전채권인 경우에까지 이
를 확장하는 것은 바람직하지 않다. 그것은 부득이하지도 않기 때문이다. 학설
가운데 i)설은 사견과 같은 견해도 있으나, 판례와 완전히 동일한 견해도 있으며,
후자는 옳지 않다. 그리고 ii)설이 부당함은 분명하며, iii)설은 대위권제도를 책임
재산보전제도가 아니고 채권자의 채권을 보전하는 제도라고 하는 전제에 서 있
는데 그것부터 수긍할 수 없어서 취하기 어렵다.

4) 채권보전의 필요성이 없는 경우에 법원이 취해야 할 조치   만약 채권
을 보전할 필요가 인정되지 않는 경우에는 소가 부적법하므로 법원으로서는 소
를 각하하여야 한다(대판 2002. 5. 10, 2000다55171; 대판 2012. 8. 30, 2010다39918).

[124]   **2. 채무자가 제3자에 대하여 대위행사에 적합한 권리를 가지고 있을 것**

(1) 채무자의 권리의 존재

채권자대위권은 채권자가 채무자의 권리를 행사하는 것이므로 당연히 채무
자가 제3자(제3채무자)에 대하여 권리를 가지고 있어야 한다(대판 1980. 6. 10, 80다891; 대판 1982. 8. 24, 82다283). 따라서 채무자의 권리가 존재하지 않거나 이미 소멸한 경우에는 대위권은
인정되지 않는다.

(2) 채무자의 권리가 대위행사에 적합할 것

채무자가 제3채무자에 대하여 가지는 권리는 대위행사에 적합한 것이어야
한다. 따라서 채권의 공동담보에 적합한 것이어야 하고, 그 반면에 채무자의 일
신에 전속한 권리(404조 1항 단서)나 압류가 금지되는 권리는 제외된다. 행정처분적인 성질
의 것도 제외된다고 할 것이다(대판 2002. 5. 28, 2000다5817).

일신전속권에는 「귀속상의 일신전속권」(비양도성·비상속성)과 「행사상의 일신전속권」(비법정대리성·비채권자대위성)이 있는데, 대위의 목적이 되지 않는 것은 후자이다. 그 결과 순수한 비재
산적인 권리(가족권·인격권)는 모두 제외되고(친권·이혼청구권 등), 재산적 의의가 있는 권리라
도 주로 인격적 이익을 위한 것은 제외된다(인격권의 침해로 인한 위자료청구권 등). 판례는, 이혼으로 인한

재산분할청구권은 그 행사 여부가 청구인의 인격적 이익을 위하여 그의 자유로운 의 사결정에 전적으로 맡겨진 권리로서 행사상의 일신전속성을 가지므로 채권자대위권의 목적이 될 수 없고(대결 2022. 7. 28, 2022스613; 대판 2023. 9. 21, 2023
므10861 · 10878. 파산재단에도 속하지 않는다고 함), 후견인이 친족회의 동의 없이 일정한 행위를 한 경우에 피후견인 또는 친족회가 그 후견인의 행위를 취소할 수 있는 권리도 행사상의 일신전속권이므로 대위권의 목적이 될 수 없다고 한다(대판 1996. 5. 31,
94다35985). 그러나 임대인의 임대차계약에 대한 해지권은 행사상의 일신전속권이 아니라고 한다(대판 2007. 5. 10,
2006다82700 · 82717). 그리고 공유물분할청구권도 공유자 본인만 행사할 수 있는 권리가 아니어서 채권자대위권의 목적이 될 수 있다고 한다(대판(전원)
2020. 5. 21,
2018
다879).

압류가 금지되는 권리(민사집행법 246조, 공무원연금법 32조, 사립학교교직원연금법 40조, 국민연금법 58
조, 군인연금법 18조, 기초연금법 21조, 장애인연금법 19조, 근로기준법 86조, 국가배
상법 4)조 등)는 채권의 공동담보로 하지 못하므로 대위권의 목적이 되지 못한다(다만, 대판
1981. 6. 23, 80
다1351은 의료인이 그의 치료비청구권에 기하여 국가에 대한 피해자의 같은 치료비 청
구권을 대위행사하는 것은 국가배상법 4조에 불구하고 허용된다고 한다. [120]도 참조).

행사상의 일신전속권이 아니고 또 압류가 금지되지 않는 권리는 모두 대위권의 목적이 된다. 그것은 채권적 청구권에 한하지 않으며, 물권적 청구권(대판
1966. 9. 27,
66다
1334) · 형성권 · 채권자대위권(대판 1968. 1. 23,
67다2440) · 채권자취소권(대판 2001. 12. 27,
2000다73049)이라도 무방하다. 그리고 판례는 이행인수가 약정된 경우 그에 기한 채무자의 인수인에 대한 청구권(대판 2009. 6. 11,
2008다75072) · 토지거래허가 신청절차 협력의무의 이행청구권(이는 일종
의 청구권
임. 대판 1994. 12. 27, 94다4806;
대판 1996. 10. 25, 96다23825) · 전화가입계약의 해지권(이는 형성권임. 대판
1976. 2. 24, 76다52)은 대위권의 목적이 될 수 있다고 한다. 또한 채무자가 제 3 자에게 여객자동차 운송사업 면허만을 양도한 계약이 무효인 경우에 채권자는 대위권의 행사로서 면허권자 명의변경을 구할 수 있다고 한다(대판 2007. 12. 28,
2005다38843). 나아가 채무자가 제 3 자에 대하여 갖는 상계권도 채권자대위권의 목적이 될 수 있지만, 채권자대위권을 행사하기 위해서는 원칙적으로 채권의 존재 및 보전의 필요성, 기한의 도래 등의 요건을 충족하여야 함에 비추어, 어느 부진정연대채무자가 현실적으로 자신의 부담부분을 초과하는 출재를 하여 채무를 소멸시킴으로써 다른 부진정연대채무자에 대하여 구상권을 취득한 상태에 이르지 아니한 채 단지 장래에 출재를 할 경우 취득할 수 있는 다른 부진정연대채무자에 대한 구상권을 보전하기 위하여 다른 부진정연대채무자가 채권자에게 갖는 상계권을 대위행사하는 것은 허용되지 않는다고 한다(대판 2010. 8. 26,
2009다95769). 그리고 계약의 청약이나 승낙과 같이 비록 행사상의 일신전속권은 아니지만 이를 행사하면 그로써 새로운 권리의무관계가 발생하는 등으로 권리자

본인이 그로 인한 법률관계 형성의 결정 권한을 가지도록 할 필요가 있는 경우에는, 채무자에게 이미 그 권리행사의 확정적 의사가 있다고 인정되는 등 특별한 사정이 없는 한, 그 권리는 채권자대위권의 목적이 될 수 없다고 보아야 하고, 이는 일반채권자의 책임재산의 보전을 위한 경우뿐만 아니라 특정채권의 보전이나 실현을 위하여 채권자대위권을 행사하고자 하는 경우에 있어서도 마찬가지라고 한다(대판 2012. 3. 29, 2011다100527). 그에 비하여 채무자의 재산인 조합원 지분을 압류한 채권자는, 당해 채무자가 속한 조합에 존속기간이 정하여져 있다거나 기타 채무자 본인의 조합탈퇴가 허용되지 않는 것과 같은 특별한 사유가 있지 않은 한, 채권자대위권에 의하여 채무자의 조합 탈퇴의 의사표시를 대위행사할 수 있다고 한다(대결 2007. 11. 30, 2005마1130).

〈판 례〉

「민법상 조합원은 조합의 존속기간이 정해져 있는 경우 등을 제외하고는 원칙적으로 언제든지 조합에서 탈퇴할 수 있고(민법 제716조 참조), 조합원이 탈퇴하면 그 당시의 조합재산상태에 따라 다른 조합원과 사이에 지분의 계산을 하여 지분환급청구권을 가지게 되는바(민법 제719조 참조), 조합원이 조합을 탈퇴할 권리는 그 성질상 조합계약의 해지권으로서 그의 일반재산을 구성하는 재산권의 일종이라 할 것이고 채권자대위가 허용되지 않는 일신전속적 권리라고는 할 수 없다. 따라서 채무자의 재산인 조합원 지분을 압류한 채권자는, 당해 채무자가 속한 조합에 존속기간이 정하여져 있다거나 기타 채무자 본인의 조합탈퇴가 허용되지 아니하는 것과 같은 특별한 사유가 있지 않은 한, 채권자대위권에 의하여 채무자의 조합 탈퇴의 의사표시를 대위행사할 수 있다 할 것이고, 일반적으로 조합원이 조합을 탈퇴하면 조합목적의 수행에 지장을 초래할 것이라는 사정만으로는 이를 불허할 사유가 되지 아니한다. …

민법 제714조는 "조합원의 지분에 대한 압류는 그 조합원의 장래의 이익배당 및 지분의 반환을 받을 권리에 대하여 효력이 있다"고 규정하여 조합원의 지분에 대한 압류를 허용하고 있으나, 여기에서의 조합원의 지분이란 전체로서의 조합재산에 대한 조합원 지분을 의미하는 것이고, 이와 달리 조합재산을 구성하는 개개의 재산에 대한 합유지분에 대하여는 압류 기타 강제집행의 대상으로 삼을 수 없다 할 것이다.」(대결 2007. 11. 30, 2005마1130)

대위권의 목적이 되는 재산권의 행사를 위하여 소송 기타 공법상의 행위를 필요로 하는 때에는 채권자는 채무자가 가지는 공법상의 권리에 대하여도 대위할 수 있다(등기신청권에 관하여는 부등법 28조에 규정이 있다). 문제는 소송상의 행위도 대위할 수 있는지이다.

실체법상의 권리를 주장하는 방법으로 소송상의 행위$\binom{\text{소제기·강제집행의 신청·제 3 자 이}}{\text{의의 소·가처분명령의 취소신청 등}}$를 대위할 수 있음은 당연하나$\binom{\text{대결 1993. 12. 27, 93마1655는 본안제소명령의 신청권이나 제소기간의 도}}{\text{과에 의한 가압류·가처분의 취소신청권이 대위권의 목적이 된다고 한다}}$, 채무자와 제 3 자 사이에 소송이 계속(係屬)된 후에 그 소송을 수행하기 위한 개개의 행위$\binom{\text{예: 공격방어방법의 제출·상소의}}{\text{제기·집행방법에 대한 이의신청}}$는 대위하지 못한다$\binom{\text{대결 1961. 10. 26, 4294민재항559; 대}}{\text{판 2012. 12. 27, 2012다75239. 통설}}$도 같음). 나아가 그러한 취지에서 볼 때, 상소의 제기와 마찬가지로 종전 재심대상판결에 대하여 불복하여 종전 소송절차의 재개, 속행 및 재심판을 구하는 재심의 소 제기는 채권자대위권의 목적이 될 수 없다$\binom{\text{대판 2012. 12. 27,}}{\text{2012다75239}}$.

3. 채무자가 스스로 그의 권리를 행사하지 않을 것

[125]

이는 민법이 명문으로 규정하고 있지 않으나 당연한 것이다$\binom{\text{이설이 없으며, 판례도 같}}{\text{음. 대판 1969. 2. 25, 68다}}$2352·2353; 대판 1970. 4. 28, 69다1311; 대판 1992. 2. 25, 91다9312; 대판 1992. 11. 10, 92다30016; 대판 1993. 3. 26, 92다32876; 대판 2009. 3. 12, 2008다65839; 대판 2018. 10. 25, 2018다210539). 채무자가 스스로 그의 권리를 행사하고 있는데도 대위를 허용하는 것은 채무자에 대한 부당한 간섭이 되기 때문이다. 다만, 판례는, 비법인사단이 사원총회의 결의 없이 제기한 소는 소제기에 관한 특별수권을 결하여 부적법하고$\binom{\text{대판 2007. 7. 26,}}{\text{2006다64573 등}}$, 그 경우 소제기에 관한 비법인사단의 의사결정이 있었다고 할 수 없으므로, 비법인사단인 채무자 명의로 제 3 채무자를 상대로 한 소가 제기되었으나 사원총회의 결의 없이 총유재산에 관한 소가 제기되었다는 이유로 각하판결을 받고 그 판결이 확정된 경우에는 채무자가 스스로 제 3 채무자에 대한 권리를 행사한 것으로 볼 수 없다고 한다$\binom{\text{대판 2018. 10. 25,}}{\text{2018다210539}}$.

대위권행사의 요건으로 채무자가 스스로 그의 권리를 행사하지 않을 것이라 함은 채무자가 그의 권리를 행사할 수 있는 상태에 있으나 스스로 그 권리를 행사하고 있지 않는 것을 의미하고, 여기서 권리를 행사할 수 있는 상태에 있다는 것은 권리행사를 할 수 없게 하는 법률적 장애가 없어야 한다는 뜻이고, 채무자 자신에 관한 현실적인 장애까지 없어야 한다는 뜻은 아니다$\binom{\text{대판 1992. 2. 25, 91다9312. 이}}{\text{판결은 성명불상자의 부동산에}}$대하여 시효취득을 하는 자가 소유자를 대위하여 그 부동산 위에 행하여진 타인 명의의 무효의 등기를 말소하는 데 법률적 장애가 없다고 한다). 그리고 이 요건에서 채무자가 그의 권리를 행사하지 않는 이유$\binom{\text{대판 1992. 2. 25,}}{\text{91다9312}}$나 고의·과실 유무는 묻지 않는다. 또한 대위권행사에 채무자가 동의해야 할 필요도 없을뿐더러$\binom{\text{대판 1971. 10. 25,}}{\text{71다1931}}$, 채무자가 대위행사에 반대하더라도 대위권행사는 가능하다$\binom{\text{대판 1963. 11. 21,}}{\text{63다634}}$.

한편 채무자가 제 3 자에 대한 권리를 스스로 행사하는 경우에는, 그 방법이나 결과가 좋든 나쁘든, 채권자는 대위할 수 없다. 즉 채무자가 이미 소를 제기하고 있는 때는 물론이고($^{대판 1970. 4. 28,}_{69다1311}$), 설사 부적당한 소송으로 패소한 때에도 대위권은 인정되지 않는다($^{대판 1969. 2. 25, 68다2352 · 2353; 대판 1980.}_{5.27, 80다735; 대판 1993. 3. 26, 92다32876}$).

4. 채권자의 채권이 이행기에 있을 것

민법 제404조 제 2 항은 원칙적으로 채권이 이행기에 있어야 할 것을 요구하면서, 긴급한 채권보전이 필요한 경우를 고려하여 두 가지의 예외를 인정하고 있다.

(1) 재판상의 대위

채권의 이행기가 되기 전이라도 채권자는「법원의 허가」가 있으면 대위권을 행사할 수 있다($^{404조 2}_{항 본문}$). 이 경우의 절차에 관하여는 비송사건절차법이 정하고 있다($^{같은 법 45조}_{내지 52조}$).

비송사건절차법에 따르면,「채권자는 자기 채권의 기한 전에 채무자의 권리를 행사하지 아니하면 그 채권을 보전할 수 없거나 보전하는 데에 곤란이 생길 우려가 있을 때에는 재판상의 대위를 신청할 수 있다」($^{같은 법}_{45조}$).

(2) 보존행위

예컨대 시효중단($^{채무자의 채권이 시}_{효로 소멸하려 할 때}$) · 보존등기 · 제 3 채무자가 파산한 경우의 채무자의 채권의 신고 등과 같은 보존행위는 채권의 이행기가 되지 않았더라도 법원의 허가를 받지 않고서 대위행사할 수 있다($^{404조 2}_{항 단서}$). 이는 항상 채무자에게 이익이 될 뿐만 아니라 시급한 때가 많기 때문이다.

[126] ## Ⅲ. 채권자대위권의 행사

1. 행사의 방법

채권자대위권의 요건이 갖추어지면 채권자는 채무자의 권리를 행사할 수 있는데, 그때 채권자는 채무자의 이름으로가 아니라 자기의 이름으로 행사한다. 그리고 채권자대위권은 채권자취소권과는 달리 반드시 재판상 행사할 필요는 없다.

대위하는 권리가 실현되기 위하여서「변제의 수령」이 필요한 경우에 채권자가 채무자에게 인도할 것을 청구할 수 있음은 물론이나, 직접 자기에게 인도할 것을 청구할 수도 있다. 이를 인정하지 않으면 채무자가 수령을 하지 않을 때에는 대위권은 목적을 달성할 수 없게 되고, 또 채권을 행사하는 권한에는 당연히 수령권한도 포함된다고 해석해야 하기 때문이다. 통설($^{이은영, 448}_{면은 반대}$)・판례($^{대판}_{1962. 1. 11, 61}$ 다195; 대판 1966. 9. 27, 66다1149; 대판 1980. 7. 8, 79다1928; 대판 1995. 5. 12, 93다59502; 대판 2005. 4. 15, 2004다70024; 대판 2016. 8. 29, 2015다236547; 대판 2016. 9. 28, 2016다205915)도 같다. 그리고 이러한 법리는 등기청구권을 대위행사하는 때에도 마찬가지이다($^{대판 1966. 9. 27, 66다1149; 대}_{판 1995. 4. 14, 94다58148; 대}$ $^{판 1996. 2. 9,}_{95다27998}$). 그러나 이것이 채권자 명의로 등기가 회복되거나 그의 명의로 이전등기가 된다는 의미는 아니다.

　그런데 채권자대위소송에서 제 3 채무자로 하여금 직접 대위채권자에게 금전의 지급을 명하는 판결이 확정되더라도, 대위의 목적인 권리, 즉 채무자의 제 3 채무자에 대한 피대위채권이 그 판결의 집행채권으로서 존재하는 것이고 대위채권자는 채무자를 대위하여 피대위채권에 대한 변제를 수령하게 될 뿐 자신의 채권에 대한 변제로서 수령하게 되는 것이 아니므로, 그 피대위채권이 변제 등으로 소멸하기 전이라면 채무자의 다른 채권자는 이에 대하여 압류 또는 가압류, 처분금지 가처분을 할 수 있다($^{대판 2016. 9. 28, 2016다205915. 대판 2016. 8. 29, 2015}_{다236547도 압류・가압류에 관하여 같은 취지임}$). 그러나 채권자대위소송이 제기되고 대위채권자가 채무자에게 대위권 행사사실을 통지하거나 채무자가 이를 알게 된 이후에는 민사집행법 제229조 제 5 항이 유추적용되어 피대위채권에 대한 전부명령은, 우선권 있는 채권에 기초한 것이라는 등의 특별한 사정이 없는 한, 무효라고 보는 것이 타당하다($^{대판 2016. 8. 29, 2015다236547. 그리고 대위채권자}_{의 제 3 채무자에 대한 추심권능 내지 변제수령권능}$ 은 압류할 수 없는 성질의 것이고, 따라서 이러한 추심권능 내지 변제수령권능에 대한 압류명령 등은 무효이고, 채권자 대위소송에서 확정된 판결에 따라 대위채권자가 제 3 채무자로부터 지급받을 채권에 대한 압류명령 등도 무효라고 함).

〈판 례〉

　㈀「집행채무자의 채권자가 그 집행채권자를 상대로 위 부당이득금 반환채권을 대위행사하는 경우 집행채무자에게 그 반환의무를 이행하도록 청구할 수도 있지만, 직접 대위채권자에게 이행하도록 청구할 수도 있다고 보아야 하는데($^{대법원 1962. 1. 11.}_{선고 4294민상195}$ $_{판결}$ 참조), 이와 같이 채권자대위권을 행사하는 채권자에게 변제수령의 권한을 인정하더라도 그것이 채권자 평등의 원칙에 어긋난다거나 제 3 채무자를 이중변제의 위험에 빠뜨리게 하는 것이라고 할 수 없다.」($^{대판 2005. 4. 15,}_{2004다70024}$)

　㈁「채권자대위권을 행사함에 있어서 채권자가 제 3 채무자에 대하여 자기에게 직접 급부를 요구하여도 상관없는 것이고, 자기에게 급부를 요구하여도 어차피 그 효과는 채무자에게 귀속되는 것이므로 채권자대위권을 행사하여 채권자가 제 3 채무자

에게 그 명의의 소유권보존등기나 소유권이전등기의 말소절차를 직접 자기에게 이행할 것을 청구하여 승소하였다고 하여도 그 효과는 원래의 소유자인 대한민국에 귀속되는 것이니, 원심이 채권자대위권을 행사하는 채권자인 원고에게 직접 말소등기절차를 이행할 것을 명하였다고 하여 무슨 위법이 있다고 할 수 없다.」($\binom{대판\ 1996.\ 2.\ 9,}{95다27998}$)

(ㄷ)「채권자가 채무자를 대위하여 제 3 채무자를 상대로 제기한 채권자대위소송이 법원에 계속 중 채무자와 제 3 채무자 사이에 채권자대위소송과 소송물을 같이하는 내용의 소송이 제기된 경우, 양 소송은 동일소송이므로 후소는 중복제소금지원칙에 위배되어 제기된 부적법한 소송이라 할 것이나, 이 경우 전소, 후소의 판별기준은 소송계속의 발생시기의 선후에 의할 것이며($\binom{당원\ 1989.\ 4.\ 11.\ 선고\ 87다카3155\ 판결;}{1990.\ 4.\ 27.\ 선고\ 88다카25274,\ 25281\ 판결\ 참조}$), 소의 추가적 변경이 있는 경우 추가된 소의 소송계속의 효력은 그 서면을 상대방에게 송달하거나 변론기일에 이를 교부한 때에 생긴다.」($\binom{대판\ 1992.\ 5.\ 22,}{91다41187}$)

(ㄹ)「채권자대위소송이 계속 중인 상황에서 다른 채권자가 동일한 채무자를 대위하여 채권자대위권을 행사하면서 공동소송참가신청을 할 경우, 양 청구의 소송물이 동일하다면 민사소송법 제83조 제 1 항이 요구하는 '소송목적이 한쪽 당사자와 제 3 자에게 합일적으로 확정되어야 할 경우'에 해당하므로 그 참가신청은 적법하다. 이때 양 청구의 소송물이 동일한지는 채권자들이 각기 대위행사하는 피대위채권이 동일한지에 따라 결정되고, 채권자들이 각기 자신을 이행 상대방으로 하여 금전의 지급을 청구하였더라도 채권자들이 채무자를 대위하여 변제를 수령하게 될 뿐 자신의 채권에 대한 변제로서 수령하게 되는 것이 아니므로 이러한 채권자들의 청구가 서로 소송물이 다르다고 할 수 없다. 여기서 원고가 일부 청구임을 명시하여 피대위채권의 일부만을 청구한 것으로 볼 수 있는 경우에는 참가인의 청구금액이 원고의 청구금액을 초과하지 아니하는 한 참가인의 청구가 원고의 청구와 소송물이 동일하여 중복된다고 할 수 있으므로 소송목적이 원고와 참가인에게 합일적으로 확정되어야 할 필요성을 인정할 수 있어 참가인의 공동소송참가신청을 적법한 것으로 보아야 할 것이다.」($\binom{대판\ 2015.\ 7.\ 23,}{2013다30301}$)

채권자대위권을 행사하는 채권자와 채무자 사이의 관계에 관하여 학설은 i) 법정위임관계가 있는 것으로 보는 견해($\binom{곽윤직,\ 135면;}{김상용,\ 229면}$)와 ii) 사무관리라는 견해($\binom{이은영,}{444면}$)로 나뉘어 있다. 그리고 판례는 i)설과 같다($\binom{대결\ 1996.\ 8.\ 21,}{96그8}$). i)설에 찬성한다. 그에 의하면 선량한 관리자로서의 주의의무가 있고($\binom{681}{조}$), 비용상환청구권도 가진다($\binom{688}{조}$).

2. 행사의 범위

채권자대위권은 채권의 보전을 위하여 채무자의 권리를 행사하는 권리이므로, 그 행사는 채권보전에 필요한 범위에 한정된다. 그리하여 관리행위만 가능하며, 처분행위는 허용되지 않는다. 그런데 어떤 행위가 관리행위인가 처분행위인가는 각각의 행위 자체만으로 정해지는 것이 아니고 채무자의 재산 전체의 관계에서 상대적으로 정해져야 한다(같은 취지: 곽윤직, 136면; 주석 채권총칙(1), 749면(이상경) 등). 그리하여 가령 단순한 채무의 면제, 권리의 포기, 기한의 유예 등은 채무자의 재산을 일방적으로 감소시키는 처분행위로서 대위가 허용되지 않으나, 취소권·해제권·환매권의 행사나 상계·경개 등의 이익교환행위는 채무자의 전체 재산과의 관계에서 보아 보전행위로 볼 수 있는 경우에는 대위행사가 허용된다.

그리고 채권의 공동담보를 위하여 채권자의 채권액 이상의 채무자의 권리(1개의 권리 일 경우)를 행사할 수 있으나(같은 취지: 곽윤직, 136면; 김상용, 230면; 김학동, 190면. 반대: 이은영, 444면), 하나의 권리의 행사로 그 목적을 달성할 수 있는 때에는 다른 권리는 행사하지 못한다. 물론 특정채권의 보전을 위한 경우에는 그 채권의 보전에 필요한 권리만 행사할 수 있을 뿐이다(대판 1993. 4. 23, 93다289).

3. 행사의 효력 [127]

(1) 채무자의 처분권의 제한

1) 재판상의 대위신청을 허가한 경우에는 법원은 직권으로 채무자에게 고지하여야 하며(비송 49 조 1항), 고지를 받은 채무자는 그 권리를 처분할 수 없다(비송 49 조 2항).

2) 재판 외의 대위에 관하여는 민법이 규정하고 있다. 그에 의하면, 채권자가 보존행위 이외의 권리를 행사한 때에는 채무자에게 이를 통지하여야 하고(405조 1항), 채무자가 그 통지를 받은 후에는 그 권리를 처분하여도 채권자에게 대항하지 못한다(405조 2항). 보존행위를 대위하는 경우에 통지를 요구하지 않는 이유는, 보존행위는 일반적으로 긴급을 요하고 또 그것은 언제나 채무자에게 이익이 되기 때문이다. 민법은 통지에 대하여만 규정하고 있으나, 통지는 없었지만 채무자가 대위권행사 사실을 안 때에도 통지가 있었던 때와 마찬가지로 다루어야 한다. 통설(이은영, 451면은 반대)·판례(대판 1975. 12. 23, 73다1086; 대판 1993. 4. 27, 92다44350; 대판 2003. 1. 10, 2000다27343)도 같다.

채권자가 채무자에게 통지를 하거나 채무자가 채권자의 대위권행사 사실을 안 경우에는, 그 권리에 대한 채무자의 처분행위가 금지될 뿐 관리·보존행위까지 금지되는 것은 아니므로, 채무자는 변제수령(이는 처분행 위가 아님)을 할 수 있고 또한 같은 이치에서 그의 명의로 소유권이전등기를 할 수 있다$\binom{\text{대판 1990. 4. 27, 88다카25274 · 25281;}}{\text{대판 1991. 4. 12, 90다9407}}$. 그러나 금지되는 것은 처분행위만이 아니며, 권리의 행사도 허용되지 않는다고 하여야 한다. 따라서 통지 등이 있은 후에는 채무자는 소제기도 하지 못한다 $\binom{\text{대판 1962. 5. 24,}}{\text{4294민상251 · 252}}$.

〈판 례〉

(ㄱ)「채권자가 채권자대위권에 기하여 채무자의 권리를 행사하고 있다는 사실을 채무자가 알게 된 이후에는 채무자가 그 권리를 처분하여도 이로써 채권자에게 대항하지 못하는 것인바, 채권자가 채무자와 제 3 채무자 사이에 체결된 부동산매매계약에 기한 소유권이전등기 청구권을 보전하기 위해 채무자를 대위하여 제 3 채무자의 부동산에 대한 처분금지 가처분을 신청하여 가처분결정을 받은 경우에는 피보전권리인 소유권이전등기 청구권을 행사한 것과 같이 볼 수 있으므로, 채무자가 그러한 채권자대위권 행사사실을 알게 된 이후에 그 매매계약을 합의해제함으로써 채권자대위권의 객체인 부동산 소유권이전등기 청구권을 소멸시켰다 하더라도 이로써 채권자에게 대항할 수 없고, 그 결과 제 3 채무자 또한 그 계약해제로써 채권자에게 대항할 수 없는 것이다.」$\binom{\text{대판 2007. 6. 28, 2006다85921. 같은}}{\text{취지: 대판 1996. 4. 12, 95다54167}}$

(ㄴ)「민법 제405조 제 2 항은 '채무자가 채권자대위권 행사의 통지를 받은 후에는 그 권리를 처분하여도 이로써 채권자에게 대항하지 못한다'고 규정하고 있다. 위 조항의 취지는 채권자가 채무자에게 대위권 행사사실을 통지하거나 채무자가 채권자의 대위권 행사사실을 안 후에 채무자에게 대위의 목적인 권리의 양도나 포기 등 처분행위를 허용할 경우 채권자에 의한 대위권행사를 방해하는 것이 되므로 이를 금지하는 데에 있다고 할 것이다. 그런데 채무자의 채무불이행 사실 자체만으로는 권리변동의 효력이 발생하지 않아 이를 채무자가 제 3 채무자에 대하여 가지는 채권을 소멸시키는 적극적인 행위로 파악할 수 없는 점, 더구나 법정해제는 채무자의 객관적 채무불이행에 대한 제 3 채무자의 정당한 법적 대응인 점, 채권이 압류 · 가압류된 경우에도 압류 또는 가압류된 채권의 발생원인이 된 기본계약의 해제가 인정되는 것과 균형을 이룰 필요가 있는 점 등을 고려할 때 채무자가 자신의 채무불이행을 이유로 매매계약이 해제되도록 한 것을 두고 민법 제405조 제 2 항에서 말하는 '처분'에 해당한다고 할 수 없다. 따라서 채무자가 채권자대위권 행사의 통지를 받은 후에 채무를 불이행함으로써 통지 전에 체결된 약정에 따라 매매계약이 자동적으로 해제되거나, 채권자대위권 행사의 통지를 받은 후에 채무자의 채무불이행을 이유로 제 3 채무자가 매매계약을 해제한 경우 제 3 채무자는 그 계약해제로써 대위권을 행사하는 채권자에게 대항할 수 있다고 할 것이다. 다만 형식적으로는 채무자의 채무불이행을 이유로 한 계약해제인 것처럼 보이지만 실질적으로는 채무자와 제 3 채무자 사이의

합의에 따라 계약을 해제한 것으로 볼 수 있거나, 채무자와 제 3 채무자가 단지 대위
채권자에게 대항할 수 있도록 채무자의 채무불이행을 이유로 하는 계약해제인 것처
럼 외관을 갖춘 것이라는 등의 특별한 사정이 있는 경우에는 채무자가 그 피대위채
권을 처분한 것으로 보아 제 3 채무자는 그 계약해제로써 대위권을 행사하는 채권자
에게 대항할 수 없다고 할 것이다.

　이와 달리 채무자가 채권자대위권 행사사실을 통지받은 후에 채무자의 채무불이
행을 이유로 매매계약이 해제되도록 한 것이 언제나 채무자가 그 피대위채권을 처분
하는 것에 해당하므로 이를 가지고 대위권을 행사하는 채권자에게 대항할 수 없고,
그 결과 제 3 채무자 또한 그 계약해제로써 채권자에게 대항할 수 없다는 취지의 대
법원 2003. 1. 10. 선고 2000다27343 판결은 이 판결의 견해와 저촉되는 한도에서 변
경하기로 한다.」$\binom{\text{대판(전원) 2012. 5. 17,}}{\text{2011다87235}}$

(2) 제 3 자(제 3 채무자)의 항변권

　채권자가 대위권을 행사하는 경우에 제 3 채무자는 채무자가 그 권리를 행사
하는 경우보다 더 불이익한 지위에 놓이지 않아야 한다. 따라서 제 3 채무자는 채
무자에 대하여 가지는 모든 항변$\binom{\text{예: 권리소멸·상계·}}{\text{동시이행·무효의 항변}}$으로 채권자에게 대항할 수 있
다$\binom{\text{판례도 같음. 대판 2009. 5. 28, 2009다4787; 대판 2020.}}{\text{7. 9, 2020다223781; 대판 2023. 4. 13, 2022다244836}}$. 그러나 채무자가 채권자에게 주장할 수
있는 사유$\binom{\text{예: 소멸시}}{\text{효의 항변}}$를 주장할 수 없음은 물론이다$\binom{\text{대판 1993. 3. 26, 92다25472; 대판 1995. 5. 12,}}{\text{93다59502; 대판 2004. 2. 12, 2001다10151 등}}$.

　대위권행사의 통지 후에는$\binom{\text{채무자가 대위권행사}}{\text{사실을 안 때에도 같음}}$ 채무자의 처분행위가 금지되므로
채무자가 권리를 소멸시키는 행위$\binom{\text{예:}}{\text{면제}}$를 하더라도 제 3 채무자가 이를 가지고 채
권자에게 대항할 수 없으나, 대위권행사 통지나 법원의 고지가 있은 후에도 채무
자에 대한 변제 등 채무자의 처분행위에 의하지 않고 취득한 항변권이 있으면 채
권자에게 대항할 수 있다.

〈판 례〉

　「채권자대위권은 채무자의 제 3 채무자에 대한 권리를 행사하는 것이므로, 제 3 채
무자는 채무자에 대해 가지는 모든 항변사유로써 채권자에게 대항할 수 있으나, 채
권자는 채무자 자신이 주장할 수 있는 사유의 범위 내에서 주장할 수 있을 뿐, 자기
와 제 3 채무자 사이의 독자적인 사정에 기한 사유를 주장할 수는 없는 것이다.」(채
권자가 무효인 소유권이전등기 청구권의 보전을 위한 가등기의 유용 합의에 따라 부
동산 소유자인 채무자로부터 그 가등기 이전의 부기등기를 마친 제 3 채무자를 상대
로 채무자를 대위하여 가등기의 말소를 구한 사안에서, 채권자가 그 부기등기 전에
부동산을 가압류한 사실을 주장하는 것은 채무자가 아닌 채권자 자신이 제 3 채무자

에 대하여 가지는 사유에 관한 것이어서 허용되지 않는다고 한 사례)($^{대판\ 2009.\ 5.\ 28,}_{2009다4787.\ 같은\ 취}$ 지: 대판 2020. 7. 9,) 2020다223781

[128] **Ⅳ. 채권자대위권 행사의 효과**

1. 효과의 귀속

채권자대위권 행사의 효과는 직접 채무자에게 귀속하고($^{대판\ 1996.\ 2.\ 9,}_{95다27998}$), 모든 채권자를 위하여 공동담보가 된다. 즉 채권자는 설사 그가 목적물을 변제받았더라도 우선변제권을 갖지 않으며, 그가 채권의 변제를 받으려면 채무자로부터 임의변제를 받거나 강제집행절차($^{이때는\ 다른\ 채권자의\ 배당}_{가입신청이\ 있을\ 수\ 있음}$)를 밟아야 한다. 다만, 상계의 요건이 갖추어진 때에는 상계함으로써 사실상 우선변제를 받을 수는 있다.

〈판 례〉

「채권자대위권 행사의 효과는 채무자에게 귀속되는 것이므로 채권자대위소송의 제기로 인한 소멸시효 중단의 효과 역시 채무자에게 생긴다.」($^{대판\ 2011.\ 10.\ 13,}_{2010다80930}$)

2. 비용상환청구권

채권자대위는 일종의 법정위임관계이므로, 채권자는 대위를 위하여 비용을 지출하였을 경우 제688조를 유추적용하여 채무자에게 그 비용의 상환을 청구할 수 있다($^{대결\ 1996.\ 8.\ 21,\ 96그8:\ 그\ 비용상환청구권은\ 강제집행을\ 직접\ 목적으로\ 하여\ 지출}_{된\ 집행비용이라고는\ 볼\ 수\ 없으므로\ 지급명령신청에\ 의하여\ 지급을\ 구할\ 수\ 있다}$). 그리고 만약 채권자가 채무자 대신 목적물을 수령하여($^{이를\ 보통\ 대위수령(代}_{位受領)이라고\ 함}$) 그 목적물의 보관비용을 지출한 경우에는, 그 비용의 상환청구권이 그 목적물에 관하여 생긴 채권이므로, 채권자는 그 목적물에 유치권을 취득한다($^{320조}_{참조}$).

3. 대위소송의 판결의 효력

대위소송의 판결의 효력이 그 당사자인 대위채권자와 제 3 채무자에게 미침은 당연하다. 그런데 채무자에게도 미치는지 문제된다.

(1) 대위소송이 제기된 경우에 채무자가 독립당사자로서 소송에 참가할 수는 없다. 그것은 이중제소가 되기 때문이다($^{채무자가\ 별도의\ 소를}_{제기한\ 경우도\ 같다}$). 그러나 채무자가 보조참가를 할 수는 있다($^{민소}_{71조}$). 그런가 하면 당사자가 채무자에게 소송고지를 할 수도

있다($^{민소}_{84조}$). 그러한 때에는 대위소송판결의 효력이 채무자에게도 미친다($^{민소\,77}_{조\cdot86조}$). 그런데 보조참가를 한 경우나 소송고지가 된 경우에 채무자에게 효력이 미치는 것은 참가적 효력이고 기판력과는 다르다($^{같은\,취지:\,주해(9),}_{781면(김능환)}$).

(2) 채무자가 보조참가를 하지도 않았고 또 소송고지를 받지도 않은 경우에는 어떤가? 여기에 관하여 판례는 과거에는 채무자에게 효력이 미치지 않는다고 하였으나($^{대판\,1967.\,3.\,28,\,67다212;}_{대판\,1970.\,7.\,21,\,70다866}$), 현재에는 어떤 사유로 인하여서든 소송이 제기된 사실을 채무자가 알았을 경우에는 그 판결의 효력이 채무자에게 미친다고 한다 ($^{대판(전원)\,1975.\,5.\,13,\,74다1664;\,대판\,1988.\,2.\,23,\,87다카1108;\,대판\,1991.\,12.\,27,}_{91다23486;\,대판\,1995.\,7.\,11,\,95다9945;\,대판\,2014.\,1.\,23,\,2011다108095}$). 그리고 학설은 i) 언제나 채무자에게 미친다는 견해($^{곽윤직,\,265면;\,김상용,\,232면;\,김용한,}_{251면;\,김주수,\,230면;\,김학동,\,192면}$)와 ii) 현재의 판례와 같은 견해($^{이은영,\,447면;}_{장경학,\,293면}$)로 나뉘어 있다. 생각건대 민사소송법상 다른 사람을 위하여 원고나 피고가 된 사람에 대한 확정판결은 그 다른 사람에 대하여도 효력이 미치는데($^{같은\,법}_{218조\,3항}$), 대위소송은 바로 그런 경우 가운데 하나이다. 그리고 이처럼 대위소송판결의 효력이 채무자에게 미친다는 근거를 위의 민사소송법 규정에서 찾는 한, 채무자의 인지(認知) 여부로 효력의 유무를 구별할 근거는 전혀 없다. 또한 채무자의 인지 여부에 의하여 효력의 유무를 구별하게 되면, 주관적 사정에 의하여 기판력을 좌우하게 되어 법적 안정성을 중시하는 기판력의 정신에 어긋난다. 판례처럼 채무자가 알았을 경우에만 효력이 미친다고 해석하면, 채무자의 불이익을 막을 가능성이 크기는 하다. 그러나 항상 불이익하게 되는 것은 아니다($^{채무자가}_{행할\,소송}$ $^{을\,대신하는\,점에서}_{도\,이로울\,수\,있다}$). 결국 i)설처럼 채무자가 알든 모르든 판결의 효력이 채무자에게 미친다고 새겨야 한다. 이와 같이 새기면, 가령 토지가 A로부터 B로, B로부터 C로 전전 매도된 경우에 최종매수인 C가 자신의 B에 대한 소유권이전등기 청구권을 보전하기 위하여 B가 A에 대하여 가지는 소유권이전등기 청구권을 대위하는 소를 제기하여 승소판결을 얻은 경우에는 대위채권자의 채무자인 C는 언제나 직접 자신의 명의로 등기할 것을 청구할 수 있게 된다.

주의할 것은, 이때 채무자에게도 기판력이 미친다는 의미는 채권자대위소송의 소송물인 피대위채권의 존부에 관하여 채무자에게도 기판력이 인정된다는 것이고, 채권자대위소송의 소송요건인 피보전채권의 존부에 관하여 당해 소송의 당사자가 아닌 채무자에게 기판력이 인정된다는 것은 아니라는 점이다($^{대판}_{2014.\,1.\,23,}$ $^{2011다}_{108095}$). 따라서 채권자가 채권자대위권을 행사하는 방법으로 제 3 채무자를 상대로 소송을 제기하였다가 채무자를 대위할 피보전채권이 인정되지 않는다는 이유로 소각하 판결을 받아 확정된 경우 그 판결의 기판력이 채권자가 채무자를 상대로 피보전채권의 이행을 구하는 소송에 미치는 것은 아니다($\frac{\text{대판 2014. 1. 23,}}{\text{2011다108095}}$).

제 3 절   채권자취소권

[129]   **Ⅰ. 채권자취소권의 의의 및 성질**

1. 의   의

채권자취소권은 채권자를 해함을 알면서 행한 채무자의 법률행위(사해행위)를 취소하고 채무자의 재산을 회복하는 것을 목적으로 하는 채권자의 권리이다($\frac{406조}{1항}$). 가령 A에 대하여 1,000만원의 금전채무를 부담하고 있는 B가 그의 유일한 재산인 토지를 그의 친척 C에게 증여한 경우에, A는 B·C 사이의 증여계약을 취소하고 그 토지를 회복할 수 있는데, 이것이 채권자취소권이다.

채권자취소권은 채권의 공동담보가 부족한 것을 알면서 재산감소행위를 한 경우에 그 행위의 효력을 부인하고 재산을 되찾아와 채권의 공동담보를 유지·보전하는 제도이다. 그런데 그와 같은 목적을 가지는 제도로는 「채무자회생 및 파산에 관한 법률」상의 부인권(否認權)($\frac{\text{같은 법 100조 이하(회생절차의 경우)·391조 이하(파}}{\text{산선고절차의 경우)·584조(개인회생절차의 경우)}}$)도 있다. 그러나 회생절차·파산선고절차·개인회생절차는 매우 신중하기 때문에, 그러한 절차 밖에서 신속하게 공동담보를 보전할 수 있는 제도가 필요하게 되며, 그러한 목적의 것이 채권자취소권이다.

채권자취소권은 채권자대위권과 마찬가지로 채무자의 책임재산 보전을 목적으로 한다. 그러나 채권자대위권은 채무자가 본래 행사하여야 할 권리를 행사하지 않는 때에 채권자가 대신 행사하는 것이다. 그리하여 그것은 채무자나 제 3 자에게 미치는 영향이 적다. 그에 비하여 채권자취소권은 채무자가 제 3 자와 행한 완전히 유효한 법률행위를 취소하고 재산을 회복시키는 것이어서, 채무자나 제 3 자에 대하여 크게 영향을 미치게 된다. 그 때문에 민법은 채권자취소권에 대하여는 규제를 많이 가하고 있다. 그 권리는 반드시 재판상 행사하여야 한다는 점, 단기의 권리행사기간(제척기간)이 두어져 있다는 점이 그 예이다.

2. 성   질

(1) 실체법상의 권리

채권자취소권은 소송법상의 권리가 아니고 실체법상의 권리이다. 채권자취소권의 행사에 관하여 제406조 제 1 항 본문이 「 … 법원에 청구할 수 있다」고 규정하고 있지만, 그것은 단순히 권리행사방법을 정하고 있는 것에 지나지 않는다($\substack{같은 취지: 곽\\ 윤직, 140면}$).

(2) 채권의 효력으로서 인정된 권리

채권자취소권은 채권의 효력($\substack{책임재산 보\\전의 효력}$)으로 인정된 것이다. 따라서 채권이 양도되면 그 권리도 이전한다.

(3) 본질적 내용

의용민법은 채권자취소권에 관하여 단순히 「법률행위의 취소를 청구할 수 있다」고만 규정하고 있었다($\substack{같은 법\\424조}$). 그리하여 당시에는 채권자취소권의 본질적 내용이 사해행위의 취소에 있는지(형성권설), 사해행위로 일탈(逸脫)한 재산의 회복에 있는지(청구권설), 아니면 이 둘의 결합에 있는지(결합설 또는 절충설)에 대하여 논란이 있었고, 판례는 결합설을 취하면서도 부분적으로는 청구권설의 결론에 따르고 있었다(결합설의 수정설). 그런데 현행 민법은 제406조 제 1 항에서 「…그 취소 및 원상회복을 법원에 청구할 수 있다」고 규정하여 결합설의 견지에 있음을 분명히 하고 있다. 이는 민법제정 당시의 판례이론을 입법화한 것으로 생각된다. 그리고 현재의 판례와 다수설도 의용민법 하의 판례를 따르고 있다. 그런데 학설 가운데 일부는 위와 같은 규정에도 불구하고 다르게 이해하기도 한다. 학설·판례를 좀더 살펴보기로 한다.

학설은 i) 결합설의 수정설, ii) 책임설, iii) 취소효과설의 세 가지로 나뉘어 있다. i) 결합설의 수정설(다수설)은 채권자취소권은 사해행위를 취소하고 사해행위의 결과 채무자로부터 빠져나간 재산의 반환을 청구하는 권리라고 한다($\substack{곽윤직,\\140면; 김\\대정, 253면; 김상용, 239면; 김용한, 255면; 김학동, 194면; 주석 채\\권총칙(2), 45면(이상경); 주해(9), 808면(김능환); 지원림, 1134면}$). 그런데 이 견해는 사해행위의 취소는 채권자가 수익자 또는 전득자로부터 재산의 반환을 청구하는 데 필요한 범위에서 이들에 대한 관계에서만, 즉 상대적으로 그 효력이 없게 될 뿐이라고 한다(이 점에서 본래의 결합설과 / 는 다른 수정적인 견해가 됨). ii) 책임설은 채권자취소권 제도가 책임재산의 귀속의 회복을 목적으로 하는 것이 아니고 재산의 책임법상의 지위의 회복을 목적으로 하는 것이라고 파악한다. 그 결과 사해행위취소권은 실체법상의 상대적 무효가 아니고 책임법적 무효(이에 의하면 상대방의 소유이 / 면서 채무자의 책임재산이 됨)라는 효과를 발생시킨다고 한다(김형배, / 389면). iii) 취소효과설은 채권자취소권의 행사에 의한 법률행위의 취소는 민법상 취소의 법리에 의하고, 원상회복의 효과도 취소된 법률행위가 없었던 상태로의 복귀라고 실체법적으로 해석한 후에 민사소송법의 기판력의 원칙을 적용해야 할 것이라고 한다(이은영, / 481면). 이 견해에 의하면, 취소의 효과는 채무자에게도 미친다고 하며, 또 채무자를 채권자취소소송의 공동피고로 강제할 것이 필요하다고 한다.

　판례는, 채권자취소권은 채무자의 사해행위를 채권자와 수익자 또는 전득자 사이에서 상대적으로 취소하고 채무자의 책임재산에서 일탈한 재산을 회복하여 채권자의 강제집행이 가능하도록 하는 것을 본질로 하는 권리라고 하여(대판 2008. / 4. 24, / 2007다 / 84352), i)설과 같다.

　생각건대 i)설 및 판례는 상대적 무효의 이론적 근거가 없다는 점에서 문제가 있다. 그리고 ii)설에 의할 경우 책임관계가 실현되려면 취소소송과는 별도의 소송제도(강제집행 인용의 소)가 필요하게 되는데 우리 법상 그러한 제도가 인정되지 않는다. 또한 iii)설은 취소의 효과를 불필요하게 넓게 인정하고, 또 수익자가 선의이고 전득자가 악의인 경우에는 취소가 인정될 수 없어서(이은영, / 474면) 채권자 보호에 미흡하게 된다. 이와 같이 모든 견해가 완전하지 못하나, 다른 합리적인 견해가 없는 상황에서 이들 중 하나를 선택하여야 한다면, i)설 및 판례를 택하여야 할 것이다. 그 견해가 책임재산의 회복이라는 채권자취소권 제도의 취지를 잘 살리면서도 타인의 법률관계에 미치는 영향을 최소화하여 가장 바람직하기 때문이다. 그 견해에 의하면, 채권자취소권 행사의 경우 소의 성질은 형성의 소와 이행의 소의 결합이 되고, 판결주문에서는 취소와 재산반환을 모두 명하게 된다(다만, / 재산의 / 일탈이 없을 경우에는 사해 / 행위의 취소만을 명한다). 그리고 피고는 수익자나 전득자가 되고, 채무자는 포함되지 않는다. 나아가 사해행위의 취소는 수익자 또는 전득자로부터 재산의 반환을 청구하는 데 필요한 범위에서만 상대적으로 효력이 생기게 된다(상대적 무효).

Ⅱ. 채권자취소권의 요건 [130]

채권자취소권이 성립하려면, 당연한 요건으로서 채권자의 채권의 존재가 필요하고, 그 외에 채무자가 채권자를 해치는 법률행위 즉 사해행위를 하였어야 하며, 채무자와 수익자(또는 전득자)가 사해의 사실을 알고 있었어야 한다(악의) $\binom{406조}{1항}$.

1. 채권자의 채권(피보전채권)의 존재

채권자가 보전하여야 할 채권을 가지고 있어야 한다. 채권자의 채권과 관련하여서는 모든 채권이 피보전채권이 될 수 있는지, 채권이 언제 성립하여야 하는지, 그리고 채권의 변제기가 되었어야 하는지 등이 문제된다.

(1) 피보전채권(被保全債權)이 될 수 있는 채권

1) **금전채권**   금전채권은 가장 전형적인 피보전채권이다$\binom{\text{대판 1961. 8. 10, 60}}{\text{다436은 금전채권자}}$ 만이 채권자취소권을 가진 $\binom{}{\text{다고 하나, 이는 옳지 않다}}$.

2) **금전채권 이외의 채권, 특히 특정채권**   금전채권이 아닌 채권 특히 특정채권$\binom{\text{특정물채권을 포함하여 급부가 특정되어 있는}}{\text{채권 전부를 가리킴. 예: 등기청구권·임차권}}$이 피보전채권이 될 수 있는가? 여기에 관하여 판례는, 채권자취소권은 채권자의 공동담보인 채무자의 책임재산의 감소를 방지하기 위한 것이고 특정채권의 보전을 목적으로 하는 것이 아니므로 특정물에 대한 소유권이전청구권을 보전하기 위하여서는$\binom{\text{특히 2중매}}{\text{매의 경우}}$ 채권자취소권을 행사할 수 없다고 한다$\binom{\text{대판 1965. 3. 30, 64다1483; 대판 1969. 1. 28, 68다2022; 대판 1988. 2. 23, 87다카1586; 대}}{\text{판 1991. 7. 23, 91다6757; 대판 1995. 2. 10, 94다2534; 대판 1996. 9. 20, 95다1965; 대판}}$ $\binom{\text{1999. 4. 27,}}{\text{98다56690}}$. 그리고 학설은 i) 특정채권의 보전을 위하여서는 채권자취소권을 행사할 수 없다는 견해$\binom{\text{곽윤직, 145면;}}{\text{김상용, 241면}}$, ii) 특정물채권에 관하여 논의하면서, 특정물채권의 실현 그 자체를 위하여서는 취소권을 행사할 수 없지만, 공동담보의 보전을 목적으로 하여서는 행사할 수 있다는 견해$\binom{\text{김형배, 400면. 금전채권 이외의 채권도 불이행으로 금전}}{\text{채권인 손해배상채권으로 변하기 때문에 제한할 필요가 없}}$ $\binom{\text{다는 견해도 결과}}{\text{에서 유사하다}}$, iii) 역시 특정물채권에 관하여 논의하면서, 특정물채권자는 특정물에 대한 자기채권을 보전하기 위하여서는 취소권을 행사할 수 없으나, 채무자의 유책사유로 인한 이행불능에 따른 손해배상청구권을 확보하기 위하여서는 행사할 수 있다는 견해$\binom{\text{이은영, 463면. 이 견해는 ii)설과 유사하나, 손해배상청구권을 보전하기 위해서는 행사할}}{\text{수 있다는 점에서 손해배상채권으로 변하기 전이라도 취소권을 행사할 수 있다고 하는 ii)설}}$ $\binom{\text{과 다}}{\text{르다}}$로 나뉘어 있다. 한편 판례$\binom{\text{대판 1965. 6. 29, 65다477. 이 판결에서는 백미}}{\text{8가마니의 채권(불특정물채권)이 문제되었다}}$와 i)설을 취하는

문헌(곽윤직, 146면;
김상용, 242면)은 금전채권이 아니더라도 그 채무의 불이행으로 손해배상채권으로 변할 수 있는 것은 모두 피보전채권으로 될 수 있다고 한다.

　　이 문제에 대하여 판단을 함에 있어서는 우선, 우리 민법이 채권자취소권은 채권자대위권과 달리 명문으로 모든 채권자의 공동담보의 보전을 위한 제도로 규정하고 있음을 유의하여야 한다(407조). 따라서 공동담보의 보전이 아니고 오직 취소채권자의 채권실현을 위하여서는 그 권리를 행사할 수 없게 된다(판례도 취득시효
의 대상이 된 부동산을 처분한 경우에 취득시효 완성자는 취소할 수
없다고 한다. 대판 1992. 11. 24, 92다33855 · 33862). 그러면 특정채권을 보전하기 위한 경우에는 언제나 취소권을 행사할 수 없다고 할 것인가? 특정채권의 채권자가 취소권을 행사하는 경우 가운데에는 자기의 채권의 실현을 확보하기 위한 때(예: 부동산의 제 1 매
수인이 그 부동산의
제 2 매매를
취소하는 때)가 있는가 하면, 단순히 채무자의 책임재산을 확보하기 위한 때(예: 부동산
의 제 1 매수
인이 다른 부동산의 증
여계약을 취소하는 때)도 있다. 특정채권의 보전이 전자의 경우만 있는 것으로 오해하여서는 안 된다. 그중에 전자에 있어서 채권자취소권이 행사될 수 없음은 분명하다. 그때에는 취소권이 행사되고 나면 그 뒤에 채권자의 채권을 행사하게 되어, 공동담보는 보전되지 않기 때문이다. 그에 비하여 후자에 있어서는 공동담보가 보전된다. 그렇다고 하여 그러한 때에 언제나 취소권행사가 가능하다고 할 것은 아니다. 그러한 때라 할지라도 채무자에 대한 채권의 강제실현이 가능한 한 취소권행사를 인정할 필요는 없다. 왜냐하면 그 경우에는 설사 채무자가 무자력이라 할지라도 채권자는 그의 채권을 강제로 실현할 수 있으며, 그럼에도 불구하고 취소권을 행사하는 것은 지나친 간섭이 되기 때문이다. 그러므로 공동담보를 보전하게 되는 때라도 강제실현이 불가능한 경우(예: 토지매도인(채무자)이 토지매수인(채권자)에게
제 3 자의 특정 토지의 소유권을 이전하기로 한 경우)에만 취소할 수 있다고 하여야 한다. 요컨대 특정채권의 경우에는 그 채권의 실현을 위하여서는 취소할 수 없고, 그 채권의 실현을 위한 것이 아니더라도 채권의 강제실현이 가능하면 역시 취소권을 행사할 수 없으며, 그것도 아닌 때에만 다른 요건이 갖추어진 상태에서 취소할 수 있다고 할 것이다. 그것은 극히 예외적으로만 가능할 것이다.

　　나아가 불특정채권(대표적인 예:
종류채권)의 경우에는 많은 경우에 채권자취소권이 공동담보의 보전을 가져올 것이다. 그 채무가 조달채무[36]
참조)로서의 성질을 가진 때에 그렇다. 따라서 그러한 때에는 취소권을 행사할 수 있다. 그러나 재고채권(한정종류채권)에 있어서는 다르다. 그때에는 물건을 외부에서 조달할 의무가 없기 때문이다.

한편 채권자의 채권이 특정채권이든 불특정채권이든 그것이 후에 채무불이행 특히 이행불능에 의하여 손해배상채권으로 변한 때에는 그것 자체가 금전채권으로서 피보전채권이 될 수 있다. 다만, 그 경우에는 손해배상채권이 발생한 이후에 행하여진 행위만 취소될 수 있다. 판례도 2중매매의 경우에 2중양도로 인한 손해배상채권은 2중양도행위에 대하여 취소권을 행사할 수 있는 피보전채권으로 될 수 없다고 한다($\frac{\text{대판 1999. 4. 27,}}{\text{98다56690}}$).

3) 물적 담보를 수반하는 채권　　　질권·저당권과 같은 물적 담보에 의하여 담보되는 채권은 우선변제를 받지 못하는 범위에서만 취소권을 행사할 수 있다. 판례도 같은 입장에서, 주채무자 또는 제 3 자 소유의 부동산에 대하여 채권자 앞으로 근저당권이 설정되어 채권자에게 우선변제권이 확보되어 있다면 그 범위 내에서는 채무자의 재산처분행위는 채권자를 해하지 않으므로 그 담보물로부터 우선변제받을 액을 공제한 나머지 채권액에 대하여만 채권자취소권이 인정된다고 한다(대판 2002. 4. 12, 2000다63912; 대판 2010. 2. 11, 2009다81616. 같은 취지: 대판 1997. 9. 9, 97다10864; 대판 2000. 12. 8, 2000다21017; 대판 2001. 7. 27, 2000다73377; 대판 2002. 11. 8, 2002다41589; 대판 2010. 1. 28, 2009다30823; 대판 2021. 11. 25, 2016다263355) (이때 취소채권자가 「담보물로부터 우선변제받을 금액」은 사해행위 당시를 기준으로 담보물의 가액에서 취소채권자에 앞서는 선순위 담보물권자가 변제받을 금액을 먼저 공제한 다음 산정하여야 한다. 대판 2021. 11. 25, 2016다263355). 그리고 이 경우 피보전채권의 존재와 범위는 채권자취소권 행사의 한 요건에 해당하므로, 채권자취소권을 행사하는 채권자가 자신이 주장하는 피보전채권이 담보권의 존재에도 불구하고 우선변제권 범위 밖에 있다는 점을 주장·입증(증명)할 것이라고 한다(대판 2002. 11. 8, 2002다41589; 대판 2010. 1. 28, 2009다30823; 대판 2014. 9. 4, 2013다60661). 그리고 이때 우선변제받을 금액은 처분행위 당시의 담보목적물의 시가를 기준으로 산정할 것이라고 한다($\frac{\text{대판 2014. 9. 4,}}{\text{2013다60661}}$). 또한 이와 같은 법리는 「자동차 등 특정동산 저당법」에 따라 자동차에 대하여 채권자 앞으로 근저당권이 설정되어 있는 경우에도 마찬가지로 적용된다고 한다(대판 2014. 9. 4, 2013다60661: 따라서 자동차에 대하여 채권자 앞으로 근저당권이 설정되어 있는 경우 근저당권에 의하여 우선변제받을 금액과 이를 공제한 피보전채권액의 산정은 특별한 사정이 없는 한 처분행위 당시의 자동차 시가를 기준으로 할 것이라고 함). 나아가 채권자의 채권원리금이 그 우선변제권에 의하여 전액 담보되지 아니하는 경우에는, 변제충당의 법리를 유추적용하여 사해행위 시점에서는 이자채권이 원금채권에 우선하여 우선변제권에 의하여 담보되고 있다고 볼 것이므로, 담보되지 않는 부분 가운데에는 원금에 해당하는 금원이 포함되어 남아 있게 될 것이고, 따라서 채권자가 채권자취소권을 행사할 수 있는 범위는 그 이후 담보권의 실행 등으로 소멸한 부분을 제외하고 난 다음 실제로 남은 미회수 원리금 전부가 아니라 사해행위 당시 채권최고액 및 담보

[131]

부동산의 가액을 초과하는 부분$\left(\begin{smallmatrix}대판 2002. 11. 8, 2002다41589는 '사해행위 당시 채권최고액 및 이 사건\\담보부동산의 가액을 초과하는 부분'이라고 하고, 대판 2010. 2. 11, 2009다\end{smallmatrix}\right.$
81616은 '사해행위 당시 담보부동산의 가액과 채권최고액 중 적은 금액$\left.\begin{smallmatrix}\\을 초과하는 부분'이라고 하는데, 뒤의 것이 더 정확한 것으로 생각된다\end{smallmatrix}\right)$에 해당하는 채무원리금 및 그중
원금부분에 대한 사실심 변론종결시점까지 발생한 지연이자 상당의 금원이 이에
해당한다고 한다$\left(\begin{smallmatrix}대판 2002. 11. 8, 2002다41589; 대판 2010. 2. 11, 2009다81616. 같은 취지: 대판\\2001. 9. 4, 2000다66416; 대판 2001. 12. 11, 2001다64547; 대판 2002. 4. 12, 2000다63912\end{smallmatrix}\right)$.

4) 인적 담보를 수반하는 채권   보증채무·연대채무와 같은 인적 담보를
수반하는 채권은 담보자에게 변제자력이 있더라도 우선변제가 보장되는 것은 아
니므로 그 전 범위에서 취소권을 행사할 수 있다.

5) 재산분할청구권   민법은 근래 개정을 통하여$\left(\begin{smallmatrix}2007. 12.\\21\end{smallmatrix}\right)$ 협의상 이혼한
또는 재판상 이혼한 자의 재산분할청구권을 보전하기 위하여서 채권자취소권을
행사할 수 있도록 하였다. 그에 의하면, 부부의 일방이 다른 일방의 재산분할청
구권 행사를 해함을 알면서도 재산권을 목적으로 하는 법률행위를 한 때에는, 다
른 일방은 제406조 제 1 항을 준용하여 그 취소 및 원상회복을 가정법원에 청구
할 수 있다$\left(\begin{smallmatrix}839조의 3\\1항·843조\end{smallmatrix}\right)$. 그리고 그 소는 제406조 제 2 항의 기간 내에 제기하여야 한
다$\left(\begin{smallmatrix}839조의 3\\2항·843조\end{smallmatrix}\right)$.

6) 채무자가 파산절차에서 면책결정을 받은 채권   채권자취소권은 채무
자의 책임재산을 보전하기 위한 제도로서 채무자에 대하여 채권을 행사할 수
있음이 전제되어야 할 것이므로, 채무자가 파산절차에서 면책결정을 받은 때에
는, 파산채권을 피보전채권으로 하여 채권자취소권을 행사하는 것은 그 채권이
채무자회생법 제566조 단서의 예외사유에 해당하지 않는 한 허용되지 않는다
$\left(\begin{smallmatrix}대판 2008. 6. 26,\\2008다25978\end{smallmatrix}\right)$.

〈판 례〉

 (ㄱ)「채무자 회생 및 파산에 관한 법률 제584조, 제347조 제 1 항, 제406조에 의하
면, 개인회생절차 개시결정이 내려진 후에는 채무자가 부인권을 행사하고, 법원은 채
권자 또는 회생위원의 신청에 의하거나 직권으로 채무자에게 부인권의 행사를 명할
수 있으며, 개인회생채권자가 제기한 채권자취소소송이 개인회생절차 개시결정 당시
에 계속되어 있는 때에는 그 소송절차는 수계 또는 개인회생절차의 종료에 이르기까
지 중단된다.
 이러한 규정 취지와 집단적 채무처리절차인 개인회생절차의 성격, 부인권의 목적
등에 비추어 보면, 개인회생절차 개시결정이 내려진 후에는 채무자가 총채권자에 대
한 평등변제를 목적으로 하는 부인권을 행사하여야 하고, 개인회생채권자 목록에 기

재된 개인회생채권을 변제받거나 변제를 요구하는 일체의 행위를 할 수 없는 개인회생채권자가 개별적 강제집행을 전제로 하여 개개의 채권에 대한 책임재산의 보전을 목적으로 하는 채권자취소소송을 제기할 수는 없다.」$\binom{\text{대판 2010. 9. 9, 2010다37141. 파산선고 후}}{\text{에는 파산관재인이 부인권을 행사하여야}}$
하고 파산채권자가 채권자취소의 소를 제기할 수 없
다는 판결: 대판 2018. 6. 15, 2017다265129도 참조

(ㄴ) 「사해행위의 수익자 또는 전득자에 대하여 회생절차가 개시되는 경우 채무자의 채권자가 사해행위의 취소와 함께 회생채무자로부터 사해행위의 목적인 재산 그 자체의 반환을 청구하는 것은 채무자 회생 및 파산에 관한 법률(이하 '채무자회생법'이라고 한다) 제70조에 따른 환취권의 행사에 해당하여 회생절차개시의 영향을 받지 아니하므로, 채무자의 채권자는 수익자 또는 전득자의 관리인을 상대로 사해행위의 취소 및 그에 따른 원물반환을 구하는 사해행위취소의 소를 제기할 수 있다 $\binom{\text{대법원 2014. 9. 4. 선고}}{\text{2014다36771 판결 참조}}$.

나아가 수익자 또는 전득자가 사해행위취소로 인한 원상회복으로서 가액배상을 하여야 함에도, 수익자 또는 전득자에 대한 회생절차개시 후 회생재단이 가액배상액 상당을 그대로 보유하는 것은 취소채권자에 대한 관계에서 법률상의 원인 없이 이익을 얻는 것이 되므로 이를 부당이득으로 반환할 의무가 있고, 이는 수익자 또는 전득자의 취소채권자에 대한 가액배상의무와 마찬가지로 사해행위의 취소를 명하는 판결이 확정된 때에 비로소 성립한다고 보아야 한다. 따라서 설령 사해행위 자체는 수익자 또는 전득자에 대한 회생절차개시 이전에 있었더라도, 이 경우의 사해행위취소에 기한 가액배상청구권은 채무자회생법 제179조 제 1 항 제 6 호의 '부당이득으로 인하여 회생절차개시 이후 채무자에 대하여 생긴 청구권'인 공익채권에 해당한다.」$\binom{\text{대판}}{\text{2019. 4. 11,}}_{\substack{\text{2018다}\\\text{203715}}}$

7) 확정판결의 집행이 권리남용에 해당하는 경우의 판결금 채권   판례는, 확정판결에 기한 집행이 권리남용에 해당하여 청구이의의 소에 의하여 그 집행의 배제를 구할 수 있는 정도의 경우라면 그러한 판결금 채권에 기초한 다른 권리의 행사, 예를 들어 그 판결금 채권을 피보전채권으로 하여 채권자취소권을 행사하는 것 등도 허용될 수 없다고 한다$\binom{\text{대판 2014. 2. 21,}}{\text{2013다75717}}$.

(2) 피보전채권의 성립시기   [132]

채권자의 채권은 사해행위가 있기 전에 발생한 것이어야 한다$\binom{\text{이설이 없으며, 판}}{\text{례도 같음. 대판}}$ 1962. 11. 15, 62다634; 대판 1963. 12. 12, 63다661; 대판 1995. 2. 10, 94다2534; 대판 2002. 4. 12, 2000다43352(법률행위(매매계약)의 이행으로서 가등기를 한 경우에 그 법률행위가 취소채권자의 채권보다 먼저 발생한 경우에는 그 가등기는 채권자취소권의 대상
이 아니라고 함). 사해행위 이후에 발생한 채권은 사해행위에 의하여 침해될 수가 없기 때문이다. 다만, 판례는 이러한 원칙에 하나의 예외를 인정하고 있다. 즉 사해행위 당시에 이미 채권 성립의 기초가 되는 법률관계$\binom{\text{이는 약정에 의한 것 외에 준법률관}}{\text{계나 사실관계를 포함하며, 따라서}}$

^{계약교섭이 상당히 진행된 때도 포함된}
^{다고 함. 대판 2002. 11. 8, 2002다42957})가 발생되어 있고, 가까운 장래에 그 법률관계에 기하여 채권이 성립되리라는 것에 대한 고도의 개연성이 있으며, 실제로 가까운 장래에 그 개연성이 현실화되어 채권이 성립된 경우에는, 그 채권도 채권자취소권의 피보전채권이 될 수 있다고 한다(^{대판 1995. 11. 28, 95다27905; 대판 2001. 3. 23,}
^{2000다37821; 대판 2002. 3. 29, 2001다81870; 대판}
2002. 11. 26, 2000다64038; 대판 2004. 11. 12, 2004다40955; 대판 2005. 8. 19, 2004다
53173; 대판 2021. 11. 25, 2016다263355; 대판 2023. 3. 16, 2022다272046 등 다수의 판결). 그리고 이러한 법리는 물적 담보권자가 채권자취소권을 행사할 수 있는 피보전채권의 범위를 정하는 경우에도 마찬가지로 적용된다고 한다. 그리하여 취소채권자가 채무자 소유의 부동산에 관하여 근저당권을 설정하였는데 사해행위 당시 채무자에 대하여 근로기준법에 따라 최우선변제권을 갖는 임금채권이 이미 성립되어 있고, 임금채권자가 우선변제권 있는 임금채권에 기하여 취소채권자의 담보물에 관하여 압류나 가압류 등기를 마치는 등 가까운 장래에 우선변제권을 행사하리라는 점에 대한 고도의 개연성이 있으며, 실제로 가까운 장래에 임금채권자가 그 담보물에 관하여 우선변제권을 행사하여 그 개연성이 현실화된 경우에는, 사해행위 당시 담보물로부터 우선변제를 받을 수 없는 일반채권이 발생할 고도의 개연성이 가까운 장래에 현실화된 것이므로 그 일반채권도 채권자취소권을 행사할 수 있는 피보전채권이 될 수 있다고 하며, 이러한 경우 취소채권자가 「담보물로부터 우선변제받을 금액」은 사해행위 당시를 기준으로 담보물의 가액에서 우선변제권 있는 임금채권액을 먼저 공제한 다음 산정하여야 하고, 취소채권자는 그 채권액에서 위와 같이 산정된 「담보물로부터 우선변제받을 금액」을 공제한 나머지 채권액에 대하여만 채권자취소권이 인정된다고 한다(^{대판 2021. 11. 25,}
^{2016다263355}). 한편 대법원은, 특별한 사정이 없는 한 사해행위 당시 계속적인 물품거래관계가 존재하였다는 사정만으로 채권 성립의 기초가 되는 법률관계가 발생하여 있었다고 할 수 없다고 한다(^{대판 2017. 11. 29, 2017다241819;}
^{대판 2023. 3. 16, 2022다272046}). 그 이유는, 계속적인 물품공급계약에서 대상이 되는 물품의 구체적인 수량, 거래단가, 거래시기 등에 관하여까지 구체적으로 미리 정하고 있다거나, 일정한 한도에서 공급자가 외상으로 물품을 공급할 의무를 규정하고 있지 않은 이상, 계속적 물품공급계약 그 자체에 기하여 거래당사자의 채권이 바로 성립하지는 않으며, 주문자가 상대방에게 구체적으로 물품의 공급을 의뢰하고 그에 따라 상대방이 물품을 공급하는 별개의 법률관계가 성립하여야만 채권이 성립하기 때문이라고 한다.

채권자의 채권이 사해행위 이전에 성립되어 있는 이상 그 채권이 양도된 경우에도 그 양수인이 채권자취소권을 행사할 수 있고, 이 경우 채권양도의 대항요건을 사해행위 이후에 갖추었더라도 채권양수인이 채권자취소권을 행사하는 데 아무런 장애사유가 될 수 없다(대판 2006. 6. 29, 2004다5822. 사해행위 전에 채권이 양도된 경우임). 사해행위 이전에 성립한 채권이 사해행위 이후에 양도되었다고 하더라도 양수인이 채권자취소권을 행사할 수 있는 점은 같다(대판 2012. 2. 9, 2011다77146). 한편 판례는, 피보전채권이 사해행위 이전에 성립되어 있는 이상 그 액수나 범위가 구체적으로 확정되지 않은 경우라고 하더라도 채권자취소권의 피보전채권이 된다고 한다(대판 2018. 6. 28, 2016다1045).

〈판 례〉

(ㄱ)「채권자취소권에 의하여 보호될 수 있는 채권은 원칙적으로 사해행위라고 볼 수 있는 행위가 행하여지기 전에 발생된 것임을 요하나, 그 사해행위 당시에 이미 채권 성립의 기초가 되는 법률관계가 발생되어 있고, 가까운 장래에 그 법률관계에 기하여 채권이 성립되리라는 점에 대한 고도의 개연성이 있으며, 실제로 가까운 장래에 그 개연성이 현실화되어 채권이 성립된 경우에는, 그 채권도 채권자취소권의 피보전채권이 될 수 있다고 할 것이지만(대법원 1995. 11. 28. 선고 95다27905 판결 등 참조), 부동산을 양도받아 소유권이전등기 청구권을 가지고 있는 자가 양도인이 제 3 자에게 이를 이중으로 양도하여 소유권이전등기를 경료하여 줌으로써 취득하는 부동산 가액 상당의 손해배상채권은 이중양도행위에 대한 사해행위취소권을 행사할 수 있는 위와 같은 피보전채권에 해당한다고 할 수 없다고 할 것이다.」(대판 1999. 4. 27, 98다56690)

(ㄴ) 채무자가 보증인의 보증 하에 은행으로부터 대출을 받음에 있어 채무자의 보증인에 대한 구상채무에 대하여 연대보증한 자가 연대보증 후 소유 부동산을 제 3 자에게 증여한 사안에서, 증여계약 당시 채무자가 당해 대출금을 당초 변제기까지 변제하지 못하고 변제기를 연장하였을 뿐만 아니라 그 외에도 원금을 변제하지 못하고 있는 대출금이 많이 있었고, 거래처의 부도로 인하여 막대한 손해를 보고 있었던 점 등 증여계약 당시의 채무자의 재정상태에 비추어 볼 때 채권자취소권의 피보전채권인 구상채권의 성립의 개연성이 있었다고 인정한 사례(대판 1997. 10. 28, 97다34334).

(ㄷ) 채권자의 보증채무 이행으로 인한 구상금채권이 채무자의 사해행위 당시 아직 발생하지는 않았으나 그 기초가 되는 신용보증약정은 이미 체결되어 있었고 사해행위 시점이 주채무자의 부도일 불과 한 달 전으로서 이미 주채무자의 재정상태가 악화되어 있었던 경우, 위 구상금채권은 채권자취소권의 피보전채권이 된다고 한 사례(대판 2000. 2. 25, 99다53704).

(ㄹ) 채무자가 채권자와 신용카드 가입계약을 체결하고 신용카드를 발급받았으나

자신의 유일한 부동산을 매도한 후에 비로소 신용카드를 사용하기 시작하여 신용카드대금을 연체하게 된 경우, 그 신용카드대금채권은 사해행위 이후에 발생한 채권에 불과하여 사해행위의 피보전채권이 될 수 없다고 한 사례(대판 2004. 11. 12, 2004다40955).

　㈂ 신용보증기금이 갑회사와 체결한 신용보증약정에 따라 갑회사의 물품대금채무를 대위변제한 후 연대보증인에 대한 구상금채권을 피보전권리로 하여 연대보증인인 갑회사의 대표이사가 그 신용보증약정 체결 전 자기 소유의 부동산에 관하여 갑회사의 채권자인 은행과 체결한 근저당권설정계약에 대해 사해행위취소를 구한 사안에서, 위 신용보증약정이 근저당권설정계약 전 체결한 구 신용보증약정과 기초적 법률관계가 동일하다고 보아, 근저당권설정계약 체결 당시 이미 위 구상금채권의 성립의 기초가 되는 구 신용보증약정과 위 대표이사에 대한 연대보증계약이 성립하여 있었고, 근저당권설정계약 체결 직전 무렵부터 갑회사의 자금사정이 악화되어 가까운 장래에 구상금채권이 발생할 고도의 개연성이 있었으므로, 위 구상금채권은 채권자취소권의 피보전채권이 된다고 한 사례(대판 2010. 4. 29, 2009다80705).

(3) 피보전채권의 이행기가 되었어야 하는지 여부

채권자대위권의 경우와 달리 채권자취소권에서는 채권이 이행기에 있을 것이 요구되지 않는다. 따라서 채권의 이행기가 되기 전에도 취소권은 행사할 수 있다(이설 없음). 나아가 조건부 채권·기한부 채권도 피보전채권으로 될 수 있다고 하여야 한다. 판례도, 취소채권자의 채권이 정지조건부 채권인 경우에 관하여, 장래에 그 정지조건이 성취되기 어려울 것으로 보이는 등의 특별한 사정이 없는 한, 그것을 피보전채권으로 하여 채권자취소권을 행사할 수 있다고 한다(대판 2011. 12. 8, 2011다55542: 공사도급계약의 수급인이 공사가 완공되지 못하고 중도에 계약이 해제될 경우 원고에게 일정액을 지급해야 하는 정지조건부 채무를 부담하고 있는데, 그의 유일한 재산에 관하여 타인에게 근저당권설정등기를 해 준 사안).

[133]　　## 2. 사해행위(詐害行爲)

채권자취소권이 성립하려면 사해행위가 있어야 한다.

(1) 채무자의 법률행위

1) 채무자가 행한 행위만 사해행위로서 취소할 수 있으며, 채무자 이외의 자가 행한 행위는 취소하지 못한다. 그리하여 가령 채무자로부터 토지를 매수한 자나 전득한 자가 행한 양도행위 또는 저당권설정행위는 취소할 수 없다. 채무자의 대리인이 한 법률행위가 취소의 대상이 됨은 물론이다(이설 없음).

2) 채무자가 행한 「법률행위」가 사행행위로 될 수 있다. 이때 법률행위의 종

류는 묻지 않는다. 따라서 계약뿐만 아니라 단독행위($^{권리포기 \cdot}_{채무면제 등}$)나 합동행위 ($^{회사설립}_{행위 등}$)라도 무방하다. 그리고 그 법률행위가 채권행위 · 물권행위 · 준물권행위 중 어느 것이라도 상관없다($^{같은 취지: 대판}_{1975. 4. 8, 74다1700}$).

사행행위는 법률행위이어야 하므로, 시효중단조치를 취하지 않는 것 또는 증여의 청약에 대하여 승낙을 하지 않는 것($^{주석 채권총칙(2), 59면(이상경)은 이것은 재산감}_{소행위가 아니어서 취소의 대상이 아니라고 한다}$)과 같은 단순부작위나 물건파괴와 같은 사실행위는 원칙적으로 취소의 대상이 아니라고 하여야 한다($^{통설도}_{같음}$). 견해($^{곽윤직, 142면; 김상용, 243면;}_{주해(9), 816면(김능환) 등}$)에 따라서는 법률행위를 하지는 않았지만 법률상 이를 한 것과 동일한 효과가 주어지는 경우 즉 법정추인($^{15조 \cdot}_{145조}$) · 추인거절($^{131}_{조}$) · 재판으로 의사표시에 갈음하는 경우($^{389조 2}_{항 전단}$) 등에도 취소권을 행사할 수 있다고 한다. 그러나 법정추인 · 추인거절은 이른바 의제된 의사표시라고 부르는데, 그것은 법률효과를 결정하기 위하여 빌려 사용한 개념에 지나지 않으므로($^{민법총칙}_{[80] 참조}$) 「의사표시」처럼 다룰 이유는 없다. 그러한 경우에는 그 실질을 따져서 부작위가 있는 때에는 취소의 대상이 아니라고 하고, 적극적 행위가 있는 때에는 그것의 성질 여부에 따라 취소의 대상인지를 결정하여야 한다. 그리고 의사표시에 갈음하는 재판은 기판력과의 관계상 취소의 대상이 아니라고 하여야 한다($^{같은 취지: 주석 채권총칙(2), 59면(이)}_{상경); 주해(9), 816면 주 116(김능환)}$).

제406조 제 1 항은 「법률행위」라고만 규정하고 있어서 준법률행위는 취소의 대상이 아니라는 견해도 주장될 여지가 있다. 그러나 학설은 일치하여 준법률행위도 취소의 대상이 된다고 한다. 채권자취소권 제도가 본래 채권의 공동담보를 보전하는 것이 목적이므로 재산감소의 법률효과를 가져오는 채무자의 행위라면 법률행위가 아니라도 포함시키는 것이 적절하다는 이유에서이다. 그리하여 최고 · 채권양도의 통지 · 시효중단을 위한 채무승인($^{주석 채권총칙(2), 60면(이상경)은 승인은 단}_{지 현상유지기능만 있으므로 취소할 수 없다}^{고}_{한다}$)도 취소할 수 있다고 한다. 통설에 찬성한다.

순수한 소송행위가 취소의 대상으로 되지 않는다는 데 대하여는 다툼이 없다. 그런데 소송행위가 동시에 실체법상의 법률행위로서 성질을 가지는 경우, 예컨대 소송상의 상계 · 청구의 포기 인낙 · 재판상의 화해 등이 취소의 대상이 되는지에 관하여는 견해가 나뉜다. 하나의 견해는 i) 이를 긍정하나(긍정설)($^{곽윤직,}_{141면 등}$), 다른 견해는 ii) 소송행위가 설령 실체법상의 효과를 수반하는 경우에도 취소의 대상이 될 수 없다고 한다(부정설)($^{김상용, 243면; 주석 채권총칙(2), 61}_{면(이상경); 주해(9), 816면(김능환)}$). 생각건대 소송행위는 본래 취소에 친하지 않은 행위이고 채권자취소권 행사에 의하여 재판의 결과를 뒤집는 것은 바람직하지 않으므로 ii)의 부정설을 취하여야 할 것이다.

　　3) 법률행위가 무효인 경우에는 채권자취소권을 행사할 수 없는가? 이 문제는 주로 허위표시행위(가장행위)에 관하여 논의되고 있다. 여기에 관하여 판례는 채무자의 법률행위가 통정허위표시인 경우에도 채권자취소권의 대상이 된다고 할 것이고(대판 1961. 11. 9, 60다263; 대판 1963. 11. 28, 63다493; 대판 1975. 2. 10, 74다334; 대판 1984. 7. 24, 84다카68; 대판 1998. 2. 27, 97다50985; 대판 2022. 5. 26, 2021다288020), 한편 채권자취소권의 대상으로 된 채무자의 법률행위라도 허위표시의 요건을 갖춘 경우에는 무효라고 한다(대판 1998. 2. 27, 97다50985). 이때 통정허위표시에 관한 증명책임은 취소채권자에게 있다고 한다(대판 2012. 7. 26, 2012다30861. 이 판결 사안에서는 가장증여가 문제되었다). 그리고 학설은 일치하여 판례와 마찬가지로 허위표시행위라도 채권자취소권을 행사할 수 있다고 한다. 그런데 그 이유에 관하여는 i) 허위표시 제도나 채권자취소권 제도는 모두 책임재산을 보전하는 기능을 하며, 그와 같이 두 제도가 동일한 기능을 하는 경우에는 한정적 해석을 할 필요가 없다고 하는 견해(곽윤직, 142면)와 ii) 무효인 행위도 취소할 수 있다는 견해(이은영, 466면)로 나뉜다. 이 경우에는 언제나 당연히 취소할 수 있다고 새길 것이 아니고, 사해행위의 요건이 갖추어진 때에만 취소할 수 있다고 하여야 하므로, i)설처럼 설명하여야 할 것이다.

[134]　　**(2) 재산권을 목적으로 하는 법률행위**

　　취소의 대상이 되는 사해행위는 매매·대물변제·저당권설정과 같이 직접 재산권을 목적으로 하는 법률행위(또는 기타의 행위)이어야 한다(406조 1항 본문). 이는 채무자의 자유를 침해하지 않기 위한 것이다. 그러므로 혼인·입양·인지 등과 같이 직접 재산권을 목적으로 하지 않는 행위는 취소할 수 없다. 그리고 재산행위일지라도 채무자의 자유의사에 맡겨야 하는 행위, 예컨대 상속의 포기·승인, 증여 또는 유증의 거절은 원칙적으로는 취소할 수 없다(대판 2011. 6. 9, 2011다29307은, 상속의 포기는 406조 1항에서 정하는 「재산권에 관한 법률행위」에 해당하지 않아 사해행위 취소의 대상이 되지 못한다고 하며, 대판 2019. 1. 17, 2018다260855는 유증을 받을 자가 이를 포기하는 것은 사해행위 취소의 대상이 되지 않는다고 한다). 다만, 사정에 따라서는 취소가 인정되어야 할 때도 있다. 가령 채무자가 협의이혼을 하면서 배우자에게 상당한 정도를 넘는 과대한 재산분할을 하는 특별한 사정이 있는 경우에는 상당한 부분을 초과하는 부분에 대하여 취소할 수 있고(대판 1984. 7. 24, 84다카68; 대판 2000. 7. 28, 2000다14101; 대판 2001. 5. 8, 2000다58804; 대판 2005. 1. 28, 2004다58963 등. 상당한 정도를 벗어나는 과대한 재산분할이라고 볼 만한 특별한 사정이 있다는 점에 관한 증명책임은 채권자에게 있다. 대판 2000. 7. 28, 2000다14101), 채무자가 상속재산의 분할협의를 하면서 상속재산에 관한 권리를 포기함으로써 재산분할 결과가 구체적 상속분에 상당하는 정도에 미달하는 과소한 경우에는 미달한 부분에 한하여 취소할 수 있다고 하여야 한다(대판 2001. 2. 9, 2000다51797; 대판 2007. 7. 26, 2007다29119)(이때 지정상속분이 나 기여분·특별수익 등의 존부 등 구체적 상속분이 법정상속분과 다르다는 사정은 채무자가 주장·증명하여야 할 것이다. 대판 2001. 2. 9, 2000다51797). 그런가 하면 압류가 금지되는 재산권은 채권의 공동담보가 되지 못하므로 그에 관한 행위도 취소할 수 없다. 한편 판례는, 공법상의 허가권 등의 양도행위가 사해행위로서 채권자취소권의 대상이 되기 위해서는, 행정관청의 허가 없이 그 허가권 등을 자유로이 양도할 수 있는 등으로 그 허가권 등이 독립한 재산적 가치를 가지고 있어 민사집행법 제251조 소정의 「그 밖의 재산권」에 대한 집행방법에 의하여 강제집행할 수 있어야 할 것인데 구 수산업법(2009. 4. 22. 법률 9626호로 전부 개정되기 전의 것)의 여러 규정에 비추어 보면, 위 법 제43조에서 규정하는 어업허가의 양도는 허용되지 않는다고 할 것이므로(다만 현행 수산업법 44조는 어업허가를 받은 자로 부터 어선 등을 매입한 자는 그 어업허가를 받은 자의 지위를 승계한다고 규정함으로써 어업허가를 포함한 어선 등의 양도는 허용하고 있다), 결국 민사집행법 제251조 소정의 강제집행의 대상이 될 수 없는 어업허가를 양도한 행위는 채권자취소권의 대상이 될 수 없다고 한다(대판 2010. 4. 29, 2009다105734). 그에 비하여 공유수면관리법과 같은 법 시행령의 각 규정에 의하면, 공유수면 점용허가권은 공법상의 권리라고 하더라도 허가를 받은 자가 관할 관청의 허가 없이 그 점용허가권을 자유로이 양도할 수 있으므로 독립한 재산적 가치를 가지고 있고, 법률상 압류가 금지된 권리도 아니어서 민사집행법 제251조 소정의 「그 밖의 재산권」에 대한 집행방법에 의하여 강제집행을 할 수 있고, 사해행위로서 이를 양도한 경우에는 채권자취소권의 대상이 된다고 한다(대판 2005. 11. 10, 2004다7873). 한편 판례는, 채무자가 소멸시효 완성 후에 한 소멸시효이익의 포기행위는 소멸하였던 채무가 소멸하지 않았던 것으로 되어 결과적으로 채무자가 부담하지 않아도 되는 채무를 새롭게 부담하게 되는 것이므로 채권자취소권의 대상인 사해행위가 될 수 있다고 한다(대결 2013. 5. 31, 2012마712). 그리고 협의 또는 심판에 의하여 구체화되지 않은 이혼에 따른 재산분할청구권은 채무자의 책임재산에 해당하지 않고, 이를 포기하는 행위 또한 채권자취소권의 대상이 될 수 없다고 한다(대판 2013. 10. 11, 2013다7936). 그런가 하면 채무자가 영업재산과 영업권이 유기적으로 결합된 일체로서의 영업을 양도함으로써 채무초과상태에 이르거나 이미 채무초과상태에 있는 것을 심화시킨 경우, 그 영업양도는 채권자취소권 행사의 대상이 된다고 한다(대판 2015. 12. 10, 2013다84162).

[135] **(3) 채권자를 해하는 법률행위일 것**

1) 서   설   여기서 채권자를 해한다는 것은 채무자의 재산행위로 말미암아 채무자의 적극재산이 소극재산인 채무의 총액보다 적은 것, 즉 채무초과 또는 무자력을 가리킨다(대판 1962. 11. 15, 62다634; 대판 1982. 5. 25, 80다1403)(채무자의 재산처분행위로 인하여 무자력 또는 채무초과 상태가 초래되었다는 사실에 관한 주장·증명책임은 취소채권자가 부담함. 대판 2007. 5. 31, 2005다28686; 대판 2023. 10. 18, 2023다237804). 그러나 사해행위 여부를 무자력인지에 의하여 단순히 숫자적으로 판단할 것은 아니다. 그것 외에 채무자의 의도, 채권자가 변제받을 가능성이 줄어드는 정도 등 사해행위 당시에 있는 모든 사정을 종합적으로 고려하여 정하여야 한다(유사하게 김형배, 404면; 이은영, 467면. 반대: 곽윤직, 143면; 김상용, 244면). 판례는, 사해행위에 해당하는지 여부는, 행위목적물이 채무자의 전체 책임재산 가운데에서 차지하는 비중, 무자력의 정도, 법률행위의 경제적 목적이 갖는 정당성 및 그 실현수단인 당해 행위의 상당성, 행위의 의무성 또는 상황의 불가피성, 채무자와 수익자 간 통모의 유무와 같은 공동담보의 부족 위험에 대한 당사자의 인식의 정도 등 그 행위에 나타난 여러 사정을 종합적으로 고려하여, 그 행위를 궁극적으로 일반채권자를 해하는 행위로 볼 수 있는지 여부에 따라 최종 판단하여야 할 것이라고 한다(대판 2010. 9. 30, 2007다2718; 대판 2011. 10. 13, 2011다28045; 대판 2014. 3. 27, 2011다107818).

〈가등기의 경우(판례)〉

판례에 따르면, 소유권이전청구권을 보전하기 위한 가등기를 마친 경우에는 가등기 자체만으로는 소유권이전의 효력이 발생하지 않지만 후일 본등기를 마치면 가등기 시에 소급하여 소유권변동의 효력이 발생하고, 그 결과 채권자가 채무자의 재산으로부터 완전한 변제를 받을 수 없게 되어 채권자를 해할 수 있다고 한다(대판 1975. 2. 10, 74다334; 대판(전원) 2015. 5. 21, 2012다952). 따라서 채권자를 해하는 가등기의 원인인 법률행위는 사해행위로서 취소의 대상이 되고, 그 법률행위가 사해행위로 취소되면 특별한 사정이 없는 한 가등기 권리자는 그 취소에 따른 원상회복으로서 원물반환의무인 가등기말소의무를 진다고 한다(대판(전원) 2015. 5. 21, 2012다952).

2) 자력 산정   채무자의 자력을 산정함에 있어서는 채무자의 신용 등도 포함하여야 하며, 조건부 채권·기한부 채권도 평가·가산하여야 한다(이설 없음). 그런데 적극재산을 산정함에 있어서는 실질적으로 재산적 가치가 없어 채권의 공동담보로서의 역할을 할 수 없는 재산은 특별한 사정이 없는 한 제외하여야 하고(그러나 실질적으로 재산 가치가 있는 재산을 강제집행이나 현금화의 용이성이 다소 떨어진다는 이유만으로 채무자의 적극재산에서 제외할 수는 없다. 대판 2023. 8. 31, 2023다235679), 그 재산이 채권인 경우에는

그것이 용이하게 변제받을 수 있는 확실성이 있다는 것이 합리적으로 긍정되는 경우에 한하여 적극재산에 포함시켜야 한다(^{대판 2001. 10. 12, 2001다32533; 대판 2005. 1. 28,}_{2004다58963; 대판 2006. 2. 10, 2004다2564; 대판} 2013. 12. 12, 2012다111401; 대판 2021. 6. 10, 2017다254891; 대판 2023. 10. 18, 2023다237804⁾(_{어떤한 채권의 존부 및 범위에 관한 증명이 있는 경우에는, 그 채권이 용}^{이하게 변제를 받을 수 있는 확실성이 없는 등 실질적으로 재산적 가치가} 없어 채권의 공동담보로서의 역할을 할 수 없는 재산에 해당한다는 점에 대 한 주장·증명책임은 취소채권자가 부담함. 대판 2023. 10. 18, 2023다237804⁾. 이는 그 재산이 신탁재산에 대한 수익권인 경우에도 마찬가지이다(^{대판 2013. 12. 12,}_{2012다111401}). 그리고 압류금지재산은 공동담보가 될 수 없으므로 이를 적극재산에 포함시켜서는 안 된다(^{대판 2005. 1. 28,}_{2004다58963}). 한편 채권자가 물적 담보를 가지고 있는 경우에는 우선변제가 확보된 범위에서 그 채무를 소극재산에서 제외하고, 또 그 범위에서 담보재산도 적극재산에서 제외하여야 한다. 그리고 채무자 소유 부동산에 제 3 자의 담보권이 설정되어 있는 경우에도, 그 담보권으로 담보된 채권액을 제외한 나머지 부분만이 일반채권자들의 공동담보로 되는 책임재산이 되므로(^{대판 1997. 9. 9, 97다10864; 대판 2007. 7. 26, 2007다}_{23081; 대판 2018. 4. 24, 2017다287891(그러한 경우 그 부} 동산에서 일반 채권자들의 공동담보로 되는 책임재산은 채권최고액을 한도로 실제 부담하고 있는 피담보채권액을 뺀 나머지 부분이라고 함)), 그 부분만을 적극재산으로 보아야 한다. 바꾸어 말하면 제 3 자에게 담보로 제공된 재산의 가액에서 그 제 3 자가 가지는 피담보채권액을 공제한 잔액만을 채무자의 적극재산으로 평가하여야 한다(^{대판 2012. 1. 12, 2010다64792; 대판 2015. 6. 11,}_{2014다237192; 대판 2016. 8. 18, 2013다90402}). 그런데 수개의 부동산에 공동저당권이 설정되어 있는 경우 책임재산을 산정함에 있어 각 부동산이 부담하는 피담보채권액은 특별한 사정이 없는 한 민법 제368조의 규정취지에 비추어 공동저당권의 목적으로 된 각 부동산의 가액에 비례하여 공동저당권의 피담보채권액을 안분한 금액이라고 보아야 한다(^{대판 2003. 11. 13, 2003다39989; 대판 2010. 12. 23, 2008다25671; 대판 2012. 1. 12,}_{2010다64792; 대판(전원) 2013. 7. 18, 2012다5643; 대판 2015. 6. 11, 2014다237192;} 대판 2016. 8. 18, 2013다90402; 대판 2017. 5. 30, 2017다205073). 그리고 공동채무자들이 하나의 부동산을 공동소유하면서 전체 부동산에 저당권을 설정한 경우에도 특별한 사정이 없는 한 이 법리가 적용된다(^{대판 2017. 5. 30,}_{2017다205073}). 그러나 그 수개의 부동산 중 일부는 채무자의 소유이고 일부는 공동저당권이 설정된 상태에서 이를 취득한 제 3 취득자의 소유로서 그 제 3 취득자가 민법 제481조·제482조의 규정에 의한 변제자대위에 의하여 채무자 소유의 부동산에 대하여 저당권을 행사할 수 있는 지위에 있는 경우라면 채무자 소유의 부동산에 관한 피담보채권액은 공동저당권의 피담보채권액 전액으로 보아야 한다(^{대판 2010. 12. 23,}_{2008다25671}). 그리고 이러한 법리는 한 개의 공유부동산 중 일부 지분이 채무자의 소유이고 일부는 제 3 취득자의 소유인 경우에도 마찬가지로 적용된다(^{대판 2010. 12. 23,}_{2008다25671}). 나아가, 이들 법리와 유사하게, 그 수 개의 부동산 중 일부는 채무자의 소유이고 다른 일부는 물상보증인의 소유인 경우에는, 물상보증인이 제481조·제482조의 규정에 따른 변제자대위에 의하여 채무자 소유의 부동산에 대하여 저당권을 행사할 수 있는 지위에 있는 점 등을 고려할 때, 그 물상보증인이 채무자에 대하여 구상권을 행사할 수 없는 특별한 사정이 없는 한 채무자 소유의 부동산에 관한 피담보채권액은 — 채무자 소유 부동산의 가액을 한도로 한(^{이 부분은 대판}
^{2016. 8. 18, 2013다})
^{90402에 추}
^{가된 문구임} — 공동저당권의 피담보채권액 전액으로 보아야 하고(^{대판 2008. 4. 10, 2007다}
^{78234; 대판(전원) 2013. 7. 18,})
^{2012다5643; 대판}
^{2016. 8. 18, 2013다90402}), 물상보증인 소유의 부동산이 부담하는 피담보채권액은 공동저당권의 피담보채권액에서 채무자 소유의 부동산이 부담하는 피담보채권액을 제외한 나머지라고 보아야 한다(^{대판 2016. 8. 18,}
^{2013다90402}). 그리고 이 법리는 하나의 공유부동산 중 일부 지분이 채무자의 소유이고, 다른 일부 지분이 물상보증인의 소유인 경우에도 마찬가지로 적용된다(^{대판(전원) 2013. 7. 18, 2012다5643;}
^{대판 2016. 8. 18, 2013다90402}). 한편 사해행위 당시 존속하고 있는 임대차관계에서의 임차인의 보증금반환채권은, 장차 임대차관계가 종료되는 등으로 그 권리가 실제로 성립하는 때에 선순위권리의 존재 또는 임차인의 차임지급의무 불이행 등으로 임차인이 이를 현실적으로 반환받을 가능성이 없거나 제한되는 것으로 합리적으로 예측되는 등의 특별한 사정이 없는 한, 처음의 보증금액 상당의 가치대로 적극재산에 포함시켜야 한다(^{대판 2013. 4. 26,}
^{2012다118334}). 그리고 판례는, 채무자가 수익자에게 양도한 부동산에 관하여 일반채권에 대하여 우선변제권이 있는 조세채권 등에 기초한 압류등기가 마쳐져 있는 경우에는 그 부동산 중에서 일반채권자의 공동담보에 제공되는 책임재산을 산정할 때 위 조세채권액 등을 공제해야 한다고 한다(^{대판 2023. 9. 21,}
^{2023다249739}).

　　채무자의 무자력 여부는 사해행위 당시를 기준으로 판단하여야 한다. 판례도 같다(^{대판 2001. 4. 27, 2000다69026; 대판 2009. 10. 29, 2009다47852; 대판 2012. 1. 12,}
^{2010다64792; 대판 2013. 4. 26, 2012다118334; 대판 2017. 10. 26, 2015다254675}). 그리고 대법원은, 「채무자의 재산처분행위가 사해행위가 되는지 여부는 처분행위 당시를 기준으로 판단하여야 하므로, 담보로 제공된 부동산에 대하여 임의경매 등의 환가절차가 개시되어 진행되는 도중에 재산처분행위가 이루어졌다고 하더라도 그 재산처분행위의 사해성 여부를 판단하기 위한 부동산 가액의 평가는 부동산 가액의 하락이 예상되는 등의 특별한 사정이 인정되지 아니하는 한 사후에 환가된 가액을 기준으로 할 것이 아니라 사해성 여부가 문제되는 재산처분행위 당시의 시가를 기준으로 하여야 할 것」이라고 한다(^{대판 2002. 11. 8, 2002다41589; 대판 2008. 5. 15, 2005다60338; 대판}
^{2009. 6. 23, 2009다549; 대판 2009. 10. 29, 2009다47582. 같은 취지: 대}

판 2001. 4. 27, 2000다69026; 대판 2001. 7. 27, 2000다73377. 그리고 판례는 가등기에 기하여 본등기가 된 경우에는 가) 등기의 원인된 법률행위 당시를 기준으로 사해행위 여부를 판단할 것이라고 한다. 대판 1998. 3. 10, 97다51919 등 참조). 재산처분행위가 정지조건부인 경우라 하더라도 특별한 사정이 없는 한 마찬가지 이다(대판 2013. 6. 28, 2013다8564). 만약 채무자가 연속하여 수개의 재산처분행위를 한 경우에는 전체로서가 아니고 각 행위에 대하여 무자력을 초래하였는지를 검토하여야 한다 (대판 2001. 4. 27, 2000다69026; 대판 2002. 9. 24,) (다만 그 일련의 행위를 하나의 행위로 볼 특별한 사정이 있는 때에는 2002다23857; 대판 2014. 3. 27, 2012다34740) (이를 일괄하여 전체로서 사해성이 있는지 판단하게 되고, 이때 그러 한 특별사정이 있는지 여부를 판단함에 있어서는 처분의 상대방이 동일한지, 처분이 시간적으로 근접한지, 상대방과 채무 자가 특별한 관계가 있는지, 처분의 동기 내지 기회가 동일한지 등이 구체적 기준이 되어야 한다. 대판 2006. 9. 14, 2005다 74900; 대판 2009. 5. 27, 2010다15387; 대판 2014. 3. 27, 2012다34740). 그 밖에 채권자가 취소권을 행사하는 때, 즉 사실심 의 변론종결 당시에도 무자력이어야 한다(같은 취지: 대판 2007. 11. 29, 2007다54849). 따라서 처분행위 당시에는 채권자를 해하는 것(무자력)이었더라도 그 후 채무자가 자력을 회복하 거나 채무가 감소하여 취소권 행사시에 채권자를 해하지 않게 되었다면, 채권자 취소권에 의하여 책임재산을 보전할 필요성이 없으므로 채권자취소권은 소멸한 다(대판 2009. 3. 26, 2007다63102). 그러므로 채권자취소소송에서 피보전채권의 존재가 인정되어 사해행위취소 및 원상회복을 명하는 판결이 확정되었다고 하더라도, 그에 기하 여 재산이나 가액의 회복을 마치기 전에 피보전채권이 소멸하여 채권자가 더 이 상 채무자의 책임재산에 대하여 강제집행을 할 수 없게 되었다면, 이는 위 판결 의 집행력을 배제하는 적법한 청구이의 이유가 된다(대판 2017. 10. 26, 2015다224469).

〈판 례〉

(ㄱ)「채무자 소유 부동산에 담보권이 설정되어 있으면 그 피담보채권액을 공제한 나머지 부분만이 일반 채권자들의 공동담보로 제공되는 책임재산이 되므로 피담보채 권액이 부동산의 가액을 초과하고 있는 때에는 그와 같은 부동산의 양도나 그에 대 한 새로운 담보권의 설정은 사해행위에 해당한다고 할 수 없으나(대법원 1997. 9. 9. 선고 97다10864 판결 등 참조), 위와 같이 새로 설정된 담보권의 말소를 구하는 사해행위취소 청구에 앞서 선순위담 보권 설정행위가 사해행위로 인정되어 취소되고 그에 기한 등기가 말소되었거나 채 권자가 선순위담보권과 후순위담보권에 대한 사해행위취소 및 등기말소를 구하는 소 송에서 선순위담보권 설정행위가 사해행위로 인정되는 경우에는 후순위담보권 설정 행위가 사해행위에 해당하는지 여부를 판단함에 있어 그 선순위담보권의 피담보채무 액을 당해 부동산에 설정된 담보권의 피담보채무액에 포함시켜서는 안 될 것이다.」 (대판 2007. 7. 26, 2007다23081)

(ㄴ)「처분행위 당시에는 채권자를 해하는 것이었다고 하더라도 그 후 채무자가 자 력을 회복하여 사해행위취소권을 행사하는 사실심의 변론종결시에는 채권자를 해하 지 않게 된 경우에는 책임재산 보전의 필요성이 없어지게 되어 채권자취소권이 소멸

하는 것으로 보아야 할 것이나, 그러한 사정변경이 있다는 사실은 채권자취소소송의 상대방이 입증하여야 한다.」(대판 2007. 11. 29, 2007다54849)

㈐「채무초과상태를 판단할 때 소극재산은 원칙적으로 사해행위가 있기 전에 발생되어야 하지만, 사해행위 당시 이미 채무 성립의 기초가 되는 법률관계가 성립되어 있고 가까운 장래에 그 법률관계에 기초하여 채무가 성립되리라는 고도의 개연성이 있으며 실제로 가까운 장래에 그 개연성이 현실화되어 채무가 성립되었다면, 그 채무도 채무자의 소극재산에 포함된다(대법원 2000. 9. 26. 선고 2000다30639 판결, 대법원 2011. 1. 13. 선고 2010다68084 판결 등 참조). 여기에서 채무 성립의 기초가 되는 법률관계에는 당사자 사이의 약정에 의한 법률관계에 한정되지 않고 채무 성립의 개연성이 있는 준법률관계나 사실관계 등도 포함된다. 따라서 당사자 사이에 채권 발생을 목적으로 하는 계약의 교섭이 상당히 진행되어 계약체결의 개연성이 고도로 높아진 단계도 여기에 포함될 수 있다(대법원 2002. 11. 8. 선고 2002다42957 판결 등 참조).」(대판 2022. 7. 14, 2019다281156. 이 판결은, 사해행위로 주장되는 토지나 건물의 양도 자체에 대한 양도소득세와 지방소득세 채무는 사해행위로 주장되는 행위 당시의 채무초과상태를 판단할 때 소극재산으로 고려할 수는 없다고 함)

㈑「공유지분에 관하여 담보가등기를 설정하였다가 공유물분할로 단독소유가 된 부동산에 전사된 담보가등기에 관하여 사해행위를 이유로 채권자취소권을 행사할 경우에는 특별한 사정이 없는 한 공유지분에 대한 담보가등기 설정 당시를 기준으로 사해행위에 해당하는지 여부를 판단하여야 한다. 또한 공유물분할 이후 당초 공유지분에 담보가등기를 설정한 공유자의 단독소유로 귀속된 부동산에 종전의 담보가등기에 대체하는 새로운 담보가등기를 설정하고 다른 공유자의 소유로 분할된 부동산에 전사된 담보가등기는 모두 말소한 경우에 그 담보권설정자에 대한 채권자가 채권자취소권을 행사할 때에는 공유물분할 자체가 불공정하게 이루어져 사해행위에 해당한다는 등 특별한 사정이 없는 한 공유물분할이 되어 단독소유로 된 부동산에 설정된 담보가등기 설정계약의 취소와 그 담보가등기의 말소를 구하는 방법으로 할 수 있다.」(대판 2016. 5. 27, 2014다230894)

㈒「집합채권의 양도담보의 예약이 체결된 다음 예약완결권의 행사에 기하여 채권이 양도된 경우 사해행위 여부는 양도담보 예약 시를 기준으로 판단하여야 한다.」(대판 2016. 7. 14, 2014다233268)

[136]   **3) 구체적인 경우**

㈎ **변제 및 대물변제**   변제는 채무자가 특히 일부의 채권자와 통모하여 다른 채권자를 해할 의사를 가지고 변제를 한 경우를 제외하고는 원칙적으로 사해행위가 되지 않는다(통설·판례도 같음. 대판 1967. 4. 25, 67다75; 대판 2001. 4. 10, 2000다66034; 대판 2004. 5. 28, 2003다60822; 대판 2005. 3. 25, 2004다10985 · 10992(채무자가 일부 채권자와 통모하여 변제하였는지 여부는 사해행위임을 주장하는 사람이 증명하여야 함))(판례는 기존 금전채무의 변제에 갈음하여 다른 금전채권을 양도하는 경우에도 같은 법리를 적용한다. 대판 2004. 5. 28, 2003다60822). 변제의 경우에는 적극재산뿐만 아니라 소극재산도 감소하게 하여 채무자의 책임재산에

변동을 가져오지 않을뿐더러 채무자는 변제를 거절하지 못하기 때문이다. 이러한 관점에서 보면, 채무이행을 위하여 부동산을 양도하는 것도 상당한 가격으로 평가되었으면 사해행위가 아니라고 하게 된다(대판 1981. 7. 7, 80다2613. 이혼 후 위자료조로 유일한 부동산을 무상양도한 경우에 관하여 사해행위를 인정한 대판 1990. 11. 23, 90다카24762도 참조). 그리고 채무자가 이전부터 있는 채무의 변제를 위하여 약속어음을 발행하는 행위도 소극재산을 증가시키는 것이 아니므로 그것만으로는 사해행위라고 하기 어렵다(대판 2002. 8. 27, 2002다27903). 그러나 새로운 약속어음을 발행하는 행위는 다르다(대판 2002. 10. 25, 2000다64441).

　　대물변제도 상당한 가격으로 행하여진 경우에는 사해행위가 아니다(통설·판례도 같음. 대판 1962. 11. 15, 62다634; 대판 1967. 4. 25, 67다75; 대판 2003. 6. 24, 2003다1205). 다만, 채무자가 특히 일부의 채권자와 통모하여 다른 채권자를 해할 의사를 가지고 대물변제를 한 때는 다르다(대판 2003. 6. 24, 2003다1205). 그리고 판례에 의하면, 채무자의 재산이 채무의 전부를 변제하기에 부족한 경우에 그의 유일한 재산인 부동산으로 대물변제하였다면 그러한 행위는 특별한 사정이 없는 한 사해행위가 되고(대판 1990. 11. 23, 90다카27198; 대판 1996. 10. 29, 96다23207; 대판 1998. 5. 12, 97다57320; 대판 1999. 11. 12, 99다29916; 대판 2005. 11. 10, 2004다7873(유일한 재산인 공유수면 점용허가권을 양도한 경우)), 대물변제나 담보조로 제공된 재산이 채무자의 유일한 재산이 아니거나 그 가치가 채권액에 미달한다고 하여도 마찬가지이다(대판 2007. 7. 12, 2007다18218(주식을 양도한 경우); 대판 2009. 9. 10, 2008다85161(대물변제한 부동산가격이 채무에 미달한 경우); 대판 2022. 1. 14, 2018다295103(담보로 채권을 양도한 경우). 같은 취지: 대판 1990. 11. 23, 90다카27198). 그리고 대법원은, 채무초과의 상태에 있는 채무자가 여러 채권자 중 일부에게만 채무의 이행과 관련하여 그 채무의 본래 목적이 아닌 다른 채권 기타 적극재산을 양도하는 행위는, 채무자가 특정 채권자에게 채무 본지에 따른 변제를 하는 경우와는 달리 원칙적으로 다른 채권자들에 대한 관계에서 사해행위가 될 수 있다고 한 뒤, 다만 이러한 경우에도 사해성의 일반적인 판단기준([135]에 소개한 판례 참조)에 비추어 그 행위가 궁극적으로 일반채권자를 해하는 행위로 볼 수 없는 경우에는 사해행위의 성립이 부정될 수 있다고 하였다(대판 2010. 9. 30, 2007다2718(채무초과상태의 채무자가 유일한 재산인 전세권과 전세금반환채권을 특정 채권자에게 그 채무 일부에 대한 대물변제조로 양도한 행위가 최고액 채권자와의 거래관계를 유지하면서 채무초과상태에 있던 회사의 갱생을 도모하기 위한 유일한 방안이었던 점 등을 감안하면, 위 양도행위가 다른 채권자를 해하는 사해행위라고 단정하기 어렵다고 한 원심의 판단을 수긍한 사례); 대판 2011. 10. 13, 2011다28045. 그리고 대판 2014. 3. 27, 2011다107818은 채무초과의 상태에 있는 채무자가 여러 채권자 중 일부에게만 채무의 이행과 관련하여 그 채무의 본래 목적이 아닌 다른 채권을 양도하는 경우에도, 그 행위가 사해행위가 되는지는 일반적인 판단기준에 비추어 그 행위를 궁극적으로 일반채권자를 해하는 행위로 볼 수 있는지 여부에 따라 판단해야 한다고 한다). 이때 채무자가 일반채권자 일부에 대한 특정 채무의 이행과 관련하여 그보다 적은 가액의 다른 채권 기타 적극재산을 양도함에 따라 채무초과상태가 유발되었는지 여부를 판단하기 위한 채무자의 책임재산을 산정함에 있어 양도된 재산을 적극재산에서 제외하였다면, 특별한 사정이 없는 한 위 특정 채무 중 양도된 재산과 같은 금액에 해당하는 부분도 소극재산에서 제외하여야 할 것이라고 한다(대판 2023. 10. 18, 2023다237804). 그에 비하여 우선변제권 있는 채권자에 대한 대물변제의 제공행위는 특별한 사정이 없는 한 다른 채권자들의 이익을 해한다고 볼 수 없어 사해행위가 되지 않는다(대판 2008. 2. 14, 2006다33357). 한편 대물변제가 상당한 가격으로 행하여지지 않은 경우에는 채무를 초과한 가치의 범위에서 사해행위가 된다고 하여야 한다(같은 취지: 이은영, 469면).

[137]   (나) **물적 담보의 제공**   일부의 채권자를 위하여 저당권의 설정 기타의 물적 담보를 제공하는 것은 원칙적으로는 사해행위가 아니다. 그러나 이미 채무초과의 상태에 빠져 있는 채무자가 그의 유일한 재산인 부동산(일부 판결은 유일한 재산인 부동산이라고 하지 않고 단순히 「부동산」이라고 함)을 채권자 중의 어느 한 사람에게 담보로 제공하는 행위는 원칙적으로 다른 채권자들에 대한 관계에서 사해행위가 된다고 하여야 한다(대판 1986. 9. 23, 86다카83; 대판 1989. 9. 12, 88다카23186; 대판 1997. 9. 9, 97다10864; 대판 2000. 4. 25, 99다55656; 대판 2002. 4. 12, 2000다43352; 대판 2007. 2. 23, 2006다47301(유일한 재산인 채권을 채권담보로 제공한 경우); 대판 2007. 10. 11, 2007다45364(그 특정 채권자로부터 차용한 금원의 사용처에 따라 사해행위의 범위가 달라지는 것은 아니라고 함); 대판 2017. 9. 21, 2017다237186; 대판 2018. 12. 28, 2018다272261; 대판 2022. 1. 13, 2017다264072 · 264089. 같은 취지: 김상용, 246면. 반대: 곽윤직, 144면). 다만, 그러한 경우라 할지라도 사업을 계속 추진하기 위하여, 특히 신규자금을 융통받기 위하여 부득이 특정한 채권자에게 담보로 제공하는 것과 같은 특별한 사정이 있는 때에는 사해행위가 아니다(대판 2001. 5. 8, 2000다50015; 대판 2001. 5. 8, 2000다66089; 대판 2001. 10. 26, 2001다19134; 대판 2002. 3. 29, 2000다25842; 대판 2011. 1. 13, 2010다68084; 대판 2022. 1. 13, 2017다264072 · 264089(사해성 여부 판단시 고려할 사항도 판시함); 대판 2022. 1. 14, 2018다295103). 그런데 대법원은, 채무자가 사업활동에서 실제로 활용할 수 있는 신규자금의 유입과 기존채무의 이행기의 연장 내지 채권회수 조치의 유예는 사업의 갱생이나 계속적 추진을 위하여 가지는 경제적 의미가 동일하다고 볼 수 없다고 하면서, 비록 사업의 갱생이나 계속 추진의 의도에서 근저당권을 설정하였다고 하더라도 신규자금의 융통 없이 단지 기존채무의 이행을 유예받기 위하여 채권자 중 한 사람에게 담보를 제공하는 행위는 다른 특별한 사정이 없는 한 다른 채권자들에 대한 관계에서는 사해행위에 해당한다고 한다(대판 2009. 3. 12, 2008다29215; 대판 2010. 4. 29, 2009다104564; 대판 2022. 1. 14, 2018다295103). 한편 판례는, 채무자의 재산처분행위가 사해행위가 되려면 그 행위로 채무자의 총재산이 감소되어 채권의 공동담보가 부족한 상태를 유발 또는 심화시켜야 하는 것이므로, 채무자가 제 3 자로부터 자금을 차용하여 부동산을 매수하고 해당 부동산을 차용금채무에 대한 담보로 제공하거나, 채무자가 제 3 자로부터 부동산을 매수하여 매매대금을 지급하기 전에 소유권이전등기를 마치고 해당 부동산을 매매대금채무에 대한 담

보로 제공한 경우와 같이 기존 채권자들의 공동담보가 감소되었다고 볼 수 없는 경우에는, 그 담보제공행위를 사해행위라고 할 수 없다고 한다(대판 2017. 9. 21, 2017다237186; 대판 2018. 12. 28, 2018다272261). 나아가 위와 같은 부동산매수행위와 담보제공행위가 한꺼번에 이루어지지 않고 단기간 내에 순차로 이루어졌다고 하더라도 다른 특별한 사정이 없는 한 그 일련의 행위 전후를 통하여 기존 채권자들의 공동담보에 증감이 있었다고 평가할 것도 아니므로, 그 담보제공행위만을 분리하여 사해행위에 해당한다고 하여서도 안 된다고 한다(대판 2017. 9. 21, 2017다237186; 대판 2018. 12. 28, 2018다272261. 같은 취지: 대판 2009. 4. 23, 2008다95663).

판례는, 어느 특정 채권자에 대한 담보제공행위가 사해행위가 되기 위하여는 채무자가 이미 채무초과 상태에 있을 것과 그 채권자에게만 다른 채권자에 비하여 우선변제를 받을 수 있도록 하여 다른 일반 채권자의 공동담보를 감소시키는 결과를 초래할 것을 그 요건으로 한다고 하면서, 특정 채권자에게 부동산을 담보로 제공한 경우 그 담보물이 채무자 소유의 유일한 부동산인 경우에 한하여만 사해행위가 성립한다고 볼 수는 없다고 한다(대판 2008. 2. 14, 2005다47106·47113·47120: 채무자의 부동산 중 이미 근저당권이 설정되어 실질적인 재산가치를 인정하기 어려운 부동산을 제외한 이 사건 부동산에 매매예약을 하고 소유권이전청구권 보전의 가등기를 마쳐 준 행위는 사해행위라고 함). 그리고 수익자가 채무초과 상태에 있는 채무자의 부동산에 관하여 설정된 선순위 담보가등기의 피담보채무를 변제하여 그 가등기를 말소하는 대신 동일한 금액을 피담보채무로 하는 새로운 담보가등기를 설정하는 것은 사해행위가 아니지만(수익자가 채무초과 상태에 있는 채무자의 부동산에 관하여 설정된 선순위 근저당권의 피담보채무를 변제하여 그 근저당권설정등기를 말소하는 대신 동일한 금액을 피담보채무로 하는 새로운 근저당권설정등기를 설정하는 것도 채무자의 공동담보를 부족하게 하는 것이라고 볼 수 없어 사해행위가 성립하지 않는다고 한다. 대판 2012. 1. 12, 2010다64792), 선순위 담보가등기를 말소시킨 후 그 부동산에 관하여 매매예약을 하고 그에 기하여 소유권이전등기 청구권 보전의 가등기를 한 경우에는 부동산가액에서 피담보채무액을 공제한 잔액의 범위 내에서 사해행위가 성립한다고 한다(대판 2003. 7. 11, 2003다19435). 주의할 것은, 사해행위가 되려면 물적 담보가 제공되는 재산이 채무자의 것이어야 한다는 점이다. 따라서 가령 부동산실명법상 무효인 명의신탁에 기하여 부동산에 관하여 채무자(수탁자) 명의로 등기가 된 뒤에(채무자 명의의 등기가 무효이어서 그 부동산은 채무자의 소유가 아님), 그 위에 근저당권등기를 한 행위는 사해행위가 아니다(대판 2000. 3. 10, 99다55069; 대판 2012. 8. 23, 2012다45184). 근저당권설정등기가 된 그 부동산에 관하여 채무자의 일반 채권자의 신청으로 강제경매절차가 개시되었더라도, 이로써 무효인 채무자 명의의 소유권이전등기가 유효로 되거나 위 부동산이 채무자의 일반 채권자들의 공동담보에 제공되는 책임재산이 되는 것이 아니므로, 채무자의 근저당권설정행위가 사해행위가 된다고 할 수 없다($\substack{대판 2012. 8. 23, \\ 2012다45184}$).   그리고   채무자가   그러한   부동산($\substack{즉 부동산실명법상 명의수탁자인 채무자 명의 \\ 의 소유권이전등기가 무효인 경우의 부동산}$)
에 관하여 제 3 자와 매매계약을 체결하고 그 제 3 자에게 소유권이전등기를 마쳐
준 때에도 마찬가지이다($\substack{대판 2007. 12. 27, 2005다54104; \\ 대판 2008. 9. 25, 2008다41635}$).

　　채무자가 제 3 자의 채무를 담보하기 위하여 자신의 부동산에 근저당권을 설
정함으로써 물상보증인이 되는 행위는 그 부동산의 담보가치만큼 채무자의 일반
채권자들을 위한 책임재산에 감소를 가져오는 것이므로, 물상담보로 제공된 부
동산의 가액에서 다른 채권자가 가지는 피담보채권액을 채권최고액의 범위 내에
서 공제한 잔액만을 채무자의 적극재산으로 평가해야 하고, 그로 인하여 채무자
의 책임재산이 부족하게 되거나 그 상태가 심화되었다면 사해행위가 성립한다
($\substack{대판 2015. 6. 11, \\ 2014다237192}$).

　　가압류된 부동산에 근저당권을 설정하는 행위는 원칙적으로는 사해행위가
아니나, 가압류채권자의 실제 채권액이 가압류 채권금액보다 많은 경우에는 그
초과하는 부분에 관하여는 사해행위가 된다($\substack{대판 2008. 2. 28, 2007다77446. 그 \\ 이유에 관하여는 [139] (ㄹ)판결 참조}$). 가압류된
부동산에 채무자가 제 3 자를 위하여 근저당권을 설정하여 주는 물상보증행위는,
그 부동산의 담보가치만큼 채무자의 총재산에 감소를 가져오는 것이므로, 그 물
상보증으로 책임재산이 부족하게 되거나 그 상태가 악화되는 경우에는, 사해행
위가 된다($\substack{대판 2010. 1. 28, 2009다90047; 대판 2010. 6. 24, 2010다20617·20624. 이때의 근저당권이 채권 \\ 자의 가압류와 동순위의 효력밖에 없다 하여도 완전한 만족을 얻지 못하게 될 가능성이 있다고 함}$). 그
리고 신축건물의 도급인이 민법 제666조가 정한 수급인의 저당권설정청구권의
행사에 따라 공사대금채무의 담보로 그 건물에 저당권을 설정하는 행위는 특별
한 사정이 없는 한 사해행위에 해당하지 않는다($\substack{대판 2008. 3. 27, 2007다78616·78623; 대판 \\ 2018. 11. 29, 2015다19827; 대판 2021. 5. 27,}$
$\substack{2017다 \\ 225268}$). 나아가 신축건물의 수급인으로부터 공사대금채권을 양수받은 자의 저당
권설정청구에 의하여 신축건물의 도급인이 그 건물에 저당권을 설정하는 행위
역시 다른 특별한 사정이 없는 한 사해행위에 해당하지 않는다($\substack{대판 2018. 11. 29, \\ 2015다19827}$).

　　판례는, 주택임대차보호법 제 8 조의 소액보증금 최우선변제권은 임차목적
주택에 대하여 저당권에 의하여 담보된 채권, 조세 등에 우선하여 변제받을 수
있는 일종의 법정담보물권을 부여한 것이므로, 채무자가 채무초과 상태에서 채
무자 소유의 유일한 주택에 대하여 위 법조 소정의 임차권을 설정해 준 행위는
채무초과 상태에서의 담보제공행위로서 채무자의 총재산의 감소를 초래하는 행
위가 되는 것이고, 따라서 그 임차권설정행위는 사해행위취소의 대상이 된다고

한다$\binom{대판\ 2005.\ 5.\ 13,}{2003다50771}$.

〈판 례〉

전세권설정계약이 사해행위에 해당함을 이유로 한 사해행위취소 소송에서, 채무자가 일반채권자들을 위한 공동담보가 부족한 상태에서 책임재산의 주요부분을 구성하는 부동산에 관하여 제 3 자에게 우선변제권이 있는 전세권을 설정하여 주고 전세금을 취득함으로써 그 부동산의 담보가치 일부를 은닉 또는 소비하기 쉽게 현금화하여 그 공동담보 부족상태를 실질적으로 심화시킨 점, 채무자가 당시 이미 부담하고 있었던 채무를 변제할 별다른 상환계획도 세우지 아니한 상태에서 위 임대차 및 전세권설정계약에 수반하여 자신이 운영하던 사업체의 영업까지 사실상 전부 양도하면서도 그에 대해서는 아무런 대가도 받지 아니한 채 장차 위 제 3 자에게 다시 반환하여야 할 임대차보증금 겸 전세금에 대하여 일정기간 동안의 금융을 얻었을 뿐 전세권설정계약을 통하여 전세금을 취득한 목적이 채권자 일반을 위하여 변제자력을 회복 또는 향상시키고자 한 것도 아니었던 점 등에 비추어 보면, 위 전세권설정계약은 채권자를 해하는 사해행위에 해당한다고 한 사례$\binom{대판\ 2010.\ 7.\ 15,}{2007다21245}$.

(다) **인적 담보의 부담**   채무자가 보증채무나 연대채무를 부담하는 행위는 [138] 소극재산을 증가시키는 것으로서 사해행위가 된다. 다만, 주채무에 관하여 주채무자 또는 제 3 자 소유의 재산에 저당권 등 물적 담보가 있는 경우$\binom{그\ 전액에\ 관하}{여\ 우선변제권이}$ $\binom{된\ 때}{}$에는 그 범위에서는 사해행위가 아니라고 할 것이다$\binom{대판\ 2003.\ 7.\ 8,\ 2003다}{13246(처분의\ 경우)\ 참조}$. 그에 비하여 주채무자의 일반적인 자력은 고려할 것이 아니다$\binom{대판\ 2003.\ 7.\ 8,\ 2003다}{13246(처분의\ 경우)\ 참조}$. 학설은 보증채무의 경우에는 최고·검색의 항변권이 인정되므로 주채무자에게 충분한 자력이 있음을 증명한 때에는 사해행위가 아니라고 하나$\binom{곽윤직,\ 144면;\ 김상용,\ 247면;}{김학동,\ 199면.\ 이은영,\ 471면}$ $\binom{은\ 연대보증의\ 경우에도\ 구상권이}{있음을\ 이유로\ 마찬가지로\ 새긴다}$, 자력이 계속 변하게 됨을 고려할 때 이는 옳지 않다$\binom{같은}{취지:}$ $\binom{지원림,}{1149면}$.

(라) **부동산의 매각 기타 양도**   부동산을 타인에게 무상으로 양도하는 행위는 당연히 사해행위가 된다$\binom{대판\ 1990.\ 11.\ 23,\ 90다카27198;\ 대판\ 1998.\ 5.\ 12,}{97다57320;\ 대판\ 1999.\ 11.\ 12,\ 99다29916}$. 그런데 사해행위의 취소를 구하는 채권자가 채무자의 수익자에 대한 금전지급행위를 증여라고 주장함에 대하여, 수익자가 가령 변제를 받은 것이라고 다툰다면, 위 금전지급행위가 사해행위로 인정되기 위해서는 그 금전지급행위가 증여에 해당한다는 사실이 증명되어야 하고, 그에 대한 증명책임은 사해행위를 주장하는 채권자에게 있다$\binom{대판\ 2007.\ 5.\ 31,\ 2005다28686;}{대판\ 2022.\ 5.\ 12,\ 2021다309484}$.

　　부동산을 매각한 경우는 어떤가? 판례는 채무자가 유일한 재산인 부동산을 매각하여 소비하기 쉬운 금전으로 바꾸는 행위는 그 매각이 채권자에 대한 정당한 변제에 충당하기 위하여 상당한 가격으로 이루어졌다든가 하는 특별한 사정이 없는 한 원칙적으로 사해행위가 된다고 한다(^{대판 1966. 10. 4, 66다1535; 대판 1998. 4. 14, 97}다54420; 대판 2001. 4. 24, 2000다41875; 대판 2003. 3. 25, 2002다62036(매각한 채무자가 이미 채무초과였던 경우). 한편 부동산의 매각 목적이 채무를 변제하거나 변제자력을 얻기 위한 것이고 그 대금이 부당한 염가가 아니며 실제 이를 채권자에 대한 변제에 사용하거나 변제자력을 유지하고 있는 때에는, 채무자가 일부 채권자와 통모하여 다른 채권자를 해칠 의사를 가지고 변제를 하는 등의 특별한 사정이 없는 한, 사해행위에 해당한다고 볼 수 없으며(대판 2015. 10. 29, 2013다83992; 대판 2021. 10. 28, 2018다223023), 이러한 법리는 유일한 재산으로서 영업재산과 영업권이 유기적으로 결합된 일체로서 영업을 양도하는 경우에도 마찬가지로 적용된다고 함(대판 2021. 10. 28, 2018다223023)). 그리고 채무초과의 상태에서 채권자 1인과 통모하여 그에게 부동산을 매각한 뒤 그의 매매대금채권과 그 채권자의 채권을 상계한 경우에 관하여 사해행위로 인정하였다(^{대판 1994. 6. 14, 94}다2961 · 2978; 대판 1995. 6. 30, 94다14582). 그러나 연대보증인이 그의 유일한 재산을 처분하였더라도, 주채무의 전액에 관하여 주채무자 또는 제 3 자의 부동산으로 이미 우선변제권이 확보되어 있었다면, 사해행위가 아니라고 한다(대판 2000. 12. 8, 2000다21017; 대판 2002. 11. 8, 2002다41589; 대판 2010. 1. 28, 2009다30823. 채무자가 유일한 재산이 아닌 다른 재산을 처분하는 법률행위를 한 경우에 관한 같은 취지의 판례: 대판 2008. 5. 15, 2005다60338; 대판 2009. 6. 23, 2009다549). 그에 비하여 채권자에게 우선변제권이 확보되어 있는 경우가 아닌 이상 주채무자의 일반적인 자력은 고려할 요소가 아니므로, 공사대금채무의 연대보증인이 그 채무를 감당할 만한 유일한 부동산을 처분한 경우 연대보증인이 그 부동산을 처분할 당시 주채무자가 채무초과 상태가 아니었다고 하더라도 그러한 사정만으로 그 부동산의 처분이 사해행위에 해당하지 않는다고 볼 수는 없다고 한다(^{대판 2003. 7. 8,} 2003다13246). 나아가 판례는, 채권 전액에 관하여 우선변제권이 확보되어 있는 경우 주채무의 보증인이 있더라도 채무자가 보증인에 대하여 부담하는 사전구상채무를 별도로 소극재산으로 평가할 수는 없고, 보증인이 변제로 채권자를 대위할 경우 자기의 권리에 의하여 구상할 수 있는 범위에서 채권 및 그 담보에 관한 권리를 행사할 수 있으므로, 사전구상권을 피보전권리로 주장하는 보증인에 대하여도 사해행위가 성립하지 않는다고 한다(^{대판 2009. 6. 23,} 2009다549). 한편 부동산을 매각한 경우에 관하여 학설은 i) 상당한 대가에 의한 부동산의 매각은 언제나 사해행위가 되지 않는다는 견해(곽윤직, 145면; 김학동, 200면)와 ii) 일정한 경우에만 제한적으로 사해행위가 된다는 견해(이은영, 468면)로 나뉘어 있다. 생각건대 채무자가 부동산을 매각하면 채권자로서는 변제를 받기가 그만큼 어려워진다. 그리고 채무자가 부동산을 매각하는 경우에 재산을 빼돌리려는 때도 많다. 그러한 점을 고려할 때, 부동산의 매각이 상당한 대가로 이루어졌다는 이유만으로 언제나 사해행위라고 보지 않음은 단순한 형식논리이고 채권자 보호에 미흡하게 된다. 따라서 원칙적으로는 사해행위가 아니라고 하되, 유일한 부동산을 처분하였다는 등의 특별한 사정이 있는 때에는 사해행위가 된다고 하여야 한다. 유일한 부동산이 아니더라도 상당하지 않은 대가로 매각한 때에는 사해행위로 된다고 할 것이다.

채무자가 채무초과의 상태에서 근저당권이 설정된 부동산을 매도하는 경우에는, 부동산 가액에서 피담보채권액을 공제한 잔액의 범위 내에서는 사해행위가 된다(대판 1996. 5. 14, 95다50875; 대판 2008. 2. 14, 2006다33357)(근저당권의 경우 피담보채권액은 채권최고액이 아니고 실제의 채권액임. 대판 2001. 10. 9, 2000다42618; 대판 2009. 7. 23, 2009다19802 · 19819). 따라서 그 잔액의 한도에서 양도 등 행위를 취소하고 그 가액의 배상을 구할 수 있을 뿐이다(대판 2001. 12. 27, 2001다33734; 대판 2013. 9. 13, 2013다34945; 대판 2023. 6. 29, 2022다244928)(이는 사해행위 후 변제 등으로 저당권 설정등기가 말소된 경우에 관한 것임). 그러나 피담보채권액이 부동산가액을 초과한 때에는 사해행위로 되지 않는다(대판 1997. 9. 9, 97다10864; 대판 2001. 10. 9, 2000다42618; 대판 2003. 11. 13, 2003다39989; 대판 2006. 4. 13, 2005다70090; 대판 2010. 12. 23, 2008다25671([139]에 인용); 대판(전원) 2013. 7. 18, 2012다5643; 대판 2017. 1. 12, 2016다208792(그러나 저당권의 피담보채권액이 목적물의 가액을 초과하였더라도 채무자가 목적물을 양도하기에 앞서 자신의 출재로 피담보채무의 일부를 변제하여 잔존 피담보채권액이 목적물의 가액을 초과하지 않게 되었다면 이러한 목적물의 양도로 그 목적물의 가액에서 잔존 피담보채권액을 공제한 잔액의 범위 내에서 사해행위가 성립하는 것이고, 이는 채무자의 출재에 의한 피담보채무의 일부 변제가 양도계약 체결 후 이에 따른 소유권이전등기 등이 마쳐지는 과정에서 이루어진 경우에도 마찬가지로 보아야 한다); 대판 2017. 5. 30, 2017다()(대판 2018. 4. 24, 2017다287891은 채무자가 양도한 부동산에 제 3 자의 채무를 담보하기 위한 근저당권이 설정되205073)(어 있는 경우에, 근저당권의 피담보채권액과 채권최고액이 모두 부동산 가격을 초과하는 때에는, 일반 채권자들의 공동담보로 되는 책임재산이 없으므로 부동산의 양도가 사해행위에 해당하지 않는다고 함). 그리고 이러한 법리는 채권자들 중에 저당권자보다 우선하여 변제받을 수 있는 채권자가 있는 경우에도 마찬가지이다(대판 2008. 2. 14, 2006다33357). 그런가 하면 체육시설법 제17조에 따라 모집한 회원에 대한 입회금액의 반환채무 금액은 일반채권자들의 공동담보에 제공되는 책임재산에 포함되지 않는 것이므로 그 상당액은 공제되어야 하는데, 이와 같이 책임재산의 범위에서 공제되는 금액이 목적물의 가격을 초과하고 있는 때에는 당해 목적물의 양도는 사해행위에 해당하지 않는다(대판 2013. 11. 28, 2012다31963). 한편 이 경우 부동산 가액에서 피담보채권액을 공제하는 가액 산정은 사실심 변론종결시를 기준으로 하여야 한다(대판 1999. 9. 7, 98다41490; 대판 2001. 12. 27, 2001다33734; 대판 2023. 6. 29, 2022다244928). 그 외에 판례는, 채무자가 근저당권이 설정된 부동산을 처분하면서 매매대금으로 그 부동산에 대해서 다른 채권자에 우선하여 변제를 받을 수 있는 지위에 있는 근저당권자의 피담보채권액 중 일부를 변제하고 근저당권을 말소한 경우라면 특별한 사정이 없는 한 부동산 처분행위를 사해행위로 볼 수 없다고 한다(대판 2018. 4. 24, 2017다287891. 이 판결의 사안은 해당 부동산에 설정된 근저당권의 피담보채권액과 채권최고액이 모두 그 부동산의 가격을 초과하고 있고, 물상보증인이 부동산을 처분하면서 그 매매대금 전부로 우선변제권이 있는 근저당권자의 피담보채무를 변제한 경우였음).

채무자가 그의 유일한 부동산을 명의신탁한 때에도 사해행위로서 취소할 수 있다고 하여야 한다(대판 1999. 9. 7, 98다41490. 부동산실명법상 명의신탁이 무효로 되는 때에도 같다). 그리고 판례에 따르면, 부동산 실명법의 시행 후에 부동산의 소유자가 등기명의를 수탁자에게 이전하는 이른바 양자간 명의신탁의 경우에 있어서, 신탁자의 일반채권자들의 공동담보에 제공되는 책임재산인 신탁부동산에 관하여 채무자인 신탁자가 직접 자신의 명의 또는 수탁자의 명의로 제 3 자와 매매계약을 체결하는 등 신탁자가 실질적 당사자가 되어 법률행위를 하는 때에, 이로 인하여 신탁자의 소극재산이 적극재산을 초과하게 되거나 채무초과상태가 더 나빠지게 되고 신탁자도 그러한 사실을 인식하고 있었다면, 이러한 신탁자의 법률행위는 신탁자의 일반채권자들을 해하는 행위로서 사해행위에 해당할 수 있다고 한다(대판 2012. 10. 25, 2011다107382). 또한 이 경우 사해행위 취소의 대상은 신탁자와 제 3 자 사이의 법률행위가 될 것이고, 원상회복은 제 3 자가 수탁자에게 말소등기절차를 이행하는 방법에 의할 것이라고 한다(대판 2012. 10. 25, 2011다107382).

신탁자가 부부간의 명의신탁약정처럼 유효한 명의신탁약정을 해지함을 전제로 신탁된 부동산을 제 3 자에게 직접 처분하면서 수탁자 및 제 3 자와의 합의 아래 중간등기를 생략하고 수탁자에게서 곧바로 제 3 자 앞으로 소유권이전등기를 마쳐 준 경우에는 이로 인하여 신탁자의 책임재산인 수탁자에 대한 소유권이전등기 청구권(이 청구권은 신탁자의 일반채권자들에게 제공되는 책임재산임)이 소멸하게 되므로, 이로써 신탁자의 소극재산이 적극재산을 초과하게 되거나 채무초과상태가 더 나빠지게 되고, 신탁자도 그러한 사실을 인식하고 있었다면, 이러한 신탁자의 법률행위는 신탁자의 일반채권자들을 해하는 행위로서 사해행위에 해당한다(대판 2016. 7. 29, 2015다56086).

계약명의신탁 약정의 명의수탁자가 채무초과 상태에서 명의신탁자나 그가 지정하는 사람에게 신탁부동산을 양도하는 행위가 사해행위에 해당하는지는 그 수탁자가 신탁부동산의 소유권을 취득하는가에 따라 다르다. 부동산에 관하여 부동산실명법 제 4 조 제 2 항 본문이 적용되어 명의수탁자인 채무자 명의의 소유권이전등기가 무효인 경우에는, 그 부동산은 채무자의 소유가 아니기 때문에 이를 채무자의 일반 채권자들의 공동담보로 되는 책임재산이라고 볼 수 없고, 채무자가 그 부동산에 관하여 제 3 자와 매매계약을 체결하고 그에게 소유권이전등기를 마쳐주었다고 하더라도 그로써 채무자의 책임재산에 감소를 초래한 것이라고 할 수 없으므로, 채무자의 일반 채권자들을 해하는 사해행위라고 할 수 없으며, 채무자에게 사해의 의사가 있다고 볼 수도 없다($^{대판 2008. 9. 25,}_{2007다74874}$). 그러나 명의신탁자와 명의수탁자가 이른바 계약명의신탁 약정을 맺고 명의수탁자가 당사자가 되어 명의신탁 약정이 있다는 사실을 알지 못하는 소유자와의 사이에 부동산에 관한 매매계약을 체결한 후 그 매매계약에 따라 당해 부동산의 소유권이전등기를 명의수탁자 명의로 마친 경우에는, 명의신탁자와 명의수탁자 사이의 명의신탁 약정의 무효에도 불구하고 부동산실명법 제 4 조 제 2 항 단서에 의하여 그 명의수탁자는 당해 부동산의 완전한 소유권을 취득하게 되고 다만 명의신탁자에 대하여 그로부터 제공받은 매수자금 상당액의 부당이득 반환의무를 부담하게 되는바, 위와 같은 경우에 명의수탁자가 취득한 부동산은 채무자인 명의수탁자의 일반 채권자들의 공동담보로 되는 책임재산이 되고, 명의신탁자는 명의수탁자에 대한 관계에서 금전채권자 중 한 명에 지나지 않으므로, 명의수탁자의 재산이 채무의 전부를 변제하기에 부족한 경우 명의수탁자가 그 부동산을 명의신탁자 또는 그가 지정하는 자에게 양도하는 행위는 특별한 사정이 없는 한 다른 채권자의 이익을 해하는 것으로서 다른 채권자들에 대한 관계에서 사해행위가 된다($^{대판 2008. 9. 25,}_{2007다74874}$). 그런데 계약명의신탁에서 부동산의 매도인이 선의이어서 수탁자가 그 부동산의 소유권을 취득하고 신탁자는 수탁자에 대하여 부당이득 반환채권만을 가지는 경우에는, 그 부동산은 신탁자의 일반채권자들의 공동담보에 제공되는 책임재산이라고 볼 수 없고, 신탁자가 위 부동산에 관하여 제 3 자와 매매계약을 체결하는 등 신탁자가 실질적인 당사자가 되어 처분행위를 하고 소유권이전등기를 마쳐주었다고 하더라도 그로써 신탁자의 책임재산에 감소를 초래한 것이라고 할 수 없으므로, 신탁자의 일반채권자들을 해하는 사해행위라고 할 수 없다($^{대판 2013. 9. 12,}_{2011다89903}$).

판례는, 특정한 채권에 대한 공동 연대보증인 중 1인이 다른 공동 연대보증인에게 재산을 증여하여 특정채권자가 추급할 수 있는 채무자들의 총 책임재산에는 변동이 없다고 하더라도, 재산을 증여한 연대보증인의 재산이 감소되어 그 특정한 채권자를 포함한 일반채권자들의 공동담보에 부족이 생기거나 그 부족이 심화된 경우에는, 그 증여행위의 사해성을 부정할 수는 없다고 한다($^{대판 2009. 3. 26,}_{2007다63102}$).

그리고 판례는, 채권양도행위가 사해행위에 해당하지 않는 경우에 양도통지가 따로 채권자취소권 행사의 대상이 될 수는 없다고 한다($^{대판\ 2012.\ 8.\ 30,}_{2011다32785\cdot32792}$). 판례는 그 이유로, 채권자취소권은 채무자가 채권자에 대한 책임재산을 감소시키는 행위를 한 경우에 이를 취소하고 원상회복을 하여 공동담보를 보전하는 권리이고, 채권양도의 경우 그 권리이전의 효과는 원칙적으로 당사자 사이의 양도계약의 체결과 동시에 발생하며 채무자에 대한 통지 등은 채무자를 보호하기 위한 대항요건일 뿐이라는 점을 든다.

　　판례는, 채무자가 유일한 재산인 그 소유의 부동산에 관한 매매예약에 따른 예약완결권이 제척기간 경과가 임박하여 소멸할 예정인 상태에서 제척기간을 연장하기 위하여 새로 매매예약을 하는 행위는 채무자가 부담하지 않아도 될 채무를 새롭게 부담하게 되는 결과가 되므로 채권자취소권의 대상인 사해행위가 될 수 있다고 한다($^{대판\ 2018.\ 11.\ 29,}_{2017다247190}$).

[139]

〈판　례〉

　　(ㄱ) 채권자가 채권담보를 위하여 채무자로부터 백지 근저당권설정계약서 등을 교부받을 당시에는 채무초과 상태가 아니었으나 이를 보충할 당시에는 채무초과 상태에 있었던 경우, 백지 근저당권설정계약서를 보충한 날 근저당권설정계약이 체결되었다고 보아야 한다는 이유로 사해행위에 해당한다고 한 사례($^{대판\ 2000.\ 4.\ 25,}_{99다55656}$).

　　(ㄴ)「채무초과 상태에 있는 채무자가 그 소유의 부동산을 채권자 중의 어느 한 사람에게 채권담보로 제공하는 행위는 특별한 사정이 없는 한 다른 채권자들에 대한 관계에서 사해행위에 해당한다고 할 것이나, 자금난으로 사업을 계속 추진하기 어려운 상황에 처한 채무자가 자금을 융통하여 사업을 계속 추진하는 것이 채무변제력을 갖게 되는 최선의 방법이라고 생각하고 자금을 융통하기 위하여 부득이 부동산을 특정 채권자에게 담보로 제공하고 그로부터 신규자금을 추가로 융통받았다면 특별한 사정이 없는 한 채무자의 담보설정행위는 사해행위에 해당하지 않으며, 다만 사업의 계속 추진과는 아무런 관계가 없는 기존 채무를 아울러 피담보채무 범위에 포함시켰다면, 그 부분에 한하여 사해행위에 해당할 여지는 있다 할 것이다.」($^{대판\ 2002.\ 3.\ 29,}_{2000다25842}$)

　　(ㄷ)「채권자들의 공동담보가 되는 채무자의 총재산에 대하여 다른 채권자에 우선하여 변제를 받을 수 있는 권리를 가지는 채권자는 처음부터 채무자의 재산에 대한 환가절차에서 다른 채권자에 우선하여 배당을 받을 수 있는 지위에 있으므로 그와 같은 우선변제권 있는 채권자에 대한 대물변제의 제공행위는 특별한 사정이 없는 한 다른 채권자들의 이익을 해한다고 볼 수 없어 사해행위가 되지 않는다고 할 것이다.

　　또한, 저당권이 설정되어 있는 재산이 사해행위로 양도된 경우에 그 사해행위는 그 재산의 가액, 즉 시가에서 저당권의 피담보채권액을 공제한 잔액의 범위 내에서 성립하고, 피담보채권액이 그 재산의 가액을 초과하는 때에는 당해 재산의 양도는 사해행위에 해당한다고 할 수 없다고 할 것인바, 이와 같은 법리는 채권자들 중에 그 채무자에 대하여 경매 등의 환가절차에서 저당권에 의하여 담보되는 채권보다 우선하여 배당을 받을 수 있는 채권자가 있는 경우에도 마찬가지라고 할 것이므로 피담보채권액이 그 재산의 가액을 초과하는 재산의 양도행위가 저당권의 피담보채권보다 우선하여 배당받을 수 있는 채권자에 대한 관계에 있어서만 사해행위가 된다고 할 수도 없다.」(대판 2008. 2. 14, 2006다33357)

(ㄹ)「부동산에 대하여 가압류등기가 먼저 되고 나서 근저당권설정등기가 마쳐진 경우에 경매절차의 배당관계에서 근저당권자는 선순위 가압류채권자에 대하여는 우선변제권을 주장할 수 없으므로 그 가압류채권자는 근저당권자와 일반 채권자의 자격에서 평등배당을 받을 수 있고, 따라서 가압류채권자는 채무자의 근저당권설정행위로 인하여 아무런 불이익을 입지 않으므로 채권자취소권을 행사할 수 없다 할 것이나, 채권자의 실제 채권액이 가압류 채권금액보다 많은 경우 그 초과하는 부분에 관하여는 가압류의 효력이 미치지 아니하여 그 범위 내에서는 채무자의 처분행위가 채권자들의 공동담보를 감소시키는 사해행위가 되므로 그 부분 채권을 피보전채권으로 삼아 당연히 채권자취소권을 행사할 수 있다.」(대판 2008. 2. 28, 2007다77446)

(ㅁ) 대법원은 부동산실명법이 시행되기 전에「수탁자가 신탁행위에 기한 반환의무의 이행으로서 신탁자가 지정하는 제 3 자 명의로 신탁부동산의 소유권이전등기를 경료하는 행위는 기존채무의 이행으로서 사해행위를 구성하지 않는다」고 한 적이 있다(대판 1981. 2. 24, 80다1963).

(ㅂ)「무자력상태의 채무자가 기존채무에 관한 특정의 채권자로 하여금 채무자가 가지는 채권에 대하여 압류 및 추심명령을 받음으로써 강제집행절차를 통하여 사실상 우선변제를 받게 할 목적으로 그 기존채무에 관하여 강제집행을 승낙하는 취지가 기재된 공정증서를 작성하여 주어 채권자가 채무자의 그 채권에 관하여 압류 및 추심명령을 얻은 경우에는 그와 같은 공정증서 작성의 원인이 된 채권자와 채무자의 합의는 기존채무의 이행에 관한 별도의 계약인 이른바 채무변제계약에 해당하는 것으로서 다른 일반채권자의 이익을 해하여 사해행위가 된다.」(대판 2010. 4. 29, 2009다33884)

(ㅅ)「채권자가 채무의 변제를 요구하는 것은 그의 당연한 권리행사로서 다른 채권자가 존재한다는 이유로 이것이 방해받아서는 아니 되고, 채무자도 다른 채권자가 있다는 이유로 그 채무이행을 거절할 수는 없는 것이므로, 채무자가 채권자의 요구에 따라 그 채권자에 대한 기존채무의 변제를 위하여 소비대차계약을 체결하고 강제집행을 승낙하는 취지가 기재된 공정증서를 작성하여 주어 전체적으로 채무자의 책임재산이 감소하지 않는 경우에는, 그와 같은 행위로 인해 채무자의 책임재산을 특정 채권자에게 실질적으로 양도한 것과 다를 바 없는 것으로 볼 수 있는 특별한 사정이 있는 경우에 해당하지 아니하는 한, 다른 채권자를 해하는 사해행위가 된다고 볼

수 없다$\binom{\text{대법원 2011. 12. 22. 선고 2010다103376 판결;}}{\text{대법원 2012. 11. 15. 선고 2011다34088 판결 참조}}$.

위와 같은 법리에 의하면 채무자의 부동산에 관한 매매계약 등의 유상행위가 사해행위라는 이유로 취소되고 그 원상회복이 이루어짐으로써 수익자에 대하여 부당이득 반환채무를 부담하게 된 채무자가 그 부당이득 반환채무의 변제를 위하여 수익자와 소비대차계약을 체결하고 강제집행을 승낙하는 취지가 기재된 공정증서를 작성하여 준 경우에도, 그와 같은 행위로 인해 자신의 책임재산을 그 수익자에게 실질적으로 양도한 것과 다를 바 없는 것으로 볼 수 있는 특별한 사정이 있는 경우에 해당하지 아니하는 한, 다른 채권자를 해하는 새로운 사해행위가 된다고 볼 수 없다.

이러한 수익자의 채무자에 대한 채권은 당초의 사해행위 이후에 취득한 채권에 불과하므로 수익자는 그 원상회복된 재산에 대한 강제경매절차에서 배당을 요구할 권리가 없다$\binom{\text{대법원 2009. 6. 23. 선고}}{\text{2009다18502 판결 참조}}$.」$\binom{\text{대판 2015. 10. 29,}}{\text{2012다14975}}$

(ㅇ)「채무자가 양도한 목적물에 저당권이 설정되어 있는 경우라면 그 목적물 중에서 일반채권자들의 공동담보에 제공되는 책임재산은 피담보채권액을 공제한 나머지 부분만이라 할 것이고 그 피담보채권액이 목적물의 가격을 초과하고 있는 때에는 당해 목적물의 양도는 사해행위에 해당한다고 할 수 없다. 그런데 수개의 부동산에 공동저당권이 설정되어 있는 경우 위 책임재산을 산정함에 있어 각 부동산이 부담하는 피담보채권액은 특별한 사정이 없는 한 민법 제368조의 규정취지에 비추어 공동저당권의 목적으로 된 각 부동산의 가액에 비례하여 공동저당권의 피담보채권액을 안분한 금액이라고 보아야 한다$\binom{\text{대법원 2003. 11. 13. 선고}}{\text{2003다39989 판결 참조}}$. 그러나 그 수개의 부동산 중 일부는 채무자의 소유이고 일부는 공동저당권이 설정된 상태에서 이를 취득한 제 3 취득자의 소유로서 그 제 3 취득자가 민법 제481조, 제482조의 규정에 의한 변제자대위에 의하여 채무자 소유의 부동산에 대하여 저당권을 행사할 수 있는 지위에 있는 경우라면 채무자 소유의 부동산에 관한 피담보채권액은 공동저당권의 피담보채권액 전액으로 봄이 상당하다. 이러한 법리는 한 개의 공유부동산 중 일부 지분이 채무자의 소유이고 일부는 제 3 취득자의 소유인 경우에도 마찬가지로 적용된다.」$\binom{\text{대판 2010. 12. 23,}}{\text{2008다25671}}$

(ㅈ)「상속재산의 분할협의는 상속이 개시되어 공동상속인 사이에 잠정적 공유가 된 상속재산에 대하여 그 전부 또는 일부를 각 상속인의 단독소유로 하거나 새로운 공유관계로 이행시킴으로써 상속재산의 귀속을 확정시키는 것으로 그 성질상 재산권을 목적으로 하는 법률행위이므로 사해행위취소권 행사의 대상이 될 수 있고$\binom{\text{대법원 2001.}}{\text{2. 9. 선고}}$ $\binom{\text{2000다51797}}{\text{판결 참조}}$, 한편 채무자가 자기의 유일한 재산인 부동산을 매각하여 소비하기 쉬운 금전으로 바꾸거나 타인에게 무상으로 이전하여 주는 행위는 특별한 사정이 없는 한 채권자에 대하여 사해행위가 되는 것이므로$\binom{\text{대법원 2001. 4. 24. 선고 2000다41875 판결, 대법}}{\text{원 2002. 6. 11. 선고 2002다17937 판결 등 참조}}$, 이미 채무초과 상태에 있는 채무자가 상속재산의 분할협의를 하면서 유일한 상속재산인 부동산에 관하여는 자신의 상속분을 포기하고 대신 소비하기 쉬운 현금을 지급받기로 하였다면, 이러한 행위는 실질적으로 채무자가 자기의 유일한 재산인 부동산을

매각하여 소비하기 쉬운 금전으로 바꾸는 것과 다르지 아니하여 특별한 사정이 없는 한 채권자에 대하여 사해행위가 된다고 할 것이며, 이와 같은 금전의 성격에 비추어 상속재산 중에 위 부동산 외에 현금이 다소 있다 하여도 마찬가지로 보아야 할 것이다」(대판 2008. 3. 13, 2007다73765).

㈜「위탁자가 금전채권을 담보하기 위하여 그 금전채권자를 우선수익자로, 위탁자를 수익자로 하여 위탁자 소유의 부동산을 신탁법에 따라 수탁자에게 이전하면서 채무불이행시에는 신탁부동산을 처분하여 우선수익자의 채권 변제 등에 충당하고 나머지를 위탁자에게 반환하기로 하는 내용의 담보신탁을 해 둔 경우, 그 신탁부동산에 대하여 위탁자가 가지고 있는 담보신탁계약상의 수익권은 위탁자의 일반채권자들에게 공동담보로 제공되는 책임재산에 해당한다(대법원 2013. 12. 12. 선고 2012다111401 판결 참조).

위탁자가 위와 같이 담보신탁된 부동산을 당초 예정된 신탁계약의 종료사유가 발생하기 전에 우선수익자 및 수탁자의 동의를 받아 제 3 자에게 처분하는 등으로 담보신탁계약상의 수익권을 소멸하게 하고, 그로써 위탁자의 소극재산이 적극재산을 초과하게 되거나 채무초과상태가 더 나빠지게 되었다면 이러한 위탁자의 처분행위는 위탁자의 일반채권자들을 해하는 행위로서 사해행위에 해당한다.

그 경우 사해행위 취소에 따른 원상회복의 방법으로 제 3 자 앞으로 마쳐진 소유권이전등기를 단순히 말소하게 되면 당초 일반채권자들의 공동담보로 되어 있지 아니한 부분까지 회복시키는 것이 되어 공평에 반하는 결과가 된다. 이때는 그 부동산에 대하여 위탁자가 가지고 있던 담보신탁계약상 수익권의 평가금액 한도 내에서 위탁자의 법률행위를 취소하고 그 가액의 배상을 명하여야 한다.」(대판 2016. 11. 25, 2016다20732)

「1. … 신탁이 존속하는 동안 위탁자가 언제든지 신탁계약을 종료시키고 신탁계약에서 정한 절차에 따라 위탁자 앞으로 소유권이전등기를 마칠 수 있다는 것이 합리적으로 긍정되는 경우에는 위탁자의 신탁부동산에 관한 소유권이전등기 청구권이 위탁자의 일반채권자들에게 공동담보로 제공되는 책임재산에 해당된다고 볼 여지가 있다. 그러나 신탁계약상 신탁부동산을 처분하는 데 수익권자의 동의를 받도록 정해진 경우에는 그 처분에 관하여 수익권자의 동의를 받거나 받을 수 있다는 등의 특별한 사정이 없는 한 위탁자가 신탁을 종료시키고 위탁자 앞으로 신탁부동산에 관한 소유권이전등기를 마치는 것은 허용되지 않는다. 이러한 경우에는 위탁자의 신탁부동산에 관한 소유권이전등기 청구권은 실질적으로 재산적 가치가 없어 채권의 공동담보로서의 역할을 할 수 없으므로 그 소유권이전등기 청구권을 위탁자의 적극재산에 포함시킬 수 없다.

2. … 위탁자가 담보신탁된 부동산을 당초 예정된 신탁계약의 종료사유가 발생하기 전에 우선수익자 및 수탁자의 동의를 받아 제 3 자에게 처분하는 등으로 담보신탁계약상의 수익권을 소멸하게 하고, 그로써 위탁자의 소극재산이 적극재산을 초과하게 되거나 채무초과상태가 더 나빠지게 되었다면 이러한 위탁자의 처분행위는 위

탁자의 일반채권자들을 해하는 행위로서 사해행위에 해당한다(대법원 2016. 11. 25. 선고 2016다20732 판결 참조). 다만 처분 당시 위탁자가 가지고 있는 담보신탁계약상의 수익권이 적극재산으로서의 가치가 없다면 위탁자가 위와 같이 신탁되어 있던 부동산을 매각하면서 신탁계약을 종료하고 부동산을 환수하여 제 3 자 앞으로 소유권이전등기를 넘겨주어도 이는 사해행위에 해당하지 않는다. 이는 위탁자가「건축물의 분양에 관한 법률」에 따른 분양관리신탁을 해 둔 경우에도 마찬가지이다.

한편 신탁재산에 대한 후순위 수익권의 가치는 장차 신탁이 종료되었을 때 예상되는 신탁재산 가액에서 소요비용과 신탁보수 등을 공제하고 거기에서 다시 우선수익자들에 대한 채무를 공제한 후 남은 금액을 사해행위 당시의 현가로 할인하는 방식으로 평가하여야 하고, 단순히 사해행위 당시의 신탁재산의 시가를 기초로 그 가치를 평가해서는 아니 된다.」(대판 2021. 6. 10, 2017다254891)

(ㅋ)「무자력상태의 채무자가 소송절차를 통해 수익자에게 자신의 책임재산을 이전하기로 하여, 수익자가 제기한 소송에서 자백하는 등의 방법으로 패소판결 또는 그와 같은 취지의 화해권고결정 등을 받아 확정시키고, 이에 따라 수익자 앞으로 그 책임재산에 대한 소유권이전등기 등이 마쳐졌다면, 이러한 일련의 행위의 실질적인 원인이 되는 채무자와 수익자 사이의 이전합의는 다른 일반채권자의 이익을 해하는 사해행위가 될 수 있다.」(대판 2017. 4. 7, 2016다204783)

(ㅌ)「건축 중인 건물 외에 별다른 재산이 없는 채무자가 수익자에게 책임재산인 위 건물을 양도하기 위해 수익자 앞으로 건축주 명의를 변경해주기로 약정하였다면 위 양도 약정이 포함되어 있다고 볼 수 있는 건축주 명의변경 약정은 채무자의 재산감소 효과를 가져오는 행위로서 다른 일반채권자의 이익을 해하는 사해행위가 될 수 있다.」(대판 2017. 4. 27, 2016다279206)

[140]　　　## 3. 채무자 등의 악의(惡意)

(1) 채무자의 악의

채권자취소권이 인정되려면 채무자가 사해행위에 의하여 채권자를 해함을 알고 있었어야 한다(406조 1 항 본문). 이것을「사해(詐害)의 의사」라고 한다. 그러나 이는 적극적인 의욕이 아니고 소극적인 인식으로 충분하다(이설이 없으며, 판례도 같음. 대판 2009. 3. 26, 2007다63102). 그것도 특정한 채권자를 해한다는 것을 인식할 필요는 없고, 일반적으로 채권자를 해한다는 것 즉 공동담보에 부족이 생긴다는 것을 알고 있으면 된다(대판 1998. 5. 12, 97다57320; 대판 2009. 3. 26, 2007다63102). 채무자가 연대보증인인 경우에 그에게 부동산의 매도행위 당시 사해의 의사가 있었는지 여부는 그가 자신의 자산상태가 채권자에 대한 연대보증채무를 담보하는 데 부족하게 되리라는 것을 인식하였는가 하는 점에 의하여 판단하여야 하고, 주채무자의 자산상태가 채무를 담보하는 데 부족하게 되리라는 것까지 인식하였어야만 하는 것은 아니다($\substack{\text{대판 2010. 6. 10,}\\\text{2010다12067}}$).

그 인식의 기준시기는 사해행위가 행하여진 때이다($\substack{\text{대판 1960. 8. 18,}\\\text{4293민상86}}$). 따라서 사해의 의사를 판단함에 있어서는 사해행위 당시까지의 사정을 기초로 하게 되나, 그 후의 사정도 간접사실로서 판단에 고려될 수 있다($\substack{\text{대판 2000. 12. 8, 99다31940;}\\\text{대판 2003. 12. 12, 2001다57884}}$).

채무자의 악의의 증명책임은 취소채권자에게 있다(다만 대판 1966. 10. 4, 66다1535; 대판 1998. 4. 14, 97다54420; 대판 2001. 4. 24, 2000다41875; 대판 2010. 6. 10, 2010다12067은 채무자가 유일한 부동산을 매각한 경우에는 채무자의 사해의사가 추정된다고 하며, 대판 2006. 4. 14, 2006다5710; 대판 2010. 4. 29, 2009다104564는 채무자의 제 3 자에 대한 담보제공행위가 객관적으로 사해행위에 해당하는 경우 수익자의 악의는 추정된다고 한다).

(2) 수익자 또는 전득자의 악의

사해행위취소가 가능하려면, 사해행위로 인하여 이익을 받은 자(수익자)나 전득(轉得)한 자(전득자)가 그 행위 또는 전득 당시에 채권자를 해함을 알고 있었어야 한다($\substack{\text{406조 1}\\\text{항 단서}}$). 즉 수익자만이 있을 때에는 그가 악의이어야 하고, 전득자도 있는 때에는 그들 중 적어도 하나가 악의이어야 한다(통설도 같음. 그러나 이은영, 474면은 수익자가 선의이고 전득자가 악의인 때에는 취소할 수 없다고 한다). 여기의 악의도 사해의 사실에 대한 인식으로 충분하다. 그리고 전득자의 악의는 전득행위 당시 취소를 구하는 법률행위가 채권자를 해한다는 사실, 즉 사해행위의 객관적 요건을 구비하였다는 것에 대한 인식을 의미하므로, 전득자의 악의를 판단함에 있어서는 전득자가 전득행위 당시 채무자와 수익자 사이의 법률행위의 사해성을 인식하였는지 여부만이 문제가 될 뿐이고($\substack{\text{대판 2006. 7. 4, 2004다61280;}\\\text{대판 2012. 8. 17, 2010다87672}}$), 수익자가 채무자와 수익자 사이의 법률행위의 사해성을 인식하였는지 여부는 원칙적으로 문제가 되지 않으며($\substack{\text{대판 2012. 8. 17,}\\\text{2010다87672}}$), 수익자와 전득자 사이의 전득행위가 다시 채권자를 해하는 행위로서 사해행위의 요건을 갖추어야 하는 것도 아니다($\substack{\text{대판 2006. 7. 4,}\\\text{2004다61280}}$). 수익자 또는 전득자의 악의는 채권자가 증명할 필요가 없고, 책임을 면하려는 수익자 또는 전득자가 그들의 선의를 증명하여야 한다. 통설(다만, 이은영, 472면만은 채권자가 증명할 것이라고 한다)·판례(대판 1962. 2. 8, 61다722; 대판 1962. 4. 12, 61다1138; 대판 1988. 4. 25, 87다카1380; 대판 1997. 5. 23, 95다51908; 대판 1998. 2. 13, 97다6711; 대판 1998. 4. 14, 97다54420; 대판 2006. 7. 4, 2004다61280(객관적이고 납득할 만한 증거자료 등에 의하여야 하고, 수익자가 선의였다고 선뜻 단정해서는 안 된다); 대판 2010. 2. 25, 2007다28819·28826; 대판 2010. 6. 10, 2010다12067; 대판 2015. 6. 11, 2014다237192(전득자가 선의였음을 인정함에 있어서는 객관적이고도 납득할 만한 증거자료 등에 의하여야 하고, 채무자나 수익자의 일방적인 진술이나 제 3 자의 추측에 불과한 진술 등에만 터 잡아 수익자 또는 전득자가 선의였다고 선뜻 단정하여서는 안 된다); 대판 2018. 4. 10, 2016다272311(수익자의 악의는 추정된다고 함). 선의를 인정한 판결로 대판 2002. 11. 8, 2002다42100; 대판 2003. 3. 25, 2002다62036도 참조)도 같다. 그런데 판례는 수익자의 선의 여부는 채무자와 수익자의 관계, 채무자와 수익자 사이의 처분행위의 내용과 그에 이르게 된 경위 또는 동기, 그 처분행위의 거래조건이 정상적이고 이를 의심할만한 특별한 사정이 없으며 정상적인 거래관계임을 뒷받침할만한 객관적인 자료가 있는지 여부, 그 처분행위 이후의 정황 등 여러 사정을 종합적으로 고려하여 논리칙·경험칙에 비추어 합리적으로 판단하여야 할 것이라고 한다$\binom{대판}{2008.\,7.\,10,\,2007다74621;대판\,2010.\,8.\,19,\,2010다30102;\,대판\,2013.\,4.\,26,\,2011다37001;\,대판\,2018.\,4.\,10,\,2016다272311;\,대판\,2023.\,9.\,21,\,2023다234553}$. 한편 사해행위취소 소송에서는 수익자$\binom{전득자}{도\,같다}$의 선의 여부만이 문제되고, 수익자의 선의에 과실이 있는지 여부는 문제되지 않는다$\binom{대판\,2001.\,5.\,8,\,2000다50015;\,대판\,2007.\,11.\,29,}{2007다52430;\,대판\,2023.\,9.\,21,\,2023다234553}$.

사해행위인지가 문제되는 법률행위가 대리인에 의하여 이루어진 때에는 수익자의 사해의사 또는 전득자의 사해행위에 대한 악의의 유무는 대리인을 표준으로 결정하여야 한다$\binom{대판\,2006.\,9.\,8,}{2006다22661}$.

〈판 례〉

사해행위의 수익자가 채무자와 일면식이 없이 이웃의 소개로 급히 금전이 필요한 채무자로부터 다소 저렴한 가격으로 토지를 매수하였을 뿐이어서 그 과정에서 단기간에 매매대금이 지급되고 그 직후 소유권이전등기가 경료되는 등 부동산 거래관행과 다소 다르게 매매가 이루어진 사정이 있다고 하더라도 채무자로부터의 토지매수가 채권자를 해하는 사해행위임을 알지 못한 선의의 수익자에 해당한다고 판단한 사례$\binom{대판\,2003.\,3.\,25,}{2002다62036}$.

[141] **Ⅲ. 채권자취소권의 행사**

1. 행사의 방법

(1) 채권자의 이름으로 행사

채권자취소권은 채권자가 자기의 이름으로 행사한다. 그것도 채권자대위권과 달리 채무자의 권리를 대신 행사하는 것이 아니고 채권자가 자신의 권리를 행사하는 것이다. 취소채권자는 재산의 반환을 청구하게 되는데, 직접 자기에게 인도하라고 할 수도 있다$\binom{같은\,취지:\,대판\,1999.\,8.\,24,\,99다23468\cdot23475;\,곽}{윤직,\,149면.\,반대:\,김상용,\,248면;\,이은영,\,487면}$. 그에 비하여 채무자는 인도를 청구할 수 없다. 한편 대법원은 원상회복을 가액배상으로 하는 경우의 상대방이 누구인가에 관하여 태도가 엇갈리고 있다. 하나의 판결에서는 그 이행의 상대방은 채권자이어야 한다고 판시한다$\binom{대판\,2008.\,4.\,24,}{2007다84352}$. 그런가 하면 다른 판결에서는 「취소채권자가 직접 자기에게 가액배상금을 지급할 것을 청구할 수 있」다고 한다($_{다1442:\ [142]에\ 인용}^{대판\ 2008.\ 11.\ 13,\ 2006}$). 이 둘 중 앞의 판결은 흩어지기 쉬운 금전을 반환하는 경우에 강제집행을 가능하게 하기 위한 것으로 보이나, 판례가 오직 채권자만이 상대방이라고 하는 것은 지나친 것이라고 생각된다. 그에 비하여 뒤의 판결은 적절하다.

〈판 례〉

「채권자취소권은 채무자의 사해행위를 채권자와 수익자 또는 전득자 사이에서 상대적으로 취소하고 채무자의 책임재산에서 일탈한 재산을 회복하여 채권자의 강제집행이 가능하도록 하는 것을 본질로 하는 권리이므로 원상회복을 가액배상으로 하는 경우에 그 이행의 상대방은 채권자이어야 한다고 할 것이다.

원심이 수익자인 피고로 하여금 채권자인 원고에게 가액배상을 하도록 명한 조치는 위 법리에 따른 것으로서 정당」하다($_{2007다84352}^{대판\ 2008.\ 4.\ 24,}$).

(2) 재판상 행사

채권자취소권은 반드시 법원에 소를 제기하는 방법으로 행사하여야 하며($_{본문}^{406\ 조\ 1\ 항}$), 소송상의 공격·방어방법으로는 행사할 수 없다($_{1993.\ 1.\ 26,\ 92다11008;\ 대판\ 1995.}^{대판\ 1978.\ 6.\ 13,\ 78다404;\ 대판}$ $_{3.\ 13,\ 95다48599\cdot 48605}^{7.\ 25,\ 95다8393;\ 대판\ 1998.}$). 그리하여 소송에서 단지 항변만으로 행사할 수는 없다($_{13,\ 78다404}^{대판\ 1978.\ 6.}$). 이와 같이 소제기의 방법으로만 행사하도록 하는 이유는 채권자취소권이 제 3 자의 이해관계에 영향을 크게 미치기 때문이다.

채권자취소권을 소로 행사하는 경우에 소의 성질은 채권자취소권의 본질을 어떻게 이해하는가에 따라 다르다. 판례 및 사견이 취하고 있는 결합설의 수정설에 의하면, 사해행위의 취소만을 구하는 경우에는 형성의 소이고, 사해행위취소와 함께 재산의 반환도 청구하는 경우에는 형성의 소와 이행의 소가 결합한 것이 된다. 그러므로 후자의 경우에도 판결주문에서 사해행위의 취소를 명하여야 한다.

〈판 례〉

「사해행위취소 소송은 형성의 소로서 그 판결이 확정됨으로써 비로소 권리변동의 효력이 발생하나, 민법 제406조 제 1 항은 채권자가 사해행위의 취소와 원상회복을 법원에 청구할 수 있다고 규정함으로써 사해행위취소청구에는 그 취소판결이 미확정인 상태에서도 그 취소의 효력을 전제로 하는 원상회복청구를 병합하여 제기할 수 있도록 허용하고 있다($_{2003다6200\ 판결\ 참조}^{대법원\ 2004.\ 1.\ 27.\ 선고}$). 또한, 원고가 매매계약 등 법률행위에 기하여 소유권을 취득하였음을 전제로 피고를 상대로 일정한 청구를 할 때, 피고는 원고의 소유권 취득의 원인이 된 법률행위가 사해행위로서 취소되어야 한다고 다투면서, 동시에 반소로써 그 소유권 취득의 원인이 된 법률행위가 사해행위임을 이유로 그 법률행위의 취소와 원상회복으로 원고의 소유권이전등기의 말소절차 등의 이행을 구하는 것도 가능하다. 위와 같이 원고의 본소 청구에 대하여 피고가 본소 청구를 다투면서 사해행위의 취소 및 원상회복을 구하는 반소를 적법하게 제기한 경우, 그 사해행위의 취소 여부는 반소의 청구원인임과 동시에 본소 청구에 대한 방어방법이자, 본소 청구 인용 여부의 선결문제가 될 수 있다. 그 경우 법원이 반소 청구가 이유 있다고 판단하여, 사해행위의 취소 및 원상회복을 명하는 판결을 선고하는 경우, 비록 그 반소 청구에 대한 판결이 확정되지 않았다고 하더라도, 원고의 소유권 취득의 원인이 된 법률행위가 취소되었음을 전제로 원고의 본소 청구를 심리하여 판단할 수 있다고 봄이 타당하다. 그때에는 반소 사해행위취소 판결의 확정을 기다리지 않고, 반소 사해행위취소 판결을 이유로 원고의 본소 청구를 기각할 수 있다. 본소와 반소가 같은 소송절차 내에서 함께 심리, 판단되는 이상, 반소 사해행위취소 판결의 확정 여부가 본소 청구 판단시 불확실한 상황이라고 보기 어렵고, 그로 인해 원고에게 소송상 지나친 부담을 지운다거나, 원고의 소송상 지위가 불안정해진다고 볼 수도 없다. 오히려 이로써 반소 사해행위취소 소송의 심리를 무위로 만들지 않고, 소송경제를 도모하며, 본소 청구에 대한 판결과 반소 청구에 대한 판결의 모순 저촉을 피할 수 있다.」 $\binom{\text{대판 2019. 3. 14, 2018}}{\text{다277785 · 277792}}$.

(3) 취소의 상대방(피고)

채권자취소권 행사의 상대방 즉 취소소송의 피고는 이익반환청구의 상대방인 수익자 또는 전득자이며, 채무자만이 피고로 되거나 채무자를 피고에 추가할 수 없다$\binom{\text{대판 1961. 11. 9, 60다263; 대판 1963. 8. 22, 63다299; 대판 1967. 12. 26, 67다1839; 대판 1988. 2. 23, 87}}{\text{다카1586; 대판 1991. 8. 13, 91다13717; 대판 2004. 8. 30, 2004다21923; 대판 2009. 1. 15, 2008다72394}}$. 따라서 사해행위가 채무면제와 같은 단독행위인 경우에도 수익자만을 상대방으로 하여야 한다. 한편 수익자 외에 전득자가 있는 경우는 그들 모두가 악의인지 여부에 따라 다르게 된다. 둘 모두가 악의인 때에는, 채권자는 전득자를 상대로 재산의 반환을 청구할 수도 있고, 수익자를 상대로 이익반환을 청구할 수도 있다. 그러나 수익자만이 악의인 때에는 수익자를 상대로 이익의 반환을 청구하여야 하며, 전득자만이 악의인 때에는 전득자를 상대로 재산의 반환을 청구하여야 한다.

〈판 례〉

「채권자가 수익자와 전득자를 공동피고로 삼아 채권자취소의 소를 제기하면서 청구취지로 '채무자와 수익자 사이의 사해행위취소 청구'를 구하는 취지임을 명시한 경우 전득자에 대한 관계에서 채무자와 수익자 사이의 사해행위를 취소하면서 채권자취소권을 행사한 것으로 보아야 한다. 사해행위 취소를 구하는 취지를 수익자에 대한 청구취지와 전득자에 대한 청구취지로 분리하여 각각 기재하지 않았다고 하더라도 취소를 구하는 취지가 수익자에 대한 청구에 한정된 것이라고 볼 수는 없다.」
(대판 2021. 2. 4, 2018다271909: 전득자에 대한 채권자취소권 행사가 제척기간 내에 행해졌는지 문제된 사안임)

2. 행사의 범위   [142]

(1) 취소의 범위는 취소채권자의 채권액을 표준으로 하므로, 다른 채권자가 있더라도 원칙적으로 자신의 채권액을 넘어서 취소하지는 못한다(대판 2002. 10. 25, 2000다64441; 대판 2002. 10. 25, 2002다42711; 대판 2003. 7. 11, 2003다19572; 대판 2008. 11. 13, 2006다1442)(이때 기준이 되는 채권액은 사해행위 당시까지의 것이나, 사해행위 후 사실심 변론종결시까지 발생한 이자나 지연손해금은 포함된다. 대판 2001. 9. 4, 2000다66416; 대판 2001. 12. 11, 2001다64547 등). 따라서 사해행위가 가분(可分)이면 채권보전에 필요한 범위에서 일부취소를 하여야 한다. 그러나 목적물이 불가분(不可分)이거나 분할취소가 부적당한 특별한 사유가 있는 경우 또는 다른 채권자가 배당참가를 신청할 것이 분명한 경우에는 그의 채권액을 넘어서도 취소권을 행사할 수 있다. 통설(이은영, 476면은 반대)·판례(대판 1975. 2. 25, 74다2114; 대판 1975. 6. 24, 75다625; 대판 1997. 9. 9, 97다10864; 대판 2010. 5. 27, 2007다40802)도 같다.

사해행위취소권은 채권의 공동담보를 보전하는 것을 목적으로 하므로, 취소의 범위는 다른 한편으로 공동담보의 보전에 필요하고 충분한 범위에 한정된다. 따라서 채무자가 사해행위에 의하여 비로소 채무초과 상태에 이르게 되는 경우에, 채권자는 사해행위가 가분인 한 그중 채권의 공동담보로 부족하게 되는 부분만을 자신의 채권액을 한도로 취소하면 족하고, 그 행위 전부를 취소할 수는 없다(대판 2010. 8. 19, 2010다36209).

〈판 례〉

(ㄱ) 「채권자취소권의 요건을 갖춘 각 채권자는 고유의 권리로서 채무자의 재산처분행위를 취소하고 그 원상회복을 구할 수 있는 것이므로 여러 명의 채권자가 사해행위취소 및 원상회복청구의 소를 제기하여 여러 개의 소송이 계속 중인 경우에는 각 소송에서 채권자의 청구에 따라 사해행위의 취소 및 원상회복을 명하는 판결을 선고하여야 하고, 수익자 또는 전득자가 가액배상을 하여야 할 경우에도 수익자 등이 반환하여야 할 가액을 채권자의 채권액에 비례하여 채권자별로 안분한 범위 내에서 반

환을 명할 것이 아니라, 수익자 등이 반환하여야 할 가액 범위 내에서 각 채권자의 피보전채권액 전액의 반환을 명하여야 한다(대법원 2005. 11. 25. 선고 2005다51457 판결). 그리고 이와 같은 법리는 여러 명의 채권자들이 제기한 각 사해행위취소 및 원상회복청구의 소가 민사소송법 제141조에 의하여 병합되어 하나의 소송절차에서 심판을 받는 경우라고 하더라도 마찬가지라 할 것이다.」(대판 2008. 6. 12, 2008다8690·8706)

(ㄴ)「사해행위취소로 인한 원상회복으로서 가액배상을 명하는 경우에는, 취소채권자는 직접 자기에게 가액배상금을 지급할 것을 청구할 수 있고, 위 지급받은 가액배상금을 분배하는 방법이나 절차 등에 관한 아무런 규정이 없는 현행법 아래에서 다른 채권자들이 위 가액배상금에 대하여 배당요구를 할 수도 없으므로, 결국 채권자는 자신의 채권액을 초과하여 가액배상을 구할 수는 없다고 할 것이다. 채권자가 어느 수익자(전득자를 포함한다)에 대하여 사해행위취소 및 원상회복청구를 하여 승소판결을 받아 그 판결이 확정되었다 하더라도 그에 기하여 재산이나 가액의 회복을 마치지 아니한 이상 채권자는 자신의 피보전채권에 기하여 다른 수익자에 대하여 별도로 사해행위취소 및 원상회복청구를 할 수 있고, 채권자가 여러 수익자들을 상대로 사해행위취소 및 원상회복청구의 소를 제기하여 여러 개의 소송이 계속 중인 경우에는 각 소송에서 채권자의 청구에 따라 사해행위의 취소 및 원상회복을 명하는 판결을 선고하여야 하며, 수익자가 가액배상을 하여야 할 경우에도 다른 소송의 결과를 참작할 필요 없이 수익자가 반환하여야 할 가액 범위 내에서 채권자의 피보전채권 전액의 반환을 명하여야 한다. 그리고 이러한 법리는 채무자가 동시에 여러 부동산을 수인의 수익자들에게 처분한 결과 채무초과 상태가 됨으로써 그와 같은 각각의 처분행위가 모두 사해행위로 되고, 채권자가 그 수익자들을 공동피고로 하여 사해행위취소 및 원상회복을 구하여 각 수익자들이 부담하는 원상회복의무의 대상이 되는 책임재산의 가액을 합산한 금액이 채권자의 피보전채권액을 초과하는 경우에도 마찬가지라고 할 것이다.」(대판 2008. 11. 13, 2006다1442)

(ㄷ)「채권자가 채무자를 상대로 그 채무의 이행을 구하는 소를 제기하여 승소판결이 확정되면 채권자취소소송의 상대방인 수익자나 전득자는 그와 같이 확정된 채권자의 채권의 존부나 범위에 관하여 다툴 수 없다. …

이 사건에서 원고가 제 1 심공동피고 김○○을 상대로 구상금청구를 하여 제 1 심에서 승소확정판결을 받았으므로 원고가 수익자인 피고 박○○에 대하여 채권자취소권을 행사할 수 있는 채권액의 범위는 위 승소확정판결에서 지급을 명한 바에 따라 산정한 원심변론종결일까지의 원리금액이」다(대판 2003. 7. 11, 2003다19572).

(ㄹ)「채권자취소권은 사해행위로 이루어진 채무자의 재산처분행위를 취소하고 그 원상회복을 구하기 위한 권리로서 사해행위에 의해 일탈된 채무자의 책임재산을 총채권자를 위하여 채무자에게 복귀시키기 위한 것이지 채권자취소권을 행사하는 특정 채권자에게만 독점적 만족을 주기 위한 권리가 아니다. 또한 사해행위 취소의 범위

는 다른 채권자가 배당요구를 할 것이 명백하거나 목적물이 불가분인 경우와 같이 특별한 사정이 없는 한 취소채권자의 채권액을 넘어서까지 취소를 구할 수 없다(대법원 1997. 9. 9. 선고 97다10864 판결 등 참조). 따라서 취소채권자는 위와 같은 특별한 사정이 없는 한 자신의 채권액 범위 내에서 채무자의 책임재산을 회복하기 위하여 채권자취소권을 행사할 수 있고 그 취소에 따른 효력을 주장할 수 있을 뿐이며, 채무자에 대한 채권 보전이 아니라 제 3 자에 대한 채권 만족을 위해서는 사해행위취소의 효력을 주장할 수 없다.」 (갑이 을에 대한 채권자의 지위에서 을이 병에 대한 채권을 무에게 양도한 것에 대하여 사해행위취소 소송을 제기하여 일부취소 확정판결을 받았는데, 갑이 병에 대한 채권자의 지위에서 신청한 병 소유 부동산에 대한 강제경매절차에서 무가 위 사해행위취소 판결 전에 병을 상대로 제기한 위 채권양수금 소송에서 성립된 조정조서에 기하여 배당요구를 하여 배당을 받은 사안에서, 갑이 위 사해행위취소의 효력을 주장하여 배당이의를 하는 것은 을의 다른 채권자들이 병의 채권자가 아닌 이상 사해행위취소의 효력을 향유할 수 없게 할 뿐만 아니라 을의 모든 채권자의 이익을 위하여 효력이 발휘되어야 할 채권자취소권의 행사로써 갑은 채무자 을이 아닌 제 3 자 병에 대한 자신의 채권을 만족시키는 것이 되어 부당하므로 허용되지 않는다고 한 사례)(대판 2010. 5. 27, 2007다40802)

 (ㅁ)「채권자취소권의 요건을 갖춘 각 채권자는 고유의 권리로서 채무자의 재산처분행위를 취소하고 그 원상회복을 구할 수 있는 것이므로 각 채권자가 동시 또는 이시에 채권자취소 및 원상회복소송을 제기한 경우 이들 소송이 중복제소에 해당하는 것이 아닐 뿐만 아니라, 어느 한 채권자가 동일한 사해행위에 관하여 채권자취소 및 원상회복청구를 하여 승소판결을 받아 그 판결이 확정되었다는 것만으로 그 후에 제기된 다른 채권자의 동일한 청구가 권리보호의 이익이 없어지게 되는 것은 아니고, 그에 기하여 재산이나 가액의 회복을 마친 경우에 비로소 다른 채권자의 채권자취소 및 원상회복청구는 그와 중첩되는 범위 내에서 권리보호의 이익이 없게 된다고 보아야 할 것이다.」(대판 2003. 7. 11, 2003다19558. 같은 취지: 대판 2005. 11. 25, 2005다51457; 대판 2022. 8. 11, 2018다202774 등)

(2) 채권자취소권이 행사되면 원칙적으로 원상회복으로서 사해행위의 목적   [143] 물을 채무자에게 반환하여야 하며, 원물반환이 불가능하거나 현저히 곤란한 때에 한하여 원상회복의무의 이행으로서 목적물의 가액 상당을 배상하여야 한다 (대판 1998. 5. 15, 97다58316; 대판 2003. 12. 12, 2003다40286; 대판 2006. 12. 7, 2006다43620; 대판 2007. 7. 26, 2007다29119; 대판 2018. 12. 27, 2017다290057; 대판 2019. 4. 11, 2018다203715). 그런데 가액배상액을 산정함에 있어 그 가액은 수익자가 전득자로부터 실제로 수수한 대가와는 상관없이 사실심 변론종결시를 기준으로 객관적으로 평가하여야 한다 (대판 2010. 4. 29, 2009다104564. 같은 취지: 대판 2010. 2. 25, 2007다28819·28826). 그리고 여기에서 원물반환이 불가능하거나 현저히 곤란한 경우란 원물반환이 단순히 절대적·물리적으로 불능인 경우가 아니라 사

회생활상의 경험법칙 또는 거래상의 관념에 비추어 채권자가 수익자나 전득자로 부터 이행의 실현을 기대할 수 없는 경우를 말한다(대판 1998. 5. 15, 97다58316; 대판 2006. 12. 7, 2004다54978(사해행위 후 목적물에 제 3 자가 저당권이나 지상권 등의 권리를 취득한 경우에는, 채권자는 가액 상당의 배상을 구할 수도 있고, 채무자 앞으로 직접 소유권이전등기 절차를 이행할 것을 구할 수도 있는데, 사실심 변론종결 당시의 채권자의 선택에 따라 원물반환청구를 하여 승소판결이 확정되었으면 그 후 어떤 사유로 원물반환의 목적을 달성할 수 없게 되었다고 하더라도 다시 원상회복청구권을 행사하여 가액배상을 청구할 수는 없다. 대판 2018. 12. 28, 2017다265815도 이와 같이 판시함); 대판 2009. 3. 26, 2007다63102(사정변경에 따른 주식 가치의 변동은 주식의 통상적인 속성에 포함되는 것이고 주식 자체의 성질이나 내용에는 변화가 없는 것이어서, 이를 가액배상의 사유로 삼을 수는 없다); 대판(전원) 2015. 5. 21, 2012다952; 대판 2017. 4. 27, 2016다279206; 대판 2018. 12. 27, 2017다290057). 이때 원물반환이 불가능하게 된 데 대하여 수익자 등의 고의·과실은 요구되지 않는다(대판 1998. 5. 15, 97다58316). 그리고 금전의 지급을 사해행위로서 취소하여 원상회복으로 금전의 지급을 구하는 경우 원금 외에 지연배상금의 지급도 구할 수 있고, 이 경우 지연배상금의 기산점은 상대방이 실제로 금전을 지급받은 때로 보아야 한다(대판 2006. 10. 26, 2005다76753). 한편 일부취소의 경우에도 그것이 가분인 한 원물을 반환하는 것이 원칙이다.

〈판 례〉

(ㄱ) 「사해행위의 취소에 따른 원상회복은 원칙적으로 그 목적물 자체의 반환에 의하여야 하고, 그것이 불가능하거나 현저히 곤란한 경우에 한하여 예외적으로 가액배상에 의하여야 할 것인바, 근저당권설정계약 중 일부만이 사해행위에 해당하는 경우에는 특별한 사정이 없는 한 그 원상회복은 근저당권설정등기의 채권최고액을 감축하는 근저당권변경등기 절차의 이행을 명하는 방법에 의하여야 할 것이다.」 (대판 2006. 12. 7, 2006다43620)

(ㄴ) 「사해행위로 경료된 근저당권설정등기가 사해행위취소 소송의 변론종결시까지 존속하고 있는 경우 그 원상회복은 근저당권설정등기를 말소하는 방법에 의하여야 할 것이고, 사해행위 이전에 설정된 별개의 근저당권이 사해행위 이후에 말소되었다는 사정은 원상회복의 방법에 아무런 영향을 주지 아니한다.」(대판 2007. 10. 11, 2007다45364)

(ㄷ) 자기 앞으로 소유권을 표상하는 등기가 되어 있었거나 법률에 의하여 소유권을 취득한 자가 진정한 등기명의를 회복하기 위한 방법으로는 그 등기의 말소를 구하는 외에 현재의 등기명의인을 상대로 직접 소유권이전등기 절차의 이행을 구하는 것도 허용되어야 하는바, 이러한 법리는 사해행위 취소소송에 있어서 취소 목적 부동산의 등기명의를 수익자로부터 채무자 앞으로 복귀시키고자 하는 경우에도 그대로 적용될 수 있다고 할 것이고, 따라서 채권자는 사해행위의 취소로 인한 원상회복 방법으로 수익자 명의의 등기의 말소를 구하는 대신 수익자를 상대로 채무자 앞으로 직접 소유권이전등기 절차를 이행할 것을 구할 수도 있다(대판 2000. 2. 25, 99다53704).

(ㄹ) 「채권자의 사해행위취소 및 원상회복청구가 인정되면, 수익자는 원상회복으로서 사해행위의 목적물을 채무자에게 반환할 의무를 지게 되고, 만일 원물반환이 불

가능하거나 현저히 곤란한 경우에는 원상회복의무의 이행으로서 사해행위 목적물의
가액 상당을 배상하여야 하는바, 여기에서 원물반환이 불가능하거나 현저히 곤란한
경우라 함은 원물반환이 단순히 절대적, 물리적으로 불능인 경우가 아니라 사회생활
상의 경험법칙 또는 거래상의 관념에 비추어 그 이행의 실현을 기대할 수 없는 경우
를 말하는 것이므로, 사해행위 후 그 목적물에 관하여 제 3 자가 저당권이나 지상권
등의 권리를 취득한 경우에는 수익자가 목적물을 저당권 등의 제한이 없는 상태로
회복하여 이전하여 줄 수 있다는 등의 특별한 사정이 없는 한 채권자는 수익자를 상
대로 원물반환 대신 그 가액 상당의 배상을 구할 수도 있다고 할 것이나, 그렇다고
하여 채권자가 스스로 위험이나 불이익을 감수하면서 원물반환을 구하는 것까지 허
용되지 아니하는 것으로 볼 것은 아니고, 그 경우 채권자는 원상회복 방법으로 가액
배상 대신 수익자 명의의 등기의 말소를 구하거나 수익자를 상대로 채무자 앞으로
직접 소유권이전등기 절차를 이행할 것을 구할 수도 있다고 할 것이다.」$\binom{\text{대판}}{2001.\ 2.\ 9,}$
$\binom{2000\text{다}}{57139}$

(ㅁ)「어느 부동산에 관한 법률행위가 사해행위에 해당하는 경우에는 원칙적으로 그
사해행위를 취소하고 소유권이전등기의 말소 등 부동산 자체의 회복을 명하여야 하
는 것이나, 다만 원물반환이 불가능하거나 현저히 곤란한 경우에는 원상회복의무의
이행으로서 사해행위 목적물 가액 상당의 배상을 명하여야 하는 것이고, 이러한 가
액배상에 있어서는 일반 채권자들의 공동담보로 되어 있어 사해행위가 성립하는 범
위 내의 가액배상을 명하여야 하는 것이므로$\binom{\text{대법원 2003. 12. 12. 선고}}{2003\text{다}40286\ \text{판결 등 참조}}$, 그 부동산에 관하
여 주택임대차보호법 제 3 조 제 1 항이 정한 대항력을 갖추고 임대차계약서에 확정
일자를 받아 임대차보증금 우선변제권을 가진 임차인 또는 같은 법 제 8 조에 의하여
임대차보증금 중 일정액을 우선하여 변제받을 수 있는 소액임차인이 있는 때에는 수
익자가 배상하여야 할 부동산의 가액에서 그 우선변제권 있는 임차보증금 반환채권
금액을 공제하여야 한다$\binom{\text{대법원 2001. 6. 12. 선고 99다51197, 51203 판}}{\text{결, 2002. 3. 29. 선고 99다58556 판결 등 참조}}$. 그리고 이러한 법리는,
주택 소유자의 사망으로 인하여 그 주택에 관한 포괄적 권리의무를 승계한 공동상속
인들 사이에 이루어진 상속재산 분할협의가 일부 상속인의 채권자에 대한 사해행위
에 해당하는 경우 그 상속인의 상속지분을 취득한 수익자로 하여금 원상회복의무의
이행으로서 지분 가액 상당의 배상을 명하는 경우에도 그대로 적용된다고 할 것이
다.」$\binom{\text{대판 2007. 7. 26,}}{2007\text{다}29119}$

(ㅂ)「임차인이 공유자 전원으로부터 상가건물을 임차하고 상가건물 임대차보호법
제 3 조 제 1 항에서 정한 대항요건을 갖추어 임차보증금에 관하여 우선변제를 받을
수 있는 권리를 가진 경우에, 상가건물의 공유자 중 1인인 채무자가 처분한 지분
중에 일반채권자들의 공동담보에 제공되는 책임재산은 우선변제권이 있는 임차
보증금 반환채권 전액을 공제한 나머지 부분이다$\binom{\text{임차보증금 반환채무가 성질상 불가분채}}{\text{무에 해당한다고 보기 때문임: 저자 주}}$.」
$\binom{\text{대판 2017. 5. 30,}}{2017\text{다}205073}$

(ㅅ)「어느 부동산에 관한 법률행위가 사해행위에 해당하는 경우에는 원칙적으로 그 사해행위를 취소하고 소유권이전등기의 말소 등 부동산 자체의 회복을 명하여야 하는 것이나, 저당권이 설정되어 있는 부동산에 관하여 사해행위가 이루어진 경우에 그 사해행위는 부동산의 가액에서 저당권의 피담보채권액을 공제한 잔액의 범위 내에서만 성립한다고 보아야 할 것이므로 사해행위 후 변제 등에 의하여 저당권설정등기가 말소된 경우, 사해행위를 취소하여 그 부동산 자체의 회복을 명하는 것은 당초 일반 채권자들의 공동담보인 책임재산으로 되어 있지 아니하던 부분까지 회복시키는 것이 되어 공평에 반하는 결과가 되므로, 그 부동산의 가액에서 저당권의 피담보채권액을 공제한 잔액의 한도에서 사해행위를 취소하고 그 가액의 배상을 명할 수 있을 뿐이다$\binom{\text{대법원 1996. 10. 29. 선고}}{\text{96다23207 판결 등 참조}}$.

따라서 사해행위의 목적인 부동산에 수개의 저당권이 설정되어 있다가 사해행위 후 그중 일부 저당권만이 말소된 경우에도 사해행위의 취소에 따른 원상회복은 가액배상의 방법에 의할 수밖에 없을 것이고, 그 경우 배상하여야 할 가액은 그 부동산의 가액에서 말소된 저당권의 피담보채권액과 말소되지 아니한 저당권의 피담보채권액을 모두 공제하여 산정하여야 한다$\binom{\text{대법원 1998. 2. 13. 선고}}{\text{97다6711 판결 등 참조}}$」·」$\binom{\text{위 첫 단락과 같은 취지: 대판}}{\text{2010. 2. 25, 2007다28819·28826; 대판 2010. 7. 22, 2009다60466;}}$
대판 2018. 6. 28, 2018다214319; 대판 2018. 9. 13, 2018다215756)

(ㅇ)「어느 부동산에 관한 법률행위가 사해행위에 해당하는 경우에는 원칙적으로 그 사해행위를 취소하고 소유권이전등기의 말소 등 부동산 자체의 회복을 명하여야 하는 것이나, 다만 원물반환이 불가능하거나 현저히 곤란한 경우에는 원상회복의무의 이행으로서 사해행위 목적물의 가액 상당의 배상을 명하여야 하는 것이고, 이러한 가액배상에 있어서는 일반 채권자들의 공동담보로 되어 있어 사해행위가 성립하는 범위 내의 가액의 배상을 명하여야 하는 것이므로, 사해행위 후 그 목적물에 관하여 선의의 제 3 자가 저당권을 취득하였음을 이유로 가액배상을 명하는 경우에는 사해행위 당시 일반 채권자들의 공동담보로 되어 있었던 부동산 가액 전부의 배상을 명하여야 할 것이고, 그 가액에서 제 3 자가 취득한 저당권의 피담보채권액을 공제할 것은 아니다. 그리고 증여의 형식으로 이루어진 사해행위를 취소하고 원물반환에 갈음하여 그 목적물 가액의 배상을 명함에 있어서는 수익자에게 부과된 증여세액과 취득세액을 공제하여 가액배상액을 산정할 것도 아니다.」$\binom{\text{대판 2003. 12. 12,}}{\text{2003다40286}}$

「이는$\binom{\text{위의 판결 중 전단, 즉 사해행위 후 제 3 자가 취득한 저}}{\text{당권의 피담보채권액을 공제할 수 없다는 것: 저자 주}}$ 채무자의 부동산에 관하여 증여 등 사해행위로 수익자에게 그 소유권이 이전된 후 경매의 실행으로 배당절차가 진행된 경우에도 마찬가지로, 그 부동산 가액 중 수익자의 채권자가 배당절차에 참여하여 취득한 배당액 상당은 사해행위 당시 채무자의 일반 채권자들의 공동담보였으므로 가액배상 등 원상회복의 범위에서 공제하여 산정할 것은 아니고, 수익자의 채권자가 채무자의 일반채권자에 해당하는 지위를 겸하고 있다고 하여 달리 볼 것도 아니다.」
$\binom{\text{대판 2023. 6. 29,}}{\text{2022다244928}}$

⒵「저당권이 설정되어 있는 부동산에 관하여 사해행위 후 변제 등으로 저당권설정등기가 말소되어 사해행위취소와 함께 가액반환을 명하는 경우, 부동산 가액에서 저당권의 피담보채권액을 공제한 한도에서 가액반환을 하여야 한다. 그런데 그 부동산에 위와 같은 저당권 이외에 우선변제권 있는 임차인이 있는 경우에는 임대차계약의 체결시기 등에 따라 임차보증금 공제 여부가 달라질 수 있다. 가령 사해행위 이전에 임대차계약이 체결되었고 임차인에게 임차보증금에 대해 우선변제권이 있다면, 부동산 가액 중 임차보증금에 해당하는 부분이 일반 채권자의 공동담보에 제공되었다고 볼 수 없으므로 수익자가 반환할 부동산 가액에서 우선변제권 있는 임차보증금 반환채권액을 공제하여야 한다. 그러나 부동산에 관한 사해행위 이후에 비로소 채무자가 부동산을 임대한 경우에는 그 임차보증금을 가액반환의 범위에서 공제할 이유가 없다. 이러한 경우에는 부동산 가액 중 임차보증금에 해당하는 부분도 일반 채권자의 공동담보에 제공되어 있음이 분명하기 때문이다.」(대판 2018. 9. 13, 2018다215756)

⒞「저당권자의 신청에 의하여 담보권 실행을 위한 경매절차가 진행 중인 물건이 사해행위로 이전되고 그 후 변제 등에 의하여 저당권설정등기가 말소되고 그 경매신청이 취하된 경우에는 그 물건의 가액에서 저당권의 피담보채권액뿐만 아니라 그 경매절차에서 우선적으로 변상받을 수 있었던 집행비용액도 공제하여야 하고, 이러한 법리는 선박우선특권자의 신청에 의하여 담보권 실행을 위한 경매절차가 진행 중인 선박이 사해행위로 이전되고 그 후 변제 등에 의하여 선박우선특권에 의하여 담보되는 채권이 소멸되고 그 경매신청이 취하된 경우에도 마찬가지이다.

또한, 이 경우 배상하여야 할 가액은 사해행위 취소시인 사실심 변론종결시를 기준으로 하여 그 물건의 가액에서 우선적으로 변상받을 수 있었던 집행비용을 공제하는 방식으로 산정하여야 할 것인데, 집행비용액을 공제함에 있어 사실심 변론종결 당시의 집행비용액이 사해행위 당시의 그것보다 현실적으로 증대된 경우에는 이를 모두 공제하여야 한다.」(대판 2008. 8. 21, 2008다26360)

㈋「채권자취소권은 채무자가 채권자를 해함을 알면서 일반재산을 감소시키는 행위를 한 경우에 그 행위를 취소하여 채무자의 재산을 원상회복시킴으로써 채무자의 책임재산을 보전하기 위하여 인정된 권리로서, 사해행위의 취소 및 원상회복은 책임재산의 보전을 위하여 필요한 범위 내로 한정되어야 하므로 원래의 책임재산을 초과하는 부분까지 원상회복의 범위에 포함된다고 볼 수 없다. 따라서 부동산에 관한 법률행위가 사해행위에 해당하여 민법 제406조 제 1 항에 의하여 취소된 경우에 수익자 또는 전득자가 사해행위 이후 그 부동산을 직접 사용하거나 제 3 자에게 임대하였다고 하더라도, 당초 채권자의 공동담보를 이루는 채무자의 책임재산은 당해 부동산이었을 뿐 수익자 또는 전득자가 그 부동산을 사용함으로써 얻은 사용이익이나 임차인으로부터 받은 임료 상당액까지 채무자의 책임재산이었다고 볼 수 없으므로 수익자 등이 원상회복으로서 당해 부동산을 반환하는 이외 그 사용이익이나 임료 상당액을

반환해야 하는 것은 아니다.…

한편, 채권자가 민법 제406조 제 1 항에 따라 사해행위의 취소와 원상회복을 청구하는 경우 사해행위의 취소만을 먼저 청구한 다음 원상회복을 나중에 청구할 수 있으나(대법원 2001. 9. 4. 선고 2001다14108 판결 참조), 원상회복의 전제가 되는 사해행위의 취소가 없는 이상 원상회복청구권은 인정되지 않으므로 사해행위의 취소를 구함이 없이 원상회복만을 구할 수는 없다」(대판 2008. 12. 11, 2007다69162).

㈑「소유권이전등기 청구권 보전을 위한 가등기가 사해행위로서 이루어진 경우 그 매매예약을 취소하고 원상회복으로서 가등기를 말소하면 족한 것이고, 가등기 후에 저당권이 말소되었다거나 그 피담보채무가 일부 변제된 점 또는 그 가등기가 사실상 담보가등기라는 점 등은 그와 같은 원상회복의 방법에 아무런 영향을 주지 않는다」(대법원 2001. 6. 12. 선고 99다20612 판결 참조)·」(대판 2003. 7. 11, 2003다19435)

㈒「사해행위 당시 어느 부동산이 가압류되어 있다는 사정은 채권자 평등의 원칙상 채권자의 공동담보로서 그 부동산의 가치에 아무런 영향을 미치지 아니하므로, 가압류가 된 여부나 그 청구채권액의 다과에 관계없이 그 부동산 전부에 대하여 사해행위가 성립한다. 따라서 사해행위 후 수익자 또는 전득자가 그 가압류 청구채권을 변제하거나 채권액 상당을 해방공탁하여 가압류를 해제시키거나 또는 그 집행을 취소시켰다 하더라도, 법원이 사해행위를 취소하면서 원상회복으로 원물반환 대신 가액배상을 명하여야 하거나, 다른 사정으로 가액배상을 명하는 경우에도 그 변제액을 공제할 것은 아니다」(대법원 2002. 6. 25. 선고 2002다12642 판결 참조)·」(대판 2003. 2. 11, 2002다37474)

㈓「사해행위를 전부 취소하고 원상회복을 구하는 채권자의 주장 속에는 사해행위를 일부 취소하고 가액의 배상을 구하는 취지도 포함되어 있으므로, 채권자가 원상회복만을 구하는 경우에도 법원은 가액의 배상을 명할 수 있다.」(대판 2001. 9. 4, 2000다66416)

㈔「저당권이 설정되어 있는 부동산이 사해행위로 이전된 경우에 그 사해행위는 부동산의 가액에서 저당권의 피담보채권액을 공제한 잔액의 범위 내에서만 성립한다고 보아야 하므로, 사해행위 후 변제 등에 의하여 저당권설정등기가 말소된 경우 그 부동산의 가액에서 저당권의 피담보채무액을 공제한 잔액의 한도에서 사해행위를 취소하고 그 가액의 배상을 구할 수 있을 뿐이고, 특별한 사정이 없는 한 변제자가 누구인지에 따라 그 방법을 달리한다고 볼 수는 없는 것이며, 원고가 사해행위인 계약 전부의 취소와 부동산 자체의 반환을 구하는 청구취지 속에는 위와 같이 일부취소를 하여야 할 경우 그 일부취소와 가액배상을 구하는 취지도 포함되어 있다고 보아, 청구취지의 변경이 없더라도 바로 가액반환을 명할 수 있다.」(대판 2001. 6. 12, 99다20612)

㈕「공동저당권이 설정된 수개의 부동산 전부의 매매계약이 사해행위에 해당하고 사해행위의 목적부동산 전부가 하나의 계약으로 동일인에게 일괄 양도된 경우에는 사해행위로 되는 매매계약이 공동저당 부동산의 일부를 목적으로 할 때처럼 그 부동산 가액에서 공제하여야 할 피담보채권액의 산정이 문제되지 아니하므로 특별

한 사정이 없는 한 그 취소에 따른 배상액의 산정은 목적 부동산 전체의 가액에서 공동저당권의 피담보채권 총액을 공제하는 방식으로 함이 취소채권자의 의사에도 부합하는 상당한 방법이라 할 것이고(대법원 2005. 5. 27. 선고 2004다67806 판결 등 참조), 특별한 사정이 없는 한 목적물 전부를 사해행위로 취소하는 경우와 그중 일부를 개별적으로 취소하는 경우 사이에 그 취소에 따른 배상액 산정기준이 달라져야 할 이유가 없으므로 사해행위인 매매계약의 목적물 중 일부 목적물만을 사해행위로 취소하는 경우 그 일부 목적물의 사실심 변론종결 당시 가액에서 공제되어야 할 피담보채권액은 공동저당권의 피담보채권총액을 사실심 변론종결 당시를 기준으로 한 공동저당 목적물의 가액에 비례하여 안분한 금액이라고 보아야 할 것이다.」(대판 2014. 6. 26, 2012다77891)

(㉣)「저당권이 설정되어 있는 부동산에 관하여 사해행위에 의하여 수익자가 새로 저당권을 취득하였는데 선행 저당권의 실행으로 사해의 저당권이 말소되고 수익자에게 돌아갈 배당금이 배당금지급금지 가처분 등으로 인하여 지급되지 못한 경우에는, 사해행위인 저당권 취득의 원인행위를 취소한 후 수익자가 취득한 배당금청구권을 채무자에게 양도하는 방법으로 원상회복이 이루어져야 하고, 이는 결국 배당금채권의 양도와 그 채권양도의 통지를 배당금채권의 채무자에게 할 것을 명하는 형태가 될 것이다.」(대판 2013. 9. 13, 2013다34945. 같은 취지: 대판 2005. 5. 27, 2004다67806(사해행위로 부동산을 양도받은 경우); 대판 2023. 6. 29, 2022다244928(수익자가 사해행위로 증여받은 경우))

채무자와 수익자 사이의 근저당권설정계약이 사해행위인 이상 그로 인한 근저당권설정등기가 경락으로 인하여 말소되었다고 하더라도 수익자로 하여금 근저당권자로서의 배당을 받도록 하는 것은 민법 제406조 제 1 항의 취지에 반하므로, 수익자에게 그와 같은 부당한 이득을 보유시키지 않기 위하여 그 근저당권설정등기로 인하여 해를 입게 되는 채권자는 근저당권설정계약의 취소를 구할 이익이 있다(대판 1997. 10. 10, 97다8687).

(㉥)「영업양도 후 종래의 영업조직이 전부 또는 중요한 일부로서 기능하면서 동일성을 유지한 채 채무자에게 회복되는 것이 불가능하거나 현저히 곤란하게 된 경우, 채권자는 사해행위취소에 따른 원상회복으로 피보전채권액을 한도로 하여 영업재산과 영업권이 포함된 일체로서의 영업의 가액을 반환하라고 청구할 수 있다.」(대판 2015. 12. 10, 2013다84162)

(㉦)「여러 명의 채권자가 사해행위취소 및 원상회복청구의 소를 제기하여 여러 개의 소송이 계속 중인 경우에는 각 소송에서 채권자의 청구에 따라 사해행위의 취소 및 원상회복을 명하는 판결을 선고하여야 하고, 수익자(전득자를 포함한다. 이하 같다)가 가액배상을 하여야 할 경우에도 수익자가 반환하여야 할 가액을 채권자의 채권액에 비례하여 채권자별로 안분한 범위 내에서 반환을 명할 것이 아니라, 수익자가 반환하여야 할 가액 범위 내에서 각 채권자의 피보전채권액 전액의 반환을 명하여야 한다. 이와 같이 여러 개의 소송에서 수익자가 배상하여야 할 가액 전액의 반환을 명하는 판결이 선고되어 확정될 경우 수익자는 이중으로 가액을 반환하게 될 위험에 처할 수 있을 것

이나, 수익자가 어느 채권자에게 자신이 배상할 가액의 일부 또는 전부를 반환한 때에는 그 범위 내에서 다른 채권자에 대하여 청구이의 등의 방법으로 이중지급을 거부할 수 있을 것이다(대법원 2005. 11. 25. 선고 2005다51457 판결 등 참조).」(같은 취지: 대판 2022. 8. 11, 2018다202774) (대판 2008. 4. 24, 2007다84352. 전단에 관하여)

㈅ 「여러 개의 사해행위 취소소송에서 각 가액배상을 명하는 판결이 선고되어 확정된 경우, 각 채권자의 피보전채권액을 합한 금액이 사해행위 목적물의 가액에서 일반채권자들의 공동담보로 되어 있지 않은 부분을 공제한 잔액(이하 '공동담보 가액'이라 한다)을 초과한다면 수익자가 채권자들에게 반환하여야 할 가액은 공동담보가액이 될 것인데, 그럼에도 수익자는 공동담보가액을 초과하여 반환하게 되는 범위 내에서 이중으로 가액을 반환하게 될 위험에 처할 수 있다. 이때 각 사해행위 취소 판결에서 산정한 공동담보가액의 액수가 서로 달라 수익자에게 이중지급의 위험이 발생하는지를 판단하는 기준이 되는 공동담보가액은, 그중 다액(多額)의 공동담보가액이 이를 산정한 사해행위 취소소송의 사실심 변론종결 당시의 객관적인 사실관계와 명백히 다르고 해당 소송에서의 공동담보가액의 산정 경위 등에 비추어 그 가액을 그대로 인정하는 것이 심히 부당하다고 보이는 등의 특별한 사정이 없는 한 그 다액에 해당하는 금액이라고 보는 것이 채권자취소권의 취지 및 채권자취소소송에서 변론주의 원칙 등에 부합한다. 따라서 수익자가 어느 채권자에게 자신이 배상할 가액의 일부 또는 전부를 반환한 때에는 다른 채권자에 대하여 각 사해행위취소 판결에서 가장 다액으로 산정된 공동담보가액에서 자신이 반환한 가액을 공제한 금액을 초과하는 범위에서 청구이의의 방법으로 집행권원의 집행력의 배제를 구할 수 있을 뿐이다.」(대판 2022. 8. 11, 2018다 202774)

㈆ 「채권자가 사해행위의 취소와 함께 수익자 또는 전득자로부터 책임재산의 회복을 명하는 사해행위 취소의 판결을 받은 경우 수익자 또는 전득자가 채권자에 대하여 사해행위의 취소로 인한 원상회복의무를 부담하게 될 뿐, 채권자와 채무자 사이에서 그 취소로 인한 법률관계가 형성되는 것은 아니다. 따라서 위와 같이 채무자와 수익자 사이의 소송절차에서 확정판결 등을 통해 마쳐진 소유권이전등기가 사해행위 취소로 인한 원상회복으로써 말소된다고 하더라도, 그것이 확정판결 등의 효력에 반하거나 모순되는 것이라고는 할 수 없다.」(대판 2017. 4. 7, 2016다204783)

㈇ 「출연자와 예금주인 명의인 사이의 예금주 명의신탁계약이 사해행위에 해당하여 취소되는 경우 그 취소에 따른 원상회복은 수탁자인 명의인이 금융회사에 대한 예금채권을 출연자에게 양도하고 아울러 금융회사에 대하여 양도통지를 하도록 명하는 방법으로 이루어져야 한다.

예금계좌에서 예금이 인출되어 사용된 경우에는 위와 같은 원상회복이 불가능하므로 가액반환만이 문제되는데, 신탁자와 수탁자 중 누가 예금을 인출·사용하였는지에 따라 결론이 달라진다. 신탁자가 수탁자의 통장과 인장, 접근매체 등을 교부받아 사용하는 등 사실상 수탁자의 계좌를 지배·관리하고 있을 때에는 신탁자가 통상

예금을 인출·사용한 것이라고 볼 수 있다. 그러나 신탁자가 사실상 수탁자의 계좌를 지배·관리하고 있음이 명확하지 않은 경우에는 신탁자가 명의인의 예금계좌에서 예금을 인출하거나 이체하여 사용했다는 점을 수탁자가 증명하지 못하면 수탁자가 예금을 인출·사용한 것으로 보아야 한다. 예금을 인출·이체하는 데 명의인 본인 확인이나 본인 인증 등을 거쳐야 한다는 점에 비추어 일반적으로는 명의인이 예금을 사용했다고 보는 것이 보다 자연스럽기 때문이다.」($\binom{대판 2018. 12. 27,}{2017다290057}$)

(ⓑ)「근저당권설정계약을 사해행위로서 취소하는 경우 경매절차가 진행되어 타인이 소유권을 취득하고 근저당권설정등기가 말소되었다면 원물반환이 불가능하므로 가액배상의 방법으로 원상회복을 명할 것인바, 이미 배당이 종료되어 수익자가 배당금을 수령하였다면 수익자로 하여금 배당금을 반환하도록 명하여야」한다($\binom{대판 2004.}{1. 27,}$ 2003다 6200).

(ⓒ)「수익자가 사해행위취소 소송의 확정판결에 따른 원상회복으로 대체물 인도의무를 이행하지 않았다는 이유만으로 취소채권자가 수익자를 상대로 민법 제395조에 따라 이행지체로 인한 전보배상을 구할 수는 없다. 다만 수익자의 대체물 인도의무에 대한 강제집행이 불가능하거나 현저히 곤란하다고 평가할 수 있는 경우에는 전보배상을 구할 수 있다.」($\binom{대판 2024. 2. 15,}{2019다238640}$)

Ⅳ. 채권자취소권 행사의 효과 [144]

(1) 채무자의 일반재산으로의 회복

채권자취소권 행사의 효과는 모든 채권자를 위하여 그 효력이 있다($\binom{407}{조}$). 즉 수익자 또는 전득자로부터 받은 재산이나 이익은 채무자의 일반재산으로 회복되고 모든 채권자를 위하여 공동담보가 된다. 따라서 취소채권자가 자기에게 인도하도록 한 경우에도 그것으로부터 우선변제를 받는 것은 아니다. 그가 변제를 받으려면 다시 집행권원에 기하여 강제집행을 하여야 한다. 다만, 상계를 할 수 있는 때에는 상계를 함으로써 사실상 우선변제를 받을 수 있다.

한편 판례는,「사해행위 이후에 채권을 취득한 채권자는 채권의 취득 당시에 사해행위 취소에 의하여 회복되는 재산을 채권자의 공동담보로 파악하지 아니한 자로서 민법 제407조 소정의 사해행위 취소와 원상회복의 효력을 받는 채권자에 포함되지 아니한다」고 한다($\binom{대판 2009. 6. 23,}{2009다18502}$). 구체적으로는, 채무자가 채무초과의 상태에서 그의 처에게 재산분할의 명목으로 부동산들을 증여하였고, 그 처가 남편에 대하여 이혼 및 위자료소송을 제기하여 위자료와 양육비채권을 취득하였으며, 증여한 부동산 중 하나에 대하여 사해행위를 이유로 증여계약이 취소된 뒤 그것이 경매된 때에 그 처도 배당을 받은 경우에 관하여, 대법원은 처의 위자료 및 양육비 채권이 증여행위 이후에 취득한 것인지를 따져 증여행위 후에 취득한 것이라면 처는 제407조의 채권자에 포함되지 않으므로 배당에서 제외하였어야 할 것이라고 하였다.

〈판 례〉

㈀「사해행위취소란 채권의 보전을 위하여 일반 채권자들의 공동담보에 제공되고 있는 채무자의 재산이 그의 처분행위로 감소되는 경우, 채권자의 청구에 의해 이를 취소하고, 일탈된 재산을 채무자의 책임재산으로 환원시키는 제도로서, 사해행위의 취소와 원상회복은 모든 채권자의 이익을 위하여 효력이 있으므로($^{민법}_{제407조}$), 취소채권자가 자신이 회복해 온 재산에 대하여 우선권을 가지는 것은 아니라고 할 것이다.

따라서 사해행위의 수익자 소유의 부동산에 대한 경매절차에서 취소채권자가 수익자에 대한 가액배상판결에 기하여 배당을 요구하여 배당을 받은 경우, 그 배당액은 배당요구를 한 취소채권자에게 그대로 귀속되는 것이 아니라 채무자의 책임재산으로 회복이 되는 것이며, 이에 대하여 채무자에 대한 채권자들은 채권만족에 관한 일반원칙에 따라 채권 내용을 실현할 수 있는 것이다.」($^{대판\ 2005.\ 8.\ 25,}_{2005다14595}$)

㈁「사해행위의 취소와 원상회복은 모든 채권자의 이익을 위하여 그 효력이 있으므로($^{민법}_{제407조}$), 채권자취소권의 행사로 채무자에게 회복된 재산에 대하여 취소채권자가 우선변제권을 가지는 것이 아니라 다른 채권자도 총채권액 중 자기의 채권에 해당하는 안분액을 변제받을 수 있는 것이지만, 이는 채권의 공동담보로 회복된 채무자의 책임재산으로부터 민사집행법 등의 법률상 절차를 거쳐 다른 채권자도 안분액을 지급받을 수 있다는 것을 의미하는 것일 뿐, 다른 채권자가 이러한 법률상 절차를 거치지 아니하고 취소채권자를 상대로 하여 안분액의 지급을 직접 구할 수 있는 권리를 취득한다거나 취소채권자가 인도받은 재산 또는 가액배상금의 분배의무를 부담한다고 볼 수는 없는 것이다. 가액배상금을 수령한 취소채권자가 이러한 분배의무를 부담하지 아니함으로 인하여 사실상 우선변제를 받는 불공평한 결과를 초래하는 경우가 생기더라도, 이러한 불공평은 채무자에 대한 파산절차 등 도산절차를 통하여 시정하거나 가액배상금의 분배절차에 관한 별도의 법률규정을 마련하여 개선하는 것은 별론으로 하고, 현행 채권자취소 관련 규정의 해석상으로는 불가피한 것이다.」($^{대판\ 2008.\ 6.\ 12,}_{2007다37837}$)

(2) 상대적 효력

취소의 효력은 채권자와 수익자 사이 또는 채권자와 전득자 사이에만 발생하며, 채무자(및 당사자가 아닌)나 제 3 자(대판 2005. 11. 10, 2004다49532; 대판 2009. 6. 11, 2008다7109는 제 3 자의 범위를 사해행위를 기초로 목적부동산에 관하여 새롭게 법률행위를 한 그 목적부동산의 전득자 등만으로 한정할 것은 아니라고 한 다. 그러나 이는 옳지 않다. 그 이유에 관하여는 신사례, [59]번 문제 참조)에게는 미치지 않고, 또 채무자 와 수익자 사이의 또는 수익자와 전득자 사이의 법률관계에도 미치지 않는다 (대결 1984. 11. 24, 84마610; 대판 1988. 2. 23, 87다카1989; 대판 2001. 5. 29, 99다9011; 대판 2004. 8. 30, 2004다21923; 대판 2005. 11. 10, 2004다49532; 대판 2012. 8. 17, 2010다87672). 따라서 채무자는 취소판결에 기하여 아무런 권리도 취득하지 못한다. 그리고 채권자가 변제받은 나머지는 수익자나 전득자에 귀속한다. 다만, 채무자는 수익자나 전득자의 손실 로 부당이득을 한 것이 되므로, 수익자 등은 그 범위에서 채무자에 대하여 부당 이득의 반환을 청구할 수 있다. 한편 판례에 의하면, 재산을 반환하는 수익자도 채권자 중 1인인 경우 수익자가 가액배상을 할 때에 수익자 자신도 채권자임을 이유로 총 채권액 중 자기 채권에 대한 안분액의 분배를 청구하거나 배당요구권 으로 원상회복청구와의 상계를 주장하여 그 안분액의 지급을 거절할 수 없다고 한다(대판 2001. 2. 27, 2000다44348). 그리고 채무자에게 가액배상금 명목의 돈을 지급하였다는 점 을 들어 채권자취소권을 행사하는 채권자에 대해 이를 가액배상에서 공제할 것 을 주장할 수 없다(대판 2001. 6. 1, 99다63183; 대결 2017. 8. 21, 2017마499). 그러나 그도 집행권원을 갖추어 강제집행 절차에서 배당을 요구할 수는 있다고 한다(대판 2003. 6. 27, 2003다15907). 그런가 하면 수익자가 채권자취소권을 행사하는 채권자에 대해 가지는 별개의 다른 채권을 집행하기 위하여 그에 대한 집행권원을 가지고 위 채권자의 수익자에 대한 가액배상채권 을 압류하고 전부명령을 받는 것은 허용된다고 한다(대결 2017. 8. 21, 2017마499). 이것은 수익자 의 채무자에 대한 채권을 기초로 한 상계나 임의적인 공제와는 그 내용과 성질이 다르고, 채권자가 채무자의 제 3 채무자에 대한 채권을 압류하는 경우 제 3 채무 자가 채권자 자신인 경우에도 이를 압류하는 것이 금지되지 않으므로 단지 채권 자와 제 3 채무자가 같다고 하여 채권압류 및 전부명령이 위법하다고 볼 수 없다 는 것이 그 이유이다.

판례는, 저당권설정행위 등이 사해행위에 해당하여 채권자가 저당권설정자 를 상대로 제기한 사해행위취소 소송에서 채권자의 청구를 인용하는 판결이 선 고되었다고 하더라도 이러한 사해행위취소 판결의 효력은 해당 부동산의 소유권 을 이전받은 자에게 미치지 않으므로, 저당권이 설정되어 있는 부동산이 사해행 위로 양도된 경우 부동산의 가액에서 저당권의 피담보채무액을 공제한 잔액의 한도에서 그 양도행위를 사해행위로 취소하고 가액의 배상을 구할 수 있다는 법리는 저당권설정행위 등이 사해행위로 인정되어 취소된 때에도 마찬가지로 적용된다고 한다(대판 2018. 6. 28, 2018다214319).

채무자의 책임재산이 원상회복되어 그로부터 채권자가 채권의 만족을 얻음으로써 채무자의 다른 공동채무자도 자신의 채무가 소멸하는 이익을 얻을 수 있다. 이러한 경우에 공동채무자와 수익자 등의 관계에 대하여 판례는, 공동채무의 법적 성격이나 내용에 따라 채무자와 다른 공동채무자 사이에 구상관계가 성립하는 것은 별론으로 하고 공동채무자가 수익자나 전득자에게 직접 부당이득 반환채무를 부담하는 것은 아니며, 따라서 채무자의 공동채무자가 수익자나 전득자의 가액배상의무를 대위변제한 경우에도 특별한 사정이 없는 한 수익자나 전득자에게 구상할 수 있다고 한다(대판 2017. 9. 26, 2015다38910).

부동산에 관한 소유권이전의 원인행위가 사해행위로 인정되어 취소된 경우에 부동산의 소유관계는 어떻게 되는가? 판례는, 그러한 경우에 사해행위 취소의 효과는 채권자와 수익자 사이에서 상대적으로 생길 뿐이어서, 사해행위가 취소되더라도 그 부동산은 여전히 수익자의 소유이고, 다만 채권자에 대한 관계에서 채무자의 책임재산으로 환원되어 강제집행을 당할 수 있는 부담을 지고 있는 데 지나지 않는다고 한다(대판 2016. 11. 25, 2013다206313). 즉 채무자와 수익자 사이의 부동산매매계약이 사해행위로 취소되고 그에 따른 원상회복으로 수익자 명의의 소유권이전등기가 말소되어 채무자의 등기명의가 회복되더라도, 그 부동산은 취소채권자나 제407조에 따라 사해행위 취소와 원상회복의 효력을 받는 채권자와 수익자 사이에서 채무자의 책임재산으로 취급될 뿐, 채무자가 직접 그 부동산을 취득하여 권리자가 되는 것은 아니라고 한다(대판 2017. 3. 9, 2015다217980). 따라서 채무자가 사해행위 취소로 그 등기명의를 회복한 부동산을 제 3 자에게 처분하더라도 그것은 무권리자의 처분에 불과하여 효력이 없으므로, 채무자로부터 제 3 자에게 마쳐진 소유권이전등기나 이에 기초하여 순차로 마쳐진 소유권이전등기 등은 모두 원인무효의 등기로서 말소되어야 하며, 이 경우 취소채권자나 제407조에 따라 사해행위 취소와 원상회복의 효력을 받는 채권자는 채무자의 책임재산으로 취급되는 그 부동산에 대한 강제집행을 위하여 위와 같은 원인무효 등기의 명의인을 상대로 그 등기의 말소를 청구할 수 있다고 한다(대판 2017. 3. 9, 2015다217980).

〈판 례〉

㈀「사해행위의 취소는 취소소송의 당사자 사이에서 상대적으로 취소의 효력이 있는 것으로 당사자 이외의 제 3 자는 다른 특별한 사정이 없는 이상 취소로 인하여 그 법률관계에 영향을 받지 않는다고 할 것이다$\binom{\text{대법원 1990. 10. 30. 선고 89다카35421 판}}{\text{결, 2001. 5. 29. 선고 99다9011 판결 참조}}$.

사해행위의 목적부동산 등을 새로운 법률관계에 의하여 취득한 전득자 등은 민법 제406조 제 1 항 단서에 의하여 보호되므로, 사해행위의 취소에 상대적 효력만을 인정하는 것은 사해행위취소 채권자와 수익자 그리고 제 3 자의 이익을 조정하기 위한 것으로 그 취소의 효력이 미치지 아니하는 제 3 자의 범위를 사해행위를 기초로 목적부동산에 관하여 새롭게 법률행위를 한 그 목적부동산의 전득자 등만으로 한정할 것은 아니라고 할 것인바, 피고들이 수익자와 새로운 법률관계를 맺은 것이 아니라 수익자의 채권자로서 이미 가지고 있던 채권확보를 위하여 이 사건 부동산을 압류 또는 가압류한 자에 불과하더라도 목적부동산의 매각대금에 대하여 사해행위취소 채권자에게 수익자의 채권자인 피고들에 우선하여 변제받을 수 있는 권리를 부여하여 사해행위취소 판결의 실효성을 확보하여야 할 아무런 근거가 없으므로 단지 원심 판시와 같은 이유만으로 사해행위취소의 상대적 효력을 부정하여 피고들에게 사해행위취소 판결의 효력이 미친다고는 볼 수 없다.」$\binom{\text{대판 2005. 11. 10,}}{\text{2004다49532}}$

㈁「수익자와 새로운 법률관계를 맺은 것이 아니라 수익자의 고유채권자로서 이미 가지고 있던 채권확보를 위하여 수익자가 사해행위로 취득한 근저당권에 배당된 배당금을 가압류한 자에게 사해행위취소 판결의 효력이 미친다고 볼 수 없다.」$\binom{\text{대판 2009. 6. 11,}}{\text{2008다7109}}$

㈂「채권자가 사해행위의 취소와 함께 수익자 또는 전득자로부터 책임재산의 회복을 명하는 사해행위취소의 판결을 받은 경우 그 취소의 효과는 채권자와 수익자 또는 전득자 사이에만 미치므로, 수익자 또는 전득자가 채권자에 대하여 사해행위의 취소로 인한 원상회복의무를 부담하게 될 뿐, 채무자와 사이에서 그 취소로 인한 법률관계가 형성되거나 취소의 효력이 소급하여 채무자의 책임재산으로 회복되는 것은 아니다.」$\binom{\text{대판 2007. 4. 12,}}{\text{2005다1407}}$

㈃「사해행위취소의 상대적 효력에 의하면, 원고의 피고에 대한 청구의 원인행위가 사해행위라는 이유로 원고에 대하여 사해행위 취소를 청구하면서 독립당사자 참가신청을 하는 경우, 독립당사자 참가인의 청구가 그대로 받아들여진다 하더라도 원고와 피고 사이의 법률관계에는 아무런 영향이 없고, 따라서 그러한 참가신청은 사해방지 참가의 목적을 달성할 수 없으므로 부적법하다고 할 것이다.」$\binom{\text{대판 2014. 6. 12,}}{\text{2012다47548}}$

㈄「채권에 대한 압류의 처분금지의 효력은 절대적인 것이 아니고, 이에 저촉되는 채무자의 처분행위가 있어도 그 압류의 효력이 미치는 범위에서 압류채권자에게 대항할 수 없는 상대적 효력을 가지는 데 그치므로, 압류 후에 피압류채권이 제 3 자에게 양도된 경우 그 채권양도는 압류채무자의 다른 채권자 등에 대한 관계에서는 유

효하다(대법원 2000. 4. 21. 선고 / 99다72644 판결 등 참조). 그리고 채권양도 행위가 사해행위로 인정되어 그 취소판결이 확정된 경우에도 그 취소의 효과는 그 사해행위 이전에 이미 그 채권을 압류한 다른 채권자에게는 미치지 아니한다(대법원 2008. 9. 25. 선고 / 2007다47216 판결 등 참조)·」(대판 2015. 5. 14, / 2014다12072)

(ㅂ)「채권자가 사해행위의 취소와 함께 수익자 또는 전득자로부터 책임재산의 회복을 명하는 사해행위취소의 판결을 받은 경우 그 취소의 효과는 채권자와 수익자또는 전득자 사이에만 미치므로, 수익자 또는 전득자가 채권자에 대하여 사해행위의 취소로 인한 원상회복의무를 부담하게 될 뿐, 채무자와 사이에서 그 취소로 인한 법률관계가 형성되거나 취소의 효력이 소급하여 채무자의 책임재산으로 회복되는 것은 아니다. 따라서 채권압류명령 등 당시 피압류채권이 이미 제 3 자에 대한 대항요건을 갖추어 양도되어 그 명령이 효력이 없는 것이 되었다면, 그 후의 사해행위취소소송에서 위 채권양도계약이 취소되어 채권이 원채권자에게 복귀하였다고 하더라도이미 무효로 된 채권압류명령 등이 다시 유효로 되는 것은 아니다.」(대판 2022. 12. 1, / 2022다247521)

(ㅅ)「사해행위인 매매예약에 기하여 수익자 앞으로 가등기를 마친 후 전득자 앞으로 그 가등기 이전의 부기등기를 마치고 나아가 그 가등기에 기한 본등기까지 마쳤다 하더라도, 위 부기등기는 사해행위인 매매예약에 기초한 수익자의 권리의 이전을나타내는 것으로서 위 부기등기에 의하여 수익자로서의 지위가 소멸하지는 아니하며, 채권자는 수익자를 상대로 그 사해행위인 매매예약의 취소를 청구할 수 있다. 그리고 설령 부기등기의 결과 위 가등기 및 본등기에 대한 말소청구소송에서 수익자의피고적격이 부정되는 등의 사유로 인하여 수익자의 원물반환의무인 가등기말소의무의 이행이 불가능하게 된다 하더라도 달리 볼 수 없으며, 특별한 사정이 없는 한 수익자는 위 가등기 및 본등기에 의하여 발생된 채권자들의 공동담보 부족에 관하여원상회복의무로서 가액을 배상할 의무를 진다 할 것이다(사해행위인 매매예약에 의하여 마친 가등기를 부기등기에 의하여 이전하고 그 가등기에 기한 본등기를 마친 경우에, 그 가등기에 의한 권리의 양도인은 가등기말소등기 청구소송의 상대방이 될 수 없고 본등기의 명의인도 아니므로 가액배상의무를 부담하지 않는다는 취지의 대판 2005. 3. 24, 2004다70079 등은 이 판결의 견해에 배치되는 범위 안에서 변경함: 저자 주). ···

채권자가 채무자의 부동산에 관한 사해행위를 이유로 수익자를 상대로 그 사해행위의 취소 및 원상회복을 구하는 소송을 제기한 후 소송계속 중에 그 사해행위가 해제또는 해지되고 채권자가 그 사해행위의 취소에 의해 복귀를 구하는 재산이 벌써 채무자에게 복귀한 경우에는, 특별한 사정이 없는 한 그 사해행위취소 소송의 목적은 이미실현되어 더 이상 그 소에 의해 확보할 권리보호의 이익이 없어진다(대법원 2008. 3. 27. 선고 2007다85157 판결 등 참조). 그리고 이러한 법리는 사해행위취소 소송이 제기되기 전에 그 사해행위의 취소에 의해 복귀를 구하는 재산이 채무자에게 복귀한 경우에도 마찬가지로 타당하다」(대판(전원) 2015. 5. 21, / 2012다952)

(ㅇ)「채무자의 수익자에 대한 채권양도가 사해행위로 취소되는 경우, 수익자가제 3 채무자로부터 아직 그 채권을 추심하지 아니한 때에는, 채권자는 사해행위취소에 따른 원상회복으로서 수익자가 제 3 채무자에 대하여 채권양도가 취소되었다는

취지의 통지를 하도록 청구할 수 있다.

그런데 사해행위의 취소는 채권자와 수익자의 관계에서 상대적으로 채무자와 수익자 사이의 법률행위를 무효로 하는 데에 그치고, 채무자와 수익자 사이의 법률관계에는 영향을 미치지 아니한다. 따라서 채무자의 수익자에 대한 채권양도가 사해행위로 취소되고, 그에 따른 원상회복으로서 제 3 채무자에게 채권양도가 취소되었다는 취지의 통지가 이루어지더라도, 채권자와 수익자의 관계에서 그 채권이 채무자의 책임재산으로 취급될 뿐, 채무자가 직접 그 채권을 취득하여 권리자로 되는 것은 아니므로, 채권자는 채무자를 대위하여 제 3 채무자에게 그 채권에 관한 지급을 청구할 수 없다.」$\binom{\text{대판 2015. 11. 17,}}{\text{2012다2743}}$

(ㅈ) 「사해행위취소의 효력은 채무자와 수익자 사이의 법률관계에 영향을 미치지 아니하고, 사해행위취소로 인한 원상회복 판결의 효력도 그 소송의 당사자인 채권자와 수익자 또는 전득자에게만 미칠 뿐 채무자나 다른 채권자에게 미치지 아니하므로, 어느 채권자가 수익자를 상대로 사해행위취소 및 원상회복으로 소유권이전등기의 말소를 명하는 판결을 받았으나 말소등기를 마치지 아니한 상태라면 그 소송의 당사자가 아닌 다른 채권자는 위 판결에 기하여 채무자를 대위하여 그 말소등기를 신청할 수 없다. 그럼에도 불구하고 다른 채권자의 위와 같은 등기신청으로 말소등기가 마쳐졌다면 그 등기에는 절차상의 흠이 존재한다.

그러나 … 점 등에 비추어 보면, 사해행위취소 및 원상회복으로 소유권이전등기의 말소를 명한 판결의 소송당사자가 아닌 다른 채권자가 위 판결에 기하여 채무자를 대위하여 마친 말소등기는 그 등기절차상의 흠에도 불구하고 실체관계에 부합하는 등기로서 유효하다고 볼 수 있다.」$\binom{\text{대판 2015. 11. 17,}}{\text{2013다84995}}$

V. 채권자취소권의 소멸　　　　　　　　　　　　　　　　　　　　[145]

(1) 채권자취소권은 채권자가 취소원인을 안 날로부터 1년, 법률행위가 있은 날로부터 5년 내에 행사하여야 한다$\binom{\text{406조}}{\text{2항}}\binom{\text{이는 납세자가 국세의 징수를 피하기 위하여 사해행위를 한}}{\text{경우에도 마찬가지이다(대판 2018. 9. 13, 2018다215756; 대}}$ 판 2022. 5. 26, 2021다288020).). 채권자취소권은 법률행위에 흠이 있어서가 아니고 공동담 국세징수법 25조도 참조 보의 보전을 위하여 취소할 수 있도록 한 것이고, 또 제 3 자에게 미치는 영향이 크기 때문에 이와 같이 단기의 권리행사기간을 두고 있다. 여기의 1년 또는 5년의 기간은 소멸시효기간이 아니고 제척기간이다$\binom{\text{이설이 없으며, 판례도 같음. 대판 1975. 4. 8,}}{\text{74다1700; 대판 1980. 7. 22, 80다795; 대판}}$ 1996. 5. 14, 95다50875). 그리하여 그 기간은 법원이 직권으로 조사할 수 있다$\binom{\text{그러나 직권으로 조사}}{\text{할 의무는 없다. 대판}}$ 2002. 7. 26, 2001 다73138·73145 등). 그리고 이 두 기간 중 어느 하나가 만료하면 채권자취소권은 소멸

한다.

(2) 1년의 제척기간의 기산점이 되는 「채권자가 취소원인을 안 날」이라 함은 채권자가 채권자취소권의 요건을 안 날, 즉 채무자가 채권자를 해함을 알면서 법률행위를 한 사실을 채권자가 안 때를 의미한다고 할 것이므로, 단순히 채무자가 재산의 처분행위를 하였다는 사실을 아는 것만으로는 부족하고, 구체적인 사해행위의 존재를 알고(즉 그 행위에 의하여 채권의 공동담보에 부족이 생기거나 이미 부족상태에 있는 공동담보가 한층 더 부족하게 되어 채권을 완전하게 만족시킬 수 없게 된다는 것까지 알아야 한다. 대판 2018. 9. 13, 2018다215756; 대판 2022. 5. 26, 2021다288020 등) 나아가 채무자에게 사해의 의사가 있었다는 사실까지 알 것을 요하나, 채권자가 수익자나 전득자의 악의까지 알아야 하는 것은 아니다(대판 2000. 9. 29, 2000다3262; 대판 2005. 6. 9, 2004다17535; 대판 2006. 7. 4, 2004다61280; 대판 2009. 3. 26, 2007다63102; 대판 2009. 10. 29, 2009다47852; 대판 2012. 1. 12, 2011다82384; 대판 2017. 6. 15, 2015다247707; 대판 2023. 4. 13, 2021다309231 등). 그리고 법인이 그 대표자의 불법행위로 인한 손해배상청구권을 피보전권리로 하여 채권자취소권을 행사하는 경우에 「취소원인을 안 날」을 판단할 때에는―불법행위로 인한 손해배상청구권에 관한 단기 소멸시효의 기산점을 판단할 때(대판 1998. 11. 10, 98다34126; 대판 2012. 7. 12, 2012다20475; 대판 2015. 1. 15, 2013다50435. 책각 [317]의 (ㄴ) 판결 참조)와 마찬가지로―법인의 이익을 정당하게 보전할 권한을 가진 다른 대표자, 임원 또는 사원이나 직원 등(그 대표자가 아는 것으로는 부족함. 그리고 공동불법행위를 한 다른 대표자나 임원 등은 배제하고 판단해야 함)이 안 날을 제척기간의 기산점으로 삼아야 한다(대판 2015. 1. 15, 2013다50435). 또한 판례에 따르면, 국가가 조세채권을 피보전채권으로 하여 체납자의 법률행위를 대상으로 채권자취소권을 행사할 때에, 제척기간의 기산점과 관련하여 국가가 취소원인을 알았는지 여부는 특별한 사정이 없는 한 조세채권의 추심 및 보전 등에 관한 업무를 담당하는 세무공무원의 인식을 기준으로 판단하여야 하고, 체납자의 재산 처분에 관한 등기·등록 업무를 담당하는 다른 공무원의 인식을 기준으로 판단하여서는 안 되며, 따라서 위와 같은 세무공무원이 체납자의 재산 처분행위 사실뿐만 아니라 구체적인 사해행위의 존재와 체납자에게 사해의 의사가 있었다는 사실까지 인식할 때 이로써 국가도 그 시점에 취소원인을 알았다고 볼 수 있다고 한다(대판 2017. 6. 15, 2015다247707). 그리고 예금보험공사 등이 채무자에 대한 채권을 피보전채권으로 하여 채무자의 법률행위를 대상으로 채권자취소권을 행사하는 경우, 제척기간의 기산점과 관련하여 예금보험공사 등이 취소원인을 알았는지 여부는 특별한 사정이 없는 한 피보전채권의 추심 및 보전 등에 관한 업무를 담당하는 직원의 인식을 기준으로 판단하여야 하므로, 그 담당직원이 채무자의 재산 처분행위 사실뿐만 아니라 구체적인 사해행위의 존재와 채무자에게

사해의 의사가 있었다는 사실까지 인식하였다면 이로써 예금보험공사 등도 그 시점에 취소원인을 알았다고 볼 수 있으며, 이러한 법리는 예금보험공사가 파산 관재인으로서 대리인을 선임하였다 하더라도 피보전채권의 추심 및 보전에 관하여 직접 조사하여 법적 조치를 지시하는 경우에는 마찬가지로 적용된다고 한다$\binom{\text{대판 2018. 7. 20,}}{\text{2018다222747}}$. 그런가 하면 국민건강보험법에 따라 설립된 공법인인 원고(국민건강보험공단)가 채무자에 대한 채권을 피보전채권으로 하여 채무자의 법률행위를 대상으로 채권자취소권을 행사하는 경우, 제척기간의 기산점과 관련하여 원고가 취소원인을 알았는지는 특별한 사정이 없는 한 피보전채권의 추심 및 보전 등에 관한 업무를 담당하는 직원의 인식을 기준으로 판단하여야 하므로, 담당직원이 채무자의 재산 처분행위 사실뿐만 아니라 구체적인 사해행위의 존재와 채무자에게 사해의 의사가 있었다는 사실까지 인식하였다면 이로써 원고도 그 시점에 취소원인을 알았다고 볼 수 있다고 한다$\binom{\text{대판 2023. 4. 13,}}{\text{2021다309231}}$. 한편 판례는, 채권자가 사해행위(또는 사해)의 객관적 사실을 알았다고 하여 취소원인을 알았다고 추정할 수는 없다고 한다$\binom{\text{대판 2002. 9. 24, 2002다23857; 대판 2006. 7. 4, 2004다61280;}}{\text{대판 2018. 4. 10, 2016다272311; 대판 2023. 4. 13, 2021다309231}}$.

판례는, 사해행위 당시에 이미 채권 성립의 기초가 되는 법률관계가 발생되어 있고, 가까운 장래에 그 법률관계에 터 잡아 채권이 성립되리라는 점에 대한 고도의 개연성이 있으며, 실제로 가까운 장래에 그 개연성이 현실화되어 채권이 성립되는 등 예외적으로 그 채권을 채권자취소권의 피보전채권으로 인정하는 경우에도, 그 단기 제척기간의 기산일은 채권자취소권의 피보전채권이 성립하는 시점과 관계없이「채권자가 취소원인을 안 날」이라고 보아야 하고, 이는 채권자취소권의 피보전채권이 피고인에 대하여 추징을 명한 형사판결이 확정됨으로써 비로소 현실적으로 성립하게 되는 경우에도 마찬가지라고 한다$\binom{\text{대판 2022. 5. 26, 2021다}}{\text{288020. 그 사안에서는 원}}$고가 추징보전명령을 청구한 때$\big)$부터 제척기간이 진행한다고 함$\big)$.

사해행위가 있은 후 채권자가 취소원인을 알면서 피보전채권을 양도하고 양수인이 그 채권을 보전하기 위하여 채권자취소권을 행사하는 경우에는, 그 채권의 양도인이 취소원인을 안 날을 기준으로 제척기간 도과 여부를 판단하여야 한다$\binom{\text{대판 2018. 4. 10,}}{\text{2016다272311}}$. 그리고 파산자의 채권에 기한 사해행위취소의 소에서 채무자의 사해행위를 알았는지 여부는 파산자를 기준으로 판단하여야 하나, 파산자가 사해행위의 취소원인을 알지 못한 상태에서 파산관재인이 선임되었다면, 그 후로는 파산관재인을 기준으로 판단하여야 한다(대판 2008. 4. 24, 2006다57001).

　　한편 판례에 의하면, 채무자 소유의 부동산에 관하여 수익자 명의로 소유권이전청구권 보전의 가등기가 되었다가 그 가등기에 기한 소유권이전의 본등기가 된 경우에, 가등기의 등기원인인 법률행위와 본등기의 등기원인인 법률행위가 명백히 다른 것이 아닌 한, 본등기의 기초가 된 가등기의 등기원인인 법률행위를 제쳐놓고 본등기의 등기원인인 법률행위만이 취소의 대상이 되는 사해행위라고 볼 것은 아니므로, 가등기 및 본등기의 원인행위에 대한 사해행위취소 등 청구의 제척기간의 기산일은 가등기의 원인행위가 사해행위임을 안 때라고 할 것이고, 채권자가 가등기의 등기원인인 법률행위를 안 날이 언제인지와 관계없이 본등기가 경료된 것을 안 날(또는 본등기시)로부터 따로 사해행위의 취소를 청구하는 소의 제척기간이 진행된다고 볼 수는 없다고 한다(대판 1991. 11. 8, 91다14079; 대판 1993. 1. 26, 92다11008; 대판 1996. 11. 8, 96다26329; 대판 2006. 12. 21, 2004다24960; 대판 2021. 9. 30, 2019다266409). 따라서 가등기 및 본등기의 원인행위에 대한 사해행위취소 등 청구의 제척기간의 기산일은 가등기의 원인행위가 사해행위임을 안 때라고 할 것인바, 가등기의 원인행위가 사해행위임을 채권자가 안 때부터 1년 내에 가등기의 원인행위에 대하여 취소의 소를 제기하였다면 본등기의 원인행위에 대한 취소청구는 그 원인행위에 대한 제척기간이 경과한 후 하더라도 적법하다고 한다(대판 2006. 12. 21, 2004다24960). 그에 비하여 가등기와 본등기의 원인인 법률행위가 다르다면 사해행위 요건의 구비 여부는 본등기의 원인인 법률행위를 기준으로 판단해야 하고 제척기간의 기산일도 본등기의 원인인 법률행위가 사해행위임을 안 때라고 볼 것이라고 한다(대판 2021. 9. 30, 2019다266409). 그러면서 채무자가 유일한 재산인 부동산에 관하여 가등기의 효력이 소멸한 상태에서 새로 매매계약을 체결하고 말소되어야 할 가등기를 기초로 하여 본등기를 한 행위(매매예약의 상대방이 아닌 자와 새로 매매계약을 체결하면서 말소되어야 할 가등기를 유용하기로 합의하고 그 가등기를 기초로 하여 본등기를 해준 경우임)는 가등기의 원인인 법률행위와 별개로 일반채권자의 공동담보를 감소시키는 것으로 특별한 사정이 없는 한 채권자취소권의 대상인 사해행위이고, 이때 본등기의 원인인 새로운 매매계약을 기준으로 사해행위 여부나 제척기간의 준수 여부를 판단할 것이라고 한다(대판 2021. 9. 30, 2019다266409).

　　(3) 5년의 제척기간의 기산점이 되는「법률행위가 있은 날」은 사해행위에 해당하는 법률행위가 실제로 이루어진 날을 가리킨다(대판 2002. 7. 26, 2001다73138 · 73145). 그런데 실제로 사해행위가 이루어진 날을 판정하기 곤란한 경우에는 다른 특별한 사정이 없

는 한 처분문서에 기초한 것으로 보이는 등기부상 등기원인일자를 중심으로 그러한 사해행위가 실제로 이루어졌는지 여부를 판정할 수밖에 없다(대판 2002. 11. 8, 2002다41589; 대판 2010. 2. 25, 2007다28819·28826).

〈판 례〉   [146]

㈀ 「채권자취소권 행사에 있어서 제척기간의 기산점인 채권자가 '취소원인을 안 날'이라 함은 채권자가 채권자취소권의 요건을 안 날, 즉 채무자가 채권자를 해함을 알면서 사해행위를 하였다는 사실을 알게 된 날을 의미한다고 할 것이므로, 단순히 채무자가 재산의 처분행위를 하였다는 사실을 아는 것만으로는 부족하고, 그 법률행위가 채권자를 해하는 행위라는 것, 즉 그에 의하여 채권의 공동담보에 부족이 생기거나 이미 부족상태에 있는 공동담보가 한층 더 부족하게 되어 채권을 완전하게 만족시킬 수 없게 되었으며 나아가 채무자에게 사해의 의사가 있었다는 사실까지 알 것을 요한다.」(대판 2003. 12. 12, 2003다40286)

㈁ 채무자가 자기의 유일한 재산인 부동산을 매각하여 소비하기 쉬운 금전으로 바꾸는 행위는 특별한 사정이 없는 한 채권자에 대하여 사해행위가 되어 채무자의 사해의 의사가 추정되는 것이므로, 이와 같이 채무자가 유일한 재산인 부동산을 처분하였다는 사실을 채권자가 알았다면 특별한 사정이 없는 한 채무자의 사해의사도 채권자가 알았다고 봄이 상당하다(대판 2000. 9. 29, 2000다3262. 같은 취지: 대판 2022. 5. 26, 2021다288020).

㈂ 「채권자가 채무자의 유일한 재산에 대하여 가등기가 경료된 사실을 알고 채무자의 재산상태를 조사한 결과 다른 재산이 없음을 확인한 후 채무자의 재산에 대하여 가압류를 한 경우, 채권자는 그 가압류 무렵에는 채무자가 채권자를 해함을 알면서 사해행위를 한 사실을 알았다고 봄이 상당하지만, 채권자가 채무자 소유의 부동산에 대한 가압류 신청시 첨부한 등기부등본에 수익자 명의의 근저당권설정등기가 경료되어 있었다는 사실만으로는 채권자가 가압류신청 당시 취소원인을 알았다고 인정할 수 없다(대법원 1999. 4. 9. 선고 99다2515 판결, 2000. 6. 13. 선고 2000다15265 판결 등 참조).」(대판 2001. 2. 27, 2000다44348)

㈃ 「채권자가 채무자의 재산상태를 조사한 결과 자신의 채권 총액과 비교하여 채무자 소유의 부동산의 가액이 그에 미치지 못하는 것을 이미 파악하고 있었던 상태에서 채무자의 재산에 대하여 가압류를 하는 과정에서 그중 일부 부동산에 관하여 제 3 자 가등기가 경료된 사실을 확인하였다면, 다른 특별한 사정이 없는 한 채권자는 그 가압류 무렵에는 채무자가 채권자를 해함을 알면서 사해행위를 한 사실을 알았다고 봄이 상당하다.」(대판 2002. 11. 26, 2001다11239. 제 3 자 명의의 근저당권설정등기가 마쳐진 경우에 대하여 같은 취지: 대판 2012. 1. 12, 2011다82384)

㈄ 「민법 제406조 제 2 항의 제척기간의 기산점인 채권자가 '취소원인을 안 날'이라 함은 채무자가 채권자를 해함을 알면서 사해행위를 하였다는 사실을 알게 된 날을 의미하는 것으로서 이때의 사해행위는 취소의 대상이 되는 바로 그 처분행위를 말한다. 그러므로 채권자가 채무자의 제 3 자에 대한 금전의 증여행위가 사해행위에

해당한다는 것을 확실히 알지 못한 채 그 금전으로 취득한 제3자 명의의 부동산이 실은 채무자의 소유인데 제3자에게 명의신탁한 것으로 잘못 알고 그 부동산을 대상으로 처분금지가처분 신청을 하여 그 처분금지가처분 등기가 경료되었다는 사정만으로는 채권자가 그때부터 채무자가 채권자를 해함을 알면서 사해행위인 금전의 증여행위를 하였다는 사실을 알게 되었다고 볼 수 없다.」(대판 2009. 4. 9, 2008다81398)

(ㅂ)「채권자가 전득자를 상대로 민법 제406조 제1항에 의한 채권자취소권을 행사하기 위하여는 같은 조 제2항에서 정한 기간 안에 채무자와 수익자 사이의 사해행위 취소를 법원에 소를 제기하는 방법으로 청구하여야 하는 것이고, 채권자가 수익자를 상대로 사해행위 취소를 구하는 소를 제기하여 채무자와 수익자 사이의 법률행위를 취소하는 내용의 판결이 선고되어 확정되었더라도 그 판결의 효력은 그 소송의 피고가 아닌 전득자에게는 미치지 아니하므로, 채권자가 전득자에 대하여 채권자취소권을 행사하여 원상회복을 구하기 위하여는 민법 제406조 제2항에서 정한 기간 안에 별도로 전득자에 대한 관계에서 채무자와 수익자 사이의 사해행위를 취소하는 청구를 하여야 한다(대법원 2005. 6. 9. 선고 2004다17535 판결 등 참조). 이는 기존 전득자 명의의 등기가 말소된 후 다시 새로운 전득자 명의의 등기가 경료되어 새로운 전득자에 대한 관계에서 채무자와 수익자 사이의 사해행위를 취소하는 청구를 하는 경우에도 마찬가지이다.」(대판 2014. 2. 13, 2012다204013)

(ㅅ)「공동저당권이 설정된 수개의 부동산에 관한 일괄 매매행위가 사해행위에 해당함을 이유로 그 매매계약의 전부취소 및 그 원상회복으로서 각 소유권이전등기의 말소를 구하다가 사해행위 이후 저당권이 소멸된 사정을 감안하여 법률상 이러한 경우 원상회복이 허용되는 범위 내의 가액배상을 구하는 것으로 청구취지를 변경하면서 그에 맞추어 사해행위취소의 청구취지를 변경한 데에 불과한 경우에는 하나의 매매계약으로서의 당해 사해행위의 취소를 구하는 소 제기의 효과는 그대로 유지되고 있다고 봄이 상당하다 할 것이므로 비록 취소소송의 제척기간이 경과한 후에 당초의 청구취지 변경이 잘못되었음을 이유로 다시 위 매매계약의 전부취소 및 소유권이전등기의 말소를 구하는 것으로 청구취지를 변경한다 해도 최초 소 제기시에 발생한 제척기간 준수의 효과에는 영향이 없다 할 것이다.」(대판 2005. 5. 27, 2004다67806)

(ㅇ)「채권자취소권에서 취소의 대상이 되는 사해행위는 채권행위거나 물권행위임을 불문하는 것이므로 이 사건에서 소외 박○○와 피고와의 간에 매매계약을 하고 그 소유권이전청구권 보전을 위한 가등기가 이루어진 때에 사해행위가 있는 것으로 본 원심의 조치는 정당」하다(대판 1975. 4. 8, 74다1700).

(ㅈ)「민법 제974조, 제975조에 의하여 부양의 의무 있는 사람이 여러 사람인 경우에 그중 부양의무를 이행한 1인이 다른 부양의무자에 대하여 이미 지출한 과거 부양료의 지급을 구하는 권리는 당사자의 협의 또는 가정법원의 심판 확정에 의하여 비로소 구체적이고 독립한 재산적 권리로 성립하게 되지만, 그러한 부양료청구권의 침

해를 이유로 채권자취소권을 행사하는 경우의 제척기간은 부양료청구권이 구체적인 권리로서 성립한 시기가 아니라 민법 제406조 제 2 항이 정한 '취소원인을 안 날' 또는 '법률행위가 있은 날'로부터 진행한다.」($^{대판 2015. 1. 29,}_{2013다79870}$)

(4) 채권자취소권을 행사하는 경우 채권자는 사해행위의 취소와 원상회복을 동시에 청구할 수도 있고($^{대판 1980. 7. 22,}_{80다795}$), 사해행위 취소청구를 한 뒤에 원상회복청구를 할 수도 있는데, 후자의 경우에는 사해행위 취소청구가 위의 제척기간 내에 행하여졌으면 원상회복청구는 그 기간이 지난 뒤에도 할 수 있다($^{대판 2001. 9. 4,}_{2001다14108}$). 한편 판례는, 채권자가 사해행위의 취소를 청구하면서 그 보전하고자 하는 채권을 추가하거나 교환하는 것은 그 사해행위 취소권을 이유 있게 하는 공격방법에 관한 주장을 변경하는 것일 뿐이지 소송물 또는 청구 자체를 변경하는 것이 아니므로 소의 변경이라 할 수 없다고 한다($^{대판 2003. 5. 27, 2001다13532;}_{대판 2012. 7. 5, 2010다80503}$). 그 결과 제척기간 내에 사해행위 취소의 소를 제기한 채권자는 제척기간이 경과된 뒤에도 피보전채권을 추가하거나 변경할 수 있게 된다.

(5) 채권자취소권도 대위행사할 수 있는데, 그때에 기간의 준수 여부는 대위채권자가 아니고 대위의 목적으로 되는 권리의 채권자인 채무자를 기준으로 하여 판단하여야 한다($^{대판 2001. 12. 27,}_{2000다73049}$). 왜냐하면 대위권은 채무자의 권리를 대신 행사하는 것이기 때문이다. 따라서 대위채권자가 취소원인을 안 지 1년이 지났더라도 채무자가 1년 및 5년의 기간 내에 있으면 취소의 소를 제기할 수 있다.

(6) 채권자취소권을 행사할 수 있는 기간(제척기간)이 지났다는 사실의 증명책임은 채권자취소소송의 상대방에게 있다($^{대판 2009. 3. 26, 2007다63102; 대판 2009. 10. 29,}_{2009다47852; 대판 2018. 4. 10, 2016다272311; 대판}$ $^{2023. 4. 13,}_{2021다309231}$).

제 6 장   다수당사자의 채권관계

제 1 절 서   설

I. 의   의

[147]

「다수당사자의 채권관계」란 하나의 급부에 관하여 채권자 또는 채무자가 여럿 있는 경우를 가리킨다. 민법은 이러한 다수당사자의 채권관계를 제 3 편 제 1 장 제 3 절에서 「수인(數人)의 채권자 및 채무자」라는 제목 아래 규율하고 있다(408조 이하).

「다수당사자의 채권관계」나 「수인의 채권자 및 채무자」라는 용어는 어느 것이나 문자상으로는 「하나의 채권 또는 채무」에 관하여 그 귀속주체가 복수인 경우, 즉 뒤에 설명하는 채권·채무의 준공유·준합유·준총유를 의미한다. 그러나 민법이 규율하고 있는 것은 분할채권관계·불가분채권관계·연대채무·보증채무의 네 가지이고, 이들은 모두 당사자 수만큼의 복수의 채권·채무가 존재하는 경우이다.

II. 다수당사자의 채권관계의 종류 및 기능

방금 언급한 바와 같이, 민법이 규정하고 있는 다수당사자의 채권관계로는 분할채권관계(분할채권· 분할채무)·불가분채권관계(불가분채권· 불가분채무)·연대채무·보증채무의 네 가지(분할채권·분할채무 등 으로 세분하면 여섯 가지)가 있다. 그리고 학설은 민법에는 규정이 없지만 연대채권과 부진정연대채무의 개념을 인정한다. 아래에서 이들을 하나씩 살펴보게 된다.

모든 근대민법이 그렇듯이 우리 민법도 다수당사자의 채권관계를 채권관계의 주체에 있어서의 특수한 모습 또는 그러한 것의 효력으로서 규율하는 면이 강하다. 그런데 오늘날 이 제도는 채권담보의 기능을 수행하는 인적 담보제도라는 점에서 의의를 찾고 있다. 특히 특약에 의한 불가분채무, 연대채무, 보증채무에서 그렇다. 따라서 다수당사자의 채권관계 제도를 검토함에 있어서는 채권담보의 기능이라는 측면에 유의하여야 할 필요가 있다.

Ⅲ. 다수당사자의 채권관계에서 살펴보아야 할 중요문제

다수당사자의 채권관계에서 주로 살펴보아야 하는 것은 그 효력인데, 효력에는 대외적 효력과 대내적 효력이 있다. 그리고 대외적 효력은 두 가지로 나누어진다. 하나는 각 채권자·채무자와 상대방 사이에 이행청구나 이행이 어떤 효력이 있는지, 즉 복수주체와 상대방 사이에 이행청구나 이행을 어떻게 하느냐이고, 다른 하나는 채권자 또는 채무자 1인에 대하여 생긴 사유$\binom{\text{예: 1인에 대한 청구·}}{\text{채권포기·채무면제}}$가 다른 채권자 또는 채무자$\binom{\text{이는 앞의 1인과 같은}}{\text{쪽의 당사자만을 가리킴}}$에게 영향을 미치는지 여부이다. 이들 가운데 후자는 채권의 담보력과 관련되어 있다. 한편 대내적 효력은 복수의 채권자들 또는 채무자들 사이의 내부관계로서, 채권자로서 수령한 것을 나누어 주거나(분급관계) 또는 채무자로서 출연(出捐)한 것을 다른 채무자로부터 상환받는 문제이다(구상관계).

[148] ## Ⅳ. 채권·채무의 공동적 귀속

앞에서 기술한 바와 같이, 민법이 규정하는 다수당사자의 채권관계$\binom{408조}{이하}$에서는 당사자 수만큼의 복수의 채권·채무가 존재한다. 그런데 이론상 하나의 채권·채무가 다수인에게 귀속할 수도 있다. 뿐만 아니라 그것은 법적으로도 가능하다. 민법은 물건에 관하여 공동소유를 규정한 뒤$\binom{262조}{이하}$, 그 규정들을 다른 재산권에 준용하고 있기 때문이다$\binom{278}{조}$.

민법이 규정하는 물건의 공동소유의 유형에는 공유·합유·총유의 세 가지가 있다$\binom{물권법\ [134]}{이하\ 참조}$. 그리하여 채권·채무의 공동귀속에도 공유적 귀속(준공유)·합유적 귀속(준합유)·총유적 귀속(준총유)의 세 가지 모습이 있게 된다.

1. 채권·채무의 공유적 귀속(준공유)

채권·채무의 준공유가 가능함은 물론이다. 그런데 민법에 규정되어 있는 다수당사자의 채권관계는 이「채권·채무의 준공유」에 대한 특칙으로 이해된다. 따라서 이 특칙이 적용되지 않고 채권·채무의 준공유가 성립하려면 준공유의 특약이 있어야 한다.

채권·채무의 준공유의 경우에는, 분할채권관계에서와는 달리, 준공유자 전원이 공동으로만 채권을 행사하고 채무를 이행한다. 그리고 준공유자는 채권 또는 채무에 지분을 가지며, 채권상의 지분을 자유롭게 타인에게 양도하거나 채무상의 지분(부담부분)을 타인에게 인수하게 할 수 있다.

2. 채권·채무의 합유적 귀속(준합유)

법률규정이나 계약에 의하여 수인이 조합체로서 채권을 가지거나 채무를 부담하는 것이 채권·채무의 준합유이다($^{271조 1}_{항 참조}$). 따라서 조합재산에 채권·채무가 포함되어 있으면 채권·채무의 준합유가 있게 된다($^{곽윤직,}_{154면}$).

채권의 준합유의 경우에는 채권이 준합유자(조합원) 전원에게 귀속한다. 그리고 채권의 추심 기타의 처분은 준합유자 전원이 공동으로만 할 수 있고($^{272조}_{참조}$), 추심한 것은 합유재산이 된다. 만약 어느 준합유자가 다른 준합유자의 동의 없이 채권을 양도한 경우에는 그 양도행위는 무효이다($^{대판 1990. 2. 27, 88다카11534;}_{대판 1992. 10. 9, 92다28075}$). 채권의 준합유의 경우 각 준합유자는 채권 위에 지분을 가지나, 그 지분은 준합유자 전원의 동의가 없는 한 처분하지 못한다($^{273조 1}_{항 참조}$). 그리고 각 준합유자는 채권의 분할도 청구하지 못한다($^{273조 2}_{항 참조}$). 한편 채무자가 준합유자의 한 사람에게 채무의 전부나 일부를 이행하여도 채무는 소멸하지 않으며, 준합유자 전원에 대하여 전부의 이행을 하여야 채무가 소멸한다($^{같은 취지: 곽윤직, 154)}_{면; 주해⑩, 16면(허만)}$).

채무의 준합유의 경우에는 채무가 준합유자 전원에게 귀속한다. 이 경우 각 채무자는 급부 전부를 이행하여야 하지만 채무자 전원이 공동으로 할 필요는 없다. 그에 비하여 채권자는 채무자 전원에게 공동으로 청구하여야 — 그 채무의 책임재산인 — 합유재산에 대하여 집행할 수 있으며, 임의의 채무자를 선택하여 청구하여서는 그 재산에 대하여 집행하지 못한다. 한편 합유채무에 대하여는 합유재산(조합재산)이 책임을 질뿐만 아니라, 각각의 준합유자도 자기의 고유재산으로 책임을 져야 한다. 그리고 이 두 책임은 어느 하나가 우선하지 않고 병존적이라고 해석된다.

3. 채권·채무의 총유적 귀속(준총유)

법인 아닌 사단의 사원이 집합체로서 채권을 가지거나 채무를 부담하는 것이 채권·채무의 준총유이다($^{275조\,1}_{항\,참조}$).

채권의 준총유의 경우에는 채권의 추심 기타의 처분권은 법인 아닌 사단에 귀속하고($^{276조\,1}_{항\,참조}$), 추심한 것은 법인 아닌 사단의 총유재산으로 된다. 이 경우 준총유자 개인은 채권에 대하여 지분을 가지지도 못하고, 특별한 권리도 없다.

채무의 준총유의 경우에도 채무는 법인 아닌 사단에 총유적으로 귀속한다. 그리고 그 채무에 대하여는 사단이 그의 총유재산으로 변제의 책임을 진다. 그 밖에 사단의 구성원인 각 준총유자가 채무를 부담하거나 자신의 고유재산으로 책임을 지지는 않는다.

제 2 절 분할채권관계

[149] ## I. 의의 및 성립

1. 의   의

분할채권관계는 하나의 급부에 관하여 채권자 또는 채무자가 여럿 있는 경우에 그 채권이나 채무가 각 채권자 또는 채무자에게 분할되는 다수당사자의 채권관계이다. 민법은 이 분할채권관계를 다수당사자의 채권관계의 원칙으로 삼고 있다. 제408조가 다수당사자의 채권관계의 총칙으로 이를 규정하고 있기 때문이다($^{통설·판례도}_{같은\,취지임}$). 따라서 다수당사자의 채권관계는 급부가 그 성질상 불가분이 아니고($^{급부가\,성질상\,불가분일\,때에는\,특별한\,의}_{사표시가\,없어도\,불가분채권관계가\,된다}$) 당사자 사이에 특별한 의사표시(약정)도 없으면 분할채권관계로 된다($^{대판\,1985.\,4.\,23,\,84다카2159;}_{대판\,1992.\,10.\,27,\,90다13628}$). 분할채권관계에는 채권자가 여럿인 분할채권과 채무자가 여럿인 분할채무가 있다. A·B·C가 공유하는 건물을 D에게 300만원에 매도한 경우의 A·B·C의 매매대금채권은 분할채권의 예이고, E가 그의 건물을 F·G·H에게 매도한 경우에 F·G·H의 매매대금채무는 분할채무의 예이다.

2. 성   립

분할채권관계는 다수당사자의 채권관계에 있어서 급부가 가분이고 특별한 의사표시가 없는 때에 성립한다. 다만, 민법은 일정한 경우에는 예외를 인정하기도 한다($^{616조 · 654조 ·}_{760조 · 832조 등}$).

그런가 하면 학설 중 일부 견해는 i) 분할의 원칙이 너무 형식주의적이고 개인주의적이며, 특히 분할채무에 있어서는 채권의 실효성을 약하게 한다는 이유로, 보다 넓게 분할채권관계의 성립을 제한하려고 한다($^{곽윤직, 156면;}_{김학동, 216면 등}$). 그에 대하여 ii) 분할의 원칙에 따르는 것이 민법규정에도 맞고 거래관습에도 맞는다는 견해도 있다($^{이은영,}_{493면}$). 그리고 판례는 건물의 공유자가 채권적인 전세계약 또는 건물의 임대차계약에 기하여 받은 전세금 또는 임차보증금의 반환채무는 성질상 불가분채무라고 하고($^{대판 1967. 4. 25, 67다328; 대판 1998. 12. 8, 98다43137; 대판 2017. 5. 30, 2017다}_{205073. 같은 취지: 대법원 2021. 1. 28, 2015다59801(임대인 지위를 공동으로 승계한}$ $^{공동임대인들의 임차보증금 반환채무는}_{성질상 불가분채무에 해당한다고 함}$), 공유자가 공유물에 대한 법률관계에서 부당이득을 얻은 경우에 그것의 반환의무도 불가분채무라고 하며($^{대판 1980. 7. 22, 80다649. 이 판결의 사}_{안은 공유임야에 제 3 자가 심은 수목이}$ $^{부합에 의하여 공유자}_{에게 귀속된 경우임}$), 여럿이 공동으로 법률상 원인 없이 타인의 재산을 사용한 경우의 부당이득의 반환채무는 특별한 사정이 없는 한 불가분적 이득의 상환으로서 불가분채무라고 한다($^{대판 1981. 8. 20, 80다2587; 대판 1991. 10. 8, 91다3901; 대판 2001. 12. 11, 2000다13948; 대}_{판 2018. 6. 28, 2016다219419 · 219426(대지사용권이 없는 전유부분의 공유자는 대지 지분 소}$ $^{유자에게 부당이득을 반환할 의무가 있는데, 이 의무는 특별한 사정이 없는 한 불가분채무이므로,}_{일부 지분만을 공유하고 있더라도 그 전유부분 전체 면적에 관한 부당이득을 반환할 의무가 있다}$). 그리고 토지거래허가지역 내에 있는 토지의 매매계약을 체결하면서 계약이행에 관하여 매도인들 전원의 의사나 능력이 일체로서 고려된 경우에 계약이 확정적으로 무효로 되면서 매도인들이 지게 되는 부당이득 반환채무도 성질상 불가분채무라고 한다($^{대판 1997. 5. 16, 97다7356. 대판 1993. 8. 14, 91다41316도 참조.}_{이 판결에서는 특별한 사정이 없는 경우에 분할채무를 인정하였다}$). 이러한 판례는 대체로 i)설과 같은 경향에 있다($^{김상용, 260면은 다르게}_{이해하나, 이는 옳지 않다}$). 생각건대 독립적인 채권·채무를 인정하는 것이 부적당한 경우까지 분할채권관계를 인정하는 것은 바람직하지 않다는 점에서 볼 때 i)설과 판례가 타당하다.

〈분할채권·분할채무의 예(판례)〉

(ㄱ) **분할채권**

① 공유자가 공유토지를 불법으로 점유하고 있는 제 3 자에 대하여 그들의 지분에 대응하는 비율의 범위 내에서 가지는 토지의 임료 상당의 부당이득금 반환의 청구권($_{78다2088}^{대판 1979. 1. 30,}$).

② 토지의 공동매수인 2인이 각 1/2씩의 지분권에 관하여 매도인에 대하여 가지는 소유권이전등기를 청구할 수 있는 권리($_{79다14}^{대판 1981. 2. 24,}$).

③ 4인의 매수인에게 임야를 매도하기로 하는 계약을 체결한 경우, 그 매수인들이 매매계약의 무효를 원인으로 부당이득으로서 계약금의 반환을 구하는 채권($_{91다}^{대판 1993.}$$_{41316}^{8. 14,}$).

(ㄴ) **분할채무**

① 수인의 채권자가 채무자에게 별개로 금전을 빌려 주고서 2필지의 토지에 대하여 공동으로 담보목적의 소유권이전등기를 경료받았다가 담보권을 실행함에 있어 합의에 의한 공유물 분할방법으로 각 채권자들의 대여금 비율에 따라 각 단독소유로 소유권이전등기를 마친 다음 각각 따로 자기 몫의 담보부동산을 처분한 경우에, 그 정산금을 채무자에게 반환할 채무($_{85다카1146}^{대판 1987. 5. 26,}$).

② 변호사에게 공동당사자로서 소송대리를 위임한 경우 소송대리 위임에 따른 보수금지급채무($_{92다42941}^{대판 1993. 2. 12,}$).

③ 금전채무와 같이 급부의 내용이 가분인 채무가 공동상속된 경우($_{97다8809}^{대판 1997. 6. 24,}$).

④ 공동불법행위자들 중의 1인이 전체 채무를 변제한 경우, 나머지 공동불법행위자들이 부담하는 구상채무($_{\text{자인 공동불법행위자 측에 과실이 없는 경우, 즉 내부적인 부담부분이 전혀 없는 경}}^{\text{대판 2002. 9. 27, 2002다15917; 대판 2005. 10. 13, 2003다24147; 대판 2012. 3.}}$$_{\text{우에는 이와 달리 그에 대한 수인의 구상의무 사이의 관계를 부진정연대관계라고 함}}^{\text{15, 2011다52727; 대판 2023. 6. 29, 2022다309474. 둘째·셋째 판결은, 구상권}}$).

[150] **Ⅱ. 분할채권관계의 효력**

1. 대외적 효력

(1) 각 채권자 또는 각 채무자는 특별한 의사표시가 없으면 균등한 비율로 분할된 채권을 가지고 채무를 부담한다($_{조}^{408}$). 여기의 「특별한 의사표시」는 불가분채권관계·연대채무 등을 발생시키는 의사표시뿐만 아니라 채권·채무의 분할에 관한 의사표시도 포함한다. 따라서 이 둘이 모두 없어야 제408조가 그대로 적용되고, 전자만 없으면 비율은 약정에 의하게 된다. 그리고 의사표시는 상대방 당사자와의 약정(계약)을 의미한다($_{\text{상대방에게는 효력이 없다}}^{\text{일방 당사자들 사이의 특약은}}$). 어쨌든 그러한 약정이 없

으면 채권·채무는 각 당사자에게 균등하게 분할된다. 그리하여 가령 토지를 2인이 공동으로 매수한 경우에는 특별한 사정($\binom{준공유의\ 특약,\ 조합체로서\ 매수,\ 다른}{다수당사자의\ 채권관계에\ 관한\ 특약\ 등}$)이 없으면 2인의 공동매수인은 그들의 매수지분($\binom{채권의\ 분할비율\ 특약}{이\ 없으면\ 2분의\ 1\ 지분}$)에 관하여서만 소유권이전등기를 청구할 수 있고($\binom{대판\ 1981.\ 2.\ 24,\ 79}{다14도\ 같은\ 취지임}$), A가 그의 토지를 B에게 매도하였는데 B의 명의로 소유권이전등기가 되기 전에 C·D가 B로부터 그 토지를 공동으로 매수한 경우에는 특별한 사정이 없는 한 C나 D는 각자의 매수지분의 범위 내에서만 B($\binom{채무}{자}$)의 A($\binom{제3채}{무자}$)에 대한 소유권이전등기 청구권을 대위행사할 수 있다($\binom{대판}{2010.\ 11.\ 11,}$ 2010다43597. 그 지분을 초과하는 부분에 관 하여는 채무자를 대위할 보전의 필요성이 없다).

　(2) 각 채권자·채무자의 채권·채무는 독립한 것이므로, 1인의 채권자 또는 채무자와 상대방과 사이에 생긴 사유($\binom{예:\ 이행청구·}{채무면제}$)는 다른 채권자 또는 채무자에 대하여 영향을 미치지 않는다. 다만, 계약의 해제·해지의 경우에는 해제·해지의 불가분성($\binom{전원이\ 전원에}{대하여\ 행함}$) 때문에 모든 당사자에게 효력이 생긴다($\binom{547조}{참조}$).

　(3) 각 채권자는 자기가 가지는 채권액 이상의 것을 이행하도록 청구할 수 없고, 각 채무자도 자기가 부담하는 채무액 이상의 것을 변제할 수 없다. 하나의 채권자가 분할액을 넘는 변제를 받은 경우에는 부당이득이 되므로 채무자에게 반환하여야 하며, 하나의 채무자가 분할액을 넘어서 변제한 경우에는 변제에 이해관계 없는 타인의 변제로 된다($\binom{469}{조}$).

2. 대내적 효력

　제408조는 분할채권자·분할채무자와 그의 상대방과의 관계만을 규정한 것이며, 분할채권자·분할채무자 상호간의 내부관계까지 규정하고 있는 것은 아니다. 그렇지만 그 규정은 내부관계에도 준용된다고 하여야 한다. 그 결과 특별한 약정이 있으면 그에 의하되, 약정이 없으면 내부적으로도 비율은 균등하게 된다. 한편 약정이나 법률규정에 의하여 대외적인 비율과 대내적인 비율이 동일하게 정하여진 경우에는($\binom{둘\ 모두의\ 비율이\ 균등}{한\ 때에\ 한하지\ 않는다}$) 각 채권자들이나 각 채무자들 사이에 분급관계(分給關係)나 구상관계(求償關係)는 생기지 않는다. 그에 비하여 대외적인 비율과 대내적인 비율이 다른 경우($\binom{예:\ 분할채무자\ A·B가\ 408조에\ 의하여\ 대외적으로는\ 채무를\ 균등}{하게\ 되나,\ 대내적으로\ 특약에\ 의하여\ 2:1로\ 부담하기로\ 한\ 때}$)에는, 그 비율을 넘어서 변제를 수령한 채권자는 그 넘는 부분을 다른 채권자에게 나누어 주어야 하고, 자기가 부담하여야 할 비율을 넘어서 변제한 채무자는 다른 채

무자로부터 그것의 상환을 요구할 수 있다(통설도 같으 취지임).

제 3 절 불가분채권관계

[151] **I. 불가분채권관계의 의의**

(1) 불가분채권관계는 불가분의 급부를 목적으로 하는 다수당사자의 채권관계이다. 불가분채권관계에는 채권자가 여럿 있는 불가분채권과 채무자가 여럿 있는 불가분채무가 있다.

(2) 불가분채권관계는 급부가 불가분인 경우에 성립하는데, 급부가 불가분인 경우는 급부의 성질상 불가분인 때(성질상 불가분인 것을 가분으로 약정할 수는 있다)도 있고, 성질상으로는 가분이지만 당사자의 의사표시에 의하여 불가분으로 된 때도 있다(409조 참조). 예컨대 A·B가 C로부터 건물을 공동 매수한 경우의 A·B의 인도청구권은 성질에 의한 불가분채권이고(대판 1998. 12. 8, 98다43137은 건물공유자가 공동으로 건물을 임대하고 보증금을 수령한 경우, 그 보증금반환채무는 성질상 불가분채무에 해당한다고 한다), D·E가 그들이 공유하고 있는 건물을 F에게 매도한 경우의 D·E의 건물인도의무, 공동상속인들의 건물철거의무(대판 1980. 6. 24, 80다756)는 성질에 의한 불가분채무이며, 갑으로부터 을·병·정 세 사람이 건물을 매수하면서 그 대금지급에 관하여 불가분으로 약정한 경우의 을·병·정의 대금지급의무는 의사표시에 의한 불가분채무이다. 그리고 다수설과 판례가 불가분적 이득의 반환의무 등에 관하여 불가분채무(성질상의 불가분채무)로 파악하고 있음은 앞에서 설명하였다([149] 참조).

〈참 고〉

판례에 따르면, 타인의 토지에 무단으로 건축된 건물을 공유하고 있는 자(공동상속인 포함)의 철거의무는 공유자 각자가 그 지분의 한도 내에서 건물 전체에 관하여 부담하므로(대판 1980. 6. 24, 80다756: 공동상속인의 경우임), 반드시 공유자 전원을 피고로 하여서만 철거를 청구하여야 하는 것이 아니고, 공유자 중의 한 사람을 상대로 하여 그의 상속분의 한도에서 철거를 청구할 수도 있다고 한다(대판 1968. 7. 31, 68다1102). 철거소송은 필수적 공동소송이 아니라는 것이다(대판 1969. 7. 22, 69다609: 공유자가 둑을 철거하여야 하는 경우).

불가분채무, 특히 의사표시에 의한 불가분채무는 단순히 이행의 청구나 이행을 불가분적으로 하는 특징만 있는 것이 아니다. 그 채무의 경우에는 채권자가 채무자 각각에 대하여 전부급부를 청구할 수 있게 함으로써 채권이 채무자 모두의 자력에 의하여 담보되고, 따라서 채권의 담보력이 강화된다. 즉 그것은 인적 담보로서 기능하는 것이다. 불가분채무는 무엇보다도 채무자 1인에게 생긴 사유 가운데 절대적 효력이 인정되는 것이 연대채무에 있어서보다 적기 때문에 채권의 효력은 연대채무보다 더 강하다.

(3) 불가분채권관계의 경우에는 각 채권자 또는 채무자 수만큼 복수의 채권·채무가 존재한다. 그리고 불가분채권·불가분채무가 가분채권·가분채무로 변경된 때에는 그것들은 분할채권·분할채무로 변하게 된다($\frac{412}{조}$).

Ⅱ. 불가분채권

1. 대외적 효력(모든 채권자와 채무자 사이의 관계)

(1) 각 채권자는 단독으로 모든 채권자를 위하여 자기에게 급부 전부를 이행할 것을 청구할 수 있다($\frac{409조}{전단}$). 그리고 채무자는 모든 채권자를 위하여 각 채권자에게 급부 전부를 이행할 수 있다($\frac{409조}{후단}$).

(2) 채권자 1인의 청구는 다른 채권자에게도 효력이 있으므로, 청구가 있으면 다른 채권자를 위하여서도 이행지체·시효중단의 효력이 생기고, 채권자 1인에 대한 이행이 다른 채권자에게도 효력이 있으므로, 이행에 의한 채권의 소멸이나 수령지체의 효과도 모든 채권자에 대하여 생긴다. 그러나 채권자 1인과 채무자 사이에 생긴 그 밖의 사유는 다른 채권자에게는 효력이 없다($\frac{410조}{1항}$). 즉 상대적 효력만 가진다. 따라서 불가분채권자 중의 1인과 채무자 사이에서 경개(更改)나 면제가 행하여진 경우에도 다른 채권자는 채무의 전부의 이행을 청구할 수 있다. 다만, 이행을 받은 채권자는 그 1인의 채권자가 권리를 잃지 않았으면 그에게 분급할 이익을 채무자에게 상환하여야 한다($\frac{410조}{2항}$). 이는, 전부급부를 받은 채권자가 경개나 면제를 한 채권자에게 분급하고, 분급받은 채권자가 그것을 다시 부당이득으로서 채무자에게 반환하는 상환의 순환을 피하고 법률관계를 단순하게 처리하도록 한 것이다. 그리고 이러한 결과는 경개나 면제뿐만 아니라 대물변제·상계·혼동 등의 경우에도 인정하여야 한다($\frac{같은 취지: 곽}{윤직, 166면}$). 한편 판례는, 수인의 채권자

에게 금전채권이 불가분적으로 귀속되는 경우($^{구체적으로는 건물 공동임차}_{인의 임대차보증금 반환채권}$)에, 불가분채권자들 중 1인을 집행채무자로 한 압류 및 전부명령이 이루어지면 그 불가분채권자의 채권은 전부채권자에게 이전되지만, 그 압류 및 전부명령은 집행채무자가 아닌 다른 불가분채권자에게 효력이 없으므로, 다른 불가분채권자의 채권의 귀속에 변경이 생기는 것은 아니며, 따라서 다른 불가분채권자는 모든 채권자를 위하여 채무자에게 불가분채권 전부의 이행을 청구할 수 있고, 채무자는 모든 채권자를 위하여 다른 불가분채권자에게 전부를 이행할 수 있다고 한다($^{대판\ 2023.\ 3.\ 30,}_{2021다264253}$). 그리고 이러한 법리는 불가분채권의 목적이 금전채권인 경우 그 일부에 대하여만 압류 및 전부명령이 이루어진 경우에도 마찬가지라고 한다($^{대판\ 2023.\ 3.\ 30,}_{2021다264253}$).

2. 대내적 효력(채권자들 상호간의 관계)

민법은 채권자들 사이의 내부관계에 대하여는 규정을 두고 있지 않다. 그러나 변제받은 채권자는 다른 채권자에게 정하여진 비율에 따라 급부받은 것을 분급하여야 한다. 그리고 그 비율은 균등한 것으로 추정하여야 한다.

[152] ## Ⅲ. 불가분채무

1. 대외적 효력(모든 채무자와 채권자 사이의 관계)

민법은 불가분채무에 관하여는 불가분채권에 관한 제410조와 연대채무에 관한 여러 규정을 준용하고 있다($^{411}_{조}$).

(1) 채권자는 채무자 1인에 대하여 또는 채무자 전원에 대하여 동시에 또는 순차(順次)로 채무의 전부나 일부의 이행을 청구할 수 있다($^{411조\cdot}_{414조}$). 그리고 채무자 1인이 그의 채무를 이행하면 모든 채무자의 채무는 소멸한다.

(2) 채무자 1인의 변제($^{대물변제\cdot공탁도\ 마}_{찬가지로\ 보아야\ 한다}$)·변제의 제공 및 그 효과인 수령지체는 다른 채무자에 대하여도 효력이 있다(절대적 효력)($^{411조\cdot\ 422}_{조\ 참조}$). 채권자의 이행청구($^{그리고\ 그에\ 의한\ 이}_{행지체\cdot시효중단}$)는 어떤가? 여기에 관하여 i) 다수설은 제416조가 준용되지 않는다는 이유로 상대적 효력만 가진다고 하나($^{곽윤직,\ 161면;\ 김대정,\ 695면;\ 김상용,\ 270면;\ 김}_{학동,\ 224면;\ 이은영,\ 499면;\ 주해⑩,\ 63면(허만)}$), ii) 제411조에서 제410조를 준용하고 있다는 이유로 절대적 효력이 있다는 견해도 있다($^{김형배,\ 443면;}_{지원림,\ 1178면}$). 생각건대 제410조 제1항 전단($^{「전조의\ 규정에\ 의하여\ 모든\ 채권자에}_{게\ 효력이\ 있는\ 사항을\ 제외하고는」}$)이

의미를 가지려면, 제409조도 준용되어야 한다. 그런데 그 규정은 불가분채무에 준용되지 않고 있다. 그리고 이행청구의 절대적 효력을 인정하는 제416조는 분명히 준용대상에서 제외되어 있다. 이러한 점에 비추어 볼 때, 민법상 이행청구($^{및\ 그}_{에\ 의}_{한\ 효}_{과}$)의 절대적 효력은 인정되지 않는다고 새겨야 한다($^{이것\ 때문에는\ 채권의}_{효력이\ 약하게\ 된다}$). 그리고 그 외의 사유도 모두 상대적 효력만 가진다($^{411조·}_{410조}$). 경개나 면제도 마찬가지이다. 그리하여 채권자가 채무자 1인과 경개나 면제를 한 경우에도 다른 채무자는 채무의 전부를 이행하여야 한다. 다만, 채권자는 면제를 받거나 경개를 한 채무자가 부담하였을 부분(가액이익)을 전부를 변제한 채무자에게 상환하여야 한다($^{411조·410}_{조\ 2항}$). 그리고 이러한 결과는 혼동의 경우에도 인정되어야 한다.

2. 대내적 효력(채무자들 상호간의 내부관계)

불가분채무자들 상호간의 관계에 대하여는 연대채무에 관한 규정이 준용된다($^{411}_{조}$). 그리하여 변제를 한 채무자는 다른 채무자에 대하여 그들의 부담부분에 관하여 구상할 수 있다($^{424조\ 내지}_{427조\ 참조}$). 불가분채무자들의 부담부분의 비율은 특별한 사정이 없는 한 균등한 것으로 추정된다($^{424조}_{참조}$). 그런데 불가분채무자 사이에 부담부분에 관한 특약이 있거나 특약이 없더라도 채무자의 수익비율이 다르다면 — 연대채무에서와 마찬가지로 — 그 특약 또는 비율에 따라 부담부분이 결정된다고 해야 한다($^{대판\ 2020.\ 7.\ 9,}_{2020다208195}$).

제 4 절 연대채무

I. 연대채무의 의의 및 성질 [153]

1. 의   의

연대채무란 수인의 채무자가 동일한 내용의 급부에 관하여 각각 독립해서 전부의 급부를 하여야 할 채무를 부담하고, 그 가운데 1인의 채무자가 전부의 급부를 하면 모든 채무자의 채무가 소멸하는 다수당사자의 채무이다($^{413}_{조}$). 연대채무의 경우에는 경제적·실질적으로는 하나의 채무인데도 모든 채무자가 전부급부

의무를 부담함으로써 책임재산의 범위가 채무자들 모두의 일반재산에까지 확장
되고, 그 결과 일종의 인적 담보($\binom{일반재산에}{의한\ 담보}$)의 기능을 하게 된다. 인적 담보의 전형
적인 것은 보증채무이나, 담보작용은 채무자들 사이에 주종관계가 없는 연대채
무가 보증채무보다 더 강하다.

2. 성　질

(1) 연대채무는 채무자 수만큼의 복수의 독립한 채무이고, 그 채무들 사이에
는 주종관계가 없다. 그 결과 연대채무를 발생시키는 법률행위가 어느 연대채무
자에 대하여 무효 또는 취소가능한 것일지라도 다른 연대채무자의 채무에는 영
향을 미치지 않는다($\binom{415}{조}$). 그리고 각 채무자의 채무는 그 모습($\binom{예:\ 조건\cdot 기한\cdot 이행}{기\cdot 이행지\cdot 이자\ 여부}$)을
달리할 수 있으며, 채무자 1인을 위하여 보증채무를 성립시킬 수 있다($\binom{447}{조}$). 또한
채무자 1인에 대한 채권만을 분리하여 양도할 수도 있다.

(2) 채무자의 1인 또는 수인에 의하여 1개의 전부급부가 있으면 모든 채무자
의 채무는 소멸한다. 왜냐하면 각 채무자의 채무는 1개의 급부를 달성하기 위한
목적의 것이기 때문이다.

(3) 채무자 1인에 관하여 생긴 사유는 일정한 범위에서 다른 채무자에게도
영향을 미친다($\binom{416조\ 내}{지\ 422조}$). 그리고 채무자가 출재(출연)를 하여 공동면책이 되면 다른
채무자에 대하여 구상을 할 수 있다($\binom{424조\ 내}{지\ 427조}$). 이와 같은 효과가 생기는 것은 연대
채무자들 사이에 결합관계가 있기 때문이다. 그런데 그 결합관계의 내용이 문제
이다.

여기에 관하여 학설은 i) 각 채무자의 채무가 주관적으로 공동의 목적에 의
하여 연결되어 있다는 주관적 공동관계설($\binom{곽윤직,\ 162면;\ 김학동,\ 228}{면;\ 주해(10),\ 72면(차한성)}$), ii) 채권자에 대하
여 각자가 전부급부를 하여야 하는 변제를 공동의 목적으로 한다는 변제공동체
설($\binom{김상용,}{274면}$), iii) 각 채무자가 자기의 부담부분에 관해서는 주채무자의 지위에 있고
다른 채무자의 부담부분에 관하여는 보증인의 지위에 있다는 상호보증관계설
($\binom{이은영,}{506면}$), iv) 위의 ii)설과 iii)설을 절충한 상호보증적 변제공동체설($\binom{김형배,}{451면}$)로 나뉘
어 있다. 사견으로는 i)설이 무난할 것으로 생각한다.

Ⅱ. 연대채무의 성립

연대채무는 법률행위 또는 법률규정에 의하여 성립한다.

1. 법률행위에 의한 성립

연대채무를 성립시키는 법률행위는 보통은 계약이지만 유언과 같은 단독행위일 수도 있다($\begin{smallmatrix}\text{이설}\\\text{없음}\end{smallmatrix}$). 그리고 계약으로 연대채무가 성립하는 경우에도 그 계약은 1개일 필요가 없다. 그러나 사후의 계약에 의한 때에는 채무자들 사이에 연대에 관한 사전 또는 사후의 합의는 필요하다. 그렇지 않으면 절대적 효력이 넓게 인정될 수 없기 때문이다.

법률행위에 의하여 연대채무를 성립시키기 위하여서는 연대의 표시가 있어야 한다. 그런데 그 표시는 반드시 명시적으로 할 필요가 없으며, 묵시적인 것이라도 무방하다. i) 일부 견해($\begin{smallmatrix}\text{곽윤직, 163면; 김학동,}\\\text{227면; 지원림, 1180면 등}\end{smallmatrix}$)는 당사자가 채무자 전원의 자력을 종합적으로 고려하였다고 볼 수 있는 특별한 사정이 있는 때에는 연대의 추정을 할 것이라고 하나, ii) 이에 반대하는 견해($\begin{smallmatrix}\text{김대정, 705면; 김상용, 277면;}\\\text{김형배, 455면; 이은영, 509면}\end{smallmatrix}$)도 있다. 그리고 판례는 유사한 경우에 관하여 불가분채무를 인정한 바 있다($\begin{smallmatrix}\text{대판 1997. 5. 16,}\\\text{97다7356}\end{smallmatrix}$). 생각건대 i)설이 말하는 특별한 사정이 있는 때에는 연대채무에 관한 묵시적인 표시가 인정될 것이다. 그리고 i)설은 일반적인 연대의 추정을 인정하는 것이 아니기 때문에, 결국 어느 견해에 의하든 실질적으로는 차이가 없을 것이다. 다만, 이론적으로 보면 연대의 추정에 관한 명문의 규정($\begin{smallmatrix}\text{예: 상법 57조,}\\\text{독일민법 427조}\end{smallmatrix}$)이 없는 한 연대의 추정을 인정하는 것은 바람직하지 않다.

앞에서 언급한 바와 같이($\begin{smallmatrix}\text{[153]의}\\\text{Ⅰ 2. 참조}\end{smallmatrix}$), 연대채무가 법률행위($\begin{smallmatrix}\text{1개 또}\\\text{는 수개}\end{smallmatrix}$)에 의하여 성립하는 경우에 그 법률행위가 채무자 1인에게 무효 또는 취소의 원인이 있는 것일지라도 다른 채무자의 채무의 성립에는 영향이 없다($\begin{smallmatrix}\text{415}\\\text{조}\end{smallmatrix}$).

2. 법률규정에 의한 성립

연대채무가 법률규정에 의하여 성립하는 경우도 있다. 그러한 법률규정은 민법에 있기도 하지만($\begin{smallmatrix}\text{35조 2항·65조·616조·}\\\text{654조·760조·832조 등}\end{smallmatrix}$), 상법($\begin{smallmatrix}\text{24조·57조·81조·138조·212조·321}\\\text{조·323조·333조·399조·567조 등}\end{smallmatrix}$)이나 다른 특별법에도 있다. 한편 법률이 수인에게 객관적으로 동일한 배상책임을 인정

하는 경우에 그것을 연대책임으로 규정하지 않은 때에는 부진정연대채무로 해석하여야 한다(통설도 같음).

[154] **Ⅲ. 연대채무의 대외적 효력**

1. 채권자의 이행청구와 채무자의 이행

(1) 채권자는 연대채무자 가운데 임의의 1인에 대하여 채무의 전부 또는 일부의 이행을 청구할 수 있고, 또한 모든 채무자에 대하여 동시에 또는 순차로 전부나 일부의 이행을 청구할 수 있다($^{414}_조$). 예컨대 B·C·D가 A에 대하여 900만원의 연대채무를 부담하고 있다면, A는, ① B·C·D 중 어느 한 사람에게 채무의 전부인 900만원이나 일부(가령 300만원)를 청구할 수도 있고, ② B·C·D에게 동시에 전부인 900만원이나 일부(가령 모두에게 300만원씩이나 B·C·D 각 각에게 차례로 600만원·200만원·100만원)를 청구할 수도 있고, ③ B·C·D에게「순차로」전부인 900만원이나 일부를 청구할 수도 있다. 이러한 이행의 청구는 재판 외에서뿐만 아니라 재판상으로도 할 수 있고, 다른 채무자에 대하여 승소 또는 패소의 판결을 받은 후에도 가능하다(기판력이 미 치지 않음). 그러나 일부의 변제를 받은 때에는 나머지 금액만을 청구(또는 소구(訴求))할 수 있다. 변제받은 부분은 모든 채무자에 대하여 소멸하기 때문이다.

연대채무자의 전원 또는 일부가 파산선고를 받은 때에는, 채권자는 파산선고시에 가진 채권의 전액에 관하여 각 파산재단의 배당에 참가할 수 있다(채무자 회생 법428조). 그리고 파산선고 후에 어느 파산절차(회생절차·개인 회생절차도 같음)에서 일부의 배당변제를 받거나 다른 채무자로부터 일부변제를 받더라도 다른 파산재단에 대한 배당참가액을 줄일 필요가 없다(이설이 없으며, 판례도 같음. 대판 2002. 12. 24, 2002다24379; 대판 2003. 2. 26, 2001다62114). 이러한 점은 회생절차 및 개인회생절차에 있어서도 같다. 즉 연대채무자의 전원 또는 일부에 관하여 회생절차가 개시된 때에는 채권자는 회생절차 개시 당시 가진 채권의 전액에 관하여 각 회생절차에서 회생채권자로서 그 권리를 행사할 수 있고(채무자회생법126조 1항. 그 외에 같은 조 2항도 참조), 연대채무자의 전원 또는 일부가 개인회생절차 개시결정을 받은 때에는 채권자는 그 절차 개시결정시에 가진 채권의 전액에 관하여 각 개인회생재단에 대하여 개인회생채권자로서 권리를 행사할 수 있다(채무자회생법 581조 2항·428조).

(2) 채무자 1인(또는 수인)이 채무의 전부를 이행하면 모든 채무자의 채무가 소멸한다.

2. 연대채무자 1인에 관하여 생긴 사유의 효력

(1) 어느 연대채무자에게 생긴 사유가 다른 연대채무자에게도 효력이 인정되는 경우에 이를 절대적 효력이 있는 사유라고 한다. 민법은 제416조 내지 제422조에서 7가지의 사유에 대하여 절대적 효력을 인정하고 있다. 그러나 연대채무는 채권자에게 1개의 만족을 주는 점에서 객관적으로 목적을 공통으로 하고 있으므로, 이 공통의 목적에 도달하는 사유(예: 변제)는 당연히 절대적 효력을 가진다.

〈참　고〉

연대채무는 채무자 수만큼의 복수의 채무이고 또 독립성을 가지므로, 1개의 만족을 주는 사유 외에는 절대적 효력이 없다고 하여야 할 것이다. 그러나 어느 나라 민법이든 그 밖의 것이라도 일정한 사유에 대하여는 절대적 효력을 인정하고 있다. 그런데 절대적 효력을 인정하는 범위는 입법례에 따라 차이가 있다. 프랑스민법은 넓고, 독일민법은 좁으며, 우리 민법과 일본민법은 중간 정도이다.

절대적 효력을 넓게 인정하면 할수록 복수의 채무들이 점점 더 하나의 채무처럼 다루어지게 되고, 그 결과 대체로 채권의 담보력은 그만큼 약해진다. 채무면제의 경우가 대표적인 예이다(그러나 이행청구의 경우에는 오 히려 채권자에게 유리해진다). 이러한 점에서 볼 때, 절대적 효력사유가 많은 연대채무는 그러한 사유가 적은 불가분채무나 부진정연대채무보다 담보력에 있어서 약하게 됨을 알 수 있다.

(2) 절대적 효력이 있는 사유　　　　　　　　　　　　　　　　　　　　[155]

1) 변제·대물변제·공탁　　　이들은 모두 채권자에게 만족을 주는 것이어서 명문규정이 없어도 당연히 절대적 효력이 있다(변제에 관하여 같은 취지: 대 판 2013. 3. 14, 2012다85281).

〈판　례〉

「연대채무자 또는 연대보증인 중 1인이 채무의 일부를 변제한 경우에 당사자 사이에 특별한 합의가 없는 한 그 변제된 금액은 민법 제479조의 법정충당 순서에 따라 비용, 이자, 원본의 순서로 충당되어야 하므로 지연손해금 채무가 원본채무보다 먼저 충당된다. 한편 여러 명의 연대채무자 또는 연대보증인에 대하여 따로따로 소송이 제기되는 등으로 그 판결에 의하여 확정된 채무원본이나 지연손해금의 금액과 이율 등이 서로 달라지게 되어 원금이나 지연손해금에 채무자들이 공동으로 부담하는 부분과 공동으로 부담하지 않는 부분이 생긴 경우에 어느 채무자가 채무 일부를 변제한 때에는 그 변제자가 부담하는 채무 중 공동으로 부담하지 않는 부분의 채무 변제에 우선 충당되고 그 다음 공동 부담 부분의 채무 변제에 충당된다고 할 것이다. 그리고 채권의 목적을 달성시키는 변제와 같은 사유는 연대채무자 또는 연대보증채무자 전원에 대하여 절대적 효력을 가지므로 어느 채무자의 변제 등으로 다른 채무자와 공동으로 부담하는 부분의 채무가 소멸되면 그 채무소멸의 효과는 다른 채무자 전원에 대하여 미친다.」$\binom{\text{대판 2013. 3. 14, 2012다85281. [163]의 〈부진정연대}}{\text{채무자 사이에 채무액이 다른 경우의 문제〉도 참조}}$

2) 이행의 청구   어느 연대채무자에 대한 이행청구는 다른 연대채무자에게도 효력이 있다$\binom{416}{조}$. 그 청구에 의한 이행지체·시효의 중단도 마찬가지이다. 우리 민법은 소멸시효 완성에 절대적 효력을 인정하기 때문에$\binom{421}{조}$, 청구에 의한 시효중단에 절대적 효력을 인정해야 하는 것이다.

3) 채권자지체   어느 연대채무자에 대한 채권자지체는 다른 연대채무자에게도 효력이 있다$\binom{422}{조}$. 이러한 규정을 둔 이유는, 어느 연대채무자가 이행의 제공을 하는 경우 그것을 수령하면 변제가 되어 절대적 효력이 생기므로, 그것을 수령하지 않는 효과에도 절대적 효력이 인정되어야 한다는 데 있다.

4) 상   계   어느 연대채무자가 채권자에 대하여 채권을 가지는 경우에, 그 채무자가 상계$\binom{[255] \text{ 이}}{\text{하 참조}}$를 한 때에는, 채권은 모든 연대채무자의 이익을 위하여 소멸한다$\binom{418조}{1항}$. 이 경우에 채권이 있는 연대채무자가 상계하지 않는 때에는 「그 채무자의 부담부분에 한하여」 다른 연대채무자가 상계할 수 있다$\binom{418조}{2항}$. 이는 반대채권을 가지는 채무자를 보호하고 구상관계를 간편하게 처리하기 위하여 인정한 것이다.

예를 들어본다. B·C·D가 A에게 900만원의 연대채무를 부담하고, B가 A에 대하여 600만원의 반대채권을 가지고 있고, B·C·D의 부담부분이 같다고 하자. 그러한 경우에 B가 자신이 A에 대하여 가지고 있는 600만원의 반대채권과 A가 B에게 가지고 있는 900만원의 채권(연대채무)을 상계하면, B·C·D는 모두 600만원의 채무를 면하게 되고, 그 결과 B·C·D는 A에게 300만원의 연대채무를 부담하는 것으로 된다. 그런데 위의 경우에 B가 상계를 하지 않으면, 다른 연대채무자인 C(또는 D)가 「B의 부담부분인 300만원에 관하여」 B의 반대채권과 A의 채권을 상계할 수 있다. 그리고 C의 그러한 상계가 있으면, B·C·D는 이제 A에 대하여 600만원의 연대채무를 부담하는 것으로 된다.

상계의 절대적 효력에 관한 제418조는 강행규정이 아니라고 하여야 하며, 따라서 당사자가 절대적 효력을 배제하는 특약을 하면 그 특약에 의하여 절대적 효력이 부정된다($^{같은\ 취지:\ 곽윤직,\ 167면;}_{주해(10),\ 109면(차한성)}$).

〈참 고〉

연대채무자 중 1인이 파산한 경우에, 채권자가 파산선고 당시에 그 채무자에 대하여 채무를 부담하는 때에는, 채권자는 파산절차에 의하지 않고 상계할 수 있다($^{채무자}_{회생}$ $^{법}_{416조}$)($^{김상용,\ 284면은\ 채무자의「부담부분에\ 한하여」상}_{계할\ 수\ 있다고\ 하는데,\ 그렇게\ 새길\ 근거는\ 없다}$). 그리고 이러한 규정은 회생절차와 개인회생절차에도 마찬가지로 두어져 있다. 즉 연대채무자 중 1인에 대하여 회생절차 개시결정이 내려진 경우에, 채권자가 회생절차 개시 당시에 그 채무자에게 채무를 부담하는 때에는, 채권자는 회생절차에 의하지 않고 상계할 수 있다($^{채무자회생}_{법\ 144조}$). 그리고 연대채무자 중 1인에 대하여 개인회생절차 개시결정이 내려진 경우에, 채권자가 개인회생절차 개시 당시에 그 채무자에게 채무를 부담하는 때에는, 채권자는 개인회생절차에 의하지 않고 상계할 수 있다($^{채무자회생법}_{587조\cdot416조}$). 그런데 이들 규정은 연대채무에 한정되는 것은 아니며, 채무 일반에 널리 적용되는 것이다.

5) 경개(更改)   어느 연대채무자와 채권자 사이에 채무의 경개($^{채무의\ 중요}_{한\ 부분을\ 변}$ $^{경함으로써\ 신채무를\ 성립시키는\ 동시에\ 구}_{채무를\ 소멸하게\ 하는\ 계약.\ [263]\ 이하\ 참조}$)가 있는 때에는 채권은 모든 연대채무자의 이익을 위하여 소멸한다($^{417}_{조}$). 가령 B·C·D가 A에게 900만원의 연대채무를 부담하고 있는 경우에, B가 900만원의 채무를 그의 특정토지의 소유권이전채무로 변경하는 경개계약을 체결하면, C·D도 연대채무를 면하게 된다. 그리고 B는 C·D에게 그들의 부담부분에 따라 구상을 할 수 있게 된다.

경개에 절대적 효력을 인정하는 제417조에 대하여는 채권의 효력을 약화시켜 채권강화라는 연대채무의 본질적 요청에 배치된다는 이유로 입법론상 의문이 제기되기도 한다($^{주해(10),\ 104면(차}_{한성)이\ 그렇다}$). 그리고 그 규정은 강행규정이 아니고 반대특약이 허용된다고 하는 것이 보통이다($^{곽윤직,\ 167면}_{이\ 그\ 예이다}$).

6) 면   제   어느 연대채무자에 대한 채무면제($^{채권을\ 무상으로\ 소멸시키는\ 채권}_{자의\ 일방적\ 의사표시.\ [267]\ 참조}$)는 「그 채무자의 부담부분에 한하여」 다른 연대채무자의 이익을 위하여 효력이 있다($^{419}_{조}$). 그리하여 가령 B·C·D가 A에 대하여 120만원의 연대채무를 부담하고 그들의 부담부분이 동일한 경우에 A가 B에 대하여 그의 채무를 면제하면, B는 채무를 면하게 되고($^{통설도\ 같은\ 취지임.\ 그러나\ 김형배,\ 463면은\ 내부관계에서는\ 면책되나,\ 채권}_{자에\ 대한\ 관계에서는\ 면책되지\ 않고,\ C\cdot D와\ 같이\ 채무를\ 부담한다고\ 한다}$), C·D는 각각 B의 부담부분인 40만원의 범위에서 채무를 면하고 80만원의 채무만을 부담

[156]

하게 된다. 이는 당사자 사이의 구상관계를 간략하게 하기 위하여 인정된 것이다. 그렇지만 연대채무자 사이에 분별의 이익을 인정하는 것이 되어, 채권의 담보력을 약화시키는 요인이 된다.

제419조는 임의규정이므로, 특약으로 그 적용을 배제할 수 있다. 판례는 채권자가 의사표시로 그 적용을 배제하여 어느 한 연대채무자에 대하여서만 채무면제를 할 수 있다고 한다($^{대판\ 1992.\ 9.\ 25,}_{91다37553}$).

한편 여기의「연대채무의 면제」는 뒤에 설명하는「연대의 면제」와는 다르다($^{[161]}_{참조}$).

〈연대채무의 일부의 면제〉

제419조의 연대채무의 면제는 전부면제를 가리킨다. 그러면 어느 채무자에 대하여 연대채무의 일부만을 면제한 경우에는 어떻게 되는가? 여기에 관하여 학설은 i) 전부면제를 받은 경우에 비례한 비율로 면제된 자의 부담부분에 관하여 다른 채무자에게도 절대적 효력이 있다는 견해($^{김상용,}_{289면}$)와 ii) 일부면제가 있더라도 면제받은 채무자가 지급하여야 할 잔액이 그 채무자의 부담부분보다 많을 때에는 그 채무자의 부담부분은 감소하지 않고, 따라서 다른 연대채무자의 채무에도 영향을 주지 않는다는 견해($^{김형배,}_{467면}$)로 나뉘어 있다. 그리고 판례는, 연대채무자 중 1인에 대한 채무의 일부 면제에 상대적 효력만 있다고 볼 특별한 사정이 없는 한 일부 면제의 경우에도 면제된 부담부분에 한하여 면제의 절대적 효력이 인정된다고 하며, 구체적으로 연대채무자 중 1인이 채무 일부를 면제받는 경우에 그 연대채무자가 지급해야 할 잔존 채무액이 부담부분을 초과하는 경우에는 그 연대채무자의 부담부분이 감소한 것은 아니므로 다른 연대채무자의 채무에도 영향을 주지 않아 다른 연대채무자는 채무 전액을 부담하여야 하고, 반대로 일부 면제에 의한 피면제자의 잔존 채무액이 부담부분보다 적은 경우에는 차액(부담부분 − 잔존 채무액)만큼 피면제자의 부담부분이 감소하였으므로 차액의 범위에서 면제의 절대적 효력이 발생하여 다른 연대채무자의 채무도 차액만큼 감소한다고 한다($^{대판\ 2019.\ 8.\ 14,}_{2019다216435}$). 공평의 견지에서 볼 때 학설 중 i)설이 타당하다.

7) 혼동(混同) 어느 연대채무자와 채권자 사이에 혼동($^{채권 \cdot 채무가\ 동일인}_{에게\ 귀속하는\ 사실.}$ $^{[268]}_{참조}$)이 있는 때에는,「그 채무자의 부담부분에 한하여」다른 연대채무자도 의무를 면한다($^{420}_{조}$). 이것 역시 구상관계를 간략하게 처리하기 위한 것이다.

8) 시효의 완성 어느 연대채무자에 관하여 소멸시효가 완성한 때($^{각\ 연대}_{채무는}$ 이행기 등의 모습에서 다를 수 있고, 이행청구 이외의 중단사유는 상대적 효력만 있기 때문에, 어느 하나의 채무만에 관하여 시효가 완성할 수도 있다)에는,「그 부담부분에 한하여」다른 연대채무자도 의무를 면한다($^{421}_{조}$). 이 규정에 대하여는, 채권자가 연대채무

자 가운데 자력 있는 특정한 자에게 변제를 받을 생각으로 다른 채무자에 대한 채권이 시효로 소멸하는 경우를 들면서, 채권자에게 예측하지 못한 불이익을 줄 수 있다는 비판이 제기되고 있다$\binom{\text{곽윤직, 168면; 주해}(10),}{\text{122면(차한성)이 그렇다}}$.

9) 계약의 해지·해제   계약의 당사자 일방 또는 쌍방이 수인인 경우에는 계약의 해지나 해제는 전원이 전원에게 하여야 하고, 또 해지권이나 해제권이 당사자 1인에 대하여 소멸하면 다른 당사자에 대하여도 소멸한다$\binom{547}{\text{조}}$. 그 결과 연대채무의 경우 해제·해지는 절대적 효력이 있는 것과 같이 된다.

(3) 상대적 효력이 있는 사유

위 (2)에서 열거한 사유를 제외하고는, 어느 연대채무자에 관한 사항은 다른 연대채무자에게는 효력이 없다$\binom{423}{\text{조}}$. 즉 상대적 효력만 가질 뿐이다. 예컨대 이행청구에 의하지 않는 시효중단$\binom{\text{대판 2001. 8. 21, 2001다22840은 압류에 의한 시효중단이, 대판 2018.}}{\text{10. 25, 2018다234177은 채무승인에 의한 시효중단이 상대적 효력만 있다고 한다}}$, 시효의 정지, 채무자의 과실과 채무불이행, 확정판결 등이 그렇다. 그러나 제423조도 임의규정이기 때문에, 당사자의 특약으로 일정한 사유에 절대적 효력을 인정할 수 있다.

Ⅳ. 연대채무의 대내적 효력(구상관계)   [157]

1. 구 상 권

어느 연대채무자가 변제 기타 자기의 출재로 공동면책이 된 때에는, 다른 연대채무자의 부담부분에 대하여 구상권을 행사할 수 있다$\binom{425조}{1항}$. 본래 연대채무에서 각 채무자의 채무는 채권자에 대한 관계에서는 자신이 변제해야 할 자기의 채무이다. 그렇지만 채무자들의 내부관계에서는 각 채무자가 출재를 분담해야 할 비율(부담부분)이 정해져 있고, 따라서 어느 연대채무자가 자신이 부담해야 할 비율을 넘어서 변제하는 것은 실질적으로는 타인의 채무를 변제하는 것이 되기 때문에 다른 채무자에 대하여 상환을 청구할 수 있게 한 것이다. 예를 들어본다. B·C·D가 A에 대하여 900만원의 연대채무를 부담하고 있고, B·C·D의 부담부분이 같은 경우에, B가 A에게 900만원을 지급하였다고 하자. 그러면 B뿐만 아니라 C·D도 모두 채무를 면하게 된다$\binom{\text{변제의 절대적}}{\text{효력 때문에}}$. 그리고 B는 C·D에 대하여 각각 300만원씩을 구상할 수 있다.

제425조 제 1 항에 의한 구상권 행사의 상대방은 공동면책이 된 다른 연대채무자에 한하며, 다른 연대채무자가 그 채권자에게 부담하는 채무를 연대보증한 연대보증인은 상대방이 아니다(대판 1991. 10. 22, 90다20244: 425조 1항은 부진정연대채무
에도 준용되므로, 이 내용은 부진정연대채무에 있어서도 같다).

연대채무자의 구상권의 이론적 기초 내지 근거에 관하여는 i) 채무자의 내부관계에서 각자가 그 부담부분에 응하여 출재를 분담한다고 하는 주관적인 공동관계에 근거가 있다는 견해(김상용, 291면;
김학동, 234면)와 ii) 연대채무의 상호보증적 성질(부담부분
에 대한 의
무는 고유의무이고, 부담부분 이외의 부분
에 대한 의무는 타인의 채무를 담보한 것)이 근거라는 견해(김용한, 317면; 김형배, 470면;
이은영, 531면; 장경학, 355면)가 대립하고 있다. 사견으로는 i)설이 타당한 것으로 생각된다.

2. 연대채무자 사이의 부담부분

연대채무자의 부담부분이란 연대채무자가 내부관계에서 출재를 분담하는 비율을 말한다. 연대채무에 있어서 구상관계는 이 부담부분을 전제로 한다.

부담부분의 비율은 당사자의 특약으로 정할 수 있다. 그리고 특약이 없는 경우에는 민법상 부담부분이 균등한 것으로 추정된다($\frac{424}{조}$). 그런데 학설은 일치하여 이 추정규정은 특별한 사정이 전혀 없는 경우에만 적용되는 것으로 해석한다. 그리하여 각 연대채무자가 받는 이익에 차이가 있는 것과 같이 특별한 사정이 있는 때에는 그에 의하여 비율이 정해질 것이라고 한다. 판례도, 연대채무자 사이에 부담부분에 관한 특약이 있거나 특약이 없더라도 채무의 부담과 관련하여 각 채무자의 수익비율이 다르다면 그 특약 또는 비율에 따라 부담분이 결정된다고 하여(대판 2014. 8. 20, 2012다97420 · 97437;
대판 2020. 7. 9, 2020다208195), 학설과 같다. 이러한 학설 · 판례는 타당하다.

이와 같이 정하여진 부담부분이 균등할 때에는 채권자에 대하여도 효력이 있으나, 균등하지 않은 때에는 채권자가 이를 안 경우에 한하여 효력이 있다고 할 것이다(같은 취지: 김학동, 235면. 그러나 통설
은 알 수 있었을 경우도 포함시킨다). 한편 연대채무가 성립할 때 결정되었던 부담부분은 후에 채무자의 합의에 의하여 변경될 수도 있는데, 그 변경을 가지고 채권자에 대하여도 대항할 수 있는지가 문제된다. 학설은 i) 변경사실을 채권자에게 통지하거나 또는 승낙을 얻어야 한다는 견해(채권양도유추설)(곽윤직, 170면; 김상
용, 292면; 김학동,
235면; 이은
영, 529면)와 ii) 채권자의 승낙이 있어야 한다는 견해(채무인수유추설)(김대정, 723면; 김용
한, 320면; 김주수,
297면; 김형배, 472면; 장경
학, 357면; 지원림, 1185면)로 나뉘어 있다. 생각건대 부담부분의 변경은 채무인수와 유사하므로 채무인수에 관한 규정($\frac{454조}{1항}$)을 유추적용하는 ii)설이 타당하다.

3. 구상권의 성립요건 [158]

(1) 공동면책

구상권이 성립하려면 공동면책이 있어야 한다($\binom{425조}{1항}$). 즉 연대채무자의 1인이 모든 채무자를 위하여 채무를 소멸하게 하거나 또는 감소하게 하였어야 한다. 연대채무자에게는 수탁보증인과 달리 사전구상권은 인정되지 않는다($\binom{442조}{참조}$).

(2) 자기의 출재

공동면책 외에 자기의 출재(출연)가 있어야 한다($\binom{425조}{1항}$). 출재 내지 출연은 자기의 재산의 감소로 타인의 재산을 증가하게 하는 것이다. 출재는 기존에 있는 자기의 재산을 적극적으로 지출하는 것이 보통이나, 소극적으로 새로 채무를 부담하는 것도 출재에 해당한다($\binom{통설도}{같음}$). 그리하여 변제·대물변제·공탁·상계·경개·혼동의 경우에는 구상권이 발생한다. 그러나 면제나 시효완성의 경우에는 출재가 없어서 구상권은 생기지 않는다.

(3) 부담부분과의 관계

구상권이 성립하려면 자기의 부담부분을 넘어서 공동면책을 얻었어야 하는가? 여기에 관하여 학설은 i) 자기의 부담부분(채무액)을 넘어 출재했을 때에 비로소 구상권이 발생한다는 견해($\binom{김상용,}{293면}$), ii) 부담부분이라는 것은 각 채무자가 부담하여야 할 채무액이라기보다는 일정한 비율이라고 보는 것이 옳으며, 따라서 공동면책이 있으면 되고 그 범위가 출재자의 부담부분 이상이어야 할 필요는 없다는 견해($\binom{곽윤직, 171면; 김대정, 725면; 김형배, 473}{면; 주해⑩, 140면(차한성); 지원림, 1186면}$), iii) 채무가 확정액인 경우에는 초과출재설이 타당하지만, 채무가 확정액이 아닌 경우($\binom{공동불법행위 등으로}{인한 부진정연대채무}$)에는 초과불요설이 타당하다는 견해($\binom{이은영,}{532면}$)로 나뉘어 있다. 그리고 판례는, 연대채무자 사이의 구상권행사에 있어서 부담부분이란 연대채무자가 그 내부관계에서 출재를 분담하기로 한 비율을 말하며($\binom{448조 2항은 「자기의 부담부분을 넘은」 변제를 하였을 것을 그 요건으로 하고 있으나, 425}{조 1항은 그러한 제한 없이 「부담부분」에 대하여 구상권을 행사할 수 있는 것으로 규정하고 있다는 이유}$), 그 결과 변제 기타 자기의 출재로 일부 공동면책되게 한 연대채무자는 역시 변제 기타 자기의 출재로 일부 공동면책되게 한 다른 연대채무자를 상대로 하여서도 자신의 공동면책액 중 다른 연대채무자의 분담비율에 해당하는 금액이 다른 연대채무자의 공동면책액 중 자신의 분담비율에 해당하는 금액을 초과한다면 그 범위에서 여전히 구상권을 행사할 수 있다고 한다($\binom{대판 2013. 11. 14,}{2013다46023}$). 생각건대 채무자들 사이의 공평을 기할 수 있는 ii)설이 타당하다. 이러한 사견에 의하면, 가령 B·C·D가 A에게 900만원의 연대채무를 부담하고 있고 B·C·D의 부담부분이 같은 경우에, B가 A에게 90만원만을 변제한 때에도 B는 C·D에 대하여 30만원씩을 구상할 수 있게 된다. 그에 비하여 위의 i)·iii)설에 의하면 B는 그의 변제액이 300만원에 이를 때까지는 C·D에게 전혀 구상을 하지 못하게 된다. 앞의 태도(사견)는 다소 번거롭지만 공평한 결과를 가져옴을 알 수 있다.

4. 구상권의 범위

출재한 연대채무자가 구상할 수 있는 것은 다음과 같다$\left(\substack{425조 1 \\ 항 \cdot 2항}\right)$. 그는 그것들의 총액을 각 연대채무자의 부담부분의 비율에 따라 나누어 다른 연대채무자에게 구상하게 된다. 다만, 다른 이유로 구상권이 제한되거나$\left(\substack{426조 \\ 참조}\right)$ 확장될 수는 있다$\left(\substack{427조 \\ 참조}\right)$.

(1) 출 재 액

구상을 하기 위하여 연대채무액 중 자기의 부담부분에 해당하는 액을 넘어서 공동면책이 있어야 할 필요가 없다고 새기는 사견에 의하면 출재액 전액이 모두 구상권의 범위에 포함된다. 그러나 자기가 부담할 채무액을 넘어 출재해야 구상할 수 있다고 하는 견해에 의하면, 출재액에서 그 채무액을 공제하게 될 것이다.

출재액과 공동면책액이 차이가 있는 경우에는 항상 더 적은 것이 구상권의 범위에 포함된다. 즉 출재액이 공동면책액보다 많은 경우에는 공동면책액만큼을, 출재액이 공동면책액보다 적은 경우에는 출재액만큼을 구상할 수 있다. 만약 전자의 경우에 출재액 전부를 구상할 수 있게 하면 출재자의 부적절한 행위에 따른 불이익을 다른 채무자에게 강요하는 결과가 되고, 후자의 경우에 공동면책액을 구상할 수 있게 하면 출재자는 부당이득을 하게 되기 때문이다. 그리하여 가령 3인의 연대채무자 중 1인이 900만원의 연대채무에 관하여 1200만원 가치의 그림으로 대물변제를 하였다면, 그 연대채무자는 공동면책액인 900만원에 관하여 구상할 수 있고, 600만원 가치의 그림으로 대물변제를 하였다면 600만원에 관하여 구상할 수 있을 뿐이다.

(2) 면책된 날 이후의 법정이자

변제 기타 공동면책이 있었던 날 이후의 법정이자도 구상액에 더해진다. 그리고 여기의 법정이자에는 면책된 당일의 법정이자도 포함되는 것으로 해석한다$\left(\substack{곽윤직, 172면; 주해(10),\\ 143면(차한성) 등 통설임}\right)$.

(3) 필 요 비

변제 기타 공동면책을 위하여 피할 수 없었던 비용, 가령 운반비·포장비·환요금(換料金)도 더해진다. 그리고 이 필요비에 대하여도 면책일 이후의 법정이자가 가산되어야 한다.

(4) 기타의 손해

공동면책을 위하여 피할 수 없었던 손해, 가령 채권자로부터 소송이나 강제집행을 당한 경우의 소송비용·집행비용, 변제를 위하여 자기의 재산을 환가하거나 재산에 담보를 설정한 비용 등도 더해진다$\left(\substack{곽윤직, 172면; 주해\\(10), 143면(차한성)}\right)$.

5. 구상권의 제한   [159]

(1) 서   설

민법은 제426조에서, 어느 연대채무자가 다른 연대채무자에게 통지하지 않고서 자기의 출재로 공동면책이 된 경우에 다른 연대채무자가 채권자에게 대항할 수 있는 사유가 있는 때에는 그 사유로 면책행위를 한 연대채무자에게 대항할 수 있다고 하고$\left(\substack{426조\\1항}\right)$, 어느 연대채무자가 자기의 출재로 공동면책되었음을 다른 연대채무자에게 통지하지 않은 경우에 다른 연대채무자가 선의로 채권자에게 변제 기타 유상의 면책행위를 한 때에는 그 연대채무자가 자기의 면책행위의 유효를 주장할 수 있다고 한다$\left(\substack{426조\\2항}\right)$. 그 결과 면책행위를 한 연대채무자는 면책행위에 앞서서 그러한 사실을 통지(사전의 통지)하지 않거나 면책행위 후에 그 사실을 통지(사후의 통지)하지 않은 때에는 불이익을 입을 수 있게 된다.

〈보증채무의 경우〉

민법은 제426조와 같은 규정을 보증채무에도 두고 있다. 즉 제445조 제 1 항·제 2 항에서 제426조와 비슷한 내용을 규정하고 있으며, 제446조에서는 주채무자가 수탁보증인에게 사후통지를 하지 않은 경우에 관하여 제426조 제 2 항과 비슷한 내용을 규정하고 있다. 따라서 보증채무에서도 연대채무에서와 같은 문제가 생긴다. 그리고 보증채무에 관하여는 판례도 나왔다$\left(\substack{대판 1997. 10. 10, 95\\다46265. [177] 참조}\right)$.

(2) 제426조의 해석에 관한 통설의 내용 및 검토

민법 제426조의 해석은 매우 어렵다. 그러한 상황에서 우리의 학설은 한결같이 일본의 통설·판례를 그대로 받아들이고 있다. 그리하여 연대채무자가 공동면책을 얻기 위하여 출재행위를 함에 있어서는 다른 채무자에 대하여 사전 및 사후에 통지를 하여야 하며, 이 통지는 구상권이 발생하기 위한 요건도 구상권이 소멸하는 원인도 아니고, 이 통지를 게을리하면 구상권의 제한을 받게 될 뿐이라고 한다. 그리고 제426조는 사전의 통지나 사후의 통지의 어느 한쪽만을 게을리한 경우에만 적용되는 것이라고 전제한 뒤, 한 채무자가 사후의 통지를 게을리하고 다른 채무자가 사전의 통지를 게을리한 때에 관하여는 민법에 규정이 없기 때문에 해석으로 해결할 수밖에 없으며, 그 경우에는 일반원칙에 따라 제 1 의 출재행위만이 유효한 것으로 새겨야 할 것이라고 한다(곽윤직, 173면; 김대정, 729면; 김상용, 296면; 김용한, 324면; 김주수, 301면; 김학동, 239면; 김형배, 477면; 이은영, 534면; 장경학, 361면; 정기웅, 338면; 주해⑽, 154면(차한성)).

그러나 이러한 통설은 논리적으로나 타당성 면에서나 모두 문제가 있다. 첫째로 통설과 같이 해석하면 제426조는 사실상 사문화하게 된다. 통설에 의하면 제426조 제 1 항은 오직 면책행위자의 사전의 통지만 없었던 경우(만일 대항사유에 변제가 포함된다면 제 1 변제자의 사후통지는 있었던 경우)에 한하여 적용되고, 그 제 2 항은 제 1 면책행위자의 사후통지는 없었고 제 2 면책행위자의 사전통지는 있었던 경우에만 적용되게 되는데, 그러한 경우는 거의 생길 수가 없다. 2중면책행위가 생겼다면 그것은 대부분 두 통지 모두가 없었던 경우일 것이다. 그럼에도 불구하고 통설에 의하면 그 경우는 제426조 제 1 항·제 2 항 어느 것의 적용도 받지 않게 되는 것이다. 그것이 제426조가 바라는 결과인지 의심스럽다. 오히려 두 통지 모두가 없는 경우는 제426조의 적용범위 내로 끌어들여져야 한다. 둘째로 제426조의 규정이 있는 한 실질적 타당성의 면에서도 통설은 바람직하지 않다. 제426조는 프랑스민법 제2031조(이는 보증채무에 관한 규정임)에서 기원하는데 그것에 비추어 보아도 면책행위를 한 자의 통지의 원칙은 사후의 통지라고 하여야 한다(자세한 점은 송덕수, 민사판례연구 24권, 275면 참조). 우리의 법의식으로 보아도 사후통지를 중심으로 이론구성을 하여야 한다. 그리하여 제426조 제 2 항은 설사 제 2 면책행위자가 사전의 통지를 하지 않았더라도 제 1 면책행위자가 사후의 통지를 안 한 경우에는, 제 2 면책행위자가 선의인 한 제 2 면책행위자를 보호하려는 취지로 이해되어야 한다. 그리고 제426조 제 1 항은 다른 채무자에게 일정한

사유가 있는 때만은 예외적으로 사전의 통지를 하도록 하여 다른 채무자를 보호
하려는 취지로 이해되어야 한다. 셋째로 제426조 제 2 항이 제 2 면책행위자의
「선의」를 요구하고 있는 것은 다른 요건은 추가하지 않을 의도로 보아야 한다.

(3) 제426조의 해석   [160]

1) 제426조 제1항   통설에 의하면, 제426조 제 1 항은 면책행위자가 면
책행위를 하기 전에 언제나 미리 통지하여야 함을 규정한 것이라고 한다. 그러나
이는 옳지 않다. 동 조항은 어느 연대채무자가 채권자에 대한 일정한 대항사유가
있었을 때에 한하여 예외적으로 면책행위자의 사전통지를 요구한 것으로 보아야
하며, 따라서 그때에만 사전통지가 없는 면책행위자의 구상권이 제한된다고 해
석하여야 한다.

그러면 여기의 대항사유는 무엇인가? 우선 변제는 대항사유가 될 수 없다.
제426조는 면책행위자의 「구상권」을 제한하는 규정이다. 따라서 면책행위자에게
구상권이 있는 것을 전제로 하여 통지가 없는 때에 그 구상권의 행사를 제한하는
것이다. 그런데 어느 연대채무자가 변제를 하면 변제의 절대적 효력에 의하여 채
무는 모두 소멸한다. 그러므로 그 후에 다른 연대채무자가 다시 변제를 하였다고
하여도 그에게는 구상권이 없어서 동조 제 1 항이 적용될 여지가 없다(다만 이 경우에 제1 변제자는 구
상권이 있고, 따라서 그가 사후통지를 하지 않은 때
에는 426조 2항에 의하여 구상권이 제한될 수 있다). 그리고 이와 같은 이유에서 절대적 효력사유
인 대물변제·공탁·경개·면제·혼동도 제외된다. 다만, 상계의 경우에는, 이미
상계가 행하여진 후에는 변제 등의 경우와 마찬가지의 결과가 되나, 상계할 수
있는 요건만 구비되어 있고 아직 상계를 하지 않은 경우에는 제426조 제 1 항의
대항사유에 해당한다. 그 조항은 이 점을 명백하게 하고, 그 경우의 채권이전관
계의 논란을 피하기 위하여, 그 끝부분에서 「대항사유가 상계인 때에는 상계로
소멸할 채권은 그 연대채무자에게 이전된다」고 규정하고 있다. 결국 제426조
제 1 항의 대항사유는 면책행위와 관계없는, 절대적 효력 없는 사유만이다. 그러
한 사유의 예로는 동시이행 또는 기한유예, 기한미도래, 원인행위의 무효·취소,
제한능력의 항변 등을 들 수 있다(김형배, 476면은 소멸시효의
완성만을 드나, 이는 옳지 않다).

제426조 제 1 항이 적용되려면 어느 연대채무자가 「변제 기타 자기의 출재
로」 공동면책이 되었어야 한다. 따라서 출재가 없이 공동면책이 된 경우, 예컨대
채무면제를 받거나 소멸시효가 완성된 경우에는 제425조에 의한 구상권이 없으

므로 제426조 제 1 항의 효과는 주장할 수 없다.

　제426조 제 1 항의 요건이 갖추어진 경우에는 대항사유를 가지고 있는 연대채무자는 면책행위를 하고 구상권을 행사하는 연대채무자에 대하여 그 부담부분에 한하여 이 사유를 가지고 대항할 수 있다. 그리하여 구상권이 제한된다. 그리고 그 대항사유가 상계인 때에는 상계로 소멸할 채권은 면책행위를 한 연대채무자에게 이전된다(426조 1 항 후단).

2) 제426조 제 2 항

　⑺ 어느 연대채무자가 변제 기타 자기의 출재로 공동면책이 된 경우에는, 그 사실을 다른 연대채무자에게 통지하여야 한다. 여기의 공동면책행위의 전형적인 예는 변제이나, 대물변제·경개·공탁·상계 등도 포함된다. 그에 비하여 면제·소멸시효의 완성은 제외된다. 그때에는 출재가 없기 때문이다.

　제426조 제 2 항이 적용되려면 면책행위자가 사후의 통지를 하지 않아 다른 연대채무자가 변제 기타 유상의 면책행위를 하였어야 한다. 유상의 면책행위이어야 하므로 그 다른 연대채무자가 면제를 받거나 소멸시효가 완성되었다고 하더라도 그는 구상권을 가질 수 없어서 제426조 제 2 항의 문제는 생기지 않는다. 즉 그는 제 1 면책행위자로부터의 구상을 거부하지 못한다.

　그리고 제 2 면책행위자가 악의인 경우, 즉 공동면책이 있었음을 안 경우에는 제 2 면책행위자는 자기의 면책행위의 유효를 주장할 수 없다. 그때에는 그가 악의이어서 제426조 제 2 항의 효과를 주장하지 못하는 것이다. 따라서 구상권의 제한 문제는 생기지 않으며, 제 1 면책행위자는 그 악의의 제 2 면책행위자에게 구상할 수 있다.

　제 2 면책행위자가 선의인 한 그가 사전의 통지를 하였는지 여부는 묻지 않아야 한다. 통설이 이에 반대하고 있음은 앞에서 설명하였다. 그러나 그러한 통설은 옳지 않으며, 우리 법상 사후통지가 없었으면 제 2 면책행위자가 선의인 때에는 어느 경우든 제 1 면책행위자의 구상권이 제한된다고 하여야 한다(여기에 관한 사례연구로 신 사례, [61] 번 문제 참조). 우리 판례는 연대채무에 관하여는 판단한 적이 없으나, 뒤에 보는 바와 같이([177] 참조), 보증채무에 관하여는 통설과 같은 견지에 있어서 연대채무에도 같은 태도를 취할 가능성이 크다. 그러나 판례의 그 태도도 부당하다.

　⑷ 제426조 제 2 항의 요건이 갖추어진 경우에는 제 2 면책행위자는 제 1 면

책행위자에 대하여 자기의 면책행위의 유효를 주장할 수 있다. 그런데 문제는 제 2 면책행위자가 자기의 면책행위의 유효를 주장한 경우에 그 효과가 어떤 범위의 자에게 미치는가이다. 이에 대하여는 절대적 효과설과 상대적 효과설이 대립하고 있다.

i) 절대적 효과설은 제 2 면책행위의 유효의 효과가 모든 자, 즉 채권자 및 모든 채무자에 대하여 미친다는 견해로서 소수설이다($\frac{김상용,}{295면}$). 그에 비하여 ii) 상대적 효과설은 제 2 면책행위의 유효의 효과가 모든 자에게 미치지 않고 과실있는 제 1 면책행위자와 선의의 제 2 면책행위자 사이에만 미친다는 견해로서, 우리의 다수설이다($\frac{곽윤직, 173면; 김대정, 728면; 김용한, 324면; 김주수,}{301면; 김학동, 238면; 장경학, 361면; 정기웅, 337면}$).

생각건대 제426조 제 2 항은 일정한 경우에 제 2 면책행위자가「자기의 면책행위의 유효를 주장할 수 있다」고 하고 있을 뿐, 단순히 그 면책행위가 유효하다거나 유효했던 것으로 본다고 규정($\frac{일본민법 443}{조 2항 참조}$)되어 있지 않다. 그리고 제 2 면책행위자의 면책행위 당시 채무는 제 1 면책행위자의 적법한 면책행위에 의하여 소멸하고 존재하지 않게 되는데, 그것을 유효 주장에 의하여 뒤집는 것은 부적당하다. 또한 실질적 타당성 면에서도 제 2 면책행위자의 보호를 위해서는 상대적 효과를 인정하는 것만으로 충분하다. 결국 상대적 효과설이 타당하다고 할 것이다($\frac{상대적 효과설에 의한 구체적 효과에 대하여는 송}{덕수, 송상현교수 화갑기념논문집, 377면 이하 참조}$). 절대적 효과설에서는 구상관계의 복잡성을 이유로 상대적 효과설에 반대하나, 그것은 설득력 있는 반대이유가 될 수 없다.

6. 상환무자력자가 있는 경우의 구상권자의 보호(구상권의 확장) [161]

(1) 무자력자의 부담부분의 분담

연대채무자 중에 상환할 자력이 없는 자가 있는 때에는, 그 채무자의 부담부분은 구상권자 및 다른 자력이 있는 채무자가 그 부담부분에 비례하여 분담한다($\frac{427조 1}{항 본문}$). 그리하여 가령 A·B·C·D가 E에 대하여 120만원의 연대채무를 부담하고 부담부분이 균등한 경우에, A가 120만원을 변제한 뒤 B·C·D에 대하여 30만원씩 구상을 하는 때에, C가 무자력이면 C의 부담부분 30만원은 A·B·D가 10만원씩 부담하게 된다. 그러나 구상권자에게 과실이 있는 때($\frac{가령 A가 구상을 늦게 하}{여 C가 무자력이 된 경우}$)에는 다른 연대채무자에게 분담을 청구하지 못한다($\frac{427조 1}{항 단서}$).

(2) 연대의 면제와 무자력자의 부담부분

위 (1)의 경우에 상환할 자력이 없는 채무자의 부담부분을 분담할 다른 채무자가 채권자로부터 연대의 면제를 받은 때에는, 그 채무자의 분담할 부분은 채권자의 부담으로 한다($\substack{427조\\2항}$).

「연대의 면제」란 연대채무의 면제와 달리 채무의 전부면제가 아니고 연대하여 이행하는 의무만을 면제하는 것이다. 즉 전부급부청구권을 포기하고 채무자의 채무액을 부담부분만에 한정시키는 것이다. 연대의 면제($\substack{\text{이는 일종의 채무면제이므}\\\text{로 단독행위로 할 수 있다}}$)에는 모든 채무자에 대하여 연대를 면제하는 절대적 연대면제와, 연대채무자 1인 또는 수인에 대하여 연대를 면제하는 상대적 연대면제가 있다. 이들 중 앞의 경우에는 연대채무는 분할채무가 되고 구상관계는 생기지 않는다. 그에 비하여 뒤의 경우에는 면제를 받은 채무자만이 그의 부담부분만을 목적으로 하는 분할채무를 부담하고, 나머지의 채무자는 전부급부의무를 그대로 지며($\substack{\text{연대면제가 상대적}\\\text{효력만 가지므로}}$), 따라서 구상관계는 존속한다.

이러한 점으로 볼 때, 제427조 제 2 항은 상대적 연대면제에 대하여만 적용될 수 있는 것임을 알 수 있다. 그리하여 가령 위의 (1)에서 든 사례의 경우에 C의 부담부분을 분담하여야 할 채무자 중의 하나인 D가 채권자 E로부터 연대면제를 받고 있었다면, D가 부담하여야 할 10만원은 채권자 E가 부담하게 된다. 이러한 제427조 제 2 항은 당사자의 의사에 적합하지 않은 규정이라고 비판을 받고 있다($\substack{\text{곽윤직, 175면;}\\\text{김학동, 240면 등}}$).

7. 구상권자의 대위권

연대채무자는 타인($\substack{\text{다른 연}\\\text{대 채무자}}$)의 채무를 「변제할 정당한 이익이 있는 자」이므로, 그가 변제하면 그는 당연히 채권자를 대위하게 된다($\substack{\text{481조의 법정대위. [230]}\\\text{이하, 특히 [232] 참조}}$). 그가 대위할 수 있는 것은 구상권의 범위에 한정된다.

[162]   ## V. 부진정연대채무

1. 의   의

민법은 연대채무를 한 가지만 규정하고 있다. 그런데 통설·판례는 민법이

정하고 있지 않은 연대채무 즉 부진정연대채무도 인정하고 있다. 통설에 의하면,
부진정연대채무는 수인의 채무자가 동일한 내용의 급부에 관하여 각각 독립하여
전부급부의무를 부담하고, 그중 1인의 전부급부가 있으면 모든 채무자의 채무가
소멸하는 다수당사자의 채무로서, 민법의 연대채무가 아닌 것이라고 한다. 그런
데 이는 실질적·경제적으로는 하나인 전부급부에 관하여 수인이 채무를 부담하
는 경우를 부진정연대채무라는 개념으로 이해하는 데 지나지 않는다($\substack{\text{즉 부진정연대채무} \\ \text{라는 특별한 모습}}$
$\substack{\text{의 채무가 있} \\ \text{는 것이 아니다}}$). 부진정연대채무를 생기게 하는 전부급부의무는 법률규정에 의하여
발생하는 것이 대부분이나 당사자의 계약에 의하여 발생할 수도 있다($\substack{\text{예: 병존적 채무} \\ \text{인수의 경우를}}$
$\substack{\text{부진정연대채무} \\ \text{로 이해하는 때}}$).

〈판 례〉

　부진정연대채무의 성립에 관하여 판례는, 「부진정연대채무 관계는 서로 별개의 원
인으로 발생한 독립된 채무라 하더라도 동일한 경제적 목적을 가지고 있고 서로 중
첩되는 부분에 관하여 일방의 채무가 변제 등으로 소멸할 경우 타방의 채무도 소멸
하는 관계에 있으면 성립할 수 있고, 반드시 양 채무의 발생원인, 채무의 액수 등이
서로 동일할 것을 요한다고 할 수는 없」다고 하여($\substack{\text{대판 2009. 3. 26, 2006다47677;} \\ \text{대판 2018. 3. 27, 2015다70822}}$), 통설과 다
른 견지에 있다. 그리고 그 판결 사안에서, 피고 A에 대한 주위적 청구($\substack{\text{수탁보증에 기한} \\ \text{구상금청구 또는 약}}$
$\substack{\text{정금} \\ \text{청구}}$), 제 1 예비적 청구($\substack{\text{위임에 기한 비용상환청구, 사무관리에 기} \\ \text{한 비용상환청구 또는 부당이득 반환청구}}$), 제 2 예비적 청구($\substack{\text{불법행위에 기} \\ \text{한 손해배상청구}}$)
중 어느 하나와 피고 B에 대한 주위적 청구($\substack{\text{약정금} \\ \text{청구}}$) 및 예비적 청구($\substack{\text{불법행위에 기} \\ \text{한 손해배상청구}}$) 중 어
느 하나는 서로 법률상 성립요건이 다르기는 하지만 동일한 경제적 목적을 가지고 있
고 중첩되는 부분에 관하여 일방의 채무가 변제 등으로 소멸하면 타방의 채무도 소멸
하는 관계에 있으므로 서로 부진정연대채무의 관계에 있다고 할 것이고, 따라서 피고
A에 대한 위 각 청구 중 어느 하나와 피고 B에 대한 위 각 청구 중 어느 하나를 병합
하여 심리·판단하더라도 서로 민사소송법 제70조 제 1 항 소정의 예비적·선택적 공
동소송의 관계에 있다고 할 수 없다고 한다($\substack{\text{대판 2009. 3. 26,} \\ \text{2006다47677}}$). 이러한 판례는 타당하다고
생각한다.

　부진정연대채무의 예로는 피용자의 불법행위에 있어서 피용자가 지는 배상
의무($\substack{750 \\ 조}$)와 사용자의 배상의무($\substack{756 \\ 조}$)($\substack{\text{대판 1975. 12. 23,} \\ \text{75다1193}}$), 법인의 불법행위에 있어서 법인
의 책임($\substack{35조 1 \\ 항 1문}$)과 이사 기타 대표자 자신의 책임($\substack{35조 1 \\ 항 2문}$), 임치물을 제 3 자가 훔쳐간
경우에 수치인의 채무불이행에 의한 배상의무($\substack{390 \\ 조}$)와 훔친 제 3 자의 불법행위에
의한 손해배상의무($\substack{750 \\ 조}$), 경비인의 경비용역계약상의 채무불이행으로 인한 손해

배상의무와 절도범의 절도라는 불법행위로 인한 손해배상의무(대판 2006. 1. 27,/2005다19378), 임대인의 이행보조자가 임차인으로 하여금 임차목적물을 사용·수익하지 못하게 한 경우에 임대인이 지는 채무불이행으로 인한 손해배상의무와 그 이행보조자의 불법행위로 인한 손해배상의무(대판 1994. 11. 11,/94다22446), 어떤 물건에 대하여 직접점유자와 간접점유자가 있는 경우에 점유·사용으로 부담하는 부당이득 반환의무(대판/2012. 9. 27,/2011다/76747), 미등기건물의 원시취득자와 사실상의 처분권자(미등기건물을 양수하여 건물에 관한/사실상의 처분권을 보유하게 된 자)가 건물 부지의 점유·사용으로 인하여 토지 소유자에 대하여 부담하는 부당이득 반환의무(대판 2022. 9. 29, 2018/다243133·243140), 타인의 가옥을 불타게 한 자의 불법행위에 의한 배상의무(750/조)와 보험계약에 의한 화재보험회사의 보험금지급의무, 수급인이 도급인에 대하여 부담하는 하자보수에 갈음하는 손해배상채무와 하수급인이 건설산업기본법 제32조 제 1 항에 따라 하도급받은 공사에 대하여 도급인에 대하여 수급인과 동일하게 부담하는 채무(대판 2010. 5. 27, 2009다85861. 양 채무/가 서로 중첩되는 부분에 관하여 그렇다), A회사의 재무과장이 A회사 명의의 근보증서와 이사회 입보결의서 및 약속어음 배서를 위조하여 B회사를 통하여 C은행에 제출하여 C은행이 그 서류들이 적법하게 작성된 것으로 믿고 그것이 원인이 되어 B회사에 대출을 해 준 경우에 A회사의 사용자책임과 B회사의 대출금채무(대판 2000. 3. 14,/99다67376), 설계용역계약상 채무불이행으로 인한 손해배상채무와 공사도급계약상 채무불이행으로 인한 손해배상채무 중 서로 중첩되는 부분(대판 2015. 2. 26,/2012다89320)을 들 수 있다. 그 밖에 공동불법행위에 대하여는, 민법이 제760조에서 공동불법행위자로 하여금 「연대하여」 배상하도록 규정하고 있음에도 불구하고, 통설·판례(대판 1962. 2. 22, 4294민상996; 대판 1972. 11./28, 72다939; 대판 1982. 4. 27, 80다2555 등)는 부진정연대채무가 발생한다고 한다(그러나 이는 옳지 않다./채권법각론 [281] 참조).

〈판 례〉

(ㄱ) 「채무자가 부담하는 채무불이행으로 인한 손해배상채무와 제 3 자가 부담하는 불법행위로 인한 손해배상채무가 그 원인이 동일한 사실관계에 기한 것인 경우에는 하나의 동일한 급부에 관하여 수인의 채무자가 각자 독립해서 그 전부를 급부하여야 할 의무를 부담하는 경우로서 부진정연대채무 관계에 있다.」(대판 2006. 9. 8,/2004다55230)

(ㄴ) 「금융기관이 회사 임직원의 대규모 분식회계로 인하여 회사의 재무구조를 잘못 파악하고 회사에 대출을 해 준 경우, 회사의 금융기관에 대한 대출금채무와 회사 임직원의 분식회계 행위로 인한 금융기관에 대한 손해배상채무는 서로 동일한 경제적 목적을 가진 채무로서 서로 중첩되는 부분에 관하여는 일방의 채무가 변제 등으로

소멸하면 타방의 채무도 소멸하는 이른바 부진정연대의 관계에 있다. 그러나 금융기관의 회사에 대한 대출금채권과 회사 임직원에 대한 손해배상채권은 어디까지나 법률적으로 발생원인을 달리하는 별개의 채권으로서 그 성질상 회사 임직원에 대한 손해배상채권이 회사에 대한 대출금채권의 처분에 당연히 종속된다고 볼 수 없을 뿐만 아니라, 특히 금융기관이 부실채권을 신속하게 정리하기 위하여 타인에게 대출금채권을 양도하고 받은 대금이 대출금채권액에 미달하는 경우에는 미회수된 채권 상당액을 회사 임직원에 대한 손해배상청구를 통하여 회수할 실익이 있는 점 등에 비추어 볼 때, 금융기관이 회사에 대한 대출금채권을 타인에게 양도하였다는 사정만으로 회사 임직원에 대한 손해배상채권까지 당연히 함께 수반되어 양도된 것이라고 단정할 수는 없다.」$\binom{\text{대판 2008. 1. 18,}}{\text{2005다65579}}$

부진정연대채무의 개념을 인정할 실익이 있는가? 여기에 관하여 i) 통설은 민법의 연대채무에 있어서는 절대적 효력이 인정되는 범위가 넓어서 채권의 담보력이 약하므로 담보력이 강한 부진정연대채무를 인정할 실익이 있다고 한다$\binom{\text{곽윤직,}}{\text{176면}}$. 그러나 ii) 그에 대하여 큰 의미를 부여하지 않는 견해도 있다$\binom{\text{김형배,}}{\text{483면}}$. 생각건대 부진정연대채무는 논리필연적으로 당연히 인정되어야 하는 것은 아니다. 이론에 따라서는 부진정연대채무를 인정하지 않고 그것으로 다루어지는 것들을 연대채무로 이해할 수도 있으며 연대채무와 전혀 무관한 개별적·독립한 채무들로 이해할 수도 있다. 그런데 만약 부진정연대채무의 개념을 인정할 필요성이 있고 또 이론상 그것이 가능하다면 부진정연대채무의 그룹을 인정하여야 할 것이다. 사견으로는 통설이 드는 이유 외에 부진정연대채무에 해당하는 경우들의 법률문제를 종합적으로 이해하게 한다는 점에서 유익하므로 인정 필요성이 있고, 연대채무와 부진정연대채무는 채무자들 사이에 주관적인 공동목적이 있느냐 없느냐에 따라 구별될 수 있다고 생각한다$\binom{\text{연대채무도 법률규정에 의하여 성립하는 때에}}{\text{는 주관적 공동목적이 없으나, 이는 예외이다}}\binom{\text{통설도 같}}{\text{은 취지임}}$· 견해$\binom{\text{김상용,}}{\text{300면}}$에 따라서는 부진정연대채무도 변제를 위한 공동목적이 존재한다고 하면서, 목적론적 견지에서 연대채무자 1인에게 생긴 사유가 절대적 효력이 있느냐에 따라 두 채무를 구별하자고 한다. 그러나 이 견해는 객관적인 목적의 공동과 주관적인 목적의 공동을 혼동한 듯하며, 두 채무의 결과상의 차이로 그것들을 구별하자는 것으로서 본말이 전도되어 있다.

이와 같은 사견의 견지에서 보면, 부진정연대채무는 1개의 전부급부가 있으면 채무 전부가 소멸하는 점에서는 연대채무와 같다. 그러나 연대채무와 달리 주관적인 공동관계가 없어서 채무자 1인에게 생긴 사유가 다른 채무자에게 영향을 미치지 않고, 또 채무자들 사이에 원칙적으로 구상관계가 생기지 않는다.

[163] **2. 효 력**

(1) 대외적 효력

1) 채권자의 이행청구와 채무자의 이행

㈎ 부진정연대채무에 있어서도 연대채무의 경우와 마찬가지로, 채권자는 채무자 가운데 임의의 1인에 대하여 채무의 전부 또는 일부의 이행을 청구할 수 있고($^{같은 취지: 대판}_{2018. 4. 10, 2016다252898}$), 또한 모든 채무자에 대하여 동시에 또는 순차로 전부나 일부의 이행을 청구할 수 있다($^{414조}_{참조}$).

한편 「채무자회생 및 파산에 관한 법률」 제428조($^{이는 구 파산법 19조에 해당하}_{며, 학설은 그에 대하여 논의함}$)($^{같은}_{법 126}$ $^{조 1항·581조 2항도}_{유사함. [154] 참조}$)가 부진정연대채무에 적용되는지에 관하여는 i) 긍정설($^{김상용,}_{301면}$)과 ii) 부정설($^{곽윤직, 176면;}_{김형배, 484면}$)이 대립된다. ii)설은 부진정연대채무에 있어서는 일부배당을 받은 후에 다른 채무자가 파산선고를 받은 경우에도 채권 전액으로 배당참가를 할 수 있다고 한다. 생각건대 이는 채무의 객관적 공동목적에 관계되는 사항이므로 부진정연대채무와 연대채무가 다를 이유가 없다. 즉 i)설이 타당하다. 그런데 판례는 파산절차에서 일부의 배당을 받거나 다른 채무자로부터 일부변제를 받더라도 처음 파산선고시의 채권 전액으로 파산재단의 배당에 참가할 수 있다고 하는데($^{[154]}_{참조}$), 그럴 경우에는 어떤 견해를 취하든 차이가 없다.

㈏ 채무자 1인(또는 수인)이 하나의 전부급부를 하면 모든 채무자의 채무가 소멸한다.

2) 채무자 1인에 관하여 생긴 사유의 효력   채권을 만족시키는 사유인 변제·대물변제·공탁은 절대적 효력이 있다. 그리고 상계에 관하여는 통설($^{곽윤}_{직,}$ $^{177}_{면 등}$)은 절대적 효력을 인정하고 있다. 판례는 과거에는 상계에 상대적 효력만 있다고 하였으나($^{대판 1989. 3. 28, 88다카4994;}_{대판 1996. 12. 10, 95다24364}$)($^{대판 1999. 11. 26, 99다34499는 교통사고에 있어서 보험자가 피해}_{자에 대한 반대채권을 행사하여 상계한 경우에 그 효력이 피보험자}$ $_{에게도 미친다고 하여 적어도 이 경우에 관하여는 상계의 절대적 효력을 인}$ $_{정하였다. 그런데 이것이 절대적 효력 인정인지에 대하여는 다투어지고 있다}$), 최근에 전원합의체 판결로 판례를 변경하여 「상계로 인한 채무소멸의 효력은 소멸한 채무 전액에 관하여 다른 부진정연대채무자에 대하여도 미친다」고 하여 상계에 절대적 효력을 인정하고 있다($^{대판(전원) 2010. 9. 16, 2008다97218. 이러한 다수의견에 대하여 상계에는 절대적 효력을 인정하지 않음이 타당}_{하고, 나아가 부진정연대채무자 중 1인이 채권자와 상계계약을 한 경우에도 상계와 달리 볼 것이 아니라는 소수}$

^{의견이}
^{있음}). 이 판결은 더 나아가 부진정연대채무자 중 1인이 채권자와 상계계약을 체결한 경우에도 마찬가지라고 한다. 그리고 이러한 법리는 채권자가 상계 내지 상계계약이 이루어질 당시 다른 부진정연대채무자의 존재를 알았는지 여부에 의하여 좌우되지 않는다고 한다. 생각건대 상계는 변제와 마찬가지로 채권을 만족시키는 사유라고 보아야 하므로, 절대적 효력이 있다고 하여야 한다. 만약 상계에 상대적 효력을 인정하면, 채권자는 부진정연대채무자의 상계에 의하여 그 대등액에서 자신의 채무는 면하면서 그 액을 포함하여 채권액 전부에 대하여 이행청구를 할 수 있어서 2중의 이득을 얻게 된다(^{같은 취지: 양창수,}
^{민법연구(2), 145면}). 그리고 상계계약도 상계와 동일하게 취급하는 것이 옳다. 다만, 부진정연대채무에서는 채무자들 사이에 주관적 공동관계가 없기 때문에 제418조 제 2 항은 유추적용되지 않아야 한다(^{같은 취지: 대판 1994.}
^{5. 27, 93다21521}). 일부변제·일부배당이 연대채무에서처럼 절대적 효력을 가지는가에 관하여는 i) 절대적 효력설(^{김상용, 301면;}
^{이은영, 515면})과 ii) 상대적 효력설(^{곽윤직, 177면;}
^{김형배, 484면 등})이 대립되나, 일부변제 등의 경우에도 그 범위에서는 채권의 공동목적이 달성되므로 i)설을 취하여야 한다. 판례도 공동불법행위의 경우에 일부변제에 의한 공동면책을 인정한다(^{대판 1976. 7. 13,}
^{74다746}).

위와 같은 사유 이외의 것은 모두 상대적 효력만 갖는다. 그리하여 예컨대 이행청구(^{대판 1997. 9. 12, 95다42027; 대판 2017. 5. 30,}
^{2016다34687; 대판 2017. 9. 12, 2017다865}) 또는 채무의 승인 등의 소멸시효 중단사유(^{대판 2011. 4. 14, 2010다91886; 대판 2017. 5. 30,}
^{2016다34687; 대판 2017. 9. 12, 2017다865}), 채무면제(^{대판 1980. 7. 22, 79다1107; 대판 1982. 4. 27,}
^{80다2555; 대판 1989. 5. 9, 88다카16959}), 채권자의 청구권 포기(^{대판 1975. 10. 7, 75다1513;}
^{대판 1981. 6. 23, 80다1796}), 소멸시효의 완성(^{대판 1997. 12. 23,}
^{97다42830}), 소멸시효 이익의 포기(^{대판 2011. 4. 14, 2010다91886;}
^{대판 2017. 5. 30, 2016다34687})는 다른 채무자에게 영향이 없다.

〈판 례〉

(ㄱ)「부진정연대채무자 상호간에 있어서 채권의 목적을 달성시키는 변제와 같은 사유는 채무자 전원에 대하여 절대적 효력을 발생하지만 그 밖의 사유는 상대적 효력을 발생하는 데에 그치는 것이므로 피해자가 채무자 중의 1인에 대하여 손해배상에 관한 권리를 포기하거나 채무를 면제하는 의사표시를 하였다 하더라도 다른 채무자에 대하여 그 효력이 미친다고 볼 수는 없다 할 것이고, 이러한 법리는 채무자들 사이의 내부관계에 있어 1인이 피해자로부터 합의에 의하여 손해배상채무의 일부를 면제받고도 사후에 면제받은 채무액을 자신의 출재로 변제한 다른 채무자에 대하여 다시 그 부담부분에 따라 구상의무를 부담하게 된다 하여 달리 볼 것은 아니다.」
(^{대판 2006. 1. 27,}
^{2005다19378})

㈃「부진정연대채무에 있어서 부진정연대채무자 1인이 한 상계가 다른 부진정연대채무자에 대한 관계에 있어서도 공동면책의 효력 내지 절대적 효력이 있는 것인지는 별론으로 하더라도, 부진정연대채무자 사이에는 고유의 의미에 있어서의 부담부분이 존재하지 아니하므로 위와 같은 고유의 의미의 부담부분의 존재를 전제로 하는 민법 제418조 제 2 항은 부진정연대채무에는 적용되지 아니하는 것으로 봄이 상당하고, 따라서 부진정연대채무에 있어서는 한 부진정연대채무자가 채권자에 대하여 상계할 채권을 가지고 있음에도 상계를 하지 않고 있다 하더라도 다른 부진정연대채무자가 그 채권을 가지고 상계를 할 수는 없는 것으로 보아야 할 것」이다(대판 1994. 5. 27, 93다21521).

〈부진정연대채무자 사이에 채무액이 다른 경우의 문제〉

부진정연대채무자 사이에 부담하는 채무액이 다른 경우에 연대채무자 중 1인이 변제를 하면 다른 연대채무자의 채무는 어떤 범위에서 소멸하는가? 그러한 경우에 소액 채무자가 그의 채무의 전부 또는 일부를 변제한 때에는, 변제금액만큼 다액 채무자의 채무가 소멸하게 되고, 특별한 문제가 없다(대판 2012. 2. 9, 2009다72094). 그런데 다액 채무자가 그의 채무의 일부를 변제한 때에는, 중첩되는 부분의 채무가 먼저 소멸하는가 아니면 중첩되지 않은 부분 즉 다액 채무자만이 부담하는 채무가 먼저 소멸하는가에 따라, 각각 채무자 또는 채권자에게 유리하게 되는 문제가 생긴다. 여기에 관한 이론으로는 중첩되는 부분의 채무가 먼저 소멸한다는 내측설, 중첩되지 않는 채무가 먼저 소멸한다는 외측설, 연대채무자의 책임비율(공동불법행위의 경우에는 과실비율)에 따라 소멸한다는 안분설이 있다. 그리고 판례는 과거 안분설(과실비율설)을 취한 것이 많았고(대판 1994. 2. 22, 93다53696 등 다수), 근래 외측설을 취한 판결이 일부 나왔었는데(대판 2000. 3. 14, 99다67376[핵심판례 264면] 등), 최근에 전원합의체 판결로 전자를 변경하고 외측설로 통일하였다(대판(전원) 2018. 3. 22, 2012다74236. 같은 취지: 대판 2018. 4. 10, 2016다252898; 대판 2018. 3. 27, 2015다70822; 대판 2022. 11. 30, 2017다841·858). 아래에 전원합의체 판결을 인용한다.

「금액이 다른 채무가 서로 부진정연대 관계에 있을 때 다액채무자가 일부 변제를 하는 경우 그 변제로 인하여 먼저 소멸하는 부분은 당사자의 의사와 채무 전액의 지급을 확실히 확보하려는 부진정연대채무 제도의 취지에 비추어 볼 때 다액채무자가 단독으로 채무를 부담하는 부분으로 보아야 한다. 이러한 법리는 사용자의 손해배상액이 피해자의 과실을 참작하여 과실상계를 한 결과 타인에게 직접 손해를 가한 피용자 자신의 손해배상액과 달라졌는데 다액채무자인 피용자가 손해배상액의 일부를 변제한 경우에 적용되고, 공동불법행위자들의 피해자에 대한 과실비율이 달라 손해배상액이 달라졌는데 다액채무자인 공동불법행위자가 손해배상액의 일부를 변제한 경우에도 적용된다. 또한 중개보조원을 고용한 개업공인중개사의 공인중개사법 제30조 제 1 항에 따른 손해배상액이 과실상계를 한 결과 거래당사자에게 직접 손해를 가한 중개보조원 자신의 손해배상액과 달라졌는데 다액채무자인 중개보조원이 손해배상액의 일부를 변제한 경우에도 마찬가지이다.」(대판(전원) 2018. 3. 22, 2012다74236. 사용자책임 또는 공동불법행위책임이 문제되는 사안

에서 다액채무자가 손해배상액의 일부를 변제하는 경우 소액채무자의 과실비율에 상응하는 만큼 소액 ⎞
채무자와 공동으로 채무를 부담하는 부분에서도 변제된 것으로 보아야 한다고 판시한 판결들은 변경함⎠

(2) 대내적 효력 [164]

부진정연대채무자 사이에는 주관적인 공동관계가 없어서 부담부분이 없고, 따라서 구상관계가 당연히 발생하지는 않는다(같은 취지: 곽윤직, 177면; 김형배, 485면. 그러나 김상용, 302면; 김주수, 310면은 구상관계의 존재를 인정한다). 다만, 채무자들 사이에 특별한 법률관계가 있으면 그에 기하여 구상관계가 생길 수 있다(예: 756 조 3항). 그리고 그러한 관계가 없더라도 어느 채무자만이 최후의 책임자인 때에는 다른 자가 구상권을 행사하는 것과 같은 결과가 생길 수 있다(예: 배상자 대위, 보험자대위). 그러나 이들은 주관적 공동관계에 의한 연대채무에 있어서의 구상관계와는 다르다.

판례는 이제까지 대체로 구상을 인정하지 않고(대판 1975. 12. 23, 75다1193), 공동불법행위의 경우에만 구상을 인정해 왔다(대판 1989. 9. 26, 88다카27232 등). 그런데 최근에는 일반적으로 구상을 인정하려는 듯한 태도를 보인다(대판 2006. 1. 27, 2005다19378). 생각건대 공동불법행위에 관한 판례는 논리적으로 옳지 않다. 사견으로는 공동불법행위에 있어서는 법률규정에 의하여 진정한 연대채무가 성립하고, 따라서 당연히 구상관계도 생긴다고 해석한다(채권법각론 [287] 참조). 그리고 부진정연대채무에서 구상을 일반적으로 인정하는 것도 수긍할 수 없다. 거기서는 부담부분이 있을 수 없기 때문이다.

〈판 례〉

(ㄱ)「어느 연대채무자가 변제를 하여 다른 연대채무자가 공동면책된 경우에 면책된 다른 연대채무자는 면책범위 내에서 책임부담 부분 비율에 따른 구상책임을 부담할 뿐이고, 이러한 법리는 제 3 자가 연대채무자의 1인을 위하여 변제한 경우에도 동일하게 해석함이 상당하므로 변제한 제 3 자가 구상권을 행사하는 경우에 다른 연대채무자는 그의 부담부분에 대하여만 구상책임을 부담한다 할 것인바, 원고가 그 소속 공무원인 원심 공동피고의 원심판시 불법행위로 인하여 소외 주식회사 서울신탁은행(이하, 소외 은행 이라 약칭한다)이 입은 손해를 국가배상법상의 대위책임에 기하여 배상하고, 원심 공동피고와 공동불법행위 관계에 있는 피고 1에 대하여 변제자대위권에 기한 구상권을 행사하고 있는 이 사건에 있어서 원고는 부진정연대채무자의 1인인 원심 공동피고를 위하여 위 손해배상채무를 이행한 자로서 원심 공동피고와 공동불법행위 관계에 있는 다른 부진정연대채무자인 피고 1에 대하여는 동 피고의 부담부분에 관하여만 구상권을 행사할 수 있다.」(대판 1982. 1. 19, 80다3075)

(ㄴ)「원고의 경비용역계약상 채무불이행으로 인한 손해배상채무와 피고들의 절도

라는 불법행위로 인한 손해배상채무는 서로 별개의 원인으로 발생한 독립된 채무이
나 동일한 경제적 목적을 가진 채무로서 서로 중첩되는 부분에 관하여는 일방의 채
무가 변제 등으로 소멸하면 타방의 채무도 소멸하는 이른바 부진정연대의 관계에 있
고, 위와 같은 부진정연대채무의 관계에 있는 복수의 책임주체 내부관계에 있어서는
형평의 원칙상 일정한 부담부분이 있을 수 있으며, 그 부담부분은 각자의 고의 및 과
실의 정도에 따라 정하여지는 것으로서 부진정연대채무자 중 1인이 자기의 부담부분
이상을 변제하여 공동의 면책을 얻게 하였을 때에는 다른 부진정연대채무자에게 그
부담부분의 비율에 따라 구상권을 행사할 수 있다.」($\substack{대판\ 2006.\ 1.\ 27, \\ 2005다19378}$)

　　부진정연대채무에 있어서 구상을 하는 경우에 사전 또는 사후에 통지를 하
여야 하는가? 여기에 관하여 학설은 i) 사전·사후에 통지를 하여야 한다는 견해
($\substack{김상용, \\ 302면}$), ii) 사전·사후의 통지가 필요하지 않다는 견해($\substack{김형배, \\ 484면}$), iii) 신의칙에 비추
어 사전통지의무는 부과되어야 한다는 견해($\substack{이은영, \\ 515면}$)로 나뉘어 있다. 그리고 판례
는 공동불법행위의 경우에 대하여 통지에 관한 제426조가 유추적용될 수 없고,
따라서 제 1 변제자의 변제가 있었으면 그가 사후통지를 하였는지 그 후에 변제
를 한 자가 사전통지를 하였는지를 묻지 않고 제 2 변제자에게 그의 면책행위의
유효를 주장할 수 있다고 한다($\substack{대판\ 1976.\ 7.\ 13,\ 74다746; \\ 대판\ 1998.\ 6.\ 26,\ 98다5777}$). 생각건대 공동불법행위자의
손해배상의무는 부진정연대채무가 아니고 연대채무라고 보아야 하므로, 거기에
는 당연히 제426조가 적용되어야 한다. 그에 비하여 부진정연대채무의 경우에는
일반적인 통지의무는 없다고 하여야 한다.

[165]　## Ⅵ. 연대채권

　　연대채권이란 수인의 채권자가 동일한 내용의 급부에 관하여 각각 독립해서
전부 또는 일부의 급부를 청구하는 권리를 가지고, 그중 1인이 전부급부를 수령
하면 모든 채권이 소멸하는 다수당사자의 채권을 말한다. 민법은 이러한 연대채
권에 대하여 규정을 두고 있지 않으나, 통설은 계약자유의 원칙상 연대채권도 성
립할 수 있다고 한다.

　　연대채권은 당사자의 계약에 의하여 성립하므로($\substack{법률규정에\ 의하여\ 성 \\ 립하는\ 경우는\ 없음}$), 그 내용이
나 효력도 당사자의 계약에 의하여 정하여지며, 그 밖에는 연대채무 규정이 유추
적용된다($\substack{통설도 \\ 같음}$).

연대채권에 연대채무의 규정이 유추적용되는 결과는 다음과 같다. ① 연대채권에 있어서 각 채권자의 권리(채권)는 독립한 것으로 다루어진다. ② 연대채권자 1인에게 생긴 사유 중 변제·대물변제·공탁과 같이 채권을 만족시키는 사유는 절대적 효력이 있고, 그 밖에도 연대채무규정을 유추하여 일정한 범위에서 절대적 효력을 인정하여야 한다. ③ 어느 연대채권자가 채무자로부터 급부를 수령하면 다른 채권자에게 분담비율에 따라 나누어 주어야 한다. 분담비율은 그에 관하여 특약이 있으면 그에 의하고, 내부적으로 각 채권자가 분담하는 부담부분이 있으면 그 부담부분의 비율에 따르며, 부담부분도 정해져 있지 않으면 균분으로 한다($^{같은 취지: 김}_{상용, 303면}$).

제 5 절 보증채무

I. 서 설 [166]

1. 보증채무의 의의

(1) 보증채무란 타인(주채무자)이 그의 채무를 이행하지 않는 경우에 이를 이행하여야 할 채무를 말한다($^{428조}_{1항}$). 보증채무는 주채무와 함께 경제적·실질적으로는 1개의 급부를 하면 충분한 점에서 다수당사자의 채무로서 규율될 수도 있고, 그것이 보증계약에 의하여 성립하는 점에서 하나의 전형계약으로 규율될 수도 있다. 그런데 민법은 전자의 견지에 있다($^{독일민법·프랑스민법·스위스채}_{무법은 후자의 견지에서 규율한다}$).

이와 같이 민법상 보증채무는 다수당사자의 채무이나, 그 작용은 채권을 담보하는 데 있다. 즉 보증채무는 보증인이 주채무자의 채무와 같은 채무를 부담함으로써 그(보증인)의 모든 재산을 책임재산으로 되도록 하고, 그 결과 채권자의 주채무자에 대한 채권을 담보하는 일종의 인적 담보인 것이다($^{물상보증인은 채무를 부담하}_{지 않고 책임만 지나, 보증인}$ $^{은 채무도 부담하}_{고 책임도 진다}$).

인적 담보로서 기능하는 다수당사자의 채무에는 보증채무 외에 연대채무·불가분채무도 있으나, 보증채무의 경우에는 연대채무 등과 달리 주채무와의 사이에 주종의 관계가 있는 점에서 담보성이 뚜렷하게 나타나 있고, 따라서 그것은 가장 전형적인 인적 담보제도라고 할 수 있다(담보제도 일반에 관하여 _{는 물권법 [173] 참조}).

　　(2) 근래 일반인인 보증인의 피해를 방지하기 위하여「보증인보호를 위한 특별법」(아래에서는 보증인 _{보호법이라고 함})이 제정되어 시행되고 있다(2008. 3. 21. 제정, _{2008. 9. 22. 시행}). 이 법은 일반인이 대가를 받지 않고 호의로 금전채무의 보증을 한 경우에 관하여 특례를 규정하고 있다(같은 법 2조 _{2호 참조}). 그리하여 가령 기업의 대표자가 그 기업의 채무에 대하여 보증하는 경우와 같은 여러 가지 특수한 경우(기관보증· _{법인보증})에는 이 법이 적용되지 않는다(같은 법 2조)(이 법은 물상보증의 경우에는 적용되지)(1호 참조)(않는다. 대판 2015. 3. 26, 2014다83142). 그리고 이 법의 규정은 편면적 강행규정이다(같은 법 _{11조}).

[167]　　**2. 보증채무의 법적 성질**

　　(1) 채무의 독립성

　　보증채무는 주채무와는 별개의 독립한 채무이다(대판 1977. 3. 8, _{76다2667}). 그리하여 보증채무를 다시 보증할 수도 있으며, 그것이 부보증(副保證)이다. 그리고 보증채무와 주채무의 소멸시효기간은 그 채무의 성질에 따라 각각 별개로 정해진다(대판 2010. 9. 9, _{2010다28031; 대}
판 2014. 6. 12, _{2011다76105}). 그러나 보증채무의 독립성은 부종성·수반성 때문에 연대채무에서처럼 완전하지는 못하다.

　　(2) 주채무와 동일한 내용의 채무

　　보증채무의 내용은 주채무의 내용과 동일하다(428조 1항도 그러한 의 _{미로 이해하여야 한다}). 따라서 주채무는 원칙적으로 대체적 급부를 목적으로 하여야 한다. 만약 보증인이 부대체적 급부를 목적으로 하는 채무에 관하여 보증한 경우에는, 주채무가 불이행으로 인하여 손해배상채무로 변하는 것을 정지조건으로 하여 보증을 한 것으로 새긴다(이설 _{없음}).

　　(3) 부종성(附從性)

　　보증채무는 주채무의 이행을 담보하는 것이므로, 주채무에 종속하는 성질, 즉 부종성을 가진다. 보증채무의 부종성은 여러 방면에서 나타난다.

　　1) 주채무가 무효이거나 취소된 때에는 보증채무도 무효이다.

　　2) 주채무가 소멸하면 보증채무도 소멸한다. 보증채무에 대한 소멸시효가 중단된 뒤 주채무가 소멸시효에 걸려 소멸한 경우에도 같다(대판 2002. 5. 14, 2000다62476; 대 _{판 2012. 1. 12, 2011다78606; 대판}
2012. 7. 12, _{2010다51192})

3) 주채무의 내용에 변경이 생기면 보증채무의 내용도 변경된다($^{429조 1}_{항 참조}$).

4) 보증채무는 그 내용 또는 모습에 있어서 주채무보다 무거울 수 없다($^{430조}_{참조}$).

5) 보증인은 주채무자가 가지는 항변권으로써 채권자에게 대항할 수 있다($^{433}_{조}$ $^{1항}_{참조}$).

(4) 수반성(隨伴性)

주채무자에 대한 채권이 이전하는 때에는 원칙적으로 보증인에 대한 채권도 이전한다. 다만, 당사자는 주채무자에 대한 채권만을 이전하기로 특약을 할 수 있으며, 그러한 경우에는 그 채권만 이전하고, 보증채무는 소멸한다. 그에 비하여 보증인에 대한 채권만을 이전하기로 하는 특약은 무효이다($^{같은 취지: 김학동, 247}_{면; 대판 2002. 9. 10,}$ $^{2002다}_{21509}$). 한편 채무인수 등에 의하여 주채무자가 변경된 때에는 보증채무는 원칙적으로 소멸한다($^{459}_{조}$).

〈판   례〉

「보증채무는 주채무에 대한 부종성 또는 수반성이 있어서 주채무자에 대한 채권이 이전되면 당사자 사이에 별도의 특약이 없는 한 보증인에 대한 채권도 함께 이전하고, 이 경우 채권양도의 대항요건도 주채권의 이전에 관하여 구비하면 족하고, 별도로 보증채권에 관하여 대항요건을 갖출 필요는 없다고 할 것이다($^{대법원 1976. 4. 13.}_{선고 75다1100 판결,}$ $^{1989. 10. 24. 선고 88다}_{카20774 판결 등 참조}$). 그런데 주채권과 보증인에 대한 채권의 귀속주체를 달리하는 것은, 주채무자의 항변권으로 채권자에게 대항할 수 있는 보증인의 권리가 침해되는 등 보증채무의 부종성에 반하고, 주채권을 가지지 않는 자에게 보증채권만을 인정할 실익도 없기 때문에 주채권과 분리하여 보증채권만을 양도하기로 하는 약정은 그 효력이 없다고 할 것이다.」($^{대판 2002. 9. 10,}_{2002다21509}$)

(5) 보 충 성

보증채무는 주채무가 이행되지 않는 경우에 이행할 채무이다($^{428조}_{1항}$). 따라서 보충성을 가진다. 그러나 이것은 주채무자가 이행하지 않는 경우에만 청구할 수 있다는 것이 아니고, 채권자는 보증인에 대하여 자유롭게 청구를 할 수 있되, 보증인은 최고·검색의 항변권을 가진다는 의미에 지나지 않는다($^{437조}_{참조}$). 그런데 연대보증에 있어서는 보충성이 없다.

3. 보증의 종류

보증채무를 부담함으로써 주채무자에 대한 채권을 담보하는 제도를 보증이라고 한다. 그러한 보증에는 보통의 보증 외에도 다음과 같은 여러 가지 모습의 것이 있다(이들 중 둘 이상이 결합
되어 있는 것도 있음).

1) **연대보증**   보증인이 주채무자와 연대하여 보증하는 것이다.

2) **공동보증**   수인이 동일한 채무를 보증하는 것이다.

3) **근보증**(신용보증)   일정한 계속적인 거래관계로부터 장차 발생하게 될 불특정·다수의 채무를 보증하는 것이다.

4) **부보증**(副保證)   보증채무를 다시 보증하는 것이다. 부보증도 법적으로는 보통의 보증과 동일하게 다루어진다.

5) **구상보증**(역보증. 逆保證)   보증인이 채권자에게 변제한 때에 가지게 되는 주채무자에 대한 구상권을 보증하는 것이다. 구상보증도 보통의 보증과 동일하게 다루어진다.

6) **배상보증**(賠償保證)   채권자가 주채무자로부터 이행을 받지 못한 부분에 관하여서만 보증하는 것이다. 배상보증의 경우에 채권자가 보증인에게 보증채무의 이행을 청구하려면 그가 이행을 청구하려는 부분에 관하여 주채무자로부터 이행받지 못하였음을 증명하여야 한다.

〈판 례〉

「민법의 보증에 관한 규정은 그 성질에 반하지 않는 한 보증보험계약에도 적용되기는 하나, 이는 성질상 허용되는 범위 내에서 보증의 법리가 보증보험에도 적용될 수 있다는 것에 불과할 뿐, 이로써 보험계약이 민법상 순수한 보증계약과 같게 된다거나 보증계약으로 전환된다는 의미로 볼 수는 없다. 따라서 보증보험계약이 보험계약으로서 효력이 없다면 이는 그 자체로 무효이고, 이를 보증계약으로나마 유효하다고 할 수는 없다.」(대판 2010. 4. 15,
2009다81623)

[168] **II. 보증채무의 성립**

1. 보증계약

보증채무는 채권자와 보증인 사이에 체결되는 보증계약에 의하여 성립한다.

(1) 보증계약은 채권자와 보증인 사이에 체결되며, 주채무자는 당사자가 아니다. 그러나 주채무자가 보증인의 대리인 또는 사자의 자격으로 채권자와 보증계약을 체결할 수는 있다(대판 1965. 2. 4, 64다1264).

보증인은 보통 주채무자의 부탁을 받고 보증계약을 체결하나, 부탁의 유무는 보증계약의 효력에는 영향이 없다. 그것은 단지 구상권의 범위에 차이를 가져올 뿐이다(441조 이 하 참조). 그리고 주채무자가 그의 자력·담보 등에 관하여 보증인을 속인 때에는 그것은 상대방의 사기가 아니고 제 3 자의 사기가 된다(110조 2항. 민법 총칙 [174] 참조).

〈보증의사에 관한 판례〉

(ㄱ) 「보증계약의 성립을 인정하려면 당연히 그 전제로서 보증인의 보증의사가 있어야 하고, 이러한 보증의사의 존부는 당사자가 거래에 관여하게 된 동기와 경위, 그 관여 형식 및 내용, 당사자가 그 거래행위에 의하여 달성하려는 목적, 거래의 관행 등을 종합적으로 고찰하여 판단하여야 할 당사자의 의사해석과 사실인정의 문제이지만, 보증은 이를 인정할 특별한 사정이 있을 경우 이루어지는 것이므로, 보증의사의 존재나 보증범위는 이를 엄격하게 제한하여 인정하여야 할 것이다. 한정근보증의 경우 피보증채무의 범위란에 특정한 종류의 거래계약을 한정적으로 열거하고 그 거래계약과 관련하여 발생하는 채무를 피보증채무로 하는 것이므로, 피보증채무의 범위란에 일정한 약정에 기한 채무가 기재되어 있는 경우에 특별한 사정이 없는 한 그 범위에 속하는 채무만을 피보증채무로 인정하여야 한다.」(대판 2006. 12. 21, 2004다34134. 앞 부분에 관하여 같은 취지: 대판 2009. 10. 29, 2009다52571)

(ㄴ) 자회사가 금전을 대출받거나 그 밖에 금전지급의무를 부담하는 국제금융거래에 있어, 모회사가 대주(貸主)에게 보증의 의사를 추단할 문구가 전혀 없이 단지 모회사가 자회사의 지분을 보유하고 있다는 사실의 확인과 자회사의 계약 체결을 인식 또는 승인하였다는 등의 내용을 담은 서면을 작성·교부한 데 그친 경우, 자회사가 모회사를 대리하여 계약을 체결하였다거나 자회사가 체결한 계약상 채무를 모회사가 보증하였다고 해석할 수 없다(대판 2006. 8. 25, 2004다26119).

(ㄷ) 「수표의 발행인에게 어느 특정인의 채무를 담보하기 위한 것이라는 수표의 사용목적에 대한 인식이 있었다거나 수표의 발행인이 채권자의 요구에 따라 그 앞에서 직접 수표를 발행·교부하였다는 사정이 있었다 하더라도 그러한 사실이 수표의 발행인에게 민사상의 보증채무까지 부담할 의사가 있었다고 인정하는 데 있어 적극적인 요소 중의 하나가 될 수 있음은 별론으로 하고, 그러한 사실로부터 바로 수표의 발행인과 채권자 사이에 민사상 보증계약이 성립한다고 추단할 수는 없다. 그보다 더 나아가 채권자의 입장에서 수표 발행시에 원인이 되는 채무에 대한 민사상의 보증채무를 부담할 것까지도 수표의 발행인에게 요구하는 의사가 있었고 수표의 발행

인도 채권자의 그러한 의사 및 채무의 내용을 인식하면서 그에 응하여 수표를 발행
하였다는 사실, 즉 수표의 발행인이 단순히 수표법상의 상환의무를 부담한다는 형태
로 채권자에게 신용을 공여한 것이 아니라 민사상의 보증의 형태로도 신용을 공여한
것이라는 점이 채권자 및 채무자와 수표의 발행인 사이의 관계, 수표의 발행에 이르
게 된 동기, 수표의 발행인과 채권자 사이의 교섭 과정 및 방법, 수표의 발행으로 인
한 실질적 이익의 귀속 등 수표의 발행을 전후한 제반사정과 거래계의 실정에 비추
어 인정될 수 있을 정도에 이르러야만 수표의 발행인과 채권자 사이의 민사상 보증
계약의 성립을 인정할 수 있을 것이고, 그에 미치지 못하는 경우에는 수표의 발행인
은 원칙적으로 수표의 채무자로서 수표가 지급거절된 경우 그 소지인에 대하여 상환
청구에 응하지 않으면 안 되는 수표법상의 채무만을 부담할 뿐이라 할 것이다.」
(대판 2007. 9. 7,
2006다17928)

(ㄹ) 「금융기관으로부터 대출을 받음에 있어 제 3 자가 자신의 명의를 사용하도록
한 경우에는 그가 채권자인 금융기관에 대하여 주채무자로서의 책임을 지는 여부와
관계없이 내부관계에서는 실질상의 주채무자가 아닌 한 연대보증책임을 이행한 연
대보증인에 대하여 당연히 주채무자로서의 구상의무를 부담한다고 할 수는 없고, 그
연대보증인이 제 3 자가 실질적 주채무자라고 믿고 보증을 하였거나 보증책임을 이
행하였고, 그와 같이 믿은 데에 제 3 자에게 귀책사유가 있어 제 3 자에게 그 책임을
부담시키는 것이 구체적으로 타당하다고 보이는 경우 등에 한하여 제 3 자가 연대보
증인에 대하여 주채무자로서의 전액 구상의무를 부담한다 할 것이다.

…그러나 주채무 명의자인 제 3 자가 실질적 주채무자가 아니라는 사실을 연대보
증인이 알고서 보증을 하였거나 보증책임을 이행한 경우라 할지라도, 그 제 3 자가
실질상의 주채무자를 연대보증한 것으로 인정할 수 있는 경우에는 제 3 자는 연대보
증인에 대하여 공동보증인 간의 구상권 행사 법리에 따른 구상의무는 부담한다 할
것이고, 제 3 자가 금융기관으로부터 대출을 받음에 있어 자신을 주채무자로 하도록
승낙한 경우의 제 3 자의 의사는 특별한 사정이 없는 한 대출에 따른 경제적인 효과
는 실질상의 주채무자에게 귀속시킬지라도 법률상의 효과는 자신에게 귀속시킬 의사
로서, 최소한 연대보증의 책임은 지겠다는 의사였다고 보아야 할 것이다.」(대판 2002.
12. 10,
2002다
47631)

(ㅁ) 「이(위 (ㄹ) 판결의 첫째 단
락을 가리킴: 저자 주)는 물상보증의 경우에도 마찬가지로 보아야 할 것이다. …
형식상의 주채무자가 실질상의 주채무자를 연대보증한 것으로 인정할 수 있는 경
우 또는 형식상의 주채무자와 연대보증인 사이의 내부관계에서 실질상의 주채무자의
채무의 상환을 각기 연대보증한다는 취지의 양해가 묵시적으로나마 있었던 경우에는
형식상의 주채무자는 연대보증인에 대하여 공동보증인 간의 구상권 행사 법리에 따
른 구상의무를 부담한다 할 것이지만(대법원 1999. 10. 22. 선고 98다22451 판결, 대법
원 2002. 12. 10. 선고 2002다47631 판결 등 참조), 형식상의
주채무자와 연대보증인 사이에서 채무의 보증책임 또는 이행책임을 연대보증인만이

부담하며 형식상의 주채무자는 이를 부담하지 않기로 하는 특약이나 그러한 취지의 명시적 내지 묵시적 양해가 있는 경우라면, 형식상의 주채무자는 연대보증인에 대하여 아무런 구상의무를 부담하지 않는다 할 것이다.」$\left(\substack{\text{대판 2008. 4. 24,}\\ \text{2007다75648}}\right)$

(2) 보증계약은 무상$\left(\substack{\text{채권자에 대한 관계에서 그러하며, 주채}\\ \text{무자로부터는 대가를 받는 경우도 있다}}\right)$·편무·낙성의 계약이다.

보증계약은 보증의사가 보증인의 기명날인 또는 서명이 있는 서면으로 표시되어야 효력이 발생한다$\left(\substack{\text{428조의 2}\\ \text{1항 본문}}\right)$$\left(\substack{\text{이 규정이 보증의사가 일정한 서면으로 표시되는 것을 정할 뿐이라는 점}\\ \text{등을 고려할 때, 작성된 서면에 반드시 「보증인」 또는 「보증한다」는 문언}}\right)$의 기재가 있을 것이 요구되지는 않는$\Big)$. 다만, 보증의 의사가 전자적 형태로 표시된 경우에는다. 대판 2013. 6. 27, 2013다23372 효력이 없다$\left(\substack{\text{428조의 2}\\ \text{1항 단서}}\right)$. 그런데 「전자문서 및 전자거래 기본법」은, 보증인이 자기의 영업 또는 사업으로 작성한 보증의 의사가 표시된 전자문서는 민법 제428조의 2 제 1 항 단서에도 불구하고 같은 항 본문에 따른 서면으로 본다고 규정한다$\left(\substack{\text{동법 4}\\ \text{조 1항}}\right)$. 한편 여기의 「보증인의 서명」은 원칙적으로 보증인이 직접 자신의 이름을 쓰는 것을 의미하며, 타인이 보증인의 이름을 대신 쓰는 것은 이에 해당하지 않으나$\left(\substack{\text{대판 2019. 3. 14, 2018다282473. 구 보증인보호법에}\\ \text{관하여 같은 취지: 대판 2017. 12. 13, 2016다233576}}\right)$, 「보증인의 기명날인」은 타인이 이를 대행하는 방법으로 하여도 무방하다$\left(\substack{\text{대판 2019. 3. 14,}\\ \text{2018다282473}}\right)$. 제 1 항의 결과 보증계약은 일종의 요식행위가 된다. 보증인의 채무를 불리하게 변경하는 경우에도 마찬가지이다$\left(\substack{\text{428조의}\\ \text{2 2항}}\right)$. 그런데 보증인이 보증채무를 이행한 경우에는, 그 한도에서 방식의 하자를 이유로 무효를 주장할 수 없다$\left(\substack{\text{428조의}\\ \text{2 3항}}\right)$. 이 점에서 요식성이 다소 완화된다.

(3) 보증인보호법상의 보증계약을 체결할 때에는 보증채무의 최고액을 서면으로 특정하여야 하며$\left(\substack{\text{주채무에 관한 채권증서에 보증인이 기명날인 또는 서명하는 방식으로 보증의 의사를 표}\\ \text{시한 일반 보증의 경우에 그 서면에 주채무자가 부담하는 원본채무의 금액이 명확하게 기}}\right)$재되어 있다면 다른 특별한 사정이 없는 한 보증인보호법 4조 전단의 요건은 적법하게 충족되었다고 볼 것이고, 그 외에 이자 또는 지연손해금 등과 같은 종된 채무에 관하여 별도로 그 액을 특정할 것이 요구되지는 않는다. 대판 2013. 6. 27, 2013다$\Big)$, 이는 보증기간을 갱신할 때에도 같다$\left(\substack{\text{같은 법}\\ \text{4조}}\right)$. 이를 위반한 경우의 효력에 관23372하여는 명문규정이 없으나, 무효라고 새겨야 할 것이다$\left(\substack{\text{같은 법 6조}\\ \text{2항 참조}}\right)$$\left(\substack{\text{사업을 하는 개인이나}\\ \text{법인이 타인의 채무에}}\right)$대하여 체결한 보증계약을 체결한 경우에 그 타인의 채무가 자신이 영위하는 사업과 관련된 것이라면 그 보증계약은 보증인보호법의 적용대상이 되지 아니하므로 비록 보증하는 채무의 최고액을 서면으로 특정하지 아니하였더라도 보증인보호법 6조 2항에 따라 무효라고 할 수 없다. $\Big)$.대판 2013. 12. 12, 2013다71159

(4) 채권자는 보증계약을 체결할 때 보증계약의 체결 여부 또는 그 내용에 영향을 미칠 수 있는 주채무자의 채무 관련 신용정보를 보유하고 있거나 알고 있는 경우에는 보증인에게 그 정보를 알려야 하며, 그 점은 보증계약을 갱신할 때에도 또한 같다$\left(\substack{\text{436조의}\\ \text{2 1항}}\right)$. 채권자가 이 의무를 위반하여 보증인에게 손해를 입힌 경우에는, 법원은 그 내용과 정도 등을 고려하여 보증채무를 감경하거나 면제할

수 있다($^{436조의}_{2\ 4항}$). 이는 2015년 개정 시에 신설된 것이다.

한편 보증인보호법에도 이와 유사한 규정이 있다. 그 규정을 살펴본다. 은행 등 일정한 금융기관($^{같은 법 2조}_{3호 참조}$)이 보증인보호법상의 보증계약을 체결할 때에는 채무자의 채무관련 신용정보를 보증인에게 제시하고($^{이 경우 채무자의 동의를}_{받아야 함. 같은 법 8조 2항}$) 그 서면에 보증인의 기명날인이나 서명을 받아야 하며, 이는 보증기간을 갱신할 때에도 같다($^{같은 법}_{8조 1항}$). 금융기관이 그 정보를 제시하지 않은 경우에는, 보증인은 정보제시를 요구할 수 있다($^{같은 법}_{8조 3항}$). 그리고 만약 금융기관이 이 제시요구를 받은 날부터 7일 이내에 그 요구에 응하지 않으면 보증인은 그 사실을 안 날부터 1개월 이내에 보증계약의 해지를 통고할 수 있고, 그 경우에는 금융기관이 해지통고를 받은 날부터 1개월이 경과한 때에 해지의 효력이 생긴다($^{같은 법}_{8조 4항}$).

[169] ## 2. 보증채무의 성립에 관한 요건

보증채무는 보증계약에 의하여 성립하므로 보증계약이 계약의 일반적 성립요건을 갖추어야 한다. 그러나 그 밖에도 보증채무와 주채무와의 관계에서, 그리고 보증인의 자격과 관련하여 갖추어야 할 요건이 있다. 이는 보증계약의 특별 성립요건이라고 할 수 있다.

(1) 주채무에 관한 요건

1) 주채무가 있을 것　　보증채무는 주채무의 이행을 담보하는 채무이므로, 보증채무가 성립하려면 주채무가 존재하여야 한다. 채권담보를 목적으로 하는 계약일지라도 주채무의 존재를 전제로 하지 않는 것은 보증계약이 아니고 손해담보계약에 해당한다($^{[184]}_{참조}$).

2) 주채무는 대체적 급부를 내용으로 할 것　　보증채무는 주채무와 내용상 같아야 하므로 주채무는 대체적 급부를 내용으로 하여야 한다. 그러나 이는 본질적인 것은 아니다. 따라서 객관적으로 대체성이 없음에도 불구하고 당사자가 대체성을 인정하면 보증채무는 성립할 수 있다. 그리고 부대체적 급부를 목적으로 하는 채무에 관하여 보증한 경우에, 주채무가 손해배상채무로 변하는 것을 정지조건으로 하여 보증한 것으로 새겨야 함은 앞에서 언급하였다($^{[167]}_{참조}$).

3) 장래의 채무·조건부 채무의 보증　　보증은 현재의 채무에 대하여뿐만 아니라 장래의 채무에 대하여도 할 수 있다($^{428조}_{2항}$). 그리고 여기의 장래의 채무에

는 장래의 특정의 채무뿐만 아니라 장래의 불특정의 채무도 포함된다. 뒤의 채무의 보증, 가령 당좌대월계약 등과 같은 계속적 거래관계로부터 생기는 증감변동하는 채무에 관하여 담보하는 것을 근보증(신용보증)이라고 한다($^{근보증은\ 근질\cdot근저}_{당과\ 함께\ 근담보에}_{해당}$). 이러한 근보증에 대하여 과거에는 법률에 특별한 규정이 없었다. 그런 상태에서 통설·판례는, 근보증에 있어서는 보증되는 채무의 범위를 확정할 수 있어야 하나, 그 기준은 근저당의 경우보다는 완화되어도 무방하고, 따라서 보증기간이나 보증하는 최고한도액을 정하지 않아도 당연히 무효로 되지는 않으며 ($^{대판\ 1957.\ 10.\ 28,\ 4290민상294;\ 대판\ 1960.\ 9.}_{15,\ 4292민상817;\ 대판\ 1976.\ 8.\ 24,\ 76다1178}$), 계속적 거래로부터 생기는 모든 채무를 보증할 수도 있다고 하였다($^{대판\ 1972.\ 10.\ 31,\ 72다1471;\ 대판}_{1990.\ 4.\ 13,\ 89다카913\cdot920\cdot937}$). 그런데 2015년에 민법이 개정되어 근보증에 관한 규정을 신설하였다. 그 규정에 따르면 근보증은 포괄근보증이라도 허용되나, 보증하는 채무의 최고액을 서면으로 특정해야 하며($^{428조의}_{3\ 1항}$), 최고액을 서면으로 특정하지 않은 보증계약은 무효로 된다($^{428조의}_{3\ 2항}$)($^{보증인보호법상의\ 근보증에\ 관}_{하여는\ 같은\ 법\ 6조\ 참조.\ 그\ 규}_{정상\ 한정근보증만\ 허용되고,\ 최고}_{액\ 특정의\ 점은\ 민법에서와\ 같음}$). 한편 주채무는 조건부 채무일 수도 있다.

〈판 례〉

「주채무 발생의 원인이 되는 기본계약이 반드시 보증계약보다 먼저 체결되어야만 하는 것은 아니고, 보증계약 체결 당시 보증의 대상이 될 주채무의 발생원인과 그 내용이 어느 정도 확정되어 있다면 장래의 채무에 대해서도 유효하게 보증계약을 체결할 수 있다 할 것이다.」($^{대판\ 2006.\ 6.\ 27,}_{2005다50041}$)

주채무가 장래의 채무·조건부 채무인 경우에 보증채무는 현재의 채무인가? 물적 담보의 경우에는 피담보채권이 장래의 채권·조건부 채권일지라도 채권자는 목적물의 담보가치를 현실적으로 파악하고 그 순위를 확보할 필요가 있으므로 현재 담보권($^{근질\ \cdot}_{근저당}$)이 성립한다고 하여야 하나, 보증채무에 있어서는 그럴 필요가 없으므로 부종성에 비추어 주채무가 효력을 발생할 때 보증채무도 효력이 생기는 것(장래의 보증채무)으로 해석하여야 한다($^{이설}_{없음}$).

4) **취소의 원인 있는 채무를 보증한 경우**　　　본래 보증채무는 부종성이 있 [170] 기 때문에 주채무가 취소되면 보증채무도 무효로 된다. 한편 2015년에 민법이 개정되기 전에는 「취소의 원인 있는 채무를 보증한 자가 보증계약 당시에 그 원인 있음을 안 경우에 주채무의 불이행 또는 취소가 있는 때에는 주채무와 동일한 목

적의 독립채무를 부담한 것으로 본다」고 규정하고 있었다($^{개정 전}_{436조}$). 그런데 그 규정
은 불합리한 것으로 비판받아 삭제되었다.

(2) 보증인에 관한 요건

1) 일반의 경우　　보증인이 될 수 있는 자격에 관하여는 원칙적으로 제한
이 없다. 다만, 보증채무는 보증계약에 의하여 성립하고 보증인은 보증계약의 한
당사자이므로 그 계약이 성립하고 유효하기 위하여서 그가 권리능력·의사능
력·행위능력을 가지고 있어야 한다.

2) 보증인을 세울 의무가 있는 경우　　당사자 사이의 계약·법률규정 또
는 법원의 명령에 의하여 채무자가 보증인을 세울 의무가 있는 경우에는, 그 보
증인은 행위능력 및 변제자력이 있는 자로 하여야 한다($^{431조}_{1항}$). 그리고 보증인이
변제자력이 없게 된 때에는, 채권자는 보증인의 변경을 청구할 수 있다($^{431조}_{2항}$). 그
런데 이 두 가지는 채권자가 스스로 보증인을 지명한 경우에는 적용되지 않는다
($^{431조}_{3항}$). 그때는 채권자를 보호할 필요가 없기 때문이다. 한편 채무자는 다른 상당
한 담보를 제공함으로써 보증인을 세울 의무를 면할 수 있다($^{432}_{조}$).

위에서 설명한 보증인의 자격은 보증인을 세울 의무의 요건일 뿐이며 보증
계약의 성립요건은 아니다. 따라서 보증인이 무자격자일지라도 일단 그와 보증
계약을 체결하였으면 그 계약은 유효하다. 다만, 그 경우 채무자는 보증인을 세
울 의무를 이행하지 않은 것으로 되고, 그 결과 기한의 이익을 잃는다($^{388조}_{2호}$).

[171]　**Ⅲ. 보증기간**

민법은 보증기간에 관하여 명문의 규정을 두고 있지 않다. 그런데 보증인보
호법은 특별규정을 두고 있다. 이에 의하면, 그 법상의 보증의 경우 보증기간은
원칙적으로 당사자의 약정에 의하여 정하여지나, 약정이 없는 때에는 그 기간이
3년으로 된다($^{같은 법}_{7조 1항}$). 이 규정에서 정한 보증기간의 의미에 관하여 판례는, 특별
한 사정이 없는 한 보증인이 보증책임을 부담하는 주채무의 발생기간이고, 보증
채무의 존속기간이 아니라고 한다($^{대판 2020. 7. 23,}_{2018다4223}$). 그리고 보증기간은 갱신할 수 있
으며, 그 경우 보증기간의 약정이 없는 때에는 계약체결시의 보증기간을 그 기간
으로 본다($^{같은 법}_{7조 2항}$). 또한 그 법 제 7 조 제 1 항 및 제 2 항에서 간주되는 보증기간

은 계약을 체결하거나 갱신하는 때에 채권자가 보증인에게 고지하여야 한다($^{같은}_{법7}$ $^{조}_{3항}$). 한편 보증계약 체결 후 채권자가 보증인의 승낙 없이 채무자에 대하여 변제기를 연장하여 준 경우에는, 채권자나 채무자는 보증인에게 그 사실을 알려야 한다($^{같은 법 7조}_{4항 1문}$). 그리고 이 경우 보증인은 즉시 보증채무를 이행할 수 있다 ($^{같은 법 7조}_{4항 2문}$).

Ⅳ. 보증채무의 내용 [172]

보증채무의 내용은 보증채무의 부종성과 보증계약에 의하여 정하여진다.

1. 보증채무의 목적

보증채무의 목적 즉 급부는 보증채무의 부종성으로 말미암아 주채무의 목적과 동일하다. 그리고 주채무의 목적이 동일성을 유지한 채 변경된 때, 예컨대 주채무가 채무불이행으로 인하여 손해배상채무로 변경되거나 그것이 병존하게 된 경우, 책임없는 이행불능으로 소멸한 경우에는 보증채무도 그에 따라 변경된다.

2. 보증채무의 범위

보증채무의 범위는 주채무의 범위보다 클 수 없으며, 만일 더 큰 때에는 주채무의 한도로 줄어든다($^{430}_{조}$). 보증채무의 범위가 주채무의 범위보다 작은 것은 상관없다(유한보증. 有限保證).

보증채무의 범위에 관하여 당사자 사이에 특약이 없는 경우에는 민법의 보충규정($^{429조}_{1항}$)에 의하여 범위가 정하여진다($^{이 규정은 보충적인 해석규정이므로 명시적·묵시적 특약}_{이나 특별한 사정이 있는 때에는 적용되지 않는다. 대판}$ $^{1997. 8. 29,}_{96다37879}$). 그리하여 보증채무는 주채무의 이자, 위약금, 손해배상 기타 주채무에 종속한 채무를 포함하게 된다($^{429조}_{1항}$). 그런데 여기의 손해배상채무는 주채무의 손해배상에 대한 것이며, 보증채무의 이행지체로 인한 것은 아니다. 보증채무의 이행지체로 인한 지연배상은 보증채무와는 별도로 부담하여야 한다($^{대판 1998. 2. 27,}_{97다1433; 대판}$ $^{2003. 6. 13, 2001다29803; 대판 2006. 7. 4, 2004}_{다30675; 대판 2016. 1. 28, 2013다74110 등}$). 그리고 위와 같이 보증채무 자체의 이행지체로 인한 지연손해금을 보증한도액과 별도로 부담하는 경우, 보증채무의 연체이율에 관하여 특별한 약정이 없다면 그 거래행위의 성질에 따라 상법 또는 민법에서 정한 법정이율에 따라야 할 것이지, 주채무에 관하여 약정된 연체이율이 당연히 여기에 적용된다고 볼 것은 아니다(대판 2000. 4. 11, 99다12123; 대판 2014. 2. 27, 2013다76567; 대판 2016. 1. 28, 2013다74110). 그러나 특별한 약정이 있다면 그에 따라야 한다. 한편 판례는, 선급금 반환에 관한 보증계약에서 선급금 반환사유가 발생하였을 경우 선급금 잔액에 대하여 선급금 지급 시부터 이자를 가산하여 반환할 것인지는 주계약 당사자 사이의 약정에 따라야 할 것이라고 한다(대판 2016. 1. 28, 2013다74110).

보증채무는 주채무에 관한 계약의 해제·해지에 의한 원상회복의무 및 손해배상의무도 담보하는가? 여기에 관하여 학설·판례(대판 1972. 5. 9, 71다1474; 대판 2012. 5. 24, 2011다109586(민간공사 도급계약에 있어 수급인의 보증인은 특별한 사정이 없다면 선급금 반환의무(이는 해제로 인한 원상회복의무임)에 대하여도 보증책임을 진다고 한다))는 일치하여 긍정하고 있다. 그런데 학설의 근거 설명방법은 둘로 나뉘어 있다. i) 하나는, 계약당사자를 위한 보증은 그 계약에서 생기는 특정의 채무만을 보증하는 취지인 것은 오히려 예외이며, 보통은 그 계약당사자가 부담하는 모든 채무를 보증하는 취지라고 해석할 것이라고 한다(곽윤직, 186면 등). 그에 비하여 ii) 다른 하나는 해제의 효과에 관하여 청산관계설의 견지에서 본래의 채무와 해제의 효과로서 발생한 채무간에 동일성이 유지되므로 뒤의 채무도 보증하게 된다고 한다(김상용, 324면; 김형배, 508면; 이은영, 558면). 사견은 해제의 효과에 관하여 직접효과설을 취하므로(채권법각론 [66] 참조) i)설에 의하여야 할 것이다.

3. 보증채무의 모습

보증채무의 모습(조건· 기한 등)은 주채무보다 가벼울 수는 있으나, 무거울 수는 없으며, 만일 더 무거운 때에는 주채무의 한도로 줄어든다(430 조).

〈판 례〉

「보증계약 체결 후 채권자가 보증인의 승낙 없이 주채무자에 대하여 변제기를 연장하여 준 경우, 그것이 반드시 보증인의 책임을 가중하는 것이라고는 할 수 없으므로 원칙적으로 보증채무에 대하여도 그 효력이 미친다.」(대판 1996. 2. 23, 95다49141)

4. 보증채무에 대한 손해배상액의 예정

보증인은 보증채무에 관하여 위약금 기타 손해배상액을 예정할 수 있다(429조 2항). 이는 보증채무가 주채무와는 별개의 채무이기 때문에 인정되는 것이다. 그런 견지에서 볼 때, 보증채무에 대하여 보증을 하거나(부보증) 담보물권(물상보증)을 설정할 수도 있다고 할 것이다.

〈판 례〉

(ㄱ)「원래 보증한도액을 정한 근보증에 있어 보증채무는 특별한 사정이 없는 한 보증한도 범위 안에서 확정된 주채무 및 그 이자, 위약금, 손해배상 기타 주채무에 종속한 채무를 모두 포함한다고 할 것이다.

한편, 보증채무는 주채무와는 별개의 채무이기 때문에 보증채무 자체의 이행지체로 인한 지연손해금은 보증한도액과는 별도로 부담하고 이 경우 보증채무의 연체이율에 관하여 특별한 약정이 없는 경우라면 그 거래행위의 성질에 따라 상법 또는 민법에서 정한 법정이율에 따라야 하며, 주채무에 관하여 약정된 연체이율이 당연히 여기에 적용되는 것은 아니지만, 특별한 약정이 있다면 이에 따라야 한다.」(대판 2000. 4. 11, 99다 12123. 같은 취지: 대판 2014. 3. 13, 2013다205693)

(ㄴ)「보증계약이 성립한 후에 보증인이 알지도 못하는 사이에 주채무의 목적이나 형태가 변경되었다면, 그 변경으로 인하여 주채무의 실질적 동일성이 상실된 경우에는 당초의 주채무는 경개로 인하여 소멸하였다고 보아야 할 것이므로 보증채무도 당연히 소멸하겠지만, 그 변경으로 인하여 주채무의 실질적 동일성이 상실되지 아니하고 동시에 주채무의 부담내용이 축소·감경된 것에 불과한 경우에는 보증인은 그와 같이 축소·감경된 주채무의 내용에 따라 보증책임을 진다고 할 것이다.」(대판 2001. 3. 23, 2001다628)

(ㄷ)「채권자와 채무자 사이에 계속적인 거래관계에서 발생하는 불확정한 채무를 보증하는 이른바 계속적 보증의 경우뿐만 아니라 특정채무를 보증하는 일반보증의 경우에 있어서도, 채권자의 권리행사가 신의칙에 비추어 용납할 수 없는 성질의 것인 때에는 보증인의 책임을 제한하는 것이 예외적으로 허용될 수 있을 것이나, 일단 유효하게 성립된 보증계약에 따른 책임을 신의칙과 같은 일반원칙에 의하여 제한하는 것은 자칫 잘못하면 사적 자치의 원칙이나 법적 안정성에 대한 중대한 위협이 될 수 있으므로 신중을 기하여 극히 예외적으로 인정하여야 할 것이다.」(대판 2004. 1. 27, 2003다45410)

(ㄹ)「채무가 특정되어 있는 확정채무에 대하여 보증한 보증인으로서는 자신의 동의 없이 피보증채무의 이행기를 연장해 주었는지의 여부에 상관없이 그 보증채무를 부담하는 것이 원칙이다. 그렇지만 당사자 사이에 보증인의 동의를 얻어 피보증채무의 이행기가 연장된 경우에 한하여 피보증채무를 계속하여 보증하겠다는 취지의 특별한 약정이 있다면 그 약정에 따라야 한다(대법원 2007. 6. 14. 선고 2005다9326 판결 등 참조). 이 경우에 보증채무를 존속시키기 위하여 필요한 이행기 연장에 대한 보증인의 동의는 이행기가 연장된 주채무에 대하여 보증채무를 변제하겠다는 의사를 의미하며, 위와 같은 의사가 담겨져 있는 이상 그 동의는 이행기가 연장되기 전뿐 아니라 이행기가 연장된 후에도 가능하고 묵시적 의사표시의 방법으로도 할 수 있다고 봄이 상당하다.」(대판 2012. 8. 30, 2009다90924)

(ㅁ)「선급금 반환에 관한 보증계약을 체결한 보증인의 책임 범위도 도급계약 당사

자 사이의 선급금의 충당 대상이 되는 기성공사대금의 내역에 관한 약정에 따라 결정된다. 보증 및 보험의 일반 법리에 비추어 선급금 보증인의 책임 유무 및 범위는 선급금 보증계약 체결 당시의 도급계약상의 약정을 기준으로 판단하여야 하므로 선급금 보증계약이 체결된 후 도급인이 수급인의 하수급업자에 대한 하도급대금 등을 직접 지급하기로 합의하고 하도급대금을 선급금 충당의 대상이 되는 기성공사대금의 내역에서 제외하기로 약정함으로써 선급금 보증인의 책임이 가중된다면 그 범위 내에서는 보증의 효력이 미치지 않는다.」$\binom{\text{대판 2021. 7. 8,}}{\text{2016다267067}}$

[173]   ## V. 보증채무의 대외적 효력

1. 채권자의 이행청구와 채무자의 이행

(1) 채권자의 이행청구

1) 서   설   주채무와 보증채무의 이행기가 모두 도래한 때에는$\binom{\text{보증채무}}{\text{의 이행}}$ $\binom{\text{기가 먼저 도래}}{\text{할 수는 없음}}$, 채권자는 주채무자와 보증인에 대하여 따로따로 또는 동시에 채무의 전부나 일부의 이행을 청구할 수 있다. 이때 만약 채권자가 주채무자에게 청구하지 않고 보증인에게 청구하는 경우에는 보증인은 일정한 항변권 기타의 권리를 행사할 수 있다$\binom{\text{아래 3}}{\text{이하 참조}}$.

주채무자와 보증인 중 전원 또는 일부가 파산선고를 받은 때에는 채권자는 파산선고시에 가진 채권의 전액에 관하여 각 파산재단에 대하여 파산채권자로서 권리를 행사할 수 있고$\binom{\text{채무자회생법 428}}{\text{조·429조·431조}}$, 주채무자와 보증인 중 전원 또는 일부에 관하여 회생절차가 개시된 때에는 채권자는 회생절차 개시 당시 가진 채권의 전액에 관하여 각 회생절차에서 회생채권자로서 그 권리를 행사할 수 있으며$\binom{\text{채무자회생}}{\text{법 126조}}$ $\binom{\text{1항·}}{\text{127조}}$, 주채무자와 보증인 중 전원 또는 일부가 개인회생절차 개시결정을 받은 때에는 채권자는 개인회생절차 개시결정시에 가진 채권의 전액에 관하여 각 개인회생재단에 대하여 개인회생채권자로서 권리를 행사할 수 있다$\binom{\text{채무자회생법 581조 2항·}}{\text{428조·429조·431조}}$.

2) **채권자의 통지의무**   민법은 2015년 개정 시에 일종의 배려의무로서 채권자의 통지의무규정을 신설하였다. 그에 따르면 채권자는 보증계약을 체결한 후에 일정한 사유가 있는 경우에는 지체없이 보증인에게 그 사실을 알려야 한다$\binom{\text{436조의}}{\text{2 2항}}$. 주채무자가 원본·이자·위약금·손해배상 또는 그 밖에 주채무에 종속

한 채무를 3개월 이상 이행하지 않는 경우, 주채무자가 이행기에 이행할 수 없음을 미리 안 경우, 주채무자의 채무 관련 신용정보에 중대한 변화가 생겼음을 알게 된 경우에 그렇다. 그런가 하면 채권자는 보증인의 청구가 있으면 주채무의 내용 및 그 이행 여부를 알려야 한다($^{436조의}_{2\,3항}$). 한편 채권자가 제 2 항·제 3 항에 따른 의무를 위반하여 보증인에게 손해를 입힌 경우에는, 법원은 그 내용과 정도 등을 고려하여 보증채무를 감경하거나 면제할 수 있다($^{436조의}_{2\,4항}$).

보증인보호법도 채권자의 보증인에 대한 통지의무를 규정하고 있다. 그 내용은 다음과 같다. 채권자는, 주채무자가 원본·이자 그 밖의 채무를 3개월 이상 이행하지 아니하는 경우 또는 주채무자가 이행기에 이행할 수 없음을 미리 안 경우에는, 지체없이 보증인에게 그 사실을 알려야 한다($^{같은 법}_{5조 1항}$). 채권자가 일정한 금융기관($^{같은 법 2조}_{3호 참조}$)인 때에는, 주채무자가 원본·이자 그 밖의 채무를 1개월 이상 이행하지 아니하는 경우에는, 지체없이 그 사실을 보증인에게 알려야 한다($^{같은}_{법 5조}_{2항}$). 그리고 보증인의 청구가 있으면 채권자는 주채무의 내용 및 그 이행 여부를 보증인에게 알려야 한다($^{같은 법}_{5조 3항}$). 한편 채권자가 그 법 제 5 조 제 1 항부터 제 3 항까지의 규정에 따른 의무를 위반한 경우에는, 보증인은 그로 인하여 손해를 입은 한도에서 채무를 면한다($^{같은 법}_{5조 4항}$).

3) 보증인의 권리

㈎ 부종성에 기한 권리   보증인은 주채무자가 가지는 항변을 가지고 채권자에게 대항할 수 있다($^{433조}_{1항}$). 그리고 주채무자가 항변을 포기하여도 그것은 보증인에게는 효력이 없다($^{433조}_{2항}$).

보증인이 행사할 수 있는 항변으로는 기한유예의 항변권, 동시이행의 항변권, 주채무의 부존재의 항변($^{주채무의 성립원인이 무}_{효이거나 취소된 경우}$), 주채무의 소멸의 항변($^{변제·대물변제·}_{공탁·상계·경개}_{등의 경우}$) 등이 있다. 주채무가 소멸시효의 완성으로 소멸한 때에도 보증인은 시효소멸을 주장할 수 있다($^{이설이 없으며, 판례도 같음. 대판 2002. 5. 14, 2000다62476;}_{대판 2012. 1. 12, 2011다78606; 대판 2012. 7. 12, 2010다51192}$). 주채무가 시효로 소멸한 후에 주채무자가 시효이익을 포기한 때에도 같다($^{대판 1991. 1. 29,}_{89다카1114}$,). 문제는 보증인이 시효이익을 포기한 경우이다. 여기에 관하여 학설은, i) 보증채무의 시효이익의 포기는 주채무에 관한 포기의 의사표시도 포함한다는 견해($^{장경학, 393면;}_{지원림, 1198면}$), ii) 그 포기가 언제나 당연히 주채무자의 시효이익의 포기를 포함하지는 않는다는 견해($^{곽윤직(신정판), 368면; 김}_{용한, 367면; 김학동, 260면}$), iii) 구체적으로 판단하여야 한다는 견해($^{김주수, 335면;}_{김형배, 511면}$,), iv)

구체적으로 판단하여야 하나, 일반적으로 보증채무의 시효이익의 포기는 주채무자의 시효이익 원용의 포기도 포함한다는 견해($_{327면}^{김상용,}$)로 나뉘어 있다. 그리고 판례는, 주채무에 대한 소멸시효가 완성된 경우에는 보증채무의 부종성에 따라 보증채무 역시 당연히 소멸되는 것이 원칙이고, 다만 보증채무의 부종성을 부정하여야 할 특별한 사정이 있는 경우에는 예외적으로 보증인은 주채무의 시효소멸을 이유로 보증채무의 소멸을 주장할 수 없으나($_{2010다51192}^{대판 2012. 7. 12,}$), 특별한 사정을 인정하여 보증채무의 본질적인 속성에 해당하는 부종성을 부정하려면 보증인이 주채무의 시효소멸에도 불구하고 보증채무를 이행하겠다는 의사를 표시하거나 채권자와 그러한 내용의 약정을 하였어야 하고, 단지 보증인이 주채무의 시효소멸에 원인을 제공하였다는 것만으로는 보증채무의 부종성을 부정할 수 없다고 한다($_{2016다211620}^{대판 2018. 5. 15,}$). 이러한 판례는 시효이익의 묵시적 포기를 원칙적으로 인정하지 않는 입장이다($_{[290] 참조}^{민법총칙}$). 생각건대 이는 법률행위의 해석의 문제이나, 불분명한 경우에는 보증채무의 시효이익의 포기는 주채무자의 시효이익 원용권도 포기하는 것으로 새기는 것이 옳다. 한편 판례는 보증인을 보호하려는 견지에서 묵시적 포기를 원칙적으로 부정하고 있으나, 그것은 시효이익 포기의 일반이론에 어긋날뿐더러 보증인에게 지나치게 관대한 것으로서 바람직하지 않다.

보증인은 주채무자의 채권에 의한 상계로 채권자에게 대항할 수 있다($_{조}^{434}$). 이처럼 보증인은 주채무자의 채권으로 상계할 수는 있으나, 채권자가 상계적상(相計適狀)에 있는 자동채권을 상계처리하지 않았다고 하여 그것을 이유로 보증채무의 이행을 거절할 수는 없으며, 그가 면책될 수도 없다($_{1340; 대판 2018. 9. 13,}^{대판 1987. 5. 12, 86다카}$ $_{209347}^{2015다}$).

주채무자가 채권자에 대하여 취소권 또는 해제권이나 해지권이 있는 동안은 보증인은 채권자에 대하여 채무이행을 거절할 수 있다($_{조}^{435}$). 그러나 보증인이 그 권리를 행사하지는 못한다.

[174]   (ㄴ) **보충성에 기한 권리**   보증채무의 보충성에 기한 권리로 민법은 제437조에서 보증인의 최고·검색의 항변권을 규정하고 있다. 그런데 이 권리가 최고의 항변권과 검색의 항변권이라는 별개의 두 항변권인지 「최고와 검색의 항변권」이라는 하나의 항변권인지에 관하여는 견해가 대립된다. i) 다수설은 전자의 견지에 있으나($_{곽윤직, 190면}^{대표적으로}$), ii) 소수설은 후자의 입장을 취한다($_{514면; 이은영, 563면}^{김상용, 330면; 김형배,}$).

ii)설은 그 주된 이유로, 우리 민법은 의용민법($^{같은\ 법\ 452}_{조\cdot\ 453조}$)과 달리 최고·검색의 항변권을 동일한 조문에서 동일한 요건 하에 규정하였다는 점($^{및\ 「민법안심의록」에서}_{이를\ 타당하다고\ 한\ 점}$)을 든다. 생각건대 ii)설처럼 해석하면 채권자가 주채무자에게 최고를 한 경우에는 그 항변권을 행사할 수 없게 될 것이고, 또 검색의 항변만을 하는 것은 항변권의 정당한 행사로 되지 않을 것이다($^{왜냐하면\ 「최고와\ 검색」}_{의\ 항변권이기\ 때문이다}$). 그런데 이는 보증인에게 불이 익을 강요하는 결과로 되어 부당하다. 그러한 결과를 피하려면 i)설처럼 이해하여야 한다. 그리고 민법이 동일한 규정에서 두 항변권을 함께 규정한 이유는 그 요건이 같기 때문인 것으로 보아야 한다. 이하에서는 이러한 견지에서 두 항변권을 나누어 살펴보기로 한다.

(a) 최고(催告)의 항변권   최고의 항변권은 채권자가 보증인에게 채무의 이행을 청구한 경우에 보증인이 일정한 요건을 증명하여 먼저 주채무자에게 청구할 것을 항변할 수 있는 권리이다($^{437조}_{본문}$). 이 최고의 항변권은 연기적 항변권에 해당한다.

이 항변권을 행사하려면, ① 채권자가 주채무자에게 청구하지 않은 상태에 서 보증인에게 청구하였어야 하며, ② 보증인이 주채무자에게 변제자력이 있다 는 사실과 그 집행이 용이하다는 것을 증명하여야 한다. 최고의 항변권은 채권자 가 주채무자에게 청구하지 않고서 보증인에게 청구한 경우에 인정될 수 있으므 로, 채권자가 보증인에 대하여 이행청구를 함과 동시에 주채무자에 대하여도 이 행청구를 한 때에는, 보증인은 최고의 항변권을 행사하지 못한다($^{그러나\ 이때\ 검색의}_{항변권은\ 행사할}$ $^{수}_{있음}$). 한편 주채무자의 변제자력은 채무 전액을 완전히 변제할 정도일 필요는 없 고 채무액에 대하여 거래상 상당하다고 인정되는 정도이면 충분하다. 그리고 집 행이 용이하다는 것은 채권자가 집행을 위하여 많은 시일과 비용을 요함이 없이 쉽게 집행을 할 수 있다는 것이다. 그리하여 단순히 주채무자에게 일정한 재산이 있다는 것이 증명되었다고 하여 집행이 용이하다는 증명까지 있었다고 할 수는 없다($^{대판\ 1962.\ 1.\ 31,\ 4294민상476;}_{대판\ 1962.\ 9.\ 27,\ 62다367}$). 이는 구체적인 경우에 여러 사정에 비추어 판단되어 야 하나, 일반적으로 말하면 채무자의 주소에 있는 동산은 집행이 용이하지만, 부동산($^{대판\ 1962.\ 9.\ 27,}_{62다367}$)·채권·멀리 있는 동산은 용이하지 않다고 할 수 있다.

최고의 항변권의 행사효과는 두 가지이다. 첫째로 채권자는 주채무자에게 최고하지 않는 한 다시 보증인에게 이행청구를 할 수 없다. 그러나 최고는 재판

외의 것이라도 무방하고, 또 효과가 없어도 상관없다. 둘째로 최고의 항변권이 행사되었음에도 불구하고 채권자가 최고를 게을리하여 주채무자로부터 채무의 전부나 일부의 변제를 받지 못한 경우에는, 보증인은 채권자가 최고를 게을리하지 않았으면 변제받았을 한도에서 그 의무를 면한다($\frac{438}{조}$). 그리고 보증인이 최고의 항변권을 가지고 있는 동안에는 채권자는 그가 보증인에 대하여 가진 채권을 자동채권으로 하여 그의 보증인에 대한 채무를 상계하지 못한다.

보증인이 최고의 항변권을 가지지 못하는 경우가 있다. 보증인이 연대보증인인 때($\frac{437조}{단서}$), 주채무자가 파산선고 · 개인회생절차 개시결정을 받거나 주채무자에 대하여 회생절차가 개시된 때($\frac{이때는 변제자}{력이 없으므로}$), 주채무자의 행방을 알 수 없는 때($\frac{이때는 집행이 용}{이하지 않으므로}$)에 그렇다. 그리고 보증인은 최고의 항변권을 포기할 수 있으며, 그때에도 최고의 항변권은 없게 된다.

(b) 검색(檢索)의 항변권(선소(先訴)의 항변권)　　　검색의 항변권은 채권자가 보증인에게 채무의 이행을 청구한 경우에 보증인이 일정한 요건을 증명하여 먼저 주채무자의 재산에 대하여 집행할 것을 항변할 수 있는 권리이다($\frac{437조}{본문}$). 이 검색의 항변권도 연기적 항변권이다. 검색의 항변권은 최고의 항변권과는 달리 실효성이 매우 큰 권리이다. 그리고 이 두 항변권은 별개의 것이므로, 채권자의 청구가 있는 경우에 보증인은 곧바로 실효성이 큰 검색의 항변권을 행사할 수도 있다.

검색의 항변권의 요건은 최고의 항변권에 있어서와 같다.

이 항변권이 행사되면, 채권자는 먼저 주채무자의 재산에 대하여 집행하지 않으면 보증인에 대하여 다시 이행을 청구하지 못한다. 그리고 보증인이 검색의 항변권을 행사하였음에도 불구하고 채권자가 집행을 게을리하여 주채무자로부터 채무의 전부 또는 일부의 변제를 받지 못한 경우에는, 보증인은 채권자가 집행을 게을리하지 않았으면 변제받았을 한도에서 그 의무를 면한다($\frac{438}{조}$). 그리고 보증인이 검색의 항변권을 가지고 있는 동안에는 — 최고의 항변권이 있는 경우와 마찬가지로 — 채권자는 그의 보증인에 대한 채권과 그의 보증인에 대한 채무를 상계하지 못한다.

연대보증인이 검색의 항변권을 가지지 못함은 최고의 항변권에서와 같다($\frac{437조}{단서}$). 그리고 검색의 항변권도 포기할 수 있다.

(2) 채무자의 이행

보증인이 보증채무의 전부를 이행하면 보증채무뿐만 아니라 주채무도 소멸한다. 주채무가 이행된 경우에도 같다. 보증채무는 다수당사자의 채무이기 때문이다.

〈판 례〉

「연대보증인이 주채무자의 채무 중 일정 범위에 대하여 보증을 한 경우에 주채무자가 일부변제를 하면, 특별한 사정이 없는 한 그 일부변제금은 주채무자의 채무 전부를 대상으로 변제충당의 일반원칙에 따라 충당되는 것이고, 연대보증인은 이러한 변제충당 후 남은 주채무자의 채무 중 보증한 범위 내의 것에 대하여 보증책임을 부담한다(대법원 2002. 10. 25. 선고 2002다34017 판결 등 참조)·」(대판 2016. 8. 25, 2016다2840: 주채무자가 이자 연 18%로 금전을 차용하였는데, 연대보증인이 원금과 연 4%의 이자 및 연 8%의 지연손해금만 연대보증한 경우임)

2. 주채무자 또는 보증인에게 생긴 사유의 효력   [175]

(1) 주채무자에 관하여 생긴 사유의 효력

채권자와 주채무자와의 사이에서 주채무자에 관하여 생긴 사유는 모두 보증인에 대하여 그 효력이 미친다. 즉 절대적 효력이 있다. 보증채무는 주채무에의 부종성이 있기 때문이다. 다만, 보증채무를 가중하는 합의는 효력을 미치지 못한다(430조). 특기할 점은 다음과 같다.

1) **주채무의 소멸**   주채무의 소멸은 그 원인이 무엇이든 언제나 보증인에게 효력이 있다. 그러나 채무가 소멸한 것이 아니고 책임이 한정된 경우(예: 주채무에 관하여 상속의 한정승인이 있는 경우)에는 그렇지 않다. 그리고 채무자회생법상의 회생계획에 의하여 주채무의 일부가 면제(이는 법적으로는 「면책」이라고 해야 할 것으로 생각되나, 실무에서는 널리 「면제」라고 하고 있음)되더라도 보증인의 채무에는 영향이 없다(같은 법 250조 2항). 한편 주채무를 소멸시킨 행위가 무효·취소 등으로 인하여 효력을 상실하여 주채무가 소멸하지 않은 것으로 되면 보증채무도 되살아난다.

〈판 례〉

「보증채무는 주채무와 동일한 내용의 급부를 목적으로 함이 원칙이지만 주채무와는 별개 독립의 채무이고, 한편 보증채무자가 주채무를 소멸시키는 행위는 주채무의 존재를 전제로 하므로, 보증인의 출연행위 당시에는 주채무가 유효하게 존속하고 있었다 하더라도 그 후 주계약이 해제되어 소급적으로 소멸하는 경우에는 보증인은 변제를 수령한 채권자를 상대로 이미 이행한 급부를 부당이득으로 반환청구할 수 있

다.┛$\binom{\text{대판 2004. 12. 24,}}{\text{2004다20265}}$

2) 주채무에 대한 시효중단   민법은 주채무자에 대한 시효의 중단은 보증인에 대하여 그 효력이 있다고 규정한다($\frac{440}{\text{조}}$). 그리하여 이행청구 기타의 사유에 의한 모든 시효중단이 절대적 효력을 가지게 된다. 이는 보증채무의 부종성에 기한 것이 아니며, 주채무가 시효로 소멸하기 전에 보증채무가 시효로 소멸하지 않도록 하여 채권의 담보를 확보하기 위해 정책적으로 두어진 특별규정이다($\begin{smallmatrix}\text{이설} \\ \text{이 없}\end{smallmatrix}$으며, 판례도 같음. 대판 1986. 11. 25, 86 다카1569; 대판 1998. 11. 10, 98다42141). 판례는, 제440조가 시효중단사유를 제한하지 않고 있으므로 주채무자에 대한 시효중단사유가 무엇인지에 관계없이 보증인에 대해서도 시효중단의 효력이 생기고, 따라서 채권자가 주채무자에 대하여 이행을 최고한 후 주채무자가 6개월 내에 채무를 승인한 경우 최고가 주채무자에게 도달한 때 시효중단의 효력이 발생한다고 보는 이상, 그 중단의 효력은 보증인에게도 미친다고 한다($\begin{smallmatrix}\text{대판 2022. 7. 28, 2020다46663. 433조 2항에 따라 주채무자가 시효완성 후 시효이익을 포기} \\ \text{한 경우 보증인에게는 효력이 없다고 보는 것은 이 부분 해석에 영향을 미치지 않는다고 함}\end{smallmatrix}$). 그리고 구 회사정리법 제240조 제 2 항($\begin{smallmatrix}\text{현행 채무자회생법} \\ \text{250조 2항에 해당}\end{smallmatrix}$)이 회사정리계획의 효력범위에 관하여 보증채무의 부종성을 배제하고 있다 하더라도 같은 법 제 5 조가 규정한 정리절차 참가로 인한 시효중단의 효력에 관하여 민법 제440조의 적용이 배제되지 아니하고, 따라서 정리절차 참가로 인한 시효중단의 효력은 정리회사의 채무를 주채무로 하는 보증채무에도 미치고 그 효력은 정리절차 참가라는 권리행사가 지속되는 한 그대로 유지된다고 한다($\begin{smallmatrix}\text{대판 1998. 11. 10,} \\ \text{98다42141}\end{smallmatrix}$). 그런가 하면 판례는, 제440조는 제169조의 예외규정으로서 채권자 보호 내지 채권담보의 확보를 위하여 주채무자에 대한 시효중단의 사유가 발생하였을 때는 그 보증인에 대한 별도의 중단조치가 이루어지지 않아도 동시에 시효중단의 효력이 생기도록 한 것이고, 그 시효중단사유가 압류, 가압류 및 가처분이라고 하더라도 이를 보증인에게 통지하여야 비로소 시효중단의 효력이 발생하는 것은 아니라고 한다($\begin{smallmatrix}\text{대판 2005. 10. 27,} \\ \text{2005다35554 · 35561}\end{smallmatrix}$). 또한 제440조가 중단된 이후의 시효기간까지 당연히 보증인에게도 그 효력이 미친다고 하는 취지는 아니라고 한다($\begin{smallmatrix}\text{대판 2006. 8. 24, 2004} \\ \text{다26287 · 26294}\end{smallmatrix}$). 나아가 판례는, 채권자와 주채무자 사이의 확정판결에 의하여 주채무가 확정되어 그 소멸시효기간이 10년으로 연장되었다 할지라도 그 보증채무까지 당연히 단기소멸시효의 적용이 배제되어 10년의 소멸시효기간이 적용되는 것은 아니고, 채권자와 연대보증인 사이에

있어서 연대보증채무의 소멸시효기간은 여전히 종전의 소멸시효기간에 따른다
고 한다($\binom{\text{대판 1986. 11. 25, 86다카1569; 대}}{\text{판 2006. 8. 24, 2004다26287 · 26294}}$). 생각건대 제440조는 주채무의 이행을 담보하
는 보증채무의 성격에 비추어 주채무가 시효로 소멸하기 전에 보증채무가 먼저
시효소멸하지 않도록 하기 위한 규정이다. 그리고 그러한 취지를 살리려면 그 규정
은 단지 시효중단 자체에 대하여뿐만 아니라 중단 후의 시효기간에도 적용된다고
하여야 한다. 즉 판례는 옳지 않다($\binom{\text{같은 취지: 양창수, 민법연구(2), 151면 이하; 이공현, 민사판례연구}}{\text{(10), 36면 이하. 반대 견해: 박인호, 대법원판례해설 6호, 29면 이하}}$).

3) 채권양도 · 채무인수의 경우　　보증채무는 수반성을 가지고 있어서 주
채무자에 대한 채권이 이전되면 — 특약으로 수반을 배제하지 않는 한($\binom{\text{수반을 배제한}}{\text{경우에는 보증}}$
$\binom{\text{채무는}}{\text{소멸함}}$) — 보증인에 대한 채권도 이전한다($\binom{[167]}{\text{참조}}$). 그리고 이때 채권양도에 관하여
대항요건을 갖추면 보증인에 대하여도 대항력이 생긴다.

주채무에 관하여 보증인의 동의 없이 면책적 채무인수가 행하여진 경우에는
보증채무는 소멸한다고 새겨야 한다($\binom{[203]도}{\text{참조}}$). 왜냐하면 보증인은 주채무자의 자력
이 어떠한가에 직접적인 이해관계를 가지고, 따라서 채무자의 변경은 보증인에
게는 중대한 문제이기 때문이다.

(2) 보증인에 관하여 생긴 사유의 효력

채권자와 보증인 사이에서 보증인에게 생긴 사유는 원칙적으로 주채무자에
게 효력이 미치지 않는다(상대적 효력). 다만, 변제 · 대물변제 · 공탁 · 상계와 같이
채권을 만족시키는 사유만은 절대적 효력이 있다.

〈판　례〉

　「보증채무에 대한 소멸시효가 중단되었다고 하더라도 이로써 주채무에 대한 소멸
시효가 중단되는 것은 아니고, 주채무가 소멸시효 완성으로 소멸된 경우에는 보증채
무도 그 채무 자체의 시효중단에도 불구하고 부종성에 따라 당연히 소멸된다고 할
것이다.」($\binom{\text{대판 2002. 5. 14,}}{\text{2000다62476}}$)

Ⅵ. 보증채무의 대내적 효력(구상관계)　　　　　　　　　　　　　　[176]

1. 서　　설

보증인이 자기의 출재로 공동의 면책을 얻은 때에는, 그는 당연히 주채무자
에 대하여 구상권을 가진다($\binom{441조 ·}{444조}$). 보증인이 보증채무를 이행한 것은 채권자에

대한 관계에서는 자기의 채무의 변제이지만 주채무자에 대한 관계에서는 타인의 채무의 변제에 해당하기 때문이다. 그런데 구상의 범위는 보증인이 주채무자로 부터 부탁을 받았는지 여부에 따라 다르다. 민법이 두 경우를 달리 규율하고 있기 때문이다($^{441조\ 2항\ \cdot}_{444조\ 참조}$). 민법은 보증인의 구상관계에 관하여 수탁보증인의 경우는 위임사무 처리비용의 상환에 준하고($^{687조\ \cdot}_{688조}$), 부탁 없는 보증인의 경우는 사무관리비용의 상환에 준하도록 하고 있다($^{739}_{조}$). 그리고 민법은 부탁받은 보증인(수탁보증인)에게는 일정한 경우에 사전구상권도 인정한다($^{442}_{조}$).

한편 판례는, 보증인이 주채무자의 부탁을 받아 보증인이 된 경우 양자는 위임관계에 있고, 이러한 보증의 위임에는 일정한 방식이 요구되지 않으므로 그 의사표시는 명시적인 경우는 물론 묵시적으로도 이루어질 수 있다고 한다($^{대판}_{2017.\ 7.\ 18,}$ $^{2017다}_{206922}$). 그리고 묵시적으로 보증을 위임받은 수탁보증인인지는 주채무의 발생원인과 그 내용, 보증인의 보증계약 체결의 동기 내지 경위, 보증계약의 내용, 주채무자의 보증인이나 보증계약의 존재에 대한 인식 여부, 그 밖의 거래관행 등 주채무의 발생 및 보증계약 체결 당시에 나타난 제반사정에 비추어 합리적으로 판단할 것이라고 한다($^{대판\ 2017.\ 7.\ 18,}_{2017다206922}$).

2. 수탁보증인의 구상권

(1) 면책행위에 의한 구상권

수탁보증인이 과실없이 변제 기타의 출재로 주채무를 소멸하게 한 때에는 주채무자에 대하여 구상권이 있다($^{441조}_{1항}$). 그런데, 판례에 따르면 보증채무자가 주채무를 소멸시키는 행위는 주채무의 존재를 전제로 하므로, 보증인의 출연행위 당시 주채무가 성립되지 않았거나 타인의 면책행위로 이미 소멸되었거나 유효하게 존속하고 있다가 그 후 소급적으로 소멸한 경우에는 보증채무자의 주채무 변제는 비채변제가 되어 채권자와 사이에 부당이득 반환의 문제를 남길 뿐이고 주채무자에 대한 구상권을 발생시키지 않는다고 한다($^{대판\ 2004.\ 2.\ 13,\ 2003다43858;}_{대판\ 2012.\ 2.\ 23,\ 2011다62144}$). 그리하여 가령 공사도급의 공사대금채무를 보증한 자가 주채무자가 변제한 뒤에 또는 그 채무의 소멸시효가 완성된 뒤($^{그\ 기간은\ 기산일부터}_{3년임.\ 163조\ 3호\ 참조}$)에 변제한 경우에는 주채무자에게 구상권을 행사할 수 없다($^{그러나\ 사견에\ 따르면\ 주채무자가\ 면책행위\ 후\ 사후의\ 통지}_{를\ 하지\ 않은\ 경우에는\ 다르게\ 보아야\ 한다.\ 445조\ 2항\ 참조}$).

(2) 사전구상권(事前求償權)

1) 수탁보증인은 다음과 같이 일정한 경우에는 사전구상권을 가진다($_{조}^{442}$). 민법이 위임의 경우의 수임인에게 원칙적으로 비용선급청구권을 인정하고 있는 것과 달리($_{참조}^{687조}$) 수탁보증인($_{은\ 아예\ 사전구상권이\ 없다.\ [178]\ 참조}^{뒤에\ 보는\ 바와\ 같이\ 부탁\ 없는\ 보증인}$)에게는 특별한 경우에만 사전구상권을 인정하고 있는 이유는, 보증인이 언제나 주채무자를 위하여 면책행위를 한다는 보장이 없기 때문이다.

㈎ 보증인이 과실없이 채권자에게 변제할 재판을 받은 때($_{1항\ 1호}^{442조}$)

㈏ 주채무자가 파산선고를 받은 경우에 채권자가 파산재단에 가입하지 않은 때($_{1항\ 2호}^{442조}$)

㈐ 채무의 이행기가 확정되지 않고 그 최장기(最長期)도 확정할 수 없는 경우에 보증계약 후 5년을 경과한 때($_{1항\ 3호}^{442조}$)

㈑ 채무의 이행기가 도래한 때($_{1항\ 4호}^{442조}$). 그러나 이 경우에는 보증계약 후에 채권자가 주채무자에게 허여(許與)한 기한으로 보증인에게 대항하지는 못한다($_{2항}^{442조}$).

2) 판례는, 수탁보증인이 사전구상권을 행사하기 위해서는 주채무자의 부탁으로 보증인이 되었다는 사실을 주장·증명하여야 하고, 그러한 사정이 없는 경우에는 제442조 제 1 항이 적용될 여지가 없으며, 따라서 타인에게 자기의 성명 또는 상호를 사용하여 영업을 할 것을 허락하였다는 사정만으로 명의차용인이 명의대여자에게 내부적으로 보증인이 되어달라는 등의 부탁을 하였다는 점에 관한 주장·증명이 없는 상태에서 곧바로 수탁보증인의 사전구상권에 관한 제442조 제 1 항이 적용되거나 유추적용된다고 볼 수 없다고 한다($_{2020다271926}^{대판\ 2022.\ 6.\ 30,}$).

3) 수탁보증인이 사전구상권을 행사하여 주채무자가 보증인에게 배상하는 경우에, 주채무자는 자기를 면책하게 하거나 자기에게 담보를 제공할 것을 보증인에게 청구할 수 있다($_{전단}^{443조}$). 따라서 주채무자는 수탁보증인이 제442조에 정한 바에 따라 주채무자에게 사전구상의무 이행을 구하면 제443조 전단을 근거로 수탁보증인에게 담보의 제공을 구할 수 있고, 그러한 담보제공이 있을 때까지 사전구상의무 이행을 거절할 수 있다($_{2020다283578}^{대판\ 2023.\ 2.\ 2,}$). 그리고 만약 수탁보증인이 주채무자의 담보제공 청구에 응하여 구상금액에 상당한 담보를 특정하여 제공할 의사를 표시한다면 법원은 주채무자가 수탁보증인으로부터 그 특정한 담보를 제공받음과 동시에 사전구상의무를 이행하여야 한다고 판결해야 하지만, 수탁보증인이

주채무자의 담보제공 청구를 거절하거나 구상금액에 상당한 담보를 제공하려는 의사를 표시하지 않는다면 법원은 수탁보증인의 사전구상금 청구를 기각하는 판결을 해야 한다(대판 2023. 2. 2, 2020다283578).

한편 주채무자는 배상할 금액을 공탁하거나 담보를 제공하거나 보증인을 면책하게 함으로써 배상의무를 면할 수 있다(443조 후단).

4) 판례는, 수탁보증인의 사전구상권과 사후구상권은 그 종국적 목적과 사회적 효용을 같이하는 공통성을 가지고 있으나, 사후구상권은 보증인이 채무자에 갈음하여 변제 등 자신의 출연으로 채무를 소멸시켰다고 하는 사실에 의하여 발생하는 것이고, 이에 대하여 사전구상권은 그 외의 제442조 제 1 항 소정의 사유나 약정으로 정한 일정한 사실에 의하여 발생하는 등 그 발생원인을 달리하고 그 법적 성질도 달리하는 별개의 독립된 권리이므로(대판 1992. 9. 25, 91다37553), 사후구상권이 발생한 이후에도 사전구상권은 소멸하지 않고 병존하며, 다만 목적달성으로 일방이 소멸하면 타방도 소멸하는 관계에 있을 뿐이라고 한다(대판 2019. 2. 14, 2017다274703).

〈판 례〉

(ㄱ)「수탁보증인이 사전구상권을 행사하여 사전구상금을 수령하였다면 이는 결국 사전구상 당시 채권자에 대하여 보증인이 부담할 원본채무와 이미 발생한 이자, 피할 수 없는 비용 및 기타의 손해액을 선급받는 것이어서 이 금원은 주채무자에 대하여 수임인의 지위에 있는 수탁보증인이 위탁사무의 처리를 위하여 선급받은 비용의 성질을 가지는 것이므로 보증인은 이를 선량한 관리자의 주의로서 위탁사무인 주채무자의 면책에 사용하여야 할 의무가 있다.」(대판 2002. 11. 26, 2001다833. 같은 취지: 대판 1989. 9. 29, 88다카10524)

(ㄴ)「항변권이 붙어 있는 채권을 자동채권으로 하여 다른 채무(수동채권)와의 상계를 허용한다면 상계자 일방의 의사표시에 의하여 상대방의 항변권 행사의 기회를 상실시키는 결과가 되므로 그러한 상계는 허용될 수 없고, 특히 수탁보증인이 주채무자에 대하여 가지는 민법 제442조의 사전구상권에는 민법 제443조 소정의 담보제공청구권이 항변권으로 부착되어 있는 만큼 이를 자동채권으로 하는 상계는 허용될 수 없으며(대법원 2001. 11. 13. 선고 2001다55222, 55239 판결 등 참조), 다만 민법 제443조는 임의규정으로서 주채무자가 사전에 담보제공청구권의 항변권을 포기한 경우에는 보증인은 사전구상권을 자동채권으로 하여 주채무자에 대한 채무와 상계할 수 있다 할 것이다(대법원 1989. 1. 31. 선고 87다카594 판결 참조).」(대판 2004. 5. 28, 2001다81245. 전단에 관하여 같은 취지: 대판 2019. 2. 14, 2017다274703)

(ㄷ)「수탁보증인은 특별한 사정이 없는 한 그 주채무의 변제기 연장이 언제 이루어졌던지 간에 본래의 변제기가 도래한 후에는 민법 제442조 제 1 항 제 4 호에 의하여

주채무자에 대하여 사전구상권을 행사할 수 있고, 이 경우에는 민법 제442조 제2항에 따라 보증계약 후에 채권자가 주채무자에게 허여(許與)한 기한으로 보증인에게 대항하지 못할 뿐만 아니라, 수탁보증인이 본래의 변제기가 도래한 후 과실없이 변제 기타의 출재로 주채무를 소멸하게 한 후 이를 주채무자에게 통지하였다면, 민법 제445조 제1항에 의하여 주채무자는 위 통지를 받은 후 채권자와 사이에 이루어진 변제기 연장에 관한 합의로서 사후구상권을 행사하는 수탁보증인에게 대항할 수는 없다고 할 것이다.」$\left(\begin{smallmatrix}대판\ 2007.\ 4.\ 26,\\2006다22715\end{smallmatrix}\right)$

(3) 구상권의 범위 [177]

수탁보증인의 구상권의 범위는 출재한 연대채무자의 구상권의 범위와 같다$\left(\begin{smallmatrix}441조\ 2항\cdot 425조\\2항.\ [158]\ 참조\end{smallmatrix}\right)$. 그리하여 면책된 날 이후의 법정이자 및 피할 수 없는 비용 기타 손해배상도 구상권의 범위에 포함된다. 그러나 사전구상을 하는 경우에는 주채무인 원금과 사전구상에 응할 때까지 이미 발생한 이자와 기한 후의 지연손해금, 피할 수 없는 비용 기타의 손해액이 포함될 뿐이고, 주채무인 원금에 대한 완제일까지의 이자는 포함될 수 없다$\left(\begin{smallmatrix}대판\ 2002.\ 6.\ 11,\ 2001다25504;\ 대판\ 2004.\ 7.\ 9,\ 2003\\다46758;\ 대판\ 2005.\ 11.\ 25,\ 2004다66834\cdot 66841\end{smallmatrix}\right)$. 사전구상은 장래의 변제를 위하여 자금의 제공을 청구하는 것이기 때문이다.

〈판 례〉

「수탁보증인이 사전구상권을 행사하는 경우 보증인은 자신이 부담할 것이 확정된 채무 전액에 대하여 구상권을 행사할 수 있지만, 면책비용에 대한 법정이자나 채무의 원본에 대한 장래 도래할 이행기까지의 이자 등을 청구하는 것은 사전구상권의 성질상 허용될 수 없다 할 것이다$\left(\begin{smallmatrix}대법원\ 2002.\ 6.\ 11.\ 선고\\2001다25504\ 판결\ 참조\end{smallmatrix}\right)$.

따라서 보증인이 보증채무를 이행함에 따라 주채무자가 보증인에 대하여 부담하게 될 구상금채무를 근보증하면서, 면책원금 외에 면책일 이후의 법정이자나 피할 수 없는 비용 등까지 담보하기 위하여 근보증한도액을 면책원금에 해당하는 보증인의 보증한도액보다 높은 금액으로 정했다고 하더라도, 보증인이 사전구상권을 행사할 수 있는 금액은 근보증한도액이 아닌 보증인의 보증한도액으로 한정된다고 할 것이다.」$\left(\begin{smallmatrix}대판\ 2005.\ 11.\ 25,\\2004다66834\cdot 66841\end{smallmatrix}\right)$

(4) 구상권의 제한

1) **제445조·제446조와 그에 관한 학설·판례**　　민법은 제445조·제446조에서 연대채무에 관한 제426조와 유사한 규정을 두고 있다. 즉 제445조 제1항에서는 「보증인이 주채무자에게 통지하지 아니하고 변제 기타 자기의 출

재로 주채무를 소멸하게 한 경우에 주채무자가 채권자에게 대항할 수 있는 사유가 있었을 때에는 이 사유로 보증인에게 대항할 수 있고 그 대항사유가 상계인 때에는 상계로 소멸할 채권은 보증인에게 이전된다」고 하고, 그 제 2 항에서는 「보증인이 변제 기타 자기의 출재로 면책되었음을 주채무자에게 통지하지 아니한 경우에 주채무자가 선의로 채권자에게 변제 기타 유상의 면책행위를 한 때에는 주채무자는 자기의 면책행위의 유효를 주장할 수 있다」고 한다. 그리고 제446조에서는 「주채무자가 자기의 행위로 면책하였음을 그 부탁으로 보증인이 된 자에게 통지하지 아니한 경우에 보증인이 선의로 채권자에게 변제 기타 유상의 면책행위를 한 때에는 보증인은 자기의 면책행위의 유효를 주장할 수 있다」고 한다. 이는 주채무자에게는 원칙적으로 면책행위 전후에 통지할 의무는 없다는 전제에서 수탁보증인에 대하여서만은 면책행위 후에 통지를 해 주도록 한 것이다.

제445조·제446조의 해석과 관련하여 우리의 문헌은 대부분 해당 규정만을 기술하고 있으며, 약간의 문헌만이 제426조에 관한 통설을 여기에서도 그대로 취하고 있다($_{348면(박병대)}^{가령\ 주해(10),}$). 그러한 상황에서 우리 대법원은, 수탁보증에 있어서 주채무자가 면책행위를 하고도 보증인에게 통지하지 않은 동안에 보증인도 사전통지 없이 2중의 면책행위를 한 경우에 대하여($_{관한\ 사안임}^{이는\ 446조에}$), 연대채무에 관한 우리의 통설과 같은 결과를 인정하여 먼저 이루어진 주채무자의 면책행위가 유효하다고 하였다($_{95다46265}^{대판\ 1997.\ 10.\ 10,}$).

〈판　례〉

「민법 제446조의 규정은 같은 법 제445조 제 1 항의 규정을 전제로 하는 것이어서 같은 법 제445조 제 1 항의 사전통지를 하지 아니한 수탁보증인까지 보호하는 취지의 규정은 아니라 할 것이므로, 수탁보증에 있어서 주채무자가 면책행위를 하고도 그 사실을 보증인에게 통지하지 아니하고 있던 중에 보증인도 사전통지를 하지 아니한 채 이중의 면책행위를 한 경우에는 보증인은 주채무자에 대하여 같은 법 제446조에 의하여 자기의 면책행위의 유효를 주장할 수 없다고 봄이 상당하다 할 것이다. 따라서 이 경우에는 이중변제의 기본원칙으로 돌아가 먼저 이루어진 주채무자의 면책행위가 유효하고 나중에 이루어진 보증인의 면책행위는 무효로 보아야 할 것이므로 보증인은 같은 법 제446조에 기하여 주채무자에게 구상권을 행사할 수 없다고 할 것이다.」($_{95다46265}^{대판\ 1997.\ 10.\ 10,}$)

2) 검토 및 사견　　　제445조·제446조의 해석에 있어서는 우선 제426조에

관한 해석이 여기에도 그대로 적용되어야 하는지를 결정하여야 한다. 생각건대 이들 규정은 연혁에 비추어볼 때 같은 곳에 뿌리를 두고 있다. 그리고 실질적으로도 같은 원리가 적용되어 마땅하다. 따라서 연대채무에 관한 법리는 보증채무에도 그대로 인정되어야 한다. 연대채무에 관하여는 앞에서 자세히 설명하였으므로($^{[159]\cdot[160]}_{참조}$), 여기에서는 사견만을 정리하기로 한다.

제426조의 해석에서 본 것처럼 제445조에 있어서 중요한 것은 사전의 통지가 아니고 사후의 통지이다. 그리고 변제 등 보증채무까지 소멸시키는 사유는 제445조 제 1 항의 대항사유에 해당하지 않으며, 그 밖의 일정한 사유가 있는 경우에 예외적으로 면책행위를 한 보증인에게 사전의 통지를 요구하고 있다. 또한 면책행위를 한 보증인이 사후의 통지를 하지 않은 경우에는 주채무자가 선의로 면책행위를 하기만 하면, 그가 사전의 통지를 하였는지에 관계없이 제445조 제 2 항에 의하여 자기의 면책행위의 유효를 주장할 수 있다. 이때 보증인이 수탁보증인인가는 묻지 않는다. 그리고 이때의 효과는 연대채무에 있어서와 같다.

한편 민법은 제446조에서 보증인이 주채무자의 부탁을 받고 보증인이 된 경우에만은 주채무자로 하여금 면책행위 후에 그 사실을 통지하도록 하고 있다. 그런데 그 경우의 법률효과는 제445조 제 2 항에 있어서와 동일하다. 따라서 주채무자가 면책행위 후에 통지를 하지 않은 경우에, 수탁보증인이 선의로 면책행위를 한 때에는 그가 사전통지를 하지 않았더라도 제446조에 의하여 자기의 면책행위의 유효를 주장할 수 있다.

3. 부탁 없는 보증인의 구상권   [178]

(1) 주채무자의 부탁 없이, 그러나 그의 의사에 반하지 않고 보증인이 된 자가 변제 기타 자기의 출재로 주채무를 소멸하게 한 때에는, 주채무자는 「그 당시에 이익을 받은 한도에서」 배상하여야 한다($^{444조}_{1항}$). 그리하여 면책된 날 이후의 법정이자와 손해배상은 제외된다.

(2) 주채무자의 부탁을 받지도 않고 또 그의 의사에 반하여 보증인이 된 자가 변제 기타 자기의 출재로 주채무를 소멸하게 한 때에는, 주채무자는 「현존이익의 한도에서」 배상하여야 한다($^{444조}_{2항}$). 이 경우에 주채무자가 구상한 날 이전에 상계원인이 있었음을 주장한 때에는, 그 상계로 소멸할 채권은 보증인에게 이전된다($^{444조}_{3항}$).

(3) 부탁을 받지 않고 보증인이 된 자는 사전구상권은 없다. 그리고 부탁 없이 보증인이 된 자도 수탁보증인과 마찬가지로 일정한 경우에 통지를 하여야 하나($\frac{445}{조}$), 주채무자는 수탁보증에 있어서와는 달리 부탁 없이 보증인이 된 자에게는 면책행위를 한 뒤에 통지를 할 필요가 없다($\frac{446조}{참조}$).

4. 주채무자가 수인 있는 경우의 구상관계

(1) 주채무자가 수인 있는 경우에 그 전원을 위하여 보증인이 된 경우의 구상관계는 주채무의 성질에 따라 달라진다. 주채무가 분할채무인 때에는 구상권도 각 채무자에 대하여 분할채무로 되고, 주채무가 불가분채무 또는 연대채무인 때에는 구상권도 각 채무자에 대하여 불가분채무 또는 연대채무로 된다.

(2) 주채무자가 수인 있는 경우에 그중의 1인만을 위하여 보증인이 된 경우는 어떻게 되는가? 주채무가 분할채무인 때에는, 보증한 채무자에 대하여 구상권을 가지게 되며, 만약 주채무자들의 채무 전부를 변제한 경우에는 나머지 부분에 대하여는 제 3 자의 변제로 된다. 그에 비하여 주채무가 연대채무 또는 불가분채무인 때에는, 보증인은 보증한 채무자에 대하여 전액을 구상할 수 있는 외에, 다른 연대채무자나 불가분채무자에 대하여 그 부담부분에 한하여 구상권이 있다($\frac{447}{조}$). 이는 구상권의 순환을 피하기 위한 것이다.

〈판 례〉

연대채무자 갑, 을의 채권자에 대한 채무를 담보할 목적으로 자기 소유의 부동산에 관하여 근저당권을 설정하였다가 그 실행으로 인하여 위 부동산의 소유권을 상실하게 된 물상보증인은 채무자들에 대한 구상권이 있다 할 것이고, 다만 연대채무자 갑의 부탁 없이 물상보증인이 되었다면 갑은 그 당시에 이익을 받은 한도 내에서 물상보증인에게 이를 구상하여 줄 의무가 있다.

민법 제447조는 어느 연대채무자나 어느 불가분채무자를 위하여 보증인이 된 자의 다른 연대채무자나 다른 불가분채무자에 대한 구상권에 관한 규정에 불과함으로 연대채무자 모두를 위하여 물상보증인이 된 자가 그 연대채무자의 1인에 대하여 구상권을 행사하는 경우에는 적용될 여지가 없다($\frac{대판 1990. 11. 13,}{90다카26065}$).

5. 보증인의 변제에 의한 대위권

보증인은 ─ 부탁 없이 보증인이 된 자도 ─ 변제할 정당한 이익이 있는 자이므로 변제로 당연히 채권자를 대위한다$\left(\substack{481조의\\법정대위}\right)$.

Ⅶ. 특수한 보증 [179]

1. 연대보증

(1) 의의 및 성질

연대보증이란 보증인이 주채무자와 연대하여 채무를 부담하는 것을 말한다 $\left(\substack{437조\ 단\\서\ 참조}\right)$. 연대보증채무도 보증채무이므로 부종성이 있다. 그러나 연대보증인은 주채무자와 연대하여 채무를 부담하기 때문에 보충성은 없다. 그리하여 최고·검색의 항변권은 가지지 못한다. 그리고 연대보증인이 수인 있더라도 분별(分別)의 이익($\substack{[180]\\참조}$)이 없어서 채권자는 어느 연대보증인에 대하여서도 전액을 청구할 수 있다. 그 결과 연대보증의 경우에는 보통의 보증에 있어서보다 채권의 담보력이 크기 때문에 실제에서 널리 이용되고 있다.

연대보증과 구별하여야 할 것으로 보증연대가 있다. 보증연대는 보증인 상호간에 연대의 특약이 있는 경우이다. 이 둘은 모두 보증인이 여럿 있는 경우에 분별의 이익이 없다는 점에서는 같으나, 연대보증에서는 보충성이 없는 데 비하여 보증연대에 있어서는 보충성이 있다는 점에서 차이를 보인다.

(2) 연대보증의 성립

연대보증은 일반적으로 보증계약을 체결하면서 연대의 특약을 하는 때에 성립한다. 그러나 보통의 보증이 성립한 뒤에 최고·검색의 항변권을 포기하는 때에도 성립하며, 법률규정에 의하여 성립하는 경우도 있다($\substack{예:\ 상법\\57조\ 2항}$).

〈판   례〉

(ㄱ)「보증인이 보증채무를 이행함에 따라 주채무자가 보증인에 대하여 부담하게 될 구상금채무를 연대보증하는 경우, 연대보증인은 특별한 사정이 없으면 주채무자와 같은 내용의 채무를 부담한다.」($\substack{대판\ 2014.\ 3.\ 27,\\2012다6769}$)

(ㄴ)「어느 한 사람이 같은 채권의 담보를 위하여 연대보증계약과 물상보증계약을 체결한 경우 부종성을 인정할 특별한 사정이 없는 한 위 두 계약은 별개의 계약이고 ($\substack{당원\ 1984.\ 12.\ 26.\ 선고\ 84다카1655\ 판결;\\1988.\ 5.\ 24.\ 선고\ 87다카2896\ 판결\ 참조}$) 따라서 보증책임의 범위가 담보부동산의 가액범위 내로 제한된다고 할 수 없다.」($\substack{대판\ 1990.\ 1.\ 25,\\88다카26406}$)

(3) 효   력

1) 대외적 효력　　　채권자의 이행청구는 연대채무의 경우와 같다. 그리고 연대보증인은 부종성에 기한 권리는 가지나, 최고·검색의 항변권은 없다$\left(\substack{437조\\단서}\right)$. 한편 채무의 이행은 보통의 보증과 마찬가지이다.

　　연대보증도 본질은 보증이므로, 주채무자와 연대보증인에 관하여 생긴 사유의 효력은 보통의 보증에 있어서와 같다. 따라서 채권자와 주채무자 사이에서 주채무자에 관하여 생긴 사유는 모두 연대보증인에 대하여 효력이 미친다. 그러나 채권자와 연대보증인 사이에서 연대보증인에게 생긴 사유는, 변제·대물변제·공탁·상계와 같이 채권을 만족시키는 사유를 제외하고는, 주채무자에게 효력이 미치지 않는다. 한편 연대보증인이 수인(공동보증인)인 경우에 1인의 연대보증인에게 생긴 사유가 다른 연대보증인에게는 효력이 미치는가? 여기에 관하여는 논의가 적으나, 다음과 같이 새겨야 할 것이다$\left(\substack{같은 취지: 주해(0), 225면\\(박병대); 지원림, 1218면}\right)$. 연대보증인들 사이에 연대의 관계가 있는 경우, 즉 보증연대가 인정되는 경우에는, 연대채무에 관한 제416조 내지 제423조가 유추적용되어야 한다. 그에 비하여 연대보증인들 사이에 보증연대가 인정되지 않는 경우에는, 보통의 공동보증에서와 마찬가지로, 연대보증인 1인에 대하여 생긴 사유는 다른 연대보증인에게는 효력이 미치지 않는다. 판례도 채무의 면제에 관하여 사견과 같은 태도를 취하고 있다$\left(\substack{대판 1992. 9. 25,\\91다37553}\right)$.

〈판 례〉

　　「연대보증인이라고 할지라도 주채무자에 대하여는 보증인에 불과하므로 연대채무에 관한 면제의 절대적 효력을 규정한 민법 제419조의 규정은 주채무자와 보증인 사이에는 적용되지 아니하는 것이니, 채권자가 연대보증인에 대하여 그 채무의 일부 또는 전부를 면제하였다 하더라도 그 면제의 효력은 주채무자에 대하여 미치지 아니한다 할 것이고, 수인의 연대보증인이 있는 경우, 연대보증인들 사이에 연대관계의 특약이 있는 경우가 아니면 채권자가 연대보증인의 1인에 대하여 채무의 전부 또는 일부를 면제하더라도 다른 연대보증인에 대하여는 그 효력이 미치지 아니한다 할 것이다.」$\left(\substack{대판 1992. 9. 25,\\91다37553}\right)$.

2) 대내적 효력　　　주채무자와 연대보증인 사이의 구상관계도 보통의 보증에서와 같다. 연대보증인이 수인 있는 경우에 연대보증인 상호간의 구상관계에 관하여는 특칙이 두어져 있는데$\left(\substack{448조\\2항}\right)$, 그에 관하여는 아래 「공동보증」에서

설명한다.

2. 공동보증 [180]

(1) 의   의

공동보증이란 동일한 주채무에 대하여 수인이 보증채무를 부담하는 것을 말한다. 공동보증에는 ① 보통의 보증, ② 연대보증, ③ 보증연대의 세 가지가 있다.

공동보증은 보증인들과 채권자 사이의 계약에 의하여 성립하는데, 그 계약은 하나일 수도 있고, 별개의 계약일 수도 있다. 각 보증인이 다른 보증인의 존재를 알았는지는 공동보증의 성립에 영향이 없다. 수인의 보증인 가운데 일부는 채무의 일부만 보증한 경우에도 공통한 부분에 관하여는 공동보증이 성립한다$\left(\substack{\text{그러}\\\text{한 경}}\right.$우에 관한 자세한 사항은 주해 ⑽, 304면 이하(박병대) 참조$\Big)$.

공동보증도 보통의 보증과 마찬가지이다. 다만, 공동보증의 경우에는 보증인이 복수이기 때문에, 보증인과 채권자의 관계, 보증인들 상호간의 관계에서 보통의 보증과 다른 효력이 인정되고 있다. 아래에서 그러한 특별한 점을 살펴보기로 한다.

(2) 채권자에 대한 관계

1) **분별의 이익**   공동보증인은 — 그들이 1개의 계약으로 공동보증인이 된 때는 물론이고 별개의 계약으로 공동보증인이 된 때에도 — 주채무를 균등하게 나눈 액에 관하여 보증채무를 부담한다$\left(\substack{439\\조}\right)$. 이를 분별의 이익이라고 한다. 이 분별의 이익이 인정됨으로써 공동보증의 경우에는 채권의 담보력이 약화된다. 그리고 이 점에서 우리의 공동보증제도는 바람직하지 않다$\left(\substack{\text{같은 취지: 곽}\\\text{윤직, 198면}}\right)$.

2) **분별의 이익이 없는 경우**   ① 주채무가 불가분일 때, ② 보증연대의 경우, ③ 연대보증의 경우$\left(\substack{\text{대판 1993. 5. 27,}\\\text{93다4656 등}}\right)$에는 분별의 이익이 없다$\left(\substack{448조\\2항}\right)$.

(3) 공동보증인 사이의 구상관계

공동보증인 중 1인이 자기의 출재로 주채무자를 면책하게 한 때에는, 그는 그 전액에 관하여 주채무자에게 구상할 수 있다. 뿐만 아니라 그가 자기의 부담부분을 넘는 변제를 한 때에는, 다른 공동보증인에 대하여도 구상할 수 있다$\left(\substack{\text{다만}\\\text{다른}}\right.$보증인 가운데 이미 자기의 부담부분을 변제한 사람에 대하여는 구상을 할 수 없다. 대판 1993. 5. 27, 93다4656$\Big)$. 그런데 그 범위는 다음의 두 경우에 차이가 있다.

1) 분별의 이익이 있는 경우 이 경우에 공동보증인 중 1인이 자기의 부담부분을 넘는 변제를 한 때에는, 부탁을 받지 않은 보증인의 구상권에 관한 규정($^{444}_{조}$)을 준용한다($^{448조\ 1항.}_{[178]\ 참조}$). 분별의 이익이 있는 경우의 공동보증인의 변제는 주채무자의 부탁을 받지 않은 보증인의 변제와 비슷하기 때문이다.

2) 분별의 이익이 없는 경우 이 경우에 공동보증인 중 1인이 자기의 부담부분을 넘는 변제를 한 때에는, 연대채무자의 구상권에 관한 규정($^{425조\ 내}_{지\ 427조}$)을 준용한다($^{448조\ 2항.}_{[157]\ 이하\ 참조}$). 분별의 이익이 없는 경우의 공동보증인들 사이의 관계가 연대채무자들 사이의 관계와 비슷하기 때문이다.

〈판 례〉

(ㄱ)「공동보증은 통상의 보증과 마찬가지로 주채무에 관하여 최종적인 부담을 지지 아니하고 전적으로 주채무의 이행을 담보하는 것이므로($^{민법}_{제428조}$) 공동보증인은 자기의 출재로 공동면책이 된 때에는 그 출재한 금액에 불구하고 주채무자에게 구상을 할 수 있는 것이므로($^{민법\ 제441조}_{제1\ 항,\ 제444조}$), 채권자에 대한 관계에서는 공동연대보증인이지만 내부관계에서는 실질상의 주채무자인 경우에 다른 연대보증인이 채권자에 대하여 그 보증채무를 변제한 때에 그 연대보증인은 실질상의 주채무자에 대하여 구상권을 행사할 수 있는 반면에 실질상의 주채무자인 연대보증인이 자기의 부담부분을 넘어서 그 보증채무를 변제한 경우에는 다른 연대보증인에 대하여 민법 제448조 제 2 항, 제425조에 따른 구상권을 행사할 수는 없다고 할 것이다.」($^{대판\ 2004.\ 9.\ 24,}_{2004다27440\ \cdot\ 28504}$)

(ㄴ)「주채무자를 위하여 수인이 연대보증을 한 경우, 어느 연대보증인이 채무를 변제하였음을 내세워 다른 연대보증인에게 구상권을 행사함에 있어서는 그 변제로 인하여 다른 연대보증인도 공동으로 면책되었음을 요건으로 하는 것인데, 각 연대보증인이 주채무자의 채무를 일정한 한도에서 보증하기로 하는 이른바 일부보증을 한 경우에는 달리 특별한 사정이 없는 한, 각 보증인은 보증한 한도 이상의 채무에 대하여는 그 책임이 없음은 물론이지만 주채무의 일부가 변제되었다고 하더라도 그 보증한 한도 내의 주채무가 남아 있다면 그 남아 있는 채무에 대하여는 보증책임을 면할 수 없다고 보아야 하므로, 이와 같은 경우에 연대보증인 중 1인이 변제로써 주채무를 감소시켰다고 하더라도 주채무의 남은 금액이 다른 연대보증인의 책임한도를 초과하고 있다면 그 다른 연대보증인으로서는 그 한도금액 전부에 대한 보증책임이 그대로 남아 있어 위의 채무변제로써 면책된 부분이 전혀 없다고 볼 수밖에 없고, 따라서 이러한 경우에는 채무를 변제한 위 연대보증인이 그 채무의 변제를 내세워 보증책임이 그대로 남아 있는 다른 연대보증인에게 구상권을 행사할 수는 없을 것이다.」($^{대판\ 2002.\ 3.\ 15,}_{2001다59071}$)

(ㄷ)「수인의 보증인이 주채무자의 채무를 일정한 한도에서 보증하기로 하는 이른바 일부보증을 한 경우에 보증인 중 1인이 채무의 전액이나 자기의 부담부분 이상을 변

제함으로써 다른 보증인의 책임한도가 줄어들게 되어 공동으로 면책이 되었다면 다른 보증인에 대하여 구상을 할 수 있고(대법원 2002. 3. 15. 선고 2001다59071 판결 등 참조), 그 부담부분의 비율에 대하여는 그들 사이에 특약이 있으면 당연히 그에 따르되 그 특약이 없는 경우에는 각자 보증한도액의 비율로 부담하게 된다고 할 것이다.」(대판 2005. 3. 11, 2004다42104)

(ㄹ)「수인의 보증인이 있는 경우에는 그 사이에 분별의 이익이 있는 것이 원칙이지만, 그 수인이 연대보증인일 때에는 각자가 별개의 법률행위로 보증인이 되었고 또한 보증인 상호간에 연대의 특약(보증연대)이 없었더라도 채권자에 대하여는 분별의 이익을 갖지 못하고 각자의 채무의 전액을 변제하여야 하나, 연대보증인들 상호간의 내부관계에 있어서는 주채무에 대하여 출재를 분담하는 일정한 금액을 의미하는 부담부분이 있고, 그 부담부분의 비율, 즉 분담비율에 관하여는 그들 사이에 특약이 있으면 당연히 그에 따르되 그 특약이 없는 한 각자 평등한 비율로 부담을 지게 된다. 그러므로 연대보증인 가운데 한 사람이 자기의 부담부분을 초과하여 변제하였을 때에는 다른 연대보증인에 대하여 구상을 할 수 있는데, 다만 다른 연대보증인 가운데 이미 자기의 부담부분을 변제한 사람에 대하여는 구상을 할 수 없으므로 그를 제외하고 아직 자기의 부담부분을 변제하지 아니한 사람에 대하여만 구상권을 행사하여야 한다(대법원 1988. 10. 25. 선고 86다카1729 판결, 대법원 1990. 3. 27. 선고 89다카19337 판결, 대법원 1993. 5. 27. 선고 93다4656 판결 등 참조).

그리고 이러한 부담부분은 수인의 연대보증이 성립할 당시 주채무액에 분담비율을 적용하여 산출된 금액으로 일단 정하여지지만 그 후 주채무자의 변제 등으로 주채무가 소멸하면 부종성에 따라 각 연대보증인의 부담부분이 그 소멸액만큼 분담비율에 따라 감소하고 또한 연대보증인의 변제가 있으면 당해 연대보증인의 부담부분이 그 변제액만큼 감소하게 되므로, 자기의 부담부분을 초과한 변제를 함으로써 그 초과 변제액에 대하여 다른 연대보증인을 상대로 구상권을 행사할 수 있는 연대보증인인지 여부는 당해 변제시를 기준으로 판단하되, 구체적으로는 우선 그때까지 발생·증가하였던 주채무의 총액에 분담비율을 적용하여 당해 연대보증인의 부담부분 총액을 산출하고 그 전에 앞서 본 바와 같은 사유 등으로 감소한 그의 부담부분이 있다면 이를 위 부담부분 총액에서 공제하는 방법으로 당해 연대보증인의 부담부분을 확정한 다음 당해 변제액이 위 확정된 부담부분을 초과하는지 여부에 따라 판단하여야 하며, 한편 이미 자기의 부담부분을 변제함으로써 위와 같은 구상권 행사의 대상에서 제외되는 다른 연대보증인인지 여부도 원칙적으로 구상의 기초가 되는 변제 당시에 위와 같은 방법에 의하여 확정되는 그 연대보증인의 부담부분을 기준으로 판단하여야 한다.」(대판 2009. 6. 25, 2007다70155)

(ㅁ)「공동연대보증인 중 1인이 채무 전액을 대위변제한 후 주채무자로부터 구상금의 일부를 변제받은 경우, 대위변제를 한 연대보증인은 자기의 부담부분에 관하여는 다른 연대보증인들로부터는 구상을 받을 수 없고 오로지 주채무자로부터만 구상을 받아야 하므로 주채무자의 변제액을 자기의 부담부분에 상응하는 주채무자의 구상채

무에 먼저 충당할 정당한 이익이 있는 점, 대위변제를 한 연대보증인이 다른 연대보증인들에 대하여 각자의 부담부분을 한도로 갖는 구상권은 주채무자의 무자력 위험을 감수하고 먼저 대위변제를 한 연대보증인의 구상권 실현을 확보하고 공동연대보증인들 간의 공평을 기하기 위하여 민법 제448조 제 2 항에 의하여 인정된 권리이므로, 다른 연대보증인들로서는 주채무자의 무자력시 주채무자에 대한 재구상권 행사가 곤란해질 위험이 있다는 사정을 내세워 대위변제를 한 연대보증인에 대한 구상채무의 감면을 주장하거나 이행을 거절할 수 없는 점 등을 고려하면, 주채무자의 구상금 일부변제는 특별한 사정이 없는 한 대위변제를 한 연대보증인의 부담부분에 상응하는 주채무자의 구상채무를 먼저 감소시키고 이 부분 구상채무가 전부 소멸되기 전까지는 다른 연대보증인들이 부담하는 구상채무의 범위에는 아무런 영향을 미치지 않는다고 봄이 상당하다. 그러나 주채무자의 구상금 일부변제금액이 대위변제를 한 연대보증인의 부담부분을 넘는 경우에는 그 넘는 변제금액은 주채무자의 구상채무를 감소시킴과 동시에 다른 연대보증인들의 구상채무도 각자의 부담비율에 상응하여 감소시킨다.」($\binom{대판\ 2010.\ 9.\ 30,}{2009다46873}$)

[181]   **3. 계속적 보증**

(1) 의   의

계속적 보증은 일시적 보증에 대응하는 개념으로서 일정기간 또는 부정기간 동안 계속하여 채무를 보증하는 것을 가리킨다. 이러한 계속적 보증에는 근보증(신용보증)·신원보증·임차인 채무의 보증 등 여러 가지가 있다. 계속적 보증의 경우에는 보증인에게 과중한 책임이 요구되므로 보증인을 보호하여야 할 필요성이 크다. 그리하여 민법과 보증인보호법은 근보증에 관하여 명문규정을 두었으며, 신원보증에 관하여는 특별법이 있다. 신원보증법이 그것이다. 아래에서는 계속적 보증 가운데 근보증에 관하여 좀더 살펴보기로 한다.

(2) 근보증(신용보증)

1) 의   의   근보증은 당좌대월계약·어음할인계약 기타 계속적 거래관계로부터 발생하는 불확정의 채무를 보증하는 것을 말하며, 이는 신용보증이라고도 한다.

민법은 2015년 개정 시에 근보증에 관한 규정을 신설하였다($\binom{428조}{의 3}$). 그에 따르면 민법상-거래관계의 종류를 특정하여 그로부터 발생하는 모든 채권을 담보하거나 또는 거래관계의 종류를 특정하지 않고서 채권자가 채무자에 대하여 취득하는 모든 채권을 보증하는 - 포괄근보증($^{이와 유사한 포괄근저당에}_{대하여는 물권법 [243] 참조}$)도 인정된다($^{428조의}_{3 1항 1문}$). 그러면서 근보증의 경우에 보증하는 채무의 최고액을 서면으로 특정하도록 하고 ($^{428조의}_{3 1항 2문}$), 채무의 최고액을 제428조의 2 제 1 항에 따른 서면으로 특정하지 않은 보증계약은 무효라고 규정한다($^{428조의}_{3 2항}$). 그 결과 근보증에 관한 과거의 판례 중 제428조의 3에 어긋나는 것($^{특히 보증한도액을 정하지}_{않은 경우에 관한 판례}$)은 유지되기 어려울 것이다.

대법원은, 제428조의 3의 입법취지는 불확정한 다수의 채무에 대하여 보증하는 경우 보증인이 부담하여야 할 보증채무의 액수가 당초 보증인이 예상하였거나 예상할 수 있었던 것보다 지나치게 확대될 우려가 있으므로, 보증인이 보증을 함에 있어 자신이 지게 되는 법적 부담의 한도액을 미리 명확하게 알 수 있도록 함으로써 보증인을 보호하려는 데에 있다고 한 뒤, 민법 제428조의 3의 규정 및 그 입법취지에 비추어 볼 때, 불확정한 다수의 채무에 대하여 보증하는 경우 보증채무의 최고액이 서면으로 특정되어 보증계약이 유효하다고 하기 위해서는, 보증인의 보증의사가 표시된 서면에 보증채무의 최고액이 명시적으로 기재되어 있어야 하고, 보증채무의 최고액이 명시적으로 기재되어 있지 않더라도 그 서면 자체로 보아 보증채무의 최고액이 얼마인지를 객관적으로 알 수 있는 등 보증채무의 최고액이 명시적으로 기재되어 있는 경우와 동일시할 수 있을 정도의 구체적인 기재가 필요하다고 한다($^{대판 2019. 3. 14,}_{2018다282473}$).

〈보증인보호법상의 근보증〉

보증인보호법도 근보증에 관하여 규정을 두고 있다. 그런데 그 법에서는 포괄근보증이 허용되지 않고 한정근보증($^{특정한 계속적 거래계약이나 그 밖의 일정한 종류의 거래로부터 발생하}_{는 채무 또는 특정한 원인에 기하여 계속적으로 발생하는 채무에 대하}^{여 보증}_{하는 것}$)만 인정된다($^{같은 법 6조}_{1항 1문}$). 그리고 근보증의 경우 보증하는 채무의 최고액을 서면으로 특정해야 하며($^{같은 법 6조}_{1항 2문}$), 그것을 위반한 보증계약은 무효로 된다($^{같은 법}_{6조 2항}$).

근보증은 채권자와 주채무자 사이의 특정한 계속적 거래계약뿐 아니라 그 밖에 일정한 종류의 거래로부터 발생하는 채무 또는 특정한 원인에 기하여 계속적으로 발생하는 채무에 대하여도 할 수 있다($^{대판 2013. 11. 14,}_{2011다29987}$). 또한 근보증의 대상인 주채무는 근보증계약을 체결할 당시에 이미 발생되어 있거나 구체적으로 내용이 특정되어 있을 필요는 없고, 장래의 채무, 조건부 채무는 물론 장래 증감·변동이 예정된 불특정의 채무라도 이를 특정할 수 있는 기준이 정해져 있으면 된다($^{대판 2013. 11. 14,}_{2011다29987}$). 이와 같이 근보증은 그 보증대상인 주채무의 확정을 장래 근보증관계가 종료될 시점으로 유보하여 두는 것이므로, 그 종료시점에 이르러 비로소 보증인이 부담할 피보증채무가 구체적으로 확정된다(대판 2013. 11. 14, 2011다29987). 한편 위와 같은 근보증의 특질에 비추어 볼 때, 근보증계약이 특정 기본거래계약에 기하여 발생하는 채무만을 보증하기로 한 것이 아니라, 기본거래의 종류만을 정하고 그 종류에 속하는 현재 또는 장래의 기본거래계약에 기하여 근보증 결산기 이전에 발생하는 채무를 보증한도액 범위 내에서 보증하기로 하는 이른바 한정근보증계약인 경우, 미리 정한 기본거래의 종류에 의하여 장래 체결될 기본거래계약 또는 그에 기하여 발생하는 보증대상인 채무를 특정할 수 있다면 비록 주채무 발생의 원인이 되는 기본거래계약이 한정근보증계약보다 먼저 체결되어 있지 아니하더라도 그 근보증계약의 성립이나 효력에는 아무런 영향이 없다(대판 2013. 11. 14, 2011다29987).

한정근보증계약은 거기에 정한 기본거래의 종류에 속하는 기본거래계약이 별도로 체결되는 것을 예정하고 있으므로, 채권자와 주채무자가 한정근보증계약 체결 이후 새로운 기본거래계약을 체결하거나 기존 기본거래계약의 기한을 갱신하고 그 거래 한도금액을 증액하는 약정을 하였다고 하더라도, 그것이 당초 정한 기본거래의 종류에 속하고 그로 인한 채무가 근보증 결산기 이전에 발생한 것으로서 근보증한도액을 넘지 않는다면, 그것은 모두 한정근보증의 피보증채무 범위에 속한다고 보아야 하고, 별도의 약정이 있다는 등의 특별한 사정이 없는 한 새로운 기본거래계약 체결 등에 관하여 보증인의 동의를 받거나 보증인에게 통지하여야만 피보증채무의 범위에 속하게 되는 것은 아니다(대판 2013. 11. 14, 2011다29987).

2) 책임의 범위　　　근보증의 경우에는 보증하는 채무의 최고액을 서면으로 특정해야 하며, 그렇지 않으면 보증계약은 무효이다(428조의 3 1항 2문·2항). 그리고 최고액(보증한도액)을 특정한 경우에 보증인은 그 한도액만큼만 책임을 지게 된다. 그때 그 한도액이 주채무의 원금만을 기준으로 하는지 여부는 당사자의 특약의 해석에 의하여 정하여지나, 특별한 사정이 없는 한 보증한도의 범위 안에서 확정된 주채무 및 그 이자, 위약금, 손해배상 기타 주채무에 종속한 채무를 모두 포함한다고 새길 것이다(대판 1995. 6. 30, 94다40444; 대판 1999. 3. 23, 98다64639; 대판 2000. 4. 11, 99다12123).

〈판　례〉

(ㄱ)「계속적인 신용거래관계로부터 장래 발생할 불특정채무를 보증하기 위해 이른바 보증한도액을 정하여 근보증을 하고 아울러 그 불특정채무를 담보하기 위하여 동

일인이 근저당권설정등기를 하여 물상보증도 한 경우에, 근보증약정과 근저당권설정계약은 별개의 계약으로서 원칙적으로 그 성립과 소멸이 따로 다루어져야 할 것이나, 근보증의 주채무와 근저당권의 피담보채무가 동일한 채무인 이상 근보증과 근저당권은 특별한 사정이 없는 한 동일한 채무를 담보하기 위한 중첩적인 담보로서 근저당권의 실행으로 변제를 받은 금액은 근보증의 보증한도액에서 공제되어야 할 것이다(대법원 1997. 11. 14. 선고 97다34808 판결 참조)·」(대판 2004. 7. 9, 2003다27160)(양창수, 민법연구(8), 434면 이하는 이 판결에 반대하고 담보적 효력의 누적이 인정되어야 한다고 주장한다)

(ㄴ) 「계속적인 거래관계로부터 장래 발생하는 불특정채무를 보증하는 근보증을 하고 아울러 그 불특정채무를 담보하기 위하여 동일인이 근저당권설정등기를 하여 물상보증도 하였을 경우, 이 근저당권의 피담보채무와 근보증에 의하여 담보되는 주채무가 별개의 채무인가 아니면 그와는 달리 근저당권에 의하여 담보되는 채권이 위 근보증에 의하여도 담보되는 것인가의 문제는 계약 당사자의 의사해석 문제라 할 것이다.」(채무자의 채권자에 대한 불특정채무를 담보하기 위하여 제3자가 자신의 부동산에 근저당권설정등기를 하고 다음날 위 피담보채무를 한도로 근보증계약을 체결한 경우, 근저당권의 피담보채무와 근보증에 의하여 담보되는 주채무는 별개의 채무가 아니라 동일한 채무로서 채무의 액수는 근저당권의 채권최고액 겸 근보증의 보증한도액에 한정된다고 한 사례)(대판 2005. 4. 29, 2005다3137)

(ㄷ) 「회사의 이사 등이 회사의 제3자에 대한 계속적 거래로 인한 채무를 연대보증한 경우 이사 등에게 회사의 거래에 대하여 재직 중에 생긴 채무만을 책임지우기 위하여는 그가 이사의 지위 때문에 부득이 회사의 계속적 거래로 인하여 생기는 회사의 채무를 연대보증하게 된 것이고 또 회사의 거래상대방이 거래할 때마다 거래 당시의 회사에 재직하고 있던 이사 등의 연대보증을 새로이 받아오는 등의 특별한 사정이 있을 것임을 요하고 그러한 사정이 없는 경우의 연대보증에까지 그 책임한도가 위와 같이 제한되는 것으로 해석할 수는 없다.」(대판 1998. 12. 22, 98다34911.)(같은 취지의 판결도 많음)

(ㄹ) 「계속적 채권관계에서 발생하는 주계약상의 불확정 채무에 대하여 보증한 경우 그 보증채무는 통상적으로 주계약상의 채무가 확정된 때에 이와 함께 확정된다. 그러나 채권자와 주채무자 사이에서 주계약상의 거래기간이 연장되었으나 보증인과 사이에서 보증기간이 연장되지 아니하는 등의 사정으로 보증계약 관계가 먼저 종료된 때에는 그 종료로 보증채무가 확정되므로, 보증인은 그 당시의 주계약상의 채무에 대하여 보증책임을 지고, 그 후의 채무에 대하여는 보증책임을 지지 아니한다.」(대판 2021. 1. 28, 2019다207141)

3) 해 지　　대법원은, 계속적 보증은 계속적 거래관계에서 발생하는 [182] 불확정한 채무를 보증하는 것으로 보증인의 주채무자에 대한 신뢰가 깨어지는 등 정당한 이유가 있는 경우에는 보증인으로 하여금 그 보증계약을 그대로 유

지·존속시키는 것이 신의칙상 부당하므로 특별한 사정이 없는 한 보증인은 보증계약을 해지할 수 있다고 한다(대판 2018. 3. 27,\n2015다12130). 그리고 다른 판결에서는, 근보증 기타 계속적 보증의 경우 보증에 이르게 된 경위, 상당기간의 경과, 주채무자에 대한 신뢰의 상실, 주채무자의 자산상태의 변화, 보증인의 지위의 변동 기타 채권자측의 여러 사정을 고려하여 사회통념상 그 보증을 계속 존속시키는 것이 상당하지 않다고 볼 수 있는 경우에는, 상대방인 채권자에게 신의칙상 묵과할 수 없는 손해를 입게 하는 등의 특별한 사정이 없는 한 보증인에게 그 해지권이 인정된다고 한다(대판 2001. 11. 27,\n99다8353). 학설은 뒤의 판결이 열거하는 개별적인 사유가 있는 경우에 해지권을 인정한다(대표적으로 곽윤직, 187면.\n이를 특별 해지권이라고 한다). 나아가 학설은 보증계약 성립 후 상당한 기간이 경과한 때에도 보증인은 해지권을 갖는다고 한다. 그러나 판례는 기간을 정하지 않은 계속적 보증계약이라고 하여 상당한 기간이 경과하였다는 사정만으로 바로 해지권이 발생하지는 않는다고 한다(대판 2001. 11. 27,\n99다8353). 판례가 옳다.

한편 판례에 의하면, 회사의 이사라는 지위에 있었기 때문에 부득이 회사와 은행 사이의 계속적 거래로 인한 회사의 채무에 연대보증인이 된 자가 그 후 회사로부터 퇴직하여 이사의 지위를 상실하게 된 때에는, 연대보증계약 성립 당시의 사정에 현저한 변경이 생긴 것을 이유로 그 보증계약을 해지할 수 있다고 한다(대판 1992. 5. 26, 92다2332; 대판 2000. 3. 10, 99다61750; 대판 2002. 5. 31, 2002다1673; 대판 2018. 3. 27, 2015다12130\n(보증보험계약에서 보험계약자가 보험자에게 부담하게 될 불확정한 구상채무를 보증한 사람도 위와 같은 사정이 있는\n경우에는 마찬\n가지라고 함) 등). 그러나 사정변경을 이유로 보증계약을 해지할 수 있는 것은 포괄근보증이나 한정근보증과 같이 채무액이 불확정적이고 계속적인 거래로 인한 채무에 대하여 한 보증에 한하고, 회사의 이사로 재직하면서 보증 당시 그 채무액과 변제기가 특정되어 있는 회사의 확정채무에 대하여 보증을 한 경우에는, 그 후 이사직을 사임하였다 하더라도, 사정변경을 이유로 보증계약을 해지할 수 없다고 한다(대판 1991. 7. 9, 90다15501; 대판 1994. 12. 27, 94다46008; 대판 1996. 2. 9, 95다27431;\n대판 1999. 1. 15, 98다46082; 대판 1999. 12. 28, 99다25938; 대판 2006. 7. 4, 2004다30675).

〈판 례〉

「근보증으로서의 신용보증채무 이행으로 인한 구상채무를 보증한 자가 신용보증채무가 확정되기 전에 적법하게 보증계약을 해지한 때에는 구체적인 보증채무의 발생 전에 보증계약 관계가 종료되므로, 그 이후 신용보증사고의 발생으로 신용보증기관의 신용보증채무가 확정되고 나아가 주채무자의 구상채무까지 확정된다 하여도 구상보증인은 그에 관하여 아무런 보증책임을 지지 아니한다. 그리고 이러한 법리는 주계약상 거래기간의 연장에 따라 신용보증기간이 연장되었으나 구상보증인에 대한 관계에서는 보증기간이 연장되지 아니하여 구상보증계약 관계가 먼저 종료되는 경우에도 마찬가지로 적용된다.」(대판 2014. 4. 10, 2011다53171. 전단에 관하 여 같은 취지: 대판 2018. 3. 27, 2015다12130)

4) 보증인이 사망한 경우   판례는 근보증에 관한 사안에서, 보증한도액이 정해진 계속적 보증계약의 경우 보증인이 사망하였다 하더라도 보증계약이 당연히 종료되는 것은 아니고 특별한 사정이 없는 한 상속인들이 보증인의 지위를 승계한다고 보아야 할 것이나, 보증기간과 보증한도액의 정함이 없는 계속적 보증계약의 경우에는 보증인이 사망하면 보증인의 지위가 상속인에게 상속된다고 할 수 없고, 다만 기왕에 발생된 보증채무만이 상속된다고 한다(대판 2001. 6. 12, 2000다47187).

4. 신원보증(身元保證)   [183]

(1) 의   의

신원보증은 주로 고용계약에 부수하여 체결되는 계약으로서 다음과 같은 세 가지의 모습이 있다. ① 피용자가 장차 고용계약상의 채무불이행으로 손해배상의무를 부담하게 되는 경우에 그 이행을 담보하는 일종의 신용보증, ② 피용자의 채무 유무를 묻지 않고 사용자의 모든 손해를 담보하는 일종의 손해담보계약, ③ 사용자의 모든 손해 외에 피용자의 의무위반이 없을 것 등도 담보하는 것이 그것이다. 이들 가운데 ①만이 본래의 신원보증이다(②③은 신원인수라고도 한다). 구체적인 신원보증이 이들 중 어느 것에 해당하는지는 계약의 해석의 문제인데, 불분명한 때에는 보다 합리적인 것이라고 할 수 있는 본래의 신원보증, 즉 ①의 유형으로 새겨야 한다.

신원보증은 보통 대가를 받지 않고 친분관계에 의하여 행하여진다. 그러면서도 그 기간이 길고 책임범위도 넓다. 그리하여 신원보증인에게 대단히 불리하다. 여기서 신원보증인의 책임을 완화하여야 할 필요가 있게 되는데, 그러한 목적으로 제정된 특별법이 신원보증법이다(이 법은 2002년에 전부개정되었다).

〈판 례〉

신원보증인의 보증채무는 주채무자인 신원본인의 채무가 소멸시효 완성에 의하여 소멸되면 그 범위에서 당연히 소멸된다(대판 1977. 9. 13, 77다418).

(2) 신원보증법의 내용

1) 적용범위   신원보증법은 제2조에서 신원보증계약을 「피용자가 업무를 수행하는 과정에서 그에게 책임있는 사유로 사용자에게 손해를 입힌 경우에 그 손해를 배상할 채무를 부담할 것을 약정하는 계약」이라고 정의한다. 따라서 그 법은 그러한 신원보증계약에 적용된다.

2) 존속기간   신원보증계약의 존속기간을 당사자가 정한 경우에는 원칙적으로 그 기간이 존속기간이 된다. 그러나 그 경우에도 기간은 2년을 초과하지 못하며, 그보다 장기간으로 정한 때에는 그 기간을 2년으로 단축한다($\frac{같은 법}{3조 2항}$). 그에 비하여 당사자가 기간을 정하지 않은 경우에는 존속기간은 계약성립일부터 2년이다($\frac{같은 법}{3조 1항}$). 그리고 신원보증계약은 갱신할 수 있으나, 그 기간은 갱신한 날부터 2년을 초과하지 못한다($\frac{같은 법}{3조 3항}$).

3) 사용자의 통지의무   사용자는 ① 피용자가 업무상 부적격자이거나 불성실한 행적이 있어 이로 인하여 신원보증인의 책임을 야기할 우려가 있음을 안 경우, ② 피용자의 업무 또는 업무수행의 장소를 변경함으로써 신원보증인의 책임이 가중되거나 업무감독이 곤란하게 될 경우에는 지체없이 신원보증인에게 통지하여야 한다($\frac{같은 법}{4조 1항}$). 만약 사용자가 고의 또는 중과실로 이 통지의무를 게을리하여 신원보증인이 그 법 제5조에 따른 해지권을 행사하지 못한 경우 신원보증인은 그로 인하여 발생한 손해의 한도에서 의무를 면한다($\frac{같은 법}{4조 2항}$).

4) 신원보증인의 계약해지권   신원보증인은 ① 사용자로부터 그 법 제4조 제1항의 통지를 받거나, 신원보증인이 스스로 제4조 제1항 각호의 어느 하나에 해당하는 사유가 있음을 안 경우, ② 피용자의 고의 또는 과실로 인한 행위로 발생한 손해를 신원보증인이 배상한 경우, ③ 그 밖에 계약의 기초되는 사정에 중대한 변경이 있는 경우에는 계약을 해지할 수 있다($\frac{같은 법}{5조}$).

5) 신원보증인의 책임   신원보증인은 피용자의 고의 또는 중과실로 인한 행위로 발생한 손해를 배상할 책임이 있으며($\frac{같은 법}{6조 1항}$), 경과실에 대하여는 책임을 지지 않는다. 그리고 신원보증인이 2명 이상인 경우에는 특별한 의사표시가 없으면 각 신원보증인은 같은 비율로 의무를 부담한다($\frac{같은 법}{6조 2항}$). 즉 공동신원보증인에게는 분별의 이익이 인정된다. 한편 법원은 신원보증인의 손해배상액을 산정하는 경우 피용자의 감독에 관한 사용자의 과실 유무, 신원보증을 하게 된 사유

및 이를 할 때 주의를 한 정도, 피용자의 업무 또는 신원의 변화, 그 밖의 사정을 고려하여야 한다($\binom{같은 법}{6조 3항}$). 그 결과 신원보증인의 책임이 제한될 수 있다.

6) 신원보증채무의 비상속성　　신원보증계약은 신원보증인의 사망으로 종료된다($\binom{같은 법}{7조}$). 즉 신원보증인이 사망하면 그의 지위가 상속인에게 승계되지 않는다. 그러나 신원보증인이 사망하기 전에 발생한 신원보증계약상의 보증채무는 상속된다($\binom{대판 1972. 2. 29,}{71다2747}$).

7) 불이익금지　　신원보증법의 규정은 강행규정이며, 그 법의 규정에 반하는 특약으로서 어떠한 명칭이나 내용으로든지 신원보증인에게 불리한 것은 효력이 없다($\binom{같은 법}{8조}$).

5. 손해담보계약

(1) 의　　의

손해담보계약은 당사자의 일방(담보의무자)이 상대방(담보권리자)에 대하여 일정한 사항에 대한 위험을 인수하고 그로부터 생기는 손해를 담보하는 것을 목적으로 하는 계약을 말한다. 이 손해담보계약은 채권자가 채무자의 행위로 입게 될 손해를 담보하는 점에서 보증과 유사하다. 그러나 주채무의 존재를 전제로 하지 않아서 부종성·보충성이 없는 점에서 보증과 다르다. 이와 같이 손해담보계약의 경우에는 보충성이 없어서 담보의무자는 보증인과 달리 최고·검색의 항변권을 가지지 못한다.

(2) 법적 성질

손해담보계약의 법적 성질에 관하여 i) 통설은 원칙적으로 편무·무상계약이고 예외적으로 쌍무·유상계약이 있으며, 후자가 보험계약이라고 한다($\binom{곽윤직, 204}{면; 김상용,}$ $\binom{359면; 김형}{배, 555면}$). 그에 대하여 ii) 현재 손해담보계약이 가장 많이 이용되는 분야는 은행의 금융거래이고 그러한 손해담보에서는 보증료에 유사한 담보료가 지급된다고 하면서, 이 경우에는 쌍무·유상계약이므로, 손해담보계약은 편무·무상계약인 경우도 있고 쌍무·유상계약인 경우도 있다고 하는 것이 타당하다는 소수설도 주장되고 있다($\binom{주해(10), 512}{면(강용현)}$). 만약, ii)설이 주장하는 현상이 맞다면 i)설의 설명은 부정확하다고 할 수밖에 없다.

손해담보계약은 불요식계약이다.

(3) 성   립

손해담보계약은 담보의무자와 담보권리자 사이의 계약에 의하여 성립한다.
이 계약에서 당사자는 담보권리자가 일정한 사항에 의하여 입게 될 손해를 담보
의무자가 담보할 것을 약정하게 된다. 그런데 담보되는 손해 내지 손실의 액은
반드시 처음부터 확정되어 있을 필요는 없으며, 장차 손해를 확정할 수 있으면
불확정손해를 담보할 수도 있다. 기간이 특정되지 않아도 무방하다. 그러나 담보
의 범위나 기간이 불확정한 경우에는 불확정한 계속적 보증, 특히 신원보증에서
와 같은 고려가 필요하게 된다(곽윤직, 204면; 주해⑩, 523
면(강용현) 등 통설도 같음).

〈판 례〉

「손해담보계약상 담보의무자의 책임은 손해배상책임이 아니라 이행의 책임이고,
따라서 담보계약상 담보권리자의 담보의무자에 대한 청구권의 성질은 손해배상청구
권이 아니라 이행청구권이므로, 민법 제396조의 과실상계 규정이 준용될 수 없음은
물론 과실상계의 법리를 유추적용하여 그 담보책임을 감경할 수도 없는 것이 원칙이
지만, 다만 담보권리자의 고의 또는 과실로 손해가 야기되는 등의 구체적인 사정에
비추어 담보권리자의 권리행사가 신의칙 또는 형평의 원칙에 반하는 경우에는 그 권
리행사의 전부 또는 일부가 제한될 수는 있다.」(대판 2002. 5. 24,
2000다72572)

제 7 장   채권양도와 채무인수

제 1 절   채권의 양도

제1관 서   설

Ⅰ. 채권양도의 의의 및 법적 성질 [185]

1. 의   의

　채권양도라 함은 채권을 그 동일성을 유지하면서$\binom{\text{이 점에서 채권자 변경}}{\text{에 의한 경개와 다르다}}$ 이전하는 계약을 말한다$\binom{\text{통설·판례도 같음. 대판}}{\text{2002. 4. 26, 2001다59033}}$. 채권의 이전은 법률규정$\binom{\text{예: 399조의 배상자대위,}}{\text{481조의 변제에 의한 대위}}$·법원의 명령$\binom{\text{전부명령. 민사}}{\text{집행법 229조}}$·유언에 의하여서도 일어나지만, 그 경우는 채권양도라고 하지 않으며, 계약의 경우만을 채권양도라고 한다.

〈참   고〉

　근래 일부 견해$\binom{\text{김상용, 361면;}}{\text{김형배, 556면}}$는 계약 외에 유언 등의 단독행위에 의한 채권의 이전도 채권양도에 포함시키고 있다. 그러나 그에 의하면 채권양도의 통일적인 설명이 어려울뿐더러 특별한 실익이 없다. 따라서 이 책에서는 전통적인 견해와 마찬가지로 계약의 경우만을 채권양도로 이해하려고 한다.

〈판   례〉

　「기존의 채권이 제 3 자에게 이전된 경우 이를 채권의 양도로 볼 것인가 또는 경개로 볼 것인가는 일차적으로 당사자의 의사에 의하여 결정되고 만약 당사자의 의사가 명백하지 아니할 때에는 특별한 사정이 없는 한 동일성을 상실함으로써 채권자가 담보를 잃고 채무자가 항변권을 잃게 되는 것과 같이 스스로 불이익을 초래하는 의사를 표시하였다고는 볼 수 없으므로 일반적으로 채권의 양도로 볼 것이다.」$\binom{\text{대판}}{\text{1996. 7. 9,}}$ $\binom{\text{96다}}{\text{16612}}$

　민법은 「채권의 양도」라는 절을 두고 있다$\binom{\text{제 3 편 제 1}}{\text{장 제 4 절}}$. 그런데 그것은 보통의 채권인 지명채권의 양도만에 관한 것이며, 증권적 채권의 양도에 관하여는 따로

「지시채권」($^{제7}_{절}$)·「무기명채권」($^{제8}_{절}$)의 절이 두어져 있다. 그렇지만 이 책에서는 이해의 편의를 위하여 이들 모두를 여기서 같이 다루기로 한다.

[186]   ## 2. 법적 성질

(1) 처분행위

채권양도는 채권이 귀속하는 주체를 직접 변경시키는 계약이다. 그리하여 그에 의하여 직접 채권이 이전되는 처분행위이다($^{같은 취지: 대판 2011. 3. 24, 2010다100711;}_{대판 2016. 7. 14, 2015다46119}$). 따라서 채권양도가 유효하기 위해서는 양도인이 채권을 처분할 수 있는 권한을 가지고 있어야 하며, 처분권한 없는 자가 지명채권을 양도한 경우에는 특별한 사정이 없는 한 양수인은 채권을 취득하지 못한다($^{대판 2016. 7. 14,}_{2015다46119}$).

(2) 낙성·불요식의 계약인지 여부

지명채권의 경우에는 채권양도는 당사자인 채권자와 양수인 사이의 합의만 있으면 효력이 발생한다. 다만, 통지·승낙 등의 요건을 갖추지 못하면 채무자·제 3 자에게 대항하지 못할 뿐이다($^{450조}_{참조}$). 따라서 지명채권의 양도는 낙성·불요식의 계약이다($^{이설}_{없음}$).

그에 비하여 증권적 채권의 경우에는 양도의 합의 외에 증서의 배서·교부($^{지시채권의}_{경우. 508조}$) 또는 증서의 교부($^{무기명채권의}_{경우. 523조}$)가 있어야 양도의 효력이 생긴다. 여기서 i) 증서의 배서·교부 또는 증서의 교부를 양도합의의 방식(또는 효력발생요건)이라고 이해하면서 증권적 채권의 양도를 요식계약이라고 하는 견해가 있다($^{김상용, 365}_{면; 김학동,}$ $^{314면; 김형}_{배, 561면}$). 그런가 하면 ii) 증서의 배서·교부 또는 증서의 교부는 양도의 합의의 방식은 아니며 법률에 의하여 특별히 요구되는 양도의 합의 외의 또 하나의 양도의 요건이라고 하는 견해도 있다($^{곽윤직(신정수}_{정판), 282면}$). 생각건대 증권적 채권의 본질에 비추어 볼 때 i)설이 타당하다. 증서의 배서·교부 등은 물권변동에 있어서의 등기·인도와는 달리 보아야 하는 것이다.

(3) 준물권계약

채권양도는 채권의 이전 자체를 목적으로 하는 것으로서 일종의 준물권계약이다($^{대판 2016. 7. 14,}_{2015다46119}$). 따라서 채권이전의 채무를 발생시키는 채권계약($^{예: 매매·}_{증여}$)과는 별개의 것이다($^{대판 2011. 3. 24,}_{2010다100711}$). 그런데 이 채권양도가 그 원인행위인 채권의 매매·증여 등과 어떤 관계에 있는지가 문제된다. 이는 물권행위의 독자성·무인성 인정 여부와 같은 문제이다($\substack{물권법\,[28]\\이하\,참조}$). 지명채권과 증권적 채권을 나누어 보기로
한다.

    1) 지명채권의 경우   지명채권의 양도는 원칙적으로 원인행위인 채권행
위와 함께 행하여진 것으로 보아야 하며($\substack{독자성\\부정}$), 그 원인행위가 부존재·무효·취
소·해제 등으로 효력을 잃게 되면 그에 따라 채권양도도 무효로 된다고 하여야
한다($\substack{유인성\\인정}$)($\substack{여기에\,관하여\,근래에\\는\,견해가\,일치한다}$). 판례도 같다($\substack{대판\,2011.\,3.\,24,\\2010다100711}$).

〈판 례〉

  「비록 채권양도계약과 양도의무계약은 실제의 거래에서는 한꺼번에 일체로 행하
여지는 경우가 적지 않으나, 그 법적 파악에 있어서는 역시 구별되어야 하는 별개의
독립한 행위이다. 그리하여 채권양도계약에 대하여는 그 원인이 되는 개별적 채권계
약의 효과에 관한 민법상의 임의규정은 다른 특별한 사정이 없는 한 적용되지 아니
한다고 할 것이다.

  한편 종전의 채권자가 채권의 추심 기타 행사를 위임하여 채권을 양도하였으나 양
도의 '원인'이 되는 그 위임이 해지 등으로 효력이 소멸한 경우에 이로써 채권은 양
도인에게 복귀하게 되고, 나아가 양수인은 그 양도의무계약의 해지로 인하여 양도인
에 대하여 부담하는 원상회복의무($\substack{이는\,계약의\,효력\,불발생에서의\,원상회복의무\,일반\\과\,마찬가지로\,부당이득\,반환의무의\,성질을\,가진다}$)의 한 내용
으로 채무자에게 이를 통지할 의무를 부담한다고 봄이 상당하다($\substack{대법원\,1993.\,8.\,27.\\선고\,93다17379\,판결}$
$\substack{등\\참조}$).」($\substack{대판\,2011.\,3.\,24,\\2010다100711}$)

    2) 증권적 채권의 경우   이 경우에 대하여는 채권양도의 독자성과 무인
성을 인정하는 데 다툼이 없다. 그리하여 증권적 채권의 양도는 증서의 배서·교
부 또는 증서의 교부가 있는 때에 있는 것으로 해석되며($\substack{독자성\\인정}$), 채권행위가 실효
되어도 채권양도는 영향을 받지 않는다고 하게 된다($\substack{무인성\\인정}$).

    (4) 채권의 동일성 유지

    채권양도가 있으면 채권은 동일성을 유지하면서 양수인에게 이전한다
($\substack{대판\,2002.\,4.\,26,\,2001\\다59033도\,같음}$). 그 결과 그 채권에 종속된 권리($\substack{예:\,변제기가\,되지\,않은\\이자채권,\,보증채권}$)도 양수인에게
이전한다. 그리고 그 채권에 붙어 있는 각종의 항변권($\substack{예:\,동시이행의\,항변권·\\기한유예의\,항변권}$)도 그대로
존속한다.

[187] **Ⅱ. 채권양도의 모습**

채권양도는 다음과 같은 여러 가지 모습의 것이 있다.

(1) 매매·증여를 목적으로 하는 양도

이는 보통의 경우이다.

(2) 다른 채권을 담보할 목적으로 하는 양도(매도담보 또는 양도담보)

예를 들면 대출을 받으면서 그것을 담보하기 위하여 기존의 채권 자체를 이전하는 경우가 그렇다. 그러한 경우 가운데에는 채권을 매매하는 형식으로 대출을 받을 수도 있고(매도담보), 대출은 소비대차의 형식으로 받되 담보의 목적으로 채권을 이전할 수도 있다(양도담보).

(3) 추심을 목적으로 하는 양도

이러한 양도에는 양수인에게 단순히 추심권능을 주는 것과 추심을 위한 채권의 신탁적 양도의 두 가지가 있다.

이들 가운데 앞의 것 즉 양수인에게 추심권능만을 주는 채권양도는 진정한 의미의 채권양도가 아니다. 이 경우에는 양수인은 자기의 이름으로 채권을 추심할 수 있는 권능만 취득할 뿐 채권 자체를 취득하지는 않는다. 따라서 그러한 양도가 있은 후에도 양도인이 여전히 채권에 대하여 처분권을 행사할 수 있는 것이다. 즉 양도인은 양수인이 추심할 때까지 스스로 추심할 수 있고, 면제·화해 등도 할 수 있다($\binom{곽윤직,}{209면}$).

추심을 위한 채권의 신탁적 양도는 채권의 추심이라는 경제적 목적을 넘어서 채권을 양수인에게 이전하면서 양수인으로 하여금 추심의 목적의 범위 안에서만 채권을 행사하도록 하는 채권양도이다. 이것은 일종의 신탁행위이다. 이 경우에는 양수인이 양도인에 대하여는 채권을 추심의 목적으로만 행사할 의무를 부담하나, 채권 자체는 양수인에게 이전하게 된다. 그리하여 양수인이 그 채권을 제 3 자에게 양도하거나 채무자에게 채무를 면제한 경우에는, 설사 제 3 자나 채무자가 양수인에 대한 채권양도가 신탁적 양도라는 것을 알고 있었더라도, 완전히 유효하게 된다. 이때 양수인이 양도인에 대하여 손해배상책임을 지는 것은 별문제이다.

추심을 위한 채권양도가 위의 둘 중 어느 것에 해당하는지는 채권양도를 일으키는 계약(원인행위)의 해석에 의하여 정해진다. 그런데 계약의 해석에 의하여 확정할 수 없는 경우에는, 추심권능만을 수여한 것이라고 인정할 만한 특별한 사정이 없는 한, 추심을 위한 신탁적 양도라고 새겨야 한다(통설도 같음). 추심권능만 수여했는지를 외부에서 알기가 어렵고, 그럼에도 불구하고 추심권능만 수여한 것으로 새기면, 채권양도의 통지가 있은 후 채권을 양수한 제 3 자가 예측하지 못한 손해를 입게 될뿐더러 채무자 보호에도 불충분하게 되기 때문이다(같은 취지: 곽윤직, 209면; 주해(10), 504면(이상훈)).

제2관   지명채권(指名債權)의 양도

Ⅰ. 지명채권의 양도성   [188]

1. 지명채권의 의의

지명채권은 채권자가 특정되어 있는 채권이며, 보통 채권이라고 하면 지명채권을 가리킨다. 지명채권의 경우에는 증권적 채권과 달리 채권의 성립·존속·행사·양도에 증서(즉 증권. 證券)의 작성·교부 등이 필요하지 않다(증서가 작성되었더라도 그것은 채권의 증거방법에 불과함).

2. 양도의 원칙

지명채권(물론 채권이 존재하고 특정할 수 있어야 함)은 원칙적으로 양도성을 갖는다(449조 1 항 본문). 그러나 뒤에 보는 바와 같이 상당히 넓은 범위에서 양도가 제한된다.

〈장래채권의 양도 문제〉

장래의 채권을 현재 양도할 수 있는가?

장래의 채권이란 넓은 의미로는 채권의 발생요건의 전부 또는 일부가 장래에 갖추어질 것으로 예정되어 있는 채권이다. 그러한 장래채권이 발생하는 경우로는 ① 채권발생의 기초가 되는 법률관계가 존재하는 경우(예: 장래의 기간에 대한 차임. 채권·이자채권·임금채권), ② 채권발생의 기초가 되는 법률관계가 존재하지는 않고 그 법률관계의 요건의 일부만이 성립하고 있는 경우(생성 중의 법률관계. 예: 물품을 주문할 수 있는 기본계약만 체결된 경우, 임대차 존속 중 장래의 보증금반환채권, 계약이 해제될 경우에 가지게 될 대금반환채권), ③ 채권발생의 기초가 되는 법률관계가 전혀 존재하지 않는 경우(예: 교섭 중인 당사자가 장차 체결될 계약에 기하여 가질 채권) 등이 있다(양창수, 민법연구(7), 244면). 정지조건부 채권이나 시기부 채권도 넓은 의미로는 장래의 채권에 해당하나, 그것들에 대하여는 민법 등이 특별규정을 두고 있어서 보통 장래채권으로 다루지 않는다.

판례는, ⓐ 양도 당시 기본적 채권관계가 어느 정도 확정되어 있어 그 권리의 특정이 가능하고 ⓑ 가까운 장래에 발생할 것임이 상당 정도 기대되는 경우에는 장래채권도 양도할 수 있다고 한다(대판 1991. 6. 25, 88다카6358; 대판 1996. 7. 30, 95다7932; 대판 1997. 7. 25, 95다21624; 대판 2010. 4. 8, 2009다96069). 그리고 양도채권의 특정과 관련하여「채권양도에 있어 사회통념상 양도 목적 채권을 다른 채권과 구별하여 그 동일성을 인식할 수 있는 정도이면 그 채권은 특정된 것으로 보아야 할 것이고, 채권양도 당시 양도 목적 채권의 채권액이 확정되어 있지 아니하였다 하더라도 채무의 이행기까지 이를 확정할 수 있는 기준이 설정되어 있다면 그 채권의 양도는 유효한 것으로 보아야 할 것」이라고 한다(대판 1997. 7. 25, 95다21624). 학자들 가운데에는 자세한 설명은 없이 판례에 찬성하는 견해가 있다(가령 김대정, 859면; 김주수, 377면; 이은영, 606면). 그런가 하면 장래채권의 양도는 인정하여야 할 것이지만, 판례가 들고 있는 ⓑ의 발생개연성은 요구하지 않아야 한다고 주장하는 견해(양창수, 민법연구(7), 264면)도 있다.

생각건대 장래의 채권도 그것이 특정될 수 있다면 양도를 허용하여야 한다. 민법상 조건부 권리·기한부 권리의 양도가 인정되고 있고(149조·154조 참조), 장래채권은 이들과 동일하게 다루는 것이 마땅하고, 달리 양도를 제한하여야 할 이유가 없기 때문이다. 양도를 허용하여야 하는 것은 앞의 ③의 경우, 즉 채권발생의 기초가 되는 법률관계가 전혀 존재하지 않는 경우에도 같다(같은 취지: 김주수, 377면). 그러한 경우에 끝까지 채권이 발생하지 않는다면, 정지조건부 채권이 양도된 경우에 정지조건이 불성취로 확정되는 때와 같이 처리하면 될 것이다. 그리하여 양도인은 채권양도와 함께 행하여진 채권매매계약(또는 채권증여계약)의 채무불이행(이행불능)책임은 져야 한다. 다음에 장래채권이 양도될 수 있으려면 그 권리가 특정될 수 있어야 함은 물론이다. 즉 판례가 들고 있는 ⓐ의 특정가능성 요건은 갖추어야 한다. 그러나 그 권리가 가까운 장래에 발생할 것이 기대될 필요는 없다고 하여야 한다. 그것이 요건으로 요구되어야 하는 합리적인 이유가 없을뿐더러, 그 요건 자체가 지나치게 불명확하여 요건으로 기능하기도 어렵기 때문이다. 그리고 최근에「동산·채권 등의 담보에 관한 법률」이 다수의 장래의 채권을 한꺼번에 담보로 제공할 수 있도록 규정한 점(같은 법 34조 2항 참조)도 고려할 필요가 있다. 한편 장래채권의 양도의 경우에도 채무자 기타 제 3 자에게 대항하려면 채권양도의 통지나 승낙이 있어야 함은 현재의 채권의 경우와 마찬가지이다.

〈 판 례 〉

(ㄱ)「채권양도에 있어 사회통념상 양도목적 채권을 다른 채권과 구별하여 그 동일성을 인식할 수 있을 정도이면 그 채권은 특정된 것으로 보아야 할 것이고, 채권양도 당시 양도목적 채권의 채권액이 확정되어 있지 아니하였다 하더라도 채무의 이행기까지 이를 확정할 수 있는 기준이 설정되어 있다면 그 채권의 양도는 유효한 것으로

보아야 할 것」이다$\binom{\text{대판 1997. 7. 25, 95다21624. 같은}}{\text{취지: 대판 1998. 5. 29, 96다51110}}$.

(ㄴ)「장래의 채권도 양도 당시 기본적 채권관계가 어느 정도 확정되어 있어 그 권리의 특정이 가능하고 가까운 장래에 발생할 것임이 상당 정도 기대되는 경우에는 이를 양도할 수 있는 것이다.」$\binom{\text{대판 1996. 7. 30, 95다7932;}}{\text{대판 2010. 4. 8, 2009다96069}}$

(ㄷ)「채권양도는 구 채권자인 양도인과 신 채권자인 양수인 사이에 채권을 그 동일성을 유지하면서 전자로부터 후자에게로 이전시킬 것을 목적으로 하는 계약을 말한다 할 것이고, 채권양도에 의하여 채권은 그 동일성을 잃지 않고 양도인으로부터 양수인에게 이전된다 할 것이며, 가압류된 채권도 이를 양도하는 데 아무런 제한이 없다 할 것이나, 다만 가압류된 채권을 양수받은 양수인은 그러한 가압류에 의하여 권리가 제한된 상태의 채권을 양수받는다고 보아야 할 것이고$\binom{\text{대법원 2000. 4. 11. 선}}{\text{고 99다23888 판결 참조}}$, 이는 채권을 양도받았으나 확정일자 있는 양도통지나 승낙에 의한 대항요건을 갖추지 아니하는 사이에 양도된 채권이 가압류된 경우에도 동일하다고 할 것이다.

그리고 일반적으로 채권에 대한 가압류가 있더라도 이는 채무자가 제 3 채무자로부터 현실로 급부를 추심하는 것만을 금지하는 것일 뿐 채무자는 제 3 채무자를 상대로 그 이행을 구하는 소송을 제기할 수 있고 법원은 가압류가 되어 있음을 이유로 이를 배척할 수는 없는 것이 원칙이다. 왜냐하면 채무자로서는 제 3 채무자에 대한 그의 채권이 가압류되어 있다 하더라도 채무명의를 취득할 필요가 있고 또는 시효를 중단할 필요도 있는 경우도 있을 것이며 또한 소송 계속 중에 가압류가 행하여진 경우에 이를 이유로 청구가 배척된다면 장차 가압류가 취소된 후 다시 소를 제기하여야 하는 불편함이 있는 데 반하여 제 3 채무자로서는 이행을 명하는 판결이 있더라도 집행단계에서 이를 저지하면 될 것이기 때문이다$\binom{\text{대법원 1992. 11. 10. 선고 92}}{\text{다4680 전원합의체 판결 참조}}$. 또한 위와 같은 채권가압류의 처분금지의 효력은 본안소송에서 가압류채권자가 승소하여 채무명의를 얻는 등으로 피보전권리의 존재가 확정되는 것을 조건으로 하여 발생하는 것이므로 채권 가압류결정의 채권자가 본안소송에서 승소하는 등으로 채무명의를 취득하는 경우에는 가압류에 의하여 권리가 제한된 상태의 채권을 양수받는 양수인에 대한 채권양도는 무효가 된다고 할 것이다$\binom{\text{대법원 1998. 11. 13. 선}}{\text{고 96다25692 판결 참조}}$.」$\binom{\text{대판 2002. 4. 26,}}{\text{2001다59033}}$

3. 양도의 제한

[189]

(1) 채권의 성질에 의한 제한

채권의 성질이 양도를 허용하지 않는 때에는, 그 채권은 양도할 수 없다$\binom{449}{\text{조 1}}$ $\text{항}_{\text{단서}}$). 그러한 채권의 예로는, ① 채권자가 변경되면 급부의 내용이 전혀 달라지는 채권$\binom{\text{예: 특정인의 초상을 그리}}{\text{게 하는 채권, 부작위채권}}$, ② 채권자가 변경되면 권리의 행사가 크게 달라지는 채권$\binom{\text{예: 사용차주의 채권(610조 2항), 임차권(629조}}{\text{1항), 사용자의 채권(657조 1항), 위임인의 채권}}$$\binom{\text{①·②의 경우에, 채무자의 승낙 없이 채권자가 채권을 제 3자에게 양}}{\text{도한 때에는, 양도가 당연히 무효로 되지 않고, 양수인이 채무자에게}}$

채권취득을 가지고 대항하지 못할 뿐이라고 새겨야 한다), ③ 특정의 채권자와의 사이에서 결제되어야 하는 채권(예: 상호계산(상법 72조 이하)에 계입(計入)된 채권, 당좌대월계약상의 채권), ④ 채권 사이에 주·종의 관계가 있는 경우의 종된 채권(예: 보증채권(대판 2002. 9. 10, 2002다21509))(이 경우는 주된 채권과 분리하여 단독으로 양도할 수 없음)을 들 수 있다. 그리고 전세금반환청구권은 전세권이 존재하는 상태에서는 전세권과 분리하여 양도할 수 없다(판례도 같음. 물권법 [168] 참조). 나아가 판례는 매매로 인한 소유권이전등기 청구권은 그 권리의 성질상 양도가 제한된다고 한다(대판 2001. 10. 9, 2000다51216; 대판 2005. 3. 10, 2004다67653·67660). 한편 근로기준법상 임금은 직접 근로자에게 지급하도록 규정되어 있으나(같은 법 43조 1항·109조), 이는 양도금지규정은 아니므로 임금채권은 양도할 수 있다고 하여야 한다(같은 취지: 곽윤직, 212면; 대판(전원) 1988. 12. 13, 87다카2803. 다른 견해: 김상용, 371면).

〈판 례〉

㈀「부동산의 매매로 인한 소유권이전등기 청구권은 물권의 이전을 목적으로 하는 매매의 효과로서 매도인이 부담하는 재산권이전의무의 한 내용을 이루는 것이고, 매도인이 물권행위의 성립요건을 갖추도록 의무를 부담하는 경우에 발생하는 채권적 청구권으로 그 이행과정에 신뢰관계가 따르므로, 소유권이전등기 청구권을 매수인으로부터 양도받은 양수인은 매도인이 그 양도에 대하여 동의하지 않고 있다면 매도인에 대하여 채권양도를 원인으로 하여 소유권이전등기 절차의 이행을 청구할 수 없고, 따라서 매매로 인한 소유권이전등기 청구권은 특별한 사정이 없는 이상 그 권리의 성질상 양도가 제한되고 그 양도에 채무자의 승낙이나 동의를 요한다고 할 것이므로 통상의 채권양도와 달리 양도인의 채무자에 대한 통지만으로는 채무자에 대한 대항력이 생기지 않으며 반드시 채무자의 동의나 승낙을 받아야 대항력이 생긴다(대법원 2001. 10. 9. 선고 2000다51216 판결 참조).

또한, 다세대건물에 대한 분양계약상의 매수인의 지위를 양수하지 않은 이상 매수인으로부터 채권으로서의 소유권이전등기 청구권을 양도받은 것만으로써는 양수인이 매도인에 대하여 그 다세대건물의 매수인임을 주장할 수 없는 것이고, 이와 같은 매수인의 지위를 양수함에 있어서는 계약의 상대방인 매도인과의 합의(승낙)가 있어야 한다(대법원 1989. 11. 14. 선고 88다카19033 판결 참조).」(대판 2005. 3. 10, 2004다67653·67660. 첫째 단락에 대하여 같은 취지: 대판 2018. 7. 12, 2015다36167)

㈁「취득시효 완성으로 인한 소유권이전등기 청구권은 채권자와 채무자 사이에 아무런 계약관계나 신뢰관계가 없고, 그에 따라 채권자가 채무자에게 반대급부로 부담하여야 하는 의무도 없다. 따라서 취득시효 완성으로 인한 소유권이전등기 청구권의 양도의 경우에는 매매로 인한 소유권이전등기 청구권에 관한 양도제한의 법리가 적용되지 않는다고 보아야 한다.」(대판 2018. 7. 12, 2015다36167)

㈂「근로자의 임금채권의 양도를 금지하는 법률의 규정이 없으므로 이를 양도할 수 있다는 원심의 판단부분에 잘못이 있다고 할 수는 없다. 그러나 근로기준법 제36조 제 1 항(현행 근로기준법 43조 1항에 해당: 저자 주)에서 임금 직접지급의 원칙을 규정하고 그에 위반하는

자는 처벌을 하도록 하는 규정($^{같은 법}_{제109조}$)을 두어 그 이행을 강제하고 있는 이유는 임금이 확실하게 근로자 본인의 수중에 들어가게 하여 그의 자유로운 처분에 맡기고 나아가 근로자의 생활을 보호하고자 하는 데 있는 것이므로 이와 같은 근로기준법의 규정의 취지에 비추어 보면 근로자가 그 임금채권을 양도한 경우라 할지라도 그 임금의 지급에 관하여는 같은 원칙이 적용되어 사용자는 직접 근로자에게 임금을 지급하지 아니하면 안 되는 것이고 그 결과 비록 양수인이라고 할지라도 스스로 사용자에 대하여 임금의 지급을 청구할 수는 없다고 해석하여야 할 것이며, 그렇게 하지 아니하면 임금 직접지급의 원칙을 정한 근로기준법의 규정은 그 실효를 거둘 수가 없게 될 것이다.」($^{대판(전원) 1988. 12. 13,}_{87다카2803}$)

(2) 당사자의 의사표시에 의한 제한　　　　　　　　　　　　　　　　[190]

채권은 당사자가 반대의 의사표시를 한 경우에는 양도하지 못한다($^{449조 2}_{항 본문}$). 이 의사표시는 채권성립시에 할 수도 있으나, 채권성립 후에 하여도 무방하다. 양도금지의 의사표시는 채권이 계약에 의하여 발생한 경우에는 그 의사표시도 계약으로 하여야 하고, 유언에 의하여 발생한 경우에는 일방적인 의사표시로 하여야 한다.

그런데 채권의 양도금지의 의사표시가 있다고 하여도 그것으로써 선의의 제 3 자에게는 대항하지 못한다($^{449조 2}_{항 단서}$). 제449조 제 2 항 단서가 채권양도금지 특약으로써 대항할 수 없는 자를 「선의의 제 3 자」라고만 규정하고 있어 채권자로부터 직접 양수한 자만을 가리키는 것으로 해석할 이유는 없으므로, 악의의 양수인으로부터 다시 선의로 양수한 전득자도 위 조항에서의 선의의 제 3 자에 해당한다고 보아야 한다($^{대판 2015. 4. 9,}_{2012다118020}$). 그리고 선의의 양수인을 보호하고자 하는 위 조항의 입법 취지에 비추어 볼 때, 이러한 선의의 양수인으로부터 다시 채권을 양수한 전득자는 그 선의·악의를 불문하고 채권을 유효하게 취득한다고 할 것이다($^{대판 2015. 4. 9,}_{2012다118020}$). 여기의 제 3 자로서 보호받기 위하여서는 그가 선의 외에 선의인 데 과실이 없어야 하는가? 이 문제에 관하여서는 학설이 나뉘어 있다. i) 선의로써 충분하고 무과실은 필요하지 않다고 하는 견해($^{이은영,}_{613면}$)가 있는가 하면, ii) 이는 표현적(表見的)인 것에 대한 신뢰를 보호해서 거래안전을 꾀하려는 제도이기 때문에, 무과실이 요구된다고 하는 견해($^{곽윤직,}_{213면 등}$), iii) 채권의 양도성은 법이 인정한 대원칙이므로 양수인의 보호에 그의 무과실을 요구하는 것은 타당하지 않으나, 중

대한 과실은 악의와 동일하게 다루어도 무방할 것이라는 견해($\binom{김상용, 372면; 김주수,}{379면; 김형배, 578면}$)도 있다. 그리고 판례는 iii)설과 같다($\binom{대판 1996. 6. 28, 96다18281; 대판 1999. 12. 28, 99다8834; 대}{판 2003. 1. 24, 2000다5336 · 5343; 대판(전원) 2019. 12. 19,}$ $\binom{2016다}{24284}$). 생각건대 채권은 원칙적으로 양도가 허용되는 것이므로 양수인과 같은 제 3 자가 선의인 한 그에게 과실이 있더라도 보호하는 것이 마땅하며, 그것이 민법규정의 법문(法文)에도 부합한다. 결국 i)설이 옳다.

주의할 것은, 제449조 제 2 항이 채권양도 금지의 특약은 선의의 제 3 자에게 대항할 수 없다고만 규정하고 있는데, 우리 판례는 제 3 자의 중대한 과실은 악의와 같이 취급되어야 하므로 양도금지 특약의 존재를 알지 못하고 채권을 양수한 경우에 있어서 그 알지 못함에 중대한 과실이 있는 때에는 악의의 양수인과 같이 양도에 의한 채권을 취득할 수 없다고 해석하고 있다는 점이다($\binom{대판 1996. 6. 28, 96다}{18281; 대판 1999. 2. 12,}$ 98다49937; 대판 1999. 12. 28, 99다8834; 대판 2000. 4. 25, 99다67482; 대판 2003. 1. 24, 2000다5336 · 5343; 대판 2010. 5. 13, 2010다8310; 대판 2015. 4. 9, 2012다118020; 대판(전원) 2019. 12. 19, 2016다24284). 그런데 중과실을 악의와 동일시하는 것은, 경우에 따라서는 타당성은 있을지 몰라도, 법률을 뛰어넘는 해석일뿐더러 민법의 여러 곳에서 선의만을 규정하고 있는데 일정한 사항에 관하여만 그렇게 해석할 근거가 있는지도 문제이므로, 섣불리 그리할 일은 아니다.

제 3 자가 선의의 제 3 자로 보호받기 위하여서 그가 선의임을 증명할 필요가 없고, 제 3 자의 악의를 주장하는 자($\binom{가령}{채무자}$)가 양도금지의 의사표시의 존재 및 제 3 자의 악의를 증명하여야 한다($\binom{이설이 없으며, 판례도 같음. 대판 1999. 12. 28, 99다8834; 대판}{2003. 1. 24, 2000다5336 · 5343; 대판 2010. 5. 13, 2010다8310; 대판}$ 2015. 4. 9, 2012다118020; 대판(전원) 2019. 12. 19, 2016다24284(중과실의 증명도 같음)).

최근에 대법원 전원합의체 판결에서 양도금지특약을 위반하여 이루어진 채권양도가 유효한지에 대하여 다투어졌는데, 다수의견은 당사자가 양도를 반대하는 의사를 표시($\binom{양도금}{지특약}$)한 경우 채권은 양도성을 상실한다고 한 뒤, 양도금지특약에 위반하여 채권을 제 3 자에게 양도한 경우에 채권양수인이 양도금지특약이 있음을 알았거나 중대한 과실로 알지 못하였다면 채권 이전의 효과가 생기지 아니하나, 반대로 양수인이 중대한 과실 없이 양도금지특약의 존재를 알지 못하였다면 채권양도는 유효하게 되어 채무자는 양수인에게 양도금지특약을 가지고 그 채무 이행을 거절할 수 없으며, 채권양수인의 악의 내지 중과실은 양도금지특약으로 양수인에게 대항하려는 자가 주장 · 증명하여야 한다고 하여, 기존의 판례를 유지하였다($\binom{대판(전원) 2019. 12. 19, 2016다24284. 이러한 다수의견에 대하여, 그러한 양도의 경우에도 양수인이 채무}{자에게 채무 이행을 구할 수 있고, 채무자는 양도인이 아닌 양수인에게 채무를 이행할 의무를 진다고 하는}$

대법관 4인의 반)
대의견이 있음)·

판례는, 당사자의 양도금지의 의사표시로써 채권은 양도성을 상실하며 양도 금지의 특약에 위반해서 채권을 제 3 자에게 양도한 경우에 악의 또는 중과실의 채권양수인에 대하여는 채권 이전의 효과가 생기지 않으나, 악의 또는 중과실로 채권양수를 받은 후 채무자가 그 양도에 대하여 승낙을 한 때에는 채무자의 사후 승낙에 의하여 무효인 채권양도행위가 추인되어 유효하게 되며 이 경우 다른 약 정이 없는 한 소급효가 인정되지 않고 양도의 효과는 승낙시부터 발생한다고 한 다(대판 2009. 10. 29, 2009다47685. 집합채권의 양도가 양도금지특약에 위반해서 / 무효인 경우 채무자는 일부 개별 채권을 특정하여 추인하는 것이 가능하다고 함)·

당사자의 의사표시에 의하여 양도가 금지되더라도 압류까지 금지되는 것은 아니다(이설이 없으며, 판례도 같음. 대판 1976. 10. 29, / 76다1623; 대판 2002. 8. 27, 2001다71699). 한편 판례는, 당사자 사이에 양도금지의 특약이 있는 채권이더라도 전부명령에 의하여 전부되는 데에는 지장이 없고, 양 도금지의 특약이 있는 사실에 관하여 집행채권자가 선의인가 악의인가는 전부명 령의 효력에 영향을 미치지 못하는 것인바, 이와 같이 양도금지특약부 채권에 대 한 전부명령이 유효한 이상, 그 전부채권자로부터 다시 그 채권을 양수한 자가 그 특약의 존재를 알았거나 중대한 과실로 알지 못하였다고 하더라도 채무자는 위 특약을 근거로 삼아 채권양도의 무효를 주장할 수 없다고 한다(대판 2003. 12. 11, / 2001다3771).

〈판 례〉

㈀ 「일반적으로 지명채권의 양도거래에 있어 양도 대상인 지명채권의 행사 등에 그 채권증서(계약서 등)의 소지·제시가 필수적인 것은 아닌 만큼 양도·양수 당사자 간에 그 채권증서를 수수하지 않는 경우도 적지 아니한 실정이고(특히 양수인이 채권양도 / 거래의 경험이 없는 개인 / 이라면 더 / 욱 그렇다.), 또한 수수하더라도 양수인이 그 채권증서의 내용에 대한 검토를 아예 하지 아니하거나 혹은 통상의 주된 관심사인 채권금액, 채권의 행사시기 등에만 치중한 채 전반적·세부적 검토를 소홀히 하는 경우가 있을 수 있으며, 그 밖에 전체 계약조 항의 수, 양도금지 특약조항의 위치나 형상 등에 따라서는 채권증서의 내용을 일일 이 그리고 꼼꼼하게 검토하지 않은 채 간단히 훑어보는 정도만으로는 손쉽게 그 특 약의 존재를 알 수 없는 경우도 있을 수 있음에 비추어, 나아가 양도금지 특약이 기 재된 채권증서가 양도인으로부터 양수인에게 수수되어 양수인이 그 특약의 존재를 알 수 있는 상태에 있었고 그 특약도 쉽게 눈에 띄는 곳에 알아보기 좋은 형태로 기 재되어 있어 간단한 검토만으로 쉽게 그 존재와 내용을 알아차릴 수 있었다는 등의 특별한 사정이 인정된다면 모르되, 그렇지 아니하는 한 양도금지 특약이 기재된 채 권증서의 존재만으로 곧바로 그 특약의 존재에 관한 양수인의 악의나 중과실을 추단

할 수는 없다.」(임직원이 부도 위기에 처한 회사로부터 임금 등 채권을 확보하기 위하여 양도금지 특약이 있는 회사의 임대차보증금 반환채권을 양수한 경우, 양도금지 특약이 기재된 임대차계약서가 존재하고 양수인이 회사의 임직원들이며 특히 일부는 전무 등 핵심 지위에 있었다는 사정만으로는 양수인의 악의나 중과실을 추단할 수 없다고 한 사례)$\binom{\text{대판 2000. 4. 25,}}{99\text{다}67482}$

(ㄴ) 「은행거래에서 발생하는 채권인 예금채권에 관한 법률관계는 일반거래약관에 의하여 규율되어 은행은 일반거래약관인 예금거래기본약관에 각종의 예금채권에 대하여 그 양도를 제한하는 내용의 규정을 둠으로써 예금채권의 양도를 제한하고 있는 사실은 적어도 은행거래의 경험이 있는 자에 대하여는 널리 알려진 사항에 속한다 할 것이므로, 은행거래의 경험이 있는 자가 예금채권을 양수한 경우 특별한 사정이 없는 한 예금채권에 대하여 양도제한의 특약이 있음을 알았다고 할 것이고, 그렇지 않다 하더라도 알지 못한 데에 중대한 과실이 있다고 봄이 상당하다.」$\binom{\text{대판 2003. 12. 12,}}{2003\text{다}44370}$

(3) 법률에 의한 양도금지

법률이 본래의 채권자에게 변제하게 할 목적으로 채권의 양도를 금지하는 경우가 있다. 부양청구권$\binom{979}{\text{조}}$ · 각종의 연금청구권$\binom{\text{공무원연금법 32조, 사립학교교직원연금법 40}}{\text{조, 국민연금법 58조, 군인연금법 7조, 기초연}}$ 금법 21조, 장애인연금법 19조) · 재해보상청구권$\binom{\text{근로기준}}{\text{법 86조}}$ · 국가배상청구권$\binom{\text{국가배상}}{\text{법 4조}}$ 등이 그 예이다.

법률에 의하여 양도가 금지되는 것은 압류도 할 수 없다. 그러나 압류가 금지되는 채권은 반드시 양도까지 금지된다고 할 수는 없다$\binom{\text{통설 · 판례도 같음. 대판 1990. 2.}}{13, 88\text{다카}8132; \text{대판 2015. 5. 14,}}$ 2014다12072. 반대: 김상용, 374면).

〈판 례〉

「소송행위를 하게 하는 것을 주목적으로 채권양도 등이 이루어진 경우 그 채권양도가 신탁법상의 신탁에 해당하지 않는다고 하여도 신탁법 제 7 조가 유추적용되므로 무효라고 할 것이고, 소송행위를 하게 하는 것이 주목적인지의 여부는 채권양도계약이 체결된 경위와 방식, 양도계약이 이루어진 후 제소에 이르기까지의 시간적 간격, 양도인과 양수인 간의 신분관계 등 제반 상황에 비추어 판단하여야 할 것이다.」$\binom{\text{대판 2002. 12. 6,}}{2000\text{다}4210}$

[191] ## Ⅱ. 지명채권 양도의 대항요건

1. 서 설

지명채권의 양도는 당사자인 양도인과 양수인의 합의(낙성계약)에 의하여 행하여진다. 따라서 양도의 당사자가 아닌 채무자와 기타의 제 3 자는 채권양도의 사실을 알지 못하여 예측하지 못한 손해를 입을 가능성이 있다. 여기서 민법은 채무자와 기타의 제 3 자를 보호하기 위하여 일정한 요건을 갖추지 못하면 채권양도를 가지고 이들에게 대항하지 못하도록 규정하고 있다($^{450조의\ 대}_{항요건주의}$).

민법이 정하고 있는 대항요건은 양도인의 통지 또는 채무자의 승낙이다($^{450조}_{1항}$). 그리고 이는 대항하게 되는 자가 채무자이든 기타의 제 3 자이든 차이가 없다. 그렇지만 채무자에 대한 대항요건과 기타의 제 3 자에 대한 대항요건은 그 취지가 다르다. 전자는 양수인이 채무자에 대하여 채권을 주장하기 위한 요건인 데 비하여, 후자는 「채권의 양수인」과 「그 양수인의 지위와 양립할 수 없는 법률상의 지위를 취득한 자, 예컨대 채권의 2중양수인 · 질권자 · 압류채권자」와의 사이에서 우열을 결정하는 표준이 된다. 그 때문에 민법은 후자에 대하여는 일정한 형식을 요구하고 있기도 하다($^{450조}_{2항}$). 이러한 점에서 볼 때 대항요건은 위의 둘로 나누어 살펴보아야 한다.

「자산유동화에 관한 법률」제 7 조는 민법 제450조에 대한 특례를 규정하고 있다. 그에 의하면, 양도인뿐만 아니라 양수인의 통지도 채무자에 대한 대항요건이 되며 ($^{같은\ 법}_{7조\ 1항}$), 양도사실을 금융위원회에 등록하면 제 3 자에 대한 대항요건을 갖춘 것으로 본다($^{같은\ 법}_{7조\ 2항}$).

대항요건을 위와 같이 이해하게 되면 민법 제450조 제 1 항을 언제나 강행규정이라고 새길 필요가 없다. 즉 채무자 이외의 제 3 자에 대한 대항요건은 제 3 자에 영향을 미치므로 포기할 수 없고, 따라서 그에 관한 규정은 강행규정이라고 하여야 하나, 채무자에 대한 대항요건에 관한 규정은 임의규정이라고 하여야 한다($^{이설}_{없음}$). 판례도 채무자는 채권양도의 통지를 받거나 그 승낙을 할 이익을 미리 포기할 수 있다고 한다($^{대판\ 1987.\ 3.\ 24,}_{86다카908}$).

2. 채무자에 대한 대항요건 [192]

(1) 대항요건의 두 가지

채무자에 대한 대항요건($^{이은영,\ 616면은\ 통지(승낙도\ 포함하는\ 것으로\ 보임)는\ 채권양도행위의\ 효}_{력요건으로서의\ 성격을\ 가진다고\ 하나,\ 이는\ 옳지\ 않다.\ 같은\ 취지:\ 대판}$ $^{1961.\ 12.\ 21,}_{4294민상112}$)은 「채무자에 대한 양도인의 통지」또는 「채무자의 승낙」이다($^{450조}_{1항}$). 이들 대항요건은 기타의 제 3 자에 대한 대항요건에 있어서와는 달리 특별한 방식이 요구되지 않는다($^{450조\ 2항\ 참조.\ 대판}_{1965.\ 11.\ 16,\ 65다1720}$).

  1) 채무자에 대한 양도인의 통지 통지는 채권양도의 사실이 있었음을 알리는 행위이며, 그 법적 성질은 관념의 통지이다($^{대판\ 1960.\ 12.\ 15,\ 4293민상455;}_{대판\ 1994.\ 12.\ 27,\ 94다19242}$). 그리하여 거기에는 의사표시($^{107조}_{이하}$) · 도달주의($^{111조.\ 대판\ 1983.\ 8.}_{23,\ 82다카439}$) · 대리($^{114조\ 이하.\ 대판\ 1994.}_{12.\ 27,\ 94다19242}$) 등에 관한 규정이 유추적용된다.

〈 판   례 〉

  「민사소송법상의 송달은 당사자나 그 밖의 소송관계인에게 소송상 서류의 내용을 알 기회를 주기 위하여 법정의 방식에 좇아 행하여지는 통지행위로서, 송달장소와 송달을 받을 사람 등에 관하여 구체적으로 법이 정하는 바에 따라 행하여지지 아니하면 부적법하여 송달로서의 효력이 발생하지 아니한다.

  한편 채권양도의 통지는 채무자에게 도달됨으로써 효력이 발생하는 것이고, 여기서 도달이라 함은 사회통념상 상대방이 통지의 내용을 알 수 있는 객관적 상태에 놓여졌다고 인정되는 상태를 가리킨다. 이와 같이 도달은 보다 탄력적인 개념으로서 송달장소나 수송달자 등의 면에서 위에서 본 송달에서와 같은 엄격함은 요구되지 아니하며, 이에 송달장소 등에 관한 민사소송법의 규정을 유추적용할 것이 아니다. 따라서 채권양도의 통지는 민사소송법상의 송달에 관한 규정에서 송달장소로 정하는 채무자의 주소 · 거소 · 영업소 또는 사무소 등에 해당하지 아니하는 장소에서라도 채무자가 사회통념상 그 통지의 내용을 알 수 있는 객관적 상태에 놓여졌다고 인정됨으로써 족하다.」($^{대판\ 2010.\ 4.\ 15,}_{2010다57}$)

  통지는 양도인이 채무자에 대하여 하여야 하며, 양수인의 통지는 대항력을 생기게 하지 않는다. 그러나 반드시 양도인이 직접 할 필요는 없고, 사자(使者)나 대리인으로 하여금 하게 할 수 있으며, 양수인이 양도인의 대리인으로서 통지를 할 수도 있다($^{대판\ 1994.\ 12.\ 27,\ 94다19242;\ 대판\ 1997.\ 6.\ 27,\ 95다40977·40984;\ 대판\ 2004.\ 2.\ 13,\ 2003다43490(채}_{권양도통지를\ 함에\ 있어\ 현명을\ 하지\ 아니한\ 경우라도\ 채권양도통지를\ 둘러싼\ 여러\ 사정에\ 비추어\ 양수}$ $^{인이\ 대리인으로서\ 통지한\ 것임을\ 상대방이\ 알았거나\ 알}_{수\ 있었을\ 때에는\ 115조\ 단서의\ 규정에\ 의하여\ 유효하다}$). 그런데 대법원은, 양수인이 양도인을 대리하여 통지하는 경우에는, 양도인이 한 채권양도의 통지만이 대항요건으로서의 효력을 가지게 한 뜻이 훼손되지 아니하도록 채무자의 입장에서 양도인의 적법한 수권에 기하여 그러한 대리통지가 행하여졌음을 제반사정에 비추어 커다란 노력 없이 확인할 수 있는지를 무겁게 고려하여야 할 것이라고 한다($^{대판\ 2011.\ 2.\ 24,}_{2010다96911:\ 하도}$ $_{급인\ 을이,\ 도급인\ 갑이\ 을에게\ 지급할\ 의무가\ 있는\ 공사대금\ 중\ 일부를\ 하수급인\ 병에게\ 직접\ 지급하는\ 것에\ 동의한다는\ 내}$ $_{용의\ '하도급대금\ 직불동의서'를\ 작성하여\ 병에게\ 교부하고\ 병이\ 이를\ 갑에게\ 내용증명우편으로\ 발송하여\ 갑이\ 수령한\ 사안}$

에서, 그 문서 발송과 수령으로 위 공사대금 중 일부에 관한 유효한 채권양도의 통지가 행하여졌다고 볼 수 없다고 한 사례). 한편 판례는, 이 통지나 승낙이 확정일자 있는 증서에 의한 것이 아니면 채무자 이외의 제 3 자에게 대항하지 못하므로 ($\frac{450조}{2항}$), 양수인은 대항요건을 구비하기 위해 채권자에게 채권양도 통지 절차의 이행을 청구할 수 있다고 한다($\frac{대판\ 2022.\ 10.\ 27,}{2017다243143}$).

통지는 양도행위와 동시에 할 수도 있으나, 양도 후에 하여도 무방하다($\frac{이때\ 효력은\ 통}{지의\ 도달시에\ 발생}$하며, 소급하지 않음). 그러나 양도행위 전에 하는 통지(사전의 통지)는 효력이 없다. 그런데 판례는, 채권양도가 있기 전에 미리 하는 사전통지는 채무자로 하여금 양도의 시기를 확정할 수 없는 불안한 상태에 있게 하는 결과가 되어 원칙적으로 허용될 수 없다 할 것이지만($\frac{대판\ 2000.\ 4.\ 11,}{2000다2627}$), 이는 채무자를 보호하기 위하여 요구되는 것이므로 사전통지가 있더라도 채무자에게 법적으로 아무런 불안정한 상황이 발생하지 않는 경우에까지 그 효력을 부인할 것은 아니라고 한다($\frac{대판\ 2010.\ 2.\ 11,}{2009다90740}$). 그러면서 채권양도인의 확정일자부 채권양도통지와 채무자의 확정일자부 채권양도승낙이 모두 있은 후에 채권양도계약이 체결된 사안에서, 실제로 채권양도계약이 체결된 날 위 채권양도의 제 3 자에 대한 대항력이 발생한다고 본 원심을 정당하다고 하였다($\frac{대판\ 2010.\ 2.\ 11,}{2009다90740}$).

통지는 일반적으로 철회할 수 있는가? 여기에 관하여 일부 견해($\frac{곽윤직,\ 216면;}{김학동,\ 303면}$)는 제452조 제 2 항을 근거로 양도인은 양수인의 동의를 얻어 철회할 수 있다고 한다. 그리고 판례도 같은 견지에 있는 것으로 보인다($\frac{대판\ 1993.\ 7.\ 13,}{92다4178}$). 생각건대 그 규정은 양도의 통지는 있었으나 아직 양도되지 않았거나 양도가 무효인 경우에만 적용되는 것이다. 그리고 그 규정은 법문과는 달리 본래 채무자를 보호하기 위한 것이지 양수인을 보호하려는 것이 아니다($\frac{양수인은\ 간접적으}{로\ 이익을\ 볼\ 뿐이다}$). 그러한 점에서 볼 때, 제452조 제 2 항은 양도가 유효한 경우에는 적용되지 않고, 따라서 그때에는 철회가 인정되지 않는다고 하여야 한다($\frac{같은\ 취지:\ 김상용,\ 377면;\ 김용한,\ 443면;\ 김}{주수,\ 383면;\ 김형배,\ 586면;\ 소성규,\ 370면}$). 양도가 유효하였는데 양도인이 양수인의 동의를 얻어 철회하는 것은 양도계약의 합의해제에 해당하며, 그것은 별도로 다루어야 한다($\frac{[193]}{참조}$).

2) 채무자의 승낙　　여기의 승낙은 채권양도의 사실에 대한 인식을 표명하는 행위이며, 그 법적 성질은 의사표시가 아니고 관념의 통지이다($\frac{계약\ 청약에\ 대한}{승낙과\ 다름을}$주의할 것). 승낙은 채무자가 하는 것인데, 그 상대방은 양도인과 양수인 중 누구라도 상관없다($\frac{대판\ 1986.\ 2.\ 25,}{85다카1529}$).

승낙은 보통 채권양도 후에 하게 될 것이다. 그러나 통지의 경우와 달리 채권양도가 있기 전에 하는 승낙, 즉 사전의 승낙도 유효하다고 할 것이다. 양수인이 특정되어 있지 않아도 같다(통설도 같은 취지임.). 한편 판례는, 채무자는 채권양도를 승낙하면서 조건을 붙여서 할 수 있다고 한다(대판 1989. 7. 11, 88다카20866은 관념의 통지라고 하여 조건을 붙일 수 없는 것은 아니라고 하면서 이를 인정하고, 대판 2011. 6. 30, 2011다8614는 지명채권 양도의 대항요건인 채무자의 승낙은 채권양도사실을 채무자가 승인하는 의사를 표명하는 채무자의 행위라고 할 수 있다고 하면서 같은 결론을 취한다).

[193]   **(2) 채권양도가 합의해제·해제·취소된 경우의 문제**

채권양도가 있은 후 그 계약(정확하게는 채권양도의 원인이 된 채권의 매매계약·증여계약 등)이 합의해제되거나 해제 또는 취소된 경우에도 대항요건을 구비하여야 하는지가 문제된다. 여기에 관하여 학설은 — 합의해제에 관하여 또는 이들 전부에 관하여 — 양수인으로부터 채무자에게 통지되지 않으면 양도인은 채무자에게 대항할 수 없다고 한다(곽윤직, 217면; 김상용, 378면;

김학동, 302면(일방적 해제에 대하여는 의문을 표시함); 김형배, 586면 등). 그리고 판례도 학설과 같다(대판 1961. 10. 26, 4293민상125(합의해제); 대판 1962. 4. 26, 62다10(해제); 대판 1962. 9. 27, 62다379(합의해제); 대판 1964. 8. 31, 63다826(취소); 대판 1977. 5. 24, 76다2325(해제); 대판 1978. 6. 13, 78다468(해제); 대판 1979. 9. 25, 77다1909(해제); 대판 1993. 8. 27, 93다17379(해제); 대판 2014. 4. 10, 2013다76192(질권설정계약이 해제·합의해제·합의해지된 경우에도 같다고 함)(다만 법률규정에 의하여 채권이 이전되는 경우에는 통지의 유무와 관계없이 채권양수인의 청구를 거부할 수 있다고 한다: 대판 2003. 9. 5, 2002다40456). 그런데 대법원은 최근에 하나의 판결에서, 제452조는 채권양도가 해제 또는 합의해제되어 소급적으로 무효가 되는 경우에도 유추적용할 수 있다고 할 것이므로, 지명채권의 양도통지를 한 후 양도계약이 해제 또는 합의해제된 경우에 채권양도인이 해제 등을 이유로 다시 원래의 채무자에 대하여 양도채권으로 대항하려면 채권양도인이 채권양수인의 동의를 받거나 채권양수인이 채무자에게 위와 같은 해제 등 사실을 통지하여야 한다고 한 뒤, 이 경우 위와 같은 대항요건이 갖추어질 때까지 양도계약의 해제 등을 알지 못한 선의인 채무자는 해제 등의 통지가 있은 다음에도 채권양수인에 대한 반대채권에 의한 상계로써 채권양도인에게 대항할 수 있다고 하였다(대판 2012. 11. 29, 2011다17953).

〈판 례〉

(ㄱ)「지명채권의 양도통지를 한 후 그 양도계약이 해제된 경우에, 양도인이 그 해제를 이유로 다시 원래의 채무자에 대하여 양도채권으로 대항하려면 양수인이 채무자에게 위와 같은 해제사실을 통지하여야 할 것이다.」(대판 1993. 8. 27, 93다17379)

(ㄴ)「회사정리법 제241조 본문(현행 채무자회생법 251조 본문에 해당: 저자 주)은 '정리계획인가의 결정이 있은 때에는 계획의 규정 또는 본법의 규정에 의하여 인정된 권리를 제외하고 회사는 모든 정리채권과 정리담보권에 관하여 그 책임을 면하며, 주주의 권리와 회사의 재산상에 있던 모든 담보권은 소멸한다'고 규정하고, 같은 법 제123조 제 1 항(현행 채무자회생법 141조 1항

^{에 해당:}_{저자 주})은 정리담보권을 규정하면서 회사재산상에 존재하는 양도담보권으로 담보된 범위의 채권을 이에 포함시키고 있으므로, 회사의 채권에 관하여 설정된 양도담보권도 같은 법 제241조 본문의 규정에 의하여 소멸되는 담보권에 포함된다고 할 것이다.

한편, 위의 규정에 의하여 채권에 관하여 설정된 양도담보권이 소멸되는 경우에는 그 양도담보의 설정을 위하여 이루어진 채권양도 또한 그 효력을 상실하여 채권양수인에게 양도되었던 채권은 다시 채권양도인인 회사에 이전되는 것인데, 이러한 채권의 이전은 법률의 규정에 의한 것이어서 지명채권 양도의 대항요건에 관한 민법의 규정이 적용되지 아니하는 것이므로, 채무자로서는 그 채권의 이전에 관한 채권양수인의 통지 또는 채권양수인의 동의를 얻은 채권양도인의 철회의 통지 등의 유무와 관계없이 채권자로서의 지위를 상실한 채권양수인의 청구를 거부할 수 있다고 할 것이다.」(^{대판 2003. 9. 5,}_{2002다40456})

생각건대 채권양도의 해제(^{합의해제}_{도 같음})와 취소는 모두 이미 행하여진 채권양도를 무효로 만드는 것일 뿐 새로운 채권양도가 아니기 때문에 거기에 대항요건을 갖추게 할 이유는 없다. 그 점에서 해제의 경우 채권자의 지위에 있는 양수인이 통지를 하여야 한다는 학설 · 판례는 근거가 없다. 이것은 오히려 해제나 취소의 효과의 문제인 것이다. 그런데 채권양도의 해제 및 취소에 관하여 채무자 보호에 관한 직접적인 규정이 없다. 그리하여 그 경우의 해석이 문제이나, 그 경우의 채무자의 지위는 채권양도가 무효이지만 채권양도의 통지가 있었던 때의 채무자의 그것과 유사하므로, 거기에는 제452조 제 1 항이 유추적용되어야 한다. 그에 의하면, 채권양도가 해제되거나 취소되는 경우에 채권양도는 무효로 되어 채권은 양도인에게 복귀하게 되나, 선의의 채무자는 양수인에게 대항할 수 있는 사유로 양도인에게 대항할 수 있다. 사실 학설 · 판례는 이론상으로도 옳지 않을 뿐만 아니라, 가령 양수인의 채무불이행을 이유로 채권양도가 해제되거나 또는 양수인의 사기를 이유로 채권양도가 취소된 때에는 양수인의 통지 자체를 기대할 수도 없어서 적절하지 않다. 그 결과 해제 등의 경우 양도인이 채무자에게 해제 등의 사실을 통지한 것만으로 양도인은 충분히 보호된다(^{통설 · 판례}_{는 반대임}).

한편 최근의 판결에 대하여는 다음의 점을 지적할 수 있다(^{상세한 점은 송덕수, "채권}_{양도가 해제 또는 합의해제} _{된 경우의 민법 제452조의 유추적용," 법학논집} _{(이화여대 법학연구소) 17권 3호, 421면 이하 참조}). ① 채권양도가 해제 또는 합의해제된 경우에는 제452조 전체가 아니고 그 제 1 항만 유추적용되어야 한다. ② 제452조의 유추적용과 양수인의 통지와 같은 채무자에 대한 대항요건은 병존해서 인정되어서는 안 되는 것으로서 옳지 않고, 또한 그렇게 해석될 근거도 없다. 채권양도가 해제·합의해제된 경우에는 그 효과가 즉시 발생하고, 그 결과 양도인은 채무자에게 해제 등을 주장할 수 있다. 다만, 거기에 제452조 제 1 항이 유추적용되기 때문에 채무자는 양도인이 채권을 행사할 당시에 선의인 한 양수인에게 생긴 사유로 양도인에 대항할 수 있게 된다. ③ 그 판결이 상계사유에 한하여 정책적으로 특별한 고려를 하는 것은 타당하다. 그러나 그것은 제452조의 유추적용과는 무관하게 대항사유의 해석상 인정되어야 하는 것이다. 그리하여 해제 등의 당시에 채무자가 양수인에 대하여 반대채권을 취득하고 있었으면 채무자는 선의인지에 관계없이 양수인에 대한 반대채권에 의한 상계로써 양도인에게 대항할 수 있다고 하여야 한다.

[194]　　(3) 통지나 승낙이 없는 동안의 효력

채권양도가 있은 후 아직 통지나 승낙이 없는 때에는, 양수인은 채권양도를 채무자에게 주장하지 못한다. 채무자가 악의인 경우에도 같다(통설도 같음). 따라서 채무자는 양수인에게 변제를 거절할 수 있고, 양수인은 채무자에 대하여 담보권실행·파산신청 등의 행위를 하지 못한다(대판 2005. 11. 10, 2005다41818은, 비록 대항요건을 갖추지 못하여 채무자에게 대항하지 못한다고 하더라도 채권의 양수인이 채무자를 상대로 재판상의 청구를 하였다면 이는 소멸시효 중단사유인 재판상의 청구에 해당한다고 한다). 그리고 채무자가 양도인에게 한 변제 기타의 면책행위도 유효하고, 양도인이 채무자에게 행한 상계·면제도 유효하다. 그러나 채권양도의 효력은 양도계약만으로 발생하고(통설도 같은 취지임. 반대: 이은영, 616면) 통지·승낙은 대항요건에 지나지 않으므로, 채무자가 채권양도의 효력을 인정할 수는 있다. 그 결과 채무자는 양수인에게 유효하게 변제할 수 있다.

(4) 통지·승낙의 효력

민법은 통지의 효력과 승낙의 효력을 달리 규정하고 있다(451조 참조). 따라서 이 둘을 나누어 살펴보아야 한다.

1) **통지의 효력**　　　채권양도가 있으면 채권은 동일성을 유지하면서 양수인에게 이전한다(채권양도의 대항요건을 갖추지 못했더라도 같다. 대판 2005. 11. 10, 2005다41818; 대판 2022. 1. 13, 2019다272855). 따라서 채권에 관한 항변사유는 채권양도 후에도 그대로 존속한다. 다만, 채무자에 대한 대항요건이 갖추어진 후에 채무자가 양도인에 대하여 가지게 된 항변사유는 행사할 수 없다고 하여야 한다. 그리하여 민법은 양도인의 통지가 있는 경우에는 채무자는 그 통지를 받은 때까지 양도인에 대하여 생긴 사유로써 양수인에게 대항할 수 있다고 규

정한다($\frac{451조}{2항}$). 그 결과 채무자는 변제 기타의 사유로 채권이 소멸하였다는 항변, 동시이행의 항변, 채무의 불성립·무효·취소·해제의 항변을 할 수 있다. 취소나 계약해제를 양도통지 후에 하였어도 상관없다. 상계의 항변은 어떤가? 통지 당시에 채무자가 양도인에 대하여 상계적상에 있는 반대채권을 가지고 있었던 때에는 채무자는 양수인에 대하여서도 그 채권으로써 상계할 수 있으나, 통지가 있은 후에 양도인에 대하여 반대채권을 취득한 때에는 상계할 수 없음이 분명하다($\frac{대판 1984. 9. 11,}{83다카2288}$). 그런데 통지 당시에 채무자가 반대채권을 가지고 있기는 하였지만 그 변제기가 되지 않아서 상계를 하지 못한 경우는 문제이다. 여기에 관하여 학설은 i) 채무자의 반대채권이 상계적상에 있게 되면 채무자는 양수인에 대하여 상계할 수 있다는 견해($\frac{곽윤직, 218면; 김상용, 380}{면; 김학동, 306면 등 다수설}$)와 ii) 채무자의 반대채권의 변제기가 먼저 도래하는 경우에만 상계를 인정하는 견해($\frac{김형배, 590면;}{지원림, 1245면}$)로 나뉘어 있다. 그리고 판례는, 통지($\frac{또는 이의를}{보류한 승낙}$) 당시 이미 상계할 수 있는 원인이 있었던 경우에는 아직 상계적상에 있지 않았더라도 그 후에 상계적상에 이르면 채무자는 양수인에 대하여 상계로 대항할 수 있다고 한다($\frac{대판 2019. 6. 27, 2017다222962. 이의를 보류한 승낙이 있}{는 경우 등에 관하여 같은 취지: 대판 1999. 8. 20, 99다18039}$). 나아가 채무자의 채권양도인에 대한 자동채권이 발생하는 기초가 되는 원인이 양도 전에 이미 성립하여 존재하고 그 자동채권이 수동채권인 양도채권과 동시이행의 관계에 있는 경우에는, 양도통지가 채무자에게 도달하여 채권양도의 대항요건이 갖추어진 후에 자동채권이 발생하였다고 하더라도 채무자는 동시이행의 항변권을 주장할 수 있고, 따라서 그 채권에 의한 상계로 양수인에게 대항할 수 있다고 한다($\frac{대판 2015. 4. 9,}{2014다80945}$). 생각건대 기본적으로는 i)설이 타당한데, 뒤의 판례와 같이 특수한 경우에 대한 이론도 인정할 수 있을 것이다.

〈판 례〉

　「채무자가 기존채무의 지급을 위하여 채권자에게 수표를 교부하였는데 채권자가 그 수표와 분리하여 기존 원인채권만을 제3자에게 양도한 경우, 채무자는 위에서 본 바와 같이 기존 원인채권의 양도인에 대하여 채권자가 위 수표의 반환 없는 기존 원인채무의 이행을 거절할 수 있는 항변권을 그 채권양도 통지를 받기 이전부터 이미 가지고 있었으므로 채권양수인에 대하여도 이와 같은 항변권을 행사할 수 있다.」($\frac{대판 2003. 5. 30,}{2003다13512}$)

양도인의 통지는 채권양도가 유효한 경우에만 효력이 생기게 하여야 할 것이나, 민법은 선의의 채무자를 보호하기 위하여 특별한 규정을 두고 있다. 그에 의하면, 양도인이 채무자에게 채권양도를 통지한 때에는, 아직 양도하지 않았거나 그 양도가 무효인 경우에도, 선의의 채무자는 양수인에게 대항할 수 있는 사유로 양도인에게 대항할 수 있다($^{452조}_{1항}$). 그러나 통지가 양수인의 동의를 얻어 철회된 후에 생긴 사유로는 대항하지 못한다($^{452조\ 2}_{항\ 참조}$).

[195]   **2) 승낙의 효력**   민법은 승낙의 효력에 관하여는 이의를 보류하지 않고 행한 승낙에 대한 것만 명문으로 규정하고 있다. 따라서 승낙의 효력은 이의를 보류한 경우와 그렇지 않은 경우로 나누어 기술하여야 한다.

(가) **이의를 보류하고 행한 승낙의 효력**   여기서 「이의를 보류한 승낙」이라 함은 채무자가 양도인에 대하여 가지고 있는 항변사유를 보유함을 밝히면서 하는 승낙을 말한다. 이와 같이 승낙한 경우에 대하여 민법은 명문의 규정을 두고 있지 않다. 그것은 이 경우의 효력을 통지의 경우와 동일하게 인정하려는 취지로 이해된다($^{통설도}_{같음}$).

(나) **이의를 보류하지 않고 행한 승낙의 효력**   「이의를 보류하지 않고 행한 승낙」이란 채권의 불성립·소멸 기타의 항변사유를 보유하고 있음을 밝히지 않고 단순히 승낙한 것을 가리킨다. 그러한 승낙이 있는 경우에는 양수인은 그 채권에 아무런 항변이 없는 것으로 믿을 것이다. 따라서 민법은 이의를 보류하지 않고 승낙을 한 때에는 양도인에게 대항할 수 있는 사유로써 양수인에게 대항하지 못한다고 규정한다($^{451조\ 1}_{항\ 본문}$). 이것이 i) 승낙에 공신력을 인정한 것인지($^{곽윤직,\ 219면;}_{김학동,\ 306면\ 등}$), ii) 제451조 제1항 본문이 적극적인 공신력을 인정한 것이 아니라 소극적인 항변절단의 효과를 규정한 것인지($^{김상용,\ 381면;}_{김형배,\ 592면}$)는 학설상 다투어지고 있으며, 판례는 i)설과 같다($^{대판\ 2002.\ 3.\ 29,\ 2000다13887;}_{대판\ 2013.\ 6.\ 28,\ 2011다83110}$). 생각건대 공신력은 등기·점유와 같은 일정한 표상에 대하여 적극적으로 권리취득의 효력을 인정하는 힘인데, 여기에서 승낙을 표상이라고 하기 어렵고 또 권리취득이 인정되는 것도 아니므로, 승낙에 공신력이 인정된다고 하는 것은 적절하지 않다. 제451조 제1항 본문은 일정한 승낙이 있는 경우에 양수인의 신뢰보호를 위하여 두어진 특별규정이라고 이해하면 족하다.

여기서 「승낙」이라 함은 채무자가 채권양도 사실에 관한 인식을 표명하는 것으로서 이른바 관념의 통지에 해당하고, 대리인에 의하여도 이와 같은 승낙을 할 수 있다(대판 2013. 6. 28,
2011다83110).

제451조 제 1 항 본문은 양수인의 신뢰보호를 위한 규정이므로 양수인이 악의인 때에는 보호할 필요가 없다. 즉 양수인은 선의이어야 한다(같은 취지: 곽윤직,
219면; 김학동, 308면). 일부 견해는 선의 외에 무과실이어야 한다고 하고(김형배,
593면), 판례는 악의나 중과실이 아니어야 한다고 하나(대판 1999. 8. 20, 99다18039;
대판 2002. 3. 29, 2000다13887), 이들은 모두 옳지 않다.

채무자가 이의를 보류하지 않고 승낙을 하여 양도인에게 대항할 수 있는 사유를 가지고 양수인에게 주장하지 못함으로써 받은 불이익은, 양도인과의 사이에서 조정된다. 즉 채무자가 채무를 소멸하게 하기 위하여 양도인에게 급여한 것이 있으면 이를 회수할 수 있고, 양도인에 대하여 부담한 채무가 있으면(가령 경개
의 경우) 그것이 성립하지 않았다고 주장할 수 있다(451조 1
항 단서).

〈판 례〉

㈀ 「민법 제451조 제 1 항이 위와 같이 이의를 보류하지 않은 승낙에 대하여 항변사유를 제한한 취지는 위와 같이 이의를 보류하지 않은 승낙이 이루어진 경우 양수인은 양수한 채권에 아무런 항변권도 부착되지 아니한 것으로 신뢰하는 것이 보통이므로 채무자의 '승낙'이라는 사실에 공신력을 주어 양수인의 신뢰를 보호하고 채권양도나 질권설정과 같은 거래의 안전을 꾀하기 위한 규정이라 할 것이므로, 채권의 양도나 질권의 설정에 대하여 이의를 보류하지 아니하고 승낙을 하였더라도 양수인 또는 질권자가 악의 또는 중과실의 경우에 해당하는 한 채무자의 승낙 당시까지 양도인 또는 질권설정자에 대하여 생긴 사유로써도 양수인 또는 질권자에게 대항할 수 있다고 할 것」이다(대판 2002. 3. 29,
2000다13887).

㈁ 「채권양도에 있어서 채무자가 양도인에게 이의를 보류하지 아니하고 승낙을 하였다는 사정이 없거나 또는 이의를 보류하지 아니하고 승낙을 하였더라도 양수인이 악의 또는 중과실의 경우에 해당하는 한, 채무자의 승낙 당시까지 양도인에 대하여 생긴 사유로써 양수인에게 대항할 수 있다고 할 것인데, 승낙 당시 이미 상계를 할 수 있는 원인이 있었던 경우에는 아직 상계적상에 있지 아니하였다 하더라도 그 후에 상계적상이 생기면 채무자는 양수인에 대하여 상계로 대항할 수 있다.」(대판 1999.
8. 20,
99다
18039)

㈂ 채권양도가 다른 채무의 담보조로 이루어졌으며 또한 그 채무가 변제되었다고 하더라도, 이는 채권 양도인과 양수인 간의 문제일 뿐이고, 양도채권의 채무자는 채권 양도·양수인 간의 채무 소멸 여하에 관계없이 양도된 채무를 양수인에게 변제하여야 하는 것이므로, 설령 그 피담보채무가 변제로 소멸되었다고 하더라도 양도채권의 채무자로서는 이를 이유로 채권양수인의 양수금 청구를 거절할 수 없다

$\left(\begin{smallmatrix}\text{대판 1999. 11. 26,}\\\text{99다23093}\end{smallmatrix}\right)$.

(ㄹ)「민법 제451조 제1항 전단은 "채무자가 이의를 보류하지 아니하고 전조의 승낙을 한 때에는 양도인에게 대항할 수 있는 사유로써 양수인에게 대항하지 못한다"고 규정하고 있으므로, 이 사건과 같은 채권의 귀속사실$\left(\begin{smallmatrix}\text{채권이 이미 타인에}\\\text{게 양도되었다는 사실}\end{smallmatrix}\right)$이 위 규정의 "양도인에게 대항할 수 있는 사유"에 해당하는지 여부에 달려 있는바, 살피건대, 민법은 채권의 귀속에 관한 우열을 오로지 확정일자 있는 증서에 의한 통지 또는 승낙의 유무와 그 선후로써만 결정하도록 규정하고 있는데다가, 채무자의 "이의를 보류하지 아니한 승낙"은 위 규정 자체로 보더라도 그의 양도인에 대한 항변을 상실시키는 효과밖에 없고, 채권에 관하여 권리를 주장하는 자가 여럿인 경우 그들 사이의 우열은 채무자에게도 효력이 미치므로, 위 "양도인에게 대항할 수 있는 사유"란 채권의 성립, 존속, 행사를 저지·배척하는 사유를 가리킬 뿐이고, 채권의 귀속은 이에 포함되지 아니한다고 해석함이 상당하다.」$\left(\begin{smallmatrix}\text{대판 1994. 4. 29,}\\\text{93다35551}\end{smallmatrix}\right)$

(ㅁ)「채무자가 양도되는 채권의 성립이나 소멸에 영향을 미치는 사정에 관하여 양수인에게 알려야 할 신의칙상 주의의무가 있다고 볼 만한 특별한 사정이 없는 한 채무자가 그러한 사정을 알리지 아니하였다고 하여 불법행위가 성립한다고 볼 수 없다.」$\left(\begin{smallmatrix}\text{대판 2015. 12. 24,}\\\text{2014다49241}\end{smallmatrix}\right)$

[196]
3. 채무자 이외의 제3자에 대한 대항요건

(1) 서   설

채권양도의 제3자에 대한 대항요건도 채무자에 대한 것과 마찬가지로 양도인의 통지 또는 채무자의 승낙이다$\left(\begin{smallmatrix}450조\\1항\end{smallmatrix}\right)$. 다만, 단순한 통지·승낙만으로 대항할 수 있게 하면 제3자의 지위가 불안할 수 있기 때문에$\left(\begin{smallmatrix}\text{채권의 양도인·양수인·채무자가 통모}\\\text{하여 통지일 또는 승낙일을 소급함으로}\end{smallmatrix}\right.$써 제3자의 권리를 침해할 우려가$\left.\begin{smallmatrix}\\\text{있다. 대판 2011. 7. 14, 2009다49469}\end{smallmatrix}\right)$, 민법은 제3자에게 대항하기 위하여서는 통지 또는 승낙을 확정일자 있는 증서로써 하도록 규정하고 있다$\left(\begin{smallmatrix}450조\\2항\end{smallmatrix}\right)$.

(2) 확정일자

여기의 확정일자는 증서에 대하여 그 작성한 일자에 관한 완전한 증거가 될 수 있는 것으로 법률상 인정되는 일자를 말하며, 당사자가 후에 변경하는 것이 불가능한 확정된 일자를 가리킨다$\left(\begin{smallmatrix}\text{대판 1988. 4. 12, 87다카2429; 대판 1998. 10. 2, 98다28879;}\\\text{대판 2000. 4. 11, 2000다2627; 대판 2010. 5. 13, 2010다8310}\end{smallmatrix}\right)$. 어떤 것이 확정일자가 되는지에 관하여는 민법 부칙 제3조가 정하고 있다. 그에 의하면, 사문서에 공증인 또는 법원서기가 일정한 절차에 따라$\left(\begin{smallmatrix}\text{부칙 3조}\\\text{2항 참조}\end{smallmatrix}\right)$ 확정일자인을 찍은 경우의 일자$\left(\begin{smallmatrix}\text{부칙 3조}\\\text{1항 참조}\end{smallmatrix}\right)$, 공정증서에 기입한 일자, 그리고 공무소(公務所)에서 사문서에 어느 사항을 증명하고 기입한 일자($\substack{\text{예: 내용증명} \\ \text{우편의 일자}}$)($\substack{\text{부칙 3조} \\ \text{4항 참조}}$) 등이 그에 해당한다. 판례는 공증인가 합동법률사무소의 확정일자 인증을 받은 경우($\substack{\text{대판 1986. 12. 9,} \\ \text{86다카858}}$), 한국토지공사가 작성한 권리의무 승계계약서에 기입한 일자는 확정일자로 볼 수 있다고 하며, 확정일자가 기재된 판결서 즉 확정판결은 확정일자 있는 증서에 해당한다고 한다($\substack{\text{대판 1999. 3. 26,} \\ \text{97다30622}}$). 그리고 분양대금 반환채권의 채무자인 한국토지공사의 전북지사장이 그 채권의 양도를 승낙하는 취지의 승낙서를 작성하면서 승낙일자란에는 "2004년 8월 일"로 기재한 경우에, 그 승낙일자는 민법 부칙 제 3 조 제 4 항의 유효한 확정일자로 보아야 하고, 그렇다면 그 승낙서는 민법 제 450조 제 2 항 소정의 '확정일자 있는 증서'에 해당한다고 한다($\substack{\text{대판 2011. 7. 14,} \\ \text{2009다49469}}$).

통지나 승낙을 확정일자 있는 증서로 하라는 것은 통지행위나 승낙행위 자체를 확정일자 있는 증서로 하여야 한다는 의미이며($\substack{\text{대판 2011. 7. 14,} \\ \text{2009다49469}}$), 통지나 승낙이 있었음을 확정일자 있는 증서로 증명하라는 것이 아니다. 그런데 반드시 통지·승낙을 처음부터 확정일자 있는 증서로 하여야 할 필요는 없으며, 통지·승낙을 확정일자 없는 증서로 한 후에 그 증서에 확정일자를 받아도 그 뒤에는 대항력을 가지게 된다($\substack{\text{대판 1988. 4. 12, 87다카2429; 대판 2006. 9. 14,} \\ \text{2005다45537; 대판 2010. 5. 13, 2010다8310}}$). 그리고 판례는, 확정일자 제도의 취지에 비추어 볼 때 원본이 아닌 사본에 확정일자를 갖추었더라도 대항력이 있다고 한다($\substack{\text{대판 2006. 9. 14,} \\ \text{2005다45537}}$).

(3) 제 3 자

여기의 「제 3 자」는 채권양도의 당사자와 채무자를 제외한 모든 자를 가리키는 것이 아니고, 「그 채권에 관하여 양수인의 지위와 양립할 수 없는 법률상의 지위를 취득한 자」만을 가리킨다($\substack{\text{이설이 없으며, 판례도 같음. 대판 1965. 12. 28,} \\ \text{65다1228; 대판 1983. 2. 22, 81다134·135·136}}$). 그러한 제 3 자의 예로는 채권의 2중양수인, 채권 위의 질권자, 채권을 압류 또는 가압류한 양도인의 채권자, 양도인이 파산한 경우의 파산채권자를 들 수 있다. 그에 비하여 채권양도에 의하여 간접적으로 영향을 받을 수 있는 채무자의 채권자 등은 제 3 자에 해당하지 않으며, 그러한 자에 대하여는 대항요건이 없더라도 대항할 수 있다. 그리고 판례는, 선순위의 근저당권부 채권을 양수한 채권자보다 후순위의 근저당권자는 채권양도의 대항요건을 갖추지 아니한 경우 대항할 수 없는 제 3 자에 포함되지 않는다고 한다($\substack{\text{대판 2005. 6. 23, 2004다29279: 피담보채권을 저당권과 함께 양수한 자} \\ \text{는 저당권이전의 부기등기를 마치고 저당권실행의 요건을 갖추고 있는} \\ \text{한 채권양도의 대항요건을 갖추고 있지} \\ \text{아니하더라도 경매신청을 할 수 있다}}$).

　　판례는, 제450조 제 2 항에서 정한 지명채권 양도의 제 3 자에 대한 대항요건은 양도된 채권이 존속하는 동안에 그 채권에 관하여 양수인의 지위와 양립할 수 없는 법률상의 지위를 취득한 제 3 자가 있는 경우에 적용되며, 따라서 지명채권 양수인이 「양도되는 채권의 채무자」여서 양도된 채권이 채권양도에 따른 처분행위 시에 혼동에 의하여 소멸한 경우에는, 그 후에 그 채권에 관한 압류 또는 가압류결정이 제 3 채무자에게 송달되더라도 그 채권압류 또는 가압류결정은 존재하지 않는 채권에 대한 것으로서 무효이고, 그 압류 또는 가압류채권자는 제450조 제 2 항에서 정한 제 3 자에 해당하지 않는다고 한다(대판 2022. 1. 13, 2019다272855).

[197]　　**(4) 「대항한다」는 것의 의미**

　　채권양도를 가지고 제 3 자에게 「대항한다」는 것은 동일한 채권에 관하여 양립할 수 없는 법률상의 지위를 취득한 자 사이에 있어서 우열을 정하는 것이다. 그리하여 제 3 자가 2중양수인이라면 이 대항요건에 의하여 양수인과 2중양수인 가운데 누가 채권을 배타적으로 취득하게 되는지가 결정된다. 2중양도를 중심으로 하여 대항관계를 구체적으로 살펴보기로 한다.

　　첫째로 채권이 2중으로 양도된 경우에, 제 1 양도에 관하여는 단순한 통지나 승낙이 있었고 제 2 양도에 관하여는 확정일자 있는 증서에 의한 통지나 승낙이 있었다면, 제 1 양수인은 제 2 양수인에 대하여 자기의 채권을 주장할 수 없게 되고, 이때에는 제 2 의 양수인이 유일한 채권자로 된다(대판 2013. 6. 28, 2011다83110). 그 결과 채무자는 제 2 양수인에게만 변제의무를 부담한다(대판 1972. 1. 31, 71다2697).

　　둘째로 2중양도에 있어서 제 1 양도 · 제 2 양도 모두에 관하여 단순한 통지나 승낙만이 있었던 경우는 어떻게 되는가? 그에 대하여 학설은 i) 채무자가 양수인 중의 한 사람을 임의로 선택하여 변제할 수 있다는 견해(김형배, 597면), ii) 먼저 통지 · 승낙이 있는 양수인이 우선한다는 견해(김상용, 383면; 지원림, 1250면), iii) 이때에는 채권양도는 양도계약만으로 효력이 생긴다는 원칙에 따라서 먼저 채권을 양수받은 자가 채권을 취득하고, 다만 제 2 의 양도가 먼저 통지되어 채무자가 2중양수인에게 선의로 변제 기타의 면책행위를 한 경우에는 채권양수인(제 1 의 양수인)에 대하여 면책행위의 유효를 주장할 수 있다는 견해(김학동, 312면)로 나뉘어 있다. 그리고 판례는, 채무자가 승낙을 한 뒤 제 2 양도에 관하여 채권양도의 통지를 받고 그 2중양수인에게 변제를 한 경우에 대하여 채무자는 제 1 양수인에게 채무를 변제할 의무가 있다고 하여, ii)설과 같은 견지에 있다(대판 1971. 12. 28, 71다2048). ii)설이 타당하다.

셋째로 2중양도에 있어서 제 1 양도·제 2 양도 모두에 관하여 확정일자 있는 통지나 승낙이 있었던 경우도 문제이다. 이에 대하여 확정일자의 선후에 의하여 우열을 결정하여야 한다는 견해(김형배, 597면)가 있으나, 판례는 채권양도에 대한 채무자의 인식시, 즉 양도통지가 도달한 일시 또는 승낙의 일시의 선후에 의할 것이라고 한다(대판(전원) 1994. 4. 26, 93다24223; 대판 2013. 6. 28, 2011다83110). 생각건대 확정일자보다는 채무자의 인식의 선후에 의하는 것이 타당하다.

〈양수인과 「2중양수인 이외의 제 3 자」와의 우열관계〉

판례는 전술한 2중양수에서의 법리가 채권양수인과 동일 채권에 대하여 가압류명령을 집행한 자 사이의 우열을 결정하는 데도 마찬가지로 적용된다고 하면서, 확정일자 있는 채권양도 통지와 가압류결정 정본의 제 3 채무자(채권양도의 경우에는 채무자)에 대한 도달의 선후에 의하여 그 우열을 결정하여야 한다고 한다(대판(전원) 1994. 4. 26, 93다24223). 그러나 가압류 등의 경우에는 가압류채권자 등이 대항요건을 갖추는 것은 생각할 수가 없다. 따라서 그러한 때에는 가압류결정의 효력발생시기와 채권양수인의 대항력 취득시기(채무자의 인식시)가 비교되어야 한다(자세한 것은 신사례, [64]번 문제 참조). 다만, 가압류결정은 제 3 채무자에게 송달된 때에 효력이 발생하므로 판례의 결론은 사견과 일치하기는 한다. 그러나 사견은 송달시가 가압류결정의 효력발생시기이기 때문에 그것을 기준으로 삼는 점에서, 단순히 인식시설의 태도를 취하는 판례와 차이가 있다. 그리고 이러한 해석은 가압류채권자뿐만 아니라 압류채권자, 파산채권자, 질권자의 경우에도 똑같이 적용되어야 한다(질권의 경우는 채권의 종류에 따라 질권의 성립시기가 다르며, 지명채권에 성립하는 질권의 경우에는 채권증서의 교부와 함께 확정일자 있는 증서에 의한 통지·승낙도 있어야 한다. 물권법 [199] 참조). 그리하여 일반적으로 당해 제 3 자에게 효력이 발생한 시기와 채권양수인의 대항요건 구비시기를 비교하여 우열관계를 정하여야 한다.

〈판 례〉

(ㄱ) 「채권이 이중으로 양도된 경우의 양수인 상호간의 우열은 통지 또는 승낙에 붙여진 확정일자의 선후에 의하여 결정할 것이 아니라, 채권양도에 대한 채무자의 인식, 즉 확정일자 있는 양도통지가 채무자에게 도달한 일시 또는 확정일자 있는 승낙의 일시의 선후에 의하여 결정하여야 할 것이고, 이러한 법리는 채권양수인과 동일 채권에 대하여 가압류명령을 집행한 자 사이의 우열을 결정하는 경우에 있어서도 마찬가지라 할 것이므로, 확정일자 있는 채권양도 통지와 가압류결정 정본의 제 3 채무자(채권양도의 경우는 채무자. 이하 같다)에 대한 도달의 선후에 의하여 그 우열을 결정하여야 할 것이다. …

채권양도 통지, 가압류 또는 압류명령 등이 제 3 채무자에 동시에 송달되어 그들 상호간에 우열이 없는 경우에도 그 채권양수인, 가압류 또는 압류채권자는 모두 제 3 채무자에 대하여 완전한 대항력을 갖추었다고 할 것이므로, 그 전액에 대하여 채권양수금, 압류전부금 또는 추심금의 이행청구를 하고 적법하게 이를 변제받을 수 있고, 제 3 채무자로서는 이들 중 누구에게라도 그 채무 전액을 변제하면 다른 채권자에 대한 관계에서도 유효하게 면책되는 것이며, 만약 양수채권액과 가압류 또는 압류된 채권액의 합계액이 제 3 채무자에 대한 채권액을 초과할 때에는 그들 상호간에는 법률상의 지위가 대등하므로 공평의 원칙상 각 채권액에 안분하여 이를 내부적으로 다시 정산할 의무가 있다고 할 것이다.

다만 채권양도의 통지와 가압류 또는 압류명령이 제 3 채무자에게 동시에 송달되었다고 인정되어 채무자가 채권양수인 및 추심명령이나 전부명령을 얻은 가압류 또는 압류채권자 중 한 사람이 제기한 급부소송에서 전액 패소한 이후에도 다른 채권자가 그 송달의 선후에 관하여 다시 문제를 제기하는 경우 기판력의 이론상 제 3 채무자는 이중지급의 위험이 있을 수 있으므로, 동시에 송달된 경우에도 제 3 채무자는 송달의 선후가 불명한 경우에 준하여 채권자를 알 수 없다는 이유로 변제공탁을 함으로써 법률관계의 불안으로부터 벗어날 수 있다고 보아야 할 것이다.

당원의 판례 중 위에서 설시한 법리와는 달리 채권양도 통지와 채권가압류결정 정본이 동시에 제 3 채무자에게 도달된 경우에 양수인의 양수금청구에 대하여 채무자가 채권양도 통지와 채권가압류결정 정본을 동시에 송달받은 사실로써 대항할 수 있다는 취지의 판례(당원 1987. 8. 18. 선고 87다카553 판결)는 이를 폐기하기로 한다.」(대판(전원) 1994. 4. 26, 93다24223. 이 판결은 채권양도 통지와 채권가압류결정 정본이 같은 날 도달되었는데 그 선후관계에 대하여 달리 입증이 없으면 동시에 도달된 것으로 추정한다)

(ㄴ) 「동일한 채권에 대하여 두 개 이상의 채권압류 및 전부명령이 발령되어 제 3 채무자에게 동시에 송달된 경우 당해 전부명령이 채권압류가 경합된 상태에서 발령된 것으로서 무효인지의 여부는 그 각 채권압류명령의 압류액(압류채권자의 청 구채권액: 저자 주)을 합한 금액이 피압류채권액(제 3 채무자의 채무액: 저자 주)을 초과하는지를 기준으로 판단하여야 하므로 전자가 후자를 초과하는 경우에는 당해 전부명령은 모두 채권의 압류가 경합된 상태에서 발령된 것으로서 무효로 될 것이지만 그렇지 않은 경우에는 채권의 압류가 경합된 경우에 해당하지 아니하여 당해 전부명령은 모두 유효하게 된다고 할 것이며, 그때 동일한 채권에 관하여 확정일자 있는 채권양도통지가 그 각 채권압류 및 전부명령 정본과 함께 제 3 채무자에게 동시에 송달되어 채권양수인과 전부채권자들 상호간에 우열이 없게 되는 경우에도 마찬가지라고 할 것이다. …

또한, 동일한 채권에 관하여 확정일자 있는 채권양도통지와 두 개 이상의 채권압류 및 전부명령 정본이 동시에 송달된 경우 채권의 양도는 채권에 대한 압류명령과는 그 성질이 다르므로 당해 전부명령이 채권의 압류가 경합된 상태에서 발령된 것으로서 무효인지의 여부를 판단함에 있어 압류액에 채권양도의 대상이 된 금액을 합산하여 피압류채권액과 비교하거나 피압류채권액에서 채권양도의 대상이 된 금액 부분을 공제하고 나머지 부분만을 압류액의 합계와 비교할 것은 아니다.」(대판 2002. 7. 26, 2001다68839)

㈐「양도인이 지명채권을 제 1 양수인에게 1차로 양도한 다음 제 1 양수인이 그에 따라 확정일자 있는 증서에 의한 대항요건을 적법하게 갖추었다면 이로써 채권이 제 1 양수인에게 이전하고 양도인은 그 채권에 대한 처분권한을 상실한다고 할 것이므로, 그 후 양도인이 동일한 채권을 제 2 양수인에게 양도하였더라도 제 2 양수인은 그 채권을 취득할 수 없다. 이 경우 양도인이 다른 채무를 담보하기 위하여 제 1 차 양도계약을 한 것이더라도 대외적으로 채권이 제 1 양수인에게 이전되어 제 1 양수인이 채권을 취득하게 되므로 그 후에 이루어진 제 2 차 양도계약에 의하여 제 2 양수인이 채권을 취득하지 못하게 됨은 마찬가지이다.

또한 제 2 차 양도계약 후 양도인과 제 1 양수인이 제 1 차 양도계약을 합의해지한 다음 제 1 양수인이 그 사실을 채무자에게 통지함으로써 채권이 다시 양도인에게 귀속하게 되었더라도 특별한 사정이 없는 한 양도인이 처분권한 없이 한 제 2 차 양도계약이 채권양도로서 유효하게 될 수는 없으므로, 그로 인하여 제 2 양수인이 당연히 그 채권을 취득하게 된다고 볼 수는 없다.」^(대판 2016. 7. 14,
2015다46119)

㈑「임대차보증금 반환채권을 양도하는 경우에 확정일자 있는 증서로 이를 채무자에게 통지하거나 채무자가 확정일자 있는 증서로 이를 승낙하지 아니한 이상 그 양도로써 채무자 이외의 제 3 자에게 대항할 수 없으며^(민법 제450)
조 참조), 이러한 법리는 임대차계약상의 지위를 양도하는 등 임대차계약상의 권리의무를 포괄적으로 양도하는 경우에 그 권리의무의 내용을 이루고 있는 임대차보증금 반환채권의 양도 부분에 관하여도 마찬가지로 적용된다. 따라서 위 경우에 기존 임차인과 새로운 임차인 및 임대인 사이에 임대차계약상의 지위 양도 등 그 권리의무의 포괄적 양도에 관한 계약이 확정일자 있는 증서에 의하여 체결되거나, 임대차보증금 반환채권의 양도에 대한 통지·승낙이 확정일자 있는 증서에 의하여 이루어지는 등의 절차를 거치지 아니하는 한, 기존의 임대차계약에 따른 임대차보증금 반환채권에 대하여 채권가압류명령, 채권압류 및 추심명령 등^(이하 '채권가압류
명령 등'이라 한다)을 받은 채권자 등 그 임대차보증금 반환채권에 관하여 양수인의 지위와 양립할 수 없는 법률상의 지위를 취득한 제 3 자에 대하여는 임대차계약상의 지위 양도 등 그 권리의무의 포괄적 양도에 포함된 임대차보증금 반환채권의 양도로써 대항할 수 없다고 보아야 한다.

한편 민법 제450조 제 2 항이 정하는 지명채권 양도의 제 3 자에 대한 대항요건은 양도된 채권이 존속하는 동안에 그 채권에 관하여 양수인의 지위와 양립할 수 없는 법률상의 지위를 취득한 제 3 자가 있는 경우에 적용되므로, 임대차보증금 반환채권이 양도되거나 그 임대차보증금 반환채권에 대하여 채권가압류명령 등이 이루어지기에 앞서 임대차계약의 종료 등을 원인으로 한 변제, 상계, 정산합의 등에 의하여 임대차보증금 반환채권이 이미 소멸하였다면, 이러한 채권 양도나 채권가압류명령 등은 모두 존재하지 아니하는 채권에 대한 것으로서 효력이 없고, 위와 같은 대항요건의 문제는 발생할 여지가 없다.」^(대판 2017. 1. 25,
2014다52933)

주의할 것은, 제 3 자에 대한 대항관계는 채권이 존속하는 동안에 그 채권 위에 양립할 수 없는 권리관계가 생긴 경우에만 발생하며, 채권이 소멸한 후에는 생기지 않는다는 점이다. 그리하여 가령 제 1 의 양도가 있은 후 그 채권이 변제·면제 등으로 소멸한 때에는, 그 후 다시 그 채권에 관하여 제 2 의 양도가 행하여지고 그 사실을 확정일자 있는 증서로 통지하였더라도 제 2 의 양도는 무효이고, 대항요건의 문제는 발생할 여지가 없다$\binom{\text{이설이 없으며, 판례도 같다. 대}}{\text{판 2003. 10. 24, 2003다37426}}$.

제3관 증권적 채권의 양도

[198]   **Ⅰ. 서   설**

증권적 채권은 채권의 성립·존속·양도·행사 등을 그 채권이 화체(化體)(또는 표창(表彰))되어 있는 증권에 의하여 하여야 하는 채권을 말한다. 이때 채권이 화체되어 있는 증권(증서)은 일종의 유가증권이다.

증권적 채권에는 기명채권·지시채권·지명소지인출급채권·무기명채권의 네 가지가 있는데, 민법은 이들 중 기명채권을 제외한 나머지 세 가지에 관하여만 규정하고 있다.

Ⅱ. 지시채권(指示債權)의 양도

1. 지시채권의 의의

지시채권은 특정인 또는 그가 지시(지정)한 자에게 변제하여야 하는 증권적 채권이다. 화물상환증$\binom{\text{상법}}{\text{130조}}$·창고증권$\binom{\text{상법}}{\text{157조}}$·선하증권$\binom{\text{상법}}{\text{861조}}$·어음$\binom{\text{어음법 11}}{\text{조·77조}}$·수표$\binom{\text{수표법}}{\text{14조}}$ 등 상법·어음법·수표법이 규정하는 전형적인 유가증권은 배서금지의 기재가 없는 한 법률상 당연한 지시채권이다. 그 밖에 이론상으로는 민법의 적용만을 받는 지시채권도 있을 수 있으나, 실제로는 그 예가 없다. 따라서 민법의 지시채권에 관한 규정은 그 의의가 매우 적다. 화물상환증 등에는 상법 등이 적용되기 때문이다.

2. 지시채권의 양도방법

지시채권은 그 증서(증권)에 배서하여 양수인에게 교부하는 방식으로 양도한다($^{508}_{조}$). 증서의 배서·교부는 지시채권 양도의 대항요건이 아니고 성립요건 내지 효력발생요건이다($^{[186]}_{참조}$).

3. 배　서

(1) 배서의 방식

배서는 증서($^{보통\ 이면(裏面)에\ 하나,\ 반}_{드시\ 그래야\ 하는\ 것은\ 아님}$) 또는 그 보충지에 그 뜻을 기재하고 배서인이 서명 또는 기명날인하는 방식으로 한다($^{510조}_{1항}$).

(2) 배서의 모습

배서는 피배서인을 지정하여 하는 것($^{이것이\ 정}_{식배서임}$)이 원칙이나, 피배서인을 지정하지 않고 할 수 있으며($^{이는\ 배서문구}_{는\ 없는\ 때임}$) 또 배서인의 서명이나 기명날인만으로 할 수도 있다($^{510조}_{2항}$). 이를 약식배서 또는 백지식 배서라고 한다. 이와 같은 약식배서의 경우에는 소지인은 ① 자기나 타인의 명칭을 피배서인으로 기재할 수도 있고, ② 약식으로 또는 타인을 피배서인으로 표시하여 다시 증서에 배서할 수도 있으며, ③ 피배서인을 기재하지 않고 배서 없이 증서를 제 3 자에게 교부하여 양도할 수도 있다($^{511}_{조}$).

배서에는 증서의 소지인에게 지급하라는 뜻을 기재하는 소지인출급배서도 있는데, 그러한 배서는 약식배서와 같은 효력이 있다($^{512}_{조}$).

지시채권은 그 채무자에 대하여도 배서하여 양도할 수 있다($^{509조}_{1항}$). 이 경우의 배서를 환배서(還背書)라고 한다. 채무자가 지시채권을 환배서에 의하여 양수하더라도 채권은 혼동으로 소멸하지 않으며($^{507조}_{참조}$), 그 채무자는 다시 배서하여 이를 양도할 수 있다($^{509조}_{2항}$).

(3) 배서의 효력

민법상 지시채권의 배서에는 이전적 효력과 자격수여적 효력이 있다. 그러나 어음법·수표법상 인정되는 담보적 효력은 없다($^{어음법\ 15조·77조\ 1}_{항,\ 수표법\ 18조\ 참조}$).

〈판　례〉

「배서금지의 문언을 기재한 약속어음은 어음법상의 배서의 방법에 의하여서는 양도할 수는 없는 것이나 배서금지 어음이라도 양도성 그 자체까지 없어지는 것은 아니므로 어음법 제77조 제 2 항, 제11조 제 2 항에 의하여 지명채권의 양도에 관한 방식에 따라서 그리고 그 효력으로써는 이를 양도할 수 있는 것이고 이 경우에는 민법 제450조의 대항요건($^{통지 또}_{는 승낙}$)을 구비하는 외에 약속어음을 인도(교부)하여야 하고 지급을 위하여서는 어음을 제시하여야 하며 또 어음금을 지급할 때에는 이를 환수하게 되는 것이므로 증권과 분리시켜 양도하는 불합리한 결과는 생기지 아니한다고 할 것이다.」($^{대판\ 1989.\ 10.\ 24,}_{88다카20774}$)

1) 이전적 효력　　민법상 명문의 규정은 없지만, 지시채권이 양도되려면 증서의 배서·교부가 있어야 하므로, 배서에는 채권을 이전하게 하는 효력인 권리이전적 효력이 있다.

2) 자격수여적 효력　　배서의 연속이 있을 경우 피배서인으로 되어 있는 자가 증서를 소지하고 있으면 채권자로서의 자격이 인정되는 것을 자격수여적 효력이라고 한다($^{513}_{조}$).

최후의 배서가 약식인 때에는 증서의 점유자를 적법한 소지인으로 본다($^{513조}_{1항,\ 2문}$). 그리고 약식배서 다음에 다른 배서가 있으면 그 배서인은 약식배서로 증서를 취득한 것으로 본다($^{513조}_{2항}$). 한편 말소된 배서는 배서의 연속에 관하여 그 기재가 없는 것으로 본다($^{513조}_{3항}$).

견해($^{김상용,\ 387면;}_{김형배,\ 605면}$)에 따라서는「적법한 소지인으로 본다」고 규정한 제513조를 간주(의제)가 아니고 추정의 뜻으로 해석하자고 한다($^{어음법\ 16조·77조\ 1항,\ 수표법}_{19조는「추정한다」고\ 규정한다}$). 그러나 이는 법문에 반하여 취할 수 없다($^{같은\ 취지:\ 이은}_{영,\ 633면\ 주\ 1}$).

[199]　　**4. 양수인의 보호**

민법은 지시채권의 양수인을 보호하고 그 채권의 유통성을 확보하기 위하여 다음의 두 제도를 두고 있다.

(1) 인적 항변의 제한

지시채권의 채무자는 소지인의 전자(前者)에 대한 인적 관계의 항변으로 소지인에게 대항하지 못한다($^{515조}_{본문}$). 따라서 그러한 인적 항변은 그 배서인에게만 대항할 수 있다. 다만, 소지인이 그 채무자를 해함을 알고 지시채권을 취득한 때에는 채무자는 인적 항변으로도 소지인에게 대항할 수 있다($^{515조}_{단서}$). 한편 채무자가 모든 소지인에 대하여 대항할 수 있는 항변인 물적 항변은 제한을 받지 않는다. 여기서 무엇이 물적 항변이고 무엇이 인적 항변인지가 문제되나, 일반적으로는 증서의 기재로부터 명백한 것($\binom{변제기의 도래,}{시효소멸 등}$)과 채무자의 이익에 중대한 관계가 있는 것($\binom{증서의 위조 \cdot}{변조 등}$)은 물적 항변이고 그 밖의 것은 인적 항변이라고 한다($\binom{곽윤직, 225면;}{김학동, 317면}$).

(2) 선의취득

민법은 거래의 안전을 보호하고 지시채권의 유통성을 확보하기 위하여 매우 완화된 요건 하에 선의취득을 인정하고 있다. 즉 증서의 소지인이 증서를 무권리자로부터 취득한 경우에도 그 소지인이 양도인에게 권리가 없음을 몰랐고(선의) 또 그 모른 데 중대한 과실이 없는 때에는 그 증서상의 권리를 취득한다($\binom{514}{조}$). 이때 소지인의 선의·무중과실은 소지인이 증명할 필요가 없으며, 선의취득을 막으려는 자가 악의 또는 중과실을 주장·증명하여야 한다($\binom{514조 단}{서 참조}$).

5. 채무자의 보호

지시채권의 채무자는 배서의 연속 여부를 조사할 의무가 있으며, 배서인의 서명 또는 날인의 진위나 소지인의 진위를 조사할 권리는 있으나 의무는 없다($\binom{518조}{본문}$). 여기서 진위를 조사할 권리가 있다는 것은 진위를 조사하는 데 필요한 기간 동안에는 이행지체가 되지 않는다는 뜻이고, 의무를 지지 않는다는 것은 조사를 하지 않고 변제하더라도 변제가 유효하다는 뜻이다. 그런데 후자에는 예외가 있다. 즉 채무자가 변제하는 때에 소지인이 권리자가 아님을 알았거나 중대한 과실로 알지 못한 때에는 그 변제는 무효로 된다($\binom{518조}{단서}$).

그 밖에 채무자 보호를 위한 규정으로는 다음의 것이 있다. ① 증서에 변제장소를 정하지 않은 때에는 채무자의 현영업소(現營業所)를 변제장소로 하고, 영업소가 없는 때에는 현주소를 변제장소로 한다($\binom{516}{조}$). ② 증서에 변제기한이 있는 경우에도 그 기한이 도래한 후에 소지인이 증서를 제시하여 이행을 청구한 때로부터 채무자는 지체책임이 있다($\binom{517}{조}$). ③ 채무자는 증서와 교환하여서만 변제할 의무가 있다($\binom{519}{조}$). ④ 채무자는 변제하는 때에 소지인에 대하여 증서에 영수(領收)를 증명하는 기재를 할 것을 청구할 수 있고($\binom{520조}{1항}$), 일부변제의 경우에 채무자의 위의 청구가 있으면 채권자는 증서에 그 뜻을 기재하여야 한다($\binom{520조}{2항}$).

6. 증권의 멸실·상실

멸실한 증서나 소지인의 점유를 이탈한 증서는 공시최고의 절차에 의하여 무효로 할 수 있다($^{521}_{조}$). 증권이나 증서의 무효선언을 위한 공시최고의 신청권자는 증권 또는 증서를 도난당하거나 증서를 분실·멸실한 사람이므로($^{521조, 민소}_{492조 1항}$), 증서를 횡령당한 경우에는 공시최고를 신청할 수 없다($^{대판 2016. 10. 27,}_{2016다235091}$). 공시최고의 신청이 있는 때에는 채무자로 하여금 채무의 목적물을 공탁하게 할 수 있고, 소지인이 상당한 담보를 제공하면 변제하게 할 수 있다($^{522}_{조}$).

[200]　**Ⅲ. 무기명채권의 양도**

무기명채권은 특정한 채권자를 지정함이 없이 증서(증권)의 소지인에게 변제하여야 하는 증권적 채권이다. 무기명채권의 예로는 무기명사채·무기명식 수표 등의 상법·수표법상의 유가증권, 상품권·철도승차권·극장의 입장권·시중은행의 양도성예금증서($^{대판 2000. 3. 10,}_{98다29735}$)를 들 수 있다.

무기명채권의 양도는 증서를 교부하는 방식으로 행한다($^{523}_{조}$). 그리고 무기명채권에는 지시채권에 관한 규정($^{배서에 관한 규정을 제}_{외한 514조 내지 522조}$)이 준용된다($^{524}_{조}$).

〈양도성예금증서에 관한 판례〉

이전에 대법원은, 원고가 자신의 양도성예금증서의 만기지급금으로 새로운 양도성예금증서의 구입을 의뢰하고 만기지급금에서 새 양도성예금증서의 매입대금을 뺀 차액을 지급받았으나, 의뢰받은 피고은행의 지점장이 양도성예금증서의 매입대금을 그 발행자원으로 입금하지 아니한 채 유용하여 버리고 통장에만 새로 발행된 양도성예금증서의 추심을 위탁받은 것처럼 임의로 기재하고 날인하여 이를 원고에게 교부한 경우에 관하여, 「양도성예금증서는 시중은행이 발행한 무기명 할인식으로 발행되는 유가증권으로서 그 권리의 이전 및 행사에 증서의 소지를 요하므로, 양도성예금증서가 실제로 발행된 바 없다면 고객이 이를 매입한다는 명목으로 은행 직원에게 그 자금을 제공한 것만으로는 고객과 은행 간에 양도성예금증서에 관한 매매계약은 성립할 수 없는 것이므로, 원심이 같은 이유에서 원·피고 간에 양도성예금증서의 매매계약이 성립하였음을 전제로 한 원고의 주위적 청구를 배척한 것은 옳」다고 하였다($^{대판 2000. 3. 10,}_{98다29735}$).

그런데 그 뒤, 유사한 사안, 즉 기존 예금계약의 만기가 도래하여 피고은행이 상환하여야 할 만기지급금을 입금하여 양도성예금증서를 발행하기로 합의하고 피고은행의 지점장이 입금을 확인하였으나, 그 지점장이 다른 양도성예금증서의 발행내역 등을 유용하여 위조한 양도성예금증서를 원고에게 교부한 경우에 관하여, 「금융기관이 고객에게 기존 예금계약의 만기가 도래함에 따라 만기지급금을 반환할 채무를 부담하고 있는 경우, 고객과 금융기관은 그 기존 예금계약의 만기지급금을 입금하여 예금거래기본약관 및 거치식예금약관이 적용되는 양도성예금증서를 발행하기로 합의하는 방식으로 거치식 예금계약을 체결할 수 있고, 위 합의 당시 금융기관의 담당직원이 기존 예금계약의 계정에서 만기에 지급할 금원 상당액을 이미 인출·횡령한 상태라 하더라도 소비임치의 일종인 예금계약의 성질상 이는 금융기관의 자금을 인출·횡령한 것일 뿐이므로, 그로 인하여 금융기관의 고객에게 대한 만기지급금 반환채무가 이행불능되거나 소멸된다고 볼 사정이 없는 이상 그와 같은 사정은 위와 같은 방식으로 체결된 거치식 예금계약의 성립을 인정하는 데 장애가 되지 아니한다」고 하였다($^{대판\ 2009.\ 3.\ 12,}_{2007다52942}$). 그러면서 위의 대판 2000. 3. 10, 98다29735는 무기명식 양도성예금증서가 실제로 발행되지 아니하였는데도 이를 전제로 하여 양도성예금증서에 기하여 청구를 한 사안으로서, 사안을 달리하는 이 판결 사건에 원용될 수 없는 것이라고 한다.

방금 언급한 바와 같이, 대법원은 이 두 판결은 사안을 달리하는 것이어서 모순되지 않는다는 견지에 있다. 그러나 두 판결은 실질적으로 모순된다. 그리고 현재 우리의 판례는 — 적어도 매매계약이 아니고 예금계약에 관한 한 — 양도성예금증서를 발행하기로 합의하고 피고은행의 담당직원이 만기지급금의 입금을 확인하면 예금계약이 성립한다는 입장이다($^{예금계약의\ 일반적\ 성립시기에}_{관하여\ 채권법각론\ [194]도\ 참조}$).

Ⅳ. 지명소지인출급채권(指名所持人出給債權)의 양도

지명소지인출급채권은 특정인 또는 증서(증권)의 정당한 소지인에게 변제하여야 하는 증권적 채권을 말하며, 이는 무기명채권의 하나의 변형이다. 지명소지인출급채권의 효력($^{양도}_{포함}$)은 무기명채권에서와 같다($^{525}_{조}$).

Ⅴ. 면책증서(면책증권)

면책증서란 증서(증권)의 소지인에게 변제하면 비록 그 자가 진정한 채권자가 아닌 경우에도 채무자가 선의인 한($^{같은\ 취지:\ 곽윤직,\ 226면;\ 김학동,\ 319면;\ 이은영,\ 637면.\ 그러}_{나\ 김상용,\ 391면;\ 김형배,\ 611면은\ 악의나\ 중과실이\ 없으면\ 된다}$$^{고}_{한다}$) 면책되는 증권이다. 철도여객의 수하물상환증, 호텔의 휴대품예치증이 그 예이다. 이것은 단순한 자격증서이며 유가증권이 아니다. 그리고 이때의 채권은 보

통의 지명채권이다. 그렇지만 면책증서가 증권적 채권과 비슷한 측면이 있기 때문에 민법은 지시채권에 관한 일부규정($^{516조 \cdot 517}_{조 \cdot 520조}$)을 면책증서에 준용하고 있다($^{526}_{조}$).

제 2 절   채무의 인수

[201]   **Ⅰ. 채무인수의 의의 및 법적 성질**

1. 의   의

채무인수는 채무를 그 동일성을 유지하면서 인수인에게 이전시키는 계약이다. 이러한 채무인수가 있으면 종래의 채무자는 채무를 면하게 되고 인수인이 새로이 채무자가 된다. 이와 같은 채무인수는 뒤에 설명하는 병존적(중첩적) 채무인수($^{[204]}_{참조}$)와 구별하여 면책적 채무인수라고도 한다. 채무인수의 경우에는 채무가 동일성을 유지하면서 인수인에게 이전되는 점에서 채무자변경에 의한 경개($^{[263] 이}_{하 참조}$)와 다르다.

채무의 이전은 법률규정에 의하여 생길 수도 있으나($^{예: 1005조(상속), 주}_{택임대차보호법 9조}$), 계약인 채무인수에 의하는 때가 많다.

채무는 급부의무이고, 따라서 채무자가 변경되면 의무의 질이 달라지게 된다. 따라서 채권양도와 달리 채무인수는 인정하기가 쉽지 않다. 그렇지만 계약에 의한 채무의 이전도 인정하여야 할 사회적 필요가 있기 때문에 민법은 채권자의 관여 하에 채무인수를 할 수 있도록 규정하고 있다.

2. 법적 성질

(1) 채무인수의 법적 성질은 채무인수의 종류에 따라 다르다. 채무인수는 당사자가 누구인가에 의하여 세 가지로 나누어진다. 채권자·채무자·인수인의 3면계약에 의하는 경우, 채권자·인수인이 당사자인 경우, 채무자·인수인이 당사자인 경우가 그것이다. 이들 가운데 앞의 두 경우에는 채무인수는 채권행위와 준물권행위($^{그리하여}_{처분행위}$)의 성질을 갖는다($^{통설도 같음. 그러나 김형배, 617}_{면은 준물권행위만이라고 한다}$). 그에 비하여 채무자·인

수인이 당사자인 채무인수는 처음에는 채권행위로서의 성질만을 가지고 있다가 채권자의 승낙이 있으면 준물권행위로 된다고 할 것이다(같은 취지: 김학동, 321면. 그에 비하여 곽윤직, 228면은 인수계약은 채권행위이고 채권자의 승낙이 준물권행위라고 하며, 김상용, 397면; 김형배, 618면은 승낙은 채권행위에 준물권행위적 효과를 부여하는 것이라고 한다).

(2) 채무인수는 낙성·불요식의 계약이다.

Ⅱ. 채무인수의 요건   [202]

1. 채무에 관한 요건

(1) 채무의 존재

채무인수가 되려면 먼저 채무가 유효하게 존재하여야 한다. 채무가 유효하게 존재하는 한 그것이 자연채무이거나 책임없는 채무라도 무방하며, 장래의 채무라도 상관없다(이설없음).

(2) 채무의 이전가능성

채무인수가 되려면 채무가 이전할 수 있는 것이어야 한다.

채무 가운데에는 그 성질상 이전할 수 없는 것이 있다. 채무자가 변경되면 급부의 내용이 전혀 달라지는 채무(예: 그림을 그려주기로 한 채무, 고용·위임에 의한 채무), 특정의 채무자와의 사이에서 결제되어야 할 채무(예: 상호계산에 계입된 채무) 등이 그렇다. 이러한 채무는 채무인수의 대상이 되지 못한다(453조 1항 단서).

그리고 민법상 명문의 규정은 없지만 채권자·채무자 사이에 인수금지 특약이 체결된 때에는 인수가 인정되지 않는다고 하여야 한다(이설없음). 다만, 그 특약은 선의의 제 3 자에게는 대항하지 못한다고 할 것이다(449조 2항 단서 참조).

2. 인수계약의 당사자

채무인수는 당사자의 측면에서 볼 때 다음의 세 경우가 있다(이론상으로는 그 외에 채권자와 채무자가 당사자인 경우를 생각해볼 수 있으나, 그것은 제 3 자 부담을 목적으로 하는 것으로서 유효할 수 없다).

(1) 채권자·채무자·인수인이 당사자로 되는 경우

민법이 여기에 관하여 명문의 규정을 두고 있지는 않으나, 계약자유의 원칙상 이들 세 당사자에 의한 채무인수도 유효하다.

(2) 채권자와 인수인이 당사자로 되는 경우

채무인수의 기본적인 모습은 채권자와 인수인이 당사자로 되는 경우이다. 이러한 채무인수도 당연히 유효하며($^{453조}_{1항}$), 그때에는 채무자의 동의 또는 수익의 의사표시는 필요하지 않다. 다만, 이해관계 없는 제 3 자는 채무자의 의사에 반하여 채무를 인수하지 못한다($^{453조}_{2항}$). 여기서 채무자의 의사에 반하는지 여부는 인수 당시를 기준으로 하여 결정하여야 한다. 채무자의 의사에 반한다는 사실의 증명책임을 누가 부담하는가에 관하여 학설은 i) 이를 주장하는 자가 부담한다는 견해($^{곽윤직,}_{230면 등}$)와 ii) 채무자가 부담한다는 견해($^{김상용, 399면; 김학동,}_{323면; 김형배, 624면}$)로 나뉘어 있으며, 판례는 i)설과 같다($^{대판 1966. 2. 22,}_{65다2512}$). ii)설은 인수인이 채무자의 의사에 반하여 인수하였음을 이유로 채권자에 대하여 인수채무의 이행을 거절할 수 없다고 함($^{또는 채무}_{적 이전의 원칙}$)을 그 이유로 들고 있다. 생각건대 제453조 제 2 항의 제한규정은 채무자의 의사에 반하여 채무인수가 행하여지는 것을 막음으로써 채무자의 의사를 존중하려는 데 그 취지가 있다. 그런 점에서 볼 때 ii)설의 주장은 일리가 있다. 그러나 ii)설의 결과는 신의칙의 적용에 의하여 달성할 수 있다. 한편 ii)설처럼 해석하면 인수인의 채권자 등도 그 규정의 효과를 주장할 수 없는 문제가 생긴다. 민법이 이것까지 모두 금지한 것으로는 볼 수 없다. 따라서 채무자의 의사에 반한다는 사실은 이를 주장하는 자가 증명하여야 하되, 신의칙상 인수인이 이를 이유로 이행을 거절하지는 못한다고 하여야 한다.

(3) 채무자와 인수인이 당사자로 되는 경우

채무인수는 채무자와 인수인 사이의 계약으로도 할 수 있다. 그러나 이러한 채무인수는 채권자의 승낙이 있어야 효력이 생긴다($^{454조}_{1항}$). 채무자의 변경은 곧 책임재산의 변경을 가져오므로 채권자에게 불이익이 생기지 않도록 하기 위하여 그의 승낙에 의존하게 한 것이다. 여기의 채권자의 승낙은 채무인수계약의 효력발생요건으로 보아야 한다($^{대판 1998. 11. 24, 98다33765;}_{대판 2013. 9. 13, 2011다56033}$). 그리고 채권자의 승낙이 없는 경우에는 채무자와 인수인 사이에서 면책적 채무인수 약정을 하더라도 이행인수 등으로서의 효력밖에 갖지 못하며 채무자는 채무를 면하지 못한다($^{대판 2012. 5. 24,}_{2009다88303}$). 채권자의 승낙 또는 거절($^{이들의 성질은 의사}_{표시이다. 이설 없음}$)은 채무자나 인수인 가운데 누구에게 하여도 무방하다($^{454조}_{2항}$). 한편 판례는, 채권자의 승낙에 의하여 채무인수의 효력이 생기는 경우 채권자가 승낙을 거절하면 그 이후에는 채권자가 다시 승낙하여도 채무인수로서의 효력이 생기지 않는다고 한다($\substack{\text{대판 1998. 11. 24,} \\ \text{98다33765}}$).

승낙은 명시적으로뿐만 아니라 묵시적으로도 할 수 있으며($\substack{\text{대판 1989. 11. 14, 88다카} \\ \text{29962; 대판 2015. 5. 29,}}$ $\substack{\text{2012다} \\ \text{84370}}$), 채권자가 채무인수인에게 지급을 청구한 것은 묵시적인 승낙에 해당한다($\substack{\text{대판 1989. 11. 14,} \\ \text{88다카29962}}$). 그리고 판례는, 부동산의 매수인이 매매목적물에 관한 임대차보증금 반환채무 등을 인수하는 한편 그 채무액을 매매대금에서 공제하기로 약정한 경우($\substack{\text{그 인수는 특별한 사정이 없는 이상 이행인수이고, 면책적 채무} \\ \text{인수로 되려면 이에 대한 채권자 즉 임차인의 승낙이 있어야 함}}$)에 관하여, 임차인이 채무자인 임대인을 면책시키는 것은 그의 채권을 처분하는 행위이므로, 만약 임대보증금 반환채권의 회수가능성 등이 의문시되는 상황이라면 임차인의 어떠한 행위를 임대차보증금 반환채무의 면책적 인수에 대한 묵시적 승낙의 의사표시에 해당한다고 쉽게 단정해서는 안 된다고 한다($\substack{\text{대판 2015. 5. 29,} \\ \text{2012다84370}}$). 한편 인수인이나 채무자는 상당한 기간을 정하여 승낙 여부의 확답을 채권자에게 최고할 수 있고($\substack{\text{455조} \\ \text{1항}}$), 만약 채권자가 그 기간 내에 확답을 발송하지 않은 때에는 거절한 것으로 본다($\substack{\text{455조} \\ \text{2항}}$). 그리고 이 채무인수는 채권자의 승낙이 있을 때까지는 당사자가 이를 철회하거나 변경할 수 있다($\substack{\text{456} \\ \text{조}}$). 그러나 채무인수에 채권자의 승낙이 있은 후에는 철회나 변경에 다시 채권자의 승낙이 있어야 그것이 유효하게 된다고 할 것이다($\substack{\text{같은 취} \\ \text{지: 대판}}$ 1962. 5. 17, 62다161. 이 판결에서는 취 소를 언급하나, 그것은 철회에 해당한다).

〈 판 례 〉

채무자와 제 3 자 사이의 채무인수계약을 채권자가 승낙한 바 있다면, 그 뒤 채무인수인이 위 채무인수계약을 적법하게 취소하려면, 채권자의 승낙이 있다든가 채권자가 위 인도계약을 승낙할 때에 채무인수인의 취소권 유보를 승낙하였다든가 기타특수한 사정이 있어야 한다($\substack{\text{대판 1962. 5. 17,} \\ \text{62다161}}$).

Ⅲ. 채무인수의 효과 [203]

1. 채무의 이전

채무인수가 있으면 채무는 그 동일성을 유지하면서 채무자로부터 인수인에게 이전한다. 그리하여 이제는 전 채무자는 채무를 면하게 된다.

〈 판 례 〉

「인수채무가 원래 5년의 상사시효의 적용을 받던 채무라면 그 후 면책적 채무인수에 따라 그 채무자의 지위가 인수인으로 교체되었다고 하더라도 그 소멸시효의 기간은 여전히 5년의 상사시효의 적용을 받는다 할 것이고, 이는 채무인수행위가 상행위나 보조적 상행위에 해당하지 아니한다고 하여 달리 볼 것이 아니다. 다만, 그 소멸시효기간은 채무인수와 동시에 이루어진 소멸시효 중단사유, 즉 채무승인에 따라 채무인수일로부터 새로이 진행되는 것일 뿐」이다(대판 1999. 7. 9, $\binom{99다12376}{}$).

채무가 이전되는 시기는 채무인수가 준물권행위로서 효력을 발생하는 때이다. 따라서 원칙적으로는 채무인수계약을 체결하는 때에 이전한다. 다만, 채무인수가 채무자와 인수인 사이의 계약에 의하여 이루어지는 경우에는, 채권자의 승낙이 있는 때에 준물권행위로서 효력을 발생하므로, 그 승낙이 있는 때에 채무가 이전한다고 하여야 한다. 그런데 채권자의 이 승낙은 다른 의사표시가 없으면 채무를 인수한 때에 소급하여 그 효력이 생긴다($\binom{457조}{본문}$). 즉 소급효가 인정된다. 그러나 이 승낙의 소급효는 제 3 자의 권리를 해하지 못한다($\binom{457조}{단서}$).

견해($\binom{김학동,}{323면}$)에 따라서는, 승낙에 소급효가 인정된다는 이유로 채무자·인수인에 의한 채무인수의 경우에도 채권자의 승낙($\binom{이는「승낙 없음」}{의 오기로 보임}$)을 해제조건으로 하여 인수계약시에 인수의 효력이 생긴다고 한다. 그러나 그 경우의 채권자의 승낙은 채무인수를 준물권행위로 만드는 일종의 처분권의 부여라고 보아야 하며, 그러한 견지에 서는 한 승낙시에 채무인수의 효력이 생긴다고 하여야 한다. 다만, 소급효의 인정으로 그 시기가 소급할 뿐이다. 결국 승낙이 있으면($\binom{즉 승낙을 정지}{조건으로 하여}$) 계약체결시에 소급하여 채무이전이 이루어진다고 할 것이다.

2. 항변권의 이전

인수인은 전 채무자가 가지고 있던 항변으로 채권자에게 대항할 수 있다($\binom{458}{조}$). 그 결과 인수인은 채무의 성립·존속 또는 이행을 저지 또는 배척하는 모든 사유를 주장할 수 있다. 그러나 인수된 채무의 발생원인이 되는 계약의 취소권·해제권과 같이 그 계약의 당사자만이 가질 수 있는 권리는 행사할 수 없다. 그리고 인수인은 전 채무자가 가지고 있던 채권으로 상계하지도 못한다.

한편 채무인수의 경우 인수인이 전 채무자에 대하여 가지는 항변사유로 채권자에게 대항할 수는 없다(대판 1966. 11. 29, $\binom{66다1861}{}$).

〈판 례〉

「채무인수 계약은 구채무자의 채무의 동일성을 유지하면서 신채무자가 이를 부담하는 것이므로, 이 사건에 있어서 원심이 확정한 바와 같이 원, 피고 소외 하○○의 3자가 합의하여 소외 하○○의 원고에 대한 백미 60가마의 채무를 피고가 인수하여 원고에게 직접 지급하기로 한 이상(원심이 증거로 한 갑 제 1 호증의 내용에 의하면 피고는 원고에게 백미 60가마에 대한 보관증을 차입하면서 당해 보관증은 타인에게 유용하여도 가하다고 하였다.) 특별한 의사표시가 없으면 채무인수자인 피고로서는 구채무자인 소외 하○○(인수된 채무의 채무자: 저자 주)가 원고(인수된 채무의 채권자: 저자 주)에게 대하여 대항할 수 있는 항변사유나 또는 채무인수계약 자체에 무효, 취소, 또는 해제 기타의 항변사유가 있는 경우에 그 항변사유로써 채권자에게 대항할 수 있을지언정 채무인수자인 피고가 구 채권자(소외 하○는 인수인인 피고에 대하여 교환계약에 의한 채권의 채권자임: 저자 주)인 소외 하○○에 대한 항변사유로서는 채권자인 원고에게 대항할 수 없다.」(대판 1966. 11. 29, 66다1861)

3. 종된 채무와 담보

(1) 채무인수가 있으면 위약금채무, 변제기가 되지 않은 이자채무 등의 종된 채무는 함께 이전한다.

(2) 전 채무자의 채무에 부종하는 담보는 어떻게 되는가? 먼저 법정담보권(유치권·법정질권·법정저당권 등)은 채무인수에 영향을 받지 않는다고 하여야 한다. 그에 비하여 약정담보는 담보제공자가 제 3 자인가 채무자인가에 따라 달라지게 된다.

제 3 자가 제공한 담보는 그것이 보증이든 물상보증이든 채무인수로 모두 소멸하는 것이 원칙이다(459조 본문). 그러나 보증인이나 물상보증인이 채무인수에 동의한 때에는 소멸하지 않는다(459조 단서). 그런데 여기에 규정된 채무인수에 대한 동의는 인수인을 위하여 새로운 담보를 설정하도록 하는 의사표시를 의미하는 것이 아니고 기존의 담보를 인수인을 위하여 계속시키는 데 대한 의사표시를 의미한다고 할 것이므로, 물상보증인이 채무인수에 동의함으로써 소멸하지 않는 담보는 당연히 기존의 담보와 동일한 내용을 갖는 것이다(대판 1996. 10. 11, 96다27476). 물상보증인이 인수인으로 된 경우에는 언제나 채무인수에 동의한 것으로 해석되므로 그가 제공한 담보는 언제나 존속하게 된다.

한편 채무자가 설정한 담보(이는 언제나 물적 담보임)는, 민법상 명문의 규정은 없지만, 채권자·인수인 사이의 채무인수의 경우에는 소멸하고, 채무자·인수인 사이의 채무인수의 경우에는 제459조 단서를 유추하여 존속한다고 새겨야 할 것이다(이설 없음).

〈판 례〉

　「회사정리절차에서 제 3 자가 주채무를 면책적으로 인수하는 내용의 정리계획이 인가·확정되었다고 하더라도, 그 채무인수 자체에 의하여 채권에 대한 실질적인 만족을 얻은 것으로는 볼 수 없는 것이므로, 회사정리법 제240조 제 2 항($\binom{현행\ 채무자회생}{법\ 250조\ 2항에\ 해}$$\binom{당:\ 저}{자\ 주}$)에 따라 보증인의 책임범위에는 아무런 영향이 없다고 할 것이고($\binom{대법원}{2005.\ 1.\ 27.\ 선고}$ $\binom{2004다27143}{판결\ 참조}$), 한편 면책적 채무인수에 있어 보증책임의 소멸을 규정하고 있는 민법 제459조는 이 경우 그 적용이 배제된다고 봄이 상당하다.」($\binom{대판\ 2005.\ 10.\ 28,}{2005다28273}$)

[204]　**Ⅳ. 채무인수와 유사한 제도**

1. 병존적 채무인수

(1) 의　　의

　병존적 채무인수란 제 3 자(인수인)가 종래의 채무자와 함께 그와 동일한 내용의 채무를 부담하는 계약을 말하며, 이는 중첩적 채무인수라고도 한다.

　병존적 채무인수에 있어서는 면책적 채무인수에 있어서와 달리 종래의 채무자가 채무를 면하지 않고 인수인이 그와 별도로 같은 내용의 채무를 부담하게 됨으로써 두 채무가 병존하게 된다. 따라서 병존적 채무인수는 엄격한 의미에서는 채무인수가 아니며, 기능면에서 보증채무나 연대채무와 같이 인적 담보로서 기능을 하게 된다.

　병존적 채무인수는 면책적 채무인수와 달리 처분행위(준물권행위)로서의 성질은 없으며 단순한 채권행위 내지 의무부담행위에 지나지 않는다. 이 채무인수의 경우에는 채무의 면책적 이전이 없고 인수인이 새로이 채무를 부담하게 될 뿐이기 때문이다.

　어떤 채무인수가 면책적 채무인수인지 병존적 채무인수인지는 계약의 해석에 의하여 결정할 문제인데($\binom{대판\ 1998.\ 11.\ 24,}{98다33765}$), 불분명한 때에는 병존적 채무인수로 해석하여야 한다. 면책적 채무인수의 경우에는 주채무자가 채무를 면하게 되는 만큼 그것의 인정은 신중하여야 하기 때문이다. 통설($\binom{곽윤직,}{233면\ 등}$)·판례($\binom{대판\ 1962.\ 4.\ 4,}{4294민상1087;\ 대판}$ 1988. 5. 24, 87다카3104; 대판 2002. 9. 24, 2002다36228; 대판 2013. 9. 13, 2011다56033)도 같다.

　한편 대법원은 대체로, 금전 소비대차계약으로 인한 채무에 관하여 제 3 자

가 채무자를 위하여 어음이나 수표를 발행하는 것은 특별한 사정이 없는 한 동일
한 채무를 중첩적으로 인수한 것으로 봄이 타당하다고 한다$\binom{대판 1989. 9. 12, 88다카}{13806; 대판 1998. 3. 13, 97다}$
52493. 다만, 대판 1997. 5. 7, 97다4517은 특별한 사정이 없는 한 동
일한 채무를 면책적 또는 중첩적으로 인수한 것으로 볼 것이라고 한다).

(2) 요   건

1) 인수대상 채무는 제 3 자에 의하여서도 이행될 수 있는 것이어야 한다. 따
라서 부대체적 급부를 목적으로 하는 채무는 인수될 수 없다.

2) 병존적 채무인수도 당사자의 측면에서 세 가지 경우를 생각할 수 있다.

⑺ 채권자 · 채무자 · 인수인의 3면계약으로 할 수 있다.

⑻ 채권자와 인수인 사이의 계약으로 할 수 있다. 그런데 이때 채무자의 의
사에 반하여서도 할 수 있는가? 여기에 관하여 학설은 i) 긍정설$\binom{곽윤직, 232면; 김상용,}{403면; 김학동, 327면; 김}$
$\binom{형배,}{631면}$과 ii) 부정설$\binom{이은영,}{640면}$로 나뉘어 있고, 판례는 i)설과 같다$\binom{대판 1962. 4. 4, 4294민상}{1087; 대판 1965. 3. 9, 64다}$
1702; 대판 1966. 9. 6, 66다1202;
대판 1988. 11. 22, 87다카1836). i)설은 병존적 채무인수가 보증과 유사하다는 점을, 그리
고 ii)설은 제 3 자의 변제를 제한하는 제469조 제 2 항의 취지를 그 이유로 든다.
생각건대 병존적 채무인수는 채권자를 보호하는 측면이 강하며, 그 점에서 단순
한 제 3 자의 변제와는 달리 보아야 한다. 따라서 i)설 및 판례처럼 병존적 채무인
수는 채무자의 의사에 반하여서도 할 수 있다고 새겨야 한다.

⑼ 채무자와 인수인 사이의 계약으로도 할 수 있다. 그런데 이 방법에 의한
병존적 채무인수는 일종의 제 3 자를 위한 계약에 해당한다$\binom{통설 · 판례도 같음. 대판}{1989. 4. 25, 87다카2443; 대판}$
$\binom{}{2013. 9. 13, 2011다56033}$). 따라서 채무자와 인수인 사이에 채권자에게 채권을 취득시
키는 합의가 행하여져야 하고, 또 채권자의 수익의 의사표시가 있어야 한다$\binom{539조 2}{항 참조}$.
이 경우 채권자는 인수인에 대하여 채무이행을 청구하거나 기타 채권자로서의
권리를 행사하는 방법으로 수익의 의사표시를 함으로써 인수인에 대하여 직접
청구할 권리를 갖게 된다$\binom{대판 2013. 9. 13,}{2011다56033}$). 견해$\binom{김학동,}{327면}$에 따라서는, 이 경우에는 기
존의 권리를 강화시킬 뿐이므로 채권자의 동의가 필요하지 않다고 하나, 그렇다
고 하여 권리취득을 강요할 수는 없는 것이다. 채무자와 인수인의 합의에 의한
중첩적 채무인수의 경우 채권자의 수익의 의사표시는 — 면책적 채무인수의 경우
와 달리 — 그 계약의 성립요건이나 효력발생요건이 아니라 채권자가 인수인에
대하여 채권을 취득하기 위한 요건이다$\binom{대판 2013. 9. 13,}{2011다56033}$).

판례에 따르면, 채무자와 인수인의 합의에 의한 중첩적 채무인수의 경우 채

권자가 수익을 받지 않겠다는 의사표시를 하였다면 채권자는 인수인에 대하여 채권을 취득하지 못하고, 특별한 사정이 없는 한 사후에 이를 번복하고 다시 수익의 의사표시를 할 수는 없다고 할 것이지만, 인수인이 채권자에게 중첩적 채무인수라는 취지를 알리지 않은 채 채무인수에 대한 승낙 여부만을 최고하여 채권자가 인수인으로부터 최고받은 채무인수가 채무자에 대한 채권을 상실하게 하는 면책적 채무인 것으로 잘못 알고 면책적 채무인수를 승낙하지 않는다는 취지의 의사표시를 한 경우에는, 그것은 중첩적 채무인수에 대하여 수익 거절의 의사표시를 한 것이라고 볼 수 없으므로, 채권자는 그 후 중첩적 채무인수 계약이 유효하게 존속하고 있는 한 수익의 의사표시를 하여 인수인에 대한 채권을 취득할 수 있다고 한다($\frac{대판\ 2013.\ 9.\ 13,}{2011다56033}$).

한편 채무자와 인수인 사이에 단지 인수인이 채무자에 대하여서만 인수한 채무를 변제할 의무를 부담하기로 할 뿐 채권자에게 직접 채권을 취득시키려고 하지 않은 경우에는, 병존적 채무인수가 아니고 이행인수가 존재하게 된다($\frac{병존적}{채무인수}$와 이행인수의 구별에 관하여는 대판 1997. 10. 24, 97다28698([205]에 인용) 참조).

(3) 효   과

병존적 채무인수가 있는 경우에는 기존의 채무가 그대로 있는 채로 인수인이 그와 별도로 같은 내용의 채무를 부담하게 된다. 그렇지만 두 채무 가운데 어느 하나가 변제되면, 두 채무는 모두 소멸하게 된다.

병존적 채무인수에 있어서 채무자의 채무와 인수인의 채무 사이의 관계에 관하여 학설은 i) 연대채무관계에 있다는 견해($\frac{김형배,\ 633면;}{이은영,\ 641면}$)와 ii) 보증채무라는 견해($\frac{김기선,}{296면}$), iii) 부진정연대채무관계에 있다는 견해($\frac{김상용,\ 404면;}{김학동,\ 328면}$)로 나뉘어 있다. 그리고 판례는 중첩적 채무인수에서 인수인이 채무자의 부탁 없이 채권자와의 계약으로 채무를 인수하는 것은 매우 드문 일이므로 채무자와 인수인은 원칙적으로 주관적 공동관계가 있는 연대채무관계에 있고, 인수인이 채무자의 부탁을 받지 아니하여 주관적 공동관계가 없는 경우에는 부진정연대관계에 있는 것으로 본다($\frac{대판\ 2009.\ 8.\ 20,\ 2009다32409;\ 대판\ 2014.\ 8.\ 20,\ 2012다}{97420 \cdot 97437.\ 그\ 외에\ 대판\ 1997.\ 4.\ 22,\ 96다56443도\ 참조}$). 그러면서 보험자의 채무인수는 피보험자의 부탁(보험계약이나 공제계약)에 따라 이루어지는 것이므로 보험자의 손해배상채무와 피보험자의 손해배상채무는 연대채무관계에 있다고 한다($\frac{대판}{2010.\ 10.\ 28,\ 2010다\ 53754}$). 생각건대 이는 병존적 채무인수의 해석의 문제이다. 그 결과 채무자와 인

수인 사이의 주관적 공동관계가 인정될 수 있는 경우에는 연대채무로 될 것이나
($^{[153]}_{참조}$), 그러한 관계가 인정될 수 없는 경우에는 부진정연대채무라고 하여야 한다.

〈판 례〉

(ㄱ) 중첩적 채무인수인이 채권자에 대한 손해배상채권을 자동채권으로 하여 채권
자의 자신에 대한 그 채권에 대하여 대등액에서 상계의 의사표시를 하였다면, 연대
채무자 1인이 한 상계의 절대적 효력을 규정하고 있는 민법 제418조 제 1 항의 규정
에 의하여, 다른 연대채무자인 원채무자의 채권자에 대한 채무도 상계에 의하여 소
멸되었다고 보아야 한다($^{대판 1997. 4. 22,}_{96다56443}$).

(ㄴ)「채권자와 보증인 사이에 보증인이 주채무를 중첩적으로 인수하기로 약정하였
다 하더라도 특별한 사정이 없는 한 보증인은 주채무자에 대한 관계에서는 종전의
보증인의 지위를 그대로 유지한다고 봄이 상당하므로, 채무인수로 인하여 보증인과
주채무자 사이의 주채무에 관련된 구상관계가 달라지는 것은 아니라 할 것이다.」
($^{대판 2003. 11. 14,}_{2003다37730}$)

2. 이행인수 [205]

이행인수는 인수인이 채무자에 대하여 채무자의 채무를 이행할 것을 약정하
는 채무자와 인수인 사이의 계약이다($^{같은 취지: 대판 2016. 10. 27,}_{2015다239744}$). 이 이행인수에 있어
서는 인수인이 직접 채권자에 대하여 채무를 부담하지 않고 단지 채무자에 대하
여만 변제의무를 부담할 뿐이다($^{같은 취지: 대판 2016. 10. 27,}_{2015다239744}$). 판례는, 부동산의 매수인
이 매매목적물에 관한 근저당권의 피담보채무·가압류채무·임대차보증금 반환
채무를 인수하면서 그 채무액을 매매대금에서 공제하기로 한 경우에는, 특별한
사정이 없는 한 채무인수가 아니고 이행인수라고 한다($^{대판 1990. 1. 25, 88다카29467; 대}_{판 1993. 2. 12, 92다23193; 대판}$
1994. 5. 13, 94다2190; 대판 2004. 7. 9, 2004다13083; 대판 2007. 9.
21, 2006다69479·69486; 대판 2021. 11. 25, 2020다294516 등)($_{액이 된다. 대판 2021. 11. 25, 2020다294516 등}^{의 이행인수계약 불이행으로 인한 통상의 손해}$ 매수인이 인수하기로 한 근저당권의 피담보채무를 변 제하지 않아 원리금이 늘어났다면 그 원리금이 매수인). 그러나 인수의 대상으로 된 채무의 책임을 구성
하는 권리관계도 함께 양도된 경우이거나 채무인수인이 그 채무부담에 상응하는
대가를 얻을 때에는 특별한 사정이 없는 한 원칙적으로 이행인수가 아닌 병존적
채무인수로 볼 것이라고 한다($^{대판 2008. 3. 13, 2007다54627; 대판 2010. 2. 11,}_{2009다73905; 대판 2010. 5. 13, 2009다105222}$).

〈판 례〉

(ㄱ) **병존적 채무인수와 이행인수의 구별** 「채무자와 인수인의 계약으로 체결되
는 병존적 채무인수는 채권자로 하여금 인수인에 대하여 새로운 권리를 취득하게 하

는 것으로 위 제 3 자를 위한 계약의 하나로 볼 수 있는바, 이와 비교하여 이행인수는
채무자와 인수인 사이의 계약으로 인수인이 변제 등에 의하여 채무를 소멸케 하여
채무자의 책임을 면하게 할 것을 약정하는 것으로 인수인이 채무자에 대한 관계에서
채무자를 면책케 하는 채무를 부담하게 될 뿐 채권자로 하여금 직접 인수인에 대한
채권을 취득케 하는 것이 아니므로 결국 제 3 자를 위한 계약과 이행인수의 판별기준
은 계약당사자에게 제 3 자 또는 채권자가 계약당사자 일방 또는 인수인에 대하여 직
접 채권을 취득케 할 의사가 있는지 여부에 달려 있다 할 것이고, 구체적으로는 계약
체결의 동기, 경위 및 목적, 계약에 있어서의 당사자의 지위, 당사자 사이 및 당사자
와 제 3 자 사이의 이해관계, 거래관행 등을 종합적으로 고려하여 그 의사를 해석하
여야 할 것」이다(대판 1997. 10. 24,).
            97다28698

(ㄴ) 이행인수의 예

① 「부동산의 매수인이 매매목적물에 관한 임대차보증금 반환채무 등을 인수하는
한편, 그 채무액을 매매대금에서 공제하기로 약정한 경우, 그 인수는 특별한 사정이
없는 이상 매도인을 면책시키는 면책적 채무인수가 아니라 이행인수로 보아야 하고,
면책적 채무인수로 보기 위하여는 이에 대한 채권자 즉, 임차인의 승낙이 있어야 하
는 것이다.」(대판 2001. 4. 27, 2000다69026. 같은 취지: 대판 2008.)
            9. 11, 2008다39663; 대판 2015. 5. 29, 2012다84370

② 「부동산의 매수인이 매매목적물에 관한 근저당권의 피담보채무, 가압류채무,
임대차보증금 반환채무를 인수하는 한편, 그 채무액을 매매대금에서 공제하기로 약
정한 경우, 다른 특별한 사정이 없는 이상, 이는 매도인을 면책시키는 채무인수가 아
니라 이행인수로 보아야 하고, 매수인이 그 채무를 현실적으로 변제할 의무를 부담
한다고도 해석할 수 없으며, 특별한 사정이 없는 한 매수인이 매매대금에서 그 채무
액을 공제한 나머지를 지급함으로써 잔금지급의무를 다한 것으로 보아야 하고, 또한
이 약정의 내용은 매도인과 매수인과의 계약으로 매수인이 매도인의 채무를 변제하
기로 하는 것으로서 매수인은 제 3 자의 지위에서 매도인에 대하여만 그의 채무를 변
제할 의무를 부담함에 그치며, 한편 이와 같이 부동산매매계약과 함께 이행인수계약
이 이루어진 경우 매수인이 인수한 채무는 매매대금 지급채무에 갈음한 것으로서 매
도인이 매수인의 인수채무불이행으로 말미암아 또는 임의로 인수채무를 대신 변제하
였다면 그로 인한 손해배상채무 또는 구상채무는 인수채무의 변형으로서 매매대금
지급채무에 갈음한 것의 변형으로 보아야 할 것이다.」(대판 2002. 5. 10,)
                                    2000다18578

③ 「매수인이 매매목적물에 관한 근저당권의 피담보채무에 관하여 그 이행을 인수
한 경우, 채권자에 대한 관계에서는 매도인이 여전히 채무를 부담한다고 하더라도,
매도인과 매수인 사이에서는 매수인에게 위 피담보채무를 변제할 책임이 있다고 할
것이므로, 매수인이 그 변제를 게을리하여 근저당권이 실행됨으로써 매도인이 매매
목적물에 관한 소유권을 상실하였다면, 특별한 사정이 없는 한, 이는 매수인에게 책
임있는 사유로 인하여 소유권이전등기 의무가 이행불능으로 된 경우에 해당하고, 거

기에 매도인의 과실이 있다고 할 수는 없다.」$\binom{\text{대판 2008. 8. 21,}}{\text{2007다8464 · 8471}}$

　　㈐ **병존적 채무인수의 예**　　① 임대아파트 매수인이 매도인과 체결한 약정에 따라 매도인으로부터 '임대아파트 각 세대에 대한 임대차보증금 반환채무'와 '은행에 대한 대출금 채무'를 인수하는 대신 매매대금에서 그 금액을 공제한 나머지 금원만을 매도인에게 지급한 뒤 임대아파트 각 세대의 소유권을 이전받아 매도인의 임대사업자 지위를 승계한 사안에서, 매수인이 위 대출금 채무를 인수한 것은 이행인수가 아닌 병존적 채무인수라고 본 사례$\binom{\text{대판 2010. 5. 13,}}{\text{2009다105222}}$.

　　② 부동산을 매매하면서 매도인과 매수인 사이에 중도금 및 잔금은 매도인의 채권자에게 직접 지급하기로 약정한 경우, 그 약정은 매도인의 채권자로 하여금 매수인에 대하여 그 중도금 및 잔금에 대한 직접청구권을 행사할 권리를 취득케 하는 제3자를 위한 계약에 해당하고 동시에 매수인이 매도인의 그 제3자에 대한 채무를 인수하는 병존적 채무인수에도 해당한다고 본 사례$\binom{\text{대판 1997. 10. 24,}}{\text{97다28698}}$.

3. 계약인수

[206]

　　계약인수는 계약당사자의 지위$\binom{\text{예: 임차인}}{\text{의 지위}}$의 승계를 목적으로 하는 계약이다. 이러한 계약인수가 있으면 종래 계약당사자 일방이 가지고 있던 권리 · 의무가 모두 그대로 승계인에게 이전된다.

　　계약인수는 본래의 계약당사자와 양수인의 3면계약으로 할 수 있음은 물론이나, 인적 요소가 문제되지 않는 계약의 경우에는 양도인 · 양수인의 합의$\binom{\text{관계당사}}{\text{자 3인}}$ $\binom{\text{중 2인}}{\text{의 합의}}$와 남은 당사자의 동의 또는 승낙에 의하여서도 할 수 있다$\binom{\text{이설이 없으며, 판례도}}{\text{같음. 대판 1987. 9. 8,}}$ 85다카733 · 734; 대판 1992. 3. 13, 91다32534; 대판 1996. 2. 27, 95다21662; 대판 2007. $\binom{\text{나머지 당사자의 동의 내지 승낙}}{\text{이 반드시 명시적 의사표시에 의하}}$ 9. 6, 2007다31990; 대판 2012. 5. 24, 2009다88303; 대판 2020. 12. 10, 2020다245958 여야 하는 것은 아니며 묵시적 의사표시에 의하여서도 가능하다. 대판 2023. 3. 30, 2022다296165). 그런데 판례는 임대인의 지위의 양도에 관하여는 완화된 모습을 보인다$\binom{\text{대결 1998. 9. 2,}}{\text{98마100}}$.

　　판례는, 이러한 계약인수 여부가 다투어지는 경우에는, 그것이 계약 주체의 변동을 초래하는 등 당사자 사이의 법률상 지위에 중대한 영향을 미치는 법률행위인 점을 고려하여, 계약의 성질, 당사자의 거래 동기와 경위, 거래 형식 및 내용, 당사자가 그 거래행위에 의하여 달성하려는 목적, 거래관행 등에 비추어 신중하게 판단해야 할 것이라고 한다$\binom{\text{대판 2012. 6. 28, 2010다54535 · 54542;}}{\text{대판 2023. 3. 30, 2022다296165}}$.

　　계약인수가 있으면 인수인이 계약당사자로서의 지위를 승계한다. 그리하여 그 계약에서 이미 발생한 채권 · 채무뿐만 아니라$\binom{\text{대판(전원) 2011. 6. 23,}}{\text{2007다63089 · 63096}}$ 장래에 발생할 채권 · 채무도 이전되며, 계약상의 취소권 · 해제권도 이전한다$\binom{\text{대판 1987. 9. 8,}}{\text{85다카733 · 734}}$. 그리고 양도인은 계약관계에서 벗어나게 된다($^{대판\ 2007.\ 9.\ 6,}_{2007다31990}$). 그러나 계약상의 지위를 전제로 한 권리관계만이 이전될 뿐 불법행위에 기한 손해배상청구권은 별도의 채권양도절차 없이 제 3 자에게 당연히 이전되는 것이 아니다($^{대판\ 2015.\ 7.\ 23,\ 2012다15336.}_{따라서\ 표시광고법상\ 허위·과장}$ $_{광고로\ 인한\ 손해배상청구권을\ 가지고\ 있던\ 아파트\ 수분양자가\ 수분양자의\ 지위를\ 제 3 자에게\ 양도하였다는\ 사정만으로\ 그}$ $_{양수인이\ 당연히\ 위\ 손해배상청구권을\ 행사할\ 수\ 있다고\ 볼\ 수는\ 없고,\ 특별한\ 사정이\ 있는\ 경우에만\ 양수인이\ 그\ 손해배상}$ $_{청구권을\ 행사}$ $_{할\ 수\ 있다}$).

판례에 따르면, 계약인수는 개별 채권·채무의 이전을 목적으로 하는 것이 아니라 다수의 채권·채무를 포함한 계약당사자로서의 지위의 포괄적 이전을 목적으로 하는 것으로서 계약당사자 3인의 관여에 의해 비로소 효력을 발생하는 반면, 개별 채권의 양도는 채권양도인과 양수인 2인만의 관여로 성립하고 효력을 발생하는 등 양자가 그 법적인 성질과 요건을 달리하므로, 채무자 보호를 위해 개별 채권양도에서 요구되는 대항요건은 계약인수에서는 별도로 요구되지 않는다고 한다($^{대판\ 2020.\ 12.\ 10,}_{2020다245958}$). 그리고 이러한 법리는 상법상 영업양도에 수반된 계약인수에 대해서도 마찬가지로 적용된다고 한다($^{대판\ 2020.\ 12.\ 10,}_{2020다245958}$).

〈판 례〉

㈀「계약당사자로서의 지위 승계를 목적으로 하는 계약인수는 계약상 지위에 관한 양도인과 양수인 사이의 합의와 나머지 당사자가 이를 동의 내지 승낙하는 방법으로도 할 수 있으며, 나머지 당사자가 동의 내지 승낙을 함에 있어 양도인의 면책을 유보하였다는 등의 특별한 사정이 없는 한 양도인은 계약관계에서 탈퇴하고, 따라서 나머지 당사자와 양도인 사이에는 계약관계가 존재하지 아니하게 되어 그에 따른 채권채무관계도 소멸된다고 할 것이다.」($^{대판\ 2007.\ 9.\ 6,}_{2007다31990}$)

㈁ 회사가 공사 도중 자금난으로 부도가 나자 그 회사의 채권자들이 자신들의 대여금 채권의 확보를 위하여 신설회사를 설립하여 기존회사가 분양계약에 따라 피분양자들에 대하여 부담하는 소유권이전등기 채무의 이행뿐만 아니라 잔대금 채권까지도 함께 양수하기로 하는 약정을 하였다면, 이는 분양계약의 분양자로서의 지위의 승계를 목적으로 하는 이른바 계약인수 약정을 한 것으로 보는 것이 경험칙상 상당하고, 신설회사가 피분양자들에게 공사를 인수하였다면서 준공검사가 나면 소유권이전등기를 해주겠으니 준공검사 동의서에 날인해 달라고 요청하여 피분양자들이 이에 응한 행위는 바로 신설회사와 기존회사 사이의 계약인수에 동의한 것으로 볼 수 있으므로, 기존회사의 분양계약상의 지위는 신설회사에 의해 유효하게 인수되었다고 보아, 계약인수를 부정한 원심판결을 파기한 사례($^{대판\ 1996.\ 2.\ 27,}_{95다21662}$).

4. 계약가입

계약가입은 종래의 당사자가 계약관계에서 벗어나지 않고 가입자와 더불어 당사자의 지위를 가지는 것을 말한다. 이는 병존적 계약인수라고 표현할 수 있다. 계약가입의 인정에 관하여 우리의 학설은 소극적이나(김상용, 406면; 지원림, 1262면은 이를 인정한다), 판례는 계약자유 내지 사적 자치의 원칙상 당연히 인정된다고 한다(대판 1982. 10. 26, 82다카508; 대판 1996. 9. 24, 96다25548).

제 8 장 채권의 소멸

제 1 절 서 설

I. 채권의 소멸과 그 원인 [207]

채권의 소멸이란 채권이 객관적으로 존재하지 않게 되는 것을 말한다(이는 채권의 절대적 소멸이다. 그에 비하여 채권의 이전은 상대적 소멸이라고 할 수 있다. 그런데 일부 문헌은 변제에 의한 대위 등의 경우를 상대적 소멸이라고 설명한다. 이은영, 665면). 채권의 소멸원인에는 여러 가지가 있으나, 민법은 제 3 편(채권) 제 1 장(총칙) 제 6 절(채권의 소멸)에서 채권의 소멸원인으로 변제 · 대물변제 · 공탁 · 상계 · 경개 · 면제 · 혼동의 7가지를 규정하고 있다. 그러나 이는 채권소멸원인의 전부가 아니다. 채권은 채무자에게 책임없는 이행불능, 목적의 소멸, 소멸시효의 완성(소멸시효 완성의 효과에 관하여 상대적 소멸 설을 취할 경우에는 시효의 원용이 필요함), 채권의 존속기간의 만료 등에 의하여서도 소멸한다. 아래에서는 채권편에 규정되어 있는 7가지의 채권소멸원인에 관하여서만 살펴보기로 한다.

〈주의할 점〉

채권법총론에 있어서 「채권」이라고 할 때 언제나 그렇듯이 「채권의 소멸」에 있어서도 「채권」은 하나의 채권을 가리킴은 물론이다([3] 참조). 따라서 쌍무계약에 기한 채권도 그 하나하나에 관하여 소멸이 문제된다. 그 결과 쌍무계약에 기한 채권의 하나가 소멸한 경우에 다른 채권의 소멸 여부는 따로 검토되어야 한다(537조 · 538조도 참조).

제 2 절 변 제

I. 변제의 의의 및 성질 [208]

1. 변제의 의의

변제란 채무자(또는 제 3 자)가 채무의 내용인 급부를 실현하는 것을 말한다.

동산의 매도인이 목적물을 인도하거나 또는 임차인이 차임으로 금전을 지급하는 것(금전채무의 변제는 특히 지급이라고 함)이 그 예이다. 변제는 채무의 이행과 그 실질에 있어서 같다. 이행은 채권을 소멸시키는 행위의 측면에서 본 것이고, 변제는 채권의 소멸이라는 측면에서 본 것이다.

변제는 이행행위(급부행위)에 의한 「급부의 실현」으로서 이행행위와 구별된다. 적어도 개념상 이행행위는 변제의 수단에 지나지 않는다. 이행행위는 사실행위일 수도 있고(예: 금전의 지급·노무의 제공·부작위채무의 이행) 법률행위일 수도 있다(예: 제 3 자에의 매매).

2. 변제의 성질

변제의 법적 성질에 관하여는 독일 보통법시대부터 다투어지고 있었으며, 그 영향으로 의용민법 아래에서도 학설이 대립하였다. 논의의 핵심은 변제에 변제의사(및 변제수령의사)가 필요한가 아닌가였다. 그러면서 학설은 법률행위설(계약설·단독행위설·계약 또는 단독행위라는 설)·준법률행위설·절충설(급부가 법률행위이면 변제도 법률행위이나 급부가 사실행위이면 변제도 사실행위라는 설)로 나뉘어 있었다. 그러나 오늘날에는 변제가 법률행위가 아니라는 견해만 주장되고 있다. 그런데 학설은 구체적인 모습에 있어서 다소의 차이를 보인다. 우선 i) 준법률행위설은 변제는 법률행위가 아니고 준법률행위라고 한다(곽윤직, 239면; 김기선, 303면(비법률행위설); 김용한, 493면; 김주수, 427면; 김학동, 338면). ii) 사실행위설은, 변제는 사람의 행위를 필요로 하는 법률사실이라는 의미에서 사실행위라고 새기는 것이 타당하다고 한다(김형배, 646면. 그런데 이 견해는 목적적 급부실현설에 찬동하고 있다고도 한다. 647면 주1). iii) 목적적 급부실현설은 변제는 변제를 목적으로 하는 목적적 급부의 실현으로 이해할 것이라고 한다(김상용, 415면). 주의할 것은, i)설은 변제행위가 준법률행위라는 적극적 이유 때문이 아니라 급부행위가 법률행위일 때에는 법률행위에 관한 규정을 유추적용하여야 한다는 데서 주장된다(그리하여 준법률행위 가운데 구체적으로 어느 것에 해당하는지를 밝히지 않는다). 한편 i)설, ii)설, iii)설 어느 것이나 변제로 채권이 소멸하는 것은 변제의사(채무의 소멸이라는 법률효과의 발생을 원하는 의사표시)의 효과가 아니고 채권이 변제로 목적을 달성하였기 때문이라고 한다. 그리하여 효과의사로서 변제의사는 필요하지 않다고 한다. 다만, ii)설, iii)설은 「채무의 이행으로서 급부를 하는 의사」(사실적 의사 또는 자연적 의사)로서의 변제의사는 필요하다고 한다(김상용, 415면; 김형배, 647면; 이은영, 151면).

생각건대, 앞에서 설명한 바와 같이, 변제는 이행행위(급부행위)에 의한 급부의 실현이다. 즉 이행행위가 법률행위이든 사실행위이든 그것에 의하여 급부가 실현되는 현상을 통틀어서 변제라고 부르는 것이다. 그리고 그러한 변제가 있으면 채권의 소멸이라는 효과가 생기도록 하고 있다(그리하여 법률요건이다). 여기서 변제는 법률행위도 사실행위도 아니고 그것들에 의한 급부실현 그 자체임을 이해할 수 있다. 즉 그것은 급부실현이라는 현상을 아우르는 개념인 것이다. 그것을 두고서 법률행위니 사실행위니 하는 것은 마치 계약·단독행위·합동행위를 통틀어서 법률행위라고 하는데 법률행위가 계약인가 단독행위인가를 따지는 것과 같다. 변제는 기존의 전형적인 법률사실 가운데 하나가 아니며 독특한 법률요건이다. 그 결과 변제가 그 효과를 발생하기 위하여 법률효과의사로서 변제의사는 필요하지 않다. 문제는 다른 의미의 변제의사는 필요한지이다. 문헌들이 흔히 들고 있는 예를 가지고 검토하기로 한다. 채무자가 채무의 존재를 알지 못하고 증여의 의사를 가지고 채무의 목적물을 인도한 경우에 변제의 효과가 생기는가? 일부 견해는 이때에는 변제의사가 없기 때문이 아니고 증여의 의사표시가 있기 때문에 변제의 효과가 생기지 않는다고 한다(곽윤직, 240면 등). 그러나 만약 아무런 변제의사도 필요하지 않다고 하면 목적물의 인도가 있을 때 곧바로 변제로 되어 버릴 것이다. 그러므로 변제로 되지 않게 하려면 변제의사가 필요하다고 할 것이다. 그런데 여기의 변제의사는 효과의사가 아니고 급부가 변제를 목적으로 행하여진다는 자연적 의사라고 하여야 한다. 그리고 그 의사는 반대증명이 없는 한 존재하는 것으로 인정되는 소극적인 의사라고 새길 것이다. 따라서 변제자가 변제의사를 증명할 필요가 없으며, 그것을 다투는 자가 반대증명을 하여야 한다(김형배, 648면은 상대방이 변제의사를 다툴 때에는 변제자가 이를 증명할 것이라고 한다). 결국 변제는 변제를 목적으로 하는 목적적 급부실현이라고 이해하여야 한다.

변제가 유효하기 위하여서는 변제의사가 있어야 함은 물론(부작위채무의 이행에는 변제의사는 필요하지 않다) 이행행위가 유효하여야 한다. 즉 이행행위가 법률행위인 때에는 그 유효요건을 모두 갖추어야 한다(그때 제한능력·착오·사기·강박을 이유로 이행행위가 취소될 수도 있다. 그러나 변제가 취소될 수는 없다). 그리고 이행행위가 동산의 인도일 때에는 인도의 요건이 구비되어야 한다(물권법 [72] 이하 참조). 이행행위가 법률행위인 경우에 행위자에게 행위능력이 필요하고 또 그 행위가 대리인에 의하여 행하여질 수 있음은 법률행위에 관한 민법규정상 당연한 것이다.

[209] **Ⅱ. 변 제 자**

1. 채 무 자

채무자는 변제의무를 부담할 뿐만 아니라 변제권한도 가지고 있다. 따라서 본래 채무자가 변제자가 된다. 그러나 항상 채무자가 직접 이행행위(급부행위)를 하여야 하는 것은 아니다. 이행행위가 사실행위인 때에는 그 행위를 이행보조자가 할 수도 있고($\binom{대판\ 2001.\ 6.\ 15,}{99다13515}$), 그것이 법률행위인 때에는 대리인이 행할 수도 있다.

2. 제3자

(1) 원   칙

채무변제는 언제나 채무자만이 하여야 하는 것은 아니다. 제 3 자도 원칙적으로 변제를 할 수 있다($\binom{469조\ 1}{항\ 본문}$). 특별한 사정이 없는 한 변제는 채권자에게 불이익하지 않기 때문이다. 제 3 자의 변제는 제 3 자가 채무자의 채무를 「자기의 이름으로」, 그러나 「타인의 채무로서」 변제하는 것이다($\binom{「자기의\ 채무로서」\ 변제하는\ 경우에는}{비채변제가\ 된다.\ 742조\cdot745조\ 참조}$). 이와 관련하여 판례는, 「제 3 자가 타인의 채무를 변제하여 그 채무를 소멸시키기 위하여는 제 3 자가 타인의 채무를 변제한다는 의사를 가지고 있었음을 요건으로 하고 이러한 의사는 타인의 채무변제임을 나타내는 변제지정을 통하여 표시되어야 할 것이지만, 채권자가 변제를 수령하면서 제 3 자가 타인의 채무를 변제하는 것이라는 사실을 인식하였다면 타인의 채무변제라는 지정이 있었다고 볼 수 있다」고 한다($\binom{대판\ 2010.\ 2.\ 11,}{2009다71558}$).

〈판 례〉

「선박대리점이 선박소유자 등을 대리하여 선박의 항해에 필요한 계약을 체결하는 것은 통상 상법 제87조 소정의 대리상의 지위에서 하는 것이다. 그러나 선박대리점은 선박소유자 등의 상업사용인이 아니라 독자적으로 영리를 추구하는 독립한 상인으로서 자신의 명의로 영업을 영위하는 것으로서, 선박대리점이 선박소유자 등과 사이에 그러한 계약으로부터 발생한 채무를 선박소유자 등을 대신하여 자신의 재산을 출연하여 변제하기로 한 경우 그 법적 성질은 특별한 사정이 없는 한 이행인수약정으로 보아야 한다. 그리고 선박대리점이 이러한 이행인수약정에 따라 자신의 재산을 출연하여 한 변제는 선박소유자 등의 대리인으로서 한다는 점을 밝히는 등 본인의 변제라고 평가되어야 할 만한 사정이 없는 한 민법 제469조에서 정하는 '제 3 자의

변제'에 해당한다고 봄이 상당하다.」($^{대결\ 2012.\ 7.\ 16,}_{2009마461}$)

제 3 자의 변제가 있으면 채무자의 변제가 있는 때와 마찬가지로 채권은 소멸한다. 다만, 변제한 제 3 자는 일정한 경우에는 채권자의 권리를 대위한다($^{「변제에\ 의}_{한\ 대위」이}$ 다. [230] 이하 참조). 그리하여 그 경우에는 채권은 변제자와 채무자 사이에 존속하게 된다 ($^{문헌들은\ 이를\ 채권의\ 상대적\ 소}_{멸이라고\ 설명하는\ 것이\ 보통이다}$). 한편 제 3 자의 변제의 제공이 있음에도 불구하고 채권자가 수령하지 않으면 채권자지체가 된다고 할 것이다($^{이설}_{없음}$).

〈제 3 자의 대물변제·공탁·상계 문제〉

제 3 자는 변제 외에 대물변제·공탁·상계도 할 수 있는가? 문헌들은 제 3 자의 대물변제·공탁을 인정하는 데 다툼이 없다. 그러나 상계에 관하여는 i) 부정설과 ii) 긍정설이 대립하고 있다. i) 부정설은 채권자의 채권과 제 3 자의 채권은 상계적상에 있지 않다는 점, 상계는 채권담보의 작용도 하는 제도라는 점, 상계는 변제·대물변제·공탁과는 달리 채권 자체를 만족시키는 것은 아니라는 점을 들어서 제 3 자가 채권자에 대하여 가지는 채권으로써 채무자의 채무와 상계할 수 없다고 한다($^{곽윤직,\ 241}_{면;\ 김상용,}$ 417면; 김학동, 347면; 이은영, 758면(그 러나 708면은 제 3 자의 상계를 긍정한다)). 그에 비하여 ii) 긍정설은 실질적인 관점에서 볼 때 대물변제로서의 의미를 가지는 제 3 자의 상계를 막을 이유가 없다고 한다($^{김주수,\ 449}_{면;\ 김형배,}$ 665면; 지원 림, 929면). 그런데 이 긍정설은 채권자가 파산상태에 있을 때에는 예외적으로 상계를 허용하지 않는다($^{김용한,\ 516면;\ 김주수,\ 449면;\ 김형배,}_{665면;\ 장경학,\ 503면;\ 지원림,\ 929면}$). 생각건대 대물변제나 공탁은 변제와 마찬가지로 채권을 만족시키는 것이므로 제 3 자에 의하여 행하여져도 무방하다고 할 것이나, 상계는 그것의 담보적 기능 등에 비추어 볼 때 허용하지 않음이 옳다.

(2) 예   외   [210]

민법은 다음 세 가지의 경우에는 제 3 자의 변제를 금지하고 있다.

1) 채무의 성질에 의한 제한   채무의 성질이 제 3 자의 변제를 허용하지 않는 때에는 제 3 자가 변제할 수 없다($^{469조\ 1}_{항\ 단서}$). 일신전속적 급부를 내용으로 하는 채무가 그렇다. 그런데 일신전속적인 급부 중에 절대적인 것($^{예:\ 학자의\ 강연,\ 유}_{명\ 연주가의\ 연주}$)은 제 3 자의 변제가 언제나 금지되지만, 상대적인 것($^{예:\ 노무자의\ 급부(657조\ 2}_{항)\ \cdot\ 수임인의\ 급부(682조)}$)은 채권자의 동의가 있으면 제 3 자의 변제가 허용된다.

2) 당사자의 의사표시에 의한 제한   당사자의 의사표시로 제 3 자의 변제를 허용하지 않는 때에는 제 3 자가 변제할 수 없다($^{469조\ 1}_{항\ 단서}$). 이에 대하여 문헌들은 대체로 계약으로 발생하는 채권은 계약에 의하여, 그리고 단독행위로 발생하는 채권은 단독행위로 제 3 자의 변제를 금지할 수 있다고 한다($^{곽윤직,\ 241면;}_{김형배,\ 666면\ 등}$). 그

러나 이러한 제한규정은 특히 채권자를 위한 것으로 보아야 하며, 따라서 여기의 「의사표시」는 설사 채권이 단독행위에 의하여 발생한 경우에도 계약이라고 새겨야 한다. 한편 견해에 따라서는 의사표시에 의한 제 3 자변제 금지는 입법론상 부당하다고 한다(곽윤직(신정판), 464면; 김학동, 348면; 김형배, 666면). 그러나 이는 사적 자치의 취지에 부합할뿐더러 채권자의 이익을 보호하는 것으로서 결코 부당하다고 할 수 없다.

   3) 이해관계 없는 제 3 자의 변제의 제한　　　이해관계 없는 제 3 자는 채무자의 의사에 반하여 변제하지 못한다($\frac{469조}{2항}$). 여기의 「이해관계」는 법률상 이해관계를 가리킨다(대판 1991. 7. 12, 90다17774 · 17781; 대결 2009. 5. 28, 2008마109. 그러나 김학동, 348면은 사실상 혹은 경제적인 이해관계를 가진 자도 포함시킨다). 그리고 채무자의 반대의사는 적극적으로 표시될 필요는 없으나, 변제할 당시의 객관적인 제반사정에 비추어 명확하게 인식될 수 있어야 한다(대판 1988. 10. 24, 87다카1644. 사실 제 3 자의 변제는 채무자에게 이익이 되므로 채무자의 반대의사가 없는 것으로 추정함이 옳다(같은 취지: 김형배, 667면)). 이에 대한 증명책임은 채무자의 의사에 반한다고 주장하는 자에게 있다(이설 없음). 이해관계 없는 제 3 자의 변제 금지는 채무자의 의사를 존중하는 취지이나, 그것은 채권자의 이익에 반한다. 그리고 그것은 민법이 채무면제를 채권자의 단독행위로 규정하고 있는 것($\frac{506}{조}$)과도 조화되지 않는다. 이러한 점에서 볼 때 이 제도는 타당성이 의심스럽다(같은 취지: 김학동, 348면; 김형배, 667면).

   연대채무자 · 보증인 · 물상보증인 · 저당부동산의 제 3 취득자(대판 1995. 3. 24, 94다44620) 등과 같이 법률상 변제에 이해관계 있는 제 3 자는 채무자의 의사에 반하여서도 변제할 수 있고, 변제로 채무자에 대하여 구상권을 행사할 수 있다(대판 2010. 3. 25, 2009다29137). 그에 비하여 공동저당의 목적인 물상보증인 소유의 부동산에 후순위로 소유권이 전청구권 가등기가 설정되어 있는데 그 부동산에 대하여 먼저 경매가 실행되어 공동저당권자가 매각대금 전액을 배당받고 채무의 일부가 남은 경우에, 가등기권리자는 ― 물상보증인이 선순위저당권을 대위취득하고 그 가등기권리자는 이 선순위저당권에 대하여 물상대위함으로써 우선변제를 받을 수 있으므로 ― 사실상 이해관계만 가지며, 따라서 그는 채무자의 의사에 반하여 변제(또는 변제공탁)할 수 없다(대결 2009. 5. 28, 2008마109).

〈 판　례 〉

   (ㄱ) 「이해관계 없는 제 3 자의 변제가 채무자의 의사에 반하는지의 여부를 가림에 있어서 채무자의 의사는 제 3 자가 변제할 당시의 객관적인 제반사정에 비추어 명확하게 인식될 수 있는 것이어야 하며, 함부로 채무자의 반대의사를 추정함으로써

제 3 자의 변제효과를 무효화시키는 일은 피하여야 할 것이다.」$\binom{\text{대판 1988. 10. 24,}}{\text{87다카1644}}$

(ㄴ) 「부동산의 매수인은 그 권리실현에 장애가 되는 그 부동산에 대한 담보권 등의 권리를 소멸시키기 위하여 매도인의 채무를 대신 변제할 법률상 이해관계 있는 제 3 자라고 볼 것」이다$\binom{\text{대판 1995. 3. 24, 94다44620. 대판}}{\text{1993. 10. 12, 93다9903 · 9910도 참조}}$.

(ㄷ) 원고가 소외인으로부터 금전을 차용하고 자기 소유의 부동산을 양도담보로 제공하였는데 다시 위 소외인이 원고로부터 수령해야 할 원리금과 등기비용을 피고로부터 차용하고 위 부동산을 피고에게 소유권이전등기를 한 경우, 원고는 소외인의 피고에 대한 채무를 변제함에 있어 정당한 이익을 갖는 자에 해당된다$\binom{\text{대판 1980. 4. 22,}}{\text{79다1980}}$.

(ㄹ) 변제할 정당한 이익이 있는 자란 변제를 하지 않으면 채권자로부터 집행을 받게 되거나 또는 채무자에 대한 자기의 권리를 잃게 되는 지위에 있기 때문에 변제함으로써 당연히 대위의 보호를 받아야 할 법률상의 이익을 가지는 자를 가리키는 것이지 채무자와 연립주택건설 사업을 같이 하고 있어 채무자가 수사기관에서 조사를 받음으로 인하여 연립주택건설 사업에 지장을 받을 우려가 있는 사실상의 이해관계를 가지는 자는 여기에 포함된다고 할 수 없다$\binom{\text{대판 1990. 4. 10,}}{\text{89다카24834}}$.

(ㅁ) 채무담보 목적의 가등기가 경료되어 있는 부동산을 시효취득하여 소유권이전등기 청구권을 취득한 자가 그 등기를 경료하지 못하던 중에 채권자가 청산절차를 거치지 아니하고 위 가등기에 기하여 본등기를 경료하였다면 그는 부동산 소유자에 대한 소유권이전등기 청구권을 보전하기 위하여 위 소유자를 대위하여 그의 채권자에게 위 채무를 변제할 법률상의 권한이 있어 이해관계 있는 제 3 자에 해당한다 $\binom{\text{대판 1991. 7. 12,}}{\text{90다17774}}$.

(ㅂ) 건물을 신축한 자가 건물을 매도함과 동시에 소유권이전등기 전까지 그 건물을 매수인에게 임대하기로 하였는데 그 건물의 건축공사 수급인이 공사금 일부를 지급받지 못하였다는 이유로 건물의 매수인 겸 임차인의 입주를 저지하자 건물의 매수인 겸 임차인이 매도인에게 지급할 매매대금의 일부를 건축공사 수급인에게 공사금채무 변제조로 지급한 경우, 건물의 매수인 겸 임차인은 그 권리실현에 장애가 되는 위 수급인의 건물에 대한 유치권 등의 권리를 소멸시키기 위하여 매도인의 공사금채무를 대신 변제할 법률상 이해관계 있는 제 3 자이자 변제할 정당한 이익이 있는 자라고 볼 것이므로, 위 변제는 공사금채무의 범위 내에서는 매도인의 의사에 반하여도 효력이 있다$\binom{\text{대판 1993. 10. 12,}}{\text{93다9903}}$.

[211]　**Ⅲ. 변제수령자**

1. 의　의

변제수령자는 유효하게 변제를 수령할 수 있는 자이다. 원칙적으로 채권자 (및 그의 대리인 또는 수령보조자)가 변제수령자가 되나, 채권자라도 수령권한이 없는 경우가 있고, 채권자 이외의 자에게 수령권한이 있는 경우도 있다.

2. 채 권 자

(1) 원　칙

채권자는 원칙적으로 변제수령권한을 가진다.

(2) 예　외

채권자임에도 불구하고 예외적으로 다음과 같은 경우에는 수령권한이 없다.

1) 채권이 압류(또는 가압류)된 경우　　어느 채권자의 채권이 그의 채권자에 의하여 압류(또는 가압류)되면 그 채권의 지급이 금지된다(민사집행법 227조(압류의 경우)·296조 3항(가압류의 경우)). 가령 A의 B에 대한 채권을 A의 채권자 C가 압류한 경우에는 채무자(제 3 채무자) B는 그의 채권자인 A에 대하여 지급을 하지 못한다.

채권이 압류되었음에도 불구하고 제 3 채무자(위의 예에 서는 B)가 자기의 채권자(위의 예에 서는 A)에게 변제를 하면, 압류채권자(위의 예에 서는 C)는 전부명령 또는 추심명령을 얻어서 제 3 채무자에게 변제를 청구할 수 있다(민사집행 법 229조). 그리하여 제 3 채무자(B)가 자기의 채권자(A)에 한 변제는 압류채권자(C)에 대한 관계에서는 무효로 되는 셈이다. 그리고 만약 이때 제 3 채무자(B)가 자기의 채권자(A)에게 변제한 뒤에 압류채권자(C)로부터 청구를 받아 다시 변제한 경우에는, 제 3 채무자는 자기의 채권자에 대하여 부당이득을 이유로 이미 변제한 것을 반환청구할 수 있다.

2) 채권이 입질된 경우　　채권자가 그의 채권을 입질하여 대항요건을 갖춘 때에는(349조 참조), 그 후의 변제수령권한은 채권자에게만 귀속하며(352조 내지 354조), 제 3 채무자가 그의 채권자(질권설정자)에게 변제하여도 그 변제를 가지고 채권자에게 대항하지 못한다.

3) 채권자가 파산선고를 받은 경우　　채권자가 파산선고를 받으면 채권자는 채권을 추심할 권한을 잃고 파산관재인이 변제수령권한을 가지게 된다(채무자 회생

법조^{384}). 그렇지만 파산선고 후에 채권자(파산자)에 한 변제가 언제나 무효로 되는 것은 아니다. 채무자회생법에 따르면, 파산선고 후에 그 사실을 알고(악의) 파산자에게 한 변제는 파산재단이 받은 이익의 한도 안에서만 파산채권자에게 대항할 수 있으며(같은 법 332조 2항), 파산선고 후에 그 사실을 알지 못하고(선의) 파산자에게 한 변제는 파산채권자에게 대항할 수 있다(같은 법 332조 1항). 그리고 이 규정을 적용하는 때에는 파산선고의 공고 전에는 그 사실을 알지 못한 것으로 추정하고, 공고 후에는 그 사실을 안 것으로 추정한다(같은 법 334조).

그런데 우리 도산법 실무에서 자주 행하여지는 동시폐지의 경우, 즉 파산선고와 동시에 파산을 폐지하는 결정을 내리는 경우에는 채권자의 변제수령권한은 문제되지 않는다.

4) 회생절차가 개시된 후 관리인이 선임된 경우   회생절차 개시결정이 있는 때에는 채권자는 추심을 하지 못하고 관리인이 변제수령권한을 가지게 된다(채무자회생법 56조). 이 경우의 채무자의 변제의 유효 여부는 파산선고에 있어서와 유사하다. 즉 회생절차 개시 이후 그 사실을 알고(악의) 회생채무자(채권자)에게 한 변제는 회생채무자가 받은 이익의 한도에서만 회생절차와의 관계에 있어서 그 효력을 주장할 수 있으며(채무자회생법 67조 2항), 회생절차 개시 이후 그 사실을 알지 못하고(선의) 회생채무자에게 한 변제는 회생절차와의 관계에 있어서도 그 효력을 주장할 수 있다(채무자회생법 67조 1항). 그리고 이 규정을 적용함에 있어서 회생절차 개시의 공고 전에는 그 사실을 알지 못한 것(선의)으로 추정하고, 공고 후에는 그 사실을 안 것(악의)으로 추정한다(채무자회생법 68조).

그에 비하여 개인회생절차의 경우에는 채권자가 여전히 변제수령권한을 갖는다(채무자회생법 580조 2항).

5) 회생절차 개시신청 후   그 절차의 개시결정이 있기 전에 법원이 보전관리인을 선임한 경우 법원은 회생절차 개시의 신청이 있는 때에는 이해관계인의 신청에 의하거나 직권으로 회생절차 개시신청에 대한 결정이 있을 때까지 채무자의 업무 및 재산에 관하여 가압류·가처분 그 밖에 필요한 보전처분을 명할 수 있다(채무자회생법 43조 1항 1문). 그리고 법원은 이러한 보전처분 외에 필요하다고 인정하는 때에는 관리위원회의 의견을 들어 보전관리인(1인 또는 여럿)에 의한 관리를 명할 수 있다(채무자회생법 43조 3항). 이러한 보전관리명령이 있는 때에는 회생절차 개시 결정 전까지 채무

자의 업무수행, 재산의 관리 및 처분을 하는 권한은 보전관리인에게 전속한다 $\binom{채무자회생}{법\,85조}$. 그리하여 이 경우에는 채권자는 채권의 추심권한을 잃고 보전관리인이 변제수령권한을 가지게 된다. 이 경우에 채무자가 회생절차의 개시가 신청된 채무자(채권자)에게 한 변제의 유효 여부는 회생절차 개시결정이 있는 경우에 관한 채무자회생법 제67조의 유추적용으로 해결해야 할 것이다$\binom{입법적\,미비}{로\,생각된다}$. 따라서 개시신청 이후 그 사실을 알고 한 변제는 회생절차 개시가 신청된 채무자가 받은 이익의 한도에서만 효력을 주장할 수 있고, 개시신청 이후 그 사실을 알지 못하고 한 변제는 그 효력을 주장할 수 있다고 할 것이다.

[212]　　**3. 채권자 이외의 변제수령자**

(1) 수령권한이 있는 자

　　채권자에 의하여 또는 법률규정·법원의 선임에 의하여 변제수령권한이 부여된 자는 수령권한이 있다. 채권자의 임의대리인·부재자가 선임한 재산관리인·채권의 추심을 위임받은 수임인은 전자의 예이고, 제한능력자의 법정대리인·대항요건을 갖춘 채권질권자$\binom{353}{조}$·파산관재인$\binom{채무자회생}{법\,384조}$·회생절차 개시결정 전에 선임된 보전관리인$\binom{채무자회}{생법\,85조}$·회생절차 개시 후에 선임된 관리인$\binom{채무자회생}{법\,56조\,1항}$·추심명령 또는 전부명령$\binom{전부명령을\,받은\,자}{는\,이미\,채권자로\,됨}$을 받은 압류채권자$\binom{민사집행법}{229조\,2항\cdot3항}$·법원이 선임한 부재자의 재산관리인$\binom{25}{조}$·채권자대위권자$\binom{404}{조}$ 등은 후자의 예이다.

[213]　　**(2) 표현수령권자(表見受領權者)**

　　민법은 선의의 변제자$\binom{그\,결과\,거}{래의\,안전}$를 보호하기 위하여 일정한 경우에는 채권자 이외의 자에 대한 변제를 유효한 것으로 하고 있다.

　　1) 채권의 준점유자$\binom{470}{조}$

　　　(가) **채권의 준점유자의 의의**　　　채권의 준점유자란 채권을 사실상 행사하는 자이다$\binom{210조}{참조}$. 여기서 「채권을 사실상 행사한다」 함은 거래관념상 채권을 행사할 정당한 권한을 가진 것으로 믿을 만한 외관을 가지는 것을 말한다$\binom{대판\,2003.\,7.\,22,}{2003다24598;\,대판}$ $\genfrac{}{}{0pt}{}{2013.\,12.\,12,}{2013다54055}$. 채권의 준점유자의 예로는 예금증서 기타의 채권증서와 인장을 소지한 자·표현상속인$\binom{대판\,1995.\,1.\,24,\,93다32200;}{대판\,1995.\,3.\,17,\,93다32996}$·가압류로 인하여 채권의 추심 기타 처분행위에 제한을 받다가 가압류를 취소하는 가집행선고부 판결을 선고받아 다시 채권을 제한 없이 행사할 수 있을 듯한 외관을 가지게 된 채권자$\binom{대판\,2003.\,7.\,22,}{2003다24598}$를

들 수 있다. 그리고 위조한 영수증을 제시하여 변제받은 자도 채권자라고 인정될 만한 외관을 갖춘 때에는 채권의 준점유자로 된다(이설없음). 그에 비하여 위조된 수표의 소지자(대판 1971. 3. 9, 70다2895) · 부동산 사업의 동업자(대판 1982. 11. 9, 80다3135) · 금융실명제 이후 예금명의자도 아니고 예금통장도 소지하지 않은 예금행위자(대판 1996. 4. 23, 95다55986; 대판 2002. 6. 14, 2000다38992)는 채권의 준점유자가 아니다.

　채권양도가 무효 또는 취소된 경우의 채권의 사실상의 양수인이 채권의 준점유자인가에 관하여는 i) 긍정설(곽윤직, 243면; 김대정, 332면; 김상용, 422면; 김주수, 455면; 김형배, 674면; 지원림, 934면), ii) 부정설(김학동, 352면), iii) 제한적 인정설(이은영, 692면; 장경학, 509면)이 대립하고 있다. ii)설은 민법 제452조가 있으므로 이 경우에는 제470조를 적용할 것이 아니라고 한다. iii)설은 ii)설과 이유가 같으나, 다만 제452조가 적용되지 않는 경우 즉 채무자의 양도승낙의 경우에는 제470조가 적용된다고 한다. 생각건대 제452조는 의용민법에는 없던 규정이며, 이 규정이 적용(또는 유추적용)되는 경우([193] · [194]참조)에는 채무자는 선의인 한 보호되므로 제470조는 적용될 의미가 거의 없다. 그러나 제452조(특히 1항)는 양도인이 양도통지를 한 때에만 적용될 것일 뿐만 아니라 그러한 때에도 반드시 그 규정만을 적용하여야 할 근거가 있지도 않다. 따라서 채무자는 그의 선택에 의하여 채권의 준점유자에 대한 변제로서 보호될 수도 있고 제452조에 의하여 보호될 수도 있다고 할 것이다. 그렇게 볼 때, 결과적으로 i)설이 타당하다. 한편 채권양도가 무효 · 취소된 경우에 선의로 변제한 채무자는 선의의 제3자 보호규정에 의하여서도 보호될 수 있다(이설 있음. 민법총칙 [147] 참조).

　판례에 의하면, 무효인 전부명령을 받은 자는 채권의 준점유자로 다루어진다(대판 1987. 12. 22, 87다카2015; 대판 1995. 4. 7, 94다59868; 대판 1997. 3. 11, 96다44747). 이에 대하여는, 전부채권자에 대한 변제는 그를 채권자로 믿어서가 아니고 이행판결에 기하여 행하여진 것이라는 점, 판례처럼 새기면 채권양도의 대항요건 제도가 무의미해진다는 점을 들어 반대하는 견해가 있다(김학동, 352면). 일리가 있는 지적이라 하겠다.

〈판 례〉
「채권압류가 경합된 경우에 있어서는 그 압류채권자들 중의 한 사람이 전부명령을 얻더라도 그 전부명령은 무효가 된다.

　그런데 이 경우에 제3채무자가 그 무효인 전부명령에 의한 전부채권자에게 그 전부금을 변제하였다면 그 전부채권자는 진정한 채권자로 볼 수 있는 외관을 갖춘 자로 민법 제470조 소정의 채권의 준점유자에 해당한다고 보아야 할 것이니 제 3 채무자가 선의·무과실인 때에는 같은 조문의 채권의 준점유자에 대한 변제로서 그 변제는 유효하고 제 3 채무자가 채무자에 대하여 부담하고 있던 채무는 소멸되고 제 3 채무자는 압류채권자에 대하여 이중변제의 의무를 부담하지 않으며, 제 3 채무자가 전부채권자에 대하여 전부명령이 무효임을 주장하여 부당이득의 반환청구도 할 수 없는 것으로 보아야 하는데(대법원 1970. 3. 24 선고 70다129 판결 참조) 경합 압류채권자에 대한 관계에 있어서는 전부채권자가 무효인 전부명령에 의하여 수령한 금원을 독점할 법률상의 원인이 없는 것이어서 경합 압류채권자는 전부채권자에 대하여 자기가 배당받아야 할 금액의 범위 내에서 부당이득의 반환청구를 할 수 있는 것으로 보아야 할 것인바, 이때에 제 3 채무자측에서 경합 압류채권자가 배당받아야 할 금원을 그 압류채권자에게 대위 변제하였다면 이는 이해관계 없는 제 3 자의 변제로서 그 대위변제자는 변제자의 임의대위권밖에 행사할 수 없을 것이다.

그러나 제 3 채무자가 위 전부금을 변제함에 있어서 선의·무과실이 아니었다면 제 3 채무자가 전부채권자에게 한 전부금의 변제는 효력이 없는 것이라고 할 것이고, 또 그것이 경합 압류채권자에 대하여 불법행위가 될 수 있는 것이니 제 3 채무자는 경합 압류채권자에 대하여 그로 인한 손해를 배상할 의무가 있는 것이라고 할 것이고 이때에 제 3 채무자의 피용자(그 사람의 과실로 인하여 제 3 채무자에게 위와 같은 배상책임을 발생하게 한 자)가 위의 손해금을 경합 압류채권자에게 배상하였다면 이는 이해관계 있는 제 3 자의 변제가 될 것이니 그 변제자(제 3 채무자의 피용자)는 변제자의 법정대위권에 의거하여 제 3 채무자를 대위하여 피고에 대하여 부당이득금의 반환을 구할 수 있는 것으로 풀이하여야 할 것이다.」(대판 1980. 9. 30, 78다1292)

어떤 자가 스스로 채권자라 하지 않고 채권자의 대리인이라고 하면서 채권을 행사하는 경우에도 채권의 준점유자로 되는가? 여기에 관하여 학설은 i) 채권자를 사칭하는 경우와 구별하지 않는 견해(곽윤직, 244면; 김대정, 335면; 김주수, 455면; 이은영, 691면; 장경학, 510면; 지원림, 934면), ii) 사실행위에만 인정하고 이행행위가 법률행위인 때에는 표현대리의 문제로 보는 견해(김학동, 351면), iii) 채권자의 귀책사유가 전제되어야 한다는 견해(김상용, 423면; 김형배, 676면)로 나뉘어 있다. i)설은 ① 준점유에 대하여 직접점유·간접점유의 관계의 성립을 부정할 이유가 없고, ② 본인이라고 속이든 대리인이라고 속이든 어느 경우나 변제자를 보호하여야 할 필요는 같으며, ③ 채권의 준점유자 제도는 선의의 변제를 보호하자는 데 목적이 있다는 점을 그 이유로 든다. 그리고 iii)설은 i)설에 의할 경우 채권자의 불이익 귀속의 범위가 부당하게 확대될 가능성이 있다고 한다. 판례는 준점유자가 스스로 채권자라고 하여 채권을 행사하는 경우뿐만 아니라 채권자의 대리인이라고 하면서 채권을 행사하는 때에도 채권의 준점유자에 해당한다고 한다(대판 2004. 4. 23, 2004다5389). 생각건대 i)설이 지적하는 바와 같이, 채권의 준점유자 제도는 선의로 변제한 자를 보호하기 위한 것이므로 준점유자로서의 요건이 갖추어지는 한 대리인으로서 행사하는 것을 특별히 다루어서는 안 된다(물론 선의·무과실의 요건을 판단함에 있어서는 채권자를 사칭한 경우와는 다르다는 점도 고려되어야 할 것이다). 그리고 이행행위가 법률행위라고 하여 달라질 이유도 없다. 결국 i)설 및 판례가 옳다. 한편 대리인을 사칭한 경우가 표현대리의 요건을 갖춘 때에는 표현대리의 규정에 의하여 채무자가 보호받을 수도 있다(같은 취지: 이은영, 692면).

견해에 따라서는 채권의 준점유자로 되려면 외관의 존재 외에 그 외관에 대한 책임을 채권자에게 돌릴 만한 사정 즉 채권자에의 귀책가능성이 있어야 한다고 주장한다(김학동, 350면). 그러나 앞서 언급한 것처럼 채권의 준점유자 제도는 채권자에게 잘못이 있을 경우에 채권자와 채무자의 이익을 조정하려는 제도가 아니고 채권자의 잘못을 불문하고 선의·무과실의 변제자를 보호하기 위한 것이다. 따라서 위의 견해는 옳지 않다(결과에서 같은 취지: 지원림, 935면).

(ㄴ) **준점유자에 대한 변제가 유효하기 위한 요건**   채권의 준점유자에 대한 변 [214] 제가 유효하려면 변제자가 선의·무과실이어야 한다(470조). 여기서 선의라는 것은 준점유자에게 변제수령권한이 없음을 알지 못하는 것만으로는 부족하며 적극적으로 수령권한이 있다고 믿었어야 한다(이설이 없으며, 판례도 같음. 대판 2021. 1. 14, 2018다286888). 그리고 무과실은 그렇게 믿은 데에 과실이 없는 것이다. 일부 견해는 여기의 「무과실」을 판단함에 있어서는 채권자의 귀책사유도 고려할 것이라고 한다(김형배, 677면). 그러나 이는 근거 없는 해석이다(같은 취지: 김상용, 423면).

변제자의 선의·무과실은 변제시를 기준으로 판단한다. 그런데 대법원은 폰뱅킹에 의한 자금이체 신청의 경우에는 자금이체시의 사정뿐만 아니라 그 이전에 행하여진 폰뱅킹의 등록을 비롯한 제반사정을 총체적으로 고려할 것이라고 한다(대판 1998. 11. 10, 98다20059). 변제자의 선의·무과실은 변제의 유효를 주장하는 자가 증명하여야 한다(대판 1992. 2. 14, 91다9244도 이를 전제로 하고 있음. 반대: 김형배, 676면).

〈판 례〉

(ㄱ) 「이 사건의 경우 제 2 예금인출이나 제 3 예금인출에 있어서도 제 1 예금인출과 같이 통장과 예금지급청구서에 아무런 하자가 없었고, 이미 신고된 진정한 인감이 사용되었을 뿐만 아니라, 철저한 보안이 요구되는 비밀번호까지 일치하였으므로 앞

서 본 예금거래기본약관의 내용과 그에 따른 금융거래의 관행에 비추어 그에 따른 예금의 지급은 특별한 사정이 없는 한 채권의 준점유자에 대한 변제로서 유효한 것으로 보아야 할 것이다. 따라서 제 2 예금인출이나 제 3 예금인출과 관련하여 피고 은행의 직원이 단순히 인감대조 및 비밀번호의 확인 등의 통상적인 조사 외에 당해 청구자의 신원을 확인하거나 전산 입력된 원고의 연락처에 연결하여 원고 본인의 의사를 확인하는 등의 방법으로 그 청구자가 정당한 예금인출권한을 가지는지 여부를 조사하여야 할 업무상 주의의무를 부담하는 것으로 보기 위해서는 그 예금의 지급을 구하는 청구자에게 정당한 변제수령권한이 없을 수 있다는 의심을 가질 만한 특별한 사정이 인정되어야 한다. 그러나 그러한 특별한 사정이 있다고 볼 것인지 여부는, 앞서 본 금융거래의 관행이 금융기관이 대량의 사무를 원활하게 처리하기 위한 필요에서 만들어진 것이기도 하지만, 다른 한편으로는 예금인출의 편리성이라는 예금자의 이익도 고려된 것인 점, 비밀번호가 가지는 성질에 비추어 비밀번호까지 일치하는 경우에는 금융기관이 그 예금인출권한에 대하여 의심을 가지기는 어려운 것으로 보이는 점, 금융기관에게 추가적인 확인의무를 부과하는 것보다는 예금자에게 비밀번호 등의 관리를 철저히 하도록 요구하는 것이 사회 전체적인 거래비용을 줄일 수 있는 것으로 보이는 점 등을 참작하여 신중하게 판단하여야 할 것이다.」($\binom{대판\ 2007.\ 10.\ 25,}{2006다44791.\ 같은}$ 취지: 대판 2013. 1. 24, 2012다91224)

(ㄴ) 「효력규정인 강행법규에 위반되는 계약을 체결한 자가 그 약정의 효력이 부인된다는 사실을 알지 못한 탓에 그 약정에 따라 변제수령권을 갖는 것처럼 외관을 갖게 된 자에게 변제를 한 경우에는, 특별한 사정이 없는 한 그 변제자가 채권의 준점유자에게 변제수령권이 있는 것으로 오해한 것은 법률적인 검토를 제대로 하지 않은 과실에 기인한 것이라고 할 것이다.」($\binom{대판\ 2004.\ 6.\ 11,}{2003다1601}$)

(다) **준점유자에 대한 변제의 효과**   채권의 준점유자에 대한 변제가 위와 같은 요건을 갖춘 경우의 효과는 어떻게 되는가? 이에 대하여 학설은 i) 채권의 준점유자에 대한 선의 변제의 효과는 확정적이고, 따라서 변제자는 준점유자에 대하여 변제한 것의 반환을 청구하지 못한다는 견해($\binom{곽윤직,\ 244면;\ 김대정,\ 339면;}{김학동,\ 353면;\ 지원림,\ 933면}$), ii) 원칙적으로는 i)설과 같되, 진정한 채권자에게 2중으로 변제한 때에는 예외적으로 준점유자에 대한 반환청구권을 인정할 것이라는 견해($\binom{김용한,\ 525면;\ 김주수,}{458면;\ 장경학,\ 512면}$), iii) 제470조는 변제자의 항변권을 정한 규정이며, 채무자는 준점유자에 대하여 변제한 것의 반환을 청구할 수 있다는 견해($\binom{김상용,\ 425면;\ 김형배,}{682면;\ 이은영,\ 695면}$)로 나뉘어 대립하고 있다. 그리고 판례는 i)설과 같다($\binom{대판\ 1980.\ 9.\ 30,}{78다1292}$).

생각건대 제470조는 변제가 「효력이 있다」고 규정하고 있으며, 「변제를 가지고 채권자에게 대항할 수 있다」고 규정하고 있지 않다. 즉 이는 변제를 절대적 확정적으로 효력있게 하는 방법으로 채무자를 보호하려는 것이다. 그리고 그와 같이 해석하면 법률관계도 간명해진다. 또한 iii)설처럼 새기는 때에는 채무자가 항변권을 원용하지 않는 경우에 채무불이행 등의 불이익을 입을 수도 있다. 이러한 점에 비추어 볼 때 i)설 및 판례가 타당하다.

이러한 사견에 의하면 준점유자에 대한 변제가 유효한 때에는 변제자는 준점유자에 대하여 반환청구를 하지 못하고, 진정한 채권자만이 부당이득의 반환청구권을 가진다. 물론 준점유자에 대한 변제가 무효인 때에는 채권은 소멸하지 않으며, 채무자가 진정한 채권자에게 다시 변제하여야 한다. 이 경우 변제자는 수령자에 대하여는 비채변제를 한 것이 된다($\frac{742조}{참조}$). 그리하여 변제자가 준점유자에게 변제수령권한이 없음을 알고(악의) 변제한 경우에는 그 변제가 악의의 비채변제로 되어 반환을 청구하지 못하나, 준점유자에게 변제수령권한이 없음을 몰랐지만(선의) 모르는 데 과실이 있었던 경우에는 반환을 청구할 수 있다. 변제자가 선의·무과실인 경우는, 위에서 논의한 바와 같이, 준점유자에 대한 변제가 유효하게 되어 반환청구권이 인정되지 않는다.

2) 영수증 소지자($\frac{471}{조}$)   [215]

㈎ 영수증을 소지한 자에 대한 변제는 그 소지자가 변제를 받을 권한이 없는 경우에도 효력이 있다($\frac{471조}{본문}$). 그러나 변제자가 그 권한 없음을 알았거나 알 수 있었을 경우에는 그러하지 아니하다($\frac{471조}{단서}$). 즉 변제가 유효하려면 변제자가 선의·무과실이어야 한다.

영수증은 변제의 수령을 증명하는 문서인데, 이 규정에서의 영수증은 진정한 것만을 가리키며 위조된 것은 포함되지 않는다($\frac{이설}{없음}$). 다만, 위조된 영수증 소지자에 대한 변제는 경우에 따라서 제470조의 채권의 준점유자에 대한 변제로 될 수는 있다. 여기서 영수증이 진정하다는 것은 영수증을 작성할 권한이 있는 자가 작성한 것이라는 뜻이다. 따라서 작성권한을 가진 자 본인이 직접 작성한 것뿐만 아니라 그의 대리인이 작성한 것도 진정한 것에 해당한다. 그리고 무권대리인이 작성하였더라도 표현대리의 요건이 갖추어진 경우는 진정한 것에 포함시켜야 한다. 한편 영수증은 진정한 것이면 충분하고, 그것을 어떻게 입수하였는가는 묻지 않는다. 그리하여 절취한 것이나 습득한 것이라도 무방하다($\frac{통설도}{같음}$).

(내) 앞서 본 바와 같이, 영수증 소지자에 대한 변제가 유효하게 되려면 변제자가 선의·무과실이어야 하는데, 그 증명책임은 변제가 무효임을 주장하는 자에게 있다.

(대) 영수증 소지자에 대한 변제의 효과는 채권의 준점유자에 대한 변제의 경우와 같다($\binom{[214]}{참조}$).

3) 증권적 채권의 증서의 소지인　　지시채권·무기명채권·지명소지인출급채권과 같은 증권적 채권의 증서(증권)의 소지인에 대하여 행한 변제는, 그 소지인이 진정한 권리자가 아니더라도, 변제자가 악의이거나 그에게 중과실이 없는 한 유효하다($\binom{514조 \cdot 518조 \cdot}{524조 \cdot 525조}$). 이는 변제자 보호 외에 증권적 채권의 유통을 위한 것이다.

4. 수령권한 없는 자에 대한 변제

변제수령권한 없는 자에 대한 변제는, 위에서 설명한 표현수령권자에 대한 것($\binom{[212]\sim[215]}{참조}$)을 제외하고는, 무효이다. 그러나 그 변제로 인하여 채권자가 이익을 받은 경우($\binom{예: 무권대리인이 변제된 것}{을 채권자에게 인도한 경우}$)에는 그 한도에서 유효하게 된다($\binom{472}{조}$). 이는 불필요한 연쇄적 부당이득 반환의 법률관계가 형성되는 것을 피하기 위한 것이다($\binom{대판 2021. 3. 11,}{2017다278729}$). 여기서 「채권자가 이익을 받은」 경우로는 변제의 수령자가 진정한 채권자에게 채무자의 변제로 받은 급부를 전달한 경우는 물론이고, 그렇지 않더라도 무권한자의 변제수령을 채권자가 사후에 추인한 때와 같이 무권한자의 변제수령을 채권자의 이익으로 돌릴 만한 실질적 관련성이 인정되는 경우($\binom{대판}{2012. 10. 25,}$ $\genfrac{}{}{0pt}{}{2010다32214; 대판 2016. 7. 14,}{2015다71856 \cdot 71863}$)나 변제수령자가 변제로 받은 급부를 가지고 채권자의 자신에 대한 채무의 변제에 충당하거나 채권자의 제 3 자에 대한 채무를 대신 변제함으로써 채권자의 기존 채무를 소멸시키는 등 채권자에게 실질적인 이익이 생긴 경우를 포함한다($\binom{대판 2014. 10. 15, 2013다17117;}{대판 2021. 3. 11, 2017다278729}$). 그러나 변제수령자가 변제로 받은 급부를 가지고 자신이나 제 3 자의 채권자에 대한 채무를 변제함으로써 채권자의 기존 채권을 소멸시킨 경우에는 채권자에게 실질적인 이익이 생겼다고 할 수 없으므로 제472조에 의한 변제의 효력을 인정할 수 없다($\binom{대판 2014. 10. 15, 2013다17117;}{대판 2021. 3. 11, 2017다278729}$). 한편 이 경우에 변제자의 선의·악의는 묻지 않는다.

〈판 례〉

「무권한자의 변제수령을 채권자가 추인한 경우에 채권자는 무권한자에게 부당이득으로서 그 변제받은 것의 반환을 청구할 수 있다.

따라서 채권담보권자가 채권양수인보다 우선하고 담보권설정의 통지가 제 3 채무자에게 도달하였음에도, 그 통지보다 채권양도의 통지가 먼저 도달하였다는 등의 이유로 제 3 채무자가 채권양수인에게 채무를 변제한 경우에 채권담보권자가 무권한자인 채권양수인의 변제수령을 추인하였다면, 이러한 추인에 의하여 제 3 채무자의 채권양수인에 대한 변제는 유효하게 되는 한편 채권담보권자는 채권양수인에게 부당이득으로서 그 변제받은 것의 반환을 청구할 수 있다.」$\binom{\text{대판 2016. 7. 14, 2015}}{\text{다71856 · 71863}}$

Ⅳ. 변제의 목적물 [216]

민법은 「주는 급부」$\binom{\text{물건의 인도를 내용으로}}{\text{하는 급부. [30] 참조}}$를 목적으로 하는 채무 즉 「주는 채무」의 경우에 변제하여야 할 물건과 관련하여 몇 개의 특별규정을 두고 있다.

1. 특정물의 현상인도(現狀引渡)

특정물의 인도가 채권의 목적인 때에는 채무자는 이행기의 현상대로 그 물건을 인도하여야 한다$\binom{462}{\text{조}}$. 이 규정의 해석과 관련하여서는 논란이 있으나, 그에 관하여는 앞에서 설명하였다$\binom{[34]}{\text{참조}}$. 그리고 여기의 「이행기」는 「인도할 때」로 새겨야 한다$\binom{[34]}{\text{참조}}$.

2. 타인의 물건의 인도

채무의 변제로 타인의 물건을 인도한 채무자는 다시 유효한 변제를 하지 않으면 그 물건의 반환을 청구하지 못한다$\binom{463}{\text{조}}$. 즉 타인의 물건을 인도하는 것이 유효한 변제로 되지는 않으며, 단지 그 반환청구만 제한될 뿐이다. 그런데 반환청구를 할 수 없는 것은 채무자만이고 채무자가 아닌 소유자와 같은 자까지 그러한 것은 아니다$\binom{\text{대판 1993. 6. 8,}}{\text{93다14998 · 15007}}$.

타인의 물건의 인도가 예외적으로 유효한 변제로 되는 경우가 있다. 채무자가 타인의 물건을 인도한 경우에 채권자가 변제로 받은 물건을 선의로 소비하거나 타인에게 양도한 때에 그렇다$\binom{465조}{1항}$. 그러나 이것 역시 채무자에 대한 관계에서 인정되는 효과이다. 따라서 가령 채무자가 아닌 소유자는 채권자에 대하여 부당이득의 반환을 청구할 수 있고, 그러한 경우에 반환을 한 채권자는 채무자에 대하여 구상권을 행사할 수 있다($^{465조}_{2항}$).

방금 설명한 제463조·제465조의 해석에 관하여는 주의할 점이 있다. 첫째로 제463조($^{그\ 결과}_{465조도}$)는 특정물채권에는 적용되지 않는다. 그때는 유효한 변제를 다시 할 수 없기 때문이다. 둘째로 이들 규정에 있어서「채무자」는 널리「변제자」의 의미로 새겨야 한다($^{이에\ 대한\ 학자들}_{의\ 논의는\ 없다}$). 제 3 자가 타인의 물건을 인도한 경우를 달리 취급할 이유가 없기 때문이다. 셋째로 채권자에게 선의취득·첨부에 의한 소유권취득·취득시효 등의 요건이 갖추어진 경우에는, 채권자가 소유권을 취득하게 되고, 제465조는 적용되지 않는다.

3. 양도능력 없는 소유자의 물건인도

제한능력자와 같이 양도할 능력 없는 소유자가 채무의 변제로 물건을 인도한 경우에는, 그 변제가 취소된 때에도, 다시 유효한 변제를 하지 않으면 그 물건의 반환을 청구하지 못한다($^{464}_{조}$). 그러나 이러한 경우에도 채권자가 변제로 받은 물건을 선의로 소비하거나 타인에게 양도한 때에는, 변제는 유효하게 된다($^{465조}_{1항}$). 그리고 그 경우에 채권자가 제 3 자로부터 배상의 청구를 받으면 반환을 한 채권자는 채무자에 대하여 구상권을 행사할 수 있다($^{465조}_{2항}$).

제464조도 특정물채권에는 적용되지 않는다. 그리고 제한능력자 측에서 변제만을 취소한 것이 아니고 채무를 발생하게 하는 법률행위 자체를 취소한 경우에는, 채무 자체가 존재하지 않게 되어 제464조가 적용될 여지가 없으며, 비채변제($^{742}_{조}$)가 문제될 뿐이다.

[217]   ## V. 변제의 장소

(1) 변제의 장소(급부장소)는 변제(이행)를 하여야 하는 장소이다($^{급부효과\ 발}_{생지와\ 구별}_{하여\ 야\ 함}$). 채무는 변제의 장소에 의하여 지참채무·추심채무·송부채무로 나누어진다($^{[39]}_{참조}$). 변제의 장소는 우선 당사자의 의사표시($^{이는\ 합의}_{를\ 의미함}$) 또는 채무의 성질($^{예:\ 가옥의}_{수리채무}$)에 의하여 정하여진다($^{467조}_{1항}$). 그런데 이들 표준에 의하여 정하여지지 않는 경우에

는, 특별한 규정($^{586조 \cdot 700조,}_{상법 56조 등}$)이 없는 때에는, 제467조의 규정에 의하여 정하여진다($^{467조 2}_{항 본문}$).

　　제467조에 의하면, 특정물의 인도를 목적으로 하는 채무는 채권성립 당시에 그 물건이 있던 장소에서 변제하여야 하며($^{1}_{항}$), 특정물채무 이외의 채무의 변제는 채권자의 현주소($^{채무를 이행할}_{당시의 주소}$)에서 하여야 한다($^{2항}_{본문}$). 후자가 이른바 지참채무의 원칙이다. 채권자의 주소 이전·채권의 양도 등으로 변제장소가 변경되어 변제비용이 증가한 때에는, 그 증가액은 채권자가 부담한다($^{473조}_{단서}$). 한편 특정물채무 이외의 채무일지라도 그것이 영업에 관한 것일 때에는 채권자의 현영업소에서 변제하여야 한다($^{467조 2}_{항 단서}$). 판례에 따르면, 이 규정의 「영업에 관한 채무」는 영업과 관련성이 인정되는 채무를 의미하고, 「현영업소」는 변제 당시를 기준으로 그 채무와 관련된 채권자의 영업소로서 주된 영업소(본점)에 한정되는 것이 아니라 그 채권의 추심 관련 업무를 실제로 담당하는 영업소까지 포함된다. 따라서 영업에 관한 채무의 이행을 구하는 소는 제소 당시 채권 추심 관련 업무를 실제로 담당하는 채권자의 영업소 소재지 법원에 제기할 수 있다($^{대결 2022. 5. 3,}_{2021마6868}$).

　　(2) 변제의 제공은 변제의 장소에서 행하여져야 하며, 다른 곳에서의 제공은 채무의 내용에 좇은 것이 되지 못한다. 따라서 그 경우 채권자는 수령을 거절할 수 있다($^{그렇게 되면 채권자지체}_{가 아니고 이행지체로 됨}$).

Ⅵ. 변제의 시기 [218]

　　(1) 변제의 시기는 채무를 이행하여야 하는 시기 즉 이행기 또는 변제기를 가리킨다. 이행기(변제기)는 당사자의 의사표시·급부의 성질 또는 법률의 규정($^{585조 \cdot 603조 \cdot 613조 \cdot 635}_{조 \cdot 660조 \cdot 698조 등}$)에 의하여 정하여진다. 그런데 문제는 이들 표준에 의하여 이행기가 정하여지지 않는 경우이다. 여기에 관하여는 i) 채권이 발생함과 동시에 이행기에 있다고 하는 견해(채권발생시설)($^{곽윤직, 247면; 김학동,}_{94면; 지원림, 943면}$), ii) 이행의 청구를 받은 때에 이행기에 있게 된다는 견해(이행청구시설)($^{김대정, 349면; 김용한, 513면;}_{김주수, 434면; 김형배, 692면}$), iii) 원칙적으로는 이행의 청구가 있을 때에 이행기에 있게 되나, 이행의 청구를 요하지 않는 채무는 채권의 발생과 동시에 이행기에 있게 된다는 견해(절충설)($^{김상용,}_{433면,}$)가 대립하고 있다. ii)설은 그 이유로, i)설처럼 해석하면 이행지체에 관한 제387조

제 2 항과 균형이 맞지 않는다는 점을 든다. 생각건대 ii)설, iii)설은 이행기와 지체책임이 발생하는 시기를 구분하지 못하는 문제점이 있다($^{[67]\cdot[68]}_{참조}$). 이행기는 이행하여야 할 시기이어서 그 시기가 되면 채권자는 이행청구를 할 수 있게 된다. 그에 비하여 지체책임 발생시기는 이행기 이후에 이행하지 않는 경우에 채무자가 지체책임을 지게 되는 시기이다. 이 두 시기는 일치함이 원칙이나, 때에 따라서 법률이 지체시기를 이행기 후의 일정시기까지 늦추어 줄 수도 있다. 제387조 제 2 항은 그러한 규정의 일종이다. 그리고 ii)설에 의하면($^{iii)설에 의하여}_{도\ 원칙적으로}$) 이행의 청구를 받은 때에 이행기에 있게 되는데, 그 청구를 할 수 있는 때가 바로 이행기 즉 변제기이며, 그 견해에서 말하는 이행기는 지체책임 발생시기이다($^{ii)설, iii)설을 취}_{하는\ 문헌들은}$ 다른 곳에서는 기한 없는 채무는 채권의 발생과 동시에 이행기에 있게 된다고 하여 앞뒤 모순을 보이기도 한다. 김상용, 113면·440면; 김용한, 126면; 김형배, 178면·700면 참조). 나아가 ii)설($^{iii)설도\ 원}_{칙적으로}$)에 의하면 기한 없는 채무의 경우에는 이행의 청구가 없는 한 이행기가 되지 않아 소멸시효가 진행하지 못하는 문제가 있다. 또한 그러한 채무에 있어서 채무자가 이행청구를 받기 전에 변제하면 이행기 전의 변제로 될 것이나, 그것도 옳지 않다. 결국 ii)설, iii)설은 옳지 않으며, i)설이 타당하다.

이행기에 있어서 이행시간에 관하여, 민법은 정하는 바가 없으며($^{상법에는\ 특별규}_{정이\ 있다.\ 그\ 법}$ $^{63조}_{참조}$), 그것은 거래관행 및 신의칙에 따라 정하여진다고 할 것이다.

(2) 채무자는 이행기에 변제(이행)하여야 한다. 그러나 당사자의 특별한 의사표시가 없으면 채무자는 기한의 이익을 포기하여($^{153조}_{참조}$) 변제기 전에 변제할 수 있다($^{468조}_{본문}$). 그런데 이 경우 상대방의 손해는 배상하여야 한다($^{468조}_{단서}$). 그리하여 채권자와 채무자 모두가 기한의 이익을 갖는 이자부 금전소비대차계약 등에 있어서, 채무자가 변제기로 인한 기한의 이익을 포기하고 변제기 전에 변제하는 경우 변제기까지의 약정이자 등 채권자의 손해를 배상하여야 한다($^{대판\ 2023.\ 4.\ 13,}_{2021다305338}$). 그 경우에 약정이자 등 손해액을 함께 제공하지 않으면 채무의 내용에 따른 변제제공이라고 볼 수 없으므로, 채권자는 수령을 거절할 수 있다($^{대판\ 2023.\ 4.\ 13,}_{2021다305338}$). 이는 제 3 자가 변제하는 경우에도 마찬가지이다($^{대판\ 2023.\ 4.\ 13,}_{2021다305338}$). 한편 기한의 이익과 그 포기에 관한 제153조 제 2 항, 변제기 전의 변제에 관한 제468조의 규정들은 임의규정으로서 당사자가 그와 다른 약정을 할 수 있고, 은행여신거래에 있어서 당사자는 계약 내용에 편입된 약관에서 정한 바에 따라 위 민법 규정들과 다른 약정을 할 수도 있다($^{대판\ 2023.\ 4.\ 13,}_{2021다305338}$). 그리고 이와 같이 다른 약정을 한 때에는 민법규정에 우

선하여 그 약정이 적용된다.

채무자가 변제기 전에 변제한 경우에 채무자는 그 반환을 청구하지 못한다($^{743조}_{본문}$). 다만, 채무자가 변제기를 잘못 알고 미리 변제한 때에는 채권자는 이로 인하여 얻은 이익을 반환하여야 한다($^{743조}_{단서}$).

(3) 채무자가 이행기에 이행하지 않으면 이행지체가 되고($^{387}_{조}$), 채권자가 수령하지 않으면 수령지체가 된다($^{400}_{조}$). 그리고 이행기가 되면 그때부터 소멸시효가 진행한다($^{166}_{조}$).

VII. 변제비용의 부담 [219]

변제비용은 다른 의사표시가 없으면 채무자가 부담한다($^{473조}_{본문}$). 그러나 채권자의 주소 이전 기타의 행위로 인하여 변제비용이 증가된 때에는 그 증가액은 채권자가 부담한다($^{473조}_{단서}$).

〈판 례〉

㈀「담보권자가 담보권을 확보하기 위하여 지출한 비용은 특약이 없는 한 담보권자가 부담하여야 한다.」($^{대판 1987. 6. 9, 86다카2435. 같은 취지: 대판 1981.}_{1. 27, 79다1978·1979; 대판 1982. 4. 13, 81다53}$) 그런데 이들 판결은 모두 양도담보의 경우에 관한 것이고, 그것도 가등기담보법이 시행되기 전의 것임을 주의하여야 한다. 즉 그 판결들은 당시의 판례상 양도담보의 경우 목적물의 소유권이 양도담보권자에게 신탁적으로 이전되는 특수성 등을 고려하여 그와 같이 판시한 것으로 보인다.

다른 한편으로 대법원은 저당권설정등기의 비용은 당사자 사이에 특별한 약정이 없으면 채무자가 부담함이 거래상의 원칙이라고 한다($^{대판 1962. 2. 15,}_{4294민상291}$). 이 판례는 타당하다.

㈁「채무자가 피담보채무를 이행하지 아니함으로써 담보권자가 담보권을 실행하였을 때는 상당시할 수 있는 범위 내에서 그 실행에 필요한 비용은 채무불이행으로 인하여 발생한 비용이라고 할 것이어서 당사자 간에 특약이 없는 한 채무자가 부담하여야 한다.」($^{대판 1976. 12. 14,}_{76다957}$)

VIII. 변제의 증거 [220]

변제 자체에 의하여 채권·채무는 소멸한다. 그런데 변제가 있은 후에도 다툼이 생길 가능성이 있다. 그러한 경우를 위하여 민법은 변제자에게 영수증청구권과 채권증서 반환청구권을 인정한다. 전자는 변제자가 적극적으로 변제사실을 증명할 수 있도록 하기 위한 것이고, 후자는 채권자로부터 다시 이행을 청구당하지 않도록 하기 위한 것이다.

1. 영수증청구권

변제자는 변제를 받는 자에게 영수증의 교부를 청구할 수 있다($\frac{474}{\text{조}}$). 이 영수증청구권은 전부의 변제뿐만 아니라 일부변제, 나아가 대물변제의 경우에도 인정된다고 하여야 한다($\frac{\text{이설}}{\text{없음}}$). 그리고 변제와 영수증의 교부는 동시이행의 관계에 있다고 할 것이다($\frac{\text{이설}}{\text{없음}}$). 한편 영수증의 작성·교부비용은 채권자가 부담하여야 한다.

2. 채권증서 반환청구권

채권증서($\frac{\text{채권의 성립을}}{\text{증명하는 서면}}$)가 있는 경우에 변제자($\frac{\text{제 3 자가 변제를 하는 경우에도 같}}{\text{다. 대판 2005. 8. 19, 2003다22042}}$)가 채무 전부를 변제한 때에는 채권증서의 반환을 청구할 수 있다($\frac{475\text{조}}{1\text{문}}$). 채권이 변제 이외의 사유로 전부 소멸한 때에도 같다($\frac{475\text{조}}{2\text{문}}$). 채권증서 반환의 비용은 반환채무자인 채권자가 부담하여야 한다($\frac{473}{\text{조}}$).

이 채권증서 반환청구권은 일부변제자에게는 인정되지 않는다. 그러나 증서에 일부변제의 뜻을 기재할 수는 있다. 그리고 채권자 이외의 제 3 자가 채권증서를 점유하는 경우에는 변제자는 직접 그 제 3 자에 대하여 반환을 청구할 수 있다($\frac{\text{이설}}{\text{없음}}$). 채권증서의 반환과 변제는 동시이행관계에 있지 않으며($\frac{\text{영수증의 교부와 동시이행}}{\text{관계에 있으면 충분하다}}$), 변제가 선행되어야 한다($\frac{\text{같은 취지: 대판 2005. 8.}}{\text{19, 2003다22042}}$). 채권증서의 반환비용은 반환채무자인 채권자가 부담한다($\frac{473}{\text{조}}$).

한편 판례는, 채권자가 채무자로부터 채권증서를 교부받은 후 이를 다시 채무자에게 반환하였다면 특별한 사정이 없는 한 그 채권은 변제 등의 사유로 소멸하였다고 추정할 수 있다고 한다($\frac{\text{대판 2011. 11. 24,}}{\text{2011다74550}}$).

IX. 변제의 충당

1. 서 설

변제의 충당이란 채무자가 동일한 채권자에 대하여, ① 같은 종류의 목적을 가지는 수개의 채무(예: 수개의 금전채무)($\frac{476}{조}$)를 부담하거나($\frac{476}{조}$) ② 1개의 채무의 변제로서 수개의 급부(예: 수개월 분의 차임의 지급)($\frac{478}{조}$)를 하여야 하거나($\frac{478}{조}$) 또는 ③ 채무자가 1개 또는 수개의 채무에 관하여 원본 외에 비용·이자를 지급하여야 할 경우($\frac{479}{조}$)에, 변제로서 제공한 급부가 그 전부를 소멸하게 하는 데 부족한 때에 그 변제를 어느 채무에 채울(충당할) 것인지의 문제이다. 변제의 충당이 문제되는 이유는, 채무들이 이자 여부·담보 여부·이행기 도래 여부 등에 관하여 여러 가지 모습이 있어 변제로서 급부한 것이 어떤 채무에 충당되느냐가 당사자의 이해관계에 직접 영향을 미치기 때문이다.

2. 민법규정과 변제충당의 방법

민법은 변제충당의 방법에 관하여 제476조 내지 제479조를 두고 있다. 그런데 이들 규정은 임의규정이라고 이해하여야 한다(통설·판례도 같음. 대판 1987. 3. 24, 84다카 1324; 대결 2010. 3. 10, 2009마1942; 대판 2015. 6. 11, 2012다10386(변제자인 채무자와 변제수령자인 채권자는 약정에 의하여 이를 배제하고 제공된 급부를 어느 채무에 어떤 방법으로 충당할 것인가를 결정할 수 있다); 대판 2015. 11. 26, 2014다71712). 따라서 당사자는 합의에 의하여 충당할 수 있다(합의충당 내지 계약충당). 이는 명문규정은 없지만 사적 자치에 의하여 당연히 인정된다. 그리고 합의충당이 없을 때 법률규정에 의하여 지정충당·법정충당이 행하여진다.

〈판 례〉

「변제충당에 관한 민법 제476조 내지 제479조의 규정은 임의규정이므로 변제자와 변제받는 자 사이에 위 규정과 다른 약정이 있다면 그 약정에 따라 변제충당의 효력이 발생하고, 위 규정과 다른 약정이 없는 경우에 변제의 제공이 그 채무 전부를 소멸하게 하지 못하는 때에는 민법 제476조의 지정변제충당에 의하여 변제충당의 효력이 발생하고 보충적으로 민법 제477조의 법정변제충당의 순서에 따라 변제충당의 효력이 발생한다.」(대결 2010. 3. 10, 2009마1942; 대판 2015. 11. 26, 2014다71712)

〈민사집행법에 의한 경매에 있어서의 변제충당〉

판례는, 과거에는 부동산 강제경매절차의 경우 합의충당이나 지정충당이 허용될 수 없고(그 결과 법정충당만 인정됨), 구 경매법에 의한 경매의 경우 지정충당은 허용될 수 없으나 합의충당은 무효가 아니라고 하였다($\binom{\text{대판 1991. 7. 23, 90다18678;}}{\text{대판 1991. 12. 10, 91다17092}}$). 그런데 대판 1996. 5. 10, 95다55504 이후에는 담보권 실행 등을 위한 경매($\substack{\text{구 경매법에 의한}\\\text{경매에 해당함}}$)의 경우 변제충당에 관한 합의가 있었다고 하더라도 그 합의에 의한 변제충당은 허용될 수 없고 획일적으로 가장 공평 타당한 충당방법인 제477조(및 479조)의 규정에 의한 법정변제충당의 방법에 따라 충당할 것이라고 한다($\substack{\text{같은 취지: 대판 1997. 7. 25, 96다52649; 대판 1998. 7. 10, 98다}\\\text{6763; 대판 1999. 8. 24, 99다22281 · 22298; 대판 2000. 12. 8,}\\\text{2000다}}$ $\substack{\text{51339}}$). 이에 의하면 담보권 실행 경매의 경우에도 법정충당만 허용된다($\substack{\text{이는 구 판례를}\\\text{실질적으로 변경}\\\text{한 것이나, 구 판례가}\\\text{폐기되지는 않았다}}$).

여기에 관하여 학설로서는 과거의 판례를 따르는 견해만 나타나 있다($\substack{\text{김상용,}\\\text{437면}}$).

생각건대 민사집행법에 의한 경매에 있어서는 채권자 · 채무자 외에 다수의 이해관계인이 있을 수 있고, 그 경우에 공평하고 타당한 결과를 가져오려면 합의충당이나 지정충당은 인정하지 않고 법정충당만 허용하여야 한다($\substack{\text{앞에서 설명한 충당의 방법과}\\\text{순서는 임의변제에 관한 것이다.}}$). 그리고 그 점에서는 통상의 강제경매나 담보권 실행 경매가 차이가 없다고 보아야 한다. 결국 현재의 판례가 타당하다. 주의할 것은, 공경매 가운데 국세징수법에 의한 공매의 경우, 즉 조세채권의 충당에는 법정충당의 법리를 그대로 적용하는 것이 타당하지 않다는 점이다($\substack{\text{대판 2002. 3. 15, 99다35447; 대판 2007. 12. 14,}\\\text{2005다11848; 대판 2013. 7. 12, 2011두20321}}$).

변제충당의 방법에 관한 주장 · 증명책임은 최후의 법정충당($\substack{\text{477조 4호의 안분}\\\text{비례에 의한 충당}}$)과 다른 충당을 주장하는 자가 부담한다. 즉 그가 자신에게 유리한 변제충당의 합의의 존재, 변제충당의 지정, 우선적인 법정충당 등에 관하여 주장 · 증명하여야 한다($\substack{\text{대판 1994. 2. 22, 93다49338; 대판 2013. 9. 12, 2012다118044 · 118051; 대판 2020. 1. 30, 2018다204787(당사자}\\\text{사이에 명시적 · 묵시적 합의가 있는 경우 그것을 주장하는 자가 증명해야 함); 대판 2021. 10. 28, 2021다247937 ·}\\\text{247951 ·}\\\text{247968}}$). 이 경우 위의 사실을 주장하는 자가 증명을 다하지 못하면 당연히 각 채무액에 안분비례하여 법정충당이 행하여진다($\substack{\text{대판 1994. 2. 22, 93다49338; 대판 2009. 2. 12,}\\\text{2007다77712; 대판 2021. 10. 28, 2021다247937 ·}\\\text{247951 ·}\\\text{247968}}$).

〈판 례〉

(ㄱ)「채무자가 특정한 채무의 변제조로 금원 등을 지급한 사실을 주장함에 대하여, 채권자가 이를 수령한 사실을 인정하고서 다만 타 채무의 변제에 충당하였다고 주장하는 경우에는 채권자는 타 채권이 존재하는 사실과 타 채권에 대한 변제충당의 합의가 있었다거나 타 채권이 법정충당의 우선순위에 있다는 사실을 주장 · 입증하여야」한다($\substack{\text{대판 1999. 12. 10, 99다14433. 같은 취}\\\text{지: 대판 2014. 1. 23, 2011다108095}}$).

(ㄴ)「동일 당사자 사이에 수 개의 채권관계가 성립되어 있는 경우 채무자가 특정채무를 지정하여 변제를 한 때에는 그 특정채무에 대한 변제의 효과가 인정된다. 이때 그 변제액수가 지정한 특정채무의 액수를 초과하더라도, 초과액수 상당의 채권이 부당이득관계에 따라 다른 채권에 대한 상계의 자동채권이 될 수 있음은 별론으로 하

고, 당사자 사이에 다른 채권의 변제에 충당하거나 공제의 대상으로 삼기로 하는 합의가 있는 등 특별한 사정이 없는 한 초과액수가 다른 채권의 변제에 당연 충당된다거나 공제의 대상이 된다고 볼 수는 없다.」($^{대판\ 2021.\ 1.\ 14,}_{2020다261776}$)

각각의 충당방법을 차례로 살펴보기로 한다.

3. 합의충당(계약충당)   [222]

당사자(변제자 및 변제수령자) 사이의 합의에 의한 충당은 모든 것에 우선한다. 충당의 합의는 내용에 있어서 ① 구체적인 채무에의 충당에 관한 것일 수도 있고 ② 충당의 방법에 관한 것일 수도 있으나, 어느 것이라도 무방하다. 그리고 대법원은 ①과 관련하여 다음과 같이 판시하고 있다. 「다수의 채무 중 보증인에 의하여 담보되고 있는 채무와 그렇지 않은 채무가 있는 경우에, 채권자와 채무자가 충당의 합의를 함에 있어서 보증인이 있는 채무를 반드시 먼저 변제하여야 한다고 볼 근거가 없고, 계약자유의 원칙에 의하여 채권자와 채무자는 제공된 급부를 어느 채무에 어떤 방법으로 충당할 것인가를 결정할 수 있으며, 다만 그러한 충당이 보증인에게 현저히 부당하고 신의칙에 반하는 때에는 합의충당의 효력이 부정된다」($^{대판\ 2010.\ 10.\ 28,}_{2010다55187}$). 이러한 판시는 타당하다.

〈판 례〉

위 ②에 관하여 몇 개의 판례가 있다.

㈀ 「채권자와 채무자 사이에 변제가 모든 채무를 소멸시키기에 부족한 때에는 채권자가 적당하다고 인정하는 순서와 방법에 의하여 충당하기로 하는 별도의 약정을 하였고, 이 약정에 따라 변제수령자인 채권자가 적당하다고 인정되는 순서와 방법에 따라 변제충당을 하였다면 그 충당은 효력이 있다고 할 것」이다($^{대판\ 1991.\ 12.\ 10,\ 91다}_{17092.\ 같은\ 취지:\ 대판}$ $^{1987.\ 3.\ 24,\ 84다카1324;\ 대}_{판\ 2004.\ 3.\ 25,\ 2001다53349}$).

㈁ 채권자와 채무자 사이에 「미리 변제충당에 관한 별도의 약정($^{채권자가\ 적당하다고\ 인}_{정하는\ 순서와\ 방법에\ 의}$ $^{하여\ 충당하기로}_{한\ 것:\ 저자\ 주}$)이 있는 경우에는 채무자가 변제를 하면서 위 약정과 달리 특정 채무의 변제에 우선적으로 충당한다고 지정하더라도, 그에 대하여 채권자가 명시적 또는 묵시적으로 동의하지 않는 한 그 지정은 효력이 없어 채무자가 지정한 채무가 변제되어 소멸하는 것은 아니라 할 것이다.」($^{대판\ 1999.\ 11.\ 26,\ 98다27517.\ 같은}_{취지:\ 대판\ 2004.\ 3.\ 25,\ 2001다53349}$)

㈂ 「변제충당지정은 상대방에 대한 의사표시로써 하여야 하는 것이기는 하나, 채권자와 채무자 사이에 미리 변제충당에 관한 약정이 있고, 그 약정내용이 변제가 채권자에 대한 모든 채무를 소멸시키기에 부족한 때에는 채권자가 적당하다고 인정하

는 순서와 방법에 의하여 충당하기로 한 것이라면, 변제수령권자인 채권자가 위 약정에 터 잡아 스스로 적당하다고 인정하는 순서와 방법에 좇아 변제충당을 한 이상 변제자에 대한 의사표시와 관계없이 그 충당의 효력이 있는 것이라고 해석하는 것이 상당하다(대법원 1991. 7. 23. 선고 90다18678 판결, 대법) .」(대판 2012. 4. 13, 2010다1180(이 판결은 채권자가 원 1999. 11. 26. 선고 98다27517 판결 등 참조)파산절차에서 파산관재인으로부터 수령한 배당금을 변제충당하는 경우 민법의 변제충당에 관한 규정이 적용된다고 한다). 같은 취지: 대판 2015. 6. 11, 2012다10386)

ㄹ)「변제자(채무자)와 변제수령자(채권자)는 변제로 소멸한 채무에 관한 보증인 등 이해관계 있는 제 3 자의 이익을 해하지 않는 이상 이미 급부를 마친 뒤에도 기존의 충당방법을 배제하고 제공된 급부를 어느 채무에 어떤 방법으로 다시 충당할 것인가를 약정할 수 있다.」(대판 2013. 9. 12, 2012다118044 · 118051)

[223]　　**4. 지정충당**

지정충당은 변제의 충당이 지정권자의 지정에 의하여 이루어지는 경우이다.

(1) 변제자의 지정

지정충당에 있어서 충당 지정권자는 1차적으로는 변제자이다(채무자가 아님을 주의)(476조 1항 · 3항, 478조). 그가 변제에 가장 이해관계가 크기 때문에 인정된 것이다. 이 변제자의 지정에 변제수령자의 동의는 필요하지 않으며, 또한 수령자가 이의를 제기할 수도 없다.

(2) 변제수령자의 지정

변제자의 지정이 없으면 변제수령자가 지정할 수 있다(476조 2항 본문 · 3항, 478조). 그 시기는 「변제받는 … 당시」라고 규정되어 있으나, 「수령 후 지체없이」의 의미로 새긴다. 변제수령자의 지정에는 변제자가 이의를 제기할 수 있다(476조 2항 단서). 그런데 이의의 효과에 관하여는 견해가 나뉜다. i) 다수설은 지정권이 변제자에게 이전하지 않고 법정충당을 하게 된다고 하나(곽윤직, 250면; 김상용, 439면; 김학동, 363면; 김형배, 698면; 이은영, 704면), ii) 소수설은 다시 변제자가 지정권을 행사할 수 있다고 한다(주해(II), 174면(이인재)). 생각건대 변제자에게 두 번의 기회를 주는 것은 옳지 않고 또 법정충당이 변제자에게 불리하지도 않으므로 i)설을 따라야 한다.

(3) 지정충당에 대한 제한

민법은 제479조에서, 채무자가 1개 또는 수개의 채무의 비용 및 이자를 지급할 경우에 변제자가 그 전부를 소멸하게 하지 못한 급여를 한 때에는 비용 · 이자 · 원본의 순서로 변제에 충당하여야 하고(1항), 비용 · 이자 · 원본 상호간에 있어서는 뒤에 설명하는 법정충당을 할 것이라고 규정한다($\frac{2}{\mathrm{항}}$). 문제는 이 제479조가 지정충당에 대한 제한인지이다. 여기에 관하여 학설은 i) 긍정설($\begin{smallmatrix}곽윤직, 342면; 김상용,\\439면; 김주수, 464면;\end{smallmatrix}$ 김학동, 363면;김형배, 696면)과 ii) 부정설($\begin{smallmatrix}이은영, 706면; 주해\\(III), 184면(이인재)\end{smallmatrix}$)로 나뉘어 있다. i)설은 제479조 제 1 항과 다르게 일방적으로 지정할 수 없다는 견해이고, ii)설은 제479조가 임의규정이므로 그와 다른 당사자의 합의가 있으면 그 적용이 배제되고 지정충당도 제479조에 우선한다고 한다. 그에 비하여 판례는 i)설의 견지에 있다($\begin{smallmatrix}479조는 명시적·묵시적 합\\의가 없는 한 적용된다고 함\end{smallmatrix}$)(대판 1981. 5. 26, 80다3009; 대판 1990. 11. 9, 90다카7262; 대판 2002. 5. 10, 2002다12871·12888; 대판 2009. 6. 11, 2009다12399; 대판 2014. 12. 11, 2012다15602; 대판 2020. 1. 30, 2018다204787; 대판 2022. 8. 31, 2022다239896(같은 채권자가 가지는 수개의 원본채권과 그 이자 또는 지연손해금 사이)). 검토해 보건대 우선 이 문제를 제479조가 임의규정인지의 문제로 생각하는 것은 잘못이다. 그 규정이 임의규정임은 분명하고($\begin{smallmatrix}따라서 합의\\충당은 479조\\에 우선함\end{smallmatrix}$), 여기서는 거기에서 더 나아가 그 규정이 지정충당에 대한 제한인지를 문제 삼는 것이다($\begin{smallmatrix}479조가 임의규정이라고 하여 당연히 지정충\\당이 그 규정에 우선할 수 있는 것은 아니다\end{smallmatrix}$). 그리고 제479조의 내용은 그와 다른 합의가 없는 한 관철되어야 할 합리적인 것이다. 그러한 점에서 볼 때 i)설과 같이 새겨야 한다.

〈판 례〉

「비용, 이자, 원본에 대한 변제충당의 순서는 민법 제479조에 법정되어 있으므로 당사자 사이에 그와 다른 특별한 합의가 있었다거나 일방의 지정에 대하여 상대방이 지체없이 이의를 제기하지 않음으로써 묵시적인 합의가 되었다고 보여지는 경우 등 특단의 사정이 없는 한 위의 법정순서에 의하여 변제충당이 이루어져야 하는 것이며, 채무자는 물론 채권자라 할지라도 그와 다르게 일방적으로 충당의 순서를 지정할 수 없는 것」이다(대판 1990. 11. 9, 90다카7262. 같은 취지: 대판 1981. 5. 26, 80다3009; 대판 2002. 1. 11, 2001다60767; 대판 2002. 5. 10, 2002다12871·12888; 대판 2009. 6. 11, 2009다12399).

채무의 원본 외에 비용·이자가 있는 경우에는 제479조에 의하여 비용·이자·원본의 순으로 충당된다. 여기의 비용에 관하여 판례는 다음과 같이 판시한다. 「비용은 당사자 사이의 약정이나 법률의 규정 등에 의하여 채무자가 당해 채권에 관하여 부담하여야 하는 비용을 의미한다. 따라서 채무자가 부담하여야 하는 변제비용($\begin{smallmatrix}민법 제473\\조 본문\end{smallmatrix}$)이나, 채권자의 권리실행비용 중에서 소송비용액 확정결정이나 집행비용액 확정결정에 의하여 채무자가 부담하는 것으로 확정된 소송비용 또는 집행비용($\begin{smallmatrix}대법원 2006. 10. 12. 선고\\2004재다818 판결 참조\end{smallmatrix}$) 등은 위와 같은 비용의 범주에 속한다. 그러나 변제비용이라고 하여도 채권자의 주소이전 기타의 행위로 인하여 증가된 액수는 원칙적으로 채권자가 부담하여야 하므로($\begin{smallmatrix}민법 제473\\조 단서\end{smallmatrix}$), 이를 위 규정에서 말하는 비용에 해당한다고 할 수 없다. 나아가 민사소송법은 패소한 당사자가 소송비용을 부담하는 것을 원칙으로 하면서도($\substack{같은 \ 법 \\ 제98조}$), 그 부담자 및 부담범위 등에 관하여 여러 가지 예외를 인정하고 있다($\substack{같은 \ 법 \ 제 \\ 99조 \ 이하}$)」($\substack{대판 \ 2008. 12. 24, \\ 2008다61172}$). 그리고 제479조의 이자는 법령의 제한이 있는 때에는 제한 내의 이자만을 가리킨다. 그리하여 이자제한법 제 2 조 제 1 항 및 「이자제한법 제 2 조 제 1 항의 최고이자율에 관한 규정」, 「대부업 등의 등록 및 금융이용자 보호에 관한 법률」 제 8 조 제 1 항 및 같은 법 시행령 제 5 조 제 2 항의 제한을 초과하는 이자는 제외된다($\substack{[50]~[52] \\ 참조}$). 그리고 지연이자는 실질적으로는 이자와 동일하므로 여기의 이자에는 포함된다. 판례도 제479조에 따라 변제충당을 할 때 지연손해금은 이자와 같이 보아 원본보다 먼저 충당된다고 하여 같은 견지에 있다($\substack{대판 \ 2020. 1. 30, \\ 2018다204787}$). 한편 합의충당만은 이러한 제한을 받지 않는다($\substack{그러나 \ 제한초과이자는 \ 제한된다. \ 이자 \\ 제한법 \ 2조 \ 4항, \ 대부업법 \ 8조 \ 4항 \ 참조}$).

변제충당에 관한 제479조는 변제뿐만 아니라 공탁·상계 등 그 밖의 채무소멸원인에도 마찬가지로 적용된다($\substack{대판 \ 2006. 10. 12, \\ 2004재다818}$).

〈 판 례 〉

「채무자가 이행지체에 빠진 이상, 채무자의 이행제공이 이행지체를 종료시키려면 완전한 이행을 제공하여야 하므로, 채무자가 원본뿐 아니라 지연이자도 지급할 의무가 있는 때에는 원본과 지연이자를 합한 전액에 대하여 이행의 제공을 하여야 할 것이고, 그에 미치지 못하는 이행제공을 하면서 이를 원본에 대한 변제로 지정하였더라도, 그 지정은 민법 제479조 제 1 항에 반하여 채권자에 대하여 효력이 없으므로, 채권자는 그 수령을 거절할 수 있다 할 것이다.」($\substack{대판 \ 2005. 8. 19, \\ 2003다22042}$)

[224]   **5. 법정충당**

합의충당도 지정충당도 없는 경우에는 법률규정에 의하여 충당이 일어나게 된다($\substack{477 \\ 조}$). 채무의 원본 외에 비용·이자가 있는 경우에 비용 상호간, 이자 상호간, 원본 상호간에도 같다($\substack{479조 \\ 2항}$). 이를 법정충당이라고 한다. 그 방법은 다음과 같다. 이때 변제충당의 순서는 채무자의 변제제공 당시를 기준으로 정해야 한다($\substack{대판 \\ 2015. \\ 11. 26, 2014 \\ 다71712}$).

(1) 채무 중에 이행기가 도래한 것과 도래하지 않은 것이 있으면 이행기가 도래한 채무의 변제에 충당한다($\substack{477조 \ 1호· \\ 478조}$).

(2) 채무 전부의 이행기가 도래하였거나 도래하지 않은 때에는 채무자에게

변제이익이 많은 채무의 변제에 충당한다$\binom{477조\ 2호\cdot}{478조}$. 변제이익은 변제자를 기준으로 판단하여야 한다$\binom{대판\ 1999.\ 8.\ 24,}{99다22281\cdot22298}$. 일반적으로 무이자 채무보다는 이자부 채무, 저이율의 채무보다는 고이율의 채무, 무담보 채무보다는 담보부 채무$\binom{자신의\ 물}{건에\ 의한\ 담보부\ 채무}$), 변제자가 보증인으로서 부담하는 보증채무$\binom{연대보증채}{무도\ 포함}$)보다는 변제자 자신의 채무$\binom{대판\ 1999.\ 7.\ 9,\ 98다55543;}{대판\ 2002.\ 7.\ 12,\ 99다68652}$), 연대채무보다는 단순채무$\binom{대판\ 1999.\ 7.\ 9,}{98다55543}$)가 변제이익이 많다. 그러나 변제자가 주채무자인 경우에 보증인이 있는 채무와 보증인이 없는 채무는 변제이익에 있어서 차이가 없다$\binom{같은\ 취지:\ 김형배,\ 699면;\ 대판\ 1985.\ 3.\ 12,\ 84다카2093;\ 대판\ 1997.\ 7.\ 25,\ 96다52649;\ 대판\ 1999.\ 8.\ 24,\ 99다26481;\ 대판\ 2014.\ 4.\ 30,\ 2013다8250;\ 대판\ 2021.\ 1.\ 28,\ 2019다207141.\ 그러나\ 김상용,\ 440면은\ 전자가\ 변제이익이\ 크다고\ 한다}$). 마찬가지로 변제자가 채무자인 경우에 물상보증인이 제공한 물적 담보가 있는 채무와 그러한 담보가 없는 채무 사이에도 변제이익의 점에서 차이가 없다$\binom{대판\ 2014.\ 4.\ 30,}{2013다8250}$). 한편 여러 가지 조건이 섞여 있는 경우$\binom{예:\ 저리(低利)의\ 물적\ 담보부\ 채}{무와\ 고리(高利)의\ 무담보\ 채무}$)에는 모든 사정을 고려하여 판단하여야 한다.

〈판 례〉

(ㄱ) 「주채무자 이외의 자가 변제자인 경우에는, 변제자가 발행 또는 배서한 어음에 의하여 담보되는 채무가 다른 채무보다 변제이익이 많다고 보아야 할 것이고, 주채무자가 변제자인 경우에는, 담보로 제 3 자가 발행 또는 배서한 약속어음이 교부된 채무와 다른 채무 사이에 변제이익의 점에서 차이가 없다고 보아야 할 것이나 담보로 주채무자 자신이 발행 또는 배서한 어음이 교부된 채무는 다른 채무보다 변제이익이 많은 것으로 보아야 할 것이다. 또 법정 변제충당의 순위를 정함에 있어서 변제의 유예가 있는 채무에 대하여는 유예기까지 변제기가 도래하지 않은 것과 같게 보아야 할 것이다.」$\binom{대판\ 1999.\ 8.\ 24,}{99다22281\cdot22298}$

(ㄴ) 「변제자가 주채무자인 경우, 보증인이 있는 채무와 보증인이 없는 채무 사이에 변제이익의 점에서 차이가 없다고 보아야 할 것이므로, 보증기간 중의 채무와 보증기간 종료 후의 채무 사이에서는 변제이익의 점에서 차이가 없고, 따라서 주채무자가 변제한 금원은 이행기가 먼저 도래한 채무부터 법정변제충당하여야 할 것이다.」$\binom{대판\ 1999.\ 8.\ 24,}{99다26481}$

(3) 채무자에게 변제이익이 같으면 이행기가 먼저 도래한 채무나 먼저 도래할 채무의 변제에 충당한다$\binom{477조\ 3호\cdot}{478조}$. 기한이 정해져 있지 않은 채무는 채무 발생 시에 이행기에 있게 되므로$\binom{[218]}{참조}$ 그러한 채무 상호간에 있어서는 먼저 성립한 것에 충당되어야 한다.

(4) 이상과 같은 표준에 의하여 충당의 선후를 정할 수 없는 경우에는 각 채

무들의 채무액에 비례하여 변제에 충당한다$\left(\begin{smallmatrix}477조\ 4호\cdot\\478조\end{smallmatrix}\right)$.

[225] **Ⅹ. 변제의 제공**

1. 변제제공의 의의

변제의 제공이란 채무의 이행에 채권자의 협력을 필요로 하는 채무$\left(\begin{smallmatrix}예:\ 채권자\\가\ 공급하는\end{smallmatrix}\right.$
$\left.\begin{smallmatrix}재료에\ 가공하여야\ 할\ 채무,\\추심채무,\ 수령을\ 요하는\ 채무\end{smallmatrix}\right)$에 있어서 채무자가 급부에 필요한 모든 준비를 다해서 채권
자의 협력을 요구하는 것을 말하며, 그것은「이행의 제공」또는 단순히「제공」이
라고도 한다. 채무 가운데에는 채무자의 행위만으로 이행할 수 있는 것도 있으나
$\left(\begin{smallmatrix}예:\ 부작위채무,\ 의사\\표시를\ 하여야\ 할\ 채무\end{smallmatrix}\right)$, 채무의 이행에 채권자의 협력이 필요한 것이 대부분이다. 이들
중 후자에 있어서는 채무자가 아무리 변제하려고 하여도 채권자의 협력이 없으
면 변제를 할 수가 없다. 그러한 때에 채무자로 하여금 채무불이행책임을 면하게
하는 등으로 채무자를 보호하려는 제도가「변제의 제공」이다.

변제의 제공이 유효하려면 채무의 내용에 좇은 것이어야 한다$\left(\begin{smallmatrix}460\\조\end{smallmatrix}\right)$. 채무의 내용에
좇은 것이 아니면 그 효과가 발생하지 않는다. 따라서 변제제공은 일정한 수준의 준
비가 갖추어지는 것 외에 주체$\left(\begin{smallmatrix}[209]\cdot[210]\\참조\end{smallmatrix}\right)\cdot$객체$\left(\begin{smallmatrix}[216]\\참조\end{smallmatrix}\right)\cdot$장소$\left(\begin{smallmatrix}[217]\\참조\end{smallmatrix}\right)\cdot$시기$\left(\begin{smallmatrix}[218]\\참조\end{smallmatrix}\right)$ 등에 있
어서 적합하여야 한다.

2. 변제제공의 방법

(1) 개   관

민법은 제460조에서 변제제공의 방법으로 현실의 제공과 구두의 제공의 두
가지를 규정하고 있다. 현실의 제공은 채무자가 하여야 할 급부행위를 채무의 내
용에 좇아 현실적으로 하는 것이다$\left(\begin{smallmatrix}이는\ 채권자의\ 수령이\ 있으면\ 곧\\변제의\ 효과가\ 생기는\ 정도의\ 것임\end{smallmatrix}\right)$. 이 현실의 제공이 민
법상 변제의 제공의 원칙이다$\left(\begin{smallmatrix}460조\\본문\end{smallmatrix}\right)$. 그에 비하여 구두의 제공은 채무자가 언제든지
변제를 할 수 있는 준비를 하고 이를 채권자에게 통지하여 수령 기타의 협력을
최고하는 것이다. 민법은 일정한 경우에는 현실의 제공을 강요하는 것이 채무자
에게 가혹하다는 이유에서 구두의 제공만으로 충분한 것으로 정하고 있다$\left(\begin{smallmatrix}460조\\단서\end{smallmatrix}\right)$.

〈판 례〉

판례는, 금전채무의 현실제공은 특별한 사정이 없는 한 채권자가 급부를 즉시 수령할 수 있는 상태에 있어야만 인정될 수 있으며(대판 2012. 10. 11, 2011다17403; 대판 2022. 10. 27, 2022다238053), 따라서 채무자가 채무내용에 좇은 급부를 제공하면서도 채권자가 그 급부를 즉시 수령하기 어려운 장애요인을 형성·유지한 경우에는 현실제공이 없다고 한다(대판 2012. 10. 11, 2011다17403).

(2) 현실의 제공

현실의 제공에서 문제되는 사항을 검토하기로 한다.

1) 변제제공자　　변제제공자는 변제자와 같다. 따라서 본래 채무자가 제공자가 되나, 제 3 자도 원칙적으로 제공을 할 수 있다([209]·[210] 도 참조).

2) 변제제공의 상대방　　이는 변제수령자와 같다. 따라서 원칙적으로 채권자가 제공의 상대방이 되나, 채권자임에도 불구하고 상대방이 될 수 없는 경우도 있고, 채권자가 아닌데도 수령권한이 있는 경우도 있다([212] 이하 참조). 표현수령권자도 변제가 유효하게 될 수 있는 경우에는 제공의 상대방이 된다고 하여야 한다(470조·471조·514조·518조·524조·525조 참조). 여기에 관하여는 문헌상 논의가 거의 없고, 단지 채권의 준점유자에 대한 제공만은 유효한 제공이라는 견해(이은영, 670면)가 보인다. 그러나 표현수령권자에 대한 변제도 일정한 경우에는 유효하게 될 수 있으므로 그때에는 변제제공도 유효하게 될 수 있는 것으로 새겨야 하며, 그럼에 있어서 채권의 준점유자와 나머지의 경우를 구별할 이유가 없다.

〈판 례〉

「채권자가 아닌 제 3 자 명의로 개설된 예금계좌에 채무자가 현금을 입금시켰다고 하더라도 그 예금명의자인 제 3 자가 당해 금전채권에 대한 변제의 제공을 받을 수 있는 지위에 있지 아니하는 한 그 입금이 채무내용에 좇은 현실의 제공이라고 볼 수 없을 것이지만, 채권자가 금융기관으로서 채무자에게 금전채무의 이행방법으로 제 3 자 명의로 개설된 예금계좌에 입금할 것을 요청하였고, 그 예금계좌가 채권자의 관리 하에 있어 채권자가 즉시 인출받을 수 있는 지위에 있는 경우에는, 채권자 명의로 개설된 예금계좌에 아무런 유보 없이 입금시킨 경우와 마찬가지로, 채무자가 입금한 금원이 그 예금계좌에 들어가 입금기재된 때에 그에 따른 변제의 효력이 발생한다.」(대판 1998. 7. 24, 98다7698).

3) 변제제공의 장소　　변제제공은 정하여진 장소에서 하여야 한다. 그리하여 지참채무의 경우에는 채무자가 채권자의 주소지 또는 합의된 제 3 지에 목

적물을 가지고 가서 수령하게 하여야 한다. 그리고 추심채무의 경우에는 채무자가 변제준비를 하고 수령을 최고하여야 한다.

　　문헌들은 이를 구두의 제공으로 설명하기도 하나, 구두제공에서 「채권자의 행위가 필요한 경우」는 수령 이외의 행위가 필요한 경우로 파악하는 것이 바람직하다. 그리고 추심채무의 경우는 위에서 설명한 것이 채무자가 하여야 하는 행위의 전부이므로 현실의 제공으로 설명하는 것이 적절하다(같은 취지: 김상용, 445면; 김학동, 344면).

　　한편 송부채무의 경우에는 채무자가 목적물을 운송기관에 위탁(인도)하면 된다. 즉 송부채무에 있어서 운송기관에 위탁하는 것으로 변제제공으로 되느냐 아니면 채권자에게 도달하여야 변제제공이 되느냐가 문제될 수 있으나, 전자만으로 변제제공이 되고 다만 채권자의 수령거절이 있을 때 수령지체는 발생한다고 해석하는 것이 적당하다.

　　4) 변제제공의 시기　　변제제공은 변제기가 도래하였을 때 하는 것이 원칙이다. 다만, 당사자의 특별한 의사표시가 없으면 채무자는 기한의 이익을 포기하고 변제기 전에 변제할 수 있으므로(468조 본문), 그는 변제기 전에도 변제제공을 할 수 있다고 하여야 한다. 그러나 이때 상대방의 손해는 배상하여야 한다(468조 단서).

[226]　　**5) 급부의 적합성**

　　㈎ 금전채무의 경우

　　(a) 일부제공　　금전채무에 있어서 채무액의 일부만을 제공한 것 즉 일부제공도 유효한 변제제공이 되는지가 문제된다. 여기에 관하여 i) 다수설은 채무의 내용에 좇은 제공이 되지 않는다고 하나(곽윤직, 253면; 김학동, 341면; 김형배, 653면 등), ii) 소수설은 가분급부의 경우에 분할하여 일부씩 이행하는 것이 거래관행에 비추어 부당하지 않고 채권자에게 불이익을 주지 않는 경우에는 그 제공된 부분에 대하여 변제제공의 효과가 생긴다고 한다(이은영, 673면). 그리고 판례는 부정하는 견지에 있다(대판 1984. 9. 11, 4다카781). 생각건대 ii)설에 의하면 채권자에게 일부수령을 강요하게 되고 일부를 제공한 채무자의 이행의지가 약해질 수 있어서 채권자에게 불이익하게 된다. 그리고 채권자는 그가 유리하면 수령을 하게 될 것이고, 그때에는 일부변제가 되어 채무자에게 불이익하게 되지도 않는다. 따라서 i)설 및 판례가 타당하다. 다만, 부족액이 아주 적은 경우에는 신의칙상 변제제공으로 인정하여야 한다.

(b) 통화 이외의 지급수단   금전채무는 통화로 변제하여야 한다($^{376}_{조}$). 그런데 때로는 채무자가 우편환·수표 등과 같이 통화가 아닌 수단으로 제공을 하기도 한다. 이것도 현실의 제공이 되는가? 우편환은 현금과 동일한 작용을 하므로 금전과 같이 다루어야 한다. 수표 중에 신용 있는 은행이 발행·배서 또는 지급보증한 것도 마찬가지이다($^{이설이 없으며, 판례도 같음.}_{대판 1960. 5. 19, 4292민상784}$). 그러나 보통의 수표는 부도의 가능성이 있기 때문에 현금과 같이 볼 수 없다. 그리고 예금통장($^{인장}_{포함}$)의 교부도 유효한 제공이 아니다. 다만, 당사자 사이에 특약이나 거래상 관습이 있는 때에는 다를 수 있다.

(나) **금전 이외의 물건을 목적으로 하는 채무**   특정물채무의 경우에는 설사 목적물에 약속한 성질이 없더라도 변제의 제공이 된다($^{통설도 같}_{은 취지임}$). 그때 매수인은 하자담보책임을 물을 수는 있다($^{580조}_{참조}$).

　일부 견해는 견본품에 의한 특정물매매에 있어서 특정물이 견본품과 다른 경우에는 그 차이가 법적 동일성을 유지할 수 있을 정도로 근소한 것이어야 하고, 원칙적으로 매도인에게 귀책사유가 없어야 한다고 한다($^{김상용, 444면,}_{김형배, 656면}$). 그러나 이러한 설명은 종류매매에서는 가능할 수 있지만, 특정물매매에서는 가능하지 않다. 후자의 경우에는 매수인이 특정된 물건을 매수하였으므로, 견본과 차이가 있더라도 그 물건 자체가 인도되어야 하고($^{462조}_{참조}$), 그 차이는 단지 담보책임에서만 의미를 가질 수 있기 때문이다.

종류채무의 경우에는 제공된 물건이 종류·품질·수량에 있어서 적합하여야 한다. 품질이 미달된 경우에는 채권자는 수령을 거절할 수 있다. 그리고 종류매매의 경우에는 수령거절의 방법 외에 목적물을 수령하고 담보책임을 물을 수도 있다($^{581조}_{참조}$).

(다) **채무자의 이행행위와 동시에 채권자가 협력하여야 하는 경우**   등기이전채 [227]
무에 있어서는 채무자는 등기에 필요한 준비를 완료하고 등기소 기타 약속장소에 감으로써 현실의 제공이 된다. 근저당권설정등기 있는 부동산을 매도한 경우 매도인은 소유권이전등기에 필요한 서류 외에 근저당권 말소에 필요한 서류도 준비하여야 하며 근저당채무가 변제되었다는 것만으로는 부족하다($^{대판 1979. 11. 13,}_{79다1562}$). 그리고 등기의무자의 주소 등 표시가 변경된 경우에는 주소변경등기에 필요한 서류도 제공하여야 한다($^{대판 1987. 4. 14,}_{86다카2605}$).

　　쌍무계약상의 채무자는 동시이행의 항변권이 있어서($\frac{536}{조}$) 상대방의 제공이 있을 때까지는 자기의 제공이 없더라도 이행지체의 책임을 지지 않는다. 따라서 채무자의 지체책임을 발생하게 하려면, 그리고 그것을 이유로 계약을 해제하려면, 상대방($\frac{문제되는 \ 채}{무의 \ 채권자}$)이 자기 채무의 제공을 하고 있어야 한다. 그러기 위하여 상대방은 언제든지 현실로 이행을 할 수 있는 준비를 완료하고 그 뜻을 통지하여 수령을 최고하여야 하며, 단순히 이행의 준비태세를 갖추고 있는 것으로는 부족하다($\binom{대판 \ 1987. \ 1. \ 20, \ 85다카2197; \ 대판 \ 1992. \ 7. \ 24, \ 91다38723 \cdot 38730;}{대판 \ 1992. \ 12. \ 24, \ 92다3311; \ 대판 \ 1994. \ 10. \ 11, \ 94다24565}$). 부동산매매계약에 있어서 매도인의 소유권이전등기 의무도 이와 마찬가지이어서, 그 의무의 이행제공이 있었다고 하려면 언제든지 현실의 제공을 할 수 있을 정도로 등기에 필요한 서류를 모두 준비하고 그 뜻을 통지하여 수령을 최고하여야 한다($\binom{대판 \ 1970. \ 4. \ 14, \ 69다1223 \cdot 1224;}{대판 \ 1975. \ 6. \ 24, \ 74다1455; \ 대판}$
1996. 7. 30, 96다17738; 대판 2001.
5. 8, 2001다6053 · 6060 · 6077　).

〈판　례〉

　　㈀「쌍무계약인 부동산 매매계약에 있어서는 특별한 사정이 없는 한 매수인의 잔대금지급의무와 매도인의 소유권이전등기 서류 교부의무는 동시이행관계에 있다 할 것이고, 이러한 경우에 매도인이 매수인에게 지체책임을 지워 매매계약을 해제하려면 매수인이 이행기일에 잔대금을 지급하지 아니한 사실만으로는 부족하고 매도인이 소유권이전등기 신청에 필요한 일체의 서류를 수리할 수 있을 정도로 준비하여 그 뜻을 상대방에게 통지하여 수령을 최고함으로써 이를 제공하여야 하는 것이 원칙이고, 또 상당한 기간을 정하여 상대방의 잔대금 채무이행을 최고한 후 매수인이 이에 응하지 아니한 사실이 있어야 하는 것이며, 매도인이 제공하여야 할 소유권이전등기 신청에 필요한 일체의 서류라 함은 등기권리증, 위임장 및 부동산매도용 인감증명서 등 등기신청행위에 필요한 모든 구비서류를 말하는 것임은 원심의 판시취지와 같다 하겠으나, 그렇다고 하여 매수인의 잔대금의 준비나 제공 여부와는 관계없이 매도인에게 일률적으로 즉시 소유권이전등기가 가능할 정도로 구비서류를 완성하여 매수인에게 현실의 제공을 할 의무까지는 없다 할 것이고, 매수인이 계약의 이행에 비협조적인 태도를 취하면서 잔대금의 지급을 미루는 등 소유권이전등기 서류를 수령할 준비를 아니한 경우에는 매도인으로서도 그에 상응한 이행의 준비를 하면 족하다 할 것이고, 이 경우에 매도인이 부동산매도용 인감증명서를 발급받아 놓고 인감도장과 등기권리증 등을 준비하여 잔대금 수령과 동시에 법무사 등에게 위임하여 소유권이전등기 신청행위에 필요한 서류를 작성할 수 있도록 준비하였다면 그 이행의 제공은 이로써 충분하다 할 것이다.」($\binom{대판 \ 1992. \ 11. \ 10, \ 92다36373. \ 같은 \ 취지: \ 대판 \ 1987. \ 9. \ 8, \ 86다카1379(인감}{증명서의 \ 제공만으로는 \ 불충분하다고 \ 함); \ 대판 \ 1992. \ 7. \ 14, \ 92다5713(위의}$
서류들은 자신의 집에 보관
하고 있어도 무방하다고 함)）

(ㄴ) 「쌍무계약에 있어서 당사자의 채무에 관하여 이행의 제공을 엄격하게 요구하면 불성실한 상대 당사자에게 구실을 주게 될 수도 있으므로 당사자가 하여야 할 제공의 정도는 그의 시기와 구체적인 상황에 따라 신의성실의 원칙에 어긋나지 않게 합리적으로 정하여야 하는 것이며($\binom{\text{대법원 1995. 12. 22. 선}}{\text{고 95다40397 판결 참조}}$), 부동산 매매계약에서 매도인의 소유권이전등기 절차 이행채무와 매수인의 매매잔대금 지급채무가 동시이행관계에 있는 한 쌍방이 이행을 제공하지 않는 상태에서는 이행지체로 되는 일이 없을 것인바, 매도인이 매수인을 이행지체로 되게 하기 위하여는 소유권이전등기에 필요한 서류 등을 현실적으로 제공하거나 그렇지 않더라도 이행장소에 그 서류 등을 준비하여 두고 매수인에게 그 뜻을 통지하고 수령하여 갈 것을 최고하면 되는 것이어서($\binom{\text{대법}}{\text{원}}$ 1993. 12. 28. 선고 93다777 판결, 1996. 7. 30. 선고 96다17738 판결 등 참조), 특별한 사정이 없으면 이행장소로 정한 법무사 사무실에 그 서류 등을 계속 보관시키면서 언제든지 잔대금과 상환으로 그 서류들을 수령할 수 있음을 통지하고 신의칙상 요구되는 상당한 시간 간격을 두고 거듭 수령을 최고하면 이행의 제공을 다한 것이 되고 그러한 상태가 계속된 기간 동안은 매수인이 이행지체로 된다 할 것이다.」($\binom{\text{대판 2001. 5. 8, 2001}}{\text{다6053 · 6060 · 6077}}$)

(ㄷ) 「매수인이 잔대금의 지급준비가 되어 있지 아니하여 소유권이전등기서류를 수령할 준비를 안 한 경우에는 매도인으로서도 그에 상응한 이행의 준비를 하면 족하다($\binom{\text{대법원 2001. 12. 11. 선고}}{\text{2001다36511 판결 등 참조}}$)·」(매도인 갑과 매수인 을이 체결한 부동산 매매계약에서 을이 잔금 지급을 연체하며 잔금지급기일의 연장을 요청하자 갑이 이를 받아들여 '연장된 기일까지 잔금과 지연이자를 지급하지 않으면 매매계약이 해제된다'는 취지로 통지한 다음, 을이 연장된 기일에도 잔금을 지급하지 못하자 그 다음날 부동산 소유권을 제 3 자에 이전해 주었는데, 갑은 연장된 기일에 소유권이전등기에 필요한 서류 중 부동산 매도용 인감증명서만을 발급받지 않고 있었던 사안에서, 갑이 소유권이전등기의무에 관한 이행 제공을 마쳤다고 보아야 하는데도 이와 달리 본 원심판결에 법리오해의 위법이 있다고 한 사례)($\binom{\text{대판 2012. 11. 29,}}{\text{2012다65867}}$)

(3) 구두의 제공

[228]

구두의 제공으로 충분한 경우는 다음 1), 2)의 두 가지이다. 구두의 제공의 방법은 변제준비를 완료하고 수령 기타의 협력을 최고하는 것이다($\binom{460조}{단서}$).

1) 채권자가 수령을 거절한 경우　　채권자가 정당한 이유 없이 수령을 거절한 경우에는 구두의 제공만으로 충분하다($\binom{460조}{단서}$). 그러한 경우까지 현실의 제공을 요구하는 것은 불공평하기 때문이다. 채권자의 수령거절은 묵시적인 것이라도 무방하다. 채권자가 이유 없이 수령기일을 연기하거나 계약해제를 요구하거나 반대급부의 이행을 거절하는 것이 그 예이다. 그에 비하여 내용에 적합한 제

공이 아니어서 수령을 거절한 것은 여기의 수령거절이 아니다.

2) 채권자의 행위가 필요한 경우　　채무의 이행에 채권자의 행위를 요하는 경우에도 구두의 제공만 있으면 된다($^{460조}_{단서}$). 여기에서 「채권자의 행위」라 함은 수령 이외의 적극적 행위를 가리킨다($^{같은 취지: 김상용,}_{447면; 김학동, 344면}$). 채권자가 공급하는 재료에 가공을 하여야 할 채무가 그 예이다($^{추심채무는 현실의 제공으로}_{설명하여야 함. [225] 참조}$).

이러한 채무는 채권자의 협력이 없으면 채무자가 이행에 착수할 수 없기 때문에 구두의 제공만을 요구하는 것이다.

(4) 구두의 제공조차 필요하지 않은 경우

채권자가 변제를 수령하지 않을 의사가 명백하고 그것이 번복될 가능성이 보이지 않는 경우에는 구두의 제공도 필요하지 않다고 하여야 한다($^{대판 1976. 11. 9,}_{76다2218; 대판}$ 1995. 4. 28,)($^{판례는 538조 1항 2문(채권자의 수령지체 중 당사자 쌍방의 책임없는 이행불능에 의한 채권자의 위험부담)에}_{있어서 수령지체가 되려면, 이 경우에도 현실의 제공이나 구두의 제공이 필요하다고 한다. 대판 2004. 3. 12,}$ 94다16083)($^{2001다79013. [114]와}_{채권법각론 [44]도 참조}$)· 회귀적 급부의무($^{예: 이자 또는 월}_{세의 지급의무}$)에 있어서 전회분(前回分)에 대하여 수령지체에 빠져 있는 경우에 차회분(次回分)의 급부의무에 대하여도 마찬가지이다.

〈판　례〉

「부동산 매수인이 잔대금 지급의무를 이행하고 소유권이전등기를 넘겨받을 의사가 없음을 미리 표시한 것으로 볼 수 있는 객관적인 명백한 사정이 있는 경우에는 당사자 일방이 자기의 채무의 이행을 제공을 하지 않더라도 상대방의 이행지체를 이유로 계약을 해제할 수 있는 것으로, 매수인이 이를 번복할 가능성이 있다고 볼 만한 다른 특별한 사정이 없는 한, 이러한 경우까지 매도인에게 매수인을 이행지체에 빠뜨리기 위하여 구두제공의 방법으로라도 자기의 반대채무를 이행제공할 것을 요구할 것은 아니라고 볼 것이다.」($^{대판 1995. 4. 28,}_{94다16083}$)

[229]　　**3. 변제제공의 효과**

(1) 채무불이행책임의 면제

변제제공이 있으면 채무자는 채무불이행책임을 면하게 된다($^{461}_{조}$). 그 결과 채무불이행을 이유로 한 손해배상 · 지연이자 · 위약금의 청구를 당하지 않는다.

〈참　고〉

여기의 채무불이행이 모든 유형의 채무불이행이 아니고, 이행지체만을 가리킨다고 새겨야 함은 앞에서 설명하였다($^{그에 관하여는}_{[115] 참조}$).

(2) 채권자지체의 발생 여부

채권자지체의 법적 성질에 관하여는 견해가 대립되나($^{[113]}_{참조}$), 어느 견해에 의하든 변제제공만으로는 채권자지체가 성립하지 않는다. 즉 법정책임설에 의하더라도 수령거절 또는 수령불능이 있어야 하며, 채무불이행책임설에 의하면 그 밖에 유책사유와 위법성도 필요하다.

(3) 약정이자의 발생 정지

변제기 전에 변제제공이 된 경우에 제공 후에도 약정이자를 지급하여야 하는지가 문제된다. 여기에 관하여 i) 다수설은 이 경우에 채무자로 하여금 변제기까지의 약정이자를 지급하게 하는 것은 결과에 있어서 제공 후의 지연이자를 지급하게 하는 것이 되기 때문에 약정이자는 그 발생을 정지한다고 하나($^{곽윤직, 256}_{면; 김형배,}$ $^{662}_{면 등}$), ii) 소수설은 변제기까지의 약정이자는 채무자가 이를 제공하여야 채무의 내용에 좇은 변제의 제공이 될 수 있으므로 변제기까지의 약정이자를 지급해야 한다고 주장한다($^{김상용,}_{448면}$).

생각건대 이 문제는 변제제공의 효과로서가 아니고 채권자지체의 효과로서 논의되어야 한다. 제402조의 해석의 문제인 것이다. 한편 채무자는 당사자의 다른 의사표시가 없으면 기한의 이익을 포기할 수 있으나 손해배상은 해야 한다($^{468}_{조}$). 즉 기한의 이익이 채권자에게 있을 때에는 이자를 지급하여야 한다. 이러한 점은 채권자지체의 경우에도 똑같이 해석되어야 한다. 그리하여 기한의 이익이 채무자에게만 있어서 채권자에게 손해가 없는 경우에는 변제기까지의 이자를 지급할 필요가 없어서 제공시부터는 이자의 발생이 정지되나, 기한의 이익이 채권자에게(또는 채권자에게도) 있는 경우에는 변제기까지의 이자를 제공하여야 한다. 그리고 보면 제402조는 전자의 경우에 관한 규정으로 이해하여야 한다. 이러한 관점에서 학설들을 살펴보건대, ii)설은 변제기까지의 이자를 언제나 제공하여야 한다는 점에서 옳지 못하며, i)설은 언제나 이자 발생이 정지된다는 점에서 부당하다($^{그리고 468조}_{와도 충돌된다}$).

(4) 쌍무계약의 경우 상대방의 동시이행항변권 상실

쌍무계약에 있어서 당사자 일방의 변제제공이 있으면 상대방은 동시이행의 항변권을 상실한다. 그 결과 상대방은 자신이 이행의 제공을 하지 않으면 지체책임을 지게 된다. 그런데 이와 같이 상대방의 동시이행항변권을 상실시키려면 변제제공이 계속되어야 한다(통설·판례도 같음. 대판 1972. 3. 28, 72다163; 대판 1993. 8. 24, 92다56490; 대판 1995. 3. 14, 94다26646. 반대: 김상용, 448면).

[230] **XI. 변제에 의한 대위(변제자대위·대위변제)**

1. 의의 및 법적 성질

(1) 의   의

변제에 의한 대위란 채무의 변제가 제3자(연대채무자·보증인 등 외에 일반 제3자도 포함)에 의하여 행하여진 경우에, 변제자가 채무자(또는 공동채무자)에 대하여 취득한 구상권을 확보(확실하게 보장)하게 하기 위하여, 종래 채권자가 가지고 있던 채권에 관한 권리가 구상권의 범위 안에서 변제자에게 이전하는 것이다(법적 성질에 관한 대위행사설은 「채권자가 누리던 담보에 관한 권리들을 대위하여 행사하도록 허락하는 제도」라고 한다). 변제에 의한 대위는 변제자대위 또는 대위변제(이 용어는 제3자가 채무자 대신 변제한다는 것으로 오해될 소지가 있어서 부적절함)라고도 한다.

(2) 법적 성질

1) 변제에 의한 대위의 경우에 채권자의 권리가 변제자에게 이전되는가? 여기에 관하여 학설은 i) 권리이전설과 ii) 대위행사설로 나뉘어 대립하고 있으며, i)설이 압도적인 다수설이다. i)설은 종래 채권자가 가지고 있던 채권에 관한 권리가 법률상 당연히 변제자에게 이전한다고 한다(곽윤직, 257면; 김대정, 370면; 김상용, 451면; 김학동, 365면; 김형배, 702면; 지원림, 953면 등). 그에 비하여 ii)설은 변제자가 채권자의 권리를 이전받는 것이 아니라 채권자에게 그대로 둔 채 변제자의 명의로 그 권리를 행사할 권한을 갖는 데 불과하다고 한다(이은영, 712면). 이 견해는 주된 이유로 우리 민법이 독일과 같이 권리이전의 입법주의를 취하지 않고 프랑스식의 대위제도를 취하였다는 점을 들고 있다. 한편 판례는 i)설의 견지에 있다(대판 1988. 9. 27, 88다카1797; 대판 1993. 7. 13, 92다33251; 대판 1994. 5. 10, 93다25417; 대판 1996. 2. 23, 94다21160; 대판 1996. 12. 6, 96다35774). 생각건대 변제자대위의 경우에는 채권자는 이미 만족을 얻었으므로 채권 등이 아직도 그에게 남아 있어야 할 이유가 없다. 따라서 법률에서 변제자가 채권자의 권리를 대위 또는 행사할 수 있다고 한 것은 채권자의 권리가 변제자에게 이전된다는 의미로 새겨져야 한다. 결국 다수설 및 판례가 타당하다.

2) 변제자대위에 있어서는 그 요건이 갖추어지면 채권자의 채권 등이 법률상 당연히 변제자에게 이전된다. 따라서 계약에 의하여 채권이 이전되는 채권양도

와는 구별된다. 다만, 임의대위의 경우에는 채권양도에 있어서와 마찬가지로 채무자와 제 3 자를 보호하여야 할 필요가 있어서 채권양도의 대항요건에 관한 규정을 준용하고 있다($\frac{480조}{2항}$).

변제자대위는 변제한 제 3 자가 채권자의 권리를 취득하여 자신의 권리로서 행사하는 점에서, 채권자가 자기의 채권을 보전하기 위하여 자기의 채무자의 권리를 대위하여 행사하는 채권자대위권($\frac{404}{조}$)과는 전혀 다르다.

2. 요 건   [231]

(1) 변제 기타로 채권자에게 만족을 줄 것

변제자대위는 변제 등을 한 제 3 자가 가지는 구상권의 실현을 확보하게 하기 위하여 인정된 제도이므로($\substack{\text{통설·판례도 같음. 대판 1961. 11. 9, 4293민상729; 대판 1994. 12. 9,}\\ \text{94다38106; 대판 1997. 5. 30, 97다1556; 대판 2010. 5. 27, 2009다85861}}$), 그러한 제도의 목적에 비추어 볼 때 당연히 변제 기타로 채권자에게 만족을 주었을 것이 필요하다. 만족을 주는 사유는 변제($\frac{480조·}{481조}$)에 한하지 않으며, 공탁 기타 자기의 출재로 채무자가 채무를 벗어나게 한 것도 포함된다($\frac{486}{조}$). 그리하여 대물변제, 공동채무자의 상계($\frac{418}{조}$), 연대채무자 또는 연대보증인의 채권양수, 물상보증인 또는 저당부동산의 제 3 취득자가 저당권 실행으로 소유권을 잃은 경우에도 대위가 일어난다.

〈판 례〉

「채권자가 하나의 기본계약에서 발생하는 동일한 채권을 담보하기 위하여 채무자 소유의 부동산과 물상보증인 소유의 부동산에 누적적 근저당권($\substack{\text{누적적 근저당권의 개념에}\\ \text{대해서는 물권법 [235] 참}\\ \text{자 주: 저}}$)을 설정받았는데 물상보증인 소유의 부동산이 먼저 경매되어 매각대금에서 채권자가 변제를 받은 경우, 물상보증인은 채무자에 대하여 구상권을 취득함과 동시에 민법 제481조, 제482조에 따라 종래 채권자가 가지고 있던 채권 및 담보에 관한 권리를 행사할 수 있다. 이때 물상보증인은 변제자대위에 의하여 종래 채권자가 보유하던 채무자 소유 부동산에 관한 근저당권을 대위취득하여 행사할 수 있다고 보아야 한다.」($\substack{\text{대판 2020. 4. 9, 2014다51756·}\\ \text{51763[핵심판례 186면]}}$)

(2) 변제자 등이 채무자에 대하여 구상권을 가질 것

변제자대위 제도가 본래 변제자 등의 구상권의 실현을 확보하기 위한 것이므로 구상권이 없으면 대위는 일어나지 않는다($\substack{\text{대판 1994. 12. 9,}\\ \text{94다38106}}$).

〈구상권과 대위하는 권리의 관계〉

구상권과 변제자대위에 의하여 취득하는 권리는 원본, 변제기, 이자, 지연손해금의 유무 등에 있어서 내용이 다른 별개의 것으로서 변제자 등이 두 권리 가운데 어느 것을 행사하느냐는 자유이다(대판 1997. 5. 30, 97다1556. 같은 취지: 대판 2015. 11. 12, 2013다214970; 대판 2022. 3. 17, 2021다276539). 다만, 대위의 경우에는 구상권의 범위에서 채권 및 그 담보에 관한 권리를 행사할 수 있는 것이어서 변제자대위가 구상권의 실현을 확보하는 제도라고 하는 것이다.

구상권을 가질 수 있는 자로는 우선 불가분채무자($^{411}_{조}$) · 연대채무자($^{425조}_{이하}$) · 보증인($^{441조}_{이하}$) · 물상보증인($^{341조 \cdot 355}_{조 \cdot 370조}$) · 담보물의 제 3 취득자 · 후순위 담보권자를 들 수 있다. 그 밖에 제 3 자가 채무자를 위하여 변제한 경우에는, 채무자의 부탁에 의하여 변제한 때에는 위임사무 처리비용의 상환청구권($^{688}_{조}$)에 의하여, 그리고 채무자의 부탁에 의하지 않은 때에는 사정에 따라 사무관리 비용의 상환청구권($^{739}_{조}$)에 의하여 구상권을 취득하게 될 수 있다(대판 1994. 12. 9, 94다38106; 대판 2022. 3. 17, 2021다276539).

〈판 례〉

(ㄱ)「어느 부진정연대채무자를 위하여 보증인이 된 자가 채무를 이행한 경우에는 다른 부진정연대채무자에 대하여도 직접 구상권을 취득하게 되고, 그와 같은 구상권을 확보하기 위하여 채권자를 대위하여 채권자의 다른 부진정연대채무자에 대한 채권 및 그 담보에 관한 권리를 구상권의 범위 내에서 행사할 수 있다.」(대판 2010. 5. 27, 2009다85861)

(ㄴ)「변제자대위에 관한 민법 제481조, 제482조의 규정에 의하면 물상보증인은 자기의 권리에 의하여 구상할 수 있는 범위에서 채권 및 그 담보에 관한 권리를 행사할 수 있는 것이므로, 물상보증인이 채무를 변제하거나 저당권의 실행으로 인하여 저당물의 소유권을 잃었더라도 다른 사정에 의하여 채무자에 대하여 구상권이 없는 경우에는 채권자를 대위하여 채권자의 채권 및 그 담보에 관한 권리를 행사할 수 없다(대법원 2014. 4. 30. 선고 2013다80429, 80436 판결(이 참조판결은 실질적인 주채무자가 제 3 자의 명의를 빌려 대출을 받은 경우이어서 제 3 자의 구상의무의 존재가 문제되는 사안임: 저자 주) 참조). 따라서 실질적인 채무자와 실질적인 물상보증인이 공동으로 담보를 제공하여 대출을 받으면서 실질적인 물상보증인이 저당권설정등기에 자신을 채무자로 등기하도록 한 경우, 실질적 물상보증인인 채무자는 채권자에 대하여 채무자로서의 책임을 지는지와 관계없이 내부관계에서는 실질적 채무자인 물상보증인이 변제를 하였더라도 그에 대하여 구상의무가 없으므로, 실질적 채무자인 물상보증인이 채권자를 대위하여 실질적 물상보증인인 채무자에 대한 담보권을 취득한다고 할 수 없다. 그리고 이러한 법리는 실질적 물상보증인인 채무자와 실질적 채무자인 물상보증인 소유의 각 부동산에 공동저당이 설정된 후에 실질적 채무자인 물상보증인 소유의 부동산에 후순위저당권이 설정되었다고 하더라도 다르지 아니하다.

이와 같이 물상보증인이 채무자에 대한 구상권이 없어 변제자대위에 의하여 채무자 소유의 부동산에 대한 선순위공동저당권자의 저당권을 대위취득할 수 없는 경우에는 물상보증인 소유의 부동산에 대한 후순위저당권자는 물상대위할 대상이 없으므로 채무자 소유의 부동산에 대한 선순위공동저당권자의 저당권에 대하여 물상대위를 할 수 없다고 보아야 한다.」$\left(\substack{대판 2015. 11. 27,\\2013다41097}\right)$

(3) 변제할 정당한 이익이 있거나(법정대위의 경우) 채권자의 승낙이 있을 것 [232]
　　(임의대위의 경우)

이 요건과 관련하여 변제자대위는 임의대위와 법정대위로 나누어지며, 그 각각의 경우에 일정한 요건을 갖추어야 한다.

1) 법정대위　　변제할 정당한 이익이 있는 자는 변제로 당연히 채권자를 대위한다$\left(\substack{481\\조}\right)$. 이 경우에는 채권자의 승낙이 없이도 법률상 당연히 대위가 일어나기 때문에 법정대위라고 한다. 여기서 「변제할 정당한 이익이 있는 자」란 변제를 하지 않으면 채권자로부터 집행을 받게 되거나 또는 채무자에 대한 자기의 권리를 잃게 되는 지위에 있기 때문에 변제함으로써 당연히 대위의 보호를 받아야 할 법률상의 이익을 가지는 자를 가리키며, 사실상의 이해관계를 가지는 자는 포함되지 않는다$\left(\substack{대판 1990. 4. 10, 89다카24834;\\대결 2009. 5. 28, 2008마109}\right)$. 구체적으로는 불가분채무자 · 연대채무자 · 보증인 · 물상보증인 · 담보물의 제 3 취득자$\left(\substack{대판 1971. 10. 22, 71다1888 · 1889; 대판 1974. 12.\\10, 74다1419; 대판 1991. 10. 11, 91다25369}\right)$ · 후순위 담보권자 · 이행인수인$\left(\substack{대결 2012. 7. 16, 2009마461: 선박대리점이 선박소유자를 대리하여 체결한\\계약에서 발생한 채무를 선박소유자를 대신하여 채권자에게 우선 지급하기\\로 한 약정(이는 이행인수약정이라 함)에\\따라 변제한 경우에 법정대위를 인정한다}\right)$ 등이 그에 해당한다. 그에 비하여 공동저당의 목적인 물상보증인 소유의 부동산에 후순위로 소유권이전청구권 가등기가 설정되어 있는데 그 부동산에 대하여 먼저 경매가 실행되어 공동저당권자가 매각대금 전액을 배당받고 채무의 일부가 남은 경우에, 가등기권리자는 — 물상보증인이 선순위저당권을 대위취득하고 그 가등기권리자는 이 선순위저당권에 대하여 물상대위함으로써 우선변제를 받을 수 있으므로 — 변제할 정당한 이익이 있는 자에 해당하지 않는다$\left(\substack{대결 2009. 5. 28,\\2008마109}\right)$.

2) 임의대위　　변제할 정당한 이익이 없는 자는 채권자의 승낙이 있어야 채권자를 대위할 수 있다$\left(\substack{480조\\1항}\right)$. 이는 이해관계 없는 제 3 자가 채무자의 의사에 반하여 변제할 수 없게 한 것$\left(\substack{469조\\2항}\right)$과 균형을 맞춘 것이다.

여기의 승낙은 채권자의 권리가 법률상 이전되는 데 대하여 허락하는 것으로서 일종의 의사표시이다$\binom{\text{그에 비하여 채권양도의 승낙은 채권양도 사}}{\text{실을 인정하는 관념의 통지에 지나지 않는다}}$. 그러나 권리의 이전이 그 의사표시에 의하여 일어나는 것은 아니다. 권리의 이전은 법률규정에 의하여 일어나되, 임의대위에 있어서 그것이 가능하려면 승낙의 의사표시도 있어야 하는 것이다. 이와 같은 승낙은 변제할 때에 행하여져야 한다$\binom{\text{480조}}{\text{1항}}$.

임의대위의 경우에 채무자는 대위 여부나 채권자의 승낙 여부를 알기가 어렵다. 그런가 하면 대위하는 변제자와 제 3 자 즉 대위자와 양립할 수 없는 법률상의 지위를 취득한 자$\binom{\text{대판 1989. 1. 17, 87다카1814;}}{\text{대판 1996. 2. 23, 94다21160}}$ 사이의 우열관계도 문제이다. 여기서 민법은 — 채권이전이라는 점에서 변제자대위와 유사한 — 지명채권 양도의 대항요건에 관한 규정$\binom{\text{450조 내}}{\text{지 452조}}$을 준용하고 있다$\binom{\text{480조}}{\text{2항}}$. 그 결과 채무자에 대하여 대위를 가지고 대항하려면 채권자가 채무자에게 대위통지를 하거나 채무자의 대위승낙이 있어야 하며$\binom{\text{대판 1962. 1. 25,}}{\text{4294민상183}}$, 제 3 자에게 대항하려면 대위통지나 대위승낙이 확정일자 있는 증서에 의하여 행하여져야 한다$\binom{\text{대판 1996. 2. 23,}}{\text{94다21160}}\binom{\text{[191]}}{\text{참조}}$.

[233] ## 3. 효　　과

(1) 대위자 · 채무자 사이의 효과

1) 「채권자를 대위한 자는 자기의 권리에 의하여 구상할 수 있는 범위에서 채권 및 그 담보에 관한 권리를 행사할 수 있다」$\binom{\text{482조}}{\text{1항}}$. 여기에서 「권리를 행사할 수 있다」는 것은 법률상 당연히 권리가 이전된다는 의미이다$\binom{\text{대판 2021. 2. 25, 2016다}}{\text{232597(이때 대위할 범위에}}$관하여 종래 채권자가 배당요구 없이도 당연히 배당받을 수 있었던 경우에는 대위변제자)는 따로 배당요구를 하지 않아도 배당을 받을 수 있다); 대판 2023. 1. 12, 2020다296840$. 그리고 「채권에 관한 권리」는 이행청구권 · 손해배상청구권 · 채권자대위권 · 채권자취소권 등을 가리키며, 「채권의 담보에 관한 권리」는 질권 · 저당권과 같은 물적 담보와 보증인에 대한 권리와 같은 인적 담보는 물론, 채권자와 채무자 사이에 채무의 이행을 확보하기 위한 특약이 있는 경우에 그 특약에 기하여 채권자가 가지게 되는 권리도 포함한다$\binom{\text{대판 1997. 11. 14,}}{\text{95다11009}}$. 한편 대위자는 그가 취득하는 권리를 구상권의 범위에서만 행사할 수 있다$\binom{\text{482조 1항. 대판 1999. 10.}}{\text{22, 98다22451도 참조}}$. 변제자대위가 구상권의 실현을 확보하기 위한 것이기 때문에 두어진 제한이다$\binom{\text{대판 2005. 10. 13, 2003다24147; 대판 2010. 5. 27, 2009다}}{\text{85861; 대판 2020. 2. 6, 2019다270217; 대판 2021. 2. 25,}}$2016다232597$. 물론 앞서 언급한 바와 같이, 대위자는 대위하지 않고 구상권을 행사할 수도 있다$\binom{\text{[231]}}{\text{참조}}$.

그런데 대위자가 가지는 구상권과 변제자대위권은 그 원본 · 변제기 · 이자 ·

지연손해금의 유무 등에 있어서 그 내용이 다른 별개의 권리이므로($^{대판\ 1997.\ 5.\ 30,}_{97다1556;\ 대판}$
$^{2009.\ 2.\ 26,\ 2005다32418;\ 대판\ 2021.\ 2.\ 25,}_{2016다232597;\ 대판\ 2022.\ 4.\ 28,\ 2019다200843}$), 대위변제자와 채무자 사이에 구상금에 관한 지연손해금 약정이 있더라도 이 약정은 구상금을 청구하는 경우에 적용될 뿐, 변제자대위권을 행사하는 경우에는 적용될 수 없다($^{대판\ 2009.\ 2.\ 26,}_{2005다32418}$).

〈판 례〉

(ㄱ)「민법 제481조, 제482조 제 1 항에 의하면, 변제할 정당한 이익이 있는 자는 변제로 당연히 채권자를 대위하는 결과, 자기의 권리에 의하여 구상할 수 있는 범위에서 채권자의 채권 및 그 담보에 관한 권리를 행사할 수 있으므로, 채권자가 판결 등의 집행권원을 가지고 있는 때에는 변제자가 승계집행문을 받아 강제집행을 할 수도 있다고 할 것이다.」($^{대판\ 2007.\ 4.\ 27,}_{2005다64033}$)

(ㄴ)「주채무가 제 3 자의 변제에 의하여 소멸한 경우에는 주채무의 소멸로 인하여 보증채무도 소멸하므로($^{연대보증의\ 경우도\ 보증인은\ 채무자와\ 연대하여\ 채무를\ 이행할\ 책임이\ 있어\ 보증채}_{무의\ 보충성이\ 인정되지\ 아니하는\ 것에\ 불과하고,\ 보증이라고\ 하는\ 성질에는\ 다름}$
$^{이\ 없으므로\ 주채무가\ 제\ 3\ 자의\ 변제에\ 의하여\ 소멸하는}_{경우에는\ 연대보증채무도\ 소멸되는\ 것은\ 마찬가지이다}$), 민법 제480조 내지 제481조 소정의 변제자대위가 성립하지 아니하는 한 제 3 자는 보증인에 대하여 부당이득 반환청구 등의 어떠한 청구도 할 수 없게 되는 것이며, 또한 부당이득이라 함은 타인의 재산 또는 노무로 인하여 이익을 얻고 이로 인하여 타인에게 손해를 가한 경우에 성립하는 것인바, 위와 같이 제 3 자인 원고의 출재로 인하여 주채무가 소멸되면 원고로서는 주채무자인 소외 회사에 대하여 자신의 출재에 대한 구상권을 행사할 수 있어 원고에게 손해가 있다고 보기도 어렵다고 할 것이니 이 점으로도 원고의 피고에 대한 부당이득 반환청구는 받아들일 수 없는 것이라고 할 것이다.」($^{대판\ 1996.\ 9.\ 20,}_{96다22655}$)

2) 일부대위　　변제자대위는 채권의 일부가 변제된 경우에도 인정된다. [234] 그때에는 대위자는 변제한 가액에 비례하여 채권자와 함께 그의 권리를 행사한다($^{483조}_{1항}$). 이 경우 대위자와 채권자 사이에 우열관계는 없는가?

여기에 관하여 학설은 나뉘어 대립하고 있다. i) 일부대위자는 대위한 권리가 비록 가분이더라도 그것을 단독으로 행사하지는 못하며, 채권자가 그 권리를 행사하는 경우에 그 채권자와 함께 그의 권리를 행사할 뿐이고, 또한 이 경우에 변제($^{이는\ 담보권을\ 행사하여}_{변제받는\ 것을\ 가리킴}$)에 관하여는 채권자가 우선한다는 견해($^{곽윤직,\ 259면;\ 김대정,\ 379}_{면;\ 김상용,\ 456면;\ 김학동,}$
$^{368면;\ 지원}_{림,\ 957면}$), ii) 대위자는 채권자와 공동으로 담보권을 행사하고, 변제한 가액에 비례하여 경매대금의 분배를 받을 수 있다는 견해($^{김형배,}_{710면}$), iii) 일부대위자는 채권자와 평등한 지위에서 그 채권액에 비례하여 권리행사를 함이 원칙이지만, 제 3 변

제자가 채무자의 보증인·물상보증인·저당부동산의 제 3 취득자인 경우에는 채권자의 권리가 우선한다는 견해($^{이은영,}_{718면}$), iv) 권리행사의 면과 권리만족의 면을 나누어서 생각하여야 하며, 권리행사에 관해서는 원칙적으로는 채권자와 대위자는 각각 단독으로 권리를 행사할 수 있으나 일방의 권리행사가 다른 일방을 해할 때에 한하여 이를 인정하지 않는 것이 타당하고, 권리만족에 관해서는 대위자 특히 법정대위자는 채권자보다 뒤지는 것이 부득이하다는 견해($^{김용한, 546면; 김주수,}_{472면; 장경학, 529면}$)가 그 것이다.

한편 판례는 채권자가 대위자에 우선하여 변제받는다고 한다($^{대판 1988. 9. 27,}_{88다카1797; 대판}$ $^{2002. 7. 26, 2001다53929; 대}_{판 2004. 6. 25, 2001다2426}$).

사견을 밝히기 전에 문제점을 구체적으로 파악하기 위하여 예를 들어 보기로 한다. 1,000만원의 저당권부 채권에 관하여 보증인이 500만원을 변제하면, 500만원의 채권 및 저당권이 대위자에게 이전한다. 이때 보증인이 이전된 권리를 행사할 수 있는지가 문제이다. 그리고 더 나아가 채권자가 저당권을 실행하여 경매대가로 800만원을 받은 경우에 그것을 400만원씩 나누어야 하는지도 문제된다. 검토해 본다. 민법이 일부대위자는 언제나 채권자와 함께만 권리를 행사할 수 있도록 하고 있다($^{483조}_{1항}$). 그리고 일부대위의 경우에는 채권자가 완전한 만족을 받지 못하고 있으므로 대위에 의하여 채권자가 불이익을 입어서는 안 된다. 그러한 점에서 볼 때 i)설이 타당하다. 이러한 사견에 의하면 위의 사례에서는 채권자가 권리를 행사할 때만 보증인은 채권자와 함께 그의 권리를 행사할 수 있고, 경매대가 800만원으로부터는 채권자가 먼저 500만원을 변제받고 보증인은 그 나머지 300만원만 변제받게 된다.

〈판 례〉

㈎「변제할 정당한 이익이 있는 자가 채무자를 위하여 채권의 일부를 대위변제할 경우에 대위변제자는 변제한 가액의 범위 내에서 종래 채권자가 가지고 있던 채권 및 담보에 관한 권리를 법률상 당연히 취득하게 되는 것이므로, 채권자가 부동산에 대하여 근저당권을 가지고 있는 경우에는, 채권자는 대위변제자에게 일부대위변제에 따른 저당권의 일부 이전의 부기등기를 경료해 주어야 할 의무가 있다 할 것이나, 이 경우에도 채권자는 일부변제자에 대하여 우선변제권을 가지고 있다 할 것이고($^{대법}_{원}$ $^{1988. 9. 27. 선고 88}_{다카1797 판결 참조}$), 근저당권이라고 함은 계속적인 거래관계로부터 발생하고 소멸하는 불특정 다수의 장래채권을 결산기에 계산하여 잔존하는 채무를 일정한 한도액의 범

위 내에서 담보하는 저당권이어서, 거래가 종료하기까지 채권은 계속적으로 증감변동하는 것이므로, 근저당 거래관계가 계속 중인 경우, 즉 근저당권의 피담보채권이 확정되기 전에 그 채권의 일부를 양도하거나 대위변제한 경우 근저당권이 양수인이나 대위변제자에게 이전할 여지는 없다 할 것이나^(대법원 1996. 6. 14. 선고 95다53812 판결, 2000. 12. 26. 선고 2000다54451 판결 등 참조), 그 근저당권에 의하여 담보되는 피담보채권이 확정되게 되면, 그 피담보채권액이 그 근저당권의 채권최고액을 초과하지 않는 한 그 근저당권 내지 그 실행으로 인한 경락대금에 대한 권리 중 그 피담보채권액을 담보하고 남는 부분은 저당권의 일부 이전의 부기등기의 경료 여부와 관계없이 대위변제자에게 법률상 당연히 이전된다 할 것이다.」^(대판 2002. 7. 26, 2001다53929)

　㈔「변제할 정당한 이익이 있는 자가 채무자를 위하여 근저당권의 피담보채무의 일부를 대위변제한 경우에 대위변제자는 피담보채무의 일부대위변제를 원인으로 한 근저당권 일부이전의 부기등기의 경료 여부와 관계없이 변제한 가액의 범위 내에서 종래 채권자가 가지고 있던 채권 및 담보에 관한 권리를 법률상 당연히 취득하게 되는 것이나 이때에도 채권자는 대위변제자에 대하여 우선변제권을 가진다고 할 것인바^(대법원 1988. 9. 27. 선고 88다카1797 판결, 2002. 7. 26. 선고 2001다53929 판결 등 참조), 이 경우에 채권자의 우선변제권은 피담보채권액을 한도로 특별한 사정이 없는 한 자기가 보유하고 있는 잔존 채권액 전액에 미친다고 할 것이고, 이러한 법리는 채권자와 후순위권리자 사이에서도 마찬가지라 할 것이므로 근저당권의 실행으로 인한 배당절차에서도 채권자는 특별한 사정이 없는 한 자기가 보유하고 있는 잔존 채권액 및 피담보채권액의 한도에서 후순위권리자에 우선해서 배당받을 수 있다고 할 것이다.」^(대판 2004. 6. 25, 2001다2426)

　㈕「변제할 정당한 이익이 있는 사람이 채무자를 위하여 채권의 일부를 대위변제할 경우에 대위변제자는 변제한 가액의 범위 내에서 종래 채권자가 가지고 있던 채권 및 담보에 관한 권리를 취득하므로, 채권자가 부동산에 대하여 저당권을 가지고 있는 경우에는 채권자는 대위변제자에게 일부 대위변제에 따른 저당권 일부 이전의 부기등기를 할 의무를 진다.

　한편 이 경우에도 채권자는 일부 대위변제자에 대하여 우선변제권을 가진다 할 것이고, 다만 일부 대위변제자와 채권자 사이에 변제의 순위에 관하여 따로 약정(^{이하}·^{'우선회}_{수특약'이}_{라 한다})을 하였다면 그 우선회수특약에 따라 변제의 순위가 정해진다.

　그런데 변제로 채권자를 대위하는 경우에 '채권 및 그 담보에 관한 권리'가 변제자에게 이전될 뿐 계약당사자의 지위가 이전되는 것은 아니다. 그리고 변제로 채권자를 대위하는 사람이 구상권 범위에서 행사할 수 있는 '채권 및 그 담보에 관한 권리'에는 채권자와 채무자 사이에 채무의 이행을 확보하기 위한 특약이 있는 경우에 그 특약에 기하여 채권자가 가지는 권리도 포함된다고 할 것이나, 채권자와 일부 대위변제자 사이의 약정에 지나지 아니하는 '우선회수특약'이 '채권 및 그 담보에 관한 권리'에 포함된다고 보기는 어렵다. 이러한 사정들을 고려하면, 일부 대위변제자의 채무자에 대한 구상채권에 대하여 보증한 사람이 자신의 보증채무를 변제함으로써 일부 대위변제자를 다시 대위하게 되었다 하더라도, 그것만으로 채권자의 채무자에 대한 권리가 아니라 채권자와 일부 대위변제자 사이의 약정에 해당하는 '우선회수특약'에 따른 권리까지 당연히 대위하거나 이전받게 된다고 볼 수는 없다(대법원 2010. 4. 8. 선고 2009다80460 판결 참조).

그렇지만 '우선회수특약'은 일부 대위변제 후의 잔존 채권 변제 및 그 담보권 행사의 순위를 정한 약정으로서 그 일부 대위에 부수하여 이루어진 약정이라 할 수 있고, 일부 대위변제자는 자신을 다시 대위하는 보증채무 변제자를 위하여 민법 제484조 및 제485조에 따라 채권 및 그 담보권 행사에 협조하고 이에 관한 권리를 보존할 의무를 진다는 사정 등에 비추어 보면, 일부 대위변제자로서는 특별한 사정이 없는 한 그 보증채무 변제자가 대위로 이전받은 담보에 관한 권리 행사 등과 관련하여 채권자 등을 상대로 '우선회수특약'에 따른 권리를 주장할 수 있도록 그 권리의 승계 등에 관한 절차를 해 주어야 할 의무를 지고, 이를 위반함으로 인해 그 보증채무 변제자가 채권자 등에 대하여 그 권리를 주장할 수 없게 되어 손해를 입은 경우에는 그에 대한 손해배상책임을 진다고 봄이 타당하다.」(대판 2017. 7. 18, 2015다206973)

㈃「변제할 정당한 이익이 있는 자가 채무자를 위하여 근저당권의 피담보채무의 일부를 대위변제한 경우에는 대위변제자는 근저당권의 일부이전의 부기등기의 경료 여부에 관계없이 변제한 가액의 범위 내에서 종래 채권자가 가지고 있던 채권 및 담보에 관한 권리를 법률상 당연히 취득하게 되는 것이고(대법원 2004. 6. 25. 선고 2001다2426 판결 참조), 대위할 범위에 관하여 종래 채권자가 이미 배당요구를 하였거나 배당요구 없이도 당연히 배당받을 수 있었던 경우에는 대위변제자는 따로 배당요구를 하지 않아도 배당을 받을 수 있」다(대판 2006. 2. 10, 2004다2762).

㈄ 대여금 채권의 잔액을 대위변제한 자가 채권자로부터 근저당권의 일부를 양도받아 채권자를 대위하게 된 경우, 채권자의 채무자에 대한 담보권 외에 일부대위변제자에 대한 우선변제특약에 따른 권리까지 당연히 대위하거나 이전받는다고 볼 수는 없다. …

나아가 「채권의 일부에 대하여 대위변제가 있는 때에는 대위자는 민법 제483조 제 1 항에 의하여 그 변제한 가액에 비례하여 채권자의 권리를 행사할 수 있으므로, 수인이 시기를 달리하여 채권의 일부씩을 대위변제하고 근저당권 일부이전의 부기등기를 각 경료한 경우 그들은 각 일부대위자로서 그 변제한 가액에 비례하여 근저당권을 준공유하고 있다고 보아야 하고, 그 근저당권을 실행하여 배당함에 있어서는 다른 특별한 사정이 없는 한 각 변제채권액에 비례하여 안분배당하여야 할 것이다.」(대판 2001. 1. 19, 2000다37319)

㈅「수인이 시기를 달리하여 채권의 일부씩을 대위변제한 경우 그들은 각 일부대위변제자로서 변제한 가액에 비례하여 근저당권을 준공유한다고 보아야 하나, 그 경

우에도 채권자는 특별한 사정이 없는 한 채권의 일부씩을 대위변제한 일부대위변제자들에 대하여 우선변제권을 가지고, 채권자의 우선변제권은 채권최고액을 한도로 자기가 보유하고 있는 잔존 채권액 전액에 미치므로, 결국 그 근저당권을 실행하여 배당할 때에는 채권자가 자신의 잔존 채권액을 일부대위변제자들보다 우선하여 배당받고, 일부대위변제자들은 채권자가 우선 배당받고 남은 한도액을 각 대위변제액에 비례하여 안분배당받는 것이 원칙이다(대법원 2001. 1. 19. 선고 2000다37319 판결, 대법원 2006. 2. 10. 선고 2004다2762 판결 등 참조).

다만 채권자와 어느 일부대위변제자 사이에 변제의 순위나 배당금의 충당에 관하여 따로 약정을 한 경우에는 그 약정에 따라 배당의 방법이 정해지는바(대법원 2005. 7. 28. 선고 2005다19958 판결, 대법원 2009. 2. 26. 선고 2007다15448 판결, 대법원 2010. 4. 8. 선고 2009다80460 판결 등 참조), 이 경우에 채권자와 다른 일부대위변제자들 사이에 동일한 내용의 약정이 있는 등의 특별한 사정이 없는 한 그 약정의 효력은 약정의 당사자에게만 미치므로, 약정의 당사자가 아닌 다른 일부대위변제자가 대위변제액에 비례하여 안분배당받을 권리를 침해할 수는 없다.

따라서 경매법원으로서는 ① 채권자와 일부대위변제자들 전부 사이에 변제의 순위나 배당금의 충당에 관하여 동일한 내용의 약정이 있으면 그들에게 그 약정의 내용에 따라 배당하고, ② 채권자와 어느 일부대위변제자 사이에만 그와 같은 약정이 있는 경우에는 먼저 원칙적인 배당방법에 따라 채권자의 근저당권 채권최고액의 범위 내에서 채권자에게 그의 잔존 채권액을 우선 배당하고, 나머지 한도액을 일부대위변제자들에게 각 대위변제액에 비례하여 안분배당하는 방법으로 배당할 금액을 정한 다음, 약정의 당사자인 채권자와 일부대위변제자 사이에서 그 약정내용을 반영하여 배당액을 조정하는 방법으로 배당을 하여야 한다.」(대판 2011. 6. 10, 2011다9013)

3) **계약당사자의 지위에 따른 권리의 이전 여부**   변제자대위에 의하여 취소권·해제권·해지권 등과 같이 계약당사자의 지위에 따르는 권리는 이전되지 않는다. 변제자대위는 구상권의 확보를 위하여 채권과 담보권을 이전하는 것이지 계약당사자의 지위를 이전하는 것이 아니기 때문이다. 민법은 이러한 법리를 일부대위에 관해서만 규정하나(483조 2항), 그것은 전부대위에서도 인정되어야 한다(통설도 같음. 그런데 전부대위의 경우에는 전부변제가 있었을 것이므로 채무불이행을 이유로 해제할 여지가 없을 것이다. [237] 3)도 참조).

(2) **법정대위자 상호간의 효과**   [235]

민법은 법정대위자가 여럿 있는 경우에 혼란을 피하고 공평을 유지하기 위하여 이들 사이의 대위의 순서와 비율을 규정하고 있다(482조 2항).

1) **보증인과 전세물·저당물의 제 3 취득자 사이**

(가) **보증인이 변제한 경우**   보증인은 전세물·저당물의 제 3 취득자에 대하여 전액에 관하여 채권자를 대위한다. 그런데 이 대위를 하려면 「미리」 전세권·

저당권등기에 대위의 부기등기를 하여야 한다($^{482조}_{2항 1호}$). 여기서 「미리」라고 함은 보증인의 변제 후 제 3 취득자의 취득 전을 가리킨다($^{통설도}_{같음}$). 따라서 보증인이 채무를 변제한 후 저당권 등의 등기에 관하여 대위의 부기등기를 하지 않고 있는 동안 제 3 취득자가 목적부동산에 대하여 권리를 취득한 경우 보증인은 제 3 취득자에 대하여 채권자를 대위할 수 없다($^{대판 2020. 10. 15,}_{2019다222041}$). 그러나 제 3 취득자가 목적부동산에 대하여 권리를 취득한 후 채무를 변제한 보증인은 대위의 부기등기를 하지 않고도 대위할 수 있다고 보아야 한다($^{대판 2020. 10. 15,}_{2019다222041}$). 보증인이 변제하기 전 목적부동산에 대하여 권리를 취득한 제 3 자는 등기부상 저당권 등의 존재를 알고 권리를 취득하였으므로 나중에 보증인이 대위하더라도 예측하지 못한 손해를 입을 염려도 없다.

〈참　고〉

　견해($^{양창수, 민법연구}_{(2), 170면 이하}$)에 따라서는, 여기($^{제 1}_{호}$)에서 말하는 「저당물에 권리를 취득한 제 3 자」에 채무자로부터의 제 3 취득자는 포함되지 않는다고 한다. 목적물을 양도한 채무자는 종국적인 구상채무자이고, 따라서 그로부터 목적물을 취득한 제 3 자는 그 목적물에 설정된 저당권이 그 구상권의 확보를 위하여 변제자에게 이전된다는 것을 각오하고 있어야 했기 때문이라고 한다. 이 견해에 의하면, 보증인은 채무자로부터의 제 3 취득자에 대하여는 대위의 부기등기 없이도 대위할 수 있게 된다. 그리고 이 견해는 같은 이치에서 물상보증인의 경우에도 채무자가 제공한 저당목적물을 물상보증인의 대위변제 후에 취득한 제 3 자에 대하여 그가 채권자를 대위함에 있어서는 대위의 부기등기를 요하지 않는다고 한다($^{양창수, 민법}_{연구(2), 176면}$). 이러한 견해에 대하여는, 채무자로부터 부동산을 취득하는 제 3 채무자도 저당권이 채무자의 출재로 소멸할 것으로 믿을 수도 있어 언제나 보증인의 대위를 각오하여야 하는 것은 아니므로 다소 무리한 해석이라고 하는 주장도 있다($^{주해(1), 203}_{면(이인재)}$).

　생각건대 위의 견해도 일리가 있다. 그러나 그와 같이 해석하면 전세물을 양수한 제 3 취득자에 대하여는 — 그가 언제나 전세금반환채무자인 설정자로부터 취득하므로 — 모든 경우에 부기등기 없이 대위할 수 있게 된다. 그러면 제482조 제 2 항 제 1 호 중 전세물의 제 3 취득자에 관한 부분은 규정이 존재하지 않는 결과로 된다. 그리고 저당물의 제 3 취득자에 관하여도 가장 일반적인 부분인 채무자로부터의 취득자가 제외되어 그 규정의 의미가 반감된다. 나아가 그 규정이 매우 큰 부분인 위와 같은 경우를 제외시키지 않고 있음도 고려하여야 한다. 결국 이 규정의 의미를 살리려면 — 적어도 해석론으로는 — 채무자로부터의 취득자도 거기의 제 3 취득자에 포함시켜야 할 것이다. 그러한 경우에는 그 규정은 제 3 취득자 보호를 위하여 보증인에게 대위의 부기등기를 요구하는 것으로 이해하게 될 것이다.

〈판 례〉

공동근저당의 목적인 채무자 갑 소유 부동산과 물상보증인 을 소유 부동산 중 을 소유 부동산에 먼저 경매가 이루어져 공동근저당권자인 병이 변제를 받았는데, 을 소유 부동산에 대한 후순위저당권자 정이 을 명의로 대위의 부기등기를 하지 않고 있는 동안 병이 임의로 갑 소유 부동산에 설정되어 있던 공동근저당권을 말소하였고, 그 후 갑 소유 부동산에 무 명의의 근저당권이 설정되었다가 경매로 그 부동산이 매각된 사안에서, 민법 제482조 제 2 항 제 1 호에 의하여 갑과 정은 무에게 대항할 수 없다고 한 사례(대판 2011. 8. 18, 2011다30666·30673).

(나) 제 3 취득자가 변제한 경우 보증인과 달리 제 3 취득자는 보증인에 대하여 채권자를 대위하지 못한다(482조 2항 2호). 제 3 취득자는 담보의 부담을 각오한 자이기 때문이다(그 밖의 이유에 대하여 대판 2013. 2. 15, 2012다48855도 참조).

〈판 례〉

「저당부동산에 대하여 후순위 근저당권을 취득한 제 3 자는 민법 제364조에서 정한 저당권소멸청구권을 행사할 수 있는 제 3 취득자에 해당하지 아니하고(대법원 2006. 1. 26. 선고 2005다17341 판결 참조), 달리 선순위 근저당권의 실행으로부터 그의 이익을 보호하는 규정이 없으므로 변제자대위와 관련해서 후순위 근저당권자보다 보증인을 더 보호할 이유가 없으며, 나아가 선순위 근저당권의 피담보채무에 대하여 직접 보증책임을 지는 보증인과 달리 선순위 근저당권의 피담보채무에 대한 직접 변제책임을 지지 않는 후순위 근저당권자는 보증인에 대하여 채권자를 대위할 수 있다고 봄이 타당하므로, 민법 제482조 제 2 항 제 2 호의 제 3 취득자에 후순위 근저당권자는 포함되지 아니한다고 해석하여야 할 것이다.

한편 민법 제482조 제 2 항 제 2 호의 제 3 취득자에 후순위 근저당권자가 포함되지 않음에도 같은 항 제 1 호의 제 3 자에는 후순위 근저당권자가 포함된다고 하면, 후순위 근저당권자는 보증인에 대하여 항상 채권자를 대위할 수 있지만 보증인은 후순위 근저당권자에 대하여 채권자를 대위하기 위해서는 미리 대위의 부기등기를 하여야만 하므로 보증인보다 후순위 근저당권자를 더 보호하는 결과가 되는바, 이러한 결과는 법정대위자인 보증인과 후순위 근저당권자 간의 이해관계를 공평하고 합리적으로 조절하기 위한 민법 제482조 제 2 항 제 1 호와 제 2 호의 입법 취지에 부합하지 않을뿐더러 후순위 근저당권자는 통상 자신의 이익을 위하여 선순위 근저당권의 담보가치를 초과하는 담보가치만을 파악하여 담보권을 취득한 자에 불과하므로 변제자대위와 관련해서 후순위 근저당권자를 보증인보다 더 보호할 이유도 없다.

이러한 사정들과 민법 제482조 제 2 항 제 1 호와 제 2 호가 상호작용 하에 법정대위자 중 보증인과 제 3 취득자의 이해관계를 조절하는 규정인 점 등을 종합하여 보면, 보증인은 미리 저당권의 등기에 그 대위를 부기하지 않고서도 저당물에 후순위 근저당권을 취득한 제 3 자에 대하여 채권자를 대위할 수 있다고 할 것이므로 민법 제482조 제 2 항 제 1 호의 제 3 자에 후순위 근저당권자는 포함되지 않는다고 할 것이다.」$\left(\begin{smallmatrix}\text{대판 2013. 2. 15,}\\\text{2012다48855}\end{smallmatrix}\right)$

2) 보증인과 물상보증인 사이　　보증인과 물상보증인 사이에서는 그 인원수에 비례하여 채권자를 대위한다$\left(\begin{smallmatrix}\text{482조 2항}\\\text{5호 본문}\end{smallmatrix}\right)$. 만약 보증인이 물상보증인을 겸하는 때에는 1인(보증인 1인)으로 계산한다$\left(\begin{smallmatrix}\text{판례도 같다. 대판 2010. 6. 10, 2007다61113 · 61120.}\\\text{이 판결이 상세히 설명하고 있는 규정취지도 참조}\end{smallmatrix}\right)$. 그리고 물상보증인이 수인인 경우에는 보증인의 부담부분을 공제하고 그 잔액에 대하여 각 재산의 가액에 비례하여 채권자를 대위한다$\left(\begin{smallmatrix}\text{482조 2항}\\\text{5호 단서}\end{smallmatrix}\right)$. 가령 90만원의 채무에 관하여 A가 보증인이 되고 B · C가 물상보증인으로서 각각 60만원 · 30만원의 재산을 담보로 제공하였다면, 먼저 A의 부담부분인 30만원$\left(\begin{smallmatrix}\text{90만원을 인원수}\\\text{3으로 나눈 액}\end{smallmatrix}\right)$을 제하고, 나머지 60만원에 관하여 B에게는 40만원$\left(60\text{만원} \times \dfrac{60}{60+30}\right)$, C에게는 20만원$\left(60\text{만원} \times \dfrac{30}{60+30}\right)$을 대위하게 된다.

한편 민법은 이에 덧붙여 「이 경우에 그 재산이 부동산인 때에는 제 1 호의 규정을 준용한다」고 규정한다$\left(\begin{smallmatrix}\text{482조 2항 5}\\\text{호 단서 후문}\end{smallmatrix}\right)$. 그런데 이 규정의 해석에 관하여는 견해가 나뉘고 있다. i) 다수설은 「보증인」은 대위의 부기등기를 하여야만 변제 후에 물상보증인으로부터 담보부동산을 취득한 제 3 취득자에 대하여 채권자를 대위할 수 있다는 의미로 새기고 있으나$\left(\begin{smallmatrix}\text{곽윤직, 261면; 김대정, 384면;}\\\text{김형배, 712면; 이은영, 720면 등}\end{smallmatrix}\right)$ ii) 소수설은 판례와 마찬가지로 물상보증인이 수인일 때 그중 일부의 물상보증인이 다른 물상보증인에 대하여 대위할 경우에 미리 대위의 부기등기를 하지 않으면 그 저당물을 취득한 제 3 취득자에 대하여 대위를 할 수 없다는 의미로 해석한다$\left(\begin{smallmatrix}\text{김상용, 459면. 양창수,}\\\text{민법연구(2), 172면 이}\end{smallmatrix}\right.$ 하는 판례의 결과를 지지하면서, 그 근거는 판례와 달리 482조 2항 5호 단서가 아니고, 같은 항 1호가 341조 · 370조를 거쳐 물상보증인에게도 적용되거나 그 1호가 물상보증인에 유추적용되는 것이라고 한다$\left.\right)$. ii)설은 그 조항을 단서에 한정되는 것으로 이해하고, i)설은 본문에 관한 것으로 이해하고 있다. 그리고 판례는, 물상보증인들이 채무를 변제한 뒤 다른 물상보증인 소유부동산에 설정된 근저당권설정등기에 관하여 대위의 부기등기를 하여 두지 않고 있는 동안에 제 3 취득자가 그 부동산을 취득하였다면 대위변제한 물상보증인들은 제 3 취득자에 대하여 채권자를 대위할 수 없다고 하여, ii)설과 같다$\left(\begin{smallmatrix}\text{대판}\\\text{1990. 11. 9,}\end{smallmatrix}\right.$

$\genfrac{}{}{0pt}{}{90다카}{10305}$). 생각건대 그 조항은 그 모습상 단서에만 관련되는 것으로 보아야 한다. 또한 보증인의 경우에는 이미 그 규정 제 2 항 제 1 호에 의하여 i)설처럼 해석될 수 있기 때문에 보증인에 대한 것이라면 그러한 규정은 필요하지 않게 된다. 결국 ii)설 및 판례처럼 해석함이 옳다. 주의할 것은, 물상보증인으로부터의 제 3 취득자에 대하여는 저당권 등을 가지고 대항할 수 있는지의 문제이므로, 그 인원수만큼 부담하는 것은 아니라는 점이다. 그는 ― 요건이 구비된 경우 ― 전의 물상보증인이 설정한 저당권 등으로 책임을 질뿐이다. 그러나 저당권 등이 이미 설정되어 있는 부동산을 채무자로부터 취득한 제 3 취득자의 경우에는 다르다.

〈판 례〉

타인의 채무를 변제하고 채권자를 대위하는 대위자 상호간의 관계를 규정한 민법 제482조 제 2 항 제 5 호 단서에서 대위의 부기등기에 관한 제 1 호의 규정을 준용하도록 규정한 취지는 자기의 재산을 타인의 채무의 담보로 제공한 물상보증인이 수인일 때 그중 일부의 물상보증인이 채무의 변제로 다른 물상보증인에 대하여 채권자를 대위하게 될 경우에 미리 대위의 부기등기를 하여 두지 아니하면 채무를 변제한 뒤에 그 저당물을 취득한 제 3 취득자에 대하여 채권자를 대위할 수 없도록 하려는 것이라고 해석되므로 자신들 소유의 부동산을 채무자의 채무의 담보로 제공한 물상보증인들이 채무를 변제한 뒤 다른 물상보증인 소유 부동산에 설정된 근저당권설정등기에 관하여 대위의 부기등기를 하여 두지 아니하고 있는 동안에 제 3 취득자가 위 부동산을 취득하였다면, 대위변제한 물상보증인들은 제 3 취득자에 대하여 채권자를 대위할 수 없다($\genfrac{}{}{0pt}{}{대판\ 1990.\ 11.\ 9,}{90다카10305}$).

여러 보증인 또는 물상보증인 중 어느 1인이 자신의 부담부분에 미달하는 변제 등을 한 경우에 제482조 제 2 항 제 5 호에 따라 변제자대위를 할 수 있는가? 여기에 관하여 판례는, 그 규정을 어느 1인에 의하여 주채무 전액이 상환되었을 것을 전제로 한 것이라고 이해하고, 어느 1인이 위 규정에 따라 산정되는 자신의 부담부분에 미달하는 대위변제 등을 한 경우 그 대위변제액 또는 경매에 의한 채무상환액에 위 규정에서 정한 대위비율을 곱하여 산출된 금액만큼 곧바로 다른 자를 상대로 채권자의 권리를 대위할 수 있도록 한다면, 먼저 변제 등을 한 자가 부당하게 이익을 얻거나 대위자들 상호간에 대위가 계속 반복되게 되고 대위관계를 공평하게 처리할 수도 없게 되므로, 제482조 제 2 항 제 5 호의 규정 취지에 반하는 결과가 생기게 된다고 한다. 따라서 보증인과 물상보증인이 여럿 있는 경우 어느 누구라도 위와 같은 방식으로 산정한 각자의 부담부분을 넘는 대위변제 등을 하지 않으면 다른 보증인과 물상보증인을 상대로 채권자의 권리를 대위할 수 없다고 한다(대판 2010. 6. 10,
2007다61113 · 61120). 한편 여러 보증인과 물상보증인 사이에서 제482조 제 2 항 제 5 호에 의하여 대위관계에서의 부담부분을 정하는 경우, 당초 성립한 주채무가 주채무자의 변제나 채무면제 등으로 감소하거나 이자 · 지연손해금이 증가하는 때에는 그 당시 현존하고 있는 보증인이나 물상보증인의 부담부분도 원칙적으로 그에 상응하여 감소하거나 증가하게 되므로, 보증인이나 물상보증인이 대위변제 등을 할 당시에 이미 주채무자의 변제나 채무면제 등으로 주채무가 감소하거나 이자 · 지연손해금이 증가한 사정이 있다면, 이를 반드시 참작하여 그 대위변제 등 당시를 기준으로 하여 당해 보증인이나 물상보증인의 대위변제액 등이 그의 부담부분을 초과하는 것인지 여부를 판단하여야 한다고 한다(대판 2010. 6. 10,
2007다61113 · 61120).

3) 물상보증인과 제 3 취득자 사이　　　여기에 관하여 대법원은 다음과 같이 판시하고 있다(대판(전원) 2014. 12. 18,
2011다50233). 물상보증인과 제 3 취득자 사이의 변제자대위에 관하여는 민법에 명확한 규정이 없다. 그런데 보증인과 제 3 취득자 사이의 변제자대위에 관하여 제482조 제 2 항 제 1 호는 「보증인은 미리 전세권이나 저당권의 등기에 그 대위를 부기하지 아니하면 전세물이나 저당물에 권리를 취득한 제 3 자에 대하여 채권자를 대위하지 못한다」라고 규정하고, 같은 항 제 2 호는 「제 3 취득자는 보증인에 대하여 채권자를 대위하지 못한다」라고 규정하고 있다. 한편 민법 제370조 · 제341조에 의하면 물상보증인이 채무를 변제하거나 담보권의 실행으로 소유권을 잃은 때에는 「보증채무」에 관한 규정에 의하여 채무자에 대한 구상권을 가지고, 제482조 제 2 항 제 5 호에 따르면 물상보증인과 보증인 상호 간에는 그 인원수에 비례하여 채권자를 대위하게 되어 있을 뿐 이들 사이의 우열은 인정하고 있지 않다. 「위와 같은 규정 내용을 종합하여 보면, 물상보증인이 채무를 변제하거나 담보권의 실행으로 소유권을 잃은 때에는 보증채무를 이행한 보증인과 마찬가지로 채무자로부터 담보부동산을 취득한 제 3 자에 대하여 구상권의 범위 내에서 출재한 전액에 관하여 채권자를 대위할 수 있는 반면, 채무자로부터 담보부동산을 취득한 제 3 자는 채무를 변제하거나 담보권의 실행으로 소유권을 잃더라도 물상보증인에 대하여 채권자를 대위할 수 없다고 보아야

할 것이다. 만일 물상보증인의 지위를 보증인과 다르게 보아서 물상보증인과 채무자로부터 담보부동산을 취득한 제 3 자 상호 간에는 각 부동산의 가액에 비례하여 채권자를 대위할 수 있다고 한다면, 본래 채무자에 대하여 출재한 전액에 관하여 대위할 수 있었던 물상보증인은 채무자가 담보부동산의 소유권을 제 3 자에게 이전하였다는 우연한 사정으로 이제는 각 부동산의 가액에 비례하여서만 대위하게 되는 반면, 당초 채무 전액에 대한 담보권의 부담을 각오하고 채무자로부터 담보부동산을 취득한 제 3 자는 그 범위에서 뜻하지 않은 이득을 얻게 되어 부당하다.」($\binom{\text{그러면서 대법원은, 담보부동산을 매수한 제 3 취득자는 물상보증인에 대하여 각 부동산의 가액에 비례하여 채권자를 대위할 수 있다고 한 대판 1974. 12. 10, 74다1419를 이 판결의 견해에 배치되는 범위 내에서 이를 변경하였다}$) 그런데 물상보증인이 제 3 취득자에 대하여 대위하려면 제 3 취득자가 취득하기 전에 대위의 부기등기를 해야 한다($\binom{\text{482조 2항}}{\text{1호 참조}}$).

  4) 제 3 취득자들 사이   2인 이상의 제 3 취득자가 있고($\binom{\text{예컨대 공동}}{\text{저당의 경우}}$) 그들 [236] 중 1인이 변제하거나 담보권이 실행되어 소유권을 잃은 경우에는, 그는 각 부동산의 가액에 비례하여 다른 제 3 취득자에 대하여 채권자를 대위한다(할당주의) ($\binom{\text{482조}}{\text{2항 3호}}$).

  5) 물상보증인들 사이 등   물상보증인들 사이의 대위는 제 3 취득자들에 있어서와 같다($\binom{\text{482조}}{\text{2항 4호}}$). 그리하여 물상보증인 중 1인이 변제하거나 담보권이 실행되어 소유권을 잃은 경우에는, 그는 각 부동산의 가액에 비례하여 다른 물상보증인에 대하여 채권자를 대위한다($\binom{\text{482조 2항}}{\text{3호 참조}}$). 이때에는 대위를 위하여 미리 대위의 부기등기를 하였을 필요는 없다고 할 것이다. 그리고, 명문의 규정은 없지만, 이 경우에도 변제한 물상보증인이 다른 물상보증인으로부터의 제 3 취득자에게 대위하려면 변제 후 제 3 취득자의 취득 전에 대위의 부기등기를 하였을 것이 필요하다($\binom{\text{같은 취지: 김상용,}}{\text{459면. [235] 참조}}$).

  공동저당이 설정된 복수의 부동산이 같은 물상보증인의 소유에 속하고 그중 하나의 부동산에 후순위저당권이 설정되어 있는 경우에, 공동저당이 설정된 부동산이 제 3 자에게 양도되어 그 소유자가 다르게 되더라도, 민법 제482조 제 2 항 제 3 호, 제 4 호에 따라 각 부동산의 소유자는 그 부동산의 가액에 비례해서만 변제자대위를 할 수 있다($\binom{\text{대판 2021. 12. 16, 2021다247258. 그 결과 후}}{\text{순위저당권자의 지위는 영향을 받지 않는다}}$).

  6) 연대채무자들 사이 또는 보증인들 사이   연대채무자 사이($\binom{425}{\text{조}}$)·보증인들 사이($\binom{448}{\text{조}}$)·연대채무자나 불가분채무자와 보증인과의 사이($\binom{447}{\text{조}}$)에서는 특별규

정이 구상의 범위를 정하고 있으며, 대위는 그 범위에서 일어난다.

[237]　　(3) 대위자 · 채권자 사이의 효과

1) **채권자의 채권증서 · 담보물의 교부의무**　　제 3 자로부터 채권의 전부의 변제를 받은 채권자는 그 채권에 관한 증서 및 점유한 담보물을 대위자에게 교부하여야 한다($^{484조}_{1항}$). 그리고 채권의 일부에 대한 제 3 자의 변제가 있는 때에는 채권자는 채권증서에 그 대위를 기입하고 자기가 점유한 담보물의 보존에 관하여 대위자의 감독을 받아야 한다($^{484조}_{2항}$).

2) **채권자의 담보보존의무**　　「법정대위를 할 자가 있는 경우」에 채권자의 고의나 과실로 담보가 상실되거나 감소된 때에는 대위할 자는 그 상실 또는 감소로 인하여 상환을 받을 수 없는 한도에서 그 책임을 면한다($^{485}_{조}$). 즉 채권자는 법정대위자를 위하여 담보를 보존할 의무가 있다. 이 규정은 보증인 등 법정대위를 할 자가 있는 경우에 채권자에게 담보보존의무를 부담시킴으로써 대위할 자의 구상권과 대위에 대한 기대권을 보호하려는 취지의 것이다($^{대판 2014. 10. 15, 2013다}_{91788; 대판 2017. 10. 31,}$ $^{2015다65042; 대판 2022.}_{12. 29, 2017다261882}$).

〈판　례〉

「민법 제485조는 보증인 기타 법정대위권자를 보호하여 주채무자에 대한 구상권을 확보할 수 있도록 채권자에게 담보보존의 의무를 부담시키는 것으로서, 그 채권자가 당초의 채권자이거나 장래 대위로 인하여 채권자로 되는 자이거나를 구별할 이유가 없다. 연대보증인 중 1인이 변제 기타 자기의 출재로 공동면책이 된 때에는 민법 제448조 제 2 항, 제425조에 의하여 다른 연대보증인의 부담부분에 대하여 구상권을 행사할 수 있는 것과는 별개로 민법 제481조에 의하여 당연히 채권자를 대위하여 주채무자에 대하여 구상권의 범위 내에서 채권자로 되고, 위 연대보증인에 대하여 자기의 부담부분에 대하여 상환을 하는 다른 연대보증인은 그의 상환액을 다시 주채무자에 대하여 구상할 수 있고 이 구상권의 범위 내에서는 그 자는 공동면책시킨 위 연대보증인이 당초 채권자를 대위하여 가지는 권리를 다시 대위취득할 수 있기 때문에, 변제로 당초의 채권을 대위행사하는 연대보증인과 다른 연대보증인과의 관계는 바로 민법 제485조에서 정한 "채권자"와 "제481조의 규정에 의하여 대위할 자"의 관계가 되는 것이다. 따라서 변제로 공동면책시켜 구상권을 가지는 연대보증인이 주채무자에 대한 채권의 담보를 상실 또는 감소시킨 때에는 민법 제485조의 "채권자의 고의나 과실로 담보가 상실되거나 감소된 때"에 해당하여, 다른 연대보증인은 구상의무를 이행하였을 경우에 그 담보의 소멸로 인하여 주채무자로부터 상환을 받을 수 없는 한도에서 그 책임을 면한다고 보아야 한다.」($\binom{대판 2012. 6. 14,}{2010다11651}$)

여기서 「담보」라 함은 주된 채무를 담보하기 위한 인적 담보 또는 물적 담보를 말하며, 담보의 상실 또는 감소의 전형적인 예로는 채권자가 인적 담보인 보증인의 채무를 면제해 주거나 물적 담보인 담보물권을 포기하거나 순위를 불리하게 변경하거나 담보물을 훼손하거나 반환하는 행위 등을 들 수 있다($\binom{대판}{2000. 12. 12,}$ $\binom{99다}{13669}$). 판례에 나타난 구체적인 예를 보면, 양도담보의 목적물을 채무자에게 반환한 뒤 채무자가 이를 매각한 경우($\binom{대판 1962. 3. 8,}{4294민상637}$), 근저당권의 말소등기가 된 경우 ($\binom{대판 1994. 9. 23,}{94다5359}$), 채권자가 일부대위변제자에게 그가 대위변제한 비율을 넘어 근저당권 전부를 이전하여 준 경우($\binom{대판 1996. 12. 6, 96다35774: 다른 보증인은 법정대위권자로서 근저당권}{을 실행하여 배당받을 수 있었던 금액의 한도에서 보증책임을 면한다고 함}$)에는 담보의 상실 또는 감소가 있으나, 채권자인 은행이 담보물 중 부동산의 감정을 시가보다 높이 평가한 것($\binom{대판 1974. 7. 23,}{74다257}$), 양도담보로 제공된 부동산에 대하여 양도담보권자의 채권자가 가압류나 가처분의 기입등기를 경료한 것($\binom{대판}{1997. 10. 28,}$ $\binom{97다}{28858}$)은 담보의 상실·감소행위가 아니다. 한편 판례는 법정대위의 전제가 되는 보증 등의 시점 이전에 이미 소멸한 채권자의 담보에 대해서는 제485조가 적용되지 않는다고 보아야 하고, 위와 같은 담보 소멸에 채권자의 고의나 과실이 있다거나 법정대위의 전제가 되는 보증 등의 시점 당시 소멸된 담보의 존재를 신뢰하였다는 등의 사정이 있다고 해도 마찬가지라고 한다($\binom{대판 2014. 10. 15,}{2013다91788}$).

대위자는 이와 같은 담보의 상실·감소가 있으면 그로 인하여 상환을 받을 수 없는 한도에서 책임을 면한다. 여기서 책임을 면한다는 것은, 법정대위자가 물상보증인인 경우에는, 채무자가 부담하는 근저당권의 피담보채무 자체가 소멸한다는 뜻은 아니고 피담보채무에 관한 물상보증인의 책임이 소멸한다는 의미이다($\binom{대판 2017. 10. 31,}{2015다65042}$). 면책의 범위를 결정하는 시기에 관하여 통설은 상실 또는 감소된 담보가 객관적으로 보아 실행될 수 있었을 때라고 하나($\binom{곽윤직, 263면; 김상용, 461면; 김}{학동, 372면; 김형배, 716면 등}$), 판례는 담보가 상실 또는 감소된 시점이라고 한다($\binom{대판 2001. 10. 9, 2001다36283; 대판}{2001. 12. 24, 2001다42677; 대판 2008. 12. 11,}$ $\binom{2007다}{66590}$). 논리적으로 생각할 때 통설이 타당하다. 왜냐하면 채권자는 담보를 실행할 수 있었을 때 그에 상당하는 변제를 받을 수 있었을 것이고, 그리하여 대위자는 그것만큼 상환청구를 할 수 없게 되었기 때문이다.

〈판 례〉

(ㄱ) 「피고가 제 2 근저당권을 말소하여 준 것이 민법 제485조 소정의 "담보가 상실되거나 감소된 때"에 해당하는지 여부는 피고가 제 2 근저당권을 말소하여 준 시점을 표준시점으로 하여 판단하여야 하고, 그 이후 피고의 제 2 근저당권 말소행위와 무관한 사정에 의하여 선순위의 근저당권이 말소된 사정을 참작하여야 하는 것은 아니다.」$\binom{대판\ 2001.\ 12.\ 24,}{2001다42677}$

(ㄴ) 채권자의 과실로 근저당권이 말소되고 그에 따라 보증인이 민법 제485조에 따른 면책 주장을 한 사안에서, 원심이 보증인의 면책 여부를 근저당권이 말소된 시점을 기준으로 판단하지 아니하고, 그 후 실제 경매가 진행된 결과 저가로 매각되어 설사 근저당권이 말소되지 않았더라도 매각대금으로는 보증인이 채권자의 근저당권을 대위하여 배당을 받을 수 없게 되었다는 사정을 들어 보증인의 면책 주장을 배척한 것을 파기한 사례$\binom{대판\ 2008.\ 12.\ 11,}{2007다66590}$.

(ㄷ) 「채무자 소유 부동산과 물상보증인 소유 부동산에 공동근저당권을 설정한 채권자가 공동담보 중 채무자 소유 부동산에 대한 담보 일부를 포기하거나 순위를 불리하게 변경하여 담보를 상실하게 하거나 감소하게 한 경우, 물상보증인은 그로 인하여 상환받을 수 없는 한도에서 책임을 면한다. 그리고 이 경우 그 공동근저당권자는 나머지 공동담보 목적물인 물상보증인 소유 부동산에 관한 경매절차에서, 물상보증인이 위와 같이 담보 상실 내지 감소로 인한 면책을 주장할 수 있는 한도에서는, 물상보증인 소유 부동산의 후순위 근저당권자에 우선하여 배당받을 수 없다.」$\binom{대판\ 2018.\ 7.\ 11,}{2017다292756}$

대위자가 면책되는 범위는 상환을 받을 수 없는 것에 한정된다. 따라서 담보가 상실된 경우에는 담보가 실행될 수 있었을 때의 목적물의 교환가치 상당액이며$\binom{대판\ 2001.\ 10.\ 9,\ 2001다36283은\ 담보}{상실\ 당시의\ 교환가치\ 상당액이라\ 함}$, 채권액을 훨씬 초과하는 부동산을 양도담보로 취득하였다가 그것을 상실하고 채권액에 미달하는 양도담보만을 갖게 된 경우에는 총 채권액에서 잔존 양도담보 부동산 가액을 **뺀** 나머지 액만큼이다$\binom{대판}{1997.\ 10.\ 28,}$ $\binom{97다}{28858}$.

위의 제485조의 규정은 임의규정이며, 따라서 법정대위권자는 채권자와의 특약으로 이 규정에 의한 면책이익을 포기하거나 면책의 사유와 범위를 제한 내지 축소할 수 있다$\binom{대판\ 1987.\ 4.\ 14,\ 86다카520.\ 같은}{취지:\ 대판\ 1987.\ 3.\ 24,\ 84다카1324}$.

〈판 례〉

(ㄱ) 「채권자가 자신의 채권이나 담보권을 행사할지 여부는 채권자가 자유롭게 선택할 수 있는 영역에 속하는 것이므로 채권자가 제 3 자에 대하여 자신의 채권이나

담보권을 성실하게 행사하여야 할 의무를 부담하는 특단의 사정이 없는 한 채권자가 자신의 채권이나 담보권을 행사하지 않거나 포기하였다고 하여 이를 불법행위에 해당한다고 할 수는 없는 것이고, 대위변제의 정당한 이익을 갖는 자가 채권자의 담보상실 또는 감소행위를 들어 민법 제485조 소정의 면책을 주장할 수 있음은 별론으로 하더라도 대위변제의 정당한 이익을 갖는 자가 있다는 사정만으로 채권자가 자신의 채권이나 담보권을 성실히 행사하여야 할 의무를 부담한다고는 할 수 없다.」$\binom{\text{대판 2001. 12. 24, 2001다42677; 대판}}{\text{2005. 11. 25, 2004다66834·66841}}$

(ㄴ)「법정대위를 할 자는 채권자가 고의나 과실로 담보를 상실하게 하거나 감소하게 한 때에는 원칙적으로 민법 제485조에 따라 면책을 주장할 수 있을 뿐이지만, 채권자가 제 3 자에 대하여 자신의 담보권을 성실하게 보존·행사하여야 할 의무를 부담하는 특별한 사정이 인정되는 경우에는 채권자의 담보권의 포기 행위가 불법행위에 해당할 수 있다.」$\binom{\text{대판 2022. 12. 29, 2017다261882. 그 사안에서 곧 변제자대위의 대상이 될 채무자에 대}}{\text{한 근저당권설정등기를 말소하여 줌으로써 저당권을 포기한 행위는 불법행위에 해당}}$한다고 함)

(ㄷ)「근로자가 후순위저당권자가 존재하는 사용자의 재산에 대하여 임금채권 우선변제권을 행사하는 경우에 바로 민법 제485조를 유추적용하여 근로자의 고의·과실로 후순위저당권자의 대위에 관한 기대를 침해한 한도에서 임금채권 우선변제권이 배제되거나 제한된다고 볼 수는 없다.

다만, 근로자가 사용자의 다른 재산에 대한 권리자 등과 공모하여 오로지 후순위저당권자의 대위에 관한 정당한 기대를 해하려는 의도 아래 후순위저당권의 목적물이 아닌 사용자의 다른 재산에 대하여 손쉽게 행사할 수 있었던 임금채권 우선변제권 행사를 포기해 버린 경우처럼, 근로자가 임금채권 우선변제권을 사용자의 일부 재산에 대하여만 선택적으로 행사하는 것이 사회생활상 도저히 용인될 수 없을 만큼 부당하여 권리남용으로 평가될 수 있는 정도에 이른 경우에는 그로 인하여 후순위저당권자의 대위에 관한 정당한 기대가 침해된 한도에서 임금채권 우선변제권이 배제되거나 제한될 수 있을 것이다.」$\binom{\text{대판 2006. 12. 7,}}{\text{2005다77558}}$

3) 제 3 자의 일부변제 후에 계약이 해제된 경우　　제 3 자의 일부변제가 있은 후에 채권자가 채무불이행을 이유로 계약을 해제한 경우에는, 채권자가 받은 변제는 비채변제가 된다($\frac{742조}{참조}$). 그런데 민법은 이 경우에 악의의 부당이득에 준하여 특별한 반환의무를 인정하고 있다. 즉 그때에 채권자는 대위자에게 그 변제한 가액과 이자를 상환하여야 한다($\frac{483조}{2항}$). 한편 제 3 자가 전부변제한 경우에는 채무불이행 및 그로 인한 해제권이 생길 수 없고, 따라서 이득반환도 문제되지 않는다.

제 3 절 대물변제(代物辨濟)

[238] I. 서 설

1. 의 의

대물변제의 의의는 대물변제의 법적 성질을 어떻게 파악하느냐, 특히 그것을 계약으로 보느냐 여부에 따라 달라진다. 그런데, 뒤에 보는 바와 같이, 사견은 대물변제를 계약으로 이해하기 때문에 그러한 견지에서 개념정의를 하려고 한다.

대물변제라 함은 본래의 급부에 갈음하여 다른 급부를 현실적으로 함으로써 채권을 소멸시키는 변제당사자($^{원칙적으로\ 채권자와\ 채무}_{자이나,\ 그에\ 한정되지\ 않음}$) 사이의 계약을 말한다($^{판례도\ 같}_{은\ 취지임.}$ 대판 1987. 10. 26, 86다카1755; 대판 2023. 2. 2, 2022다276789 참조. 대물변제를 변제라고 이해하는 견 해에서는 채무자(또는 제 3 자)가 채권자의 승낙을 얻어 현실적으로 다른 급여를 한 경우라고 정의한다). 예컨대 500만원의 금전채무를 부담하고 있는 자가 채권자의 승낙을 얻어 500만원의 금전지급에 갈음하여 특정 토지의 소유권을 이전한 경우가 그에 해당한다. 이러한 대물변제에는 변제와 같은 효력이 인정된다($^{466}_{조}$). 따라서 대물변제가 있으면 채권은 소멸하게 된다.

[239]   ## 2. 법적 성질

(1) 계약인지 여부

대물변제는 변제인가, 아니면 하나의 계약인가?

여기에 관하여 학설은 세 가지로 나뉘어 있다. i) 대물변제의 법적 성질은 대물변제계약이라는 특수한 요물·유상계약이라는 견해($^{곽윤직,\ 264면;}_{김학동,\ 373면}$), ii) 대물변제의 경우 채무자와 채권자 사이에 대물변제에 관한 합의가 필요하기는 하지만 그 합의는 대물급부에 의한 변제가 변제로서의 효력을 갖기 위한 하나의 요건에 지나지 않으며, 따라서 대물변제의 본질은 변제이지 계약이 아니라는 견해($^{김형배,\ 718면.}_{김대정,\ 400면;}$ 김상용, 467면; 지원림, 970면도 이와 유사하다), iii) 대물변제는 채무의 이행행위로서 변제에 준하는 효과를 가진다는 점에서 변칙적 변제방법이라는 견해($^{이은영,}_{723면}$)가 그것이다.

판례는 대물변제를 요물계약이라고 한다($^{대판\ 1978.\ 8.\ 22,\ 77다1940;\ 대판\ 1979.\ 9.\ 11,}_{79다381;\ 대판\ 1987.\ 10.\ 26,\ 86다카1755}$).

생각건대 대물변제에 있어서는 본래의 급부와 다른 급부를 하는 데 관한 합의와 대물급부가 모두 본질이다. 나아가 급부변경의 합의와 대물급부 가운데 보다 중요한 것은 전자이며, 후자가 채권 소멸을 가져오는 것은 전자의 결과에 지나지 않는다. 그러한 점에서 볼 때, 대물변제는 계약이라고 할 것이며, 다만 그것은 현실적으로 급부가 있어야만 성립하는 요물계약이라고 하여야 한다. 물론 여기의 요물계약은 채권을 발생시키는 채권계약의 한 종류가 아니며, 채권을 소멸시키는 일종의 이행계약 내지 준물권계약이되, 급부가 있어야 성립한다는 의미에서 요물계약인 것이다. 결국 요물계약이라고 하는 i)설과 판례가 타당하다. ii)설은 합의를 종된 것으로 구성하는 점에서, iii)설은 합의를 무시하는 점에서 옳지 않다. 한편 대물변제가 유상계약인지는 세심한 검토를 필요로 한다. 이는 대물변제의 목적물에 흠이 있을 경우에 대물변제자에게 매도인과 같은 담보책임을 지울 것인가와 관련하여 논의된다(독일민법 365조는 명문으로 이를 인정한다). 대물변제에 의하여 채권이 소멸한다는 점에서 보면 이를 인정할 여지도 있다. 그러나 채무가 증여에 기하여 성립한 경우까지 매도인과 같이 담보책임을 지도록 하는 것이 과연 올바른지 의심이 생기기도 한다. 그리하여 학설도 (a) 유상계약이어서 매도인의 담보책임에 관한 규정이 준용된다는 견해(곽윤직, 265면·270면)와 (b) 본계약에 의하여 정하여진 본래의 채무가 유상이냐 무상이냐에 따라서 담보책임의 내용도 정해져야 한다는 견해(김상용, 468면; 김형배, 719면; 이은영, 730면; 지원림, 978면)로 나뉘어 있다. 그리고 판례는, 매도인의 하자담보책임에 관한 규정은 그 계약의 성질이 이를 허용하지 않는 것이 아닌 한 다른 유상계약에도 준용되는 것이라고 하면서, 대물변제도 유상계약이므로 목적물에 하자가 있을 경우 매도인의 담보책임에 관한 민법 조항이 준용된다고 한다(대판 2023. 2. 2, 2022다276789. 같은 취지: 대판 1987. 7. 7, 86다카2943(본래의 채무는 교환계약에 의한 것임)). 사견은 기본적으로 (b)설에 찬성하되 거기에 예외를 인정하여야 한다는 견지에 있다. 즉 본래의 채무가 매매와 같은 유상계약에 기하여 성립한 경우에는 매도인의 담보책임규정이 유추적용되고(채무자의 대물변제·제 3 자의 대물변제를 불문한다) 그것이 증여 등에 의하여 성립한 경우에는 증여자의 담보책임규정이 유추적용된다고 할 것이나, 후자의 경우라 할지라도 채무자가 아닌 제 3 자가 대물변제를 하는 때에는 그가 설사 증여의 의사로서 변제하더라도(채무자로부터 대가를 받은 때에는 더 말할 나위도 없다) 무상성은 차단되어 매도인과 같이 담보책임을 진다고 하여야 한다.

(2) 경개와의 차이

대물변제는 경개([263] 이하 참조)와 유사하나, 본래의 급부와 다른 급부를 현실적으로 하여야 하는 점에서 단순히 새로운 채무를 부담하는 데 불과한 경개와 다르다.

(3) 변제규정의 적용

대물변제는 변제가 아니지만, 민법은 거기에 변제와 같은 효력을 인정하고 있다($\frac{466}{조}$). 그 결과 변제에 관한 규정은 그 성질이 허용하는 한 대물변제에도 적용된다고 하여야 한다. 제 3 자의 변제규정($\frac{469}{조}$)이 그 예이다.

[240] ## 3. 사회적 작용

(1) 본래의 사회적 작용

대물변제는 이행의 대용수단 내지 보조수단으로서 작용한다. 그러나 대물변제가 실제로 그렇게 이용되는 일은 적은 것으로 보인다.

(2) 대물변제예약

실제 사회에서는「대물변제」와「예약」($\frac{장차 본계약을 체결할}{것을 약속하는 계약}$)이라는 두 제도를 결합시킨「대물변제의 예약」이라는 것이 널리 이용되어 중요하게 작용하고 있다. 그리고 그것은 대물변제의 본래의 목적과는 거리가 멀게 채권담보의 목적으로 이용되고 있다. 즉 금전소비대차를 하면서 당사자 사이에서 장차 채무불이행시에는 특정 부동산의 소유권을 이전하기로 한다는 예약을 체결한다. 그리고 그때에는 대체로 장차 취득할 소유권이전청구권 보전의 가등기를 한다. 이것이 바로 가등기담보라고 불리는 것이다.

대물변제예약 내지 가등기담보에 있어서는 채권자의 폭리 취득이 문제된다. 그리하여 민법은 제607조 · 제608조의 특별규정을 두고 있다. 그러나 이들 규정만으로 불충분하다고 생각되어「가등기담보 등에 관한 법률」을 제정 · 시행하고 있다. 그에 대하여는「물권법」부분에서 자세히 설명하였다($\frac{물권법 [253]}{이하 참조}$).

[241] ## II. 대물변제의 요건

1. 당 사 자

대물변제에는 변제와 같은 효력이 있으므로($\frac{466}{조}$), 그 당사자도 변제에 준한다고 할 것이다. 따라서 대물변제의 당사자는 원칙적으로 채권자와 변제자이다. 즉 채무자 외에 제 3 자도 원칙적으로 당사자가 될 수 있다($\frac{469조}{참조}$). 그리고 채권자는 당연히 일방 당사자가 될 수 있으나($\frac{대판 1970. 2. 24, 69다2112 · 2113은 대물변제는 특별한}{사정이 없는 한 채권자에게 하는 것이 원칙이라고 한다}$), 채권이 압류되거나 입질된 경우 등에는 그 자격이 제한된다($\binom{[211]}{참조}$). 그런가 하면 채권자가 아니지만 당사자가 될 수 있는 때도 있다($\binom{[212]\,이}{하\,참조}$).

2. 당사자 사이에 합의 내지 계약이 있을 것

채권자나 채무자는 누구도 일방적으로 급부를 변경할 수 없다($\binom{다만\,임의채권의\,경}{우에는\,특약으로\,당}$ 사자 일방에게 급부변 경권이 주어져 있다). 따라서 대물변제가 성립하려면 당사자 사이에 대물변제에 관한 합의가 있어야 한다. 민법 제466조가 「채무자가 채권자의 승낙을 얻어」라고 규정하고 있는 것은 이를 의미한다. 이러한 합의는 묵시적으로도 할 수 있다. 한편 대물변제는 계약이므로 당사자는 행위능력을 가져야 한다($\binom{변제의\,경우는\,이행행위의\,성}{질이\,무엇인가에\,따라\,다르다}$). 견해에 따라서는 제한능력자인 채무자의 대물변제도 취소할 수 없고 유효하다고 하나($\binom{김상용,}{466면}$), 이는 대물변제가 계약이라는 점에 비추어 볼 때 옳지 않을 뿐만 아니라 제한능력자의 보호취지에도 어긋난다.

3. 채권이 존재할 것

대물변제는 본래의 급부에 갈음하여 다른 급부를 함으로써 채권을 소멸하게 하는 것이므로, 대물변제가 가능하려면 당연히 채권이 존재하고 있어야 한다. 그런데 만약 채권이 존재하지 않거나 무효 또는 취소된 때에는 대물변제의 목적물의 소유권이전의 효과는 어떻게 되는가? 이는 물권행위의 무인성을 인정하는지에 따라 달라지게 된다. 무인성을 인정하는 경우에는, 그때에도 대물변제의 목적물의 소유권이전은 일어나고 변제자는 단지 부당이득의 반환을 청구할 수 있을 뿐이라고 하게 된다. 그에 비하여 유인성을 인정하는 경우에는, 목적물의 소유권이전이 일어나지 않으며, 따라서 변제자는 소유권에 기한 물권적 청구권을 행사할 수 있다고 하게 된다. 판례는 후자의 견지에 있다($\binom{대판\,1991.\,11.\,12,\,91다9503;}{대판\,1993.\,4.\,23,\,92다19163}$). 사견도 같다($\binom{물권법\,[29]}{이하\,참조}$).

4. 본래의 급부와 다른 급부를 할 것 [242]

대물변제가 성립하려면 본래의 급부와 다른 급부가 행하여져야 한다. 그런데 그 다른 급부의 내용이나 종류는 묻지 않는다. 그리하여 본래의 급부와 다른 것이면 동산 또는 부동산의 소유권이전이든 금전의 지급이든 상관없다. 채권의 양도, 예금증서의 교부, 어음·수표의 교부도 그것이 이행에 갈음하여 행하여진 때에는 여기의 급부로 될 수 있다. 다만, 양도가 금지되어 있는 물건의 급부로 대물변제를 할 수는 없다(대판 1965. 7. 6, 65다563는 판매가 금지된 특정 외
래품으로 대물변제한다는 계약은 무효라고 한다).

대물변제는 요물계약이므로, 그것이 성립하려면 본래의 급부와 다른 급부를 단순히 약속하는 것만으로는 부족하며(이는 경개에
지나지 않음), 그 다른 급부를 현실적으로 하여야 한다(대판 1962. 2. 8, 4294민상499; 대판 1963. 10. 22, 63다168; 대판 1965. 9. 7, 65다1389; 대판 1977. 6. 7,
77다369; 대판 1978. 8. 22, 77다1940; 대판 1979. 9. 11, 79다381; 대판 1984. 6. 26, 82다카1758; 대판
1993. 5. 11, 92누11602; 대
판 1995. 9. 15, 95다13371). 따라서 다른 급부가 부동산 소유권의 이전인 경우에는 당사자의 의사표시 외에 등기까지도 완료하여야만 대물변제가 성립한다(대판 1965. 9. 7,
65다1389; 대판
1969. 7. 29, 69다868; 대판 1978. 8. 22, 77다1940; 대판 1979. 9. 11, 79다381; 대판 1984. 6. 26, 82다카1758; 대판
1987. 10. 26, 86다카1755; 대판 1993. 5. 11, 92누11602; 대판 1995. 9. 15, 95다13371; 대판 2023. 2. 2, 2022다276789). 물론 그 등기는 유효하여야 하며, 등기가 되었더라도 그것이 원인무효의 등기로서 말소되었다면 대물변제의 효과가 생기지 않는다(대판 1977. 6. 7,
77다369). 그리고 부동산 소유권이전이 급부인 이상 등기 외에 부동산의 인도까지 필요하지는 않다. 그런가 하면 등기가 행하여지지 않은 한 설사 부동산의 인도가 있더라도 대물변제는 성립하지 않는다(대판 1960. 7. 27, 4923형상283;
대판 1965. 7. 20, 65다1029·1030). 한편 동산 소유권이전이 대물급부인 경우에는 합의 외에 목적물의 인도가 필요하다.

〈부동산으로 대물변제를 하는 경우의 등기청구권〉

과거 판례는 대물급부가 부동산 소유권의 이전인 경우에 관하여 대물변제의 합의를 채권계약인 대물변제계약이라고 하면서 그 계약의 채권적 효력으로서 이를 원인으로 하여 등기청구권이 생긴다고 하였다(대판 1972. 5. 23, 72다414;
대판 1974. 6. 25, 73다1819). 그러나 이에 대하여는 그 경우 등기까지 완료되어야 비로소 대물변제가 성립하므로 판례의 견해는 옳지 않으며, 판례가 말하는 대물변제계약은 대물변제의 예약, 그중에서도 편무예약이라고 보아야 하고, 그리하여 채권자가 본계약으로서의 대물변제의 체결을 청약하면 채무자는 이전등기를 하여야 할 의무를 부담하고, 그 이행이 있을 때에 대물변제계약은 성립한다는 비판이 제기되고 있다(곽윤직,
268면). 그 때문인지 그 이후의 판례는 이전등기가 완료되기 전 단계의 것을 대물변제의 예약으로 다룬다(대판 1979. 9. 11,
79다381). 한편 판례는 대물변제계약의 효력발생 전에 채무의 본지에 따른 이행으로 기존채무가 소멸되었다면 채권자는 당사자간에 예약된 대물변제계약으로서는 부동산 소유권이전등기 청구를 할 수 없다고 한다(대판 1987. 10. 26, 86다카1755;
대판 1997. 4. 25, 96다32133).

본래의 급부와 다른 급부는 가치가 같을 필요는 없다. 대물급부의 가치가 채무액보다 크더라도 초과액이 이자에 충당되지 않으며, 거기에 제607조·제608조가 적용되지도 않는다(대판 1968. 1. 31, 67다2227; 대판 1992. 2. 28, 91다25574). 그리고 대물급부의 가치가 채무액보다 적더라도, 일부의 대물변제라는 취지가 표시되어 있지 않는 한, 채권 전부가 소멸한다. 다만, 대물급부와 본래의 급부 사이에 현저한 불균형이 있는 때에는 제104조의 폭리행위로 될 경우가 있을 수 있다(대판 1958. 4. 3, 4290민상648; 대판 1959. 9. 24, 4291민상762 참조).

5.「본래의 채무이행에 갈음하여」다른 급부가 행하여질 것   [243]

대물변제가 성립하려면「다른 급부」(대물급부)가「이행(변제)을 위하여」(즉 본래의 채무의 변제의 수단으로서)가 아니고「이행(변제)에 갈음하여」(즉 본래의 채무를 소멸시키기 위하여) 행하여져야 한다. 단순히「이행을 위하여」대물급부가 행하여진 때에는 대물변제로 되지 못하여 채권은 소멸하지 않는다.

이 요건과 관련하여 가장 문제가 되는 것은 채무자가 어음이나 수표를 변제 수단으로 교부한 경우이다. 어음·수표의 교부가「변제를 위하여」한 것이면 대물변제가 아니어서 채권은 소멸하지 않고 새로운 채무가 추가되는 결과가 되나, 그것이「변제에 갈음하여」한 것이면 대물변제로 되어 채권은 소멸하게 된다. 구체적인 경우에 이들 중 어느 것에 해당하는지는 여러 가지 사정을 종합적으로 고려하여 판단하여야 한다. 그러나 특별한 약정이 없으면「변제를 위하여」행하여진 것으로 추정하여야 한다. 금전취득이 확실하지 않기 때문이다. 통설·판례도 같은 견지에 있다(어음에 관한 판례: 대판 1960. 4. 28, 4292민상197; 대판 1964. 11. 24, 64다1120; 대판 1965. 4. 20, 65다206; 대판 1965. 5. 25, 65다321; 대판 1967. 2. 21, 66다2355; 대판 1970. 6. 30, 70다517; 대판 2001. 7. 13, 2000다57771 등. 수표에 관한 판례: 대판 1960. 7. 14, 4292민상893; 대판 1960. 11. 24, 4293민상286; 대판 1962. 8. 30, 62다311; 대판 1964. 6. 23, 63다1162; 대판 1964. 11. 24, 64다618; 대판 1976. 6. 22, 75다1600 등). 이는 채권자가 어음·수표를 제 3 자에게 양도하였더라도 다르지 않다(대판 1960. 10. 31, 4291민상390). 다만, 신용 있는 은행이 발행한 자기앞수표를 교부한 것은 금전지급에 갈음한 것으로 추정하여야 할 것이다.

〈「변제를 위하여」어음·수표를 교부한 경우의 권리행사의 순서〉

어음·수표를「변제를 위하여」교부한 경우에는 본래의 채무 외에 어음·수표에 기한 새로운 의무가 추가되어 두 채무가 병존하게 된다(대판 1969. 2. 4, 68다567). 이때 채권자는 새로운 채권을 먼저 행사하여야 하는가? 여기에 관하여 판례는 과거에는 두 권리 가운데 선택적으로 행사할 수 있다고 한 적이 있다(대판 1972. 3. 28, 72다119). 그런데 근래에는 기존채무의 이행을 위하여 제 3 자 발행의 어음을 교부한 경우에 관하여, 어음채권을 먼저 행사하여야 하고 그에 의하여 만족을 얻을 수 없을 때 비로소 기존의 원인채권을 행사할 수 있다고 한다(대판 1995. 10. 13, 93다12213; 대판 1996. 11. 8, 95다25060). 그에 비하여 학설은 채권자에게 선택권을 인정한다(곽윤직, 270면; 김상용, 472면; 김형배, 730면. 김학동, 376면은 채권자에게 선택권을 인정하면서도 통상적으로는 어음채권을 우선 행사할 것이라고 하여 불분명하다). 생각건대 어음이나 수표가 「변제를 위하여」 교부되었다면 당사자는 채권자가 어음·수표에 기한 채권을 먼저 행사할 것을 예정하였다고 보아야 한다. 따라서 근래의 판례가 타당하다.

〈판 례〉

㈀ 「기존채무의 이행에 관하여 채무자가 채권자에게 어음을 교부할 때의 당사자의 의사는 기존 원인채무의 '지급에 갈음하여', 즉 기존 원인채무를 소멸시키고 새로운 어음채무만을 존속시키려고 하는 경우와, 기존 원인채무를 존속시키면서 그에 대한 지급방법으로서 이른바 '지급을 위하여' 교부하는 경우 및 단지 기존채무의 지급 담보의 목적으로 이루어지는 이른바 '담보를 위하여' 교부하는 경우로 나누어 볼 수 있는데, 당사자 사이에 특별한 의사표시가 없으면 어음의 교부가 있다고 하더라도 이는 기존 원인채무는 여전히 존속하고 단지 그 '지급을 위하여' 또는 그 '담보를 위하여' 교부된 것으로 추정할 것이며, 따라서 특별한 사정이 없는 한 기존의 원인채무는 소멸하지 아니하고 어음상의 채무와 병존한다고 보아야 할 것이고, 이 경우 어음상의 주채무자가 원인관계상의 채무자와 동일하지 아니한 때에는 제 3 자인 어음상의 주채무자에 의한 지급이 예정되고 있으므로 이는 '지급을 위하여' 교부된 것으로 추정할 것이다. …

또한 이 사건에 있어서와 같이 어음이 '지급을 위하여' 교부된 경우에는 채권자는 어음채권과 원인채권 중 어음채권을 먼저 행사하여 만족을 얻을 것을 당사자가 예정하였다고 할 것이므로 채권자로서는 어음채권을 우선 행사하고, 그에 의하여서는 만족을 얻을 수 없을 때 비로소 채무자에 대하여 기존의 원인채권을 행사할 수 있다고 하여야 할 것이며, 나아가 이러한 목적으로 어음을 배서·양도받은 채권자는 특별한 사정이 없는 한 채무자에 대하여 원인채권을 행사하기 위하여는 어음을 채무자에게 반환하여야 할 것이므로, 채권자가 채무자에 대하여 자기의 원인채권을 행사하기 위한 전제로서 지급기일에 어음을 적법히 제시하여 소구권 보전절차를 취할 의무가 있다고 보는 것이 양자 사이의 형평에 맞는 것」이다(대판 1996. 11. 8, 95다25060).

㈁ 「어음상의 주채무자가 원인관계상의 채무자와 동일하지 아니한 때에는 제 3 자인 어음상의 주채무자에 의한 지급이 예정되어 있으므로 이는 '지급을 위하여' 교부된 것으로 추정되지만, '지급에 갈음하여' 교부된 것으로 볼 만한 특별한 사정이 있는 경우에는 그러한 추정은 깨진다.」(대판 2010. 12. 23, 2010다44019)

채무자가 제 3 채무자에 대하여 가지고 있는 채권을 양도하는 것도 당사자 사이에 특별한 의사표시가 없었다면 기존채무의 변제를 위하거나 또는 담보를 위한 것으로 추정하여야 하며, 채무변제에 갈음하여 양도한 것으로 볼 것이 아니다

(대판 1960. 2. 25, 4292민상61; 대판 1976. 3. 9, 76다12; 대판 1981. 10. 13, 81다354; 대판 1988. 2. 9, 87다카2266; 대판 1990.
2. 13, 89다카10385; 대판 1991. 4. 9, 91다2526; 대판 1994. 2. 8, 93다50291 · 50307; 대판 1995. 9. 15, 95다13371; 대판 1995.
12. 22, 95
다16660). 따라서 그 경우 채권양도만 있으면 바로 원래의 채권이 소멸한다고 볼
수는 없고, 채권자가 양도받은 채권을 변제받은 때에 비로소 그 범위 내에서 채
무자가 면책된다($\binom{대판 1995. 12. 22, 95다16660;}{대판 2013. 5. 9, 2012다40998}$). 채무자가 제 3 채무자로부터 받은 수표를
채권자에게 전달한 경우에도 특별한 사정이 없으면 그로써 채무자의 제 3 자에
대한 채권을 채권자에게 양도하여 채무가 소멸되었다 할 수 없다($\binom{대판 1963. 10. 10,}{63다408}$).

〈판 례〉

「채무변제에 '갈음하여' 다른 채권을 양도하기로 한 경우에는 특별한 사정이 없는
한 채권양도의 요건을 갖추어 대체급부가 이루어짐으로써 원래의 채무는 소멸하는
것이고 그 양수한 채권의 변제까지 이루어져야만 원래의 채무가 소멸한다고 할 것은
아니다. 이 경우 대체급부로서 채권을 양도한 양도인은 양도 당시 양도대상인 채권
의 존재에 대해서는 담보책임을 지지만 당사자 사이에 별도의 약정이 있다는 등 특
별한 사정이 없는 한 그 채무자의 변제자력까지 담보하는 것은 아니라 할 것이다.」
($\binom{대판 2013. 5. 9,}{2012다40998}$)

Ⅲ. 대물변제의 효과 [244]

대물변제에는 변제와 같은 효력이 있다($\binom{466}{조}$). 따라서 대물변제가 있으면 채권
이 소멸한다($\binom{대물변제 후 본래의 채무가 변제되었더라도 대물변제}{의 효력에는 영향이 없다. 대판 1966. 6. 18, 66다640}$). 그리고 그 채권을 위한 담보권
도 소멸한다.

대물변제는 채무의 일부에 관하여도 행하여질 수 있다. 그리하여 예컨대 채
무자가 채권자와 대물변제하기로 약정한 급여 중 일부만을 이행한 경우에도 채
권자가 이를 수령하면 채무의 일부에 관하여 유효한 대물변제를 한 것으로 보아
야 한다($\binom{대판 1993. 5. 11,}{92누11602}$). 그런데 대물변제의 예약이 체결되어 있는 한 그것은 원칙
적으로 채권 전부의 대물변제에 관한 것이라고 새겨야 하므로, 채권의 일부에 대
한 대물변제를 주장하는 자(채권자)가 그 사실을 주장 · 증명하여야 한다($\binom{대판 1987.}{3. 10, 86}$
다카
2055).

대물변제로 급부된 목적물에 흠이 있는 경우에 대물변제자가 담보책임을 지
는지에 관하여는 앞에서 이미 설명하였다($\binom{[239]}{참조}$).

제 4 절 공 탁

[245] **Ⅰ. 공탁의 의의 및 법적 성질**

1. 의 의

공탁은 금전·유가증권 기타의 물건을 공탁소에 임치하는 것이다. 이러한 공탁은 변제를 위하여뿐만 아니라(변제공탁. 487조 이하)·담보(담보공탁. 353조 3항 참조)·집행(집행공탁. 민사집행법 222조 참조)·보관(보관공탁. 상법 70조 참조) 등을 위하여서도 이용된다. 그런가 하면 변제와 아울러 집행을 위하여서도 공탁을 할 수 있다(이른바 혼합공탁. 대판 2005. 5. 26, 2003다12311; 대판 2008. 1. 17, 2006다56015; 대판 2018. 10. 12, 2017다221501). 그 경우에는 변제공탁에 관련된 새로운 채권자에 대해서는 변제공탁으로서 효력이 있고 집행공탁에 관련된 압류채권자 등에 대해서는 집행공탁으로서 효력이 있으며, 이 경우에도 적법한 공탁으로 채무자의 채무는 소멸한다(대판 2018. 10. 12, 2017다221501). 그런데 여기서 다루는 것은 변제를 위한 공탁 즉 변제공탁에 한정된다(형사사건의 피고인이 그 피해자를 위하여 하는 변제공탁 즉 형사공탁에 대하여 최근에 공탁법에 특례규정이 신설되었다(2022. 12. 9. 시행). 공탁법 5조의 2 참조).

〈판 례〉

(ㄱ)「민법 제487조 후단의 '변제자가 과실없이 채권자를 알 수 없는 경우'라 함은 객관적으로 채권자 또는 변제수령권자가 존재하고 있으나 채무자가 선량한 관리자의 주의를 다하여도 채권자가 누구인지 알 수 없는 경우를 말하므로, 채권이 양도되었다는 등의 사유로 제3채무자가 종전의 채권자와 새로운 채권자 중 누구에게 변제하여야 하는지 과실없이 알 수 없는 경우 제3채무자로서는 민법 제487조 후단의 채권자 불확지를 원인으로 한 변제공탁사유가 생긴다고 할 것이고, 또한 종전의 채권자를 가압류채무자 또는 집행채무자로 한 다수의 채권가압류 또는 압류결정이 순차 내려짐으로써 그 채권이 종전 채권자에게 변제되어야 한다면 압류경합으로 인하여 구 민사소송법 제581조 제1항 소정의 집행공탁의 사유가 생기는 경우에, 채무자는 민법 제487조 후단 및 구 민사소송법 제581조 제1항을 근거로 채권자 불확지를 원인으로 하는 변제공탁과 압류경합 등을 이유로 하는 집행공탁을 하는 이른바 혼합공탁을 할 수 있고, 이러한 공탁은 변제공탁에 관련된 새로운 채권자에 대하여는 변제공탁으로서의 효력이 있고 집행공탁에 관련된 압류채권자 등에 대하여는 집행공탁으로서의 효력이 있다고 할 것이나, 채권양도 등과 종전 채권자에 대한 압류가 경합되었다고 하여 항상 채권이 누구에게 변제되어야 하는지 과실없이 알 수 없는 경우에 해당하는 것은 아니고, 설령 그렇게 볼 사정이 있다고 하더라도 공탁은 공탁자가 자기

의 책임과 판단 하에 하는 것으로서, 채권양도 등과 압류가 경합된 경우에 공탁자는 나름대로 누구에게 변제를 하여야 할 것인지를 판단하여 그에 따라 변제공탁이나 집행공탁 또는 혼합공탁을 선택하여 할 수 있는 것이다.

그리고 집행공탁의 경우에는 배당절차에서 배당이 완결되어야 피공탁자가 비로소 확정되고, 공탁 당시에는 피공탁자의 개념이 관념적으로만 존재할 뿐이므로, 공탁 당시에 피공탁자를 지정하지 아니하였더라도 공탁이 무효라고 볼 수 없으나, 변제공탁은 집행법원의 집행절차를 거치지 아니하고 피공탁자의 동일성에 관한 공탁공무원의 형식적 심사에 의하여 공탁금이 출급되므로 피공탁자가 반드시 지정되어야 하며, 또한 변제공탁이나 집행공탁은 공탁근거조문이나 공탁사유, 나아가 공탁사유신고의 유무에 있어서도 차이가 있으므로, 제 3 채무자가 채권양도 등과 압류경합 등을 이유로 공탁한 경우에 제 3 채무자가 변제공탁을 한 것인지, 집행공탁을 한 것인지, 아니면 혼합공탁을 한 것인지는 피공탁자의 지정 여부, 공탁의 근거조문, 공탁사유, 공탁사유신고 등을 종합적·합리적으로 고려하여 판단하는 수밖에 없다.」(대판 2005. 5. 26, 2003다12311)

㈛「집행공탁과 민법의 규정에 의한 변제공탁이 혼합되어 공탁된 이른바 혼합공탁의 경우에 어떤 사유로 배당이 실시되었고 그 배당표상의 지급 또는 변제받을 채권자와 금액에 관하여 다툼이 있으면, 이를 배당이의의 소라는 단일의 절차에 의하여 한꺼번에 확정하여 분쟁을 해결함이 상당하다고 할 것이고, 따라서 이 경우에도 공탁금에서 지급 또는 변제받을 권리가 있음에도 불구하고 지급 또는 변제를 받지 못하였음을 주장하는 자는 배당표에 배당을 받는 것으로 기재된 다른 채권자들을 상대로 배당이의의 소를 제기할 수 있다고 봄이 상당하다고 할 것이다.」(대판 2006. 1. 26, 2003다29456)

㈐「약속어음의 채무자가 어음의 도난·분실 등의 이유로 지급은행에 사고신고와 함께 그 어음금의 지급정지를 의뢰하면서 예탁하는 사고신고 담보금은 일반의 예금채권과는 달리 사고신고 내용의 진실성과 어음발행인의 자력을 담보로 하여 부도제재 회피를 위한 사고신고의 남용을 방지함과 아울러 어음소지인의 어음상의 권리가 확인되는 경우에는 당해 어음채권의 지급을 담보하려는 데 그 제도의 취지가 있다(대법원 1998. 11. 24. 선고 98다33154 판결 등 참조). 그리고 이 경우 어음발행인과 지급은행 사이에 체결되는 "어음소지인이 어음금 지급 청구소송에서 승소하고 판결확정증명 또는 확정판결과 동일한 효력이 있는 것으로 지급은행이 인정하는 증서를 제출한 경우 등에는 지급은행이 어음소지인에게 사고신고 담보금을 지급한다"는 내용의 사고신고 담보금의 처리에 관한 약정은 제 3 자를 위한 계약에 해당한다(대법원 2005. 3. 24. 선고 2004다71928 판결 등 참조).

따라서 어음발행인이 지급기일에 피사취신고 등 사고신고를 하면서 어음액면금 상당의 사고신고 담보금을 지급은행에 예치하였다 하더라도, 그것이 어음소지인에 대한 변제공탁으로서의 효력을 갖는다고 볼 수는 없고, 지급기일로부터의 이자나 지연손해금의 발생이 저지되는 효력이 생긴다고 볼 수도 없다. 그리고 이는 어음소지인이 나중에 지급은행으로부터 사고신고 담보금을 지급받았다고 하여 달리 볼 것도

아니다.」$\binom{대판\ 2017.\ 2.\ 3,}{2016다41425}$

공탁은 반드시 법령에 근거하여야 하고 당사자가 임의로 할 수 없는 것이므로, 금전채권의 채무자가 공탁의 방법에 의한 채무의 지급을 약속하더라도 채권자가 채무자에게 이러한 약정에 기하여 공탁하라고 청구할 수는 없다$\binom{대판\ 2014.\ 11.\ 13,}{2012다52526}$. 그리고 이러한 법리는 채무자에게 민사집행법 제248조에서 정한 집행공탁의 요건이 갖추어져 있는 경우라도 같다$\binom{대판\ 2014.\ 11.\ 13,}{2012다52526}$.

변제공탁이 있으면 채무자는 채무를 면하게 된다$\binom{487}{조}$. 이러한 변제공탁제도는 왜 필요한가? 채무의 이행에 채권자의 수령이 필요한 경우에 채무자가 변제의 제공을 하면 채무자는 채무불이행책임을 지지 않게 된다$\binom{461조.\ 그리고\ 일정한\ 요건이\ 갖추어}{지면\ 채권자지체로\ 된다.\ 400조\ 참조}$. 그러나 변제제공이 있었다고 하여 채무자가 채무를 면하지는 못한다. 채권자가 수령을 거절하거나 수령할 수 없는 때에도 같다. 그런데 이와 같은 때에 언제까지나 채무자가 채무에 구속당하게 하는 것은 적절하지 않다. 그리하여 민법은 채무자 기타의 변제자가 목적물을 공탁함으로써 채무를 면할 수 있도록 하였는데, 그것이 바로 변제공탁제도이다.

2. 법적 성질

공탁의 법적 성질에 관하여 학설은 i) 사법관계설, ii) 공법관계설, iii) 양면설로 나뉘어 있다. i) 사법관계설은 공탁은 사법상의 행위이며 제3자를 위한 계약을 겸한 임치계약이라고 한다$\binom{김기선,}{341면}$. 그리고 ii) 공법관계설은 공탁은 기본적으로 공법관계(공법상의 임치관계)라고 한다$\binom{김주수,\ 495면;\ 김형배,}{743면;\ 지원림,\ 986면}$. 그에 비하여 iii) 양면설은 공탁에는 공법적인 측면과 사법적인 측면이라는 두 측면이 있으며, 민법이 규율하는 사법적인 측면에서 공탁의 성질을 밝힌다면 그것은 제3자를 위한 임치계약이라고 한다$\binom{곽윤직,\ 271면;\ 김상용,\ 480면;\ 김학동,}{382면;\ 이은영,\ 736면;\ 장경학,\ 545면}$. 한편 판례는 공법관계설의 견지에 있다$\binom{대결\ 1972.\ 5.\ 15,\ 72마401;}{대판\ 1993.\ 7.\ 13,\ 91다39429}$. 사견으로는 학설 중 양면설을 지지한다.

Ⅱ. 공탁의 요건 [246]

1. 일정한 공탁원인의 존재

공탁(변제공탁)은 채무의 존재를 전제로 한다. 그 채무는 현존하는 확정채무이어야 하고, 장래채무나 불확정채무는 원칙적으로 변제공탁의 목적이 되지 못한다. 그러나 채무자에 대한 각 채권자의 채권이 동일한 채권이어야 하는 것은 아니다(대판 2014. 12. 24, 2014다207245: 원고가 주장하는 채권은 퇴직신탁계약 해지를 원인으로 한 신탁잔여재산 반환 청구권이고, 피고가 주장하는 채권은 퇴직신탁계약의 수익자로서 퇴직신탁계약에 의한 퇴직급부금 지급청구권인 경우에 공탁을 인정함).

그리고 공탁에 의하여 채무를 면하려면 다음의 두 공탁원인 가운데 어느 하나가 있어야 하며, 그중에 어느 것도 없는 경우에는 설사 채무자가 공탁을 하였다 하더라도 그는 채무를 면하지 못한다(대판 1962. 4. 12, 4294민상1138). 한편 공탁을 하면서 제487조 제 1 문과 제 2 문 중 어느 사유를 공탁원인사실로 할 것인지는 공탁자가 선택할 수 있으며, 공탁이 제487조 제 1 문의 공탁(수령불능을 원인으로 한 변제공탁)인지, 같은 조 제 2 문의 공탁(상대적 불확지 변제공탁)인지, 아니면 두 가지 성격을 모두 가지고 있는지 여부는 공탁서의 「법령조항」란의 기재와 「공탁원인사실」란의 기재 등에 비추어 객관적으로 판단해야 한다(대판 2008. 10. 23, 2007다35596).

(1) 「채권자가 변제를 받지 아니하거나 받을 수 없는 때」(487조 1문)

제487조 제 1 문은 「채권자가 변제를 받지 아니하거나 받을 수 없는 때」에는 공탁을 인정하고 있다. 그런데 위의 표현은 채권자지체에 관한 제400조와 같다(두 경우의 앞뒤만 바뀌어 있음). 여기서 그것이 채권자지체가 있는 경우를 의미하는지가 문제된다. 그에 관하여 학설은 일치하여 공탁의 요건과 채권자지체의 요건은 다르다고 한다(곽윤직, 272면; 김상용, 481면; 김학동, 383면; 김형배, 744면). 그 결과 채권자가 미리 수령을 거절한 경우 또는 거절할 것이 명백한 경우에는, 채무자는 구두의 제공 없이 곧바로 공탁을 할 수 있게 된다(460조 단서를 적용하지 않음). 학설은 그 이유로 ① 뒤에 설명하는 (2)의 공탁원인은 채권자지체와는 전혀 관계가 없고, ② 공탁은 포기와 달라서 채권자에게 부당한 불이익을 미치는 것이 아니라는 점을 든다. 판례도 채권자가 미리 수령거절의 의사를 표명한 경우(대결 1975. 7. 19, 75마163)와 수령을 거절할 것이 명백한 경우(대판 1964. 8. 31, 63다834; 대판 1968. 5. 28, 68다291; 대판 1968. 11. 19, 68다1570; 대판 1981. 9. 8, 80다2851; 대판 1994. 8. 26, 93다42276)에 관하여 학설과 같은 견지에 있다. 이러한 학설·판례는 정당하다.

위와 같이 새기게 되면 「채권자가 변제를 받을 수 없는 때」도 마찬가지로 채권자지체의 요건이 구비되어야 할 필요가 없다고 해석하여야 한다. 그리하여 가령 채권자가 그의 주소에 없어서 변제하지 못하는 경우에는 그 부재(不在)가 설사 일시적인 것일지라도 공탁을 할 수 있다. 그리고 판례는 여기의 변제는 채무자로 하여금 종국적으로 채무를 면하게 하는 변제를 의미하므로 채권이 가압류된 경우도 「채권자가 변제를 받을 수 없는 때」에 해당한다고 한다(대판 1994. 12. 13, 93다951).

채권자의 수령거절 또는 수령불능이 채권자의 책임있는 사유로 생겼는가는 묻지 않는다. 이는 채권자지체에 관하여 어떤 견해를 취하든 같다.

〈판   례〉

「채권의 가압류는 제 3 채무자에 대하여 채무자에게 지급하는 것을 금지하는 데 그칠 뿐 채무 그 자체를 면하게 하는 것이 아니고, 가압류가 있다 하여도 그 채권의 이행기가 도래한 때에는 제 3 채무자는 그 지체책임을 면할 수 없다고 보아야 할 것이다.

이러한 경우 가압류에 불구하고 제 3 채무자가 채무자에게 변제를 한 때에는 나중에 채권자에게 2중으로 변제하여야 할 위험을 부담하게 되므로 제 3 채무자로서는 민법 제487조의 규정에 의하여 공탁을 함으로써 2중변제의 위험에서 벗어나고 이행지체의 책임도 면할 수 있다고 보아야 할 것이다.

왜냐하면 민법상의 변제공탁은 채무를 변제할 의사와 능력이 있는 채무자로 하여금 채권자의 사정으로 채무관계에서 벗어나지 못하는 경우를 대비할 수 있도록 마련된 제도로서 그 제487조 소정의 변제공탁의 요건인 "채권자가 변제를 받을 수 없는 때"의 변제라 함은 채무자로 하여금 종국적으로 채무를 면하게 하는 효과를 가져다주는 변제를 의미하는 것이므로 채권이 가압류된 경우와 같이 형식적으로는 채권자가 변제를 받을 수 있다고 하더라도 채무자에게 여전히 2중변제의 위험부담이 남는 경우에는 마찬가지로 "채권자가 변제를 받을 수 없는 때"에 해당한다고 보아야 할 것이기 때문이다.

그리고 제 3 채무자가 이와 같이 채권의 가압류를 이유로 변제공탁을 한 때에는 그 가압류의 효력은 채무자의 공탁금출급청구권에 대하여 존속한다고 할 것이므로 그로 인하여 가압류 채권자에게 어떤 불이익이 있다고도 할 수 없다.」(대판 1994. 12. 13, 93다951)

[247]　　**(2)「변제자가 과실없이 채권자를 알 수 없는 경우」**(487조 2문)

이는 객관적으로 채권자 또는 변제수령권자가 존재하고 있으나 채무자가 선량한 관리자의 주의를 다하여도 채권자가 누구인지를 알 수 없는 경우를 말하며

(대판 1988. 12. 20, 87다카3118; 대판 1996. 4. 26, 96다2583; 대판 2000. 12. 22, 2000다55904; 대판 2004. 11. 11, 2004다37737; 대판 2005. 5. 26, 2003다12311) (민법상 채권자를 전혀 알 수 없는 절대 불확지 공탁은 허용되지 않는다. 대판(전원))

1997. 10. 16, 96
다11747 참조), 이 경우에도 공탁을 할 수 있다. 예컨대 상속이 개시되었으나 공동상

속인들이나 그 상속인들의 상속지분을 구체적으로 알기 어려운 때(대판 1991. 5. 28,
91다3055),

채권양도가 있었으나 그 효력에 의문이 있거나 변제받을 자격이 있는지를 확정

하기 어려운 때(대판 1971. 1. 26, 70다2626; 대판 1988. 12. 20, 87다카3118; 대판(전원) 1994. 4. 26, 93다24223;
대판 1996. 4. 26, 96다2583; 대판 2000. 12. 22, 2000다55904. 이들의 구체적인 모습은 상이하다),

예금계약의 출연자와 예금명의자가 서로 다르고 양자 모두 예금채권에 관한 권

리를 적극 주장하고 있는 경우로서 금융기관이 그 예금의 지급시는 물론 예금계

약 성립시의 사정까지 모두 고려하여 선량한 관리자로서의 주의의무를 다하여도

어느 쪽이 진정한 예금주인지에 관하여 사실상 혹은 법률상 의문이 제기될 여지

가 충분히 있다고 인정되는 때(대판 2004. 11. 11,
2004다37737), 신탁계약에서 신탁재산을 수령할

권한이 있는 수익자인지 여부에 관하여 다툼이 있는 경우(대판 2014. 12. 24,
2014다207245)에 그렇

다(확정일자 있는 채권양도 통지와 채권 가압류명령이 제 3 채무자에게 동시에 도달된 경우에도 제 3 채무자는 송달의 선후가 불명
한 경우에 준하여 채권자를 알 수 없다는 이유로 변제공탁을 할 수 있다. 대판(전원) 1994. 4. 26, 93다24223([197]에 인용); 대판
2004. 9. 3, 2003다22561(확정일자 있는 채권양도 통지와 채권 가압류명령이 동시에 도달됨으로써 제 3 채무자가 변제공탁을
하고, 그 후에 다른 채권압류 또는 가압류가 이루어졌다 하더라도, 채권양수인과 선행 가압류채권자 사이에서만 채권액에 안분
하여 배당하여야
한다고 한 사례)).

여기의 해석도 엄격하게 할 것이 아니다. 그리하여 단순히 채권자라고 주장

하는 자가 여럿 있는 때에도 공탁을 인정하여야 한다.

2. 공탁의 당사자 [248]

공탁은 제 3 자를 위한 임치계약으로서 그 당사자는 공탁자와 공탁소이다.

그리고 피공탁자인 채권자는 당사자가 아니며, 그는 제 3 자를 위한 계약에 의하

여 채권을 취득할 뿐이다.

(1) 공 탁 자

공탁자는 변제자이다. 그는 채무자 외에 제 3 자일 수도 있다. 수인의 공탁자

가 공탁을 하면서 각자의 공탁금액을 나누어 기재하지 않고 공동으로 하나의 공

탁금액을 기재한 경우에 공탁비율을 어떻게 보아야 하는가?(이는 회수청구권의
범위에 영향을 준다) 그에

관하여 판례는, 공탁자가 공탁한 내용은 공탁의 기재에 의하여 형식적으로 결정

되므로 그 경우에는 공탁자들이 균등한 비율로 공탁한 것으로 보아야 하고, 공탁

자들 내부의 실질적인 분담금액이 다르다고 하더라도 그것은 공탁자들 내부 사

이에 별도로 해결하여야 할 문제라고 한다(대판 2015. 9. 10,
2014다29971).

(2) 공 탁 소

공탁은 채무이행지의 공탁소에 하여야 한다($^{488조}_{1항}$). 공탁소는 지방법원·지방법원 지원·시 법원·군 법원에 두며, 공탁사무는 지방법원장·지방법원 지원장이 그 소속 법원서기관 또는 법원사무관 중에서 지정하는 자가 처리한다($^{공탁법}_{2조}$). 공탁의 경우에 실제로 공탁물을 보관하는 자는 공탁물 보관자인데, 공탁물 보관자는 대법원장이 지정하는 은행 또는 창고업자이다($^{공탁법}_{3조}$).

그리고 이들에 의하여 공탁소가 정하여지지 않는 때에는 법원은 변제자의 청구에 의하여 공탁소를 지정하고 공탁물 보관자를 선임하여야 한다($^{488조}_{2항}$).

(3) 피공탁자

공탁은 피공탁자를 특정하여 하여야 한다($^{대판(전원) 1997. 10.}_{16, 96다11747}$). 피공탁자(공탁물 수령자)는 채권자가 된다. 그런가 하면 채권자의 대리인($^{대판 1981. 9. 22, 81다236; 대}_{판 2012. 3. 15, 2011다77849}$)이나 청산인($^{대판 1992. 7. 28,}_{91다13380}$)도 피공탁자로 될 수 있다.

피공탁자는 제 3 자를 위한 계약에 있어서의 제 3 자이지만 법률규정상 그는 수익의 의사표시 없이($^{539조 2}_{항 참조}$) 공탁소에 대하여 채권(공탁물 인도청구권)을 취득한다고 할 것이다($^{이설}_{없음}$).

3. 공탁의 목적물

변제의 목적물이 공탁의 목적물이 된다. 유가증권·금전 기타의 동산이 목적물로 됨은 공탁법 규정상 명백하다($^{같은 법}_{3조 1항}$). 그러나 부동산이 목적물로 되는지에 관하여는 i) 긍정설($^{곽윤직, 273면; 김대정, 420면; 김주수,}_{498면; 김형배, 746면; 이은영, 738면}$)과 ii) 부정설($^{김학동, 385면;}_{지원림, 990면}$)이 대립하고 있다. ii)설은 부동산공탁을 인정할 사회경제상의 필요도 없고, 또 그것을 인정할 경우 이론상·실무상 어려움이 생긴다고 한다. 생각건대, 부정설의 주장도 일리가 있으나, 제487조의 규정상($^{의용민법의 입}_{법과정 포함}$) 부동산공탁을 부인할 근거로는 충분치 못하다($^{부동산공탁의 경우에는 488조 2항에}_{의하여 공탁사무가 처리되어야 한다}$).

한편 변제의 목적물이 공탁에 적당하지 않거나 멸실 또는 훼손될 염려가 있거나 공탁에 과다한 비용을 요하는 경우에는 변제자는 법원의 허가를 얻어 그 물건을 경매하거나 시가(市價)로 방매(放賣)하여 대금을 공탁할 수 있다($^{490}_{조}$).

4. 공탁의 내용   [249]

공탁의 내용은 채무내용에 좇은 것이어야 한다. 이것과 관련하여 특히 문제
가 되는 것은 채무액(또는 목적물)의 일부만을 공탁한 경우와 조건을 붙여서 공탁
한 경우이다.

(1) 일부의 공탁

채무액(또는 목적물)의 일부의 공탁은 채무를 변제함에 있어서 일부의 제공이
유효한 제공이라고 시인될 수 있는 특별한 사정이 있는 경우를 제외하고는 채권
자가 이를 수락하지 않는 한 그에 상응하는 효력을 발생할 수 없다(^{대판 1977. 9. 13,} ^{76다1866; 대판}
^{1977. 11. 22, 77다1395; 대판 1978. 10. 10, 78다1401; 대판 1983. 11. 22, 83다카161; 대판 1984. 9. 11, 84다카781; 대판 1988.}
^{1. 19, 85다카1792; 대판 1992. 7. 28, 91다13380; 대판 1998. 10. 13, 98다17046; 대판 2022. 11. 30, 2017다232167 · 232174}
^{등. 통설도 같으나, 이은영, 739면은 일}
^{부공탁도 원칙적으로 유효하다고 한다}). 만약 채권자가 공탁금을 채권의 일부에 충당한다는
유보의 의사표시를 하고 이를 수령한 때에는 그 공탁금은 채권의 일부의 변제에
충당되는데(^{대판 1996. 7. 26,} ^{96다14616}), 그 경우 유보의 의사표시는 반드시 명시적으로 해야 하
는 것은 아니다(^{대판 2009. 10. 29,} ^{2008다51359}). 그리고 채무자가 채무액의 일부만을 공탁하였으나
그 후 부족분을 추가로 공탁하였다면 그때부터는 전 채무액에 대하여 유효한 공
탁이 이루어진 것으로 볼 수 있다(^{대판 1991. 12. 27,} ^{91다35670}). 한편 공탁금액이 채무 총액에 비
하여 아주 근소하게 부족한 경우에는 그 공탁은 신의칙상 유효한 것이라고 하여
야 한다(^{대판 1988. 3. 22, 86다카909; 대판 2002. 5. 10, 2002다} ^{12871 · 12888; 대판 2022. 11. 30, 2017다232167 · 232174}). 물론 이때 유효하게 되는 것은 공
탁금액의 범위에 한하여서이다.

〈판   례〉

「변제공탁이 유효하려면 채무 전부에 대한 변제의 제공 및 채무 전액에 대한 공탁
이 있어야 하고, 채무 전액이 아닌 일부에 대한 공탁은 그 부족액이 아주 근소하다는
등의 특별한 사정이 있는 경우를 제외하고는 채권자가 이를 수락하지 않는 한 그 공
탁부분에 관하여서도 채무 소멸의 효과가 발생하지 않으며, 이러한 점은 채권자가
종래 거듭하여 일부변제를 수령하여 왔다거나 갑자기 영업소를 폐쇄하고 그 소재를
감추는 바람에 어쩔수 없이 변제공탁하게 되었다고 하여 달라지지 아니하며, 근저당
권의 피담보채무에 관하여 전액이 아닌 일부에 대하여 공탁한 이상 그 피담보채무가
계속적인 금전거래에서 발생하는 다수의 채무의 집합체라고 하더라도 공탁금액에 상
응하는 범위에서 채무 소멸의 효과가 발생하는 것은 아니다.」(^{대판 1998. 10. 13,} ^{98다17046})

(2) 조건부 공탁

채권자가 선이행의무를 부담하거나 채무자(공탁자)에게 동시이행의 항변권이 있는 경우에는, 채권자의 반대급부의 이행을 조건으로 하여 공탁할 수 있다(대판 1970. 9. 22, 70다1061; 대판 1972. 2 22, 71다2596; 대판 1992. 12. 22, 92다8712; 대판 1992. 12. 24, 92다38911; 대판 2023. 5. 18, 2020다295298). 그에 비하여 공탁이 채무의 내용에 좇은 것이라 할지라도, 채권자에게 반대급부 또는 기타의 조건의 이행의무가 없음에도 불구하고 채무자가 이를 조건으로 공탁한 때에는, 채권자가 이를 수락하지 않는 한 그 공탁은 효력이 없다(대판 1962. 5. 24, 4294민재항455; 대판 1963. 1. 10, 62다714; 대판 1966. 2. 15, 65다2431; 대판 1969. 5. 27, 69다298·299; 대판 1970. 9. 22, 70다1061; 대판 1979. 1. 23, 78다2085; 대판 1979. 10. 30, 78누378; 대판 1984. 4. 10, 84다77; 대판 2002. 12. 6, 2001다2846). 그러나 무효인 조건부 공탁이 있은 후 공탁자가 조건 표시의 정정청구를 하고 공탁공무원이 이를 인가한 경우에는, 공탁은 인가결정시부터는 조건 없는 공탁으로서 유효하다(대판 1968. 11. 19, 68다1570; 대판 1971. 6. 30, 71다874; 대판 1974. 5. 14, 74다166; 대판 1986. 8. 19, 85누280). 그리고 조건이 이미 성취되어 공탁물 수령에 아무런 지장이 없으면 그 공탁은 효력이 발생한다(대판 1969. 2. 18, 66다1244). 한편 채권담보의 목적으로 근저당권설정등기 또는 가등기가 된 경우에 채무자가 그 등기의 말소에 필요한 서류의 교부를 조건으로 하여 공탁을 하면 그것은 무효이다(근저당권설정등기의 경우: 대결 1966. 4. 29, 65마210; 대결 1966. 8. 31, 66마576; 대결 1967. 6. 13, 67마359; 대판 1975. 12. 23, 75다1134. 가등기의 경우: 대판 1982. 12. 14, 82다카1321·1322. 저당권설정등기 및 가등기의 경우: 대판 1991. 4. 12, 90다9872). 이 경우에는 채무의 변제의무가 그 등기의 말소의무보다 선이행되어야 하고, 그것들이 동시이행관계에 있지 않기 때문이다. 그리고 건물인도와 동시이행관계에 있는 임차보증금의 공탁을 함에 있어서 건물인도 확인서의 첨부를 반대급부조건으로 붙인 것은 인도의 선이행을 조건으로 한 것으로서 효력이 없다(대판 1991. 12. 10, 91다27594).

[250] ## Ⅲ. 공탁의 절차

공탁의 절차는 공탁규칙에 규정되어 있다(그 규칙 20조 이하). 그에 의하면 공탁을 하려는 사람은 공탁관에게 일정한 사항을 적은 공탁서 2통을 제출해야 한다(그 규칙 20조). 이때 공탁자는 피공탁자에게 송부할 공탁통지서를 피공탁자의 수만큼 첨부해야 한다(그 규칙 23조). 공탁관이 공탁신청을 수리할 때에는 공탁서에 일정한 사항을 적고 기명날인한 다음 1통을 공탁자에게 내주어 공탁물을 공탁물 보관자에게 납입하게 하여야 하며(그 규칙 26조 1항), 그때 공탁관은 주요사항을 전산등록하고 공탁물 보관자에게 그 내용을 전송하되, 다만 물품공탁의 경우에는 공탁물 보관자에게 전송하는 대신 공탁자에게 공탁물품납입서 1통을 주어야 한다($\frac{그 규칙}{26조 2항}$). 공탁물 보관자가 공탁물을 납입받은 때($\frac{계좌임금에 의한 공탁금 납입제도도 두고 있으나(그 규칙}{28조), 이 제도는 시·군법원 공탁소에는 허용되지 않는다}$)에는 공탁서에 공탁물을 납입받았다는 뜻을 적어 공탁자에게 내주고 그 납입사실을 공탁관에게 전송하여야 하는데, 물품을 납입받은 경우에는 공탁물품 납입통지서를 보내야 한다($\frac{그 규칙}{27조}$). 공탁관이 이 전송이나 공탁물품 납입통지서를 받은 때에는 공탁통지서를 피공탁자에게 발송하여야 한다($\frac{그 규칙}{29조}$). 민법은 공탁자가 지체없이 채권자에게 공탁통지를 하도록 규정하고 있으나($\frac{488조}{3항}$), 실무에서는 공탁관이 이를 대신하고 있다. 그리고 이 공탁통지는 공탁의 유효요건이 아니어서 공탁자가 공탁통지를 하지 않았어도 채무는 소멸한다($\frac{대판 1976. 3. 9,}{75다1200}$).

Ⅳ. 공탁의 효과 [251]

1. 채권의 소멸

공탁이 있으면 변제가 있었던 것과 마찬가지로 채권이 소멸한다($\frac{487}{조}$). 채권이 소멸하는 시기는 공탁관의 수탁처분과 공탁물 보관자의 공탁물수령이 있는 때이며, 채권자에 대한 공탁통지나 채권자의 수익의 의사표시가 있는 때가 아니다($\frac{이설이 없으며, 판례도 같음.}{대결 1972. 5. 15, 72마401}$). 채권자가 인도(출급)청구를 하였는지 여부와도 관계없다($\frac{대판 2002. 12. 6, 2001다2846;}{대판 2014. 5. 29, 2013다212295}$). 그리고 공탁 후 공탁물 출급청구권에 대하여 가압류 집행이 되더라도 그 변제의 효력에 영향을 미치지 않는다($\frac{대판 2011. 12. 13,}{2011다11580}$).

그런데 이 공탁에 의한 채권의 소멸과 관련하여서는 짚고 넘어가야 할 문제가 있다. 그것은 공탁 후에도 일정시기까지는 공탁자에게 회수권이 있어서 그 동안은 공탁의 효력이 확정적이지 않다는 것이다($\frac{489}{조}$). 이 때문에 공탁에 의한 채권소멸의 효과발생에 관하여 학설은 i) 해제조건설과 ii) 정지조건설로 나뉘어 있다($\frac{여기의 해제조건·정지조건의 개념도 태아의 권리능력에서와 마찬가지}{로 엄격한 조건 개념이 아니고 비유적인 표현이다. 민법총칙 [296] 참조}$). i) 해제조건설은 채무는 공탁에 의하여 곧 소멸하나 공탁물의 회수가 있는 때에는 채권은 소급하여 소멸하지 않았던 것으로 된다고 한다($\frac{곽윤직, 275면; 김학동, 387면; 지원림, 992면. 이은영, 742면은}{자신의 견해를 철회설이라고 하나, 해제조건설과 결과에서 같다}$). 그에 비하여 ii) 정지조건설은 회수권의 소멸을 정지조건으로 하여 공탁시에 소급하여 채권이 소멸한다고 주장한다($\frac{김상용, 486면; 김주수,}{502면; 김형배, 749면}$). 그리고 판례는 해제조건설의 견지에 있다($\frac{대판 1967. 11. 28, 67다2120; 대판 1977. 10. 31,}{77다1695; 대판 1981. 2. 10, 80다77}$). 즉 판례는, 변제공탁자가 공탁물 회수권의 행사에 의하여 공탁물을 회수한 경우에는 공탁하지 않은 것으로 보아 채권소멸의 효력은 소급하여 없어진다고 하고, 이와 같이 채권소멸의 효력을 소급적으로 소멸시키는 공탁물의 회수에는 공탁자에 의하여 이루어진 경우뿐만 아니라, 제 3 자가 공탁자에게 대하여 가지는 별도 채권의 집행권원으로써 공탁자의 공탁물 회수청구권에 대하여 압류 및 추심명령을 받아 그 집행으로 공탁물을 회수한 경우도 포함된다고 한다(대판 1981. 2. 10, 80다77(압류·전부명령을 받아 회수한 경우); 대판 2014. 5. 29, 2013다212295; 대결 2020. 5. 22, 2018마5697). 생각건대 제487조 제 1 문이 「채무를 면할 수 있다」고 하고, 또 제489조 제 1 항 제 2 문이 공탁물을 회수한 경우에는 「공탁하지 아니한 것으로 본다」고 한 것은 해제조건설에 맞는 표현이다. 특히 민법은 제489조 제 2 항에서 질권·저당권이 공탁으로 인하여 소멸한 때에는 회수권을 인정하지 않는다고 하는데, 이는 민법이 해제조건설에 입각하고 있음을 분명히 보여 주는 것이다. 왜냐하면 정지조건설을 취하는 한 회수권의 소멸 전에 채권이 소멸하는 일은 생길 수가 없기 때문이다. 나아가 정지조건설을 취하게 되면 공탁물이 채무자·채권자의 책임없는 사유로 멸실된 경우에는 위험부담의 법리(537조·538조 참조)가 적용되어 채권자지체의 요건이 갖추어지지 않는 한 채무자가 반대급부를 받을 수 없는 부당한 결과도 생긴다(같은 취지: 김학동, 387면). 결국 해제조건설을 취함이 옳다.

〈공탁물의 수령에 관한 판례〉

공탁물수령자가 아무 이의 없이 공탁물을 수령하였다면 그는 공탁의 취지에 따라 수령한 것이 되어 공탁사유에 따른 법률효과가 발생한다(대판 1962. 12. 27, 62다719; 대판 1972. 6. 27, 72다596; 대판 1979. 10. 30, 79다1455; 대판 1980. 7. 22, 80다1124; 대판 1980. 8. 26, 80다629). 공탁이 변제제공 없이 이루어졌다거나(대결 1974. 7. 29, 73마712; 대판 1989. 11. 28, 88다카34148(공탁의 효력을 다투지 못함)) 공탁자가 공탁원인으로 들고 있는 사유가 법률상 효력이 없는 것이어서 공탁이 부적법하다고 하더라도 같다(대판 1992. 5. 12, 91다44698). 채권액에 관하여 다툼이 있는 채권에 관하여 공탁한 경우에도 마찬가지이다. 즉 그러한 채권에 관하여 채무자가 채무 전부의 변제임을 밝히고 공탁한 경우 채권자가 그 공탁금을 채권의 일부로서 수령한다는 등의 별도의 유보 의사표시를 하지 않은 이상 그 수령이 채권 전부에 대한 공탁의 효력을 인정한 것으로 해석된다(대판 1983. 6. 28, 83다카88·89).

그리고 수령 후 그에 저촉되는 의사표시를 하였다고 하여도 결과는 달라지지 않는다(대판 1979. 11. 13, 79다1336; 대판 1984. 11. 13, 84다카465). 특히 토지수용위원회의 재결에 따라 기업자(起業者)가 공탁한 토지수용보상금을 이의를 유보함이 없이 수령한 토지소유자는 비록 그 재결에 대하여는 이의를 신청한 바 있다고 하여도 그 재결에 복종하고 그 공탁의 취지에 따라 이를 수령한 것으로 보아야 한다(대판 1981. 2. 10, 80누492; 대판 1982. 5. 25, 81누277; 대판(전원) 1982. 11. 9, 82누197(소를 제기한 경우도 같음); 대판 1983. 6. 14,

$\binom{81누}{254}$.

공탁물 수령에 따른 효과는 공탁의 취지에 따라 생기기 때문에, 공탁서에 아무런 언급도 없는 비용에 대하여는 변제의 효과가 없다$\binom{대판 1976. 9. 28,}{76다1548}$. 그리고 공탁물을 수령하면서 이의를 유보한 경우에는 공탁의 취지대로 효과가 발생하지 않는다. 이의 유보의 의사표시는 채무액뿐만 아니라 공탁원인에 관하여서도 할 수 있다$\binom{대판}{1996. 7. 26,}$ 96다14616 참조$\binom{(부당)}{이득 대신 손해배상}$. 이 의사표시는 반드시 명시적으로 하여야 하는 것은 아니며 묵시적으로도 할 수 있다$\binom{대판 1997. 11. 11,}{97다37784}$. 그리고 그 의사표시는 공탁공무원뿐만 아니라 채무자에 대하여도 할 수 있다$\binom{대판(전원) 1982. 11. 9, 82누197;}{대판 1997. 11. 11, 97다37784}$.

2. 채권자의 공탁물 인도(출급)청구권
[252]

채권자는 공탁소에 대하여 공탁물 인도(출급)청구권을 취득한다$\binom{그 절차에 대하여}{는 공탁규칙 32조}$ $\binom{이하}{참조}$. 민법은 이를 규정하고 있지 않으나, 공탁에 의하여 채무가 소멸하는 것은 채권자가 그 권리를 취득하기 때문이다. 그리고 그런 연유로 공탁을 제 3 자를 위한 임치계약이라고 한다. 이때 수익의 의사표시가 필요하지 않음은 앞에서 설명하였다$\binom{[248]}{참조}$.

채권자의 공탁물 인도청구권은 본래의 급부청구권에 갈음하는 것이어서 그 권리의 성질·범위는 본래의 급부청구권의 그것과 같아야 한다. 그 결과 본래의 급부청구권에 동시이행의 항변권이 붙어 있는 경우에는, 채권자는 반대급부를 하지 않으면 공탁물을 수령하지 못한다$\binom{491조, 공}{탁법 10조}$. 그리고 채무자가 누가 진정한 채권자인지를 알 수 없어 상대적 불확지의 변제공탁을 하여 피공탁자 중 1인이 다른 피공탁자들을 상대로 자기에게 공탁금출급청구권이 있다는 확인을 구한 경우에, 피공탁자들 사이에서 누가 진정한 채권자로서 공탁금출급청구권을 가지는지는 피공탁자들과 공탁자인 채무자 사이의 법률관계에서 누가 본래의 채권을 행사할 수 있는 진정한 채권자인지를 기준으로 판단하여야 한다$\binom{대판 2017. 5. 17,}{2016다270049}$.

공탁물 인도청구가 각하된 경우에 민사소송·행정소송 가운데 어느 것에 의하여 다투어야 하는지, 그리고 공탁물 인도청구권의 소멸시효기간이 얼마인지는 공탁의 법적 성질을 어떻게 파악하느냐에 따라 다르다. 공탁을 공법관계로 보면 행정소송을 하여야 하고 인도청구권은 5년의 시효에 걸리게 되나$\binom{정부보관금에}{관한 법률}$ 1조), 사법관계 또는 양면관계라고 보면 민사소송에 의하고 시효기간은 10년이 된다. 그런데 공탁법은, 공탁물이 금전인 경우$\binom{공탁법 7조에 따른 유가증권상환금, 배당금과 공탁법 11조}{에 따른 물품을 매각하여 그 대금을 공탁한 경우를 포함한다}$ 그 원금 또는 이자의 수령, 회수에 대한 권리는 그 권리를 행사할 수 있는 때부터 10년간 행사하지 않을 때에는 시효로 인하여 소멸한다고 규정하며($_{9조 3항}^{공탁법}$), 법원행정처장은 그 시효가 완성되기 전에 대법원규칙으로 정하는 바에 따라 공탁금 수령·회수권자에게 공탁금을 수령하거나 회수할 수 있는 권리가 있음을 알릴 수 있다고 규정한다($_{9조 4항}^{공탁법}$).

〈판 례〉

(ㄱ) 「변제공탁의 공탁물 출급청구권자는 피공탁자 또는 그 승계인이고 피공탁자는 공탁서의 기재에 의하여 형식적으로 결정되므로, 실체법상의 채권자라고 하더라도 피공탁자로 지정되어 있지 않으면 공탁물 출급청구권을 행사할 수 없다. 따라서 피공탁자 아닌 제 3 자가 피공탁자를 상대로 하여 공탁물 출급청구권 확인판결을 받았다 하더라도 그 확인판결을 받은 제 3 자가 직접 공탁물 출급청구를 할 수는 없고, 수인을 공탁금에 대하여 균등한 지분을 갖는 피공탁자로 하여 공탁한 경우 피공탁자 각자는 공탁서의 기재에 따른 지분에 해당하는 공탁금을 출급청구할 수 있을 뿐이며, 비록 피공탁자들 내부의 실질적인 지분비율이 그 공탁서상의 지분비율과 다르다고 하더라도 이는 피공탁자 내부간에 별도로 해결해야 할 문제이다.」($_{2005다67476}^{대판 2006. 8. 25,}$)

(ㄴ) 「동일한 금액 범위 내의 사해행위취소 및 가액배상을 구하는 소송을 제기한 수인의 취소채권자들 중 누구에게 가액배상금을 지급하여야 하는지 알 수 없다는 이유로 채권자들의 청구금액 중 판결 또는 화해권고결정 등에 의하여 가장 다액으로 확정된 금액 상당을 공탁금액으로 하고 그 취소채권자 전부를 피공탁자로 하여 상대적 불확지 공탁을 한 경우, 피공탁자 각자는 공탁서의 기재에 따라 각자의 소송에서 확정된 판결 또는 화해권고결정 등에서 인정된 가액배상금의 비율에 따라 공탁금을 출급청구할 수 있을 뿐이다.」($_{2007다3391}^{대판 2007. 5. 31,}$)

[253]   ## 3. 공탁물 소유권의 이전

공탁물의 소유권이 채권자에게 이전하는 시기는 경우에 따라 다르다.

(1) 공탁물이 금전인 경우에는, 공탁물의 소유권은 일단 공탁물 보관자에게 귀속하고($_{유자에게 있으므로}^{금전의 소유권은 점}$) 채권자가 공탁물 보관자로부터 금전을 수령하는 때에 채권자가 그 소유권을 취득한다($_{물을 동일시하나, 이는 옳지 않다}^{문헌들은 모두 금전과 기타의 소비}$).

(2) 공탁물이 금전 이외의 소비물인 경우에는, 소비임치(불규칙임치)가 성립하므로($_{참조}^{702조}$), 공탁물의 소유권은 일단 공탁소에 귀속하고 채권자가 공탁소로부터 동종·동질·동량의 물건을 수령하는 때에 채권자가 그 소유권을 취득한다.

(3) 공탁물이 특정물인 경우에는 어떤가? 여기에 관하여 학설은 공탁소가 소

유권을 취득하지 않고 공탁자로부터 직접 채권자에게 소유권이 이전된다고 한다. 그리고 그 이전시기는 그 특정물이 동산이면 공탁소로부터 채권자가 목적물을 취득하는 때이고, 부동산이면 등기를 갖춘 때라고 한다. 즉 변제자의 공탁신청 속에 소유권이전의 청약이 포함되어 있고 채권자가 공탁소에 대하여 인도청구권을 행사할 때 위의 청약에 대한 승낙을 한 것이 되어 물권적 합의가 성립하고, 그 밖에 인도·등기를 갖춘 때에 소유권이전이라는 물권변동이 일어난다는 것이다(곽윤직, 276면; 김상용, 487면; 김주수, 503; 김학동, 389면; 김형배, 752면; 이은영, 743면). 생각건대 이러한 학설은 부동산에 관하여는 타당하나, 동산에 관하여는 옳지 않다. 그 이유는 다음과 같다. 동산의 경우에는 공탁신청과 채권자의 인도청구에 각각 반환청구권의 양도청약과 그에 대한 승낙도 포함되어 있다고 보아야 하고, 그 결과 채권자가 인도청구를 한 때 목적물반환청구권의 양도에 의한 인도(190조)가 있다고 새겨야 한다. 그리하여 동산의 소유권은 인도청구시 이전된다고 하여야 한다. 주의할 것은, 이것이 제 3 자를 위한 물권계약을 인정한 것이 아니라는 점이다(곽윤직, 276면; 이은영, 744면 참조). 그리고 채권자의 상환채무이행을 조건으로 공탁이 된 때에는 채무이행을 하고 인도청구를 하여야 소유권이 이전된다(이은영, 744면은 이러한 경우를 우려한다). 결국 공탁물이 특정물인 경우에는, 그것이 동산이면 요건을 구비하여 인도청구를 한 때에, 그리고 그것이 부동산이면 등기를 한 때에 소유권이 공탁자로부터 채권자에게 이전된다고 할 것이다.

V. 공탁물의 회수(回收)

[254]

1. 민법상의 회수

민법은 변제자의 공탁물의 회수를 인정하고 있다(489조). 본래 공탁은 변제자(공탁자)를 위한 제도이므로 채권자나 제 3 자에게 불이익하지 않는 한 회수를 인정하는 것이 바람직하기 때문이다. 이 회수의 법적 성질은 임치계약의 해지라고 할 수 있다(같은 취지: 김학동, 390면. 그러나 곽윤직, 276면은 채권자에 대한 관계에서는 제 3 자약관의 취소이고 공탁소에 대한 관계에서는 임치계약의 해지라고 하며, 김상용, 488면; 이은영, 744면은 공탁의 철회라고 한다). 변제자가 공탁물을 회수한 경우에는 공탁하지 않은 것으로 본다(489조 1항 2문).

한편 판례는, 부적법한 변제공탁으로 변제의 효력이 발생하지 않았다고 하더라도, 피공탁자는 이를 수락하여 공탁물 출급청구를 하는 대신 공탁자에 대한 다른 채권에 기하여 공탁자의 공탁물 회수청구권에 대하여 압류 및 추심명령을 받아 그 집행으로 공탁물을 회수할 수 있다고 한다(대결 2020. 5. 22, 2018마5697). 그리고 공탁물 출급청구권과 공탁물 회수청구권은 서로 독립한 별개의 청구권이므로 설령 공탁물 출급청구권에 대한 압류 등이 있었다고 하더라도 그것은 공탁물 회수청구권에 대하여 아무런 영향을 미치지 않는다고 한다(대결 2020. 5. 22, 2018마5697).

민법상 다음과 같은 경우에는 회수가 인정되지 않는다.

(1) 채권자가 변제자에 대한 의사표시로 공탁을 승인하거나 공탁소에 대하여 공탁물을 받기로 통고한 때(489조 1항 1문).

(2) 공탁유효의 판결이 확정된 때(489조 1항 1문).

(3) 공탁으로 질권 또는 저당권이 소멸한 때(489조 2항)

공탁으로 채권은 소멸하므로 그것을 담보하던 질권·저당권도 소멸한다. 그런데 그 뒤 공탁물을 회수하면 채권과 질권·저당권은 부활하여야 할 것이나, 그렇게 되면 제3자에게 예측하지 못한 손해를 줄 염려가 있다. 그리하여 민법은 질권·저당권이 소멸하면 회수할 수 없는 것으로 규정하였다. 견해(김형배, 753면)에 따라서는 여기의 질권 등은 물상보증인의 재산 위에 설정된 것만을 가리킨다고 한다. 그러나 그렇게 새길 근거가 없을 뿐만 아니라 제3자 보호의 필요성은 채무자 재산 위에 질권 등이 설정된 때도 똑같이 존재하므로 그러한 견해는 옳지 않다. 이와 같이 질권 등이 설정되었으면 공탁에 의하여 그것들이 언제나 소멸하고, 따라서 항상 회수권은 없게 된다.

한편 대법원은 「가등기담보 등에 관한 법률」이 시행되기 전에, 공탁으로 인하여 가등기담보권이나 양도담보권이 소멸하는 경우에는 공탁금을 회수할 수 있다고 하였다(대판 1982. 7. 27, 81다495). 그러나 적어도 현재는 가등기담보권 등은 저당권과 마찬가지로 다루어야 하므로(가담법 13조 참조) 가등기담보권 등이 소멸한 때에는 회수할 수 없다고 하여야 한다(반대 견해: 양창수, 민법연구(2), 187면).

그에 비하여 공탁이 있으면 공동채무자 또는 보증인의 채무도 소멸하게 되지만, 그 경우에는 회수권이 인정되고, 회수권이 행사되면 공동채무자나 보증인의 채무도 부활된다고 할 것이다(곽윤직, 277면; 김학동, 391면; 김형배, 755면; 이은영, 745면). 이 경우에는 제3자의 보호 필요성이 없을뿐더러 공동채무자나 보증인에게 부당한 불이익을 강요하는 것도 아니기 때문이다.

(4) 공탁자가 회수권을 포기한 때

이는 명문규정은 없어도 당연한 것이다.

〈판 례〉

기업자가 토지수용법의 규정에 따라 적법하게 보상금을 공탁하는 등의 수용절차를 마친 이상 수용 목적물의 소유권을 원시적으로 적법하게 취득하므로 그 후에 부적법하게 공탁금이 회수된 사정만으로 종전의 공탁의 효력이 무효로 되는 것은 아니다$\left(\substack{\text{대판 1997. 9. 26,}\\ \text{97다24290}}\right)$.

2. 공탁법상의 회수

공탁법은 민법 제489조의 경우 외에 ① 착오로 공탁을 한 때와 ② 공탁의 원인이 소멸한 때에도 공탁물의 회수를 인정하고 있다$\left(\substack{\text{공탁법}\\ \text{9조 2항}}\right)$. 이 두 경우는 민법 제489조에 의하여 회수권이 인정되지 않을 때에도 공탁법에 의하여 회수권이 인정된다는 점에서 의미가 있다$\left(\substack{\text{같은 취지: 이}\\ \text{은영, 745면}}\right)$. 한편 공탁법상, 공탁물이 금전인 경우에 그 원금 또는 이자의 회수에 대한 권리가 10년의 소멸시효에 걸린다는 점$\left(\substack{\text{공탁법}\\ \text{9조 3항}}\right)$, 법원행정처장이 그 시효가 완성되기 전에 공탁금 회수권자에게 공탁금을 회수할 수 있는 권리가 있음을 알릴 수 있다는 점$\left(\substack{\text{공탁법}\\ \text{9조 4항}}\right)$은 앞에서 설명하였다$\left(\substack{[254]\\ \text{참조}}\right)$.

〈판 례〉

「공탁자가 착오로 공탁한 때 또는 공탁의 원인이 소멸한 때에는 공탁자가 공탁물을 회수할 수 있을 뿐$\left(\substack{\text{공탁법 제 9 조}\\ \text{제 2 항 참조}}\right)$, 피공탁자의 공탁물출급청구권은 존재하지 않는 것이므로, 이러한 경우 공탁자가 공탁물을 회수하기 전에 위 공탁물출급청구권에 대한 전부명령을 받아 공탁물을 수령한 자는 법률상 원인 없이 공탁물을 수령한 것이 되어 공탁자에 대하여 부당이득 반환의무를 부담한다.」$\left(\substack{\text{대판 2008. 9. 25,}\\ \text{2008다34668}}\right)$

제 5 절 상   계

Ⅰ. 상계의 의의

[255]

1. 개   념

상계란 채권자와 채무자가 서로 같은 종류를 목적으로 하는 채권·채무를 가지고 있는 경우에 그 채무들을 대등액에서 소멸하게 하는 단독행위이다(492조 1 항 참조). 가령 A는 B에 대하여 200만원의 금전채권을 가지고 있고 B는 A에 대하여 100만원의 금전채권을 가지고 있는 경우에, A 또는 B는 각각 상대방에 대한 일방적인 의사표시로 100만원의 금액에서 그들의 채권을 소멸시킬 수 있는데, 그것이 곧 상계이다.

2. 기   능

상계에는 다음 두 가지의 기능이 있다(통설도 같은 취지이며, 판례도 같 다. 대판 2003. 4. 11, 2002다59481)

(1) 채무결제의 간이화(簡易化)

상계는 당사자 쌍방의 채권·채무를 대등액에서 소멸시키므로 채권자·채무자가 동종의 채권·채무를 서로 현실적으로 청구하고 이행하는 번거로운 절차를 피할 수 있게 한다.

(2) 담보적 기능

상계를 하게 되면 설사 상대방이 무자력이 된 경우에도 상대방에 대한 자신의 채무를 면함으로써 사실상 우선변제를 받는 것과 같은 결과로 된다. 즉 수동채권의 존재가 사실상 자동채권에 대한 담보로서 기능하게 되는 것이다. 이를 상계의 담보적 기능이라고 한다.

3. 성   질

당사자 사이에 서로 채무를 부담하고 있고 그 채무들이 변제기가 되어 이른바 상계적상에 있는 경우에 법률은 당연히 상계가 이루어지는 것으로 규정할 수도 있다. 그러나 우리 민법은 상계의 의사표시가 있어야 채무들이 대등액에서 소멸하는 것으로 규정하고 있다(493조). 그리고 그 의사표시는 상대방의 승낙이 필요하지 않은 일방적 의사표시이다. 그 결과 우리 민법이 정하는 상계는 단독행위의 성질을 가진다.

그리고 그것은 하나의 독립한 채권소멸원인이 된다.

4. 상계계약

민법이 규정하고 있는 상계는 단독행위이지만(493조 참조), 계약자유의 원칙상 당사자는 계약에 의하여서도 그 목적($^{즉\ 채권들을\ 대등액}_{에서\ 소멸시키는\ 것}$)을 달성할 수 있다. 그러한 계약이 상계계약이다. 상계계약은 당사자 사이의 채권들을 대등액에서 소멸시키는 것을 목적으로 하는 유상계약이다. 상법이 규정하고 있는 「상호계산」은 그 전형적인 예이다($^{상법\ 72}_{조\ 참조}$).

상계계약의 내용은 계약에 의하여 결정되겠으나 불분명한 경우에도 민법상의 상계에 관한 규정($^{특히\ 요건에}_{관한\ 규정}$)은 원칙적으로 상계계약에는 적용되지 않는다. 그리하여 두 채권이 같은 종류가 아니어도 무방하고 불법행위에 의한 채권도 대상이 될 수 있다. 다만, 채권소멸의 소급효는 인정된다고 할 것이다.

〈판 례〉

「당사자 쌍방이 가지고 있는 같은 종류의 급부를 목적으로 하는 채권을 서로 대등액에서 소멸시키기로 하는 상계계약이 이루어진 경우, 상계계약의 효과로서 각 채권은 당사자들이 그 계약에서 정한 금액만큼 소멸한다. 이러한 법리는 기업개선작업절차에서 채무자인 기업과 채권자인 금융기관 사이에 채무자가 채권자에게 주식을 발행하여 주고 채권자의 신주인수대금채무와 채무자의 기존채무를 같은 금액만큼 소멸시키기로 하는 내용의 상계계약 방식에 의하여 이른바 출자전환을 하는 경우에도 마찬가지로 적용되며, 이와 달리 주식의 시가를 평가하여 그 시가 평가액만큼만 기존의 채무가 변제되고 나머지 금액은 면제된 것으로 볼 것은 아니다.」($^{대판(전원)\ 2010.\ 9.\ 16,}_{2008다97218}$)

Ⅱ. 상계의 요건 [256]

1. 상계적상(相計適狀)

상계가 유효하려면 당사자 쌍방의 채권이 다음과 같은 여러 요건을 갖추고 있어야 한다. 그것을 상계적상이라고 한다.

(1) 쌍방이 채권을 가지고 있을 것

상계를 할 수 있으려면 먼저 당사자 쌍방이 채권을 가지고 있어야 한다($^{492}_{조\ 1}$ $^{항}_{본문}$)(이혼한 부부 사이의 자의 양육비채권은 당사자의 협의 또는 가정법원의 심판에 의하여 구체적인 청구권의 내용과 범위가 확정되기 전에는 상계할 수 없지만, 가정법원의 심판에 의하여 구체적인 청구권의 내용과 범위가 확정된 후의 양육비채권 중 이미 이행기에 도달한 후의 것은 상계의 자동채권으로 할 수 있다. 대판 2006. 7. 4, 2006므751). 이때 상계를 하려는 자의 채권을 자동채권(능동채권)이라고 하고, 상대방의 채권을 수동채권이라고 한다. 그런데 상계의 대상이 되는 이러한 채권은 상대방과 사이에서 직접 발생한 채권에 한정되지 않으며, 제 3 자로부터 양수 등을 원인으로 하여 취득한 채권도 포함된다($^{대판\ 2003.\ 4.\ 11,}_{2002다59481}$).

〈판 례〉

㈀「회사정리법 제89조(현행 채무자회생법 109조 1항에 해당: 저자 주)의 규정에 의하면, 부인권이 행사된 경우 상대방이 그 부인의 대상이 되는 행위에 기하여 받은 이행을 원상회복으로 반환하거나 그 가액을 상환한 후에야 비로소 상대방의 채권이 부활한다고 할 것인데, 이 사건 부인권 행사에 기한 이행가액 상환청구에 대하여 피고가 그 채무의 존재를 다투면서 이를 이행하지 않고 있음이 기록상 명백한 이상, 위 부인권 행사에도 불구하고 피고의 채권은 아직 부활하지 않았으므로, 이와 같이 부활하지도 않은 채권을 자동채권으로 하는 위 상계는 그 상계적상을 흠결하여 부적법한 것이다.」(대판 2007. 7. 13, 2005다71710)

㈁「파산자의 보증인이 파산선고 후에 보증채무를 전부 이행함으로써 구상권을 취득한 경우, 그 구상권은 파산선고 당시 이미 장래의 구상권으로서 파산채권으로 존재하고 있었다고 보아야 하는 점(구 파산법(2002. 1. 26. 법률 제6627호로 개정되기 전의 것, 이하 '구 파산법'이라 한다) 제21조 제 1 항), 파산절차에서는 장래의 청구권을 자동채권으로 한 상계가 허용되는 점(구 파산법 제90조), 정지조건부채권 또는 장래의 청구권을 가진 자가 그 채무를 변제하는 경우에는 후일 상계를 하기 위하여 그 채권액의 한도에서 변제액의 임치를 청구할 수 있는 점(구 파산법 제91조) 등에 비추어, 그 구상권을 자동채권으로 하여 파산채무자에 대한 채무와 상계할 수 있다고 봄이 상당하다.

그런데 구 파산법 제19조는 "수인의 채무자가 각각 전부의 채무를 이행하여야 할 경우에 그 채무자의 전원 또는 수인이나 1인이 파산선고를 받은 때에는 채권자는 파산선고시에 가진 채권의 전액에 관하여 각 파산재단에 대하여 파산채권자로서 그 권리를 행사할 수 있다"고 규정하고 있고, 제20조는 "보증인이 파산선고를 받은 때에는 채권자는 파산선고시에 가진 채권의 전액에 관하여 파산채권자로서 그 권리를 행사할 수 있다"고 규정하고 있으므로, 파산선고 후에 파산채권자가 다른 채무자로부터 일부변제를 받거나 다른 채무자에 대한 회사정리절차 내지 파산절차에 참가하여 변제 또는 배당을 받았다 하더라도 그에 의하여 채권자가 채권 전액에 대하여 만족을 얻은 것이 아닌 한 파산채권액에 감소를 가져오는 것은 아니어서, 채권자는 여전히 파산선고시의 채권 전액으로써 계속하여 파산절차에 참가할 수 있고(대법원 2002. 1. 11. 선고 2001다64035 판결, 대법원 2003. 2. 26. 선고 2001다62114 판결 등 참조), 채권의 일부에 대한 대위변제를 한 구상권자가 자신이 변제한 가액에 비례하여 채권자와 함께 파산채권자로서 권리를 행사할 수 있는 것은 아니다(대법원 2001. 6. 29. 선고 2001다24983 판결 참조).

따라서 파산자의 보증인이 파산선고 후 채권자에게 그 보증채무의 일부를 변제하여 그 출재액을 한도로 파산자에 대하여 구상권을 취득하였다 하더라도 채권자가 파산선고시의 채권 전액을 파산채권으로 신고한 이상 보증인으로서는 파산자에 대하여 그 구상권을 파산채권으로 행사할 수 없어 이를 자동채권으로 하여 파산자에 대한 채무와 상계할 수도 없다고 보아야 한다.」(대판 2008. 8. 21, 2007다37752)

㈂「채권자가 기존채무의 이행을 위하여 채무자로부터 교부받은 약속어음을 적법

하게 지급제시하였으나 그 후 어음상 권리보전에 필요한 소멸시효 중단의 조치를 취하지 아니함으로써 어음상 권리에 관한 소멸시효가 완성된 경우 어음을 반환받은 채무자는 약속어음의 주채무자인 발행인, 소구의무자인 배서인 등에 대한 어음상 권리나 원인채무자(발행인 또는 배서인과 동일인일 수도 있고 어음상 의무자 아닌 제 3 자일 수도 있다)에 대한 자신의 원인채권을 행사하여 자기 채권의 만족을 얻을 수 있다면 아직 손해가 발생하였다고 하기 어렵다.

다만 채무자는 발행인이나 배서인 등 어음상 의무자가 각 소멸시효 완성 후 무자력이 되고 어음상 의무자 아닌 원인채무자도 현재 무자력이어서 채권자로부터 어음을 반환받더라도 어음상 권리와 자신의 원인채권 중 어느 것으로부터도 만족을 얻을 수 없게 된 때에야 비로소 자신의 채권에 관하여 만족을 얻지 못하는 손해를 입게 되었다고 할 것이다. 한편 이러한 손해는 어음상 의무자와 원인채무자의 자력 악화라는 특별한 사정으로 인한 손해로서 어음상 권리의 보전의무를 불이행한 어음소지인이 장차 어음상 의무자와 원인채무자가 무자력하게 될 것임을 알았거나 알 수 있었을 때에만 채무자는 그에 대하여 위 손해의 배상을 청구할 권리를 가지게 되어서, 이 손해배상채권으로써 상계할 수 있다(어음소지인의 소구권보전의무 불이행에 관한 대법원 1995. 10. 13. 선고 93다12213 판결 등 참조).」(대판 2010. 7. 29, 2009다69692)

(ㄹ)「채권의 일부양도가 이루어지면 특별한 사정이 없는 한 각 분할된 부분에 대하여 독립한 분할채권이 성립하므로 그 채권에 대하여 양도인에 대한 반대채권으로 상계하고자 하는 채무자로서는 양도인을 비롯한 각 분할채권자 중 어느 누구도 상계의 상대방으로 지정하여 상계할 수 있고, 그러한 채무자의 상계 의사표시를 수령한 분할채권자는 제 3 자에 대한 대항요건을 갖춘 양수인이라 하더라도 양도인 또는 다른 양수인에 귀속된 부분에 대하여 먼저 상계되어야 한다거나 각 분할채권액의 채권 총액에 대한 비율에 따라 상계되어야 한다는 이의를 할 수 없다.」(대판 2002. 2. 8, 2000다50596)

(ㅁ)「가분적인 금전채권의 일부에 대한 전부명령이 확정되면 특별한 사정이 없는 한 전부명령이 제 3 채무자에 송달된 때에 소급하여 전부된 채권부분과 전부되지 않은 채권부분에 대하여 각기 독립한 분할채권이 성립하게 되므로, 그 채권에 대하여 압류채무자에 대한 반대채권으로 상계하고자 하는 제 3 채무자로서는 전부채권자 혹은 압류채무자 중 어느 누구도 상계의 상대방으로 지정하여 상계하거나 상계로 대항할 수 있고, 그러한 제 3 채무자의 상계 의사표시를 수령한 전부채권자는 압류채무자에 잔존한 채권부분이 먼저 상계되어야 한다거나 각 분할채권액의 채권 총액에 대한 비율에 따라 상계되어야 한다는 이의를 할 수 없다(대법원 2002. 2. 8. 선고 2000다50596 판결 참조).」(대판 2010. 3. 25, 2007다35152)

(ㅂ)「집행력 있는 판결정본을 가진 채권자가 우선변제권을 주장하며 담보권에 기하여 배당요구를 한 경우 여기서 배당의 기초가 되는 것은 담보권이지 집행력 있는 판결정본이 아니므로, 채무자로서는 그 담보권에 대한 배당에 이의한 후 제기한 배당이의의 소에서 그 담보권에 기한 우선변제권이 미치는 피담보채권의 존부 및 범위

등을 다투기 위하여 상계를 주장할 수 있고, 이 경우 채무자의 상계에 의하여 소멸하는 것은 피담보채권 자체이지 집행력 있는 판결정본의 집행력이 아님이 명백하므로, 이러한 상계를 주장하기 위하여 집행력 있는 판결정본의 집행력을 배제하기 위하여 필요한 청구이의의 소를 제기할 필요는 없다.」$\binom{\text{대판 2011. 7. 28,}}{\text{2010다70018}}$

 ㈐「상속채권자가 피상속인에 대하여는 채권을 보유하면서 상속인에 대하여는 채무를 부담하는 경우, 상속이 개시되면 위 채권 및 채무가 모두 상속인에게 귀속되어 상계적상이 생기지만, 상속인이 한정승인을 하면 상속이 개시된 때부터 민법 제1031조에 따라 피상속인의 상속재산과 상속인의 고유재산이 분리되는 결과가 발생하므로, 상속채권자의 피상속인에 대한 채권과 상속인에 대한 채무 사이의 상계는 제 3 자의 상계에 해당하여 허용될 수 없다. 즉, 상속채권자가 상속이 개시된 후 한정승인 이전에 피상속인에 대한 채권을 자동채권으로 하여 상속인에 대한 채무에 대하여 상계하였더라도, 그 이후 상속인이 한정승인을 하는 경우에는 민법 제1031조의 취지에 따라 상계가 소급하여 효력을 상실하고, 상계의 자동채권인 상속채권자의 피상속인에 대한 채권과 수동채권인 상속인에 대한 채무는 모두 부활한다.」$\binom{\text{대판 2022. 10. 27,}}{\text{2022다254154 · 254161}}$

 자동채권은 원칙적으로 상계자 자신이 피상계자에 대하여 가지는 채권이어야 한다$\binom{\text{같은 취지: 대판 2022.}}{\text{12. 16, 2022다218271}}$. 그러나 여기에는 예외가 있다. 연대채무$\binom{418조}{2항}$ · 보증채무$\binom{434}{조}$의 경우에는 상계자 자신의 채권이 아니고 타인의 채권으로 상계할 수 있다. 가령 B · C · D가 A에 대하여 120만원의 연대채무를 부담하고 있는 경우$\binom{\text{B · C · D의 부담부분}}{\text{이 같다고 가정한다}}$에 B가 A에 대하여 120만원의 채권을 가지고 있으면서 상계를 하지 않으면 C(또는 D)는 B의 부담부분인 40만원에 관하여 A에 대한 그의 채무와 B의 채권으로 A와 상계할 수 있다$\binom{418조 2}{항 참조}$. 그리고 연대채무$\binom{426조}{1항}$ · 보증채무$\binom{445조}{1항}$ · 채권양도$\binom{451조}{2항}$의 경우에는 피상계자에 대한 채권이 아니고 타인에 대한 채권으로 상계할 수 있다. 가령 B · C · D가 A에 대하여 120만원의 연대채무를 부담하고 있고$\binom{\text{B · C · D의 부담부분}}{\text{이 같다고 가정한다}}$ B가 A에 대하여 120만원의 채권을 가지고 있다고 하자. 이 경우에 C가 B에게 통지하지 않고 A에게 120만원을 변제한 뒤 B에게 40만원을 구상하는 때에는 B는 A에 대한 40만원의 채권으로 그의 C에 대한 구상채무와 상계할 수 있다$\binom{426조}{1항}$. 이때 B가 상계에 사용한 B의 A에 대한 채권은 C에게 이전된다$\binom{426조}{1항}$.

 수동채권은 피상계자가 상계자에 대하여 가지는 채권이어야 한다. 피상계자가 제 3 자에 대하여 가지는 채권과는 상계하지 못한다$\binom{\text{대판 1982. 12. 14, 82다카1201;}}{\text{대판 2011. 4. 28, 2010다101394}}$. 그리하여 예컨대 유치권이 인정되는 아파트를 경락·취득한 자가 유치권자에 대한 임료 상당의 부당이득금 반환채권을 자동채권으로 하고 유치권자의 종전 소유자에 대한 유익비상환채권을 수동채권으로 하여 상계하지는 못한다($^{대판\ 2011.\ 4.\ 28,}_{2010다101394}$). 한편 변제의 경우와는 달리 제 3 자가 채무자를 위하여 상계하지는 못한다($^{같은\ 취}_{지:\ 곽윤}$ 직, 280면; 김학동, 394면. 그러나 김형배, 763면은 제 3 자의 상계를 일반적으로 인정하며, 김상용, 494면은 이를 제한적으로 인정한다).

(2) 두 채권이 동종(同種)의 목적을 가질 것 [257]

상계를 할 수 있으려면 당사자 쌍방의 채권이 같은 종류를 목적으로 한 것이어야 한다($^{492조\ 1}_{항\ 본문}$). 따라서 우선 종류채권이어야 하고, 그것들이 같은 종류의 것이어야 한다($^{쌀의\ 인도청구권과\ 금전채권은\ 같은\ 종류가\ 아니어}_{서\ 상계할\ 수\ 없다.\ 대판\ 1960.\ 2.\ 18,\ 4291민상424}$). 그런데 보통은 금전채권이 상계에 이용된다. 같은 종류의 채권이기만 하면, 채권액의 동일 여부·채권액의 확정 여부·이행지의 동일 여부($^{494조}_{참조}$) 등은 묻지 않는다. 그리고 채권의 발생원인도 중요하지 않다. 그리하여 가령 탈퇴조합원의 출자지분 반환청구권과 조합의 횡령금 반환청구권은 서로 상계할 수 있고($^{대판\ 1983.\ 10.\ 11,}_{83다카542}$), 소송비용청구권은 소송상 발생하는 권리이기는 하나 사법상의 청구권이므로 수동채권으로 될 수 있다($^{대판\ 1994.}_{5.\ 13,\ 94}$ $^{다}_{9856}$). 또한 벌금채권도 상계의 자동채권으로 될 수 있다($^{대판\ 2004.\ 4.\ 27,}_{2003다37891}$).

(3) 두 채권이 변제기(이행기)에 있을 것

민법은 쌍방의 채권이 모두 변제기(이행기)에 있을 것을 요구한다($^{492조\ 1}_{항\ 본문}$)($^{492조}_{1항에}$ 서 정한「채무의 이행기가 도래한 때」는 채권자가 채무자에게 이행의 청구를 할 수 있는 시기가 도래하였음을 의미하고, 채무자가 이행지체에 빠지는 시기를 말하는 것이 아니다(대판 1981. 12. 22, 81다카10; 대판 2021. 5. 7, 2018다25946). 그리고 부당이득 반환채권은 이행기의 정함이 없는 채권으로서 채권의 성립과 동시에 언제든지 이행을 청구할 수 있으므로, 그 채권의 성립일에 상계적상에서 의미하는 이행기가 도래한 것으로 볼 수 있다(대판 2022. 3. 17, 2021다287515)). 그런데 이는 자동채권·수동채권에 있어서 다소 다르다. 자동채권은 반드시 변제기에 있어야 한다. 그러지 않으면 상대방은 부당하게 기한의 이익을 잃게 되기 때문이다. 그러나 수동채권은 반드시 변제기에 있을 필요는 없다. 즉 상계자가 기한의 이익을 포기할 수 있는 경우에는 이를 포기하면서 상계할 수 있다($^{대판\ 1979.\ 6.\ 12,}_{79다662}$). 그리하여 임대인은 임대차계약이 존속 중이라도 임대차보증금 반환채무에 관한 기한의 이익을 포기하고 임차인의 임대차보증금 반환채권을 수동채권으로 하여 상계할 수 있다($^{대판\ 2017.\ 3.\ 15,}_{2015다252501}$).

(4) 채권의 성질이 상계를 허용하는 것일 것($^{492조\ 1}_{항\ 단서}$)

쌍방의 채권이 현실의 이행이 있어야 목적을 달성할 수 있는 경우에는($^{하나의}_{채권이}$ $^{그러한\ 경우는\ 두\ 채권이\ 같은\ 종류}_{의\ 채권이\ 아니어서\ 이미\ 제외된다}$), 채권의 성질상 상계가 허용되지 않는다. 부작위채무

$\binom{\text{예: 서로 소음을 내}}{\text{지 않기로 한 경우}}$나 「하는 채무」$\binom{\text{예: 같은 종류의 노무}}{\text{를 급부하기로 한 경우}}$가 그에 해당한다. 자동채권에 항변권이 붙어 있는 경우도 마찬가지이다$\binom{\text{대판 1969. 10. 28, 69다1084; 대판 1975. 10. 21, 75다48(동시이행}}{\text{의 항변권이 붙어 있는 매매대금채권); 대판 2001. 11. 13, 2001다}}$ 55222·55239(443조의 면책청구권이 항변권으로 붙어 있는 수탁보증인의 사전구상권); 대판 2002. 8. 23, 2002다25242(약정에 의하여 지급거절의 항변권이 붙어 있는 기성공사대금채권); 대판 2004. 5. 28, 2001다81245 및 대판 2019. 2. 14, 2017다274703 (443조의 담보제공청구권이 항변권으로 붙어 있는 수탁보증인의 사전구상권); 대판 2014. 4. 30, 2010다11323(동시이행의 항변권이 붙어 있는 부동산교환계약상의 채권)). 이 경우에 상계를 허용하면 상대방은 항변권 행사의 기회를 잃게 되기 때문이다. 그러나 수동채권에 항변권이 붙어 있으면 채무자는 항변권을 포기하면서 상계할 수 있다.

〈판 례〉

(ㄱ) 「상계제도는 서로 대립하는 채권·채무를 간이한 방법에 의하여 결제함으로써 양자의 채권·채무관계를 원활하고 공평하게 처리함을 목적으로 하고 있으므로, 상계의 대상이 될 수 있는 자동채권과 수동채권이 동시이행관계에 있다고 하더라도 서로 현실적으로 이행하여야 할 필요가 없는 경우라면 상계로 인한 불이익이 발생할 우려가 없고 오히려 상계를 허용하는 것이 동시이행관계에 있는 채권·채무관계를 간명하게 해소할 수 있으므로 특별한 사정이 없는 한 상계가 허용된다고 할 것이다.」 $\binom{\text{대판 2006. 7. 28, 2004다54633: 컴퓨터 매매계약이 해제된 경우에 매도인의 지위를 승계한 자의 대금반환}}{\text{의무와 매수인의 컴퓨터 사용이익의 반환의무는 동시이행관계에 있으나, 매수인은 상계할 수 있다고 함}}$

(ㄴ) 「항변권이 붙어 있는 채권을 자동채권으로 하여 다른 채무$\binom{\text{수동}}{\text{채권}}$와의 상계를 허용한다면 상계자 일방의 의사표시에 의하여 상대방의 항변권 행사의 기회를 상실시키는 결과가 되므로 그러한 상계는 허용될 수 없고, 특히 수탁보증인이 주채무자에 대하여 가지는 민법 제442조의 사전구상권에는 민법 제443조 소정의 담보제공청구권이 항변권으로 부착되어 있는 만큼 이를 자동채권으로 하는 상계는 허용될 수 없으며$\binom{\text{대법원 2001. 11. 13. 선고 2001}}{\text{다55222, 55239 판결 등 참조}}$, 다만 민법 제443조는 임의규정으로서 주채무자가 사전에 담보제공청구권의 항변권을 포기한 경우에는 보증인은 사전구상권을 자동채권으로 하여 주채무자에 대한 채무와 상계할 수 있다.」 $\binom{\text{대판 2004. 5. 28,}}{\text{2001다81245}}$

[258] **(5) 상계가 금지되어 있지 않을 것**

상계가 금지되어 있는 경우에는 상계를 할 수 없다.

1) 당사자의 의사표시에 의한 금지　　채권을 가지고 있는 당사자는 상계를 금지하는 특약을 할 수 있으며, 그때에는 상계를 하지 못한다$\binom{492조 2}{항 본문}$. 그러나 이 상계금지는 선의의 제3자에게 대항하지 못한다$\binom{492조 2}{항 단서}$. 그 결과 채권을 양수하거나 채무를 인수한 제3자가 상계금지에 관하여 알지 못한 경우에는, 그 채권양수인 또는 채무인수인은 각각 그들이 남은 당사자에 대하여 부담하고 있는 채무 또는 가지고 있는 채권으로 상계할 수 있다.

2) 법률에 의한 금지　　법률은 수동채권에 일정한 사정이 있는 경우에는

상계자의 상대방이 현실의 변제를 받게 하기 위하여 상계를 금지한다.

㈎ 고의의 불법행위로 인한 손해배상채권   채무가 고의의 불법행위로 인한 것인 때에는, 그 채무자는 상계로 채권자에게 대항하지 못한다($\frac{496}{조}$). 즉 고의로 불법행위를 한 자는 피해자의 손해배상청구권을 수동채권으로 하여 상계하지 못한다($\substack{대판 1984. 2. 14, 83다카659;\\ 대판 1990. 12. 21, 90다7586}$). 이는 불법행위의 유발을 방지하고($\substack{채무자의 무자력 등으로 변제받\\지 못하게 된 채권자는 고의의 불\\법행위를 할 우려가 있다}$) 불법행위의 피해자에게 현실의 변제를 받게 하려는 취지의 것이다 ($\substack{대판 1994. 8. 12, 93다52808; 대판 2002. 1. 25, 2001다52506;\\ 대판 2006. 10. 26, 2004다63019; 대판 2017. 2. 15, 2014다19776}$). 상계가 금지되는 것은 고의의 경우만이며 과실의 불법행위의 경우에는 손해배상채권이 수동채권으로 될 수 있다 ($\substack{이설이 없으며, 판례도 같음. 대판 1974. 8. 30, 74다958;\\ 대판 1991. 2. 8, 90다카23387; 대판 1991. 5. 14, 91다513}$). 불법행위자에게 중과실이 있는 때에도 같다($\substack{대판 1994. 8. 12,\\ 93다52808}$). 그리고 고의의 불법행위채권일지라도 수동채권이 아니고 자동채권으로 하여 상계하는 것(즉 불법행위의 피해자의 상계)은 허용된다($\substack{이설이 없으며,\\ 판례도 같음. 대\\판 1975. 6. 24, 75다103; 대\\판 1983. 10. 11, 83다카542}$). 자동채권·수동채권이 모두 고의의 불법행위채권인 경우 ($\substack{가령 사용자가 구타하고 피용자는 횡령한 경\\우 또는 싸움을 하다가 서로 상처를 입힌 경우}$)에는 어떤가? 여기에 관하여 학설은 i) 상계가 허용되지 않는다는 견해($\substack{곽윤직, 283면;\\ 김학동, 397면}$)와 ii) 격투 등과 같이 동일한 사안에서 발생한 때에는 인정하자는 견해($\substack{김상용, 498면;\\ 김형배, 767면}$)로 나뉘어 있고, 판례는 격투에 있어서도 상계를 허용하지 않는다($\substack{대판 1994. 2. 25,\\ 93다38444}$). 생각건대 제496조의 취지와 법문에 비추어 볼 때 예외를 인정하지 않는 i)설과 판례가 타당하다.

제496조가 채무불이행으로 인한 손해배상채권에도 적용되는가? 그에 관하여 판례는, 그 규정은 고의의 불법행위로 인한 손해배상채권을 수동채권으로 한 상계에 관한 것이고 고의의 채무불이행으로 인한 손해배상채권에는 적용되지 않으며, 다만 고의에 의한 행위가 불법행위를 구성함과 동시에 채무불이행을 구성하여 불법행위로 인한 손해배상채권과 채무불이행으로 인한 손해배상채권이 경합하는 경우에는 이 규정을 유추적용할 필요가 있다고 한다($\substack{대판 2017. 2. 15,\\ 2014다19776}$). 이러한 경우에 고의의 채무불이행으로 인한 손해배상채권을 수동채권으로 한 상계를 허용하면 이로써 고의의 불법행위로 인한 손해배상채권까지 소멸하게 되어 고의의 불법행위에 의한 손해배상채권은 현실적으로 만족을 받아야 한다는 이 규정의 입법취지가 몰각될 우려가 있기 때문이라는 이유에서이다. 따라서 그러한 예외적인 경우에는 제496조를 유추적용하여 고의의 채무불이행으로 인한 손해배상채권을 수동채권으로 하는 상계를 한 경우에도 채무자가 그 상계로 채권자에게 대

항할 수 없다고 한다(대판 2017. 2. 15, 2014다19776). 나아가 판례는 부당이득 반환채권에 대하여도 유사한 입장을 취한다. 즉 부당이득의 원인이 고의의 불법행위에 기인함으로써 불법행위로 인한 손해배상채권과 부당이득 반환채권이 모두 성립하여 양 채권이 경합하는 경우 피해자가 부당이득 반환채권만을 청구하고 불법행위로 인한 손해배상채권을 청구하지 않은 때에도, 그 청구의 실질적 이유, 즉 부당이득의 원인이 고의의 불법행위였다는 점은 불법행위로 인한 손해배상채권을 청구하는 경우와 다를 바 없다 할 것이어서, 고의의 불법행위에 의한 손해배상채권은 현실적으로 만족을 받아야 한다는 상계금지의 취지는 이러한 경우에도 타당하므로, 제496조를 유추적용할 것이라고 한다(대판 2002. 1. 25, 2001다52506). 그리하여 고의의 불법행위로 인한 부당이득 반환채권을 수동채권으로 한 상계가 허용되지 않는다고 한다. 이러한 판례는 적절하다.

〈판 례〉

(ㄱ)「피해자의 과실과 가해자의 과실이 경합하여 사고가 발생하였고 그 피해자의 과실이 상대방에 대한 주의의무 위반으로 불법행위의 책임요건을 충족하는 것이라면 위 사고로 제 3 자가 입은 손해에 대하여 피해자 및 가해자는 각자 이를 배상할 책임이 있고 가해자가 그 손해를 배상하였을 때에는 각자의 과실비율에 따른 피해자의 부담부분에 대하여 피해자에게 구상권을 행사할 수 있으므로, 가해자는 이러한 구상권을 가지고 피해자의 가해자에 대한 손해배상청구권과 상계할 수 있는 것이다.」 (대판 1991. 5. 14, 91다513)

(ㄴ)「민법 제756조 제 1 항에서 사용자가 피용자의 선임 및 그 사무감독에 상당한 주의를 한 때 또는 상당한 주의를 하여도 손해가 있을 경우에는 책임을 면할 수 있도록 규정함으로써 사용자책임에서의 사용자의 과실은 직접의 가해행위가 아닌 피용자의 선임·감독에 관련된 것으로 해석되는바, 이러한 점에 비추어 볼 때 피용자의 고의의 불법행위로 인하여 사용자책임이 성립하는 경우에도, 불법행위의 피해자에게 현실의 변제에 의하여 손해를 전보케 하려는 취지에서 규정된 민법 제496조의 적용을 배제하여야 할 이유는 없다고 할 것이므로, 사용자책임이 성립하는 경우 사용자는 자신의 고의의 불법행위가 아니라는 이유로 민법 제496조의 적용을 면할 수는 없다고 할 것이다.」(대판 2006. 10. 26, 2004다63019: 은행의 대출업무 담당직원이 고의로 대출금 중 2억원을 편취한 경우에 은행이 사용자책임으로 부담하는 손해배상채무를 수동채권으로 하여 상계할 수 없다고 함)

(ㄷ)「고의의 불법행위로 인한 손해배상채권의 채무자는 그 채권을 수동채권으로 한 상계로 채권자에게 대항하지 못하고(민법 제496조) 그 결과 그 채권이 양도된 경우에 양수인에게도 상계로 대항할 수 없게 되나(민법 제451조 제 2 항 참조), 그 채권양도가 사해행위에 해당하는

경우 그 손해배상채권의 채무자가 채권양도인에 대한 채권자 지위에서 채권자취소권을 행사하여 채권양도의 취소를 구함과 아울러 그 취소에 따른 원상회복의 방법으로 직접 자신 앞으로 가액배상의 지급을 구하는 것 자체는 민법 제496조에 반하지 않으므로 허용된다.」$\binom{\text{대판 2011. 6. 10,}}{\text{2011다8980 · 8997}}$

(ᅡ) 압류가 금지된 채권　　채권이 압류하지 못할 것인 때에는, 그 채무자는 [259] 상계로 채권자에게 대항하지 못한다$\binom{497}{조}$. 즉 압류금지채권$\binom{\text{민사집행법 246조, 공무원연금법}}{\text{32조, 사립학교교직원연금법 40}}$ $\binom{\text{조, 국민연금법 58조, 군인연금법 7조, 기초연금법 21조, 장애인연금법 19조, 근}}{\text{로기준법 86조, 국가배상법 4조, 「형사보상 및 명예회복에 관한 법률」 23조 등}}$을 수동채권으로 하여 상계하지 못한다. 이는 압류금지의 취지를 관철하여 상대방으로 하여금 현실의 변제를 받게 하려는 취지이다. 압류금지채권을 수동채권으로 하는 상계만 금지되므로 그것을 자동채권으로 하여서는 상계할 수 있다.

〈판　례〉

「양도 또는 대위되는 채권이 원래 압류가 금지되는 것이었던 경우에는, 처음부터 이를 수동채권으로 한 상계로 채권자에게 대항하지 못하던 것이어서 그 채권의 존재가 채무자의 자동채권에 대한 담보로서 기능할 여지가 없고 따라서 그 담보적 기능에 대한 채무자의 합리적 기대가 있다고도 할 수 없으므로, 그 채권이 양도되거나 대위의 요건이 구비된 이후에 있어서도 여전히 이를 수동채권으로 한 상계로써 채권양수인 또는 대위채권자에게 대항할 수 없다고 봄이 상당하다.」$\binom{\text{대판 2009. 12. 10,}}{\text{2007다30171}}$.

임금채권은 다소 특수하다. 민사집행법은 급료·연금·봉급·상여금·퇴직연금 등의 급여채권에 대하여 원칙적으로 그 2분의 1의 압류를 금지하고 있다$\binom{\text{같은 법 246조 1항 4호 본}}{\text{문. 단서에 예외가 있음}}$. 그 결과 원칙적으로 그러한 급여채권의 2분의 1은 상계의 수동채권으로 될 수 없다. 그런데 근로기준법은 임금에 관하여 특별규정을 두고 있다. 즉 사용자는 전차금(前借金)이나 그 밖에 근로할 것을 조건으로 하는 전대채권(前貸債權)과 임금을 상계하지 못한다고 하고$\binom{\text{같은 법}}{21조}$, 또 임금은 통화로 직접 근로자에게 그 전액$\binom{\text{법령이나 단체협약에 특별규정}}{\text{이 있는 때에만 일부공제 허용}}$을 지급하여야 한다고 규정한다$\binom{\text{같은 법}}{43조}$. 여기서 임금은 전액에 관하여 상계가 금지되는지 문제된다. 학설은 i) 원칙적으로 임금 전액에 관하여 상계가 금지되나 근로자의 생활의 안정을 위협하지 않는 경우에는 상계가 허용된다는 견해$\binom{\text{곽윤직,}}{\text{283면}}$, ii) 임금채권을 수동채권으로 하여서는 불법행위로 인한 손해배상채권과도 상계할 수 없다는 견해$\binom{\text{김형배,}}{\text{768면}}$, iii) 임금 전액을 수동채권으로 하여 상계하지는 못하나, 근로자의 불법행위채권과는 상계할 수 있다고 하는 견해($\frac{김상용,}{498면}$)로 나뉘어 있다. 그리고 종래 판례는 근로자의 퇴직금($\frac{이는 임금의}{성질을 가짐}$)채권을 수동채권으로 하여 사용자의 불법행위채권($\frac{대판 1976. 9. 28,}{75다1768}$) 또는 대출금채권($\frac{대판 1990. 5. 8,}{88다카26413}$)과 상계할 수 없다고 한다($\frac{대판 1977. 5. 24, 77다309는 퇴직금채권의 변형}{으로 볼 부당이득 반환청구권의 상계도 부정한}$다. 그러나 대판(전원) 1995. 12. 21, 94다26721은 일정한 경우에는 초과지급된 임금의 반환청구권을 자동채권으로 하여서는 상계할 수 있다고 한다). 그러나 근로자의 동의를 얻어 상계하는 것은 그 동의가 자유로운 의사에 터잡아 이루어진 것이라고 인정될 때에는 허용된다고 한다($\frac{대판 2001. 10. 23,}{2001다25184}$). 그런데 근래에 판례는 이 문제에 대하여 전원합의체 판결로 정리를 하였다. 그에 따르면, 사용자는 원칙적으로 근로자에 대하여 가진 채권으로 근로자의 임금채권이나 퇴직금채권과 상계하지 못하지만, 예외적으로 일정한 경우에는 상계할 수 있다고 한다($\frac{대판(전원) 2010. 5. 20,}{2007다90760}$). 구체적으로, 사용자가 근로자에게 퇴직금 명목으로 지급한 금원 상당의 부당이득 반환채권을 자동채권으로 하여 근로자의 퇴직금채권을 상계하는 것은 퇴직금채권의 2분의 1을 초과하는 부분에 해당하는 금액에 관하여만 허용된다고 한다($\frac{대판 2014.}{12. 11, 2011다}$77290도 이와 유사하게, 사용자가 근로자에게 계산의 착오 등으로 위 초과 지급한 임금 상당 금원의 부당이득 반환채권을 자동채권으로 하여 근로자의 임금채권을 상계하는 것은 임금채권의 2분의 1을 초과하는 부분에 해당하는 금액에 관하여만 허용된다고 함). 주의할 것은, 이 판결로써 이전의 판결이 폐기되거나 변경되지는 않았다는 점이다. 따라서 이전의 판례도 실질적으로 모순되지 않는 것은 여전히 의미를 가진다. 아래에 전원합의체 판결을 직접 인용하기로 한다.

〈판 례〉

근로기준법「제42조 제 1 항($\frac{현행 근로기준법 43조}{1항에 해당: 저자 주}$) 본문에 의하면 임금은 통화로 직접 근로자에게 그 전액을 지급하여야 하므로 사용자가 근로자에 대하여 가지는 채권으로써 근로자의 임금채권과 상계를 하지 못하는 것이 원칙이고, 이는 경제적·사회적 종속관계에 있는 근로자를 보호하기 위한 것인바, 근로자가 받을 퇴직금도 임금의 성질을 가지므로 역시 마찬가지이다. 다만 계산의 착오 등으로 임금을 초과지급한 경우에, 근로자가 퇴직 후 그 재직 중 받지 못한 임금이나 퇴직금을 청구하거나, 근로자가 비록 재직 중에 임금을 청구하더라도 위 초과지급한 시기와 상계권 행사의 시기가 임금의 정산, 조정의 실질을 잃지 않을 만큼 근접하여 있고 나아가 사용자가 상계의 금액과 방법을 미리 예고하는 등으로 근로자의 경제생활의 안정을 해할 염려가 없는 때에는, 사용자는 위 초과지급한 임금의 반환청구권을 자동채권으로 하여 근로자의 임금채권이나 퇴직금채권과 상계할 수 있다고 할 것이다($\frac{대법원 1993. 12. 28. 선}{고 93다38529 판결, 대법}$원 1995. 12. 21. 선고 94다26721 전원합의체 판결 등 참조). 그리고 이러한 법리는 사용자가 근로자에게 이미 퇴직금 명목의 금원을 지급하였으나 그것이 퇴직금 지급으로서의 효력이 없어 사용자가 같은 금원 상당의 부당이득 반환채권을 갖게 된 경우에 이를 자동채권으로 하여 근로자의 퇴직금채권과 상계하는 때에도 적용된다고 할 것이다. …

　결국 사용자가 근로자에게 이미 지급한 퇴직금 명목 금원의 반환채권으로 근로자의 퇴직금채권과 상계하는 것은 한 마디로 근로자의 퇴직으로 인하여 사용자가 지급할 퇴직금액의 정산, 조정 방법의 하나에 지나지 아니하므로 이를 허용하지 아니할 아무런 이유가 없는 것이다.

　그런데 한편 민사집행법 제246조 제 1 항 제 5 호(구 민사집행법(2005. 1. 27. 법률 제7358호로 개정되기 전의 것) 제246조 제 1 항 제 4 호도 같다)는 근로자인 채무자의 생활보장이라는 공익적, 사회 정책적 이유에서 '퇴직금 그 밖에 이와 비슷한 성질을 가진 급여채권의 2분의 1에 해당하는 금액'을 압류금지채권으로 규정하고 있고, 민법 제497조는 압류금지채권의 채무자는 상계로 채권자에게 대항하지 못한다고 규정하고 있으므로, 사용자가 근로자에게 퇴직금 명목으로 지급한 금원 상당의 부당이득 반환채권을 자동채권으로 하여 근로자의 퇴직금채권을 상계하는 것은 퇴직금채권의 2분의 1을 초과하는 부분에 해당하는 금액에 관하여만 허용된다고 봄이 상당하다.(대판(전원) 2010. 5. 20, 2007다90760. 이러한 다수의견에 대하여 사용자의 부당이득 반환채권이 인정될 수 없어서 상계가 행하여질 여지가 없다는 소수의견과 근로자 보호를 이유로 상계에 반대하는 소수의견이 있음)

　생각건대 근로기준법 제43조가 있다고 하여 임금채권의 압류까지 부정되는 것은 아니며 그것의 압류는 민사집행법상 원칙적으로 그 2분의 1까지는 가능하다(같은 취지: 대결 1994. 3. 16, 93마1822 · 1823). 다만, 그 규정이 임금의 직접지급을 규정하면서 일부공제도 극도로 제한하고 있는 만큼, 그것은 현실의 지급을 의욕한 것이라고 보아야 하고, 따라서 임금에 관하여는 근로기준법 제21조를 넘어서도 그 전액에 관하여 상계가 금지된다고 새겨야 할 것이다. 그 점은 퇴직금의 경우에도 같다. 그리고 상계의 금지는 자동채권이 사용자의 불법행위채권인 때에도 관철되어야 한다. 결국 ii)설과 종래의 판례(첫부분)가 옳다. 그에 비하여 상계금지에 예외를 인정하는 전원합의체 판결은 예외인정의 점에서 옳지 않다. 한편 종래 판례의 뒷부분은 일방적인 상계가 아니고 상계계약에 관한 것이라고 할 수 있다.

　㈐ **지급이 금지된 채권**　　지급을 금지하는 명령을 받은 제 3 채무자는 그 [260] 후에 취득한 채권에 의한 상계로 그 명령을 신청한 채권자에게 대항하지 못한다(498조). 지급금지명령을 받은 채권은 압류 또는 가압류된 채권을 가리키며, 그러한 채권의 채무자는 그 채권을 수동채권으로 하여 지급금지 후에 취득한 채권과 상계할 수 없다. 그러나 지급금지 전에 취득한 채권과는 상계할 수 있다.

　문제는 지급금지 전에 취득한 채권(즉 자동채권)이 압류 또는 가압류 당시에 상계적상에 있어야 하는지이다. 여기에 관하여 판례는 변천을 거듭하였다. 대법원은 처음에는 전부명령$\binom{\text{이는 압류와 동시에 또}}{\text{는 그 후에 행하여진다}}$ 당시에 상계적상에 있었으면 그 후라도 상계할 수 있다고 하였다$\binom{\text{대판 1964. 4. 21,}}{\text{63다658}}$. 그러나 그 뒤 압류 및 전부명령 이전에 상계적상에 있었을지라도 상계를 하지 않았으면 상계할 수 없다고 하였다가 $\binom{\text{대판 1972. 12. 26,}}{\text{72다2117}}$, 이 판결을 폐기하고 압류 및 전부명령이 송달되기 이전에 상계적상에 있었으면 그 명령이 송달된 후에 상계로써 전부채권자에게 대항할 수 있다고 하였다$\binom{\text{대판(전원) 1973. 11.}}{\text{13, 73다518}}$. 그 후 압류명령이 송달되기 이전에 자동채권의 이행기가 도래한 이상 수동채권의 이행기가 도래하지 않았더라도 수동채권에 관한 기한의 이익을 포기하고 상계할 수 있다고 하였다$\binom{\text{대판 1979. 6. 12, 79다662;}}{\text{대판 1980. 9. 9, 80다939}}$. 그 뒤 대법원은 한 걸음 더 나아가, 가압류의 효력발생 당시에 양 채권이 상계적상에 있거나, 반대채권(자동채권)이 압류(또는 가압류) 당시 변제기에 이르지 않은 경우에는 피압류채권인 수동채권의 변제기와 동시에 또는 보다 먼저 변제기에 도달하는 경우에는 상계로써 가압류채권자에게 대항할 수 있다고 하였다$\binom{\text{대판 1982. 6. 22, 82다카}}{\text{200; 대판 1987. 7. 7, 86다}}$ 카2762; 대판 1988. 2. 23, 87다카472; 대판 1989. 9. 12, 88다카25120; 대판 2003. 6. 27, 2003다7623; 대판(전원) 2012. 2. 16, 2011다45521; 대판 2015. 1. 29, 2012다108764; 대판 2019. 2. 14, 2017다274703). 다수설도 대법원의 이 태도를 지지하고 있다$\binom{\text{김상용, 501면; 김형배,}}{\text{772면; 이은영, 756면}}$. 그리고 대법원은 최근에, 이러한 법리가 채권압류명령을 받은 제 3 채무자이자 보증채무자인 사람이 압류 이후 보증채무를 변제함으로써 담보제공청구의 항변권을 소멸시킨 다음, 압류채무자에 대하여 압류 이전에 취득한 사전구상권으로 피압류채권과 상계하려는 경우에도 적용된다고 하며, 그리하여 결국 제 3 채무자가 압류채무자에 대한 사전구상권을 가지고 있는 경우에 상계로써 압류채권자에게 대항하기 위해서는, ① 압류의 효력 발생 당시 사전구상권에 부착된 담보제공청구의 항변권이 소멸하여 사전구상권과 피압류채권이 상계적상에 있거나, ② 압류 당시 여전히 사전구상권에 담보제공청구의 항변권이 부착되어 있는 경우에는 제 3 채무자의 면책행위 등으로 인해 위 항변권을 소멸시켜 사전구상권을 통한 상계가 가능하게 된 때가 피압류채권의 변제기보다 먼저 도래하여야 한다고 한다$\binom{\text{대판 2019. 2. 14,}}{\text{2017다274703}}$.

한편 판례는 이와는 별도로, 제 3 채무자의 압류채무자에 대한 자동채권이 수동채권인 피압류채권과 동시이행의 관계에 있는 경우에는, 압류명령(또는 가압류명령)이 제 3 채무자에게 송달되어 압류(또는 가압류)의 효력이 생긴 후에 자동채권이 발생하였다고 하더라도 제 3 채무자는 동시이행의 항변권을 주장할 수 있고, 따라서 그 채권에 의한 상계로 압류채권자에게 대항할 수 있다고 한다

(대판 1993. 9. 28, 92다55794; 대판 2001. 3. 27, 2000다43819(이 판결만 가압류의 경우임); 대판 2005. 11. 10, 2004다37676; 대판 2010. 3. 25, 2007다35152). 그러면서, 이 경우에 자동채권 발생의 기초가 되는 원인은 수동채권이 압류(또는 가압류)되기 전에 이미 성립하여 존재하고 있었으므로, 그 자동채권은 제498조 소정의 「지급을 금지하는 명령을 받은 제 3 채무자가 그 후에 취득한 채권」에 해당하지 않는다고 한다.

그리고 동산 양도담보권자가 물상대위권 행사로 양도담보 설정자의 화재보험금청구권에 대하여 압류 및 추심명령을 얻어 추심권을 행사하는 경우(동산 양도담보권자는 양도담보 목적물이 소실되어 양도담보 설정자가 보험회사에 대하여 화재보험계약에 따른 보험금청구권을 취득한 경우 담보물 가치의 변형물인 그 화재보험금청구권에 대하여 양도담보권에 기한 물상대위권을 행사할 수 있음. 대판 2009. 11. 26, 2006다37106) 특별한 사정이 없는 한 제 3 채무자인 보험회사는 그 양도담보 설정 후 취득한 양도담보 설정자에 대한 별개의 채권을 가지고 상계로써 양도담보권자에게 대항할 수 없고, 이는 보험금청구권과 그 본질이 동일한 공제금청구권에 대하여 물상대위권을 행사하는 경우에도 마찬가지라고 한다(대판 2014. 9. 25, 2012다58609).

〈판 례〉

(ㄱ)「민법 제498조는 "지급을 금지하는 명령을 받은 제 3 채무자는 그 후에 취득한 채권에 의한 상계로 그 명령을 신청한 채권자에게 대항하지 못한다"라고 규정하고 있다. 위 규정의 취지, 상계제도의 목적 및 기능, 채무자의 채권이 압류된 경우 관련 당사자들의 이익상황 등에 비추어 보면, 채권압류명령 또는 채권가압류명령(이하 채권압류명령의 경우만을 두고 논의하기로 한다)을 받은 제 3 채무자가 압류채무자에 대한 반대채권을 가지고 있는 경우에 상계로써 압류채권자에게 대항하기 위하여는, 압류의 효력 발생 당시에 대립하는 양 채권이 상계적상에 있거나, 그 당시 반대채권(자동채권)의 변제기가 도래하지 아니한 경우에는 그것이 피압류채권(수동채권)의 변제기와 동시에 또는 그보다 먼저 도래하여야 할 것이다(대법원 1982. 6. 22. 선고 82다카200 판결, 대법원 2003. 6. 27. 선고 2003다7623 판결 등 참조).」(대판(전원) 2012. 2. 16, 2011다45521. 반대 의견 있음)

(ㄴ)「금전채권에 대한 가압류로부터 본압류로 전이하는 압류 및 추심명령이 있는 때에는 제 3 채무자는 채권이 가압류되기 전에 압류채무자에게 대항할 수 있는 사유로써 압류채권자에게 대항할 수 있으므로, 제 3 채무자의 압류채무자에 대한 자동채권이 수동채권인 피압류채권과 동시이행의 관계에 있는 경우에는, 그 가압류명령이 제 3 채무자에게 송달되어 가압류의 효력이 생긴 후에 자동채권이 발생하였다고 하더라도 제 3 채무자는 동시이행의 항변권을 주장할 수 있고, 따라서 그 상계로써 압류채권자에게 대항할 수 있다. 이 경우에 자동채권 발생의 기초가 되는 원인은 수동채권이 가압류되기 전에 이미 성립하여 존재하고 있었으므로, 그 자동채권은 민법 제498조 소정의 "지급을 금지하는 명령을 받은 제 3 채무자가 그 후에 취득한 채권"에 해당하지 아니한다.」(부동산 매수인의 매매잔대금 지급의무와 매도인의 가압류기입등기 말소의무가 동시이행관계에 있었는데 위 가압류에 기한 강제경매절차가 진행

되자 매수인이 강제경매의 집행채권액과 집행비용을 변제공탁한 경우 매도인은 매수인에 대해 대위변제로 인한 구상채무를 부담하게 되고, 그 구상채무는 가압류기입등기 말소의무의 변형으로서 매수인의 매매잔대금 지급의무와 여전히 대가적인 의미가 있어 서로 동시이행관계에 있으므로, 매수인은 매도인의 매매잔대금채권에 대해 가압류로부터 본압류로 전이하는 압류 및 추심명령을 받은 채권자에게 가압류 이후에 발생한 위 구상금채권에 의한 상계로 대항할 수 있다고 한 사례)$\binom{\text{대판 2001. 3. 27,}}{2000다43819}$

[261]　　　(라) **질권이 설정된 채권**　　　질권이 설정된 채권은 질권의 효력에 의하여 지급금지의 효력이 생기므로$\binom{\text{물권법}}{[200] \text{ 참조}}$, 지급금지명령을 받은 채권과 마찬가지로 취급하여야 한다. 따라서 그 채권의 채무자(제 3 채무자)는 입질채권을 수동채권으로 하여 질권설정의 통지$\binom{349조 1}{\text{항 참조}}$ 후에 채권자(질권 설정자)에 대하여 취득한 채권과 상계하더라도 질권자에게 대항하지 못한다.

　　　(마) **특별법상 상계가 금지되는 채권**　　　그 밖에 특별법에서 상계를 금지하는 경우도 있다$\binom{\text{상법 421조 · 596조, 근로기}}{\text{준법 21조, 신탁법 25조 등}}$.

〈판　례〉
　「신탁재산 독립의 원칙은 신탁재산의 감소 방지와 수익자의 보호 등을 위하여 수탁자의 고유재산과 신탁재산은 분별하여 관리되어야 하고 양자는 별개 독립의 것으로서 취급되어야 한다는 것을 의미함에 그칠 뿐, 신탁재산 자체가 그 소유자 내지 명의자인 수탁자와 구별되는 별개의 법인격을 가진다는 것까지 의미하는 것은 아니므로, 수탁자가 수익자에 대하여 갖는 고유의 채권을 자동채권으로 하여 수익자가 신탁종료시 수탁자에 대하여 갖는 원본반환채권 등과 상계하는 것이 신탁관계에 신탁재산 독립의 원칙이 적용된다는 이유만으로 신탁법상 금지된 것이라고 할 수는 없다.」$\binom{\text{대판 2007. 9. 20,}}{2005다48956}$

2. 상계적상의 현존

위와 같은 상계적상은 원칙적으로 상계의 의사표시를 할 당시에 현존하여야 한다. 따라서 두 채권 가운데 어느 하나가 부존재 또는 무효인 때에는 상계도 무효로 된다. 그리고 일단 상계적상에 있었더라도 상계를 하지 않고 있는 동안에 변제 기타의 사유로 소멸한 때에는, 상계를 할 수 없게 된다$\binom{\text{대판 1979. 8. 28,}}{79다1077}$. 다만, 민법은 소멸시효가 완성된 채권이 그 완성 전에 상계할 수 있었던 것이면 그 채권자는 상계할 수 있도록 하고 있다$\binom{495}{조}$. 이는 「자동채권의 소멸시효 완성 전에 양 채권이 상계적상에 이르렀을 것」을 요건으로 한다(대판 2016. 11. 25, 2016다211309; 대판 2021. 2. 10, 2017다258787). 판례에 나타난 구체적인 경우를 살펴본다. 임대인의 임대차보증금 반환채무는 임대차계약이 종료된 때에 비로소 이행기에 도달하므로, 임대차 존속 중 차임채권의 소멸시효가 완성된 경우에는 소멸시효 완성 전에 임대인이 임대차보증금 반환채무에 관한 기한의 이익을 실제로 포기하였다는 등의 특별한 사정이 없는 한 양 채권이 상계할 수 있는 상태에 있었다고 할 수 없다. 따라서 그 이후에 임대인이 이미 소멸시효가 완성된 차임채권을 자동채권으로 삼아 임대차보증금 반환채무와 상계하는 것은 제495조에 의하더라도 인정될 수 없다(대판 2016. 11. 25, 2016다211309). 그렇지만 판례는, 임대차 존속 중 차임이 연체되고 있음에도 임대차보증금에서 연체차임을 충당하지 않고 있었던 임대인의 신뢰와 차임연체 상태에서 임대차관계를 지속해 온 임차인의 묵시적 의사를 감안하면 연체차임은 제495조의 유추적용에 의하여 임대차보증금에서 공제할 수는 있다고 한다(대판 2016. 11. 25, 2016다211309). 또 판례는, 임차인의 유익비상환채권은 임대차계약이 종료한 때에 비로소 발생한다고 보아야 하고, 따라서 임대차 존속 중 임대인의 구상금채권의 소멸시효가 완성된 경우에는 위 구상금채권과 임차인의 유익비상환채권이 상계할 수 있는 상태에 있었다고 할 수 없으므로, 그 이후에 임대인이 이미 소멸시효가 완성된 구상금채권을 자동채권으로 삼아 임차인의 유익비상환채권과 상계하는 것은 민법 제495조에 의하더라도 인정될 수 없다고 한다(대판 2021. 2. 10, 2017다258787). 한편 제495조의 취지는 제척기간이 경과한 채권에 대하여도 유추적용되어야 하며, 따라서 제척기간이 경과한 채권을 자동채권으로 하여 상계할 수 있다고 할 것이다(이설 없음). 판례도, 매도인이나 수급인의 담보책임을 기초로 한 손해배상채권의 제척기간이 지난 경우에도 제척기간이 지나기 전에 상대방의 채권과 상계할 수 있었던 경우에는 매수인이나 도급인은 제495조를 유추적용해서 그 손해배상채권을 자동채권으로 해서 상대방의 채권과 상계할 수 있다고 한다(대판 2019. 3. 14, 2018다255648).

Ⅲ. 상계의 방법　　　　　　　　　　　　　　　　　　　　　　　　[262]

　상계는 상대방에 대한 의사표시로 한다(493조 1항 1문). 당사자 쌍방의 채무가 상계적상에 있다고 하더라도 다른 특약이 없는 한 그 자체만으로 상계의 효과가 생기지 않으며 상계의 의사표시가 있어야 채무가 소멸한다(대판 2000. 9. 8, 99다6524). 이 상계의 의사표시에는 상계하는 채권(자동채권·수동채권)을 표시하여야 한다. 그러나 그것은 동일성을 인식할 수 있을 정도이면 충분하다. 그리고 상계의 의사표시는 재판 외에서뿐만 아니라 재판상으로도 할 수 있다.

〈판 례〉

「보험약관 대출금의 경제적 실질은 보험회사가 장차 지급하여야 할 보험금이나 해약환급금을 미리 지급하는 선급금과 같은 성격이라고 보아야 한다. 따라서 위와 같은 약관에서 비록 '대출'이라는 용어를 사용하고 있더라도 이는 일반적인 대출과는 달리 소비대차로서의 법적 성격을 가지는 것은 아니라고 할 것이며, 보험금이나 해약환급금에서 대출 원리금을 공제하고 지급한다는 것은 보험금이나 해약환급금의 선급금의 성격을 가지는 위 대출 원리금을 제외한 나머지 금액만을 지급한다는 의미이므로 민법상의 상계와는 성격이 다르다고 할 것이다.

이와 달리 해약환급금 범위 내에서 대출을 받을 수 있도록 정한 단체보험약관에 따라 이루어진 보험약관대출금에 관하여 이를 해약환급금의 선급금으로 보지 아니하고 별도의 대여금으로 보는 전제하에, 그 해약환급금 반환채권과 보험약관대출금 채권은 보험회사의 상계의 의사표시에 의하여 그 상계적상의 시기에 상계되는 것이라는 취지로 판단한 대법원 1997. 4. 8. 선고 96다51127 판결 등은 이 판결의 견해에 배치되는 범위 내에서 이를 변경하기로 한다.」(대판(전원) 2007. 9. 28, 2005다15598).

상계의 의사표시에는 조건이나 기한을 붙이지 못한다(493조 1항 2문). 상계가 단독행위이어서 그것에 조건을 붙이게 하면 상대방을 불안정한 지위에 놓이게 하고, 기한을 붙이는 것은 상계의 소급효 때문에 의미가 없기 때문이다.

피고의 소송상 상계항변에 대하여 원고가 소송상 상계의 재항변을 할 수 있는가? 판례는 원고의 소송상 상계의 재항변은 일반적으로 이를 허용할 이익이 없으므로, 다른 특별한 사정이 없는 한 허용되지 않는다고 한다(대판 2014. 6. 12, 2013다95964; 대판 2015. 3. 20, 2012다107662). 그리고 이러한 법리는 원고가 2개의 채권을 청구하고, 피고가 그중 1개의 채권을 수동채권으로 삼아 소송상 상계항변을 하자, 원고가 다시 위 청구채권 중 다른 1개의 채권을 자동채권으로 소송상 상계의 재항변을 하는 경우에도 마찬가지로 적용된다고 한다(대판 2015. 3. 20, 2012다107662. 그리고 이 판결은, 불법행위 또는 채무불이행에 따른 채무자의 손해배상액을 산정할 때에 손해부담의 공평을 기하기 위하여 채무자의 책임을 제한할 필요가 있고, 채무자가 채권자에 대하여 가지는 반대채권으로 상계항변을 하는 경우에는 책임제한을 한 후의 손해배상액과 상계해야 한다고 함).

Ⅳ. 상계의 효과

(1) 채권의 소멸

상계가 있으면 당사자 쌍방의 채권은 대등액에서 소멸한다($^{492조\,1}_{항\,본문}$). 한편 수동채권이 여러 개이고 자동채권이 그 전부를 소멸하기에 부족한 때에는, 변제충당에 관한 규정에 따라 상계충당된다($^{499}_{조}$). 그리하여 가령 원본 외에 지연손해금($^{이는\,이자와\,동}_{일시할\,수\,있다}$)이 있으면 지연손해금·원본의 순서로 자동채권과 대등액에서 소멸한다($^{대판\,1992.\,5.\,12,\,90다8855;\,대판\,2005.\,7.\,8,}_{2005다8125;\,대판\,2013.\,2.\,28,\,2012다94155}$). 그런데 제499조에 따라 상계에 준용되는 제476조 내지 제479조의 규정은 임의규정이므로 상계자와 상대방은 약정에 의하여 그 규정을 배제하고 자동채권을 어느 채무에 어떤 방법으로 충당할 것인가를 결정할 수 있다($^{대판\,2015.\,6.\,11,}_{2012다10386}$). 그리고 상계자와 상대방 사이에 미리 상계충당에 관한 약정이 있고, 그 약정내용이 상계가 상대방에 대한 모든 채무를 소멸시키기에 부족한 때에는 상대방이 적당하다고 인정하는 순서와 방법에 의하여 충당하기로 한 것이라면, 상대방이 그 약정에 터 잡아 스스로 적당하다고 인정하는 순서와 방법에 좇아 상계충당을 한 이상 상대방에 대한 의사표시와 관계없이 그 충당의 효력이 있다($^{대판\,2015.\,6.\,11,\,2012다10386.\,이는\,변제충당}_{에\,관한\,법리를\,상계의\,경우에도\,적용한\,결과임}$).

〈판 례〉

(ㄱ)「상계의 의사표시가 있는 경우, 채무는 상계적상시에 소급하여 대등액에 관하여 소멸한 것으로 보게 되므로, 상계에 의한 양 채권의 차액 계산 또는 상계 충당은 상계적상의 시점을 기준으로 하게 되고, 따라서 그 시점 이전에 수동채권의 변제기가 이미 도래하여 지체가 발생한 경우에는 상계적상 시점까지의 수동채권의 약정이자 및 지연손해금을 계산한 다음 자동채권으로써 먼저 수동채권의 약정이자 및 지연손해금을 소각하고 잔액을 가지고 원본을 소각하여야 할 것이다.」($^{대판\,2005.\,7.\,8,\,2005다}_{8125.\,같은\,취지:\,대판}$ 2013. 11. 14, 2013다46023; 대판 2021. 5. 7, 2018다25946)

(ㄴ)「상계의 의사표시는 일방적으로 철회할 수는 없는 것이지만, 상계의 의사표시 후에 상계자와 상대방이 상계가 없었던 것으로 하기로 한 약정은 제 3 자에게 손해를 미치지 않는 한 계약자유의 원칙상 유효하다.」($^{대판\,1995.\,6.\,16,}_{95다11146}$)

(ㄷ)「소송상 방어방법으로서의 상계항변은 통상 그 수동채권의 존재가 확정되는 것을 전제로 하여 행하여지는 일종의 예비적 항변으로서 소송상 상계의 의사표시에 의해 확정적으로 그 효과가 발생하는 것이 아니라 당해 소송에서 수동채권의 존재 등 상계에 관한 법원의 실질적 판단이 이루어지는 경우에 비로소 실체법상 상계의 효과

가 발생한다(대법원 2013. 3. 28. 선고).
2011다3329 판결 참조

　이러한 피고의 소송상 상계항변에 대하여 원고가 다시 피고의 자동채권을 소멸시
키기 위하여 소송상 상계의 재항변을 하는 경우, 법원이 원고의 소송상 상계의 재항
변과 무관한 사유로 피고의 소송상 상계항변을 배척하는 경우에는 소송상 상계의 재
항변을 판단할 필요가 없고, 피고의 소송상 상계항변이 이유 있다고 판단하는 경우
에는 원고의 청구채권인 수동채권과 피고의 자동채권이 상계적상 당시에 대등액에서
소멸한 것으로 보게 될 것이므로 원고가 소송상 상계의 재항변으로써 상계할 대상인
피고의 자동채권이 그 범위에서 존재하지 아니하는 것이 되어 이때에도 역시 원고의
소송상 상계의 재항변에 관하여 판단할 필요가 없게 된다. 또한, 원고가 소송물인 청
구채권 외에 피고에 대하여 다른 채권을 가지고 있다면 소의 추가적 변경에 의하여
그 채권을 당해 소송에서 청구하거나 별소를 제기할 수 있는 것이다. 그렇다면 원고
의 소송상 상계의 재항변은 일반적으로 이를 허용할 이익이 없다고 할 것이다. 따라
서 피고의 소송상 상계항변에 대하여 원고가 소송상 상계의 재항변을 하는 것은 다
른 특별한 사정이 없는 한 허용되지 않는다고 보는 것이 타당하다.」(대판 2014. 6. 12,)
2013다95964

(2) 상계의 소급효

　상계가 있으면 각 채무가 상계할 수 있는 때에 대등액에 관하여 소멸한 것으
로 본다(493조). 즉 상계에는 소급효가 있다. 따라서 상계적상이 생긴 뒤부터는 이
2항
자가 발생하지 않으며, 이행지체도 소멸한다.

　자동채권은 변제기에 있지만 수동채권은 변제기에 있지 않은 경우에 상계자
가 기한의 이익을 포기하면서 상계할 수 있는데([257]), 이러한 때에는 어느 시점
참조
을 기준으로 하여 채권이 소멸하는지 문제된다. 여기에 대하여는 논의가 적은데,
특별한 의사표시가 없는 한 자동채권의 변제기를 기준으로 해야 한다는 견해가
있다(주해(11), 397). 그 견해는, 예외적으로 기한의 이익을 포기하는 시기를 따로 지정
면(윤용섭)
하는 경우에는 그 지정된 시기가 기준이 된다고 한다. 그리고 자동채권의 지연손
해금은 지급할 필요가 없고, 수동채권에 대한 변제기까지의 이자는 모두 지급해
야 한다고 한다. 무난한 견해라고 생각된다.

　채권양수인이 양수채권을 자동채권으로 하여 그 채무자가 채권양수인에 대
해 가지고 있던 기존 채권과 상계한 경우, 채권양수인은 채권양도의 대항요건이
갖추어진 때 비로소 자동채권을 행사할 수 있으므로 채권양도 전에 이미 양 채권
의 변제기가 도래하였다고 하더라도 상계의 효력은 변제기로 소급하는 것이 아
니라 채권양도의 대항요건이 갖추어진 시점으로 소급한다(대판 2022. 6. 30, 2022다200089.
상계의 효력은 상계적상 시로 소급

하여 발생하고, 상계적상은 자동채권과 수동
채권이 상호 대립하는 때에 비로소 생긴다).

(3) 이행지를 달리하는 채권의 상계

상계는 쌍방의 채무의 이행지가 다른 경우에도 할 수 있다($^{494조}_{본문}$). 그러나 이
때 상계를 하는 당사자는 상대방에게 상계로 인한 손해를 배상하여야 한다($^{494조}_{단서}$).

제 6 절   경개(更改)

I. 경개의 의의 및 성질

[263]

1. 의   의

경개는 채무의 중요한 부분($^{의용민법 513조가 「채무의 요소」라고 표현하고 있었기에 「채무의}_{중요한 부분」 대신 「채무의 요소」라고 표현하는 문헌도 많이 있다}$)을
변경함으로써 신채무를 성립시키는 동시에 구채무를 소멸시키는 계약이다($^{500}_{조}$)
($^{판례는, 경개는 기존채무의 중요부분을 변경하여 기존채무를 소멸시키고 이와 동일성이 없는 새로운 채}_{무를 성립시키는 계약이라고 한다. 대판 2004. 4. 27, 2003다69119; 대판(전원) 2019. 10. 23, 2012다46170}$). 예컨대 500
만원의 금전채무를 소멸시키고 특정 토지의 소유권이전채무를 발생시키는 계약
이 그에 해당한다.

2. 법적 성질

(1) 계   약

경개는 당사자의 합의에 의하여 성립하는 계약이다. 그런데 그것이 유상계
약인가에 관하여는 학설이 나뉜다. i) 유상계약이라는 견해($^{곽윤직, 285면; 김상용,}_{506면; 김학동, 400면}$)가 있
는가 하면, ii) 언제나 유상계약인 것은 아니라는 견해($^{특히 채권자·채}_{무자 변경의 경우}$)($^{김형배, 779면; 이}_{은영, 763면 주 1}$)
도 있다. 생각건대 학설은 아마도 구채무의 소멸과 신채무의 발생을 대가관계로
보아 유상계약이라고 하는 듯하나, 본래 유상계약의 개념은 「양 당사자」가 대가
적인 의미의 재산출연을 하는 것이며, 그러한 관점에서 볼 때 하나의 채권의 소
멸 및 신설을 가져오는 경개는 언제나 유상계약이 아니다. 즉 경개의 대상이 되
는 채권이 유상계약으로부터 생긴 것이라고 할지라도 경개가 있어도 채무자만이
의무를 부담하는 방법으로 재산출연을 하므로 경개 자체는 무상계약이다. 다만,
경개가 있은 후에도 그 이전부터 있었던 전체 계약의 성질(유상계약 또는 무상계

약)은 그대로 유지될 것이다.

　　문헌($^{곽윤직, 285면;}_{김학동, 400면}$)에 따라서는, 경개의 경우 구채권의 소멸과 신채권의 성립이 서로 인과관계를 가진다는 의미에서 그것은 일종의 유인계약(有因契約)이라고 한다. 그러나 유인행위·무인행위는 그 행위의 전제가 되는 별개의 출연의 원인($^{법률행위 또}_{는 법률규정}$)이 있는 경우에 그 출연원인의 부존재·무효 등에 영향을 받는지 여부에 의하여 구분된다. 그런데 문헌이 문제삼는 것은 동일한 경개계약 내에서의 구채권·신채권의 관계이다. 따라서 그런 점 때문에 경개를 유인계약이라고 함은 옳지 않다. 그에 비하여 구채무를 성립시키는 계약에 영향을 받는다는 점에서는 유인계약이라고 할 수 있다.

(2) 처분행위

　　경개는 신채권을 성립시키고 구채권을 소멸시키는 처분행위(일종의 준물권행위)이다($^{대판 1980. 11. 11, 80다2050;}_{대판 2003. 2. 11, 2002다62333}$). 일부 견해($^{이은영,}_{763면}$)는 구채권을 소멸시키는 처분행위이면서 신채무를 부담하는 채무부담행위라고 하기도 하나, 오히려 일체로서 처분행위라고 봄이 옳다.

(3) 채권소멸원인

　　경개는 구채권을 소멸시키는 점에서 하나의 채권소멸원인이다. 경개의 경우에 신채권이 성립하기는 하나, 구채권과 신채권 사이에는 동일성이 인정되지 않는다.

(4) 대물변제와의 구별

　　경개 가운데 채권의 목적의 변경에 의한 경개는 대물변제와 비슷하나, 본래의 급부와 다른 급부가 현실적으로 행하여지지 않고 단지 다른 급부를 목적으로 하는 새로운 채무가 성립하는 데 지나지 않는 점에서 대물변제와 다르다.

3. 사회적 작용

　　과거 로마법에서는 채권관계에 있어서 인적 요소를 중요시하여 채권이 동일성을 유지하면서 당사자가 변경되는 것을 인정하지 않았다. 그리하여 경개제도가 중요한 역할을 하였다. 그러나 근대에 와서는 채권양도와 채무인수가 인정되고 목적의 변경도 내용변경계약에 의하여 달성될 수 있어서 경개는 큰 의미가 없게 되었다. 그러한 점은 우리 민법에 있어서도 마찬가지이다.

II. 경개의 요건

[264]

1. 소멸할 채권(구채무)의 존재

경개가 유효하려면 소멸할 채권 즉 구채무가 존재하여야 하며, 구채무가 없으면 경개는 무효로 되고 신채권도 성립하지 않는다. 그리고 구채무를 발생시킨 계약에 취소원인이 있는 경우에 당사자가 이의를 보류하지 않고 경개를 한 때에는 법정추인에 의하여 그 경개는 유효하게 되나($_{3호}^{145조}$), 이의를 보류해서 경개를 한 때에는 그 후에 계약이 취소될 수 있고 그 취소가 있으면 경개도 무효로 된다. 다만, 채권자의 변경에 의한 경개에는 제451조 제 1 항이 준용되어($_조^{503}$), 채권이 소멸하고 있음에도 불구하고 이의를 보류하지 않고 경개를 한 경우에는 채권소멸을 항변할 수 없게 되고($_{64다570}^{대판 1964. 12. 8,}$), 그 결과 신채권은 유효하게 성립한다.

2. 신채무의 성립

신채무가 성립하지 않으면 경개는 무효이고, 따라서 구채무도 소멸하지 않는다. 그런데 이 점과 관련하여 민법은 제504조를 두고 있다. 그에 의하면 ① 신채무가 그 원인의 불법(즉 사회질서 위반)으로 성립하지 않은 때, ② 신채무가 그 밖의 사유($_{의 불능}^{예: 급부}$)로 성립하지 않았고 당사자가 그 사유를 알지 못한 때, ③ 신채무가 취소된 때($_{에 비추어 보거나 제한능력자 보호를 생각할 때 그 견해는 옳지 않다}^{김형배, 782면은 이 경우도 당사자가 알지 못한 때만이라고 하나, 법문}$)에는 구채무는 소멸하지 않는다($_{에 관한 것은 임의규정이라고 새긴다}^{김학동, 402면은 이 규정 중 ②의 경우}$).

〈판 례〉

「경개계약은 구채무를 소멸시키고 신채무를 성립시키는 처분행위로서 구채무의 소멸은 신채무의 성립에 의존하므로, 경개로 인한 신채무가 원인의 불법 또는 당사자가 알지 못한 사유로 인하여 성립되지 아니하거나 취소된 때에는 구채무는 소멸되지 않는 것이며($_{제504조}^{민법}$), 특히 경개계약에 조건이 붙어 있는 이른바 조건부 경개의 경우에는 구채무의 소멸과 신채무의 성립 자체가 그 조건의 성취 여부에 걸려 있게 된다.」(이미 확정적으로 취득한 폐기물 소각처리시설 관련 권리를 포기하는 대신 수주 여부가 분명하지 않은 매립장 복원공사를 상대방으로부터 하도급받기로 약정한 사안에서, 위 약정은 상대방이 위 복원공사를 수주하지 못할 것을 해제조건으로 한 경개계약이라고 해석한 사례)($_{취지: 대판 2015. 10. 29, 2015다219504}^{대판 2007. 11. 15, 2005다31316. 같은}$)

[265]　　**3. 채무의 중요한 부분의 변경**

　　채무의 중요한 부분(채무의 요소)의 변경이 있어야 한다($\frac{500}{조}$). 채무의 중요부분은 채무의 동일성을 결정하는 부분을 가리키며, 채권의 발생원인($^{예: 매매대금채무를}_{소비대차의 목적으}$$_{로 하는}_{경우}$)·채권자·채무자·채권의 목적이 그에 해당한다. 그에 비하여 변제기는 중요부분이 아니다. 주의할 것은 채무의 중요부분의 변경이 있다고 하여 언제나 경개로 되지는 않는다는 점이다. 경개가 인정되려면 신·구채무 사이에 동일성이 없어야 한다($^{이 점에서 채권양도ㆍ}_{채무인수 등과 다르다}$). 그리고 당사자 사이에 신채무를 성립시키고 구채무를 소멸시키려는 의사 즉 경개의사의 합치가 있어야 한다($^{대판 1974. 7. 9,}_{74다668}$).

〈판　례〉

　　㈀「준소비대차는 당사자 쌍방이 소비대차에 의하지 아니하고 금전 기타의 대체물을 지급할 의무가 있는 경우에 당사자가 그 목적물을 소비대차의 목적으로 할 것을 약정한 때에 성립하는 것으로서, 기존채무를 소멸케 하고 신채무를 성립시키는 계약인 점에 있어서는 경개와 동일하지만 경개에 있어서는 기존채무와 신채무 사이에 동일성이 없는 반면, 준소비대차에 있어서는 원칙적으로 동일성이 인정된다는 점에 차이가 있고, 기존채권·채무의 당사자가 그 목적물을 소비대차의 목적으로 할 것을 약정한 경우 그 약정을 경개로 볼 것인가 또는 준소비대차로 볼 것인가는 일차적으로 당사자의 의사에 의하여 결정되고, 만약 당사자의 의사가 명백하지 않을 때에는 특별한 사정이 없는 한 동일성을 상실함으로써 채권자가 담보를 잃고 채무자가 항변권을 잃게 되는 것과 같이 스스로 불이익을 초래하는 의사를 표시하였다고는 볼 수 없으므로 일반적으로 준소비대차로 보아야 하지만($^{대법원 1989. 6. 27. 선고}_{89다카2957 판결 참조}$), 신채무의 성질이 소비대차가 아니거나 기존채무와 동일성이 없는 경우에는 준소비대차로 볼 수 없다.」($^{대판 2003. 9. 26, 2002다31803·31810. 같은 취지: 대판 2006.}_{12. 22, 2004다37669; 대판 2016. 6. 9, 2014다64752}$)

　　㈁ 판례에 의하면, 현실적인 자금의 수수 없이 형식적으로만 신규 대출을 하여 기존채무를 변제하는 이른바 대환의 법률적 성질은 기존채무가 여전히 동일성을 유지한 채 존속하는 준소비대차로 보아야 할 것이라고 한다($^{대판 2002. 10. 11,}_{2001다7445}$).

　　㈂ 기존의 물품대금 채무를 정산하면서 그 채무액을 감액하여 주고 이를 분할 변제할 수 있도록 그 변제방법과 변제기일을 새로이 약정한 것만으로는 경개계약이 체결되었다 할 수 없고, 기존의 물품대금 채권은 단지 금액이 감액되고 변제기만 연장된 채 그 동일성을 여전히 유지하고 있다고 한 사례($^{대판 2004. 4. 27,}_{2003다69119}$).

　　㈃「채권자에 대하여 금전채무를 부담하는 채무자가 채권자에게 그 금전채무와 관련하여 다른 급부를 하기로 약정한 경우, 그 약정을 언제나 기존 금전채무를 소멸시키고 다른 채무를 성립시키는 약정이라고 단정할 수는 없다. 기존 금전채무를 존

속시키면서 당사자의 일방 또는 쌍방에게 기존 급부와 다른 급부를 하거나 요구할 수 있는 권능을 부여하는 등 그 약정이 기존 금전채무의 존속을 전제로 하는 약정일 가능성도 배제하기 어렵다.」$\binom{\text{대판 2018. 11. 15,}}{\text{2018다28273}}$

(ㅁ) 「기존채무와 관련하여 새로운 약정을 체결한 경우 그러한 약정이 경개에 해당하는지 아니면 단순히 기존채무의 변제기나 변제방법 등을 변경한 것인지는 당사자의 의사에 의하여 결정되고, 만약 당사자의 의사가 명백하지 않을 때에는 의사해석의 문제로 귀착된다. 이러한 당사자의 의사를 해석할 때에는 새로운 약정이 이루어지게 된 동기와 경위, 당사자가 그 약정에 의하여 달성하려고 하는 목적과 진정한 의사 등을 종합적으로 고찰하여 사회정의와 형평의 이념에 맞도록 논리와 경험칙, 그리고 사회일반의 상식과 거래 통념에 따라 합리적으로 해석하여야 한다$\binom{\text{대법원 2011.}}{\text{3. 10. 선고 2010}}$ $\substack{\text{다86655} \\ \text{판결 참조}}\cdot$」$\binom{\text{대판(전원) 2019.}}{\text{10. 23, 2012다46170}}$

4. 경개계약의 당사자

당사자는 경개계약의 종류에 따라 다르다.

(1) 채권자 변경에 의한 경개

이 경개는 구 채권자·신 채권자·채무자의 3면계약에 의한다. 채무자도 당사자가 되어야 하는 점에서 채권양도와 다르다. 이 경개는 확정일자 있는 증서로 하지 않으면 제 3 자에게 대항하지 못한다$\binom{502}{조}$.

(2) 채무자 변경에 의한 경개

이 경개는 3면계약에 의할 수도 있으나$\binom{\text{명문규정은 없어도 계약}}{\text{자유의 원칙상 가능함}}$, 채권자와 신 채무자 사이의 계약에 의하여도 할 수 있다$\binom{501조}{본문}$. 그런데 후자의 경우에는 구 채무자의 의사에 반하여서는 하지 못한다$\binom{501조}{단서}$.

(3) 목적 또는 발생원인의 변경에 의한 경개

이는 채권자와 채무자 사이의 계약에 의한다.

Ⅲ. 경개의 효과   [266]

1. 구채무의 소멸과 신채무의 성립

경개에 의하여 구채무는 소멸하고 신채무가 성립한다$\binom{500}{조}$. 그리고 이 두 채무는 동일성이 없기 때문에, 구채무에 관하여 존재하였던 담보권·보증채무·위약금 기타의 종된 권리와 항변권은 모두 소멸한다. 그러나 민법은 여기에 예외를 인정하고 있다. 그에 의하면, 경개의 당사자가 특약으로써 구채무의 담보를 구채무의 목적의 한도에서 신채무의 담보로 할 수 있다($^{505조}_{본문}$). 그러나 그 담보가 제 3 자가 제공한 것일 때에는 그 제 3 자의 승낙을 얻어야 한다($^{505조}_{단서}$). 그리고 채권자 변경에 의한 경개의 경우 채무자가 이의를 보류한 때에는 구채무에 관한 항변권은 존속한다($^{503조 \cdot 451}_{조 1항 참조}$).

2. 경개계약의 해제가능성 여부

경개계약에 의하여 성립한 신채무에 관하여 채무자의 불이행이 있는 경우에 경개계약을 해제할 수 있는가? 여기에 관하여 학설은 i) 부정설($^{곽윤직, 287면; 김상용,}_{510면; 김학동, 404면; 김}$ $^{형배,}_{785면}$)과 ii) 긍정설($^{이은영,}_{769면}$)로 나뉘어 대립하고 있다. i) 부정설은 경개계약은 신채무가 유효하게 성립하면 그 효과는 완결하고 신채무의 불이행은 경개계약의 불이행으로 볼 것은 아니므로 경개계약을 해제할 수는 없다고 한다. 그에 비하여 ii) 긍정설은 경개는 구채권의 처분행위와 신채무의 의무부담행위의 양 측면을 가지며, 후자는 해제할 수 있다고 한다. 한편 판례는 i)설과 같다($^{대판 1980. 11. 11, 80다2050;}_{대판 2003. 2. 11, 2002다62333}$). 그러나 계약자유의 원칙상 경개계약의 성립 후에 그 계약을 합의해제하여 구채권을 부활시키는 것은 적어도 당사자 사이에서는 가능하다고 한다($^{앞의 판}_{결들 참조}$). 그리고 판례는, 다수당사자 사이에서 경개계약이 체결된 경우 일부 당사자만이 경개계약을 합의해제하더라도 이를 무효라고 볼 수는 없고, 다만 그 효과가 경개계약을 해제하기로 합의한 당사자들에게만 미치는 것에 불과하다고 한다($^{대판 2010. 7. 29,}_{2010다699}$). 생각건대 경개는 신채무의 성립과 구채무의 소멸이 결합되어 있으며 그 전체로서 처분행위이다. 따라서 그것을 두 행위로 분리하여 그 하나만을 해제할 수는 없다($^{경개계약이 무효이거나 취}_{소될 수 있는 경우는 있다}$). 다만, 경개에 의하여 소멸한 채무(구채무)를 발생시킨 계약을 채무불이행을 이유로 해제할 수는 있다고 할 것이다($^{544조 이하의 적}_{용 또는 유추적용}$). 그리고 판례처럼 경개계약 성립 후에 당사자 사이에서 합의해제하는 것은 허용하여야 하며, 또한 여러 당사자 중 일부가 합의해제를 하는 것도 마찬가지이다.

〈판 례〉

(ㄱ) 「민법 제505조($^{신채무에의}_{담보이전}$)는 "경개의 당사자는 구채무의 담보를 그 목적의 한도에서 신채무의 담보로 할 수 있다. 그러나 제 3 자가 제공한 담보는 그 승낙을 얻어야

한다"고 규정하고 있는바, 이 규정은 경개에 의하여 구채무가 소멸하기 때문에 이에 따르는 인적·물적 담보 또한, 부종성의 원리에 따라 당연히 함께 소멸하고, 당사자가 신채무에 관하여 저당권 등을 설정하기로 합의하여도 구채무에 관하여 존재하던 저당권 등은 어차피 소멸하여 그 순위의 보전이 불가능하나, 이러한 결과가 많은 경우 당사자의 의도에 반하는 것인 점을 고려하여 당사자의 편의를 위하여 부종성에 대한 예외를 인정한 것으로서, 경개계약의 경우 구채무에 관한 저당권 등이 신채무에 이전되기 위하여는 당사자 사이에 그러한 뜻의 특약이 이루어져야 하지만, 반드시 명시적인 것을 필요로 하지는 않고, 묵시적인 합의로도 가능하다.」$\binom{대판\ 2002.\ 10.\ 11,}{2001다7445}$

(ㄴ)「경개계약은 신채권을 성립시키고 구채권을 소멸시키는 처분행위로서 신채권이 성립되면 그 효과는 완결되고 경개계약 자체의 이행의 문제는 발생할 여지가 없으므로 경개에 의하여 성립된 신채무의 불이행을 이유로 경개계약을 해제할 수는 없다 할 것이나$\binom{대법원\ 1980.\ 11.\ 11.\ 선}{고\ 80다2050\ 판결\ 참조}$, 계약자유의 원칙상 경개계약의 성립 후에 그 계약을 합의해제하여 구채권을 부활시키는 것은 적어도 당사자 사이에서는 가능하다 할 것이다.」$\binom{대판\ 2003.\ 2.\ 11,}{2002다62333}$

(ㄷ)「다수당사자 사이에서 경개계약이 체결된 경우 일부 당사자만이 경개계약을 합의해제하더라도 이를 무효라고 볼 수는 없고, 다만 그 효과가 경개계약을 해제하기로 합의한 당사자들에게만 미치는 것에 불과하다. 그런데 일부 당사자만이 경개계약을 합의해제하게 되면 그들 사이에서는 구채무가 부활하고 나머지 당사자들 사이에서는 경개계약에 따른 신채무가 여전히 효력을 가지게 됨으로써 당사자들 사이의 법률관계가 간명하게 규율되지 않는 경우가 발생할 수 있고, 경개계약을 합의해제하는 당사자들로서도 이러한 문제를 해결하는 것이 중요한 관심사가 될 터이므로 이에 관한 아무런 약정이나 논의 없이 그들 사이에서만 경개계약을 해제하기로 합의하는 것은 경험칙에 비추어 이례에 속하는 일이다.」$\binom{대판\ 2010.\ 7.\ 29,}{2010다699}$

제 7 절　면　　제

I. 의　　의

[267]

면제는 채권자가 채무자에 대한 그의 채권을 무상으로 소멸시키는 단독행위이다($\frac{506}{조}$). 채권은 당사자의 계약(면제계약)에 의하여서도 소멸시킬 수 있으나(계약자유의 원칙), 민법은 채무면제를 단독행위로 규정하고 있다.

면제는 채권을 소멸시키는 행위로서 준물권행위이고, 따라서 처분행위이다.

면제는 단독행위이지만 상대방에게 이익이 되는 것이므로 조건을 붙일 수 있다.

Ⅱ. 요 건

면제는 처분행위이므로 채권의 처분권한을 가지고 있는 자만이 할 수 있다. 그리하여 가령 채권의 추심을 위임받은 자는 면제를 할 수 없다. 그리고 채권자 일지라도 그 채권이 압류되었거나 질권의 목적으로 되어 있는 경우에는 처분권한이 제한되기 때문에 면제로써 압류채권자나 질권자에게 대항하지 못한다.

면제는 채권자가 채무자에 대하여 일방적인 의사표시로 한다($\binom{506조}{본문}$). 그 의사표시는 방식의 제한을 받지 않으며, 명시적으로뿐만 아니라 묵시적으로도 할 수 있다($\binom{같은 취지: 대판 1979. 7. 10, 79다705; 대판 2010. 10. 14,}{2010다40505; 대판 2020. 10. 15, 2020다227523 · 227530}$). 그런데 묵시적인 채무면제를 인정하기 위하여서는 의사표시의 해석을 엄격히 하여야 한다($\binom{대판 1987. 3. 24, 86다카1907 · 1908; 대}{판(전원) 2007. 2. 15, 2004다50426; 대판}$ $\binom{2010. 10. 14, 2010다40505; 대판}{2020. 10. 15, 2020다227523 · 227530}$). 그러나 채무면제의 사실을 인정하는 데 반드시 처분문서가 있어야 하는 것은 아니다($\binom{대판 2006. 12. 21,}{2004다45400}$).

〈판 례〉

「채권의 포기($\binom{또는 채무의 변제(여기의 변제}{는 면제의 오기로 보임: 저자 주}$)는 반드시 명시적인 의사표시만에 의하여야 하는 것은 아니고, 채권자의 어떠한 행위 내지 의사표시의 해석에 의하여 그것이 채권의 포기라고 볼 수 있는 경우에도 이를 인정하여야 할 것이기는 하나, 이와 같이 인정하기 위하여는 당해 권리관계의 내용에 따라 이에 대한 채권자의 행위 내지 의사표시의 해석을 엄격히 하여 그 적용 여부를 결정하여야 하는 것이며, 상대방에 대한 반대채권이 있음에도 불구하고 자신의 채무이행을 약정하였다는 사실만으로는 반대채권을 포기한 것으로 볼 수 없다고 할 것인바, 그렇다면 이 사건에 있어서 원심이 인정한 바와 같이 피고가 이 사건 원고의 계약불이행으로 인한 원고에 대한 손해배상채권에 충당할 수 있는 위 계약금을 원고에게 반환하기로 약정한 사실이 있다는 사유만으로는 원고에 대한 위 손해배상채권을 포기하였다고 단정하기에 부족하다.」
($\binom{대판 1987. 3. 24,}{86다카1907 · 1908}$)

Ⅲ. 효 과

면제가 있으면 채권은 소멸한다. 일부면제도 유효하며, 그 경우에는 면제된 범위에서 채권이 소멸한다. 그리고 채권이 전부 소멸한 때에는, 그 채권에 수반하는 담보물권·보증채무 등의 종된 권리도 소멸한다.

채권자는 자유롭게 면제할 수 있으나, 그 채권에 관하여 정당한 이익을 가지는 제 3 자에게는 면제를 가지고 대항하지 못한다($\substack{506조\\단서}$).

제 8 절   혼동(混同)

Ⅰ. 혼동의 의의 및 효과   [268]

혼동은 채권과 채무가 동일인에게 귀속하는 사실이다($\substack{일반적인 혼동과 물권의 혼동\\에 관하여는 물권법 [82] 참조}$). 예컨대 채권자가 채무자를 상속하거나 채무자가 채권을 양수한 경우에 혼동이 일어난다. 혼동의 법률적 성질은 사건이다.

혼동이 있으면 채권은 원칙적으로 소멸한다($\substack{507조\\본문}$). 자기에 대하여 채권을 가지고 있는 것이 의미가 없기 때문이다. 그러나 채권의 존속을 인정하여야 할 정당한 이익이 있는 때에는 채권을 존속시켜야 한다($\substack{대판 1995. 5. 12, 93다48373;\\대판 1995. 7. 14, 94다36698}$). 민법은 그러한 경우로 「그 채권이 제 3 자의 권리의 목적인 때」를 들고 있다($\substack{507조\\단서}$). 그리하여 가령 A의 B에 대한 채권에 C의 질권이 설정된 경우에는 B가 A를 상속하여도 A의 채권은 소멸하지 않는다. 그리고 지시채권·무기명채권·사채(社債) 등과 같은 증권화한 채권은 그 자체가 독립한 유가물로 거래되기 때문에 소멸하지 않는다($\substack{509조, 어음법 11조 3항,\\수표법 14조 3항 참조}$). 또한 상속인이 한정승인을 한 때에도 같다($\substack{1031\\조}$). 그 밖에 명문의 규정은 없지만, 채권의 존재가 채권자 겸 채무자의 제 3 자에 대한 권리행사의 전제가 되는 경우에도 채권은 존속한다고 하여야 한다($\substack{대판 1995. 5. 12, 93다48373;\\대판 1995. 7. 14, 94다36698;\\대판 2003. 1. 10,\\2000다41653 · 41660}$).

〈판 례〉

(ㄱ) 「채권은 채권과 채무가 동일한 주체에 귀속한 때에 한하여 혼동으로 소멸하는 것이 원칙이고, 어느 특정의 물건에 관한 채권을 가지는 자가 그 물건의 소유자가 되었다는 사정만으로는 채권과 채무가 동일한 주체에 귀속한 경우에 해당한다고 할 수 없어 그 물건에 관한 채권이 혼동으로 소멸하는 것은 아닌바, 매매계약에 따른 소유

권이전등기 청구권 보전을 위하여 가등기가 경료된 경우 그 가등기권자가 가등기설정자에게 가지는 가등기에 기한 본등기청구권은 채권으로서 가등기권자가 가등기설정자를 상속하거나 그의 가등기에 기한 본등기절차 이행의 의무를 인수하지 아니하는 이상, 가등기권자가 가등기에 기한 본등기절차에 의하지 아니하고 가등기설정자로부터 별도의 소유권이전등기를 경료받았다고 하여 혼동의 법리에 의하여 가등기권자의 가등기에 기한 본등기청구권이 소멸하지는 않는다 할 것이다(대법원 1995. 12. 26. 선고 95다29888 판결 참조). 한편 그와 같이 가등기권자가 별도의 소유권이전등기를 경료받았다 하더라도, 가등기 경료 이후에 가등기된 목적물에 관하여 제 3 자 앞으로 처분제한의 등기가 되어 있거나 중간처분의 등기가 되어 있지 않고 가등기와 소유권이전등기의 등기원인도 실질상 동일하다면, 가등기의 원인이 된 가등기의무자의 소유권이전등기의무는 그 내용에 좇은 의무이행이 완료되었다 할 것이어서 가등기에 의하여 보전될 소유권이전등기 청구권은 소멸되었다고 보아야 하므로, 가등기권자는 가등기의무자에 대하여 더 이상 그 가등기에 기한 본등기절차의 이행을 구할 수 없는 것이다(대법원 1988. 9. 27. 선고 87다카1637 판결, 2003. 6. 13. 선고 2002다68683 판결 등 참조)·」(대판 2007. 2. 22, 2004다59546)

(ㄴ) 자동차손해배상보장법(이하 '자배법'이라 한다)「제 9 조 제 1 항(현행 자배법 10조 1항에 해당: 저자 주)에 의한 피해자의 보험자에 대한 직접청구권이 수반되는 경우에는 그 직접청구권의 전제가 되는 자배법 제 3 조에 의한 피해자의 운행자에 대한 손해배상청구권은 비록 위 손해배상청구권과 손해배상의무가 상속에 의하여 동일인에게 귀속되더라도 혼동에 의하여 소멸되지 않고 이러한 법리는 자배법 제 3 조에 의한 손해배상의무자가 피해자를 상속한 경우에도 동일하지만, 예외적으로 가해자가 피해자의 상속인이 되는 등 특별한 경우에 한하여 손해배상청구권과 손해배상의무가 혼동으로 소멸하고 그 결과 피해자의 보험자에 대한 직접청구권도 소멸한다고 할 것이다(대법원 1995. 5. 12. 선고 93다48373 판결, 2003. 1. 10. 선고 2000다41653, 41660 판결 참조).

그런데 상속포기는 자기를 위하여 개시된 상속의 효력을 상속개시시로 소급하여 확정적으로 소멸시키는 제도로서(민법 제1019조 제 1 항, 제1042조 등) 피해자의 사망으로 상속이 개시되어 가해자가 피해자의 자신에 대한 손해배상청구권을 상속함으로써 위의 법리에 따라 그 손해배상청구권과 이를 전제로 하는 직접청구권이 소멸하였다고 할지라도 가해자가 적법하게 상속을 포기하면 그 소급효로 인하여 위 손해배상청구권과 직접청구권은 소급하여 소멸하지 않았던 것으로 되어 다른 상속인에게 귀속되고, 그 결과 위에서 본 '가해자가 피해자의 상속인이 되는 등 특별한 경우'에 해당하지 않게 되므로 위 손해배상청구권과 이를 전제로 하는 직접청구권은 소멸하지 않는다고 할 것이다.」(대판 2005. 1. 14, 2003다38573·38580)

민법규정 색인

(왼쪽의 숫자는 민법규정이고, 오른쪽의 숫자는
본문의 옆에 붙인 일련번호 즉 옆번호임)

판례(대법원 · 헌법재판소) 색인

(오른쪽의 숫자는 옆번호임)

사항 색인

(오른쪽의 숫자는 옆번호임)

저자약력
서울대학교 법과대학, 동 대학원 졸업
법학박사(서울대)
경찰대학교 전임강사, 조교수
이화여자대학교 법과대학/법학전문대학원 조교수, 부교수, 교수
Santa Clara University, School of Law의 Visiting Scholar
사법시험 · 행정고시 · 외무고시 · 입법고시 · 감정평가사시험 · 변리사시험 위원
현재: 이화여자대학교 법학전문대학원 명예교수

주요저서
착오론
민법주해[Ⅱ], [Ⅷ], [Ⅸ], [XIII](초판)(각권 공저)
주석민법 채권각칙(7)(제3판)(공저)
법학입문(공저)
법률행위와 계약에 관한 기본문제 연구
대상청구권에 관한 이론 및 판례연구
부동산 점유취득시효와 자주점유
법률행위에 있어서의 착오에 관한 판례연구
계약체결에 있어서 타인 명의를 사용한 경우의 법률효과
흠있는 의사표시 연구
민법개정안의견서(공저)
제3자를 위한 계약 연구
민법사례연습
민법강의(상)(하)
채권의 목적 연구
불법원인급여에 관한 이론 및 판례 연구
법관의 직무상 잘못에 대한 법적 책임 연구
시민생활과 법(공저)
신민법강의
신민법사례연습
신민법입문
기본민법
민법 핵심판례240선(공저)
민법총칙
물권법
채권법총론
채권법각론
친족상속법
민법전의 용어와 문장구조
나의 민법 이야기

제 7 판
채권법총론

초판발행　　　2013년 2월 10일
제 7 판발행　　2024년 6월 30일

지은이　　　　송덕수
펴낸이　　　　안종만 · 안상준

편　집　　　　김선민
기획/마케팅　　조성호
표지디자인　　이수빈
제　작　　　　고철민 · 조영환

펴낸곳　　　　㈜ **박영사**
　　　　　　　서울특별시 금천구 가산디지털2로 53, 210호(가산동, 한라시그마밸리
　　　　　　　등록 1959. 3. 11. 제300-1959-1호(倫)

전　화　　　　02)733-6771
f a x　　　　　02)736-4818
e-mail　　　　pys@pybook.co.kr
homepage　　www.pybook.co.kr
ISBN　　　　 979-11-303-4768-4 93360

* 파본은 구입한 곳에서 교환해 드립니다. 본서의 무단복제행위를 금합니다.

정　가　　　　34,000원